Beiträge zur Geschichte des Nationalsozialismus

(vormals: Beiträge zur nationalsozialistischen Gesundheits- und Sozialpolitik)

Band 17

»Bürokratien«

Initiative und Effizienz

BEITRÄGE ZUR GESCHICHTE DES NATIONALSOZIALISMUS 17

»BÜROKRATIEN«

Assoziation A

HerausgeberInnen und Redaktion:
Christoph Dieckmann, Christian Gerlach, Wolf Gruner, Anne Klein, Beate Meyer,
Armin Nolzen, Babette Quinkert, Thomas Sandkühler

Herausgeber dieses Bandes:
Wolf Gruner und Armin Nolzen

Für den Rezensionsteil dieses Bandes verantwortlich:
Christoph Dieckmann und Anne Klein

Postanschrift der Redaktion:
Dr. Thomas Sandkühler,
Universität Bielefeld, Fakultät für Geschichtswissenschaft und Philosophie,
Postfach 100 131, 33501 Bielefeld

http://www.beitraege-ns.com

© der Texte bei den AutorInnen
© dieser Ausgabe 2001:
Assoziation A
Gneisenaustraße 2a, 10961 Berlin, Tel.: 030/69582971, Fax: 030/69582973
e-mail: assoziation-a@t-online.de
Alle Rechte, auch der Übersetzung, vorbehalten.

ISBN 3-935936-01-X

Assoziation A ist der Zusammenschluß von Libertäre Assoziation, Hamburg und dem Verlag der Buchläden Schwarze Risse, Berlin • Rote Straße, Göttingen.

Umschlagphoto:
SA-Gruppenführer und Polizeipräsident Wilhelm Schepmann mit Adjutant in seinem Arbeitszimmer in Dortmund.
(Deutsches Historisches Museum, Berlin)

Inhalt

Editorial   7

Monica Kingreen   17
Raubzüge einer Stadtverwaltung. Frankfurt am Main und die Aneignung »jüdischen Besitzes«

Kiran Klaus Patel   51
Der Arbeitsdienst für Männer im Machtgefüge des »Dritten Reiches«

Markus Leniger   81
»Heim im Reich?« Das Amt XI und die Umsiedlerlager der Volksdeutschen Mittelstelle, 1939-1945

Martin Moll   111
Die Abteilung Wehrmachtpropaganda im Oberkommando der Wehrmacht: Militärische Bürokratie oder Medienkonzern?

Jan Erik Schulte   151
Die Konvergenz von Normen- und Maßnahmenstaat: Das Beispiel SS-Wirtschafts-Verwaltungshauptamt, 1925-1945

Ralf Blank   189
Albert Hoffmann als Reichsverteidigungskommissar im Gau Westfalen-Süd, 1943-1945. Eine biografische Skizze

Fundstück   213

Herbert Ruland   213
»Die Tatsache scheint zu erschrecken, daß so etwas in Aachen möglich ist«. Unbekannte Fotografien vom Morgen nach der Pogromnacht

Rezensionen   223

Mark Roseman, **A Past in Hiding. Memory and Survival in Nazi Germany** *(Christian Gerlach)*   223

Elisabeth Kraus, **Die Familie Mosse** *(Ute Frevert)*   224

Frank Bajohr, **Parvenüs und Profiteure. Korruption in der NS-Zeit** *(Thomas Sandkühler)*   226

Gerhard Paul/Klaus-Michael Mallmann (Hg.), **Die Gestapo im Zweiten Weltkrieg** *(Armin Nolzen)*	229
Manfred Kittel, **Provinz zwischen Reich und Republik**	233
Andreas Wirsching, **Vom Weltkrieg zum Bürgerkrieg?** *(Sven Reichardt)*	233
Sybille Steinbacher, **»Musterstadt« Auschwitz** *(Frank Bajohr)*	237
Bernd C. Wagner, **IG Auschwitz** *(Rainer Fröbe)*	239
Michael Ruck, **Bibliographie zum Nationalsozialismus**, 2. Aufl. *(Wolf Gruner)*	243
Rolf-Dieter Müller/Gerd R. Ueberschär, **Hitlers Krieg im Osten** *(Christoph Dieckmann)*	245
Robert Bohn, **Reichskommissariat Norwegen** *(Christoph Dieckmann)*	246
1999. Zeitschrift für Sozialgeschichte des 20. und **21. Jahrhunderts, 16. Jahrgang, Heft 1** *(Armin Nolzen)*	247
Heike Kreutzer, **Das Reichskirchenministerium im Gefüge der nationalsozialistischen Herrschaft** *(Marnie Schlüter)*	250
Sabine Hering/Kurt Schilde, **Das BDM-Werk »Glaube und Schönheit"** *(Armin Nolzen)*	252
Dirk Rupnow, **Täter, Gedächtnis, Opfer.** Das **»Jüdische Zentralmuseum«** in Prag 1942-1945 *(Anne Klein)*	253
Phillipp-Christian Wachs, **Der Fall Oberländer** *(Babette Quinkert)*	255
Fabrice Virgili, **La France »virile«.** **Des femmes tondues à la Libération** *(Insa Meinen)*	256
Peter Novick, **The Holocaust in American Life** *(Jeffrey Herf)*	259
Abkürzungen	266
Personenverzeichnis	269
Zu den Autorinnen und Autoren	273
Ankündigung Band 18	274

Editorial

Welche Rolle spielten Verwaltungsbehörden im NS-Staat? Welche Initiativen ergriffen »ganz normale« Beamte und Angestellte? Welche Auswirkungen hatten ihre Initiativen, mit anderen Worten, wie effizient waren die Tätigkeiten der nationalsozialistischen Bürokratien? Man könnte meinen, die NS-Forschung habe sich mit diesen Fragen bereits ausführlich befaßt. Dies trifft jedoch nur bedingt zu. Auch heute noch, mehr als ein halbes Jahrhundert nach dem Ende des »Dritten Reiches«, sind Verwaltungsbehörden und ihr Handeln eines der am meisten vernachlässigten Forschungsfelder. Immer noch fehlt es an soliden institutionengeschichtlichen Untersuchungen fast aller zentraler Reichsbehörden und ihrer regionalen Dependancen, ebenso wie vieler der unzähligen Sonderbehörden, die der NS-Staat hervorbrachte.[1] Das gilt auch für die Zeit des Zweiten Weltkrieges, die in dieser Hinsicht nachgerade terra incognita ist. Nur über die Reichsarbeitsverwaltung sind einige Untersuchungen, darunter auch in früheren Ausgaben der »Beiträge« erschienen.[2] Ziel des vorliegenden Bandes ist es, verwaltungsgeschichtliche Aspekte in den Blickpunkt der NS-Forschung zu rücken. Dies ist auch für die Diskussion über Täter und »Durchschnittstäter« unabdingbar, die wir im letzten Band geführt haben. Erst durch eine empirisch fundierte Geschichte der Ämter und Behörden können deren Spielräume im Institutionengefüge des NS-Staates und die individuelle Verantwortung der Schreibtischtäterinnen und -täter herausgearbeitet werden.

Ausgangspunkt unserer Frage nach der Rolle der nationalsozialistischen Bürokratien ist der in der NS-Forschung mittlerweile omnipräsente Erklärungsansatz des Polykratie-Modells. Unter Polykratie (wörtlich »Herrschaft der Vielen«) wird im allgemeinen das im »Dritten Reich« bestehende Nebeneinander von etablierten Bürokratien, staatlichen Sonderverwaltungen sowie Behörden aus dem Bereich von SS und NSDAP verstanden.[3] Der Begriff Polykratie geht auf die NS-Forschung der 1970er Jahre zurück, als man den seinerzeit dominanten Totalitarismustheorien einen neuen Erklärungsansatz entgegenstellte. Hatte das Polykratie-Modell in diesem Zusammenhang eine fruchtbare Wirkung, so scheint es uns in seinem landläufigen Verständnis heute die historische Analyse des NS-Systems eher zu behindern. Kritisch zu sehen ist vor allem die Annahme, im »Dritten Reich« habe es durch interne Ämterkonkurrenzen so viele bürokratische Reibungsverluste gegeben, daß man gar nicht mehr von einer zielgerichteten Umsetzung spezieller Politikinhalte sprechen könne. Mit anderen Worten: Polykratie sei – im Sinne des rationalen Anstaltsstaates, wie ihn Max Weber Anfang des 20. Jahrhunderts in idealtypischer Absicht beschrieben hatte[4] – gleichzusetzen mit völliger Ineffizienz.

Eine solche Schlußfolgerung ist aber nicht zwingend. Schon Franz Leopold Neumann, auf den sich die Verfechter des Polykratie-Modells oftmals berufen, hat in seinem bereits 1942 im amerikanischen Exil verfaßten »Behemoth« gezeigt, daß polykratische Systemverhältnisse und bürokratische Effizienz sich nicht gegenseitig ausschließen. Er sah im Gegenteil sogar eine besondere Effizienz des

»Dritten Reiches«, die sich aus den oft informellen Verhandlungsstrukturen zwischen den Machtträgern innerhalb des NS-Regimes erkläre.[5] Neumann zufolge bildeten diese eine wichtige Voraussetzung für die beispiellose Kräfteentfesselung des »Dritten Reiches« im Zweiten Weltkrieg. Danach war das NS-System effizient, weil die polykratischen Strukturen eine Mobilisierung aller Ressourcen ermöglichten.[6]

Neumanns Hypothesen, die heute fast vollkommen in Vergessenheit geraten sind, werden vor allen Dingen durch neuere Forschungen zur nationalsozialistischen Vernichtungspolitik gestützt. Auf diesem Politikfeld fand das NS-Regime zu einer besonderen »Effizienz«. In den letzten zehn Jahren ist detailliert herausgearbeitet worden, daß staatliche Behörden zwischen 1933 und 1945 unverzichtbare Motoren der Verfolgungs- und Vernichtungspolitik gewesen sind.[7] Damit sind Auffassungen, wonach die traditionellen Verwaltungsapparate nicht oder nur rudimentär in die Vernichtungspolitik involviert gewesen seien, ad absurdum geführt worden. Es kann heute als erwiesen gelten, daß Verfolgungsmaßnahmen auch und gerade von denjenigen Behörden im »Dritten Reich« formuliert und exekutiert wurden, die lange im Gegensatz zur NSDAP als »konservative Beharrungskräfte« galten. Dies trifft sowohl auf die Reichs- und Länderministerien als auch auf regionale und lokale Behörden zu.

Im vorliegenden Band 17 der »Beiträge« wollen wir an Neumanns Hypothesen anknüpfen und Initiative bzw. Effizienz von Verwaltungen im »Dritten Reich« untersuchen. Im Unterschied zum jüngsten Schwerpunkt der Forschung haben wir uns bei der Konzeption dieses Bandes bemüht, in besonderem Maße Politikfelder zu berücksichtigen, die nicht im engeren Sinne der Vernichtungspolitik zuzuordnen sind. Mit der Frage nach Initiative und Effizienz wird von uns nicht nur das Nachzeichnen der Entwicklungsgeschichte von Bürokratien im NS-Staat verbunden, sondern auch die Darstellung konkreten Verwaltungshandelns. Für die Analyse von Entscheidungsprozessen scheint es uns wichtig, die Handlungsspielräume von Behörden und Institutionen, bezogen auf ihre politische Einbindung und ihre strukturelle Stellung im Staatsgefüge, auszuloten. Planung und Realisierung von Behördenmaßnahmen sind genauer als bisher nach Abhängigkeiten und Wechselwirkungen zu den Aktivitäten anderer Institutionen zu befragen. Zu überprüfen ist außerdem, inwieweit interne Behördeninteressen das konkrete Verwaltungsdenken und -handeln beeinflußten, inwieweit individuelles Engagement von Behördenpersonal Verwaltungsinitiativen und deren Effizienz prägten.

Die im vorliegenden Band versammelten Beiträge widmen sich diesen Fragestellungen anhand höchst unterschiedlicher Institutionen, zumeist innerhalb des deutschen Reichsgebietes. Am Beispiel der Stadtverwaltung Frankfurt am Main zeigt Monica Kingreen, wie Oberbürgermeister Friedrich Krebs und leitende Kommunalbeamte vor allem nach dem Novemberpogrom 1938 vielfältige Initiativen ergriffen, um jüdisches Eigentum zugunsten der Stadtfinanzen und zum Vorteil für das städtische Renommee billig oder gar kostenlos zu erwerben. Im Gegensatz zur bisherigen Forschung, die sich vor allem auf die »Arisierung« von Geschäften und Unternehmen konzentrierte, schildert Kingreen erstmals das ganze Spektrum der »Arisierungen« durch eine Kommune und deren Hergang: Jüdische Stiftungen wurden ebenso »arisiert« wie Häuser, Grundstücke, Bücher, Gemälde, Schmuck, Münzen, Kultgegenstände und Mobiliar. Leiter und Personal des Bauamtes, des Fürsorgeamtes, des Kulturamtes und der städtischen Museen betrieben aktiv und zum »Wohle« Frankfurts eine umfassende »Arisierungspolitik«, die den Maßnahmen auf Reichsebene oft zuvorkam. Konflikte mit anderen staatlichen Behörden einerseits und der Geheimen Staatspolizei andererseits waren unvermeidlich, aber lösbar. Doch nicht nur in der Stadt selbst wurde manches Gut den Verfolgten unter Druck abgepreßt. Seit Kriegsbeginn reisten Kommunalbeamte, ausgestattet mit städtischen Sondermitteln, in die von Deutschland besetzten Gebiete, um die »Gunst der Stunde« zu nutzen, und auch dort »jüdisches Eigentum« so billig wie möglich aufzukaufen.

Kiran Klaus Patels Beitrag hingegen befaßt sich vor allem mit einer institutionengeschichtlichen Entwicklung, nämlich der des NS-Arbeitsdienstes für Männer. Zunächst analysiert er die zum Teil gewalttätige »Gleichschaltung« bestehender Einrichtungen des Freiwilligen Arbeitsdienstes nach 1933. Reichsarbeitsführer Konstantin Hierl gelang es dadurch, eine NS-Organisation zu errichten, die für das Arbeitsbeschaffungsprogramm des »Dritten Reiches« wichtig war. Da diese Organisation sich, so Patel, zunächst auf ihren eigenen institutionellen Ausbau konzentrierte, um regimeinterne Konkurrenz zu überwinden, mußte ihr Auftrag, die Erwerbslosen im Sinne der neuen Machthaber zu erziehen, am Anfang des »Dritten Reiches« zuerst einmal zurückstehen.

Später wurde dann das Erziehungsprogramm des Arbeitsdienstes bis ins kleinste Detail geregelt und dominierte Arbeit und Freizeit der Dienstleistenden. Nachdem Hierl mit vielfältigen Initiativen Fakten geschaffen hatte, wurde seine Organisation 1935 als »Reichsarbeitsdienst« per Reichsgesetz institutionell verankert. Aufgrund der Kriegsvorbereitung verlor der Arbeitsdienst nach 1937 seine Erziehungsfunktion weitgehend und wurde militärischen und rüstungswirtschaftlichen Interessen unterworfen. Im Krieg nahm der Arbeitsdienst als Bestandteil von Wehrmachtsverbänden schließlich auch an Kampfhandlungen und Verbrechen teil.

Markus Lenigers Beitrag beschäftigt sich mit der Volksdeutschen Mittelstelle. Seit Kriegsbeginn war ihr Amt XI für die Verwaltung von mehr als 1.500 Lagern im »Altreich« zuständig, die jene in das Reich geholten »Volksdeutschen« beherbergten, für die kurzfristig keine Ansiedlungsmöglichkeiten geschaffen werden konnten. Die Einsatzführungen der Volksdeutschen Mittelstelle legten vor Ort ein hohes Maß an Eigeninitiative an den Tag. Beim Beschaffen der Lagerkapazitäten handelten sie überaus »effizient«; im »Altreich« auf Kosten der beiden Kirchen und im Warthegau durch die Vertreibung von Juden und Polen. Bei der Lagerverwaltung und der Betreuung der Umsiedler herrschte, nach Leniger, hingegen oft Chaos und Dilettantismus. Die Volksdeutsche Mittelstelle und ihr Amt XI waren Teil jenes Behördenkomplexes, den der Reichskommissar für die Festigung des Deutschen Volkstums, Heinrich Himmler, seit dem Herbst 1939 für eine rassistische »Neuordnung Europas« aufgebaut hatte.

Martin Molls Studie über die Abteilung Wehrmachtpropaganda im Oberkommando der Wehrmacht rückt die Arbeit von »Fachleuten« in den Mittelpunkt. Er zeigt, daß die Wehrmachtpropaganda maßgeblich von armeefremden Medienspezialisten betrieben wurde. Innerhalb der militärischen Bürokratie war die Abteilung Wehrmachtpropaganda eine neue Verwaltungseinheit. Diese trug teilweise privatkapitalistische Züge, denn sie baute in den seit 1939 besetzten Ländern regelrechte Medienkonzerne auf. Letztere arbeiteten deshalb zwar wirtschaftlich und finanziell effektiv, doch gilt das, so Moll, kaum für ihr politisches Ziel der medialen Beeinflussung der autochthonen Bevölkerungen. Der Terror der Besatzungsherrschaft wurde durch professionell gestaltete Propaganda ergänzt. Unter den »Fachleuten« befanden sich viele Nationalsozialisten, wie Molls Beispiel Julius Lippert zeigt, der in den zwanziger Jahren Redakteur der NS-Zeitschrift »Der Angriff« und in den dreißiger Jahren Oberbürgermeister von Berlin gewesen war. Die »Fachleute« identifizierten sich mit den Kriegszielen und formten die Wehrmachtpropaganda zu einer der tragenden Säulen des NS-Besatzungsregimes.

Auch Jan Erik Schulte demonstriert in seinem Beitrag über das Wirtschafts-Verwaltungshauptamt der SS die Bedeutung, die »Fachleute« für das Funktionieren einer nationalsozialistischen Bürokratie besaßen. Unter dem langjährigen NSDAP-Mitglied Oswald Pohl, vorher Marinezahlmeister, gestalteten nicht, wie vielleicht von manchem erwartet, »Alte Kämpfer« oder SS-Leute die Politik dieses so wichtigen SS-Amtes, sondern speziell aus Militär und Wirtschaft abgeworbene Verwaltungsspezialisten. Sie handelten – unabhängig von ihrem Einsatzgebiet – nach traditionellen bürokratischen Verwaltungsnormen. Ob sie das Finanzgebaren anderer SS-Ämter prüften oder die Tätigkeiten der »Aktion Reinhardt«, und deren »Verwertung« des den ermordeten Juden geraubten Eigentums überwachten, ob sie SS-Wirtschaftsunternehmen aufbauten oder Konzentrationslager verwalteten: Diese Spezialisten verrichteten ihre Tätigkeiten, so Schulte, immer nach denselben »professionellen« Maßstäben. Etwaige Skrupel beschlichen sie, trotz der vielen offensichtlichen Verbrechen, nicht.

Im Mittelpunkt des Beitrages von Ralf Blank steht der Reichsverteidigungskommissar, eine im Zweiten Weltkrieg geschaffene staatliche Sonderverwaltung. Blank untersucht deren Tätigkeit anhand der Person von Albert Hoffmann, dem Gauleiter von Westfalen-Süd. Als Ende 1942 allen Gauleitern der NSDAP auch die Funktion von Reichsverteidigungskommissaren übertragen wurde, vereinigten sie staatliche und parteiamtliche Aufgaben in ihrer Person. Dies betraf auch Hoffmann. Seine Aktivitäten als Reichsverteidigungskommissar konzentrierten sich darauf, die Folgen des alliierten Bombenkrieges zu bekämpfen. Anschaulich schildert Blank die vielfältigen Initiativen Hoffmanns. Zur Umsetzung seiner Politik bediente sich dieser nicht nur staatlicher Behörden wie des zuständigen Regierungspräsidiums, sondern mobilisierte darüber hinaus auch Unterorganisationen der NSDAP. Während die staatlichen und kommunalen Verwaltungsorgane in Westfalen-Süd seit 1942/43 durch die alliierten Luftangriffe mehr und mehr gelähmt waren, gelang es Hoffmann auf diese Weise, die Versorgung der Bevölkerung, deren Bombenschutz und die Beseitigung der Schäden effektiv zu organisieren.

Einige der Autoren greifen in ihren Beiträgen das Modell des »Doppelstaates« auf, das der Politikwissenschaftler Ernst Fraenkel bereits Ende der 1930er Jahre prägte.[8] Nach Fraenkel folgte normenstaatliches Handeln den traditionellen Verwaltungsregeln und unterlag grundsätzlich der rechtlichen Nachprüfbarkeit. Unter maßnahmenstaatlichem Handeln verstand er ungeregelte, nicht an rechtliche Normen und Kriterien von Überprüfbarkeit gebundene Interventionen von Behörden. Die ältere NS-Forschung tendierte dazu, normenstaatliches Handeln der traditionellen Bürokratie zuzuschreiben, maßnahmenstaatliches Handeln hingegen den SS- und NSDAP-nahen Verwaltungen und Sonderbehörden.[9] Die neuere Forschung hingegen schickt sich an, diese einseitige Gegenüberstellung aufzubrechen. Sie betont, daß sich unter den neuen gesellschaftspolitischen Bedingungen seit der Machtübernahme der Nationalsozialisten im Jahre 1933 auch das Handeln der traditionellen Bürokratien verändert habe: Anpassung an NS-Dogmen, Verletzung traditioneller Verwaltungsnormen und das Agieren per Intervention prägten die Praxis etablierter Verwaltungen in zunehmendem Maße. Kingreens Beitrag über die Stadtverwaltung Frankfurt ist hierfür ein schlagendes Beispiel. Zwar waren gerade die Kommunalverwaltungen seit 1933 einem Elitenwechsel unterworfen, denn in den Großstädten besetzten NS-Aktivisten 1933 rasch kommunale Spitzenpositionen.[10] Dennoch behielten, wie Kingreen zeigt, unterhalb der Bürgermeisterebene Weimarer Kommunalbeamte oft ihre leitende Stellung. Unter den Bedingungen des autoritären Regimes unterschieden sich deren Aktivitäten zumeist kaum von denen der »neuen Elite« aus der NSDAP.

Auf der anderen Seite basierte interessanterweise, wie einige unserer Aufsätze beweisen, auch das Verwaltungshandeln der nach 1933 neu entstandenen Institutionen, die zumeist als NS-geprägte Sonderverwaltungen begriffen werden, meist auf den traditionellen Normen der Behördenarbeit. Beispielsweise arbeitet Patel heraus, daß der Reichsarbeitsdienst sich durch ein Überlappen von normen- und maßnahmenstaatlichen Komponenten auszeichnete. Patel, der das Zusammenwirken beider Handlungsbereiche in einer Institution betont, relativiert damit die Auffassung, daß NS-Bürokratien immer entweder normen- oder maßnahmenstaatlich gehandelt hätten.[11] Auch beim SS-Wirtschafts- und Verwaltungshauptamt gingen, wie von Schulte gezeigt, normen- und maßnahmenstaatliche Elemente ineinander über. Nach Schulte nahm im Laufe des Zweiten Weltkrieges die Konvergenz von normen- und maßnahmenstaatlichem Handeln deutlich zu. Da schon Fraenkel eine Annäherung des Normenstaates an den Maßnahmenstaat prophezeite, erweise sich sein Modell also durchaus weiterführend.

Eine andere gängige These, die an das maßnahmenstaatliche Diktum anknüpft, wonach die NSDAP den Staat systematisch durchdrungen und letztlich paralysiert habe,[12] wird durch Blanks Beitrag relativiert. Danach ist die Einbindung der NSDAP in regionale und lokale Entscheidungsprozesse eher als Resultat kriegsbedingter Notwendigkeiten zu begreifen, keinesfalls aber als gezielte politische Strategie. Der frühere Dualismus zwischen Partei und Staat wurde im Wehrkreis VI durch die staatliche Sonderverwaltung des Reichsverteidigungskommissars aufgehoben.

Deutlich wird an mehreren Aufsätzen, über welche unerwartet großen Handlungsspielräume gerade Verwaltungen auf lokaler und regionaler Ebene verfügten. Dies erklärt das hohe Maß an individueller Eigeninitiative in der Frankfurter Stadtverwaltung, bei den lokalen Einsatzführungen der Volksdeutschen Mittelstelle, den Dependancen der Abteilung Wehrmachtpropaganda in den besetzten Ländern und beim Reichsverteidigungskommissar Westfalen-Süd. Diese Ergebnisse stellen das in der Öffentlichkeit immer noch verbreitete Bild einer monolithischen Diktatur grundsätzlich in Frage. Es wäre zu prüfen, ob nicht gerade diese Spielräume in der Gestaltung der konkreten Behördenpolitik eine wesentliche Ursache für die Stabilität des NS-Regimes wie auch für dessen ständige Radikalisierung bildeten. Die vielfältigen Verwaltungsinitiativen wurden zudem oft auf informelle Weise und durch Improvisation realisiert, wie Blank und Kingreen zeigen. Personelle Netzwerke spielten dabei eine wichtige Rolle. Beides bildete möglicherweise eine wichtige Voraussetzung, um als Behörde im NS-Staat, zumal unter Kriegsbedingungen, besonders dynamisch zu agieren. Effizientes Handeln erleichterte zudem der Umstand, daß statt Konflikt und Konkurrenz – wie bisher meist angenommen – offenbar eher Arbeitsteilung und Kooperation die Beziehungen zwischen den verschiedenen Verwaltungen im Nationalsozialismus prägten.

Ob man Verwaltungshandeln als effizient bezeichnen kann, hängt stark davon ab, welche Kriterien man anlegt. Die Autorinnen und Autoren dieses Bandes nähern sich diesem Problem auf unterschiedliche Art und Weise. Leniger und Blank messen die Effizienz des Handelns der Volksdeutschen Mittelstelle und des Reichsverteidigungskommissars Hoffmann vor allem an den politischen Anforderungen. Sie kommen zu dem Ergebnis, daß kurzfristig entstandene Probleme durchaus effizient gelöst werden konnten. Patel und Moll dagegen untersuchen die Durchsetzungsfähigkeit von Bürokratien im NS-System selbst. Unter effizientem Handeln ihrer Verwaltungen verstehen sie in erster Linie die institutionelle Selbstbehauptung gegenüber der Behördenkonkurrenz. Für Kingreen jedoch hat Effizienz viel mit der Erfüllung der von den Behörden selbstgesteckten Ziele zu tun. Die Stadtverwaltung Frankfurt handelte beim Raub und bei der »Arisierung« jüdischen Eigentums nach Kingreen äußerst effizient.

Die vorliegenden Befunde zeigen, daß innerhalb spezifischer politischer Vorgaben und konkreter institutioneller Strukturen das Verwaltungspersonal die Aktivitäten der Behörden maßgeblich bestimmte. Stärker als bisher müssen deshalb in Zukunft individuelle Ambitionen und Motive der Beamten in ihrer Wechselwirkung mit den Interessen der jeweiligen NS-Bürokratien untersucht werden. Ob sie radikale Nationalsozialisten waren, wie Hoffmann und Krebs, oder »Fachleute«, wie die Kommunalbeamten, die Propagandisten beim Militär oder die Verwaltungsexperten bei der SS: Alle verstanden sich zumeist als Vollstrecker der Interessen ihrer eigenen Behörde. Für die Radikalisierung des Verwaltungshandelns vor allem auf lokaler Ebene scheint neben dem ideologischen Einfluß der NSDAP ein weiterer Faktor bestimmend gewesen zu sein, nämlich die grundsätzliche Anpassungsfähigkeit der Verwaltungsbeamten. Viele der in den Aufsätzen behandelten »Fachleute« gingen nach dem Ende des NS-Regimes auch in der Bundesrepublik Deutschland wieder ihrem Beruf nach. Es stellt sich daher die Frage, inwieweit ihre »Professionalität« nicht Zeichen einer vom politischen System unabhängigen Anpassungsbereitschaft war, die unter den Bedingungen des »Dritten Reiches« die Teilnahme an Verbrechen einschloß.

Welche Schlußfolgerungen ergeben sich nun für die zukünftige verwaltungsgeschichtliche Forschung zu nationalsozialistischen Bürokratien? Beschreibungen wie »lähmendes Chaos« oder »Diktatur der Partei« gehen an der damaligen Realität offenbar vorbei. Es ist festzustellen, daß die bisherige Verwendung der Begriffe Polykratie sowie Normen- und Maßnahmenstaat auf den Prüfstand gehört. Auffällig ist, daß viele Autorinnen und Autoren, die diese Begriffe bisher verwandten, deduktiv verfuhren, das heißt ein festgefügtes Begriffsverständnis auf ausgewählte Phänomene anlegten. Demgegenüber wäre dafür zu plädieren, wie hier in einigen Beiträgen gezeigt, empirisch gesättigte Untersuchungen für eine Korrektur dieser Begriffe fruchtbar zu machen, also induktiv vorzugehen. Es bedarf, wie der hier vorgelegte Band insgesamt nahelegt, einer Neukonzeptualisierung des inhaltlichen Verständnisses von Polykratie und des Begriffspaares Normenstaat/Maßnahmenstaat.

Den Ausgangspunkt müßte unseres Erachtens die Frage nach der Bürokratisierung des NS-Staates bilden. Darunter ist mit Neumann zweierlei zu verstehen: Zum einen die ständige Ausdehnung der autoritären Kontrolle, die bürokratische Apparate über die deutsche Gesellschaft ausübten, zum anderen der Aufbau immer neuer bürokratischer Apparate zur effizienteren Realisierung dieser Kontrolle.[13] Erst der Prozeß der Bürokratisierung machte die NS-Herrschaft zu einer Polykratie im Sinne des Wortes und schuf die Grundlagen für normen- und maßnahmenstaatliches Agieren. Wie aber verlief dieser Prozeß seit 1933 in Staat, Wirtschaft und Gesellschaft? Dazu bedarf es präziser verwaltungsgeschichtlicher Studien zu den Behörden der inneren Verwaltung, der SS, der Wehrmacht, der Wirtschaft und der NSDAP, aber auch Analysen zu den nationalsozialistischen Sonderverwaltungen. Diesen Studien sollten zwei Erkenntnisinteressen zugrunde gelegt werden: Zum einen sind die Verwaltungsorgane als Institutionen zu untersuchen. Die Organisation ihrer Apparate und die Sozialstruktur ihrer Mitarbeiter werden dabei ebenso zu berücksichtigen sein wie Entwicklung und Wandel ihrer institutionellen Position innerhalb des NS-Machtgefüges. Zum anderen bedarf es einer Analyse des Verwaltungshandelns selbst, also des inhaltlichen Vorgehens einer Verwaltungsbehörde. Dazu gehört natürlich auch die Frage, inwieweit diese ihre Politik, abhängig von den jeweiligen Systembedingungen, auch durchzusetzen verstand.[14]

Wie läßt sich dieses doppelte Erkenntnisinteresse für die NS-Forschung nun praktisch fixieren? Peter Hüttenberger hat in einem oft zitierten, inhaltlich aber kaum rezipierten Aufsatz vorgeschlagen, daß vor allem fünf Politikfelder untersucht werden sollten, um das Gefüge der nationalsozialistischen Polykratie auszuleuchten: 1. Entstehung und Entstehungszusammenhang eines Problems, das politisch gelöst werden soll, 2. die verwaltungsinterne Willensbildung, 3. die allgemeine Willensbildung innerhalb des gesamten NS-Herrschaftssystems, 4. die Kodifizierung von Entscheidungen und 5. ihre Umsetzung in die Praxis.[15] Aus verwaltungsgeschichtlicher Perspektive wären folgende Schwerpunkte hinzuzufügen: Es müßten die personelle Struktur des Behördenapparates und die biographische Sozialisation des Personals untersucht werden, außerdem deren handlungsleitende Motive und Interessen. Abhängigkeiten und Zusammenhänge mit anderen Behörden wären ebenso zu berücksichtigen wie die Wechselwirkungen zwischen lokaler, regionaler und zentraler Verwaltungsebene. Folgt man diesem erweiterten Schema, dann wird aus dem Polykratie-Modell ein methodischer Zugang, von dem ausgehend man Initiative und Effizienz einzelner Verwaltungsbehörden des »Dritten Reiches« nicht nur vergleichend untersuchen, sondern auch in die allgemeine Entwicklung des NS-Staates und seiner Politik einordnen kann. Das Polykratie-Modell stellt also keine starre und abstrakte Kategorie mehr dar, sondern ein offenes Forschungskonzept, mit dem man Prozesse der politischen Entscheidungsfindung viel präziser als bisher analysieren kann. Konkretes politisches Handeln von Behörden und deren Personal in der NS-Zeit würde nicht mehr auf ideologische Indoktrination verkürzt zurückgeführt, sondern in der Komplexität und Dynamik von Zielen, Ursachen und Bedingungen untersucht. Die Geschichte der NS-Zeit kann dann als ein offener Prozeß verstanden werden, in dem Alternativen und Spielräume für die Beteiligten existierten, in dem individuelles Engagement das Verwaltungshandeln entscheidend prägte. Damit rückt auch die persönliche Verantwortung des Einzelnen stärker in den Blick der NS-Forschung.

1 Dazu bislang lediglich Dieter Rebentisch/Karl Teppe (Hg.), Verwaltung contra Menschenführung im Staat Hitlers. Studien zum politisch-administrativen System, Göttingen 1986; Dieter Rebentisch, Führerstaat und Verwaltung im Zweiten Weltkrieg. Verfassungsentwicklung und Verwaltungspolitik 1939-1945, Stuttgart 1989, sowie Wolfgang Stelbrink, Der preußische Landrat im Nationalsozialismus, Studien zur nationalsozialistischen Personal- und Verwaltungspolitik auf Landkreisebene, Münster 1998.
2 Beiträge zur Nationalsozialistischen Gesundheits- und Sozialpolitik, Bd. 8: Arbeitsmarkt und Sondererlaß. Menschenverwertung, Rassenpolitik und Arbeitsamt, Berlin 1990; Volker Hermann, Vom Arbeitsmarkt zum Arbeitseinsatz. Zur Geschichte der Reichsanstalt für Arbeitsvermittlung und Arbeitslosenversicherung 1933-1939, Frankfurt am Main (u.a.) 1994.
3 Zur Debatte um das Polykratie-Modell Hans-Ulrich Thamer, Monokratie - Polykratie. Historiographischer Überblick über eine kontroverse Debatte, in: Gerhard Otto/Johannes Houwink ten Cate (Hg.), Das organisierte Chaos. »Ämterdarwinismus« und »Gesinnungsethik«. Determinanten nationalsozialistischer Besatzungsherrschaft, Berlin 1999, S. 21-34 (mit weiteren Literaturhinweisen).
4 Max Weber, Wirtschaft und Gesellschaft. Grundriß der verstehenden Soziologie, 5. revidierte Auflage, besorgt von Johannes Winckelmann, Tübingen 1972, S. 551-868.
5 Franz L. Neumann, Behemoth. Struktur und Praxis des Nationalsozialismus 1933-1944, hrsg. v. Gert Schäfer, Frankfurt am Main 1984, S. 541-550. Vgl. Jürgen Bast, Totalitärer Pluralismus. Zu Franz L. Neumanns Analyse der politischen und rechtlichen Struktur der NS-Herrschaft, Tübingen 1999, S. 1-7 u. 287-303.
6 Mit ähnlichem Tenor jetzt Wolfgang Seibel, Staatsstruktur und Massenmord. Was kann eine historisch-vergleichende Institutionenanalyse zur Erforschung des Holocaust beitragen?, in: Geschichte und Gesellschaft 24 (1998), S. 539-569.
7 Zusammenfassend Ulrich Herbert, Vernichtungspolitik. Neue Antworten und neue Fragen zur Geschichte des »Holocaust«, in: Ders. (Hg.), Nationalsozialistische Vernichtungspolitik 1939-1945. Neue Forschungen und Kontroversen, Frankfurt am Main 1998, S. 9-66.
8 Ernst Fraenkel, Der Doppelstaat, Frankfurt am Main 1974 [ursprgl. erschienen als »Dual State«, New York 1941].
9 Die ältere Forschung ging noch von einem Dualismus zwischen Normen- und Maßnahmenstaat aus; vgl. Martin Broszat, Der Staat Hitlers. Grundlegung und Entwicklung seiner inneren Verfassung, 13. Aufl., München 1992, S. 430 [zuerst erschienen 1969]. Rebentisch, Führerstaat (Anm. 1), hat diese Annahme wieder ins Zentrum seiner NS-Interpretation gerückt.
10 Zu Kommunalverwaltungen allgemein Horst Matzerath, Nationalsozialismus und kommunale Selbstverwaltung, Stuttgart 1970. Demgegenüber bestand in den Länderverwaltungen eine hohe

personelle Kontinuität, wie Michael Ruck, Korpsgeist und Staatsbewußtsein. Beamte im Deutschen Südwesten 1928 bis 1972, München 1996, für Baden und Württemberg nachweist
11 Ähnlich auch Frank Bajohr, »Arisierung« in Hamburg. Die Verdrängung der jüdischen Unternehmer 1933-1945, Hamburg 1997, S. 208 f. u. 215 f.
12 So der Tenor der älteren Forschung; vgl. Matzerath, Selbstverwaltung (Anm. 10), sowie zusammenfassend Dieter Rebentisch/Karl Teppe, Einleitung, in: Dies., Verwaltung (Anm. 1), S. 7-32.
13 Neumann, Behemoth (wie Anm. 5), S. 107-113 u. 430-459. Grundlegend dazu Ludolf Herbst, Entkoppelte Gewalt - Zur chaostheoretischen Interpretation des NS-Herrschaftssystems, in: Tel Aviver Jahrbuch für deutsche Geschichte 28 (1999), S. 117-158, hier: S. 151 ff.
14 Zum implementationspolitischen Ansatz der Organisationssoziologie Renate Mayntz (Hg.), Bürokratische Organisation, Köln-Berlin 1968, sowie dies., Soziologie der öffentlichen Verwaltung, Karlsruhe 1978. In der Geschichtswissenschaft ist dieser Ansatz bislang nur von Wilfried Rudloff, Die Wohlfahrtsstadt. Kommunale Ernährungs-, Fürsorge- und Wohnungspolitik am Beispiel Münchens, 2 Bde., Göttingen 1998, angewandt worden. Daß er sich nur für demokratische Systeme als tragfähig erweise, wie Maurizio Bach, Die charismatischen Führerfiguren. Drittes Reich und italienischer Faschismus im Vergleich ihrer Herrschaftsstrukturen, Baden-Baden 1990, S. 12f., behauptet, scheint uns keineswegs ausgemacht.
15 Basierend auf Neumanns »Behemoth«: Peter Hüttenberger, Nationalsozialistische Polykratie, in: Geschichte und Gesellschaft 2 (1976), S. 417-442, hier: S. 421.

Monica Kingreen

Raubzüge einer Stadtverwaltung.
Frankfurt am Main und die Aneignung »jüdischen Besitzes«

»Eigentümlich rückständig und defizitär« erscheine die Frankfurter Stadtgeschichtsforschung zur NS-Zeit, so stellte Dieter Rebentisch 1999 fest, zu dieser Zeit seit fast zehn Jahren Leiter des Frankfurter Instituts für Stadtgeschichte: »das Thema war in Frankfurt lange tabuisiert«.[1] Ein Jahr zuvor hatte er, auf die kritische Frage des Frankfurter Kulturdezernenten Hans-Bernhard Nordhoff hin, warum nicht längst eine Arbeit über den NS-Magistrat existiere, konstatiert, »daß es in der Frankfurter Geschichtsschreibung ein ‚Loch' für die Zeit von 1933 bis 1945« gebe.[2]

Daß man sich in Frankfurt mit der NS-Zeit so schwer tut, dürfte vor allem mit der Kontinuität der kommunalpolitischen Eliten in den städtischen Institutionen nach 1945 zusammenhängen. Es fällt auf, daß man die städtische Politik des NS-Oberbürgermeisters Friedrich Krebs auf dessen angebliche Bemühungen, Frankfurt vor dem Einfluß des NSDAP-Gauleiters Jakob Sprenger zu schützen, reduzierte. Über die zwölfjährige Amtszeit von Oberbürgermeister Krebs schrieb der schon erwähnte Rebentisch noch 1979, daß »die ständige Berufung auf die geltenden Gesetze und Anordnungen, [...] zu einem Abwehrmittel gegen Übergriffe der Partei wurde«, und unterstellte diesem sogar »eine Rückbesinnung auf rechtsstaatliches Denken und Handeln«.[3] Eine solche Charakteristik findet sich auch noch 1999 in einer Aufsatzsammlung zur Frankfurter Stadtgeschichte, und zwar belegt durch ein Zitat des langjährigen Frankfurter Stadtrates Dr. Rudolf Prestel. Dabei wird jedoch nicht erwähnt, daß Prestel schon in der NS-Zeit als Amtsjurist im Gesundheits- und Fürsorgeamt tätig war.[4] Allein Heike Drummer wagte 1990 in ihrer Magisterarbeit, »jenes positive Bild des NS-Oberbürgermeisters« in Frage zu stellen, welches ihn »eher als ‚Spielball' zwischen Partei und Staat denn als handelndes Subjekt ins Visier nimmt und dadurch einer Relativierung seiner Verantwortlichkeit Vorschub leistet«.[5] Eine 1999 vom Presseamt der Stadt herausgegebene Publikation »Frankfurt unterm Hakenkreuz« kommt gar mit einer einmaligen Erwähnung des Oberbürgermeisters aus.[6] Bei einer solch verkürzten Sichtweise kann natürlich auch eine Beteiligung der Stadtverwaltung bei der »Arisierung« kaum in den Blick kommen. In der Aufsatzsammlung aus dem Jahre 1999 kommt die »Arisierungsthematik« jüdischen Besitzes lediglich als Fußnote der Stadtgeschichte vor.[7] Im Gegensatz zu anderen Städten fehlt für Frankfurt am Main bis heute eine Darstellung der »Arisierung« im wirtschaftlichen Bereich.[8]

Insgesamt ist die Rolle der Stadtverwaltungen im Nationalsozialismus bisher kaum systematisch untersucht worden.[9] Zwar liegen zahlreiche Veröffentlichungen zu Städten und Gemeinden »unterm Hakenkreuz« vor, doch kommt man dort in der Regel ohne Betrachtung der Aktivitäten der lokalen Verwaltung aus. Wolf Gruner schilderte kürzlich erstmals die umfassenden Initiativen von Kommunen bei der Verfolgung der Juden,[10] darunter auch speziell bei der »Arisierung« jüdischen Grundeigentums.[11] Die Erforschung der Bereicherungspolitik und auch der Profite, die Stadt- und Gemeindeverwaltungen durch die Aneignung von »jüdischem Besitz« erzielten, steht insgesamt noch am Anfang.

Im folgenden werden die »Raubzüge« der nationalsozialistischen Stadtverwaltung Frankfurt am Main in einem ersten Überblick dargestellt. Unter der Verwendung städtischer Akten aus der NS-Zeit wird gezeigt, wie der Oberbürgermeister Krebs und die ihm unterstellten Leiter der Ämter im Fürsorge-, Bau- und Kulturbereich vor allem in der Zeit nach dem Novemberpogrom Politik zum »Wohle der Stadt« auf Kosten der jüdischen Einwohner betrieben. Durch vielfältige Initiativen verschafften sie der Stadt Zugriff, damals euphemistisch »Sicherung« genannt, auf den Besitz der beiden jüdischen Gemeinden sowie der Frankfurter Juden. Beim Aneignen agierten sie häufig in Konkurrenz zu nationalsozialistischen Organisationen, vor allem zu zentralen Verwaltungsbehörden. Die Aktivitäten des Führungspersonals städtischer Ämter und städtischer Kulturinstitutionen erwiesen sich dabei oft als äußerst effektiv, aber auch in der Zeit nach dem Novemberpogrom.[12] Im folgenden Beitrag geht es zum einen um das Beschaffen von Kulturgut für städtische Museen und Kultureinrichtungen, erst in Frankfurt, dann im besetzten Ausland, aber auch aus dem Besitz der Entflohenen und der Deportierten. Zum anderen werden die Versuche städtischer Bereicherung an den Wohltätigkeitsstiftungen jüdischer Stifter und an jüdischem Grundbesitz nachgezeichnet.

Die Stadt vor und nach 1933

Frankfurt am Main wurde wie keine andere Stadt in Deutschland von ihren jüdischen Bürgern geprägt. Im Jahr 1933 war Frankfurt die Großstadt mit dem größten jüdischen Bevölkerungsanteil. 4,71 Prozent ihrer Bevölkerung waren jüdischen Glaubens. Dieser Anteil war fast siebenmal so hoch wie der Reichsdurchschnitt mit 0,76 Prozent und lag ein Prozent höher als in Berlin. Wesentliche Bereiche des wirtschaftlichen, sozialen, kulturellen und politischen Lebens wurden von jüdischen Bürgern getragen. Die Stadt verdankte ihnen zu großen Teilen Prosperität und Niveau. Der jüdische Bevölkerungsteil war seit Jahrhunderten in der Stadt fest verwurzelt. Das jüdische Stiftungswesen war hier wie in keiner anderen deutschen Stadt entfaltet.

Die Universität hatte 1914 vor allem durch großzügige Donationen jüdischer Frankfurter entstehen können. Auf diese Besonderheit Frankfurts nimmt ein Aufruf der Jüdischen Gemeinde vom 30. März 1933 mit einprägsamen Worten Bezug: »Wenn keine Stimme sich für uns erhebt, so mögen die Steine dieser Stadt für uns zeugen, die ihren Aufschwung zu einem guten Teil jüdischer Leistung verdankt, in der so viele Einrichtungen vom Gemeinsinn der Juden kündigen, in der aber auch das Verhältnis zwischen jüdischen und nichtjüdischen Bürgern stets besonders eng gewesen ist«.[13]

Als demokratisch gewählter Oberbürgermeister amtierte Ludwig Landmann, der aus einer jüdischen Familie stammte, seit 1924. Er gehörte der Deutschen Demokratischen Partei an und förderte während der »Ära Landmann« in überragender Weise die Entwicklung Frankfurts zu einer führenden Großstadt Deutschlands. Am Tag der Kommunalwahl am 12. März 1933, bei der die NSDAP stärkste Fraktion in der Stadtverordnetenversammlung wurde, trat Landmann von seinem Amt zurück. Bereits am folgenden Tag ernannte Hermann Göring, nur einige Wochen zuvor als preußischer Innenminister eingesetzt, auf Empfehlung des NSDAP-Gauleiters Sprenger, Dr. Friedrich Krebs (*1894) als kommissarischen Oberbürgermeister der Stadt Frankfurt. Als überzeugter Nationalsozialist und langjähriger Kampfgefährte des Gauleiters sowie wegen seiner beruflichen Qualifikation als Landgerichtsrat war Krebs für die Nationalsozialisten in dieser Position eine ideale Besetzung. »Schon früh habe ich mich in der völkischen Bewegung betätigt«, schrieb Krebs 1938 in seinem Lebenslauf, »bereits 1922 bin ich dem Deutschbund, dem ich auch heute noch angehöre, beigetreten, ebenso habe ich in verschiedenen anderen völkischen Verbänden gearbeitet [...] und war 1924 Ortsgruppenleiter der NSDAP in Frankfurt a. M. [...]. In der Folgezeit war ich in vielen Stellungen für die Partei tätig. So gründete ich den Kampfbund für Deutsche Kultur in Frankfurt a. M., dessen Ortsgruppenleiter und später auch Landesleiter ich gewesen bin«.[14] Von August 1933 bis Oktober 1937 fungierte Krebs zugleich auch als NSDAP-Kreisleiter.

Als Oberbürgermeister war er bestrebt, an die historischen Traditionen Frankfurts als Freie Reichsstadt und frühere »Wahl- und Krönungsstadt der deutschen Kaiser« anzuknüpfen. Frankfurts Historie war für ihn »das beste Stück deutscher Geschichte«. Das Ziel seiner »kulturellen Arbeit in Frankfurt im Rahmen unseres Volksstaates« sah Krebs darin, daß »aus der Stadt der ‚Frankfurter Zeitung' und Maier Amschel Rothschilds wieder die deutsche Stadt und die Stadt Goethes wird.«[15] Nach mehr als vierjähriger Tätigkeit in führender Stellung im Kampfbund für deutsche Kultur, der 1927 von Alfred Rosenberg als »nationalsozialistische Gesellschaft für deutsche Kultur« zur Gewinnung der bildungsbürgerlichen Schichten für den Nationalsozialismus gegründet worden war, konnte Krebs nun daran gehen, diese Zielsetzungen nach dem alten Frankfurter Chronistenspruch »alles aus uffrichtig Lieb for Frankfort« mit dem Zusatz »Heil Hitler« in die Tat umzusetzen.[16]

Seinem antisemitischen Weltbild entsprechend, verfügte er am 28. März 1933 in einer seiner ersten Amtshandlungen, alle jüdischen Bediensten der Stadtverwaltung sowie der städtischen Gesellschaften zu entlassen.[17] Erst zehn Tage später wurde das entsprechende »Gesetz zur Wiederherstellung des Berufsbeamtentums« erlassen. Krebs verstand sich als Oberbürgermeister der Frankfurter »Volksgemeinschaft«, und seiner radikalen Gesinnung entsprechend, sprach er in der Folgezeit zahlreiche antijüdische Verbote aus. Bereits das 1935 in New York erschienene Handbuch »The Jews in Nazi Germany« führte die ungünstige Lage der Frankfurter Juden wesentlich auf das Verhalten von Krebs zurück.[18]

Krebs hatte aber keine Kommunalverwaltungserfahrung und war deshalb auf die Zuarbeit von Experten in den Frankfurter Stadtämtern angewiesen. Im Amt blieb so der Leiter der Bauverwaltung, der Jurist Dr. Bruno Müller (*1888), der von 1926 bis zur Eingemeindung nach Frankfurt 1928 Bürgermeister von Höchst und dann hauptamtlicher Stadtrat geworden war. Zu dessen Dezernat gehörten das Liegenschaftsamt, die Stadtwerke, das Revisions- und Organisationsamt sowie die Rechtsstelle mit der Stiftungsabteilung. Er trat 1933 in die NSDAP ein.[19] Dr. Rudolf Keller (*1878), zuvor Oberschulrat in Berlin-Zehlendorf, war seit 1928 hauptamtlicher Stadtrat für Schule und Kultur in Frankfurt. 1933 übernahm er im Alter von 54 Jahren die Leitung des Kulturamtes; am 28. April desselben Jahres hatte er sich »zur Partei angemeldet«.[20] Eine Ausnahme bildete hingegen das umfangreiche Sozialdezernat, dessen Leiter, ein SPD-Stadtrat, aus politischen Gründen zwangsbeurlaubt wurde. An seine Stelle trat der seit 1929 der NSDAP angehörende Stadtmedizinalrat Dr. Werner Fischer-Defoy (*1880), der bald daran ging, eine streng sozialrassistische Gesundheitspolitik zu verwirklichen.[21] Sein Stellvertreter im Fürsorgeamt wurde 1936 Dr. Rudolf Prestel (*1889), seit Mai 1933 Mitglied der NSDAP.[22]

Besitzaneignung und Aneignungsversuche ab 1936

Die Kunstsammlungen des Frankfurter nichtstädtischen Museums Städel waren unter tätiger Hilfe des Generaldirektors der Städtischen Museen, Prof. Georg Swarzenski, entstanden, der als »Nichtarier« 1933 sofort aus den städtischen Diensten entlassen wurde. Nach der Machtübernahme der Nationalsozialisten mußten die Museen nun erleben, daß renommierte jüdische Sammler ins Ausland flohen und ihren Besitz nicht – wie vor 1933 beabsichtigt – einem Museum in Frankfurt vermachten. So nahm beispielsweise Robert von Hirsch seine Sammlung, die später als die schönste private Kunstsammlung der Welt bezeichnet werden sollte, mit in die Schweiz.[23] Daher bürgerte sich in Frankfurt die Praxis ein, den Transfer von begehrter Kunst ins Ausland zu verhindern, in dem man sie in die Liste national wertvoller Güter aufnehmen ließ.[24]

Auf Initiative des Leiters aller Frankfurter Bibliotheken, Oehler (siehe weiter unten), nutzte man dieses Mittel, um in den Besitz der wertvollen Dirmstein-Handschriften zu kommen.[25] Auch bei der Aneignung wertvoller Objekte aus der bedeutendsten europäischen Musiksammlung von Paul Hirsch[26] und der Einbandsammlung seiner Ehefrau Olga verfuhr die Stadt auf diese Weise. Der Polizeipräsident verbot im Auftrag des Innenministeriums die Ausfuhr zahlreicher Objekte nach England, indem man sie kurzerhand zu »nationalem Kulturgut« erklärte.

Erst nachdem wertvolle Teile der Sammlungen Hirsch der Stadt Frankfurt »geschenkweise« überlassen worden waren, konnte der restliche Besitz nach England geschickt werden. Nutznießer war vor allem die Frankfurter Bibliothek für Neuere Sprachen und Musik mit ihrem Direktor Dr. Joachim Kirchner, der dieses Vorgehen auch initiiert haben dürfte. Letzterer war übrigens für die Bücherverbrennung 1933 auf dem Frankfurter Römer hauptverantwortlich.[27]

Als immer mehr jüdische Bürger ihre Auswanderung vorbereiteten und Kunstbesitz verkaufen mußten, konnten die städtischen Museen diese Situation nicht nutzen, da ihre Etats noch für einige Jahre wegen zurückliegender Erwerbungen gesperrt waren. Deshalb entschloß sich Frankfurts Oberbürgermeister Ende 1936, den Museen mehr als 300.000 Reichsmark zu erlassen, um die »durch die Abwanderungen überaus günstigen Ankaufsmöglichkeiten« ausnutzen zu können. Krebs befürchtete: »Die Frankfurter Museen, die einen unbestritten guten Ruf genießen, drohen ins Hintertreffen zu geraten und von den Museen anderer Städte überflügelt zu werden«.[28]

Da emigrierende jüdische Frankfurter auch Immobilien verkauften, ergab sich für die Stadtverwaltung zugleich die Möglichkeit, eine »ausgreifende Grundstückspolitik« zu betreiben, wie die folgenden Beispiele zeigen. Frankfurt konnte 1937 ein großes Landgut im Taunus billig erwerben, und als Erholungsheim für 40 Personen nutzen. Ein »vorgesehener Neubau in Hohenwald wäre teurer«, argumentierte Krebs. »Wir haben rasch zugreifen müssen, denn außer der SA hat man sich auch von anderer Seite um den Erwerb des Anwesens bemüht«. Den Konflikt um die Immobilie mit der SA löste er übrigens dadurch, daß er dieser die Nutzungsrechte für einige Jahre überließ.[29] Wenige Monate später erwarb die Stadt sehr günstig ein prächtiges Villenanwesen. Der Hinweis des Bauamtes auf »die Gefahr«, daß »die Eigentümer bei zu hoher steuerlicher Belastung die Gebäude abreißen und eine Neubebauung mit Kleinwohnungen vornehmen«,[30] wirkt angesichts der Zeitumstände ausgesprochen konstruiert. Dieses repräsentative Gebäude bot Krebs umgehend Gauleiter Sprenger als »denkbar geeignet« für dessen Zwecke an.[31] Im September 1938 kaufte die Stadt Frankfurt erheblich unter dem Verkehrswert ein prachtvolles Palais mit Park von Freiherrn Maximilian von Goldschmidt-Rothschild, der zu diesem Zeitpunkt 95 Jahre alt war. Gegen Miete durfte Goldschmidt-Rothschild sein Palais, in dem sich auch seine prächtige Kunstsammlung befand, weiter bewohnen. Krebs sah mit diesem Erwerb die Grundlagen für »eine großzügige Grünflächenpolitik« der Stadt geschaffen.[32]

Zur Entlastung des städtischen Fürsorgehaushaltes strebte der Oberbürgermeister außerdem die »arische Nutzung« der Erträge von jüdischen Stiftungen an, vor allem solcher unselbständiger Stiftungen, die die städtische Stiftungsabteilung unter der Aufsicht des Regierungspräsidenten verwaltete. Gemeinsam mit dem zuständigen Amtsleiter Bruno Müller bemühte sich Krebs darum, vorhandene Handlungsspielräume im Interesse der Stadtverwaltung zu nutzen. Bereits bis Ende 1935 hatte er »bei der Neubesetzung immer darauf geachtet, daß auch in solche Stiftungen Volksgenossen hineinkamen, die für den nationalsozialistischen Staat eintreten.«[33] Bei interkonfessionellen Stiftungen mußten die Erlöse, dem Willen der Stifter entsprechend, jüdischen und christlichen Menschen gleichermaßen zugute kommen. Entsprechend setzten sich die Vorstände aus Christen und Juden zusammen. Die Stiftungsabteilung versuchte jetzt darauf »einzuwirken«, daß diese Stiftungen zwischen »dem jüdischen und dem arischen Teil« aufgeteilt würden. Dies aber nur dann, so Krebs, »wenn sonst keine Möglichkeit besteht, die

Erträge für arische Bewerber zu sichern«.[34] Im Dezember 1936 wurden im Reich alle Fürsorge-Stiftungen, die »nicht ausschließlich deutschen Volksgenossen« zugute kamen, steuerpflichtig.[35] Krebs verstärkte daraufhin seine Aktivitäten hinsichtlich solcher interkonfessioneller Stiftungen.[36] In Frankfurt versuchten wenige Monate später gemeinsam die Leiter von Stiftungsabteilung, Fürsorgeamt und Kulturamt, den Vorständen großer interkonfessioneller Stiftungen die Zustimmung zur Aufspaltung in einen »arischen« und einen »jüdischen« Teil abzupressen. Dieses Ansinnen lehnten deren Vertreter als Verstoß gegen den Geist der jüdischen Stifter ab.[37] Ende 1937 übertrug die Stiftungsabteilung illegalerweise »durch Auflösung oder Satzungsveränderungen« kleinere »Stiftungen jüdischer Herkunft« bereits »auf deutsche Volksgenossen«.[38] Da sie sich nun einem massiven Druck der Stadtverwaltung zur »Arisierung« der Stiftungen – von Müller »Gesamtbereinigung« genannt – ausgesetzt sahen, fanden sich die Vertreter der Jüdischen Gemeinde schließlich im Januar 1938 bereit, einen Vergleich zu schließen. Hiernach sollten Stiftungen im Wert von 1.5 Millionen Reichsmark je zur Hälfte zwischen der jüdischen Gemeinde und der Stadt aufgeteilt werden. Dieses erpreßte »Entgegenkommen« widersprach ebenfalls allen geltenden Gesetzen. Obwohl die Jüdische Gemeinde damit immerhin bereit war, den Einfluß auf 50 Prozent der Stiftungen aufzugeben, ging Müller noch einen Schritt weiter und bot ihr lediglich noch 25 Prozent an.[39] Der greise Justizrat Dr. Julius Blau, seit 1903 Vorsitzender des Vorstandes der Israelitischen Gemeinde, lehnte dies als extreme Ausplünderung ab. Mit dem letzten Stolz des Gedemütigten führte er an: »Selbst wenn eine etwaige gesetzliche Regelung ein ungünstigeres Ergebnis für die jüdische Seite bringen würde, so hätten die jüdischen Vorstandsmitglieder als dann wenigstens nicht durch einen freiwilligen Verzicht auf den größeren Teil des Stiftungsvermögens eine Verantwortung auf sich geladen, die sie gegenüber den Stifterfamilien, den jüdischen Hilfsbedürftigen und der jüdischen Allgemeinheit nicht glauben tragen zu können«.[40] Mit der Ablehnung des Abkommens gelang es der Jüdischen Gemeinde, zumindest kurzzeitig die Aneignungsversuche der Stadt abzuwehren.

Der städtische Stiftungsfachmann Müller bemühte sich jedoch nun beim Reichsfinanzministerium mit vielschichtigen Argumentationen darum, die »arisch« städtische Nutzung der Stiftungen zu erreichen. Oberbürgermeister Krebs wurde zudem beim Deutschen Gemeindetag initiativ.[41] Das Drängen Müllers, die Rechtsgrundlagen der paritätischen Stiftungen zu verändern, zeigte bald Wirkung. Im März 1938 konnte er dem Oberbürgermeister mitteilen: »Die Regierung ist erst durch die zahlreichen von hier ausgelösten Anträge in der aus steuerrechtlichen Gründen bedingten Umstellung der Stiftungen auf die Bedeutung des Stiftungswesens allgemein aufmerksam gemacht worden«.[42] Im Sommer wurde der Stadtverwaltung dann vom Regierungspräsidenten das Aufsichtsrecht für 75 selbständige Stiftungen übertragen. Trotz der Mehrarbeit versprach die Stadt sich damit eine »weitgehende Einflußnahme«, um über die Stiftungserträge den städtischen Fürsorgehaushalt zu entlasten.[43] Dank ihrer hartnäckigen Versuche war damit die Stadt ihrem Ziel, die volle Verfügung über das umfangreiche Vermögen jüdischer Stifter zu erlangen, ein bedeutendes Stück näher gekommen.

Eher ideologisch begründete die Stadt ihren Umgang mit der berühmten Hebraica- und Judaica-Sammlung der Stadt- und Universitätsbibliothek, die vor allem durch Schenkungen jüdischer Frankfurter entstanden war.[44] Krebs folgte der Empfehlung eines städtischen Bibliothekars, diese »einzigartige« Sammlung nicht zu verkaufen, sondern sie statt dessen als »Waffe im Rassenkampf« zu nutzen.[45] Er wehrte sich erfolgreich dagegen, die Sammlung an die »Forschungsabteilung Judenfrage« des neugegründeten NS-Reichsinstituts für Geschichte des neuen Deutschland[46] nach München zu geben. Krebs bemühte sich um die lokale »Nutzung«. Von seinem Kulturamtsleiter forderte er Anfang November 1938 Vorschläge, wie diese Bibliothek »durch etwaige Ankäufe bei den auswandernden Juden« erweitert werden könne und schlug eine Besprechung mit der »israelitische[n] Kirchengemeinschaft« vor. Krebs erläuterte Hitlers Stellvertreter Rudolf Heß, daß diese städtische Sammlung »für die Erforschung des Judentums und der Judenfrage in unseren Tagen eine einzigartige Möglichkeit« biete und er sie gern dem »geistigen und politischen Kampf des Nationalsozialismus gegen das Judentum« unter einem »beträchtlichen Opfer zur Verfügung zu stellen« gedenke.[47]

Aneignungen während des Novemberpogroms 1938

Während des Novemberpogroms wurden in Frankfurt – im Gegensatz zu Berlin oder Hamburg[48] – fast alle jüdischen Männer verhaftet. Eine Woche lang wurde Jagd auf sie gemacht. Mehr als 3.000 Männer wurden nach Buchenwald und Dachau verschleppt. Bei der »Judenaktion« – wie der Oberbürgermeister die Pogrome bezeichnete – stellte die Stadtverwaltung der Gestapo die Festhalle als »Sammelstelle« und »Großkraftwagen« für die »Beförderung von Juden von deren Wohnungen zur Festhalle [und] für Fahrten zu den Frankfurter Bahnhöfen« zur Verfügung. Der Oberbürgermeister bemühte sich noch Monate später um Erstattung der Kosten durch die Gestapo.[49]

Die Stadtverwaltung machte sich die ohnmächtige Lage der jüdischen Frankfurter während des Pogroms zielstrebig zur Aneignung »jüdischen Besitzes« zu nutze. Am Vormittag des 10. November 1938, als eine aus SA und SS bestehende Terrorgruppe auf der Hauptgeschäftsstraße die Geschäfte jüdischer Besitzer stürmte, beauftragte der Oberbürgermeister – soweit aus den Akten hervorgeht – Prof. Richard Oehler (*1878), den Leiter der Frankfurter Gesamtbibliotheken damit, Kulturgut der jüdischen Gemeinden »sicherzustellen«. Oehler war seit dem 30. April 1933 Mitglied der NSDAP und war auch förderndes Mitglied der SS. Er gehörte dem Kampfbund für deutsche Kultur und der NS-Vereinigung deutscher Bibliothekare an. In Frankfurt bekleidete er als Politischer Leiter das Amt des Kulturstellenleiters der Ortsgruppe Altstadt.[50] Am Morgen des 10. November 1938 hatte Oehler bereits mit der Gestapo verhandelt. Es kann angenommen werden, daß das Ausrauben der Gemeindebibliothek als Zuwachs der Judaicasammlung für das geplante »Institut zur Judenforschung« gedacht war. Oehler teilte jedenfalls dem erst seit wenigen Wochen im Amt stehenden Leiter des Stadtarchivs, Dr. Harry Gerber (*1888), mit,[51] daß er »auf Anordnung des Herrn Oberbürgermeisters sofort alle Maßnahmen zu treffen hätte, um die jüdischen Gemeindearchivalien sicherzustellen«. Dieser eilte mit weiteren vier Mitarbeitern zum zentralen Verwaltungsgebäude der Israelitischen Gemeinde in der Fahrgasse 146, wo sich die zentrale Verwaltung der Gemeinde und die Gemeindebibliothek befanden. Im Erdgeschoß lag das Jüdische Museum. Mit vor Ort waren, neben Oehler und Gerber, auch der erst wenige Monate zuvor ins Amt gekommene Leiter des Stadthistorischen Museums, Ernstotto Graf Solms zu Laubach (*1890), mit seinen Mitarbeitern.[52] Solms hatte zuvor in der Städtischen Galerie gearbeitet. Seit 1933 war er Mitglied der NSV, nach Überführung des Stahlhelm im Sommer 1934 auch der SA, und seit Mai 1937 Anwärter für die NSDAP.[53] Diese drei Herren beschafften mehrere Möbelwagen und ließen alles ihnen für die städtischen Institutionen interessant Erscheinende hineinladen, der Stadtarchivar die laufende Geschäftsregistratur der Jüdischen Gemeindeverwaltung sowie wertvolle Urkunden, der Bibliotheksleiter 30.000 bis 40.000 Bücher,[54] während Graf Solms sich auf die »Sicherung« von mehr als tausend Objekten aus dem Jüdischen Museum konzentrierte.[55] Das Verladen dauerte zwei Tage. Die Institutsleiter bemühten sich parallel, auch in den Synagogen Objekte, Bücher und Archivalien »sicherzustellen«, so in den großen Synagogen Friedberger Anlage, Freiherr-vom-Stein-Straße und Börnestrasse, aber auch in den kleineren Synagogen der Vororte Höchst und Rödelheim. Die in Heddernheim war bereits zugenagelt. Oehler hatte aus den Kirchengebäuden »mindestens 46 alte und neuere Thorarollen«[56] und Graf Solms alles, »was noch bergenswert war an Stoffen, Leuchtern, Thorarollen und Silbergerät«[57] geholt. Für diesen »Judentransport«[58] in die städtischen Einrichtungen waren Speditionskosten von mehr als 1.400 Reichsmark entstanden.[59]

Der Oberbürgermeister war während der schweren Ausschreitungen gegen die jüdischen Frankfurter anderweitig beschäftigt: Am Vormittag des 10. November 1938 sprach er mit Justizrat Dr. Alexander Berg, einem Rechtsberater des Freiherren von Goldschmidt-Rothschild und gleichzeitig Administrator des Frankfurter (nichtstädtischen) Museums Städel, über die Sammlung des Freiherrn von Goldschmidt-Rothschild, eine der größten privaten Kunstsammlungen Europas, die Museumsrang hatte. Als im Sommer 1938 jüdische Bürger zwangsweise ihr Vermögen »anmelden« mußten, hatte Goldschmidt-Rothschild, um den Geldwert seiner Sammlung angeben zu können, offenbar das Kunsthaus Boehler in München und einen Berliner Sachverständigen mit einer »vorsichtigen« Schätzung seiner Sammlung beauftragt. Letztere hatte für die etwa 1.400 Gegenstände einen Wert von 2.5 Millionen Reichsmark nach den zu dieser Zeit üblichen Niedrigpreisen für »jüdisches Kulturgut« auf dem deutschen Kunstmarkt ergeben.[60] Nach dem Krieg behauptete Berg, der selbst vor allem den Verkauf der Kunstsammlung an die Münchener Kunsthandlung Boehler und damit deren Verlust für die Stadt befürchtet hatte, daß am 10. November 1938 nach Meinung des Oberbürgermeisters »für den Erhalt der Sammlung Goldschmidt-Rothschild die größte Gefahr bestehe, denn wenn der Pöbel vom Zentrum nach der Bockenheimer Landstraße vordringe, sei mit Sicherheit anzunehmen, daß er in die Wohnung des Barons eindringen, die wertvollen Einrichtungsgegenstände und die ganze Kunstsammlung kurz und klein schlagen werde. Dann werde nicht nur die Stadt um den Erwerb einer bedeutenden Sammlung gebracht, sondern auch dem jetzigen Eigentümer ein großer Schaden zugefügt. Die einzige Möglichkeit, dies zu verhindern, sei ein sofortiger Erwerb der Sammlung durch die Stadt, die hierzu bereit sei.« Bergs Rechtfertigung von 1946 zufolge sei es dem Oberbürgermeister wichtig gewesen, »daß er unter keinen Umständen die Notlage, in der sich Baron von Goldschmidt-Rothschild zur Zeit als Jude befinde, ausnutzen werde, er wolle sich später nicht dem Vorwurf aussetzen, der ‚Leichenfledderer' der Juden genannt zu werden«. Die Stadt hatte am Tag des Pogroms telefonisch einen Kaufvertrag zum taxierten Preis von 2.6 Millionen Reichsmark mit dem Freiherrn geschlossen: »Wir vereinbarten dann noch, daß sofort sämtliche Türen und Tore des Hauses Bockenheimer Landstrasse 10 geschlossen werden sollten, und daß im Vorgarten ein Schild mit der Aufschrift ‚Städtisches Eigentum' angebracht würde«.[61] Entgegen dieser Darstellung berichtete der Sekretär des Barons 1945 von einem Verkauf unter Zwang.[62] Das Palais mit darin befindlichen Kunstgegenständen deklarierte die Stadtverwaltung kurzerhand zur Abteilung II des Museums für Kunsthandwerk, die wenige Monate später der Öffentlichkeit übergeben wurde.[63]

Vermutlich war es eine direkte Reaktion auf die Aneignung der Rothschildschen Kunstschätze, daß die lokale Gestapo einen Tag nach Abschluß der »Sicherstellung« durch die städtischen Institutsleiter alle diese Objekte beschlagnahmte und abtransportierte.[64] Sie hatte vor, die Museumsobjekte zu verkaufen, und ließ sie vom früheren Leiter des Jüdischen Museums, Dr. Hermann Gundersheimer, katalogisieren und schätzen.[65] Oberbürgermeister Krebs, unter Druck geraten, rechtfertigte sein eigenmächtiges Vorgehen durch die »Grundsätze der Geschäftsführung ohne Auftrag«.[66] Er wies darauf hin, daß er im Jüdischen Museum »die zahlreichen Leihgaben der Stadt« vor der Vernichtung habe retten wollen. Dies waren aber lediglich 31 Objekte.[67] In den folgenden Monaten bemühte er sich beim Regierungspräsidenten und auch bei der Gestapo darum, die Ausstellungsstücke zurückzubekommen. Fischer-Defoy, vertretungsweise im Kulturamt, schlug Krebs noch vor, die Rückgabe aller für die Frankfurter Geschichte wichtigen Objekte aus dem Jüdischen Museum und dem Gemeindearchiv zu fordern.[68] Krebs setzte diese Anregung um und bot der Gestapo als Gegenleistung an, auf die Rückerstattung der Transportkosten aus den Tagen des Novemberpogroms zu verzichten.[69] Eine Lösung dieses Konfliktes sollte sich für die Stadt erst Monate später im Kontext anderer »Arisierungsbereiche« ergeben.

Genau einen Tag nach der Beendigung der Jagd auf jüdische Männer konnte Oberbürgermeister Krebs in der Gemeinderatssitzung fünf herrschaftliche Immobilien aus dem Besitz jüdischer Familien vorstellen, die zu »günstigsten« Preisen für mehr als eine halbe Million Reichsmark erworben worden waren, denn »die letzte Woche hat das Problem wesentlich schneller reifen lassen, als es unter anderen Umständen gereift wäre«. Die Nutzung für die Universität oder für andere Einrichtungen, aber auch neue stadtplanerische Lösungen standen dem Oberbürgermeister vor Augen. Krebs hatte die Gunst der Stunde erkannt: So »werden wir die Chance ausnutzen und jetzt Grundstücke kaufen, wo wir können, natürlich zu angemessenen Preisen. Was jetzt auf diesem Gebiet versäumt würde, könnten wir nicht mehr einholen, damit steht und fällt die weitere Entwicklung unserer Stadt«.[70]

Bereicherungen nach dem Pogrom bis Ende 1939

In den folgenden Monaten verschränkten sich die städtischen Aktivitäten immer mehr. Zum einen mit der Übernahme der Institutionen der Jüdischen Wohlfahrtspflege durch den »Beauftragten für Judenfragen bei der Stadtverwaltung«,[71] zum zweiten mit den Zugriffen auf jüdische Stiftungen und zum dritten durch den Erwerb von Immobilien jüdischer Institutionen. In dieser Zeit entwickelte sich eine eigene Frankfurter »Arisierungsdynamik«. Die städtischen Ämter koordinierten ihre Anstrengungen zur Aneignung »jüdischen Besitzes« immer stärker miteinander. Sie arbeiteten unter großem Zeitdruck, da auf der Reichsebene die Gründung einer Zwangsorganisation für Juden drohte, in die »jüdischer Besitz« eingegliedert werden sollte. Die einzelnen Stränge dieser Entwicklung werden im folgenden getrennt betrachtet.

Die »Verordnung über die öffentliche Fürsorge für Juden« vom 19. November 1938 sah einen Ausschluß der jüdischen Armen aus der städtischen Wohlfahrt vor. Sie sollten an jüdische Fürsorgeeinrichtungen verwiesen werden.[72] Diese neue Situation nutzte die Stadtverwaltung unter Federführung Fischer-Defoys für einen Zugriff auf die jüdischen Wohlfahrtsinstitutionen, um den städtischen Fürsorgeetat zu entlasten.[73] Bereits am 21. November 1938 übermittelte Fischer-Defoy dem Oberbürgermeister den »Wunsch« von NSV und Frankfurter Gestapo, das Städtische Fürsorgeamt möge sich »bis zur endgültigen, gesetzlichen Klärung der Eigentumsverhältnisse an jüdischen Werten« einschalten. In diesem Sinne setzte das Fürsorgeamt den Leiter der »Judenkreisstelle« der städtischen Wohlfahrt, Georg Schwarz, seit 1913 in städtischen Diensten und seit 1. April 1933 in der NSDAP, als Kommissar zur »Überwachung des Geschäftsführers und für Weiterführung der notwendigen wohlfahrtspflegerischen Arbeiten« ein. Der frühere Geschäftsführer der jüdischen Wohlfahrt mußte von der Gestapo aber erst noch aus dem Konzentrationslager entlassen werden. Außerdem sollte ein städtischer Finanzexperte den Besitz, darunter Wertpapiere und Bankguthaben, der jüdischen Institutionen »beurteilen«.[74] Die Autonomie der bedeutenden Frankfurter jüdischen Wohlfahrtseinrichtungen wurde mit dieser städtischen Konstruktion gewaltsam beendet. Die Stadt ließ die Information über die neuen Machtverhältnisse in der ersten Ausgabe des »Jüdischen Nachrichtenblattes«, dem einzigen noch zugelassenen jüdischen Publikationsorgan, Anfang Dezember 1938 verbreiten: »Jüdische Wohlfahrtspflege Frankfurt a. M. e. V. Unter der Aufsicht der Stadtverwaltung Frankfurt a. M. Die Jüdische Wohlfahrtspflege hat unter Aufsicht der Stadtverwaltung Frankfurt a. M. alle bisher bestehenden Wohlfahrtseinrichtungen (ausschließlich der Heime) übernommen«.[75] Die Stadt eignete sich sämtliche Konten der jüdischen Wohlfahrtsinstitutionen an, nicht nur derjenigen in Frankfurt, sondern auch derjenigen des Provinzialverbandes Hessen-Nassau und der Jüdischen Winterhilfe. Dem Postscheckamt Frankfurt teilte der Oberbürgermeister mit, daß er »im Anschluß an die bekannten Vorgänge vom 9. und 10. November 1938« in Absprache mit der Gestapo den Verwaltungsinspektor Schwarz vom Städtischen Fürsorgeamt als »Beauftragten für die Überwachung und Neubildung der gesamten jüdischen Wohlfahrtseinrichtungen in Frankfurt a. M. eingesetzt habe« und »im übrigen die jüdische Wohlfahrtspflege voll verantwortlich in den Händen der jüdischen Einrichtungen selbst« liege.[76] Der »Beauftragte für Judenfragen« traf jedoch nun alle Entscheidungen zur jüdischen Fürsorgetätigkeit. Er traf sie unter den Grundsätzen des minimalen Kostenaufwandes für die in städtischem Interesse verwalteten Gelder. Von den aus Frankfurt auswandernden Juden forderte er »Auswanderungsabgaben«. Verkäufe von Heimen der Jüdischen Wohlfahrt in Hofheim und Bad Soden an die Städte machte er wegen zu niedriger Kaufpreise rückgängig.[77] Die Arbeit des »Beauftragten für Judenfragen der Stadtverwaltung« entwickelte in den folgenden Wochen Modellcharakter für den Regierungsbezirk Wiesbaden. Vertreter verschiedener Stadtverwaltungen kamen, um »die Frankfurter Regelung« kennenzulernen.[78] Ende Dezember 1938 erhielt der Beauftragte Schwarz von der Jüdischen Gemeinde Frankfurt die formale Zustimmung, diese werde künftig monatlich 25.000 Reichsmark für noch von der städtischen Wohlfahrt unterstützte jüdische Arme zahlen. Diese Zahlung sollte von der Stadt aber nicht für »auswärtige« Juden benutzt werden, die seit dem Pogrom nach Frankfurt geflohen waren, denn für diese war die städtische Fürsorge nach der Rechtslage weiterhin zuständig.[79] Auf einer Sitzung des Deutschen Gemeindetages in Berlin konnte Amtsleiter Fischer-Defoy am 1. März 1939 das Frankfurter Modell zur »Entlastung« des städtischen Fürsorgehaushaltes vorstellen, das »als vorteilhaft und nachahmenswert anerkannt« wurde. Dort erfuhr er auch von dem Vorhaben, eine reichsweite Zwangsorganisation für Juden zu schaffen, die eine »Zusammenfassung und Neugründung aller jüdischen Einrichtungen« anstrebte.[80] Zügig entwickelte er in den folgenden Wochen die Idee, einen Anteil von dem bereits mehr als 1,5 Millionen Reichsmark betragenden Geldstock aus der »Auswandererabgabe« und aus den abgepreßten Erträgen von Stiftungen für die Stadt zu »sichern«. Von der Jüdischen Gemeinde wurden rückwirkend ab 1. Januar »sämtliche Unterstützungsvorlagen« der städtischen Fürsorge, also auch für die »auswärtigen« Juden, und eine 20-prozentige Verwaltungsgebühr verlangt. Diese Pläne wurden »trotz gewisser Bedenken« der örtlichen Gestapo gefaßt.[81]

Gleich in den Tagen des Pogroms versuchte die Städtische Stiftungsabteilung, nun endlich die »Arisierung« der interkonfessionellen Stiftungen zu erreichen. Sie verlangte von der wehrlosen Israelitischen Gemeinde eine Erklärung, auf jüdische Vertreter in den Stiftungsvorständen zu verzichten. Trotz seiner geschwächten Position infolge der radikalisierten Politik verweigerte der Gemeindevorstand einen solchen Verzicht ohne jegliche städtische Gegenleistung.[82] Die Stadt versuchte nun, auf den Regierungspräsidenten einzuwirken. Sie und forderte, generell »die Zusammenarbeit zwischen Ariern und Juden zu beenden«, und bemerkte: »Zweifellos will niemand etwas von den Juden geschenkt haben«.[83] Es gelang der Stadt beim Regierungspräsidenten am 17. Dezember 1938, eine der spezifischen Frankfurter Situation entsprechende Auslegung der neuen Fürsorge-Verordnung zu erreichen. Mit perfiden Begründungen erhielt die Stadt das Recht, nach erzwungener Zustimmung der Vorstände aller »rein jüdischen« Fürsorge- und Ausbildungsstiftungen, deren gesamte Ausschüttungen dem städtischen »Judenbeauftragten« zu überlassen. Der wurde vom Regierungspräsidenten als

»Stiftungskommissar« anerkannt. Zusätzlich sollte es der Stadt möglich werden, bedeutende interkonfessionelle Stiftungen zu »arisieren«.[84]

In dieser Situation waren nur noch die Rothschildschen Stiftungen in der Lage, sich dem massiven städtischen Druck zu entziehen.[85] Als die Londoner Rothschilds über die britische Botschaft Auskünfte über ihre Frankfurter Stiftungen einholen, fertigte Müller eine detaillierte Antwort an, um »unbedingt klarzustellen, daß bei diesen Stiftungen in jeder Weise ordnungsgemäß und gesetzesmäßig verfahren worden ist«.[86] Als beim Gemeindetag »die Grundlagen der kommenden Regelung« für jüdische Stiftungen besprochen wurden, fungierte abermals »die Frankfurter Arbeit als Muster«. Müller vermerkte für seinen Oberbürgermeister stolz, daß »auch unsere Vorarbeit hierzu nicht unwesentlich beigetragen hat«.[87] Ein neuer Erlaß des Innenministers vom Mai 1939 schloß Juden als Nutzer von Stiftungen aus. Diese rassistische Auslegung des Stiftungsrechtes hatte auch die Frankfurter Stadtverwaltung mit initiiert.[88] Noch wenige Tage vor der formellen Gründung der Reichsvereinigung der Juden im Juli 1939[89] bewerkstelligte Frankfurt es, die zugunsten der Universität von Juden gegründeten Stiftungen – Adickes- und Varentrapp-Stiftung sowie Frankfurter Hochschulstiftung – in sogenannte Auffangstiftungen bei der Stadt eizu überführen.[90] Die Gründung der Reichsvereinigung, in die alle jüdischen Stiftungen einzugliedern waren, sollte dann nicht nur den Zugriff der Stadtverwaltung auf weitere Stiftungen blockieren, sondern auch den Erwerb von »jüdischen« Immobilien erschweren.

Im Frühjahr 1939 hatte – nach eiligen Vorbereitungen – die Stadt deshalb bereits Friedhöfe und Immobilien von den inzwischen zwangsvereinigten jüdischen Gemeinden Frankfurts gekauft.[91] Das wahre Motiv für die Eile bei diesem umfangreichen Immobilienerwerb fand sich in einem Berichtsentwurf des Bauamtes. Man trachtete danach, »die Vermögenswerte vor dem Zugriff von dritter Seite zu bewahren«. Diese Aussage wurde im Entwurf dann zugunsten der Formulierung, »um diese Vermögenswerte für die Durchführung der Fürsorgezwecke sicherzustellen und zu verflüssigen«, gestrichen.[92] Auf der Sitzung der Gemeinderäte am 4. April 1939[93] erläuterte Bauamtsleiter Müller »eine der größten Vorlagen, die wir bisher gehabt haben«, und führte aus, »unser Bestreben geht doch dahin, daß die Juden selber die Wohlfahrtslasten für ihre Stammesgenossen tragen. Deshalb schien es uns wichtig, daß sie ihr Vermögen dazu zur Verfügung stellen. Das ist einer der Kernpunkte«. Nach Meinung des Oberbürgermeisters wurden hiermit »die Beziehungen zwischen dem jüdischen Besitz und der Stadtgemeinde neu geregelt«. Zur Kaufmasse gehörte auch das große moderne jüdische Krankenhaus. »Wenn wir ein solches Krankenhaus neu bauen wollten, so würde das eine Ausgabe von 2 Millionen Mark erfordern.« Der Kaufpreis des Hospitals von 900.000 Reichsmark sei, so Amtsleiter Müller, zustande gekommen nach dem Grundsatz »wir lassen uns nichts schenken«. Krebs beschwor seine Gemeinderäte: »Die Zeit drängt [...] Ich glaube nicht, daß die Verhältnisse sich so günstig entwickeln werden, daß wir die Grundstücke später etwa zur Hälfte des jetzigen Kaufpreises erwerben könnten. Wir müssen die großen Grundstücke in die Hände der Stadt bringen. Deshalb haben wir die Sache schnell unter Dach und Fach gebracht«. Der schon sehr geringe Kaufpreis von etwa dreieinhalb Millionen Reichsmark für alle Immobilien wurde noch auf die Hälfte gedrückt, indem die Stadt ihn mit angeblich rückständigen Steuern, ein Modell, das auch schon beim Kauf des Goldschmidt-Rothschild-Palais` benutzt wurde, sowie mit einer Dreiviertel Million Reichsmark als Erstattung von »geleisteten [dieses Wort wurde im Original gestrichen] Fürsorgekosten« verrechnete. Für dieses extreme städtische »Arisierungsgeschäft« konnte selbst beim Gauwirtschaftsberater eine Genehmigung nur »unter erheblichen Schwierigkeiten erzielt« werden.[94] Die Stadt tätigte in den folgenden Monaten bei Privatpersonen noch weitere bedeutende »Gelegenheitskäufe aus nichtarischem Besitz«.[95]

Die Intensivierung der städtischen Ausplünderungspolitik seit dem Novemberpogrom führte zu Konflikten mit der Gestapo. Die Stadt bemühte sich, den Vorbehalten der Gestapo dadurch zu begegnen, daß sie den Beauftragten Schwarz aus seiner Funktion entließ, dessen Tätigkeiten amtsintern untersuchen ließ und im Mai 1939 einen höhergestellten Amtmann mit zwei weiteren Stadtsekretären einsetzte. Die Gestapo Frankfurt wandte sich offen gegen einen städtischen Kommissar, der »nicht mehr notwendig« sei. »Die Überwachung der jüdischen Wohlfahrtspflege« solle die Gestapo übernehmen, außerdem habe »die Stadt Frankfurt die Juden schlecht behandelt«,[96] womit die Ausplünderung des Besitzes jüdischer Institutionen durch die Stadtverwaltung gemeint gewesen sein dürfte. Seit der offiziellen Gründung der Reichsvereinigung der Juden in Deutschland, die die Jüdische Gemeinde zur Zweigstelle der Reichsvereinigung gemacht und damit dem Reichsinnenministerium unterstellt hatte, versuchte die Gestapo Frankfurt, den Einfluß der Stadt zurückzudrängen. Sie unterstützte den Vorsitzenden der Jüdischen Gemeinde dabei, das städtische »Aufsichts- und Prüfungsrecht« zurückzuweisen.[97] Außerdem kritisierte die Gestapo, daß »die Stadtverwaltung beim Kauf jüdischer Grundstücke zu einseitig auf ihren Vorteil bedacht gewesen« sei. Das Fürsorgeamt wies hingegen »die vermeintliche Bereicherung der Stadtverwaltung durch jüdische Grundstücksverkäufe« zurück.[98] Trotz der veränderten Rechtslage war die Stadt mit neuen Argumentationen weiterhin intensiv bemüht, ihren Einfluß zu wahren. So wandte sich Krebs an den Reichsinnenminister und an den Deutschen Gemeindetag, um »unbeschadet der Eigenständigkeit der Reichsvereinigung der Juden eine gewisse Überwachung« durch die Fürsorgeverbände, die er für Frankfurt selbst vertrat, erreichen zu können. Es sei für ihn »nicht einzusehen«, daß »den hilfsbedürftigen Juden eine weitergehende Fürsorge zuteil wird als den hilfsbedürftigen deutschen Volksgenossen«.[99] Im September 1939 kam es wegen der Kleiderkammer der Jüdischen Gemeinde zu weiterem Kompetenzgerangel zwischen Gestapo und Stadt.[100] Kurz darauf entstand die Idee, die städtischen Beauftragten, unter dem Vorwand »Raum für Kriegsaufgaben« zu schaffen, direkt der Jüdischen Wohlfahrt zuzuteilen, »um so den Schutz der städtischen Belange möglichst wirksam zu gestalten«.[101] Der städtische Beauftragte vertrat noch Ende 1939, nachdem er in Berlin beim Innenministerium und beim »Hauptsicherheitshauptamt« vorgesprochen hatte, die Auffassung, »daß er als Beauftragter der Stadtverwaltung zugleich die örtliche Aufsicht im Rahmen der Geheimen Staatspolizei auszuüben berechtigt sei«. Dessen ungeachtet war die Stadt jetzt jedoch gezwungen, die Kontrolle ohne Einschränkungen an die Gestapo abzugeben.¹⁰² Der daraufhin eingesetzte »Beauftragte der Geheimen Staatspolizei für die jüdische Fürsorge« fungierte für die Stadtverwaltung, deren Angestellter er war, lediglich als »Verbindungsmann«.¹⁰³

Weitere Bereicherungsmöglichkeiten nutzte die Stadt vor allem für ihre Museen. In Kooperation von Bau- und Kulturamt und unter erneuter Mitwirkung des Städel-Administrators Berg konnte Frankfurt nur wenige Wochen nach dem Pogrom die bedeutende Kunstsammlung des Arthur von Weinberg und – damit verbunden – umfangreiche Immobilien des Carl von Weinberg in ihren Besitz bringen. Weinbergs Kunstsammlung, der auch ein bedeutender Mäzen des Frankfurter Städel gewesen war, kaufte die Stadt zu einem Preis, der eine Viertelmillion Reichsmark unter dem Schätzpreis der städtischen Museumsdirektoren für die mehr als 700 Kunstwerke und Gegenstände lag.¹⁰⁴ Nur wenige Wochen nach dem Novemberpogrom erörterten die Ratsherren außerplanmäßige Investitionen der Stadt von dreieinhalb Millionen für einen solchen Kunsterwerb. Dazu argumentierte Krebs frankfurtspezifisch: »Es war erforderlich, hier schnell zuzugreifen. Die seltene Gelegenheit mußte beim Schopfe gefaßt werden. Wir konnten nicht zulassen, daß die Sammlungen an Kunsthändler übergingen, die sie nur zum Schaden der Allgemeinheit ausgebeutet hätten«. Damit sollte die Stadtverwaltung als Aneignerin »jüdischen Besitzes« legitimiert werden. »Das, was wir im Augenblick ausschlagen, bringt keine Ewigkeit zurück. Die Kunstgegenstände wären in alle Winde zerflattert, und Frankfurt hätte den Nachteil gehabt. [...] Die Hauptsache ist, daß wir die Kunstsammlungen für Frankfurt gerettet haben«.¹⁰⁵

Die reichsweit angeordnete Zwangsabgabe der Schmuck- und Edelmetallwaren von Juden im Frühjahr 1939¹⁰⁶ ließ den Direktor des Stadtgeschichtlichen Museums Graf Solms aktiv werden. Er wies das Kulturamt auf die »große Gefahr« hin, daß »kulturell bedeutsame kunstgewerbliche Erzeugnisse unerwünschter Zerstreuung oder gar der Verschrottung anheimfallen« würden. Oberbürgermeister Krebs ermächtigte ihn, »geeignete Sicherstellungsmaßnahmen zu ergreifen«.¹⁰⁷ Da alle von den Juden bei der Städtischen Pfandleihanstalt abgegebenen Gegenstände beim Weiterverkauf in bar zu zahlen waren, wurde ein außerplanmäßiger städtischer Sonderfond zum »Ankauf jüdischen Silbers« von 25.000 Reichsmark geschaffen,¹⁰⁸ der schon bald um weitere 20.000 Reichsmark erhöht wurde.¹⁰⁹ Bis zum September 1939 hatte auf diese Weise das Museum für Kunsthandwerk »Formsilber und Bestecksilber« von Juden für mehr als 32.000 Reichsmark erworben.¹¹⁰ Unmittelbar nach Beginn des Krieges verweigerte Krebs dann eigenmächtig die Auszahlung von etwa 100.000 Reichsmark durch die Städtische Pfandleihanstalt an jüdische Eigentümer für ihre zuvor zwangsweise abgelieferten Schmuck- und Edelmetallsachen.¹¹¹ Er begründete dies damit, daß die Vertreter des Judentums in Kriegszeiten als »Feinde« anzusehen sind.¹¹²

Etwa gleichzeitig initiierte Museumsdirektor Solms im Frühjahr 1939 die Auflösung der Sammlung Julius Heymann. Dieser jüdische Sammler hatte 1926 der Stadt testamentarisch seine Sammlung mit der Auflage vermacht, diese für 100 Jahre als Dependance des Historischen Museums zu erhalten.¹¹³ Als Oberbürgermeister Landmann 1928 das Museum feierlich einweihte, gelobte er: »Die Stadt Frankfurt werde das Vermächtnis des Stifters in seinem Geiste bewahren und stets in Ehren halten«.[114] Im April 1939 wurde die nichtjüdische Adoptivtochter Heymanns von der Gestapo überwacht. In dieser Situation setzte Graf Solms, der als Direktor des Historischen Museums einer der drei Testamentvollstrecker war, alles daran, die städtische Verpflichtung zu brechen und bei der Tochter das Einverständnis zur Auflösung der Sammlung zu erreichen.[115] Die »verängstigte« Tochter und auch »der ad hoc ernannte Testamentsvollstrecker« Justizrat Dr. Fritz Schmidt-Knatz, Mitglied und Justiziar des Landesbruderrates der Bekennenden Kirche, gaben ihre Zustimmung.[116] »Diese beiden Menschen waren wirklich gefährdet«, berichtete Solms Kollege nach 1945.[117] Ein Teil der Sammlung ging an die städtischen Museen, ein großer Teil wurde von dem Kunsthändler Wilhelm Henrich verkauft.[118]

Möglicherweise liegt in der Zusammenarbeit mit dem Kunsthändler Henrich auch der Schlüssel für die überraschende Wende bei der Übergabe der geplünderten Bestände des Jüdischen Museums an die Städtischen Museen. Im November 1939, ein Jahr nach »der Stürmung des Jüdischen Museums«,[119] schwelte zwischen der Stadt und der Gestapo noch immer der Streit um das geraubte Eigentum. Erst im Zusammenhang mit der Zwangsabgabe von Edelmetall und vermutlich mit der erzwungenen Auflösung der Sammlung Heymann zeichnete sich für die Stadt eine Lösung ab.[120] Die Gestapo sollte nach einer Vereinbarung mit der Stadt die Kultgegenstände an die Pfandleihanstalt geben. Graf Solms zu Laubach und sein Kollege Prof. Walter Mannowsky (*1881), Leiter des Museums für Kunsthandwerk seit Juni 1938, Mitglied der NSDAP seit dem 1. Mai 1933 und förderndes Mitglied der SS,[121] kauften dort dann »jüdische Kultgegenstände« für 8.000 Reichsmark.[122] Von den »jüdischen Altertümern« aus dem Jüdischen Museum und aus den Frankfurter Synagogen konnte die Stadt dann interessanterweise »kostenfrei« wichtige Objekte aussuchen.[123] Außerdem konnte die Stadt bei dem Kunsthändler Henrich Stücke kaufen, die dieser von der Gestapo bezogen hatte. Eine Aufstockung des städtischen Sonderkontos auf 50.000 Reichsmark, mehr als die Hälfte der Etats beider Museen zusammen, ermöglichte »Silber-Ankäufe aus der Juden-Aktion« im Wert von mehr als 14.000 Reichsmark.[124] Zu dieser Zeit gab es einen Plan zum Aufbau eines jüdischen Museums in Frankfurt, der augenscheinlich vom Institut zur Erforschung der Judenfrage betrieben wurde,[125] aber möglicherweise auch mit der Neukonzeption des Stadtgeschichtlichen Museums, an der Graf Solms arbeitete, zusammenhing.[126] Der Leiter des Stadtarchivs Harry Gerber bemühte sich im Laufe des Jahres 1939 eifrig, die »sichergestellten« Akten des jüdischen Gemeindearchivs aufzufinden. Ein Jahr nach dem Raub wurde er bei der Jüdischen Gemeinde fündig, die Gestapo hatte die Akten nach »Auswertung« wieder zurückgegeben. Mit Hilfe der Gestapo raubte Gerber die Akten der Jüdischen Gemeinde zum zweiten Mal. »Mit Befriedigung« nahm der Oberbürgermeister »die Sicherstellung des jüdischen Gemeindearchivs« zur Kenntnis.[127]

Weitere Aneignungen »jüdischen Kulturgutes« ermöglichten die Aktivitäten der im Mai 1939 reichsweit zum »Schutz des deutschen Kulturgutes gegen Abwanderung« ernannten »Spezialsachverständigen in Kunstfragen«. Für Frankfurt waren dies Dr. Alfred Wolters, seit 1928 Direktor der Städtischen Galerie und kein NSDAP-Mitglied, und der Direktor der Frankfurter Bibliotheken Oehler, dazu noch zwei private Händler. Sie hatten ihre Kenntnisse über »die in jüdischem Besitz befindlichen Gegenstände« durch zusätzliche »Erkundung in Fachkreisen« noch zu »vervollständigen« und auf der Basis der zwangsweise aufgestellten 5.800 Vermögensverzeichnisse der Juden in Frankfurt ihre »gesammelten Kenntnisse nach Personen geordnet mitzuteilen«.[128] Das Ausmaß der Aneignung durch städtische Kulturinstitute in diesem Kontext läßt sich noch nicht abschätzen.

Am Aufbau »eines Judeninstitutes« in Frankfurt war das Amt Rosenberg seit November 1938 interessiert. Krebs stellte sich vor, daß dort »die im Rahmen der gegenwärtigen Maßnahmen im ganzen Reichsgebiet beschlagnahmten jüdischen Büchereien und Archive« versammelt werden sollten.[129] Im Juni 1939 wurde das gemeinsame Unternehmen vertraglich festgelegt. Das Bibliotheksinstitut der Stadt mit der Judaica- und Hebraica-Sammlung wurde der von der NSDAP gegründeten Außenstelle der »Hohen Schule«, der geplanten NSDAP-Universität, angegliedert. Diese sollte bis zur Gründung der Universität als Dienststelle des Amtes Rosenberg geführt werden. Im Mai 1940 mußten die mehr als 11.000 jüdischen Frankfurter zwangsweise »alle Werke von jüdischen Autoren und eine größere Anzahl anderer Bücher« abliefern.[130] Diese lokale Beschlagnahmeaktion dürfte der Bereicherung des neu gegründeten Institutes der Stadt gedient haben.

Städtische Aktivitäten beim Raub von Kulturgut im besetzten Europa

Gerade zu der Zeit als die inländischen Quellen »jüdischen Besitzes« allmählich erschöpft schienen, eröffneten sich durch die Besetzung Frankreichs, Belgiens und der Niederlande für die Stadt Frankfurt neue attraktive Möglichkeiten, den Besitz ihrer Museen zu erweitern.[131] Bereits wenige Monate nach der deutschen Besetzung von Paris regte der Kulturamtsleiter beim Oberbürgermeister Einkaufsfahrten in das Zentrum des Kunsthandels an. Der Pariser Markt war zu dieser Zeit »überschwemmt« von Kunstgegenständen aus dem Besitz zumeist jüdischer Familien. Die Museumsdirektoren Mannowsky und Graf Solms zu Laubach fuhren im Dezember 1940 erstmals nach Paris. Sie sollten laut Krebs »verhindern, daß im Kunsthandel befindliches, nach Frankfurt am Main gehöriges Kunstgut in andere Hände gelangt«.[132] Sie fanden, so berichtete Mannowsky, »bei den kleinen und mittleren Händlern [...] Überfluß an Ware, der durch Verkäufe aus Privatbesitz noch dauernd wächst«, und reservierten Gegenstände, »deren Handelswert in Deutschland mindestens das 5- bis 6-fache beträgt«. Er empfahl folglich dem Oberbürgermeister dringend, »diese so leicht nicht wieder sich bietende Gelegenheit zu benutzen und eine weitere größere Summe zu Ankäufen in Paris bereit zu stellen«. Weiterhin schlug er vor, »auch im belgischen und holländischen Kunsthandel in ähnlicher Weise Umschau zu halten. Wertvoller deutscher Kunstbesitz ist in den letzten Jahren gerade dorthin abgewandert, der jetzt vielleicht unter günstigen Bedingungen wieder erworben werden« kann.[133] Damit meinte er den Besitz deutsch-jüdischer Flüchtlinge. Diesen Forderungen folgend, gab die Stadt

60.000 Reichsmark für Ankäufe in Frankreich« und je 20.000 Reichsmark für Belgien und die Niederlande frei.[134]

Die beiden Museumsdirektoren machten sich schon im Februar 1941 erneut nach Paris auf, diesmal gemeinsam mit Dr. Ernst Holzinger (*1901). Letzterer war seit Frühjahr 1938 als Direktor des (nichtstädtischen) Städels Nachfolger des legendären, wegen eines jüdischen Elternteiles entlassenen Georg Swarzenski und, soweit bekannt, kein NSDAP-Mitglied. Der Oberbürgermeister hatte zuvor Kontakte zum »Jeu de Paume« hergestellt, dem Depot zumeist jüdischen Sammlern geraubter Gemälde des Einsatzstabes Reichsleiter Rosenberg. In Frankfurt wurden kurz nach dieser Reise im April 1941 weitere 150.000 Reichsmark aus den Haushalten »des Städelschen Kunstinstitutes, der Städtischen Galerie sowie aus Zuwendungen von Stiftungen« zur Verfügung gestellt, davon ein Drittel für Belgien. Die Einkäufe waren seit März 1941 für die Besatzer noch günstiger geworden. Deswegen erhielt nun auch das städtische Völkerkundemuseum 30.000 Reichsmark zur Vermehrung seiner Bestände. Die Mitarbeiter wiesen auf Objekte in Brüssel »aus dem belgischen Kolonialgebiet« ebenso hin wie auf Objekte in Amsterdam »aus Westindien und Indonesien«, die allesamt »günstig erworben« werden könnten.[135] Krebs erläuterte die Motive dieser »großen Ankaufaktion in den besetzten Gebieten« vor den Gemeinderäten anschaulich: »Auf meinen Reisen nach Frankreich und Belgien habe ich von verschiedenen Stellen gehört, daß die Kunsthändler scharenweise durch Paris pilgern und aufkaufen, was sie aufkaufen können. Was diesen Kunsthändlern billig ist, ist den Stadtverwaltungen recht. Infolgedessen haben wir uns auch um Kunstschätze bemüht [...]. Solche günstige Einkaufsmöglichkeiten müssen für die Stadt Frankfurt am Main genutzt werden. Wir zahlen ja in Reichskreditkassenscheinen. Letzten Endes sind die Bezahler die Franzosen selbst. Ich weiß, daß auch andere Stadtverwaltungen aufkaufen, was sie erwerben können. Da soll Frankfurt nicht zurückstehen [...]. Unsere bisherigen Einkäufe sind ein gutes Geschäft für uns. Es handelt sich um einmalige Einkaufsgelegenheiten. Es heißt geschickt sein und als erster auf den Markt kommen«.[136]

Mit dem Überfall auf die Sowjetunion im Sommer 1941 eröffneten sich neue Perspektiven für die Frankfurter Museen. In der Ratsherrensitzung sprach man sich im September 1941 für eine weitere Erhöhung der Ankaufbeträge aus, damit »wir auch aus dem unermeßlichen russischen Raum sehr wertvolle Ikonen und Plastiken erwerben können. Diese Kaufgelegenheit kommt nach unserem menschlichen Ermessen nicht wieder«.[137] Museumsdirektor Graf Solms war seit 1941 im Bereich der Heeresgruppe Nord mit der »Sicherung«, sprich Beschlagnahme, von Kulturgut tätig, wovon auch die Frankfurter Museen profitierten. Aus der westrussischen Stadt Pskow (Pleskau) erhielt die Stadtverwaltung für das Senckenbergmuseum eine Schmetterlingssammlung. Dies war wohl Graf Solms zu verdanken, der dort kurz nach der Besetzung aus »sichergestellten« Beständen ein Museum eingerichtet hatte.[138] »Unsere Blicke«, so Krebs, sind » nach Osten gewendet [...] um dort zu erwerben , was möglich ist«.[139] Graf Solms war auch für die Beschlagnahme und anschließende Verschleppung eines großen Teils der Kunst- und Kulturschätze der Zarenschlösser vor Leningrad verantwortlich. »In Gacina erbeutete er ca. 400 Gemälde. In Pavlovsk beschlagnahmte er wertvolle Ikonen, Möbel sowie im Park vergrabene, der Antike nachgebildete Skulpturen. In Peterhof entdeckte Solms eine Sammlung kostbares Porzellan. Am 14. Oktober 1941 schickte er einen Transport von fünf Eisenbahnwaggons nach Königsberg. Darunter befand sich auch das von ihm im Katharinenschloß von Carskoe Selo erbeutete Bernsteinzimmer, das 1717 als Geschenk des preußischen Königs Friedrich Wilhelm II. dem russischen Zaren Peter I. übereignet worden war«.[140] An diesen von Graf Solms für die Wehrmacht durchgeführten Beutezügen profitierte wiederum auch Frankfurt. Das Goethe-Museum erhielt unter Vermittlung des Kunsthistorikers Dr. Hubertus Bolongaro-Crewenna, der zuvor schon eine Ikone »für Frankfurt sichergestellt« hatte,[141] aus dem Zarenpalast Tsarskoje Selo das Gemälde von Philipp Hackert »Landschaft mit Castelgandolfo«.[142] Unter Verweis auf Graf Solms und seine neuen Tätigkeiten berichtete der Kulturamtsleiter den Gemeinderäten, »daß unsere Kulturpolitik sich auf den ganzen europäischen Raum ausweitet«.[143]

Aber auch in Frankreich blieb man aktiv. Im Mai 1942 schickte der Oberbürgermeister den Städelleiter Holzinger nach Paris, um die »Museumshandbibliothek der Weilschen Sammlung« in dessen Haus zu »überprüfen«. Damit dürfte die Sammlung des bedeutenden jüdischen Kunstsammlers und Bibliophilen David David-Weill gemeint gewesen sein. Als der Besitz später auf Grund testamentarischer Bestimmungen dem französischen Staat zufiel, waren die Bemühungen der Stadt, die Bibliothek in ihren Besitz zu bringen, gescheitert.[144] Mannowsky reiste bis 1944 wiederholt nach Paris,[145] doch ist von diesen Reisen noch wenig bekannt. Eine städtische Akte »Sicherung von in Paris befindlichen Gegenständen und Kunstwerken aus Rothschildschem Besitz« aus dem Jahr 1941 wurde noch kurz vor Kriegsende beseitigt.[146]

In den besetzten westeuropäischen Ländern schaute Krebs 1940 auch gezielt nach Möglichkeiten zur Bestandserweiterung des neugeschaffenen Judaica-Bibliotheksinstituts.[147] In Paris besuchte er den beim Einsatzstab Rosenberg tätigen Leiter des städtischen Institutes, Dr. Wilhelm Grau. Krebs ließ sich »über das weitere Vorgehen in der Beschlagnahme jüdischer Bibliotheken unterrichten« und »riet ihm, auch nach Bordeaux zu gehen, um dort die Beschlagnahme durchzuführen, da er mit dem Sachstoff vertraut sei und auf Grund der Ermittlungen in Paris bereits die nötigen Erfahrungen gesammelt habe«.[148]

Grau, Leiter der »Einsatzgruppe Paris« des Einsatzstabes Rosenberg, hatte Krebs zuvor ausführlich über die »Sicherstellung« von jüdischen und freimaurerischen Pariser Bibliotheken berichtet: etwa 30.000 Bände der Bibliothek der Ecole Rabbinique, 50.000 Bände der Bibliothek der Alliance Israelite, 20.000 Bände der Buchhandlung Lipschitz, 22.000 Bände aus Rothschildschen Sammlungen. All diese geraubten Bibliotheken kamen nach Frankfurt in städtischen Besitz. Grau erwartete »nach Beendigung des gesamten Einsatzes« 1940 die »Mindestzuführung« einer Viertelmillion Bücher. Die Stadt stellte für das Institut außerplanmäßige Mittel von 80.000 Reichsmark zur Verfügung. Krebs selbst schlug dem Einsatzstab Rosenberg auch Konfiszierungen in Norwegen vor.[149] »Wegen der in Polen beschlagnahmten jüdischen Bibliotheken« hatte Krebs Kontakt mit der Gestapo aufgenommen.[150]

1940 hatte sich das Institut bereits »rund 300.000 Bde. Judaica u. Hebraica einverleibt«.[151] Im Rückblick auf dieses Jahr stellte Krebs befriedigt fest, daß das Institut wegen seiner »gegenwartsnahen Aufgaben [...] den Ruf unserer Stadt erheblich vermehrt« und »der Verlauf des Krieges eine entscheidende Rolle« gespielt habe. Es seien »in kürzester Zeit gewaltige Mengen von Büchern aus den besetzten Gebieten überwiesen worden«.[152] Im Frankfurter Römer wurde das Institut zur Erforschung der Judenfrage im März 1941 festlich eröffnet. Durch weitere Beutezüge des Einsatzstabes Rosenberg auch in Ost- und Südosteuropa wuchs der Buchbestand des Institutes später auf etwa zwei Millionen Stück an.[153]

Bereicherung am Besitz der Geflohenen und Deportierten ab Frühjahr 1941

Weitere Bereicherungsmöglichkeiten ergaben sich für die Stadtverwaltung ab dem Frühjahr 1941 in der Vorphase der Deportationen, ab dem Herbst 1941 dann als unmittelbare Folge der Verschleppung der jüdischen Bevölkerung. Das im Deutschen Reich wegen des Beginns des Krieges zurückgebliebene Umzugsgut emigrierter Juden wurde von der Gestapo im Frühjahr 1941 beschlagnahmt. Gerade in Frankfurt war dieses »jüdische Umzugsgut« besonders umfangreich, da die Stadt für viele tausend Menschen der Region »Umschlaghafen« auf dem Weg ins Ausland gewesen war. Im April 1941 hatte die Gestapo mehr als 30 Frankfurter Speditionen die Beschlagnahme des gesamten von jüdischen Kunden eingelagerten Besitzes mitgeteilt. Sie schloß mit Auktionshäusern und mit Gerichtsvollziehern Abkommen über die Durchführung öffentlicher Versteigerungen. Hier wollte auch die Stadtverwaltung zugreifen und stellte 50.000 Reichsmark zur Verfügung, denn »aus dem früheren jüdischen Kunstbesitz«, der nun »an den Mann gebracht wird, sind außerordentlich günstige Käufe zu tätigen«.[154]

In zeitlicher Nähe zur Beschlagnahme »jüdischen Umzugsgutes« hatte das Propagandaministerium im Mai 1941 eine »Verfahrensordnung der Reichskammer der bildenden Künste als Ankaufstelle für Kulturgut« erlassen. Die Gründung einer zentralen »Ankaufsstelle« für »Kulturgut aus jüdischem Besitz« bedeutete aber potentiell eine Einschränkung des lokalen Zugriffs. Entsprechend wurde Wolters sofort initiativ und erläuterte dem Oberbürgermeister, daß die Stadt unbedingt den »Versuch« machen solle, »in dieses Verfahren eingeschaltet zu werden«. Trotz geringer Hoffnung auf ein positives Ergebnis wandte sich Krebs mit dem auf bekannte - frankfurtspezifische - Weise konstruierten Besitzanspruch an das Propagandaministerium: »Reiche private Kunstsammlungen und Kunstschätze haben besessen und besitzen zum Teil noch heute die hier ansässigen begüterten Judenfamilien. Diese Kunstschätze und Kulturgüter, die zum nationalen deutschen Volksvermögen gehören, dem deutschen Volke zu erhalten und sie besonders vor der Abwanderung ins Ausland zu retten und möglichst den öffentlichen Sammlungen und Museen in Frankfurt a. M. zuzuführen, sehe ich als eine verpflichtende Aufgabe meiner Verwaltung an«. Krebs hielt es »für geradezu unerläßlich«, »daß zum mindesten die von den Frankfurter Judenfamilien zusammengeschacherten

Kunst- und Kulturgüter auch in unserer Stadt bleiben«.[155] Die Antwort aus Berlin hatte ganz unerwartet »die Bedenken wegen einer Benachteiligung der Stadt Frankfurt« zerstreuen können. Darüber hinaus, so erfuhr Krebs, sei der Landesleiter der bildenden Künste infolge dieser »Anregung« bereit, »die Leiter der Städtischen Museen von anfallenden Kunstwerken aus jüdischem Besitz zu verständigen«.[156] Im August 1941 wurden vom Erziehungsministerium »Sachverständige zur Sicherung und Verwertung von deutschem Kulturgut aus jüdischem Besitz für Zwecke des Reiches« für den Gau Hessen-Nassau ernannt: Mannowsky vom Kunstgewerbemuseum, Holzinger vom Städel und Oehler von den Bibliotheken. Sie hatten mit einem dem Landesleiter der Reichskulturkammer unterstehenden »Fachreferenten«, einem Frankfurter Kunsthändler, zusammenzuwirken.[157] Wenige Tage vor dem Beginn der reichsweiten Deportationen im Oktober 1941 war die erwähnte Verfahrensordnung der Reichskulturkammer »zur Sicherung und Verwertung von Kulturgut aus jüdischem Besitz« auch auf den Besitz der zu verschleppenden Juden ausgedehnt worden.[158] Nun waren diese Sachverständigen also auch für die Kulturgüter der Deportierten zuständig. Die Frankfurter Kulturinstitute konnten zunächst nicht am Besitz der 3.000 noch 1941 aus Frankfurt deportierten Menschen profitieren. Obwohl »die Leitungen des Städelschen Kunstinstituts und der städtischen Galerie [...] eine sehr große Anzahl von Nachlässen [!] und dergl. durchgesehen« hätten und »eine bevorzugte Behandlung der Museen vorgesehen« war, so mußte der Kulturamtsleiter dem Oberbürgermeister berichten, sei es »nicht in einem einzigen Falle gelungen, aus diesen Quellen etwas zu erwerben«. Als im April 1942 dann eine zweite Phase von Deportationen von etwa 2.500 Menschen bevorstand, hoffte er, daß »sich nunmehr gewisse Ankaufsmöglichkeiten bieten werden«.[159] In den Jahren 1942 und 1943 konnten die Städtische Galerie und das Städelsche Kunstinstitut Gemälde aus dem Besitz deportierter oder emigrierter Juden aber ausschließlich über die vom Finanzamt-Außenstelle errichtete »Verwertungsstelle für »jüdisches Vermögen« erwerben.[160] Die Frankfurter Kulturinstitute trieben bald mit »arisierten« Objekten auch Handel. So besitzt das Kölner Stadtmuseum ein Schreiben vom November 1942, in dem es heißt: »Das Frankfurter Finanzamt hat unter beschlagnahmtem jüdischen Besitz einen Stich mit der Ansicht von Braubach [...], der uns durch das Städelsche Kunstinstitut angeboten wird«.[161] Auch in Paris waren »arisierte« Objekte aus der Sammlung Goldschmidt-Rothschild im Tauschhandel eingesetzt worden.[162]

Als Sachwalter städtischer Interessen betrieb Holzinger aktiv die »Arisierung« der Sammlung Alfred Oppenheim zugunsten der städtischen Museen.[163] Im Februar 1943 kam der Besitz des Frankfurter Malers und Ostasiatika-Experten, der im Dezember 1938 nach England geflohen war, zur Versteigerung. Holzinger stellte den Antrag, daß »eine Reihe von Kunstgegenständen und Büchern aus dem ehemaligen Besitz des jüdischen Malers Alfred Oppenheim von den Versteigerungen ausgeschlossen werden« und ca. 600 Gegenstände »den Frankfurter Museen zugeteilt würden«. Er konstruierte dabei folgenden Anspruch, wohl wissend, daß der Maler seinen Besitz eingepackt hatte, damit ihm dieser nach England gebracht werden sollte: »Dieser ganze Kunstbesitz von Alfred Oppenheim ist zustande gekommen lediglich durch Mithilfe und Beratung der Frankfurter Museen, die wesentliche Teile der Sammlung verschiedentlich ausgestellt haben. Dafür hat Oppenheim den Frankfurter Museen ausdrücklich versprochen, daß er seine Sammlung später den Frankfurter Museen übereignen werde. Die Frankfurter Museen haben ihrerseits bei der Sammeltätigkeit mit der späteren Übereignung des Oppenheimschen Kunstbesitzes gerechnet und auf diese Rücksicht genommen. Sie haben deshalb meines Erachtens das entschiedenste Anrecht darauf, daß ihnen diese Dinge zugesprochen werden.«[164] Das Museum für Völkerkunde, das Museum für Kunsthandwerk und die Städtische Galerie erhielten Objekte aus der Oppenheimschen Sammlung. Eine enge Kooperation gab es mit dem Institut für die Erforschung der Judenfrage. Zahlreiche »jüdische« Werke waren an die dortige »Bildsammelstelle« gegeben worden. Die Kunstgegenstände konnten die Museen nicht mehr so billig wie in den Jahren zuvor erwerben, da sie diese nicht mehr von den jüdischen Besitzern direkt erhielten. Verhandlungspartner und Geldempfänger war jetzt das Reich. Zu dieser Zeit kündigte dessen Finanzamt dem Oberbürgermeister an, »auch für die Zukunft aus Judenvermögen anfallende Kunstwerke von allgemeinem Interesse in erster Linie den hiesigen Museen anzubieten«.[165] Die Tätigkeit Holzingers bei der »Überprüfung des beschlagnahmten jüdischen Kunstbesitzes« zugunsten der Stadt erfordere, so der Kulturamtsleiter im Frühjahr 1943, »fast täglich Besichtigungen und Verhandlungen beim Finanzamt, bei Gerichtsvollziehern und Versteigerern«.[166] Das gesamte Ausmaß dieser »Kulturgutarisierung« kann heute noch nicht überblickt werden.

Im Gegensatz zu anderen Städten hatte die Frankfurter Gestapo die erste Deportation im Oktober 1941 ohne jegliche Vorwarnung für die Betroffenen durchgeführt. Mehr als tausend Menschen aus den Wohnungen der besten Stadtviertel waren verschleppt worden.[167] Bereits mehrere Monate zuvor hatte Oberbürgermeister Krebs in Erwartung der Deportationen darüber nachgedacht, wie die »Wohnreserve, die in jüdischen Wohnungen steckt«, zu nutzen sein könnte.[168] Wenige Tage vor der Deportation ernannte Gauleiter Sprenger den Frankfurter Kreisleiter Otto Gäckle zum »Beauftragten für die Verwendung beschlagnahmter 'Judenwohnungen und Judenhäuser'«[169], die vor allem Parteigenossen und NS-Funktionären zugeteilt werden sollten. Dieses gezielte Vorgehen von Gestapo und Partei dürfte im Zusammenhang mit den Erfahrungen früherer Aktivitäten der Stadtverwaltung zu sehen sein. Erst bei der zweiten Frankfurter Deportationsphase im Mai/Juni 1942 griff der Erlaß des Finanzministeriums vom 4. November 1941, der für »die freigemachten Wohnungen« die »Bewirtschaftung durch die städtischen Behörden« vorsah.[170]

Bei der Verteilung des Hausrates intervenierte die Stadt dagegen erfolgreich. Die »Verwertungsstelle« des Finanzamtes plante in Kooperation mit dem Gauwohnungskommissar zuerst, alle Wohnungseinrichtungen und den Hausrat der deportierten Menschen der NSV zu überlassen. Der Oberbürgermeister trete jedoch, so notierte der Finanzamtsleiter, »in seiner Eigenschaft als Fürsorger für die durch die Luftangriffe obdachlos Gewordenen als Käufer auf« und stelle sich damit »in Konkurrenz mit der NSV«. Er brauche »ebenfalls vor allem Betten, Wäsche, Kücheneinrichtungen usw.« Es sollte dann »in gemeinsamer Verhandlung, unter Leitung des Finanzamtes, klargestellt werden, was der NSV und was der Stadt überlassen werden soll«.[171] Das Institut zur Erforschung der Judenfrage konnte nach den ersten drei Deportationen feststellen, daß es »gelungen« sei, »im Zusammenhang mit der Räumungsaktion von jüdischen Wohnungen« bei dem zuständigen Finanzamt zu erreichen, daß alle »in diesen Wohnungen befindlichen Bibliotheken dem Institut kostenlos zur Verfügung gestellt werden«.[172] Wenige Monate später wurde dieses Frankfurter Modell per Erlaß des Reichsfinanzministers allgemein verbindlich.[173]

Die Stadtverwaltung profitierte außerdem noch von den in Paris geraubten Wohnungseinrichtungen geflohener oder deportierter jüdischer Familien. Im Rahmen der sogenannten Möbelaktion des Einsatzstabes Rosenberg kamen zwischen 1942 und 1944 159 Eisenbahnwaggons in die Stadt Frankfurt, die damit »Bombengeschädigte« ausstatten konnte.[174] Nach Abschluß der Frankfurter Massendeportationen von etwa 9.000 jüdischen Menschen im September 1942 vermehrte der Kauf von Grundeigentum der Reichsvereinigung in den folgenden Monaten noch einmal den städtischen Besitz.[175] Damit waren dann für die Stadtverwaltung Frankfurt die letzten Möglichkeiten zur Aneignung von »jüdischem Eigentum« erschöpft.

Nach Kriegsende: Rückerstattung und Verdrängung

Unmittelbar mit dem Einmarsch der amerikanischen Armee in Frankfurt Ende März 1945 wurde die Kunstschutz-Organisation »Monuments, Fine Arts & Archives« aktiv. In den Folgemonaten spürte sie zahlreiche Kulturgüter, die ihren rechtmäßigen Besitzern während der NS-Zeit entzogen worden waren, auf und beschlagnahmte sie, darunter auch mehrere Tausend Objekte aus den Frankfurter Museen, die letztere sich in den zurückliegenden Jahren im In- und Ausland angeeignet hatten. Basis für diese Aktion war das alliierte Besatzungsrecht, das die Grundsätze der Londoner Deklaration von 1943 zu geraubtem Kulturgut umgesetzt hatte (Die spätere Entschädigungs- und Rückerstattungsgesetzgebung der Bundesrepublik Deutschland übernahm diese Rechtsgrundsätze für in der NS-Zeit »entzogenes Vermögen«).

Die aus dem besetzten Ausland stammenden Kulturgüter wurden an die Institutionen selbst oder an die Regierungen der Länder restituiert. Dies aber, so hielten die Amerikaner in einer Erklärung zu den Frankfurter Museen im Oktober 1946 fest, bedeute »nicht die Anklage der ungesetzmäßigen Handlung«, doch würden die Käufe selbst »nicht als gültig und rechtmäßig anerkannt«, da sie unter besatzungsrechtlichen Bedingungen erfolgt seien.[176]

Den Amerikanern beschrieb 1947 der im Amt verbliebene Direktor des Museums für Kunsthandwerk Mannowsky die städtischen Einkaufsreisen in das besetzte Frankreich und Holland nun in ganz anderer Weise als zur NS-Zeit: »Die Händler legten durchweg großen Wert darauf, an uns zu verkaufen. Sowie sie von meiner Anwesenheit Kenntnis hatten, machten sie oft telefonisch oder durch persönlichen Besuch im Hotel dringende Angebote, die manchmal geradezu lästig werden konnten. Die Preise für die gekauften Objekte waren im allgemeinen nicht niedrig, entsprachen aber deren Wert«.[177]

Im Mai 1946 war der ebenfalls weiter als Direktor des Städels fungierende Holzinger, von der amerikanischen Militärregierung sogar zum »Direktor der Museen in Großhessen« ernannt worden. Holzinger war damit auch mit der Rückerstattung derjenigen Museumsstücke beschäftigt, bei deren Aneignung er während der NS-Zeit großen Anteil gehabt hatte. Im städtischen Kulturamt, das weiter unter der Leitung von Keller stand, war die Begeisterung groß, wurde diese Ernennung doch »neben der Wertung der Fähigkeiten Dr. Holzingers auch der Bedeutung des Städelschen Kunstinstitutes und damit der Stadt Frankfurt im gross-hessischen Raum gerecht«.[178]

Die Kunstsammlungen Goldschmidt-Rothschild und Weinberg gab die Stadt Frankfurt im Rahmen eines Vergleichs auf der Basis des im November 1947 von der amerikanischen Militärregierung erlassenen Rückerstattungsgesetzes zurück. Der Leiter der Städtischen Galerie Wolters empfand dies als »absolut katastrophale Einbusse an Kunstbesitz« und als »Preisgabe eines Devisenbesitzes von eindeutigem und hohem internationalen Wert«.[179] Mannowsky versuchte, diesen »Verlust« dadurch abzuwenden, daß er ein früher schon angewandtes Mittel einsetzte und auf den Eintrag in die Liste national wertvoller Kulturgüter hinwies. Gleichzeitig versuchte er die Erben Goldschmidt-Rothschild zu diffamieren, die von »als höchst raffiniert bekannten Vertretern des internationalen Kunsthandels sich beraten lassen«.[180] Graf Solms gab unzutreffenderweise an, daß die Sammlung Goldschmidt-Rothschild von »Juden« geschätzt worden war, um einen damals reellen städtischen Kaufpreis zu suggerieren. Zur nachträglichen Rechtfertigung des »Erwerbs« der Rothschildschen Immobilien wurde nach Kriegsende dieselbe Argumentation – Gefahr von Abriss und Parzellierung – wie bereits 1938 beim Kauf der Sondheimer Villa benutzt. Diese Rechtfertigungsstrategien entbehren jeder Achtung der Ansprüche der jüdischen Besitzer. Die Erben des Freiherrn Goldschmidt-Rothschild hatten Justizrat Berg nach Kenntnis über dessen Rolle beim »Erwerb« der Sammlung als einem der Testamentsvollstrecker des 1940 verstorbenen Freiherrn ihr Vertrauen entzogen, woraufhin er zurücktrat. In seinem Rechtfertigungsschreiben für die Stadtverwaltung von 1946 hatte er noch bemerkt: »Als ich im Jahre 1945 von der Verhaftung des Herrn Oberbürgermeisters Dr. Krebs erfuhr und nicht ermitteln konnte, was man ihm eigentlich zur Last lege, kam mir die Befürchtung, man könne ihm vielleicht [...] vorwerfen, er habe [...] sich die Bedrängnis des Barons zunutze gemacht und aus dieser Notlage unzulässig Vorteile für die Stadt herausgeschlagen«.[181]

Durch das Rückerstattungsgesetz der Amerikaner war es den verfolgten Juden möglich, ihren Besitz auf dem Rechtsweg einzufordern. So bemühte sich die Witwe des Nobelpreisträgers Paul Ehrlich, die wertvolle Silbersammlung ihres Vaters, des Geheimrates Pinkus, zurückzubekommen, die in das Museum für Kunsthandwerk gelangt war.[182] Die Stadt versuchte, den eigenständigen Kauf von »jüdischem Silber« gezielt zu verschweigen und die Pfandleihanstalt lediglich als ausführende Stelle des Reiches zu beschreiben, um Ansprüche abzuwehren.[183] Die Rückerstattung der 600 Objekte aus den Frankfurter Museen an Alfred Oppenheim zog sich bis 1951 hin. Im Mai 1948 begründeten die Frankfurter Museen ihren damaligen »Kauf«: »Die Sammlung wurde [...] hauptsächlich aus dem Grunde erworben, um ihre Zerstückelung zu verhindern und sie als ganzes zu erhalten. Dabei wurde der Gedanke einer späteren Rückgabe an Oppenheim schon aus dem Grunde erwogen, weil der Inhalt der Sammlung s. Zt. außerhalb des eigentlichen Sammelbereichs der Galerie lag«. Das Frankfurter Kulturamt, nun unter anderer Leitung, argumentierte in einem Gerichtsverfahren zur Rückerstattung tatsächlich mit demselben Wortlaut wie bereits 1943 bei der Aneignung dieser Sammlung. Zum Zeitpunkt der Rückerstattung an Oppenheim war, nach seiner Entnazifizierung und Eingruppierung als »Mitläufer«, Graf Solms als Nachfolger von Mannowsky zum Direktor des Museums für Kunsthandwerk ernannt worden. Er forderte mehrmals den Rechtsvertreter Alfred Oppenheims auf, dem Museum »als Entgelt für die Fürsorge und Aufbewahrung einige Stücke als Leihgabe oder schenkungsweise zu überlassen«.[184] Ein Großteil der Kultusgegenstände aus den Synagogen und dem Jüdischen Museum, die in das Frankfurter Historische Museum gelangt waren, wurden 1950 in komplizierten Verhandlungen an die Jewish Cultural Reconstruction übergeben, die dann die Objekte in amerikanische jüdische Museen transferierte.[185] Von Bemühungen um die Restitution des »jüdischen« Form- und Bestecksilbers aus dem Museum für Kunsthandwerk ist hingegen nichts bekannt. Wegen der »Sicherstellungen« durch Frankfurter Kulturinstitute während der »Kristallnacht« versuchte das für die städtischen Finanzen zuständige Rechneiamt 1950 zu versichern, »daß die bei der Zerstörung des jüdischen Museums erhalten gebliebenen Museumsgegenstände von Beamten unseres historischen Museums seinerzeit gegen den ausdrücklichen Willen der SS sichergestellt wurden, um sie dem Jüdischen Museum für später zu erhalten. Die Sicherstellung erfolgte ohne irgendeine Aneignungsabsicht«.[186]

Zu dem immensen Immobilienerwerb der Frankfurter Stadtverwaltung, der auch unter das amerikanische Rückerstattungsrecht fiel, liegt eine interessante Beschreibung von dem noch bis 1955 in der Stadtverwaltung als Stadtbaurat tätigen Adolf Miersch vor, der seit 1927 im städtischen Dienst war und seinerzeit den Vertrag mit Baron Goldschmidt-Rothschild unterzeichnet hatte: »Daß die Übereignungen gegen angemessene Kaufsummen geschahen, beruhte auf der grundsätzlichen Einstellung der Stadtverwaltung zu den Fragen der Liquidation des jüdischen Grundbesitzes; die Stadt wollte nicht in die Reihe der Aasgeier gezählt werden, die sich an jüdischem Besitz bereicherten«. Weiter führte er aus, es sei bei den »zahlreichen Einzelliegenschaften«, die die Stadt in den Jahren 1936 bis 1942 »auf dem freien Markt« erworben hätte, keine »Unterschiede in der Preisgestaltung der jüdischen Liegenschaften gegenüber den anderen Grundstücken« gemacht worden. Des weiteren habe man »die Gleichbehandlung, die vielen Außenstehenden ein Dorn im Auge« gewesen sei, »gegen alle Beeinflussungsversuche durchgehalten«.[187]

Graf Solms hatte sofort nach Kriegsende den städtischen Dienst quittieren müssen. Zu seiner Rechtfertigung führte er aus: »Die Arbeit unter Oberbürgermeister Krebs war durchaus positiv und tragbar, wie Krebs überhaupt vernünftig, wohlwollend und gerecht war und desto mehr an Frankfurts Gedeihen dachte, je länger er im Amt war«.[188] Hinsichtlich seiner Aktivitäten im besetzten Rußland präsentierte sich Graf Solms dem Internationalen Militärgericht in Nürnberg als »Kunstschutzoffizier« des Oberkommandos der Heeresgruppe Nord. Einen solchen Kunstschutz aber hatte es in der besetzten Sowjetunion im Gegensatz zum besetzten Frankreich nie gegeben.[189] Zur Auflösung der Sammlung Heymann gab er an, einer Anregung des 1937 entlassenen, »nichtarischen« Städel Direktors Swarzenski gefolgt zu sein.[190] Oberbürgermeister Krebs selbst wurde von den Amerikanern unmittelbar nach seiner Verhaftung interniert. In seinem Spruchkammerverfahren hatten zahlreiche Persönlichkeiten des Bildungsbürgertums positiv für ihn ausgesagt. Negative Auswirkungen des Nationalsozialismus wurden allein dem Gauleiter Sprenger angelastet, der sich noch vor dem Einmarsch der Amerikaner selbst getötet hatte und damit als Zeuge nicht mehr zur Verfügung stand. Als den »Krebs in Frankfurt« betitelte 1952 ein kritischer Frankfurter Journalist die bereits zur NS-Zeit entstandene Legende, Oberbürgermeister Krebs sei »eigentlich kein Nazi« gewesen.[191]

Eine andere Rechtfertigungsvariante war die Beschwörung des Zwanges von oben. Der Leiter des Bauamtes Müller war zwar 1945 mit sofortiger Wirkung entlassen worden, doch leitete er dann von 1949 bis 1957 die städtische Stiftungsabteilung. Müller stellte in einem Buch über die Stiftungen sein ganzes Expertenwissen zusammen, ohne allerdings auch nur mit einem Wort auf die aktive Rolle der Stadtverwaltung während der NS-Zeit einzugehen. Er schob alle Schuld auf Partei und Staat: »'Vernichtung der Juden' war eines der Leitmotive der NSDAP und auch der damaligen Reichsregierung. Diesen Haß bekamen auch all die Stiftungen zu spüren«.[192] Auch Holzinger erinnerte sich lediglich, daß »das Verhängnis übers Städel gekommen« wäre, als 1937 »der nationalsozialistische Bildersturm hereingebrochen« sei.[193]

Viele der während der NS-Zeit politisch Verantwortlichen wurden in den fünfziger Jahren offiziell wegen ihrer Verdienste honoriert. Graf Solms dankte man für seine »besonderen Dienste um die Frankfurter Museen. Ihre besondere Sorge galt der Sicherung des städtischen Kunstbesitzes und der Erschließung der reichen Bestände«.[194] Müller ehrte man 1957 mit der Ehrenplakette für »das rastlose und erfolgreiche Wirken« sowie seine »von großem Können und hohem Verantwortungsbewußtsein getragene Arbeit«, besonders als »Leiter der Städtischen Stiftungsabteilung«.[195] Die Frankfurter Allgemeine Zeitung lobte 1958 Keller, bis 1946 im Amt und Vorsitzender der Administration des Städel, denn »die Entwicklung der Museen hat er in dieser schwierigen Situation maßgeblich gefördert«.[196] Keller hatte Ende 1945 angegeben, daß Gauleiter Sprenger »12 Jahre hindurch seine Entlassung« gefordert habe.[197] Dem damaligen städtischen »Judenbeauftragten«, Inspektor Schwarz, stellte das Fürsorgeamt gegenüber der Spruchkammer im August 1946 einen »Persilschein« aus: »Durch sein Eintreten für die gerechte Behandlung der jüdischen Bevölkerung mußte er seinerzeit auf Veranlassung der Partei« seine Tätigkeit beenden.[198] 1954 erhielt Schwarz dann für seine Verdienste als Gründungsdirektor des Hilfswerkes Berlin das Bundesverdienstkreuz. Das Fürsorgeamt wurde seit Oktober 1946 für die folgenden zwanzig Jahre von dem ehemaligen Dezernats-Stellvertreter Prestel geleitet. In seinem

Amt kamen die NS-»Zigeunerforscher« Robert Ritter und Eva Justin unter. Er erhielt 1958 die Ehrenplakette. Holzinger, der Leiter des Städels und bis 1972 in Amt und Würden, wurde 1966 mit der Ehrenplakette ausgezeichnet.[199] Eine offene Reflexion über die Ereignisse ist also weder bei Beteiligten und Nutznießern zu erkennen, noch bei ihren Nachfolgern im Amt. Es muß im Gegenteil konstatiert werden, daß letztere die Verdrängungsleistung ihrer Vorgänger erfolgreich übernommen haben. Nur so ist es beispielsweise zu erklären, daß der heutige Leiter des Städels, Prof. Herbert Beck, die Aktivitäten seines Vorvorgängers Holzinger bei der »Arisierung« des Kunstbesitzes von Alfred Oppenheim 1998 mit den Worten lobte: »Ein Retter, dem Dank gebührt«.[200]

Zusammenfassung

Frankfurt war die Großstadt mit dem höchsten jüdischen Bevölkerungsanteil im Deutschen Reich. Die Stadt bereicherte sich in der NS-Zeit systematisch am Besitz jüdischer Bürger und Institutionen. Bei den städtischen Raubzügen war der aus völkisch-antisemitischen Kreisen kommende Oberbürgermeister Krebs, der als Landgerichtsrat ohne Erfahrung in der Kommunalverwaltung war, in besonderem Maße auf die Zuarbeit leitender Beamter angewiesen. Bei der Politik der Bereicherung traten vor allem die Amtsleiter des Bauamtes, in Personalunion mit dem Rechtsamt/Stiftungswesen, sowie des Fürsorgeamtes und des Kulturamtes hervor. Doch nur das Fürsorgeamt wurde neu mit einem »Alten Kämpfer« besetzt. Die anderen Amtsleiter waren bereits vor 1933 in städtischen Diensten. In die NSDAP sind sie erst nach der Machtübernahme eingetreten. Auch Leiter der städtischen Kultureinrichtungen, von denen mehrere erst 1938 ins Amt kamen, nutzten geschickt die sich im Zuge der allgemeinen Verfolgungspolitik bietenden Handlungsspielräume und profilierten sich und ihre Einrichtungen durch die »Arisierung« jüdischer Kunstgüter.

Seit den »Nürnberger Gesetzen« versuchte die Stadtverwaltung, mildtätige »jüdische« Stiftungen oder deren Erträge zu »arisieren«. Gegen den Widerstand der Jüdischen Gemeinde, die diese Stiftungen für ihr Fürsorgesystem benötigte, gelang es der Stadt mit Hilfe des Regierungspräsidenten und illegaler Rechtskonstruktionen, diverse Stiftungen ihrem Besitz einzuverleiben. Die Ereignisse des Novemberpogroms 1938 erlaubten der Stadt und ihren Kulturinstituten dann auf verschiedenen Ebenen, gegen den Besitz jüdischer Institutionen und auch gegen Privatpersonen vorzugehen. Diverse städtische Institutionen eigneten sich am Tag des Pogroms Kulturgut aus den Synagogen, aus dem Jüdischen Museum sowie aus Archiv und Bibliothek der Jüdischen Gemeinde an. Auch die besonders wertvolle Sammlung des Barons Goldschmidt-Rothschild erwarb die Stadt offenbar unter Ausübung massiven Drucks noch während des Pogroms. Fürsorgeamt, Bauamt und Stiftungsabteilung koordinierten in den nächsten Wochen und Monaten ihr Handeln, es entstand so eine eigene Frankfurter »Arisierungsdynamik«. Die Stadt war in großer Eile bestrebt, sich Besitz der jüdischen Organisationen anzueignen, um damit der Gründung einer Zwangsorganisation für Juden auf Reichsebene zuvorzukommen, in die dieser Besitz eingegliedert werden sollte. Im Frühjahr 1939 kaufte die Stadt unter dem Verkehrswert umfangreichen Grundbesitz von der Jüdischen Gemeinde an, den sie perfiderweise mit angeblich in der Zukunft zu leistenden Fürsorgezahlungen zu ihren Gunsten verrechnete. Die jüdische Wohlfahrt wurde einem städtischen Beauftragten untergeordnet, ebenso die jüdischen Stiftungen. Die antijüdische Änderung des Stiftungsrechtes durch das Reichsinnenministerium im Mai 1939 war entscheidend von Frankfurter Initiativen mitgeprägt.

Die städtische Politik führte zu Konflikten mit der Frankfurter Gestapo, die die jüdischen Einrichtungen zu kontrollieren hatte. Die Gestapo beschlagnahmte von der Stadt geraubtes Kulturgut oder verlangte höhere Preise für von der Stadt gekaufte Immobilien der jüdischen Gemeinde. Mit der Gründung der Reichsvereinigung intensivierten sich die Konflikte. Die Stadt versuchte, das nun offiziell verankerte Aufsichtsrecht der Gestapo abzuwehren, doch zog sie hier den Kürzeren.

Als die innerstädtischen Quellen zur »Sicherung« jüdischen Besitzes erschöpft schienen, ergaben sich 1940 mit der Besetzung westeuropäischer Länder neue attraktive Möglichkeiten der »Arisierung«. Frankfurt schickte mit Sondermitteln ausgestattete Einkäufer nach Frankreich, Belgien und Holland, die dort massenhaft und billigst Objekte erwarben, die häufig aus dem Besitz verfolgter jüdischer Familien stammten. Seit dem Überfall auf die Sowjetunion konnten die städtischen Museen und Bibliotheken auch durch Aufkäufe dort ihre Bestände erweitern. In der Stadt selbst eröffneten sich neue »Arisierungschancen« ab Frühjahr 1941, als das Umzugsgut bereits emigrierter Juden von der Gestapo beschlagnahmt und dann öffentlich versteigert wurde. Die durch eine reichsweite Regelung als »Sachverständige zur Sicherung und Verwertung deutschen Kulturgutes aus jüdischem Besitz« eingesetzten Frankfurter Leiter von Kulturinstituten konnten ihren Einrichtungen wieder wertvolle »Zugewinne« sichern. Im Zuge der Massendeportationen erwarb die Stadt über das Finanzamt Kunst- und Kulturgüter, aber auch Hausrat und Mobiliar der verschleppten Juden. Nach Abschluß der Massentransporte aus Frankfurt im September 1942 tätigte die Kommune noch in größerem Umfang Immobilienkäufe aus dem Besitz der Jüdischen Gemeinde.

Nach 1945 wurde der größte Teil dieser Raubgüter dank der amerikanischen Restitutionspolitik den rechtmäßigen Besitzern bzw. an Nachfolgeinstitutionen oder an die Länder, aus denen sie beschafft worden waren, zurückgegeben. Im Zuge der Restitution entstanden Rettungslegenden, die die aktive Rolle der Stadt beim Raub des Besitzes jüdischer Bürger systematisch verschwiegen. Ein Grund hierfür war die hohe personelle Kontinuität sowohl in der Stadtverwaltung als auch in deren Kulturinstitutionen nach 1945. Heike Drummer hat 1990 auf die Notwendigkeit hingewiesen, die Verbindungen des Oberbürgermeisters Krebs »mit der städtischen Bürgerkultur präzise zu bestimmen und zu prüfen, welchen Einfluß dieses ‚Bündnis' auf die nationalsozialistische Kommunalpolitik hatte«. Bei der Suche nach den Ursachen für die frankfurtspezifische Dynamik berühre man, so Drummer, »natürlich das sehr empfindliche Terrain einer engen Kooperation zwischen traditionellen Führungsgruppen und Nationalsozialismus«.[201] Bis heute hat in Frankfurt weder innerhalb noch außerhalb der beteiligten Institutionen eine kritische Reflexion des »Arisierungsverhaltens« des städtischen Führungspersonals begonnen. Die Rolle der Stadt als skrupelloser Profiteurin an der Vertreibung und Vernichtung ihrer jüdischen Bürger wird nicht wahrgenommen. Das »Loch in der Frankfurter Geschichtsbeschreibung für die Zeit von 1933-1945«, das der Sachwalter der Stadtgeschichte Frankfurts, Rebentisch, 1998 so freimütig und treffend attestierte, muß erst noch gefüllt werden.

1   Dieter Rebentisch, Editorial, in: Archiv für Frankfurts Geschichte und Kunst 65 (1999), S. 7.
2   Der braune Magistrat im Römer, in: Frankfurter Rundschau v. 5.12.1998.
3   Dieter Rebentisch, Die politische Stellung der Oberbürgermeister im Dritten Reich, in: Klaus Schwabe (Hg.), Oberbürgermeister, Boppard am Rhein 1979, S. 125-155, hier: S. 145 f.
4   Konrad Schneider, Neue Quellen zur Tätigkeit des Frankfurter Oberbürgermeisters Friedrich Krebs 1933-1945, in: Archiv für Frankfurts Geschichte und Kunst 65 (1999), S. 350-362, hier: S. 352. Das Zitat von Prestel, daß Krebs zwar rücksichtsloser, überzeugter Nationalsozialist sei, aber »Züge eines starken Rechtsgefühls und einer anständigen Gesinnung« hatte, stammt aus dem Spruchkammerverfahren gegen Krebs 1946.
5   Heike Drummer, Friedrich Krebs (1894-1961) - Zur politischen Biographie des nationalsozialistischen Frankfurter Oberbürgermeisters. Magisterarbeit Universität Frankfurt am Main 1990, S. 74 f. Darauf basierend auch dies., Friedrich Krebs - Nationalsozialistischer Oberbürgermeister in Frankfurt am Main. Rekonstruktion eines politischen Lebens, in: Hessisches Jahrbuch für Landesgeschichte 42 (1992), S. 219-253.
6   Frankfurt 1933-1945. Unterm Hakenkreuz, hrsg. v. Presse- und Informationsamt der Stadt Frankfurt am Main, 1999.
7   Bettina Tüffers, Der Stadtkämmerer Friedrich Lehmann 1932-1946, in: Archiv für Frankfurts Geschichte und Kunst 65 (1999), S. 306-349. Dort heißt es auf S. 325: »Diese Grundstücks- wie auch die Kunstkäufe der Stadt, das heißt im weitesten Sinne die Frage der ‚Arisierung', bedürfen noch einer eingehenden Untersuchung«.
8   Für Hamburg vgl. Frank Bajohr, »Arisierung« in Hamburg. Die Verdrängung der jüdischen Unternehmer 1933-1945, Hamburg 1997. Zu Marburg vgl. Barbara Händler-Lachmann, Thomas Werther, Vergessene Geschäfte, verlorene Geschichte. Jüdisches Wirtschaftsleben in Marburg und seine Vernichtung im Nationalsozialismus, Marburg 1992. Zu Göttingen vgl. Alex Bruns-Wüstefeld, Lohnende Geschäfte. Die »Entjudung« der Wirtschaft am Beispiel Göttingens, Hannover 1997.
9   Allgemein Horst Matzerath, Nationalsozialismus und kommunale Selbstverwaltung, Stuttgart 1970; Jeremy Noakes, Oberbürgermeister und Gauleiter. City Governement between Party and State, in: Der »Führerstaat«. Mythos und Realität. Studien zur Struktur und Politik des Dritten Reiches, hrsg. v. Gerhard Hirschfeld/Lothar Kettenacker, Stuttgart 1981, S. 194-227. Zu München vgl. Peter Hanke, Zur Geschichte der Juden in München zwischen 1933 und 1945, München 1967; Helmuth M. Hanko, Kommunalpolitik in der »Hauptstadt der Bewegung« 1933-1935, in: Bayern in der NS-Zeit, Bd. 3, hrsg. v. Martin Brozat (u.a.), München (u.a.) 1981, S. 329-442.
10 Vgl. Wolf Gruner, Die NS-Verfolgung und die Kommunen. Zur wechselseitigen Dynamisierung von zentraler und lokaler Politik 1933-1941, in: Vierteljahrshefte für Zeitgeschichte 48 (2000), S. 75-126.
11 Ders., Die Grundstücke der »Reichsfeinde«. Zur »Arisierung« von Immobilien durch Städte und Gemeinden 1938-1945, in: »Arisierung«. Volksgemeinschaft, Raub und Gedächtnis. Herausgegeben im Auftrag des Fritz Bauer Instituts v. Irmtrud Wojak/Peter Hayes, Frankfurt am Main/New York 2000, S. 125-156.
12 Vgl. Monica Kingreen, Wie sich Museen Kunst aus jüdischem Besitz aneigneten. Städte als skrupellose Profiteure der Vertreibung und Vernichtung, in: Frankfurter Rundschau v. 9.5.2000 (Dokumentation); s. dazu dies., Zur »Arisierung« von Kulturgut in den Jahren »nach der Kristallnacht« in Frankfurt am Main und die Rolle Frankfurter Kulturinstitute. Manuskript Juni 2000. Das Kulturamt der Stadt Frankfurt erwarb diesen Text und stellte ihn als internes Papier den Kulturinstituten in Frankfurt zur Verfügung.

13　Aufruf des Vorstandes der Israelitischen Gemeinde v. 30.3.1933, in: Dokumente zur Geschichte der Frankfurter Juden 1933-1945, hrsg. v. der Kommission zur Erforschung der Geschichte der Frankfurter Juden, bearbeitet v. Dietrich Andernacht/Eleonore Sterling, Frankfurt am Main 1963, S. 17.
14　Lebenslauf Krebs v. 11.4.1938, Institut für Stadtgeschichte (IfS) Frankfurt am Main, S2/43 unfol.
15　Schreiben des beauftragten Oberbürgermeisters an das Ministerium für Wissenschaft, Kunst und Volksbildung v. 13.4.1933, in: Dokumente (Anm. 13), S. 79 f.
16　Sitzung der Gemeinderäte v. 10.7.1938, IfS Frankfurt, Magistrats-Nachträge (MN) 109, Bl. 105.
17　Vgl. Verfügung des beauftragten Oberbürgermeisters v. 28.3.1933, in: Dokumente (Anm. 13), S. 65 f.
18　The American Jewish Committee, The Jews in Nazi Germany. A Handbook of Facts Regarding Their Present Situation, Original 1935, Reprint, New York 1982, S. 107.
19　Sammlung Bruno Müller, IfS Frankfurt, S 2 /1422.
20　Personalakte Keller, IfS Frankfurt.
21　Heike Drummer, »Dienst am Volk« - Nationalsozialistische Gesundheitspolitik in Frankfurt am Main, in: Thomas Bauer/Heike Drummer/Leoni Krämer, Vom »stedarzt« zum Stadtgesundheitsamt. Die Geschichte des öffentlichen Gesundheitswesens in Frankfurt am Main, Frankfurt am Main 1992, S. 85-111.
22　Ute Daub, Dr. Rudolf Prestels Tätigkeit in Frankfurt/M. zwischen 1936 und 1945 sowie in der unmittelbaren Nachkriegszeit. Manuskript 1996; Jutta Heibel, Rudolf Prestel - Amtsjurist in der NS-Sozialverwaltung, in: Archiv für Frankfurts Geschichte und Kunst 65 (1999), S. 259-305.
23　Vgl. Karl R. Schültke, Die privaten Kunstsammlungen in Frankfurt am Main von ihren Anfängen bis zur NS-Zeit, in: Kunst nach 45 aus Frankfurter Privatbesitz (Katalog), Frankfurt am Main 1983, S. 11-22. Zu Robert von Hirsch s. Paul Arnsberg, Die Geschichte der Frankfurter Juden seit der Französischen Revolution, Band III: Biographisches Lexikon, Darmstadt 1983, S. 197-199. Auch die Sammlung von Hugo Nathan und die Francofurtensien-Sammlung von Edgar Goldschmidt gingen ins Ausland.
24　Vgl. Sitzung der Gemeinderäte v. 17.12.1936, IfS Frankfurt, MN 78, Bl. 29 ff.
25　Vgl. Dieter Schiefelbein, Das »Institut zur Erforschung der Judenfrage Frankfurt am Main«. Vorgeschichte und Gründung 1935-1939, Frankfurt am Main 1993, S. 21-24.
26　Zu Paul Hirsch vgl. Arnsberg, Geschichte (Anm. 23), S. 195 f.
27　Zu Kirchner vgl. Matthias Nottelmann, Kulturpolitik in Frankfurt am Main 1933-1945 am Beispiel der Städtischen Museen und Bibliotheken, Magisterarbeit Universität Frankfurt am Main 1991. Das Manuskript befindet sich im IfS Frankfurt.
28　Sitzung der Gemeinderäte v. 17.12.1936, IfS Frankfurt, MN 78, Bl. 29 ff.
29　Sitzung der Gemeinderäte v. 22.7.1938, IfS Frankfurt, MN 111, Bl. 39.
30　Sitzung der Gemeinderäte v. 14.10.1937, IfS Frankfurt, MN 99, Bl. 52 f.
31　Schreiben v. 25.10.1937, IfS Frankfurt, Magistrats-Akten (MA) 8340/2, Bd. 2, Bl. 90.
32　Sitzung der Gemeinderäte v. 13.3.1939, IfS Frankfurt, MN 119, Bl. 32, 36 f.
33　Schreiben v. 30.12.1935, IfS Frankfurt, Stiftungswesen 8400, Einlage 5, Bl. 25.
34　Ebd.
35　Vgl. Protokoll über die Verhandlungen mit den Vorständen der gemischten Stiftungen v. 19.4.1937, in: Dokumente (Anm. 13), S. 121-124, hier S. 121. Die Aktennotiz der Stiftungsabteilung über die geplante Aufteilung der gemischten Stiftungen v. 27.10.1937 gibt eine Minderung des Ertrags von 40 Prozent durch die Besteuerung an, in: Ebd., S. 125.
36　Vgl. Schreiben an den Beauftragten der Stadt Frankfurt/M. in Berlin v. 5.12.1936, in: Ebd., S. 118.
37　Besprechung v. 26.5.1937, IfS Frankfurt, Stiftungswesen 8400, Bd. 1, Teil I, Bl. 78, 81.
38　Vgl. Aktennotiz der Stiftungsabteilung v. 20.1.1938, in: Dokumente, S. 125-128 (Anm. 13), hier: S. 127.
39　Vgl. Städtisches Protokoll und Niederschriften v. 19.4.1937, 27.10.1937, 20.1.1938; alle abgedruckt in: Ebd., S. 123-128.
40　Schreiben des Vorstandes der Israelitischen Gemeinde an das Rechtsamt, Stiftungsabteilung v. 28.1.1938, in: Ebd., S. 128-133.
41　Entwurf v. 10.1.1938, IfS Frankfurt, Stiftungswesen 8400, Bd. 1, Teil I, Bl. 30.
42　Ebd., Bl. 99.
43　Ebd., Bl. 100, 104.
44　Vgl. Leo Eiß, Die Frankfurter Judaica-Sammlung, in: Jüdische Rundschau v. 19.1.1937.
45　Vgl. Nottelmann, Kulturpolitik (Anm. 27), S. 107.

46 Vgl. dazu allgemein Patricia von Papen, Schützenhilfe nationalsozialistischer Judenpolitik. Die »Judenforschung« des »Reichsinstituts für Geschichte des neuen Deutschland« 1935-1945, in: Fritz Bauer Institut (Hg.), »Beseitigung des jüdischen Einflusses ...« Antisemitische Forschung, Eliten und Karrieren im Nationalsozialismus, Frankfurt am Main/New York 1999, S. 17-42.
47 Vgl. IfS Frankfurt, MA 6919/12 (neu 8614), Bl. 32 RS, Bl. 47 ff. Vgl. auch Schiefelbein, Institut (Anm. 25), S. 30.
48 Otto Dov Kulka (Hg.), Dokumente zur Geschichte der Reichsvertretung der deutschen Juden 1933-1939, Tübingen 1997, S. 434.
49 Schreiben v. 12.1.1939 an den Deutschen Gemeindetag, Landesarchiv (LA) Berlin, Rep. 142-07, 1-2-6/Nr.1, Bd. 2, unfol. Vgl. Wolf Gruner, Der Deutsche Gemeindetag und die Koordinierung antijüdischer Kommunalpolitik im NS-Staat. Zum Marktverbot jüdischer Händler und der »Verwertung jüdischen Eigentums«, in: Archiv für Kommunalwissenschaften 37 (1998), S. 261-291, hier: S. 287.
50 Vgl. Nottelmann, Kulturpolitik (Anm. 27), S. 101-105, dort weitere Informationen zu Oehler.
51 Ebd., S. 108-112, dort weitere Informationen zu Gerber, der seit Ende März 1933 NSDAP-Mitglied war.
52 Vgl. Dokumente (Anm. 13), S. 47 f.
53 IfS Frankfurt, Personalakte Solms, Bl. 58, 66, 68.
54 Bericht Oehler v. 16.6.1939, IfS Frankfurt, Altakten Stadtarchiv 30, Bl. 131.
55 Schreiben v. 17.1.1939, IfS Frankfurt, MA 6302, Bd. 1.
56 Bericht Oehler v. 13.5.1939, IfS Frankfurt, Altakten Stadtarchiv 30, Bl. 125.
57 Schreiben Solms v. 25.7.1945, IfS Frankfurt, Personalakte Solms, Bl. 307.
58 IfS Frankfurt, Altakten Stadtarchiv 30, Bl. 69.
59 Schreiben v. 8.4.1939, IfS Frankfurt, MA 6302, Bd. 1, unfol.
60 Detailliertes Verzeichnis v. 3.8.1938, IfS Frankfurt, Rechneiamt IV 2, Bl. 34 ff.
61 Bericht Berg v. 8.3.1946, IfS Frankfurt, Museum für Kunsthandwerk (MfK) 51, Bl. 46 ff.
62 Schreiben v. 6.8.1945, ebd., Bl. 59.
63 Amtsleiter-Besprechung v. 16.5.1939, IfS Frankfurt, MA 8340/2, Bd. 3, unfol.
64 Bericht Kulturamt v. 17.1.1939, IfS Frankfurt, MA 6302, Bd. 1, unfol.
65 Vgl. Ruth W. Schulz, Hermann Gundersheimer's View of the Century, in: Temple Review 52 (2000), S. 4-11, hier: S. 6. Gespräch mit Friedel Gundersheimer, Philadelphia v. 31.1.2001.
66 Schreiben v. 8.4.1939, IfS Frankfurt, MA 6302, Bd. 1, unfol.
67 Undatierte Aufstellung, ebd.
68 Schreiben v. 21.3.1939, ebd.
69 Schreiben v. 8.4.1939, ebd.
70 Sitzung der Gemeinderäte v. 17.11.1939, IfS Frankfurt, MN 113, Bl. 67 ff.
71 Besprechung v. 20.2.1939, IfS Frankfurt, MA7020/11. Neutraler gab sich die häufig benutzte Bezeichnung »Beauftragter für die jüdische Fürsorge«.
72 Vgl. dazu allgemein Wolf Gruner, Die öffentliche Fürsorge und die deutschen Juden 1933-1942. Zur antijüdischen Politik der Städte, des Deutschen Gemeindetages und des Reichsinnenministeriums, in: Zeitschrift für Geschichtswissenschaft 45 (1997), S. 597-616; Uwe Lohalm, Fürsorge und Verfolgung. Öffentliche Wohlfahrtsverwaltung und nationalsozialistische Judenpolitik in Hamburg 1933 bis 1942, Hamburg 1998.
73 Monica Kingreen, Zuflucht in Frankfurt. Zuzug hessischer Landjuden und städtische antijüdische Politik, in: Dies., »Nach der Kristallnacht« Jüdisches Leben und antijüdische Politik in Frankfurt am Main 1938-1945, Frankfurt am Main/New York 1999, S. 119-155, hier: S. 131-137.
74 Dokumente (Anm. 13), S. 319 f.
75 Jüdisches Nachrichtenblatt v. 2.12.1938.
76 Schreiben v. 28.12.1938, IfS Frankfurt, MA 7020/11, unfol.
77 Überblick zu den Tätigkeiten im Bericht v. 23.6.1939, in: Dokumente (Anm. 13), S. 321 ff.
78 Aktennotiz v. 20.2.1939, IfS Frankfurt, MA 7020-11, unfol.
79 Besprechung v. 9.1.1939, ebd.
80 Vgl. Bericht des Dezernenten des Fürsorgeamtes über die Teilnahme an einer Besprechung des Deutschen Gemeindetages in Berlin v. 1.3.1939, in: Dokumente (Anm. 13), S. 320-322.
81 Vgl. Niederschrift des Fürsorgeamtes über die Besprechung beim Oberbürgermeister v. 27.3.1939, in: Ebd., S. 322 f.
82 Vgl. Schreiben des Vorstands der Israelitischen Gemeinde an das Rechtsamt, Stiftungsabteilung, v.

18.11.1938, in: Ebd., S. 136 f.
83 Vgl. Schreiben des Oberbürgermeisters an den Regierungspräsidenten v. 6.12.1938, in: Ebd., S. 134 ff.
84 Sitzungsprotokoll v. 17.12.1938, IfS Frankfurt, Stiftungswesen 8400, Bd. 1, Teil 1, Einlage 1, unfol.
85 Aktenvermerk der Stiftungsabteilung v. 31.3.1939, in: Dokumente (Anm. 13), S. 153.
86 Schreiben der Stiftungsabteilung an den Oberbürgermeister v. 31.8.1939, in: Ebd., S. 153 f.
87 Aktenvermerk der Stiftungsabteilung vom 31.3.1939, in: Ebd., S. 153.
88 Vgl. Erlaß des Reichsinnenministers v. 8.5.1939, in: Ebd., S. 153-157. Vgl. Schreiben des Regierungspräsidenten an den Oberbürgermeister v. 15.6.1939, in: Ebd., S. 157-159; dazu auch Wolf Gruner, Grundstücke (Anm. 11), S. 131 ff. Zu Stiftungen in Hamburg vgl. Angela Schwarz, Von den Wohnstiften zu den »Judenhäusern«, in: Angelika Ebbinghaus/Karsten Linne (Hg.), Kein abgeschlossenes Kapitel: Hamburg im »Dritten Reich«, Hamburg 1997, S. 232-247, hier: S. 235 f. Zu Breslau vgl. Andreas Reinke, Judentum und Wohlfahrtspflege in Deutschland. Das jüdische Krankenhaus in Breslau 1726-1944, Hannover 1999, S. 271 f. Zu München vgl. Hanke, Geschichte (Anm. 9), S. 249 und S. 318 f.
89 Die Gründung erfolgte durch die 10. Verordnung zum Reichsbürgergesetz v. 4.7.1939; vgl. Wolf Gruner, Poverty and Persecution: The Reichsvereinigung, the Jewish Population, and the Anti-Jewish Policy in the Nazi-State: 1939-1945, in: Yad Vashem Studies XXVII (1999), S. 23-60.
90 Schreiben v. 23.6.1939, IfS Frankfurt, Stiftungswesen 8400, Bl. 156.
91 Vgl. Vorlage des Oberbürgermeisters an die Gemeinderäte v. 30.3.1939. Entwurf des Bauamtes, Liegenschaftsverwaltung, in: Dokumente (Anm. 13), S. 258-261. Vertrag der Stadt Frankfurt/M. mit der Jüdischen Gemeinde v. 3.4.1939, in: Ebd., S. 262-271.
92 Vorlage des Oberbürgermeisters an die Gemeinderäte v. 30.3.1939; Entwurf des Bauamtes, Liegenschaftsverwaltung, in: Ebd., S. 258-261, hier: S. 259.
93 Sitzung der Gemeinderäte v. 4.4.1939, IfS Frankfurt, MN 121, Bl. 64-73, alle folgenden Zitate daraus.
94 Amtsleiterbesprechung v. 16.5.1939, IfS Frankfurt, Stiftungswesen 8400, Bl. 3.
95 Sitzung der Gemeinderäte v. 4.4.1939, IfS Frankfurt, MN 121, Bl. 74, 75, 78, 79; Sitzung der Gemeinderäte 5.10.1939, ebd., Bl. 50, 54, 56.
96 Niederschrift des Fürsorgeamtes v. 26.6.1939, IfS Frankfurt, MA 7020-11, auch in: Dokumente (Anm. 13), S. 329-331, dort leider mit dem falschem Datum 26.2.1939 abgedruckt.
97 Vgl. dazu Kingreen, Zuflucht (Anm. 73), S. 135 ff.
98 Aktennotiz v. 10.7.1939, IfS Frankfurt, MA 7020-11, unfol.
99 Schreiben Krebs v. 31.8.1939, ebd., unfol.
100 Vgl. Die Geheime Staatspolizei, Staatspolizeistelle Frankfurt/M. an den Oberbürgermeister v. 6.9.1939, in: Dokumente (Anm. 13), S. 331-332. Schreiben des Oberbürgermeisters an die Geheimeine Staatspolizei v. 26.9.1939, in: Ebd., S. 332-333.
101 Besprechung beim Oberbürgermeister v. 9.10.1939, IfS Frankfurt, MA 7020-11, unfol.
102 Besprechung mit Gestapo v. 28.12.1939, ebd.
103 Vermerk von Krebs v. 18.3.1940, ebd.
104 Vorlage v. 12.12.1938, IfS Frankfurt, MA 8340/2, Bd. 3, unfol.
105 Sitzung v. 20.12.1938, IfS Frankfurt, MN 114, Bl. 40 ff.
106 Vgl. dazu Schnellbrief des Reichswirtschaftsministers v. 1.3.1939 u.a. an die Städtische Darlehensanstalt Frankfurt, in: Dokumente (Anm. 13), S. 429-431. Allgemein dazu Ralf Banken, Der Edelmetallsektor und die Verwertung konfiszierten jüdischen Vermögens im »Dritten Reich«. Ein Werkstattbericht über das Untersuchungsprojekt »Degussa AG« aus dem Forschungsinstitut für Sozial- und Wirtschaftsgeschichte an der Universität zu Köln, in: Jahrbuch für Wirtschaftsgeschichte: Privates Eigentum - Öffentliches Eigentum, 1999/1, S. 135-162, hier: S. 142-158, sowie Gruner, Gemeindetag (Anm. 49), S. 277-287.
107 Niederschrift v. 26.4.1939, IfS Frankfurt, MA 6302, Bd. 1, unfol.
108 Ebd.; Schreiben v. 16.1.1940, ebd. Siehe auch Felicitas Heimann-Jelinek / Anne-Margret Kießl, Zur Geschichte des Museums Jüdischer Altertümer in Frankfurt am Main 1922-1938, in: Felicitas Heimann-Jelinek (u. a.), Was übrig blieb, Frankfurt am Main 1988, S. 13-37.
109 Niederschrift v. 17.6.1939, IfS, MA 6302, Bd. 1, unfol.
110 Schreiben v. 19.9.1939, ebd.
111 Schreiben v. 16.9.1939, LA Berlin, Rep. 142-07, Nr. 1-2-6-1; Schreiben 25.9.1939, ebd., Nr. 4-10-3-26. Vgl. Gruner, Gemeindetag (Anm. 49), S. 284.

112 Ebd. Vgl. Erwähnung bei Joseph Walk (Hg.), Das Sonderrecht für die Juden im NS-Staat. Eine Sammlung der gesetzlichen Maßnahmen und Richtlinien - Inhalt und Bedeutung. Heidelberg, 1996, S. 305, Nr. 14.
113 Testament Julius Heymanns, IfS Frankfurt, MA S 1509, unfol.
114 Städtisches Anzeigenblatt v. 20.10.1928.
115 Aussagen v. März 1949, IfS Frankfurt, Personalakte Solms, Bl. 203, 206. Schreiben der Anwälte v. 19.1.1952 an Wiedergutmachungskammer, IfS Frankfurt, Rechneiamt IV 138, unfol.
116 Vertrag v. 23.1.1940, ebd. Bereits ab 1.9.1939 hatte die Stadt eine Ersatzwohnung gemietet.
117 Schreiben v. 10.3.49, IfS Frankfurt, Personalakte Solms, Bl. 206.
118 Stellungnahme v. 8.3.1949, ebd.
119 Schreiben v. Juli 1939 an das Geheime Staatspolizeiamt in Berlin, IfS Frankfurt, MA 6302, Bd. 1, unfol.
120 Bericht v. 17.1.1939, ebd.
121 IfS Frankfurt, Personalakte Mannowsky. Vgl. Nottelmann, Kulturpolitik (Anm. 27), S. 122-124.
122 Schreiben v. 14.12.1939, 30.11.1939, IfS, MA 6302, Bd. 1, unfol.
123 Bericht v. 14.11.1939, ebd.
124 Schreiben v. 14.12.1939, ebd.
125 Niederschrift v. 7.12.1939, IfS Frankfurt, MA 6919/12 (neu 8614), Bl. 331 RS.
126 Vgl. Jürgen Steen, Zwischen bürgerlicher Tradition und weltanschaulicher Integration. Zur Geschichte des Historischen Museums Frankfurt am Main im 3. Reich, in: Historisches Museum (Hg.), Die Zukunft beginnt in der Vergangenheit. Museumsgeschichte und Geschichtsmuseum. Frankfurt am Main 1982, S. 274-308, hier: S. 293 ff.
127 Notiz v. 28.11.1939, IfS Frankfurt, Altakten Stadtarchiv 30, Bl. 155, vgl. die ganze Akte.
128 Schreiben v. 15.5.1939 mit Namensliste, Hauptstaatsarchiv (HStA) Wiesbaden, Abt. 404 II-1230. Allgemein Anja Heuß, Die Reichskulturkammer und die Steuerung des Kunsthandels im Dritten Reich, in: sediment. Mitteilungen zur Geschichte des Kunsthandels, Heft 3, 1998, S. 49-61.
129 Schiefelbein, Institut (Anm. 25), S. 34.
130 Bericht von Max L. Cahn, den mir Peter Cahn freundlicherweise zur Verfügung stellte.
131 Zu den Aktivitäten des Rheinischen Landesmuseums Bonn in Paris vgl. Bettina Bouresh, »Sammeln Sie also kräftig!« »Kunstrückführung« ins Reich - Im Auftrag der rheinischen Provinzialverwaltung 1940-1945, in: Bazon Brock/Achim Preiß (Hg.), Kunst auf Befehl? Dreiunddreißig bis Fünfundvierzig, München 1990, S. 41-58. Zu Salzburger Aktivitäten vgl. Gert Kerschbaumer, Meister des Verwirrens. Die Geschäfte des Kunsthändlers Friedrich Welz, Wien 2000, besonders das Kapitel Pariser Einkaufsfahrten auf den S. 55-69. Allgemein zum Kunstsektor während der NS-Zeit in Deutschland vgl. Jonathan Petropoulos, The Faustian Bargain. The Art World in Nazi Germany. New York 2000.
132 Schreiben v. 16.11.1940, IfS Frankfurt, MA 6021, Bd. 1, Einlage 7, unfol.
133 Bericht Mannowsky v. 27.12.1940, ebd.
134 Schreiben. v. 11.1.1941, ebd.
135 Sitzung der Gemeinderäte v. 31.3.1941, IfS Frankfurt, MN 147, Bl. 14, 51 f.
136 Ebd., Bl. 51, unfol.
137 Sitzung der Gemeinderäte v. 2.10.1941, IfS Frankfurt, MN 153, Bl. 39, unfol.
138 Frankfurter Generalanzeiger v. 15.9.1941.
139 Sitzung der Gemeinderäte v. 2.10.1941, IfS Frankfurt, MN 153, Bl. 39, unfol.
140 Gabriele Freitag/Andreas Grenzer, Der Umgang mit sowjetischem Kulturgut während des zweiten Weltkrieges, in: Jahrbücher für Geschichte Osteuropas (45) 1997, S. 237-272, hier: S. 241; s. dazu Anja Heuß, Kunst- und Kulturgutraub. Eine vergleichende Studie zur Besatzungspolitik der Nationalsozialisten in Frankreich und der Sowjetunion, Heidelberg 2000, S. 10 u. 167 ff.
141 Sitzung der Gemeinderäte v. 2.10.1941, IfS Frankfurt, MN 153, Bl. 39, unfol.
142 Vortrag von Anja Heuß im Fritz Bauer Institut Frankfurt am Main am 4.9.2000. Vgl. dazu auch den Bericht der Frankfurter Rundschau »Frankfurter Museumsdirektor ‚sicherte' die Kunstschätze des Zaren« v. 6.9.2000.
143 Sitzung der Gemeinderäte v. 2.10.1941, IfS Frankfurt, MN 153, Bl. 37 f., unfol.
144 Vgl. Bericht. v. 5.6.1942, IfS Frankfurt, MA 6200 Bd 1, Bl. 140; Bericht Holzinger v. 10.6.1942, ebd., Bl. 141 f.; vgl. auch ebd., Bl. 143, 146, 147.
145 Vgl. IfS Frankfurt, MfK 63, Bl. 84.

146 Auskunft Dr. Schneider, IfS Frankfurt. Es handelt sich um die Akte MA 6025/2, Bd. 1.
147 Allgemein Dov Schidorsky, Das Schicksal jüdischer Bibliotheken im Dritten Reich, in: Bibliotheken während des Nationalsozialismus, hrsg. v. Peter Vodosek/Manfred Komorowski, Wolfenbüttel 1989, S. 189-222.
148 Reisebericht v. 12.9.1940, IfS Frankfurt, MA 1115/10a, Bd. 5, unfol.
149 Schreiben v. 18.10.1940, IfS Frankfurt, MA 6919/12 (neu 8614), Bl. 447.
150 Dieter Schiefelbein, Das »Institut zur Erforschung der Judenfrage Frankfurt am Main« Antisemitismus als Karrieresprungbrett im NS-Staat, in: Jahrbuch zur Geschichte und Wirkung des Holocaust, hrsg. v. Fritz Bauer Institut, Frankfurt am Main/New York 1999, S. 43-77, hier: S. 52 f.
151 Maria Kühn-Ludewig, Johannes Pohl (1904-1960). Judaist und Bibliothekar im Dienste Rosenbergs. Eine biographische Dokumentation, Hannover 2000, S. 140.
152 Sitzung der Gemeinderäte v. 27.2.1941, IfS Frankfurt, MN 145, Bl. 42.
153 Patricia von Papen, Schützenhilfe (Anm. 46), S. 35. Allgemein Kühn-Ludewig, Johannes Pohl (Anm. 151), besonders das Kapitel: Rosenbergs Fachmann für Talmud, jüdische Bücher und antisemitische Propaganda: Frankfurt/M. 1941-1945, S. 131-269.
154 Sitzung der Gemeinderäte v. 2.10.1941, IfS Frankfurt, MN 153, Bl. 37.
155 Brief v. 31.5.1941, IfS Frankfurt, MA 6032, Bd. 1, unfol.
156 Schreiben v. 28.6.1941, ebd., unfol.
157 Rundschreiben v. 20.8.1941, Bundesarchiv (BA) Koblenz, B 323/352. Den Hinweis auf diese Akte verdanke ich Anja Heuß.
158 Rundschreiben 1v. 4.10.1941, HStA Wiesbaden, Akten der Oberfinanzdirektion (OFD) Frankfurt am Main; Schreiben v. 10.11.1941, ebd.
159 Schreiben v. 9.4.1942, IfS Frankfurt, MA 6021, Bd. 1, unfol.
160 Undatierte Aufstellung aus der Zeit nach 1945, HHStA Wiesbaden, OFD Frankfurt am Main.
161 Beatrix Alexander, Im eigenen Interesse. Nachforschungen über den Erwerb und Verbleib von Kunstgut in den Jahren 1938-1945, Köln 2001, S. 25.
162 IfS Frankfurt, MfK 51, vgl. Anja Heuß, Vortrag (Anm. 142).
163 Vgl. Monica Kingreen, Diebstahl von Oppenheim-Bildern in Frankfurt während der NS-Zeit, in: Dies. (u. a.), Der Zyklus ‚Bilder aus dem altjüdischen Familienleben' und sein Maler Moritz Daniel Oppenheim, Hanau 1996, S. 52-54.
164 Schreiben v. 9.2.1943, IfS Frankfurt, MfK 63, Bl. 91 f.
165 Schreiben v. 6.3.1943, HStA Wiesbaden, OFD Frankfurt am Main.
166 Schreiben v. 3.4.1943, IfS Frankfurt, MA 6361, Bd. 1, unfol.
167 Zu den Deportationen aus Frankfurt siehe Monica Kingreen, Gewaltsam verschleppt aus Frankfurt. Die Deportationen der Juden in den Jahren 1941-1945, in: Kingreen, »Nach der Kristallnacht« (Anm. 73), S. 357-402.
168 Sitzung der Gemeinderäte v. 31.3.1941, IfS Frankfurt, MN 147, Bl. 73 ff.
169 Kurt Pätzold (Hg.), Verfolgung, Vertreibung, Vernichtung, Frankfurt am Main 1984, S. 309.
170 Schnellbrief des Reichsminister der Finanzen v. 4.11.1941, BA Berlin, R 2/32109, unfol.
171 Schreiben Vorsteher Finanzamt Frankfurt-Außenbezirk v. 31.10.1941, Archiv der OFD Berlin, Bestand Reichsfinanzministerium - A 2070 Maßnahmen des Deutschen Reiches, Allgemeine Unterlagen Band IV.
172 Vgl. Kühn-Ludewig, Johannes Pohl, (Anm. 151) S. 170.
173 Ebd., S. 183.
174 Aufstellung der Dienststelle Westen v. 8.8.1944, in: Wiedergutmachungs-Beilage der Allgemeinen Jüdischen Wochenzeitung v. April 1958, S. 1-3, hier: S. 3; allgemein Heuß, Kunst- und Kulturgutraub (Anm. 140), S. 125-128.
175 Sitzung der Gemeinderäte v. 5.11.1942, IfS Frankfurt, MN 164, Bl. 13; Sitzung der Gemeinderäte v. 6.5.1943, IfS Frankfurt, MN 171, Bl. 13.
176 Erklärung v. 25.10.1946, BA Koblenz, B 323-236, unfol.
177 Erklärung (Datum nicht lesbar), ebd.
178 Schreiben v. 28.5.1946, IfS Frankfurt, MA 6351, unfol.
179 Schreiben v. 16.10.1948, IfS Frankfurt, MfK 51, Bl. 9.
180 Schreiben v. 29.10.1948, ebd., Bl. 5.
181 Bericht Berg v. 8.3.1946, ebd., Bl. 46 ff.
182 Vgl. IfS Frankfurt, Rechneiamt IV 176, Einlage Pinkus, unfol.

183 Vgl. IfS Frankfurt, Darlehensanstalt 78, Bl. 58 ff.
184 Aktenvermerk v. 31.1.1951, IfS Frankfurt, MfK 63, Bl. 75.
185 Vgl. Monica Kingreen, Check-up of Judaica and Paintings in American Jewish Museums - Notes from a German Perspective, Vortrag auf der Annual Conference of the Council of American Jewish Museums in New York 2001, Extracts from Monica Kingreen's remarks, in: Council of American Jewish Museums Newsletter, Spring 2001.
186 Erklärung v. 25.7.1950, IfS Frankfurt, Rechneiamt IV 138, unfol.
187 Schreiben v. 13.8.1945, IfS Frankfurt, MfK 51, Bl. 36 f.
188 Erklärung v. 25.7.1945, IfS Frankfurt, Personalakte Solms, Bl. 307.
189 Erklärung Solms v. 6.4.1948, Staatsarchiv Nürnberg, KV-Prozesse, Fall 12, Nr. 73; vgl. IfS Frankfurt, Personalakte Solms, Bl. 210.
190 Erklärung v. 14.2.1949, ebd.
191 Der Krebs in Frankfurt, Frankfurter Neue Presse v. 10.3.1952.
192 Bruno Müller, Stiftungen für Frankfurt am Main, Frankfurt am Main 1958, S. 165.
193 Städelsches Kunstinstitut, Verzeichnis der Gemälde aus dem Besitz des Städelschen Kunstinstituts und der Stadt Frankfurt. Frankfurt am Main 1966, Vorbemerkung III.
194 Schreiben v. November 1950, IfS Frankfurt, Personalakte Solms, Bl. 218.
195 Sammlung Bruno Müller, IfS Frankfurt, S2/1422.
196 Frankfurter Allgemeine Zeitung v. 9.9.1958, vgl. IfS Frankfurt, Personalakte Keller, Bl. 379.
197 Schreiben v. 9.12.1945, ebd., Bl. 324.
198 Schreiben v. 20.8.1946, IfS Frankfurt, Personalakte Schwarz unfol.
199 Vgl. Heibel, Rudolf Prestel (Anm. 22).
200 »Ein Retter, dem Dank gebührt«. Städel-Direktor Herbert Beck würdigt die Verdienste von Ernst Holzinger, in: Frankfurter Rundschau v. 10.1.1998.
201 Drummer, Friedrich Krebs (Anm. 5), S. 78-79.

Kiran Klaus Patel

Der Arbeitsdienst für Männer im Machtgefüge des »Dritten Reiches«

»Darum glauben wir, daß unser Arbeitsdienst ein nicht mehr zu entbehrender Bestandteil unserer nationalsozialistischen Volkserziehung geworden ist und ein granitner Quaderstein im Fundament des neuen Reiches. Wir glauben, daß unser Arbeitsdienst so dazu beiträgt, daß Ihre Lehren und Ihr Werk, mein Führer, fortleben von Generation zu Generation bis in die fernste Zukunft«.[1]

Diese Ansprache von Konstantin Hierl auf dem Reichsparteitag 1937 beim Aufmarsch des von ihm geleiteten nationalsozialistischen Arbeitsdienstes vor Hitler, verweist auf den weitreichenden Anspruch, den die Einrichtung während der NS-Herrschaft hatte. Der Arbeitsdienst sollte gleichzeitig ein Instrument zur Überwindung der Massenarbeitslosigkeit und der Abhängigkeit von agrarischen Importen sein. Zudem hatte er die Aufgabe, ein neues Arbeitsethos zu schaffen, zur vormilitärischen »Ertüchtigung« beizutragen und beim Aufbau einer neuen »Volkskultur« zu helfen. Nicht zuletzt galt diese Institution als »das beste Mittel, diese nationalsozialistische Forderung der Volksgemeinschaft zu verwirklichen«.[2] Deswegen verstand sich der Dienst schon seit 1933 als »Eckpfeiler im Wiederaufbau unseres Reiches und Volkes«.[3] Gleichwohl war die NS-Organisation zunächst nur die institutionelle Fortsetzung einer Maßnahme der Weimarer Republik, des Freiwilligen Arbeitsdienstes (FAD), den das Kabinett Brüning per Notverordnung 1931 eingerichtet hatte. Aufgrund der zumindest äußeren Kontinuität versuchten die Nationalsozialisten, sich nach der Machtübertragung so weit wie möglich vom FAD der Weimarer Republik abzugrenzen, und bald galt der Arbeitsdienst als genuin nationalsozialistische Errungenschaft.

Im folgenden sollen der Prozeß der Umformung der Weimarer Institution zu einer nationalsozialistischen Einrichtung und deren Weiterentwicklung bis 1945 untersucht werden. Dabei wird ausschließlich vom Arbeitsdienst für die männliche Jugend die Rede sein, der bisher für die NS-Zeit kaum erforscht worden ist.[4] Es gab zwar auch ein Pendant für Frauen. Diesem haben sich aber bereits mehrere Studien gewidmet. Außerdem nahm der Frauendienst von 1933 bis 1945 eine andere Entwicklung: Er unterstand zwar die längste Zeit auch dem bereits erwähnten Konstantin Hierl. Direkt geleitet wurde er seit Januar 1934 aber von Gertrud Scholtz-Klink, die zugleich Leiterin der NS-Frauenschaft war. Verglichen mit dem Arbeitsdienst für Männer blieb das Pendant für Frauen immer die kleinere Organisation. Nach 1933 umfaßte die Einrichtung zunächst ungefähr 10.000 Personen, bis 1937 wuchs sie auf 25.000 Frauen an. In den folgenden Jahren stieg die Zahl zwar weiter, konnte die Marke von 100.000 Personen aber nie wesentlich überschreiten. Vom Ziel, alle jungen deutschen Frauen der Arbeitsdienstpflicht zu unterwerfen, blieb sie weit entfernt.[5] Nicht nur die Organisationsgeschichte, sondern auch der Arbeitseinsatz und die erzieherische Theorie und Praxis unterschieden sich deutlich vom Arbeitsdienst für Männer der, der im Zentrum dieser Analyse steht. Für letzteren wird hier gefragt, in welchen Formen seine Ideologisierung betrieben wurde, und ob auch in dieser Institution jene »Radikalisierungsprozesse im ‚Normenstaat'« zu beobachten sind, die Frank Bajohr in seiner Studie zu »Arisierungen« in Hamburg für die Devisenstellen diagnostiziert hat.[6] Dieses Problem steht in einem engen Zusammenhang mit der Frage nach der Stellung des Arbeitsdienstes im Machtgefüge des Nationalsozialismus. Deswegen wird auch zu analysieren sein, ob sich die Kooperation und die Konkurrenzkämpfe mit anderen Bürokratien im Fall des Arbeitsdienstes leistungssteigernd oder destabilisierend auswirkten.

Nach einem Überblick zu den Weimarer Tagen des Freiwilligen Arbeitsdienstes werden die verschiedenen Phasen, die die Organisation während der nationalsozialistischen Herrschaft durchlief, nacheinander untersucht. Die bisherige Forschung sah neben der »Gleichschaltung« 1933 einen weiteren Einschnitt in dessen Geschichte in der Einführung der gesetzlichen Grundlage der Arbeitsdienstpflicht für Männer im Sommer 1935, die auch einen Namenswechsel für die Organisation mit sich brachte: Fortan hieß sie Reichsarbeitsdienst (RAD). Nach der gängigen Periodisierung brachte noch einmal der Kriegsbeginn 1939 größere Veränderungen mit sich.[7] Insgesamt kamen diese Studien zu dem Ergebnis, daß die Organisation zwischen 1933 und 1945 nur ein »Schattendasein« geführt habe.[8]

Dagegen wird hier in Hinblick auf die innere und äußere Entwicklung des Arbeitsdienstes eine andere Periodisierung vorgeschlagen. Es wird – in Einklang mit der bisherigen Forschung – eine Anfangsphase von Januar 1933 bis Juli 1934 unterschieden, in welche die »Gleichschaltung« des FAD ebenso fällt wie eine Vielzahl innerer und äußerer Krisen. In einer zweiten Phase von Mitte 1934 bis Mitte 1937 konnte sich der Arbeitsdienst scheinbar stabilisieren. Er durchlief eine Periode der institutionellen Absicherung des bisher Erreichten. Die Einführung der Arbeitsdienstpflicht im Sommer 1935 hatte, abgesehen von der unmittelbar staatsrechtlichen Dimension, aber keine große Relevanz für die Geschichte der Organisation. Die dritte Phase umfaßt die verbleibenden Jahre, wobei eine Übergangsphase von Mitte 1937 bis Mitte 1938 grundlegende Veränderungen mit sich brachte, während der Kriegsbeginn – entgegen den bisherigen Auffassungen – keine tiefe Zäsur darstellte. Für den Abschnitt von 1937/38 bis Kriegsende ließe sich noch eine stabilere Anfangszeit bis 1941/42 und eine Schlußphase differenzieren, in denen sich der Dienst mit noch größeren Herausforderungen konfrontiert sah. Insgesamt erscheint damit auch die These in einem neuen Licht, daß der Dienst zwischen 1933 und 1945 ein »Schattendasein« geführt habe.

Der institutionelle Vorläufer:
Der Freiwillige Arbeitsdienst (1931 - 1933)

Die Vorgängerorganisation des NS-Arbeitsdienstes hatte ein grundsätzlich anderes institutionelles Gerüst als die Einrichtung nach 1933. Der Freiwillige Arbeitsdienst, den Reichskanzler Heinrich Brüning mit einer Notverordnung vom 5. Juni 1931 gründete, zielte zunächst nur auf junge Arbeitslose, die durch einen gemeinnützigen, gemeinsamen Dienst auf freiwilliger Basis beschäftigt werden sollten. Das Hauptmotiv für die Einrichtung des Programms war die Weltwirtschaftskrise und besonders die durch sie ausgelöste Massenarbeitslosigkeit unter Jugendlichen und jungen Erwachsenen.[9]

Organisatorisch basierte der FAD auf einer schlanken, flexiblen Struktur. Nur einige wenige Beamte des Reichsarbeitsministeriums und der Reichsanstalt für Arbeitsvermittlung und Arbeitslosenversicherung waren mit dem Arbeitsdienst befaßt. Dies verweist auf seinen Charakter als Experiment, denn zunächst war unklar, ob die Arbeitslosen dieses Angebot auch akzeptieren würden. Grundsätzlich konnten sie zwischen der Arbeitslosigkeit und dem FAD wählen, und für den Dienst warb zunächst kein ökonomischer Anreiz. Bis Mitte 1932 wandte er sich nur an die Erwerbslosen, die ohnehin vom Reich finanziell unterstützt wurden. Sie konnten sich nun bei den Arbeitsämtern melden, um in den FAD aufgenommen zu werden. Dann wurden die Mittel aus der Arbeitslosenversicherung, die diesen Arbeitslosen ohnehin zustanden, für den Arbeitsdienst umgewidmet. Für den Dienst sprach somit lediglich, daß er die Möglichkeit eröffnete, einer sinnvollen Tätigkeit zusammen mit anderen nachzugehen – er sollte das Arbeitsethos der Betroffenen stärken, das unter der Arbeitslosigkeit häufig gelitten hatte. Von den »Notstandsarbeitern«, die ebenfalls mit Mitteln der Reichsanstalt unterstützt wurden, unterschied sich der Arbeitsdienst in dieser Phase fast nur durch seinen größeren erzieherischen Anspruch. Noch am Ende der Weimarer Republik wurde das pädagogische Element deutlich ausgebaut. Eine Neuordnung des FAD unter Reichskanzler Papen im Juli 1932 öffnete dann den Dienst für alle jungen Deutschen im Alter von 18 bis 25 Jahren unabhängig von ihrer Bedürftigkeit. Faktisch waren es allerdings weiterhin hauptsächlich junge arbeitslose Männer, die in den FAD strömten, zumal ihnen seit Sommer 1932 auch kleinere materielle Anreize geboten wurden.[10]

Abgesehen vom geschilderten, geringen staatlichen Engagement bildeten vor 1933 die »Träger der Arbeit« und die »Träger des Dienstes« den Arbeitsdienst. Erstere waren verschiedene Körperschaften öffentlichen Rechts, aber auch alle nur denkbaren Stiftungen und Vereinigungen. Sie konnten sich mit Bauvorhaben im Bereich von Bodenverbesserungen, kleineren Verkehrsprojekten und ähnlichen Arbeitstypen beim FAD bewerben und waren nach Bewilligung für die Planung und die Leitung der Bauarbeiten zuständig. Noch wichtiger für die Organisation des FAD waren die Dienstträger, hinter der sich die unterschiedliche »Vereinigungen und Verbände« verbargen. Sie faßten die jungen Arbeitslosen in Lagern zusammen und führten sie dem Arbeitseinsatz unter dem Träger der Arbeit zu. Die Dienstträger waren auch für die Freizeitgestaltung zuständig, in der sie häufig Fortbildungen oder politische und weltanschauliche Schulungen abhielten. Massenverbände, Vereine, Kirchen und Parteien konnten als Träger des Dienstes fungieren und so am FAD teilhaben – die Institution fußte somit auf dem Engagement der Gesellschaft.[11]

Obwohl der Arbeitsdienst 1931 eines der wenigen staatlichen Angebote für junge Arbeitslose war, kam er zunächst nur langsam in Gang. Zum Jahreswechsel 1931/32 umfaßte die Organisation nur knapp 7.000 Personen. In den folgenden Monaten fiel das Wachstum kräftiger aus, so daß der Dienst Anfang August 1932 immerhin 97.000 Freiwillige band.[12] Einen deutlichen Schub brachte die Neuordnung vom 16. Juli 1932, die Brünings Nachfolger als Reichskanzler, Franz von Papen, vornahm. Sie öffnete die Einrichtung über den Kreis der finanziell unterstützten Arbeitslosen hinaus für alle jungen Deutschen bis zu 25 Jahren, wenngleich weiterhin junge arbeitslose Männer bevorzugt aufgenommen wurden. Zugleich erklärt sich das kräftige Anwachsen des FAD im Sommer 1932 aus der weiteren Verschärfung der Massenarbeitslosigkeit. Papens Verordnung machte auch den Weg für eine weitere Institutionalisierung der Organisation frei. Fortan gab es einen Reichskommissar für den Freiwilligen Arbeitsdienst. Dazu wurde der Präsident der Reichsanstalt für Arbeitsvermittlung und Arbeitslosenversicherung, Friedrich Syrup, ernannt, der in seinem bisherigen Amt ohnehin für den FAD zuständig gewesen war. Letztlich blieb das institutionelle Gerüst des Dienstes weiterhin klein, so daß es sich leicht wieder verringern ließ, sollte die Arbeitslosigkeit zurückgehen.[13] Eine derartige Entwicklung war Mitte 1932 aber nicht abzusehen – damals gab es in Deutschland über sechs Millionen Arbeitslose. Vor diesem Hintergrund verdoppelte sich von Ende Juli bis Ende September 1932 die Freiwilligenzahl im FAD auf ungefähr 200.000 Personen. Im November 1932 erreichte sie mit einem Wert von 285.000 Freiwilligen einen Höhepunkt und reduzierte sich dann bis Ende Januar 1933 auf knapp 180.000 Teilnehmer. Im Verlauf des folgenden Jahres überstieg sie wieder die Marke von 200.000 Dienstleistenden, ohne noch einmal den Spitzenwert vom November 1932 zu erreichen.[14]

Dieser Verlauf verweist nicht nur darauf, daß die Arbeitslosen den FAD mehr und mehr akzeptierten, sondern er impliziert zugleich, daß wesentliche Kräfte der Gesellschaft bereit waren, als Träger des Dienstes aufzutreten. Tatsächlich engagierten sich im FAD zum Beispiel die Gemeinden sowie die Kirchen, die Caritasverbände und viele kleine Vereine. Alle wichtigen politischen Gruppierungen der Weimarer Republik – außer den Kommunisten – faßten junge Männer mit finanzieller Unterstützung des Staates in eigens gebildeten FAD-Lagern zusammen. Sie verbanden jeweils sehr unterschiedliche gesellschaftspolitische Zielvorstellungen mit dem Dienst. Besonders die politische Rechte, die mit ihren Organisationen wie dem Stahlhelm, dem Deutschnationalen Handlungsgehilfen-Verband und anderen Gruppen im Arbeitsdienst deutlich überrepräsentiert war, knüpfte weitreichende sozialpolitische Hoffnungen an die Einrichtung. Die gemeinsame Arbeit der Jugendlichen sollte soziale Gegensätze überbrücken und den Weg in eine konfliktfreie »Volksgemeinschaft« weisen. Manche rechten Organisationen, zum Beispiel der Stahlhelm als wichtigster konservativer Wehrverband, wollten dem Dienst zudem eine militärische Dimension geben – er sollte zum Ersatz für die Wehrpflicht werden, die der Versailler Vertrag Deutschland verboten hatte. Bereits vor der Errichtung des FAD hatte das rechte Lager einen Arbeitsdienst gefordert, und aufgrund der Ziele, die es mit diesem verband, lehnte es das Prinzip des freiwilligen Zugangs ab und forderte eine allgemeine Dienstpflicht.[15] Eine Sonderrolle im rechten Lager nahmen lange Zeit die Nationalsozialisten ein. Sie verhielten sich zunächst abwartend und beteiligten sich nicht am FAD, da sie in ihm nur verachtenswerte »Flickarbeit« sahen.[16] Besonders ihr Beauftragter für Arbeitsdienst-Fragen, der Weltkriegsoffizier, Militärschriftsteller und »völkische« Politiker Hierl, vertrat eine kompromißlose Haltung, die lediglich eine allgemeine, gleiche Arbeitsdienstpflicht gelten ließ: Der gemeinsame Dienst der gesamten Jugend sollte den Ausgleich der gespaltenen Klassen, politischen Gruppierungen und Konfessionen unter völkisch-erzieherischen Vorzeichen mit sich bringen.[17] Dieses Konzept ließ sich in der Weimarer Republik freilich nicht verwirklichen, sondern es setzte das Erringen der Macht im Staat voraus. Erst als allzu offensichtlich wurde, daß sich die NSDAP durch ihren Selbstausschluß vom Arbeitsdienst vor allem selbst schadete – ihre Anhänger mußten in die Lager anderer Dienstträger gehen und liefen deswegen aus Sicht der Partei Gefahr, »umgedreht« zu werden –, änderte Hierl im Sommer 1932 seinen Kurs. Nunmehr engagierten sich auch die Nationalsozialisten im FAD, sowohl um ihre eigenen Anhänger zu organisieren als auch um neue zu gewinnen. Während die NSDAP noch Mitte 1932 im FAD quasi bedeutungslos gewesen war, gelang es ihr schon in den nächsten sechs Monaten, zu einem der größeren Dienstträger zu werden.[18]

Obwohl Hierl sich insgesamt zunächst ungeschickt verhalten hatte, behielt Hitler ihn als den Experten der Partei für Arbeitsdienstfragen. Dieses besondere Vertrauensverhältnis, das in den folgenden Jahren für die Entwicklung der Organisation noch wichtiger werden sollte, hatte mehrere Grundlagen. Es fußte zum einen aus gemeinsamen Erfahrungen in den sektiererischen Kreisen der radikalen Rechten Münchens am Anfang der Weimarer Republik. Zum anderen hatte Hierl durch sein Renommee in der völkischen Rechten einen wichtigen Zugewinn für die NSDAP dargestellt, als er im April 1929 der Partei beigetreten war. Darüber hinaus scheinen sich Hitler und sein loyaler Parteisoldat Hierl auch persönlich gut verstanden zu haben. Schließlich war der Führer der NSDAP von der volkspädagogischen Bedeutung des Dienstes ebenso überzeugt wie Hierl.[19]

Fehlstart ins »Dritte Reich«:
Die Phase der »Gleichschaltung« (1933 - 1934)

In einer Grundsatzerklärung zwei Tage nach der Machtübertragung stellte Hitler unter anderem fest: »Zu den Grundpfeilern unseres Programms gehört der Gedanke der Arbeitsdienstpflicht«.[20] Auch wenn diese einen Kernpunkt der neuen Politik darstellen sollte, war mit dem 30. Januar 1933 über die Zukunft des Arbeitsdienstes noch nicht entschieden. Besonders für Hierl begann das »Dritte Reich« mit einer Enttäuschung. Denn in der Ministerbesprechung vom 2. Februar 1933 teilte der Stahlhelmgründer Franz Seldte, den Hitler einen Tag zuvor als Reichsarbeitsminister ins Kabinett berufen hatte, mit, daß er an Stelle von Syrup Reichskommissar für den FAD werden wolle.[21]

Zu der Zeit wurde dem Arbeitsdienst ein hoher Stellenwert beigemessen. Nachdem das Reichsinnenministerium und das Preußische Innenministerium an die Nationalsozialisten Frick und Göring gegangen waren, sicherte sich der Stahlhelm nun die Verfügung über die Institution, die zu einer paramilitärischen Einheit ausgebaut werden sollte. Diskutiert wurde diese Nutzung des Dienstes in einer interministeriellen Besprechung unter dem Vorsitz Seldtes Ende Februar 1933. Der neue Reichsarbeitsminister erklärte, daß das Reichskabinett die Schaffung einer Miliz plane. Deswegen solle der Arbeitsdienst »in einen organischen Zusammenhang mit den übrigen Maßnahmen zur Wehrhaftmachung des Volkes gebracht werden«.[22] In dieser Hinsicht waren sich Hitler und seine konservativen Bündnispartner offensichtlich einig. Keinen Konsens gab es dagegen in der Frage, wer den Dienst faktisch leiten sollte. Denn da Seldte nun nicht nur Reichskommissar für den Arbeitsdienst, sondern auch Reichsarbeitsminister wurde, war ausschlaggebend, wer unter ihm den Posten als Staatssekretär für den Arbeitsdienst bekleiden würde. Der Stahlhelm favorisierte für diese Position Heinrich Mahnken, den profiliertesten Mann aus den eigenen Reihen.[23] Die NSDAP wollte die Organisation aber nicht an den konservativen Bündnispartner abgeben und forderte die Stellung für Hierl.

In den folgenden Wochen kam es zu einem komplizierten Ränkespiel, in dem beide Lager versuchten, ihren Kandidaten durchzusetzen. Zunächst schien der Stahlhelm in einer überlegenen Position zu sein. Er konnte darauf verweisen, daß er am Ende der Weimarer Republik doppelt so viele Freiwillige in seinen Lagern organisiert hatte wie die Nationalsozialisten und deswegen über mehr Erfahrung verfüge.[24] Immer wieder wurde die Personalfrage auch im Reichskabinett behandelt, und selbst wenn dort Entscheidungen fielen, wurden diese anschließend nicht umgesetzt. Schließlich gelang es jedoch den Nationalsozialisten Anfang Mai 1933, unter dem Reichskommissar Seldte Konstantin Hierl als Staatssekretär für den Arbeitsdienst zu installieren. Die faktische Leitung des Dienstes fiel damit in dessen Hände.[25]

Hierl und seine Mitarbeiter machten sich sofort an den Ausbau der Organisation – gemäß den nationalsozialistischen Vorstellungen. Das hieß vor allem, daß der Arbeitsdienst unter völkisch-erzieherischer Perspektive binnen kurzem zu einem Pflichtdienst für die gesamte männliche Jugend umgewandelt werden sollte. Der Arbeitsdienst galt nun als die Einrichtung, die den Ausgleich der gespaltenen politischen Lager, Klassen und Konfessionen unter den Vorzeichen der »Volksgemeinschaft« wesentlich vorantreibe. Der Dienst wurde deswegen unter das Primat der Erziehung gestellt. Jeden Tag waren mehrere Stunden für körperliche Ertüchtigung, Exerzieren und politische Indoktrination reserviert. Eine genuin militärische Ausbildung führte der Dienst in dieser Phase zwar nicht durch. Er leistete jedoch einen Beitrag zur Kriegsvorbereitung, indem er als Sozialisationsinstanz militärische Werte vertrat und die männliche Bevölkerung körperlich und geistig auf den Krieg vorbereitete. Alle Elemente des Lagerlebens wurden fortan auf diesen Hauptauftrag des Arbeitsdienstes ausgerichtet.[26]

Gegenüber der »Erziehung« rückte die praktische Arbeit ins zweite Glied. Die Männer wurden hauptsächlich bei der Bodenverbesserung, der Neulandgewinnung und dem Wegebau eingesetzt. Es handelte sich jeweils um arbeitsintensive gemeinnützige Projekte. Allerdings war ihr volkswirtschaftlicher Wert häufig gering: Die Tätigkeitsfelder wurden so ausgewählt, daß der Arbeitsdienst nicht zu einer Konkurrenz für die private Wirtschaft wurde. Es gab noch weitere Faktoren, die die Leistung des Arbeitsdienstes grundsätzlich niedrig hielten. So wurde aus Kostengründen mit einem minimalen Einsatz von Maschinen gearbeitet. Außerdem war die Arbeitszeit mit maximal acht Stunden inklusive Pausen und Marschzeiten vergleichsweise kurz. Darüber hinaus waren die Bedingungen des Einsatzes restriktiv. Denn unter dem Primat der Erziehung, laut dem das »gemeinsame Werk« im Mittelpunkt stand, durfte der Arbeitsdienst nur Tätigkeiten ausführen, die von allen Arbeitsmännern unabhängig von ihrer unterschiedlichen Berufsqualifikation gemeinsam unternommen werden konnten. Diese unflexiblen Einsatzbedingungen wurden ausschlaggebend für die Wahl der Arbeitsprojekte. Letztlich legte sich der Dienst so auf die geschlossene Verwendung von Abteilungen bei unqualifizierten Arbeiten in der Nähe der Arbeitsdienstlager fest.[27]

Für das volkserzieherische Ziel, demzufolge der Arbeitsdienst der »Schmelztiegel für die deutsche Gemeinschaft« war, hatte Hitler bereits vor Hierls Ernennung mehrfach geworben.[28] Direkt nach seiner Berufung vom 4. Mai 1933 gab Hierl als neu ernannter Staatssekretär dem »Völkischen Beobachter« ein Interview, in dem er die Pläne zum Arbeitsdienst genauer ausführte.[29] Hitler hatte in seiner wichtigsten Rede zum Arbeitsdienst am 1. Mai 1933 eine unpräzise Formulierung gewählt, als er sagte, daß das Regime »in diesem Jahre zum ersten Male diesen großen ethischen Gedanken, den wir mit dem Arbeitsdienst verbinden, verwirklichen« werde.[30] Hierl interpretierte Hitlers Aussage nach seinen Interessen, wenn er daraus ein eindeutiges Plädoyer für die Arbeitsdienstpflicht machte. Mehr als daß er sich tatsächlich auf Hitler berufen konnte, benutzte er den angeblichen »Führerwillen« als Argument.[31] Laut Hierl sollte nach einer kurzen Übergangsphase im Januar 1934 die allgemeine gleiche Arbeitsdienstpflicht eingeführt werden.[32]

Erst knapp einen Monat, nachdem Hierl eigenmächtig die Öffentlichkeit über den detaillierten Fahrplan zur Einrichtung einer allgemeinen Pflicht informiert hatte, wurde eine entsprechende Gesetzesvorlage Hierls im Reichskabinett diskutiert. Das Konzept stieß auf massiven Widerstand des Reichsfinanzministeriums, dem Hierls Pläne vor allem zu teuer waren. Letztlich wurde Hierls Vorlage – obwohl sie seit Wochen der Öffentlichkeit bekannt war – nicht verabschiedet.[33] So kristallisierte sich heraus, daß Hierls Auslegung des »Führerwillens« höchst umstritten war. Er hatte die Einführung der Arbeitsdienstpflicht, die einer ideologischen Radikalisierung und einer deutlichen Vergrößerung der Organisation gleichkam, ohne politische Absicherung betrieben. Nun mußte er erkennen, daß dem Umbau hin zur allgemeinen Arbeitsdienstpflicht gewichtige Widerstände in der Machtelite gegenüberstanden.

Es war jedoch nicht allein die Ablehnung durch andere NS-Bürokratien, an der die Verwirklichung der Arbeitsdienstpflicht 1933 scheiterte, sondern eine Intervention der Siegermächte des Ersten Weltkrieges. Bei den Genfer Abrüstungsverhandlungen wurde am 12. Juni des Jahres jegliche Form von Arbeitsdienstpflicht international verboten.[34] Für die deutschen Pläne hatte die Entscheidung einschneidende Konsequenzen. Erstens wurden alle Pläne, den Dienst zu militarisieren, nun zurückgestellt, und fortan war jede Form von Waffenausbildung verboten. Zweitens wurde die Einführung der Arbeitsdienstpflicht vertagt.[35] Denn für den Arbeitsdienst riskierte Hitler keine außenpolitischen Verwicklungen. So wurde Hierls Initiative ein Opfer der »Abschirmung der inneren Machtergreifung von 1933/34«.[36] Zugleich zeigte sich, daß Hierl zwar grundsätzlich Hitler auf seiner Seite hatte. Sein gewagtes Kalkül, mit dem »Führerwillen« zu argumentieren, war in diesem Fall aber nicht aufgegangen.

Diese Niederlage verhinderte jedoch nicht die gleichzeitige Radikalisierung des Arbeitsdienstes nach innen in Form der »Gleichschaltung«. Das Personal der staatlichen Stellen, die mit dem Arbeitsdienst befaßt waren, wurde in zwei Wellen zwischen März und Oktober 1933 durch Angehörige der NSDAP und des Stahlhelm ausgetauscht.[37] Aufgrund der schlanken Organisationsstruktur des Weimarer FAD handelte es sich dabei aber nur um wenige Dutzend Posten. Ihre Neubesetzung und der nun vorgenommene Ausbau der staatlichen Seite der Organisation veränderten den Charakter der Einrichtung vorerst nicht grundlegend. Entscheidend war vielmehr aus der Perspektive des Regimes, die vielen Träger des Dienstes, die sich seit 1931 im Arbeitsdienst engagiert hatten, zu beseitigen. Deswegen wurden sie in den Monaten März und April 1933 »gleichgeschaltet«, wobei drei Haupttypen unterschieden werden können: die Gewaltaktionen, die »Selbstgleichschaltungen« und die »freiwilligen« Anschlüsse.

Terroristische Akte gegen Lager anderer Träger häuften sich ab März 1933. Vor allem die SA-Hilfspolizei trat als Vollstrecker, in vielen Fällen aber auch als Motor der Übergriffe auf, während sich der Stahlhelm meist ruhig verhielt. Einschüchterungen und Prügeleien waren noch eher harmlos. Häufig kam es darüber hinaus zur Besetzung der Lager anderer Dienstträger. Betroffen waren in erster Linie die Einrichtungen des Reichsbanners und anderer Organisationen der demokratischen Linken. Der Terror richtete sich aber auch gegen Lager der Kirchen.[38] In manchen Fällen beteiligten sich an den Besetzungen Vertreter der lokalen Behörden, etwa die Bürgermeister, und gaben dadurch den Aktionen den Anschein der Rechtmäßigkeit.[39] Daneben gab es den Typus des »freiwilligen« Anschlusses. Im April 1933 ging zum Beispiel der Reichsbund für Arbeitsdienst, ein vergleichsweise großer rechter Dienstträger, im Stahlhelm auf, um der »Gleichschaltung« durch die Nationalsozialisten zuvorzukommen.[40] Der Anschluß stellte eine Gegenbewegung zu den nationalsozialistischen Gewaltaktionen dar. Neben den Lagerbesetzungen und den »freiwilligen« Anschlüssen gab es die »Selbstgleichschaltungen«. So versuchten zum Beispiel die Freien Gewerkschaften, als selbständiger Dienstträger zu überleben, indem sie alle Verbindungen zu sozialdemokratischen Trägerorganisationen kappten und sich den neuen Machthabern andienten. Letztlich war aber auch dieser opportunistische Überlebensversuch erfolglos.[41]

Die »Gleichschaltung« der Dienstträger verlief insgesamt in einer Vielzahl von Einzelformen, die alle grob den drei genannten Mustern folgten.[42] Der Arbeitsdienst verwandelte sich von einer Einrichtung mit einem kleinen Normengerüst, das den Dienstträgern große Handlungsspielräume eröffnet hatte, in eine Institution ohne Rechtssicherheit, in der sich als Träger nur Stahlhelm und NSDAP behaupteten. Erst eine Verordnung des Reichskommissars Seldte vom 28. April 1933 schuf im nachhinein eine juristische Grundlage für den bis dahin chaotisch und rechtswidrig verlaufenen Prozeß. Er ordnete an, daß künftig nur noch der Stahlhelm und der nationalsozialistische Dienstträger Freiwillige organisieren durften. So wurde dem Ergebnis der Gewaltaktionen ex post eine gewisse Rechtsgrundlage gegeben.[43] Aber auch die Normierung des faktisch Vollzogenen stellte noch nicht das Ende dieser Entwicklung dar. Denn in der Folgezeit verschärfte sich der Konflikt zwischen Stahlhelm und Nationalsozialisten, obwohl beide Gruppierungen seit Anfang 1933 formal gleichberechtigt waren. Als Seldte Mitte Mai erneut allen Führern bekanntgab, daß im Arbeitsdienst diese beiden Gruppen »gleichberechtigt und kameradschaftlich Schulter an Schulter« stünden,[44] hieß das zugleich, daß es nicht überall zum Besten stand. Auf lokaler Ebene hatten Nationalsozialisten bereits im März auch Stahlhelmlager kurzzeitig besetzt, sie aber bald wieder freigeben müssen.[45]

Nur zwei Tage, nachdem Hitler und Seldte am 21. Juni einen Vertrag abgeschlossen hatten, wonach der Wehrverband in die NSDAP eingegliedert werden sollte,[46] klingelten bei Reichskommissar Seldte die Alarmglocken. Es war zu »Aktionen gegen Stahlhelmlager im ganzen Reich« gekommen, die auf das Konto der Nationalsozialisten gingen. Seldtes Befehl vom selben Abend, mit dem er die Übergriffe verbot, wurde nicht überall befolgt. Zwei weitere Male mußte er von allen Stellen Gehorsam fordern. Die Vorgänge zeigen, wie sehr der Arbeitsdienst Seldtes Kontrolle entglitten war.[47] Doch nicht nur durch Übergriffe betrieben die Nationalsozialisten die systematische Ausschaltung des Wehrverbandes aus dem Arbeitsdienst. Denn zeitgleich teilte Hierl Hitler, Reichsinnenminister Frick und anderen mit, daß in Stahlhelmlagern zumeist eine »rote Mehrheit« und allgemein regimefeindliches Gedankengut herrschten. Diese Zustände hätten bekämpft werden müssen, was zumeist auf »Initiative unterer Dienststellen« durch die SA geschehen sei. Hierl plädierte insgesamt dafür, den Einfluß des Stahlhelm stark zu reduzieren, den Arbeitsdienst aus dem Arbeitsministerium herauszunehmen und dem Innenminister zu unterstellen.[48] Es ist nicht unwahrscheinlich, daß in einigen Lagern tatsächlich regimefeindliche Ideen kursierten, da der Stahlhelm im Frühjahr 1933 massenhaft und eher wahllos Freiwillige aufgenommen hatte, um seine Stellung gegenüber der NSDAP zu stärken.[49] Auf jeden Fall aber instrumentalisierte Hierl diesen Sachverhalt als Argument für die »Gleichschaltung« des Stahlhelm-Dienstträgers, und letztlich war er erfolgreich: Den Endpunkt des Prozesses stellte ein Erlaß des Reichskommissars vom 21. Juli 1933 dar, wonach künftig als einziger Dienstträger derjenige der Nationalsozialisten zugelassen sei.[50]

Insgesamt verlief die »Gleichschaltung« der Dienstträger bis August 1933 vielgestaltig. Am Anfang standen Gewaltaktionen, die eine Eigendynamik auslösten und auch »Selbstgleichschaltungen« und »freiwillige« Anschlüsse zur Folge hatten. Danach folgten rechtliche Schritte, die den faktisch erreichten Zustand im nachhinein legitimierten und ausweiteten. Diese wurden durch Gewaltaktionen ergänzt und mündeten wiederum in rechtliche Neubestimmungen. Gewalt setzten in dieser Phase der »Revolution von unten«[51] die Nationalsozialisten und besonders die SA ein, wobei vor Juni viele Aktionen lokal oder regional geplant und ausgeführt wurden. Der Prozeß der »Gleichschaltung« der Dienstträger des Arbeitsdienstes nahm somit einen ähnlichen Verlauf wie die »Gleichschaltung« im weiteren Sinne, unter der man die Institutionalisierung der nationalsozialistischen Diktatur auf allen Ebenen des gesellschaftlichen und staatlichen Lebens versteht. Sie verlief nach keinem exakt durchkalkulierten Fahrplan. Terror und rechtliche Neubestimmungen spielten gleichermaßen eine Rolle, und es gab dieselbe Rangfolge der bis Sommer 1933 bekämpften Feinde.[52] Aufgrund seiner schlanken Organisationsstruktur war es vergleichsweise einfach, den Arbeitsdienst »gleichzuschalten«. Nur wenige Beamte und Angestellte des Reiches sowie anderer staatlicher und kommunaler Instanzen waren mit dem Arbeitsdienst befaßt. Im Prozeß der »Gleichschaltung« wurde das relativ kleine normenstaatliche institutionelle und personelle Gerüst des FAD der Weimarer Republik durch ein nationalsozialistisches ersetzt. Die rechtlichen Grundlagen des FAD wurden teilweise übernommen, teilweise über Gewaltaktionen rechtswidrig außer Kraft gesetzt. Die institutionelle Struktur wurde weitgehend umgebaut, da an die Stelle einer übersichtlichen, dezentralen und personalarmen Verwaltung ein an militärischen Prinzipien orientierter bürokratischer Zentralismus trat. Auch das Personal wurde größtenteils ausgewechselt.

Nach den Umbrüchen der »Gleichschaltung« kam der Arbeitsdienst aber nicht in ruhigere Fahrwasser. Auch nachdem sich die Nationalsozialisten gegen den Stahlhelm durchgesetzt hatten, gab es Widerstand gegen Hierls Politik. Kritik äußerten weiterhin das Reichsfinanzministerium und der Rechnungshof des Deutschen Reiches, die Hierls Haushaltspläne für gänzlich überzogen hielten. Über das gesamte Jahr 1933 hinweg konnte in dieser Frage keine Einigkeit erzielt werden. Hierl führte dies in einem Brief an Hitler vom August des Jahres darauf zurück, daß »eine gewisse innerlich noch dem alten System angehörende Ministerialbürokratie im Reichsfinanzministerium und Reichsarbeitsministerium sich gegenseitig in die Hände gearbeitet« habe, um den Etat zu verschleppen.[53] Hitler, an den Hierl sich mehrmals wandte, intervenierte zwar nicht direkt zu dessen Gunsten, unterstützte ihn aber, indem er im September Hierls Stellung unter Seldte im Rahmen einer Neuordnung stärkte und Hierl mehr Eigenständigkeit gab.[54] Angesichts dieser Niederlage schlug Seldte zunächst vor, den Dienst ganz aus seinem Ministerium herauszunehmen und Hitler direkt zu unterstellen.[55] Dagegen sprachen sich allerdings Reichsfinanzminister Krosigk, Reichsinnenminister Frick und Reichsjustizminister Gürtner aus.[56] Kurzzeitig blies Seldte daraufhin zum Angriff und versuchte, zum Zustand der Weimarer Republik zurückzukehren. Er verwies darauf, daß die staatsrechtliche Stellung des Arbeitsdienstes »noch unverändert auf der Verordnung vom 16. Juli 1932« beruhe.[57] Er versuchte so auf formaljuristischer Ebene, die durch die Gewaltaktionen der »Gleichschaltung« längst obsolet geworden war, Hierls Machtansprüchen entgegenzuhalten. Damit sollte er bei Hitler aber keinen Erfolg haben. Denn nicht mit staatsrechtlichen Argumenten wurde über die Zukunft der Organisation entschieden, sondern durch einen rechtsbrechenden Prozeß, der auf die normative Kraft des über Gewalt Erreichten setzte.

Im Zuge der Auseinandersetzungen mit anderen Bürokratien des sich etablierenden Regimes steuerte Hierls Organisation in eine veritable Krise. Das Führungspersonal des Dienstes wurde unruhig. Hierl wandte sich deswegen bereits im August 1933 an Hitler: »Die Besten haben sich aus dem Arbeitsdienst schon zurückgezogen und weitere folgen«.[58] Tatsächlich waren die Bezahlung schlecht und die Karriereaussichten ungewiß.[59] Da die Verstaatlichung des Dienstes im Sommer 1933 vertagt werden mußte, konnte Hierls Organisation nicht als attraktiver Arbeitgeber gelten. Die Krise des Arbeitsdienstes, die sich vom Frühjahr 1933 bis in den Sommer des Folgejahres hinzog, machte sich vor allem in den Lagern bemerkbar. Insgesamt schlugen sich so die äußeren Herausforderungen in Schwierigkeiten im Innern der Organisation nieder, die durch hausgemachte Probleme noch verstärkt wurden. Aus allen Teilen des Reiches häuften sich Beschwerden über unhaltbare Zustände und über unfähige Führer. Aus Ostpreußen etwa wurde berichtet, daß diese sich wie »Sklavenaufseher« benähmen und in der »Mehrzahl unbrauchbar« seien. Die Kritik gipfelte in dem »Eindruck, daß mindestens 50% der Führer vorbestraft oder gescheiterte Existenzen« seien.[60]

Eine weitere Ursache für diese Probleme lag in der Personalpolitik. Die »Gleichschaltung« der Dienstträger bis Spätsommer 1933 hatte zur Folge, daß viele erfahrene Führer, die teilweise seit 1931 im FAD gewesen waren, aufgrund einer nicht systemkonformen Haltung ihren Abschied nehmen mußten.[61] Das ganze Ausmaß der Schwierigkeiten zeigte sich am Jahresende 1933, als Hierl feststellen mußte, daß »Diebstähle, Korruptionen, leichtfertiges Verschleudern von Dienstgeldern, Eigennutz in erschreckendem Masse« aufgetreten seien.[62] Die darauf folgende Welle von Entlassungen und Kündigungen führte dazu, daß 1934 in manchen Regionen bis zu 80 Prozent der Arbeitsdienstführer ausgewechselt wurden, was die Organisation erneut enorm belastete.[63] Diese Umbrüche und Schwierigkeiten hatten sehr nachteilige Folgen für die Freiwilligen im Arbeitsdienst; die Umstände in vielen Lagern blieben vorläufig katastrophal.[64] All diese Probleme erklären zugleich, warum der Arbeitsdienst in der Bevölkerung kein hohes Ansehen genoß.[65] Letztlich erklärt sich der Fehlstart, mit dem das »Dritte Reich« für den Arbeitsdienst begann, somit aus einer ganzen Reihe an Faktoren. Gleichwohl darf nicht übersehen werden, daß der Arbeitsdienst bis Mitte 1933 mit einer Größe von ungefähr 200.000 Personen das größte Arbeitsbeschaffungsprogramm war, über welches das Regime verfügte, und auch danach stellte er eine der Hauptmaßnahmen zur Bekämpfung der Arbeitslosigkeit dar.[66]

Zwei direkte äußere Herausforderungen kamen in dieser Phase hinzu. Zum einen versuchte zum Jahreswechsel 1933/34 die Hitler-Jugend den Arbeitsdienst in die eigene Organisation einzugliedern. Motor dieser Übernahmeversuche war Helmut Stellrecht, der bis dahin der engste Mitarbeiter Hierls gewesen war. Als es zwischen beiden Ende 1933 zu Konflikten um den künftigen Kurs des Arbeitsdienstes kam, wechselte der enttäuschte Stellrecht zu Schirachs HJ. In der Folgezeit mehrten sich in der HJ-nahen Presse Artikel, die eine Beteiligung der Parteijugend am Arbeitsdienst forderten.[67] Zugleich versuchte die Hitlerjugend, den Arbeitsdienst von der Basis her zu unterwandern.[68] Letztlich war dieser Angriff aber nicht erfolgreich. So mußte die Reichsjugendführung im März 1934 verkünden, daß alle Forderungen nach eigenen HJ-Arbeitsdienstlagern unautorisiert gewesen seien und daß sie die Bildung solcher Lager untersagt habe. Ausschlaggebend für Hierls Sieg gegen Schirach war einmal mehr das ungebrochene Vertrauen Hitlers in Hierl.[69]

Zum anderen wurde der Arbeitsdienst in seiner bestehenden Form durch die SA grundsätzlich in Frage gestellt. Wie Hierl 1935 rückblickend feststellte, war im Frühjahr 1934 erwogen worden, den Arbeitsdienst »dem früheren Stabschef Röhm als Kompensationsobjekt« zuzuschlagen.[70] Dies lenkt den Blick auf einen zentralen Konflikt am Anfang der nationalsozialistischen Herrschaft. Denn der Stabschef der SA mußte sich 1933/34 in besonderem Maße fragen, welche Rolle seine Organisation nach der Machtübertragung spielen sollte. Röhm selbst wollte die SA in eine Milizarmee umwandeln, der sich auch die Reichswehr unterzuordnen gehabt hätte. Die Reichswehr lehnte diese Hegemonialansprüche ab, so daß Hitler sich für einen der beiden Rivalen entscheiden mußte. Aus vielerlei Gründen war es für den Diktator bekanntlich sinnvoller, dem Militär den Vorzug zu geben. Bei den Diskussionen, mit welchen Aufgaben die SA abgefunden werden könnte, kam auch der Arbeitsdienst ins Gespräch. Hitler entschied sich schließlich für eine andere Lösung, und die SA wurde durch eine blutige Aktion am 30. Juni 1934 politisch entmachtet und Röhm ermordet. Der Arbeitsdienst hatte eine weitere fundamentale Existenzkrise überstanden.[71] Offenkundig wurde dies, als Hitler lediglich einen Tag vor dem Beginn der Terroraktion gegen die SA den Arbeitsdienst besuchte.[72]

Für den Arbeitsdienst war dieser 29. Juni 1934 aber nicht nur deswegen ein wichtiges Datum. Denn Hitler eröffnete dem »Reichsarbeitsführer«[73] – so nannte sich Hierl seit November 1933 – an jenem Tag, daß er ihn an Stelle Seldtes zum Reichskommissar machen wolle. Außerdem wurde der Arbeitsdienst aus dem Reichsarbeitsministerium herausgenommen und Reichsinnenminister Frick unterstellt.[74] Hierl war nun an dem Ziel angelangt, auf das er seit Anfang 1933 hingearbeitet hatte.[75] So endeten die Abstimmungsprobleme mit Seldte, die die Organisation in zahlreiche Krisen gestürzt hatten, zugunsten Hierls. Insgesamt konnte sich der Arbeitsdienst in den Machtkämpfen mit den alten Eliten, der HJ und der SA nicht primär deswegen durchsetzen, weil er für das umstrittene Feld aufgrund klar abgegrenzter Kompetenzen zuständig war. Entscheidend war vielmehr, daß er sich im Kampf der Institutionen um Ressourcen und Kompetenzen behauptet hatte. Ausschlaggebend war dabei weniger seine institutionelle Bedeutung oder die Bündnislage zu anderen NS-Behörden, sondern die Rückendeckung Hitlers. Wenngleich sich der »Führer« zumeist nicht für die Details der Auseinandersetzungen interessierte, war es doch Hitlers Wort, das in den Machtkämpfen immer wieder den Ausschlag gab.[76] Offensichtlich setzte der Diktator weiterhin personell auf Hierl als seinen treuen Gefolgsmann aus Münchner Tagen, konzeptionell auf einen Arbeitsdienst unter dem Primat der ideologischen Erziehung zum Zweck der Kriegsvorbereitung und organisatorisch auf die Eigenständigkeit des Dienstes. Bis Juli 1934 waren so die Weichen gestellt, die eine Konsolidierung des Arbeitsdienstes in der zweiten Hälfte des Jahres ermöglichten.[77] Wie der »Völkische Beobachter« festhielt, konnte der Arbeitsdienst in dieser Phase »einen Platz an der Sonne« erringen.[78]

Die relative Konsolidierung (1934 - 1937/38)

Die Überwindung der krisenhaften Anfangsphase zeigte sich besonders deutlich auf dem Reichsparteitag im September 1934. Hierls Organisation, die im Jahr zuvor noch nicht in Nürnberg beteiligt gewesen war, nahm nun mit 52.000 Mann an dem Massenspektakel teil. In dessen Choreographie waren die Abteilungen sogar besonders hervorgehoben, da die »erdbraunen Kolonnen« mit ihren blanken, geschulterten Spaten vor allen anderen Organisationen vor Hitler auf dem Parteitagsgelände antraten. Damit konnten sie den Diktator und die Zuschauer beeindrucken.[79] Auch die Forderung nach der Arbeitsdienstpflicht, die Hierl einmal mehr verkündete, blieb nicht unerhört. Seiner eigenen Einschätzung nach trug der Auftritt im Herbst 1934 wesentlich dazu bei, daß die Dienstpflicht ein Jahr später eingeführt wurde.[80]

Parallel zur äußeren Stabilisierung in der zweiten Jahreshälfte 1934 vollzog sich die Konsolidierung der Organisation nach innen. Ende 1934 wurden deren Angehörige einer »Dienstgewalt« unterworfen. Sowohl diese als auch die Dienststrafordnung vom Januar 1935 erhöhten den Zugriff auf die der Einrichtung Unterstellten.[81] Besonders wichtig war die Änderung des Reichsbesoldungsgesetzes vom März 1935, das die planmäßigen Führer des Arbeitsdienstes den Beamten und Soldaten der Wehrmacht gleichstellte, womit eine neue Gruppe von Staatsdienern geschaffen wurde.[82] Die Aufwertung durch das geänderte Besoldungsgesetz bezeichnete die Reichsleitung des Dienstes nicht zu Unrecht als »Geburtsstunde« des »einheitlichen staatlichen Führerkorps«.[83] Erst jetzt wurde es für Führungskräfte attraktiv, dem Arbeitsdienst anzugehören.

Insgesamt wurde seit der zweiten Hälfte des Jahres 1934 der Arbeitsdienst zunehmend in eine rechtliche Form gebracht, womit das über Gewaltaktionen und Auseinandersetzungen mit anderen Institutionen Erreichte abgesichert wurde. Dieser Prozeß, der die Rechtsgeschichte des NS-Regimes allgemein prägte, widersprach dessen Unrechtscharakter nur scheinbar. Es ist zwar richtig, daß die konkurrierenden Herrschaftsansprüche der rivalisierenden Machtzentren des »Dritten Reiches« nicht in einem einheitlich formalen System geregelt wurden.[84] Zugleich versuchte aber jede NS-Institution, ihre in der Anfangsphase des Regimes erkämpfte Position im nachhinein staatsrechtlich abzusichern. Der Verrechtlichungsprozeß zeigte sich für den Arbeitsdienst etwa daran, daß im Reichsgesetzblatt noch 1933 lediglich eine Verordnung veröffentlicht worden war, die den männlichen Arbeitsdienst direkt betraf. Dagegen waren es ab 1935 jährlich über ein Dutzend Gesetze, Verordnungen und Erlasse.[85] Am Arbeitsdienst wird somit beispielhaft die Bürokratisierung deutlich, die im »Dritten Reich« viele parteinahe Institutionen erfuhren.[86]

Rechtlich betrachtet war der Arbeitsdienst in dieser Phase eine merkwürdige Einrichtung, die eine zeitgenössische juristische Dissertation nicht unpassend als »Monstrum« bezeichnete.[87] Diese Anspielung auf Samuel Pufendorfs berühmte Charakterisierung des Reiches von 1648 verwies auf das Problem, die Organisation dieses Dienstes mit den üblichen juristischen Begriffen zu umreißen. Er nahm eine Zwitterstellung zwischen Staat und Partei ein, da der einzig verbliebene, nationalsozialistische Dienstträger privatrechtlich verfaßt war, ohne eine Gliederung oder ein angeschlossener Verband der NSDAP zu sein, während die höchsten Stellen der Einrichtung verstaatlicht waren. Eine einfache Gesamtformel für die Institution ließ sich deswegen nicht finden.[88] Für Nationalsozialisten bewies jedoch gerade dieser eigenartige Zustand »wie selten eine andere Erscheinung die allmähliche Verschmelzung von Partei und Staat«.[89] So wurde das Zufallsprodukt der überhasteten »Gleichschaltung« der Dienstträger, des Vetos der Ententemächte und finanzpolitischer Restriktionen in juristischen Diskursen zum besonderen Symbol des NS-Regimes stilisiert.

In der zweiten Hälfte des Jahres 1934 setzte außerdem eine Propagandakampagne ein, die die deutsche Bevölkerung auf die Einführung der Arbeitsdienstpflicht vorbereiten sollte.[90] Der Werbefeldzug war aufgrund des vom nationalsozialistischen Regime angestrebten plebiszitären Charakters der Diktatur wichtig, da der bevorstehende Pflichtdienst nicht zu den Maßnahmen gehörte, die beliebt waren. Zudem wurde beinahe gleichzeitig die Wehrpflicht eingeführt werden sollte, so daß die männliche Jugend künftig nacheinander zwei neuen allgemeinen Dienstpflichten unterworfen war. Auf Kabinettsebene hatte Hierl im Februar 1935 einen Gesetzesentwurf zur Einführung der allgemeinen, gleichen Arbeitsdienstpflicht – vorläufig nur für Männer – unter völkisch-erzieherischen Gesichtspunkten vorgelegt. Bald zeichnete sich jedoch ab, daß die Widerstände noch zugenommen hatten, die diesem Konzept schon 1933 entgegenstanden. Bemängelt wurden nun nicht nur die veranschlagten Kosten. Das Reichswirtschafts- und das Reichsarbeitsministerium lehnten den Vorschlag auch aus arbeitsmarktpolitischen Gründen ab. Denn inzwischen war die Massenarbeitslosigkeit, die 1931 die Hauptursache für die Errichtung des FAD gewesen war, in vielen Branchen in einen Arbeitskräftemangel umgeschlagen; besonders junge Männer wurden vielerorts bereits gesucht. Diese Gruppe für mehrere Monate bei den größtenteils volkswirtschaftlich unwichtigen Tätigkeiten des Arbeitsdienstes kaltzustellen, stieß deswegen auf massive Kritik.[91]

Dank Hitlers Unterstützung wurde Hierls Vorlage zur Einführung der Arbeitsdienstpflicht dennoch am 26. Juni 1935 verabschiedet. Wie auch die Wiedereinführung der Wehrpflicht zum selben Zeitpunkt verdeutlicht, fühlte sich Deutschland offensichtlich nicht mehr an die Beschränkungen des Versailler Vertrages und an das Verbot der Arbeitsdienstpflicht vom Frühjahr 1933 gebunden.

Das neue Gesetz brachte die Verstaatlichung der gesamten Organisation, die fortan Reichsarbeitsdienst hieß.[92] Erst jetzt gab es eine umfassende Rechtsgrundlage, welche die alte Verordnung von 1932 ablöste. Letztere hatte mit geringen Änderungen immer noch gegolten und war zugleich der Hebel für Forderungen gewesen, den Arbeitsdienst in Größe und Anspruch zu beschränken.[93] Deswegen war für Hierl der 26. Juni 1935 »der stolzeste Tag meines Lebens«.[94] Allerdings hatten die ökonomisch motivierten Einsprüche die Gestalt des Gesetzes wesentlich beeinflußt. Es sah zahlreiche Möglichkeiten vor, junge Männer von der allgemeinen Dienstpflicht auszunehmen. Daß diese Pflicht lediglich auf dem Papier eingeführt wurde, zeigt sich besonders daran, daß die Organisation sich nicht vergrößerte, sondern sogar verkleinerte. Gegenüber ungefähr 210.000 Mann im Juni 1935 umfaßte sie im Dezember des Jahres nur noch 180.000 Personen.[95]

Somit brachte das RAD-Gesetz faktisch keineswegs die allgemeine gleiche Arbeitsdienstpflicht für Männer. Da zudem bereits seit Mitte 1933 über Selbstverpflichtungen und Regelungen für spezielle Gruppen Möglichkeiten geschaffen worden waren, fast jeden jungen Deutschen in den Arbeitsdienst zu verpflichten, bedeutete die Einführung des RAD-Gesetzes organisationsgeschichtlich keine Zäsur;[96] lediglich staatsrechtlich war dies von Bedeutung. Insgesamt kam das Gesetz für den Arbeitsdienst nur einer – freilich wichtigen – Station in der rechtlichen Absicherung der inneren und äußeren Machtlage gleich, die sich im Zuge des Gleichschaltungsprozesses 1933/34 entwickelt hatte. Auch in einer anderen Frage war das RAD-Gesetz nur scheinbar eine Zäsur. Staatsrechtlich wurde zwar erst jetzt ein »Arierparagraph« eingeführt, demzufolge vor allem Juden vom RAD kategorisch ausgeschlossen wurden. De facto waren sie jedoch bereits seit der »Gleichschaltung« der Dienstträger im Sommer 1933 nicht mehr in den Arbeitsdienst aufgenommen worden. Das hatte der einzig verbliebene, der nationalsozialistische Dienstträger verhindert, der den Antisemitismus zu einem Kernelement der Arbeitsdienstideologie des Regimes erhoben hatte.[97]

In den folgenden Jahren entwickelte sich die Organisation relativ ruhig.[98] Auch Haushaltsverhandlungen verliefen jetzt nicht mehr existenzerschütternd. Zum 30. Januar 1937 ordnete Hitler außerdem die Befugnisse des Reichsarbeitsführers im Reichsinnenministerium neu. Hierl erhielt die Leitung und Bearbeitung aller den RAD betreffenden Angelegenheiten innerhalb des Ministeriums und wurde Frick persönlich unterstellt.[99] Das symbolische Datum wählte Hitler bewußt, um vier Jahre nach der Machtübertragung die Stellung des Dienstes weiter zu stärken. Jedoch entschied er sich damit einmal mehr gegen den eigentlichen Wunsch Hierls, den RAD ganz zu verselbständigen und als Reichsarbeitsführer Minister zu werden.[100] So erreichte Hierls Organisation Anfang 1937 den Zenit ihrer Konsolidierung im NS-Regime. Der RAD stand zwar nicht in der ersten Reihe des »Dritten Reiches«. Trotzdem hatte Hierl in harten Auseinandersetzungen die Selbständigkeit der Organisation erkämpft. Zudem durchliefen jährlich immerhin mehrere Hunderttausend junge Männer jeweils für sechs Monate die Einrichtung, die deswegen eine der wichtigen Sozialisationsinstanzen des Regimes war.

Der bürokratische Aufbau des Dienstes nahm in dieser Phase die Form an, auf die Hierl seit 1933 hingearbeitet hatte. Die Spitze bildeten der Reichsarbeitsführer und unter ihm die Reichsleitung in Berlin, die für die umfassende Verwaltung,

Kontrolle und Koordination des Dienstes zuständig waren, vor allem in Hinblick auf Organisation, Arbeitseinsatz, Ausbildung und Erziehung. Der Reichsleitung unterstanden direkt die Arbeitsgauführer, die Leiter der Arbeitsdienst-Schulen und in späteren Jahren die Bezirksführerinnen für den weiblichen Arbeitsdienst. In dem gestuften Schulsystem wurde das Führungspersonal der Behörde ausgebildet. Die Arbeitsgaue – die Zahl von ursprünglich 30 Ende 1933 steigerte sich bis 1939 auf 36 – bildeten die größeren der mittleren Verwaltungseinheiten innerhalb der Gesamtgliederung. Allerdings verfügten die Arbeitsgauführer als Führungspersonal dieser regionalen Gliederungen über relativ geringe Kompetenzen und Gestaltungsspielräume, wie etwa die Protokolle der Arbeitsgauführertagungen zeigen. Selbst kleinere Versuche, auf dieser Ebene eigene Initiativen zu entwickeln, wurden von Hierl unterbunden mit dem Hinweis, daß es keinen »Gau-Partikularismus« geben dürfe.[101] Die Verwaltungsebene unterhalb der Gaue bildeten die Arbeitsdienstgruppen. Sie waren die kleineren regionalen Einheiten und formten den zweiten Teil des Scharniers zwischen Reichsleitung und Abteilung. Letztere stellte die Grundeinheit des Dienstes. Ihre Sollgröße änderte sich immer wieder, bestand aber zumeist aus ca. 150 oder ca. 200 Männern. Jede Abteilung hatte im Normalfall ihr eigenes Lager. Die Ebene des Lagers prägte normalerweise den Erfahrungshorizont der Arbeitsmänner. Insgesamt ergab sich – inklusive des Arbeitsdienstes für Frauen – 1939 folgender Aufbau:[102]

Schaubild: Aufbau des Reichsarbeitsdienstes

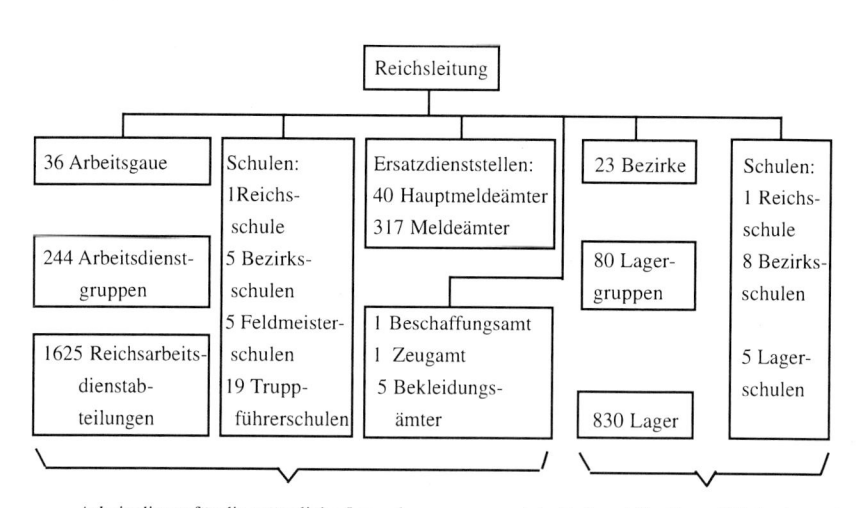

		Reichsleitung		
36 Arbeitsgaue	Schulen: 1 Reichsschule	Ersatzdienststellen: 40 Hauptmeldeämter 317 Meldeämter	23 Bezirke	Schulen: 1 Reichsschule
244 Arbeitsdienstgruppen	5 Bezirksschulen		80 Lagergruppen	8 Bezirksschulen
1625 Reichsarbeitsdienstabteilungen	5 Feldmeisterschulen 19 Truppführerschulen	1 Beschaffungsamt 1 Zeugamt 5 Bekleidungsämter	830 Lager	5 Lagerschulen

Arbeitsdienst für die männliche Jugend   Arbeitsdienst für die weibliche Jugend

Der enorme bürokratische Apparat, der sich aus der abgebildeten Struktur ergibt, hatte wenig mit dem schlanken, flexiblen Aufbau des FAD bis 1933 gemeinsam. Der RAD war strikt hierarchisch und nach dem »Führerprinzip« organisiert. Die ab 1935 gänzlich verstaatlichte, zentralistische Einrichtung arbeitete personal- und damit kostenintensiv, und sie orientierte sich am militärischen Vorbild. Von einer effizienten Verwaltung konnte keine Rede sein – und der organisatorische Wasserkopf wäre noch größer gewesen, hätten dies nicht die Interventionen des Reichsfinanzministers und anderer verhindert. Initiative konnten in diesem Rahmen lediglich Hierl und seine Reichsleitung entfalten, während die Handlungsspielräume aller nachgeordneten Instanzen des RAD eng beschränkt waren.

Ende 1936 unternahm Hierl einen Versuch, seine Stellung deutlich auszubauen. Am 4. Dezember des Jahres legte er den Kabinettsmitgliedern einen Entwurf vor, laut dem die Dienstzeit im Reichsarbeitsdienst für einen Teil der männlichen Jugend verlängert werden sollte. Anlaß des Vorschlags war die Erweiterung der Wehrpflicht im August 1936 auf zwei Jahre. Das hätte in den Augen der Verantwortlichen eine bestehende Ungleichbehandlung noch verschärft, denn Männer, die die Tauglichkeitskriterien des Militärs für einen Wehrdienst nicht erfüllten, mußten keinen Ersatzdienst leisten. Solche »Untauglichen« sollten künftig nach ihrer normalen Arbeitsdienstzeit zusätzlich eineinhalb Jahre in einem neu zu schaffenden »Nationalen Hilfsdienst« dienen, sofern sie nicht gänzlich untauglich waren. Der Vorschlag basierte darauf, daß die Wehrmacht schärfere Tauglichkeitskriterien hatte als der Arbeitsdienst. Die neue Organisation sollte ein »Glied des Reichsarbeitsdienstes« werden.[103] Hiermit versuchte der Reichsarbeitsführer, seine Kompetenzen wesentlich zu erweitern. Denn mit dem Projekt wollte Hierl nicht nur die scharf umrissene Gruppe der Wehruntauglichen organisieren, sondern im Kriegsfall im Rahmen des Arbeitseinsatzes auch andere Personen auf Arbeitsplätze verpflichten können. Laut Hierl sollte der Nationale Hilfsdienst im Krieg »zu einer Hilfsorganisation für den allgemeinen Arbeitseinsatz« werden und ergänzend zur Arbeitsdienstpflicht die allgemeine, alters- und geschlechtsunabhängige Dienstpflicht umsetzen.[104] Gegen die weitreichenden Pläne mußte sich jedoch Widerstand regen, zumal diese Kompetenz bereits an Reichswirtschaftsminister Hjalmar Schacht vergeben war. Deswegen wurde Hierls Vorschlag letztlich abgelehnt.[105] Da es Hierl mißlang, sich in dieser Frage durchzusetzen, stieg er nicht in die oberste Führungsriege des Regimes auf. Allerdings stand er Anfang 1937 einer rechtlich solide abgesicherten, als relativ erfolgreich geltenden Einrichtung vor, deren Anfangsschwierigkeiten langsam in Vergessenheit gerieten.

Von der Erntehilfe zum Westwall- und Kriegseinsatz (1937 - 1945)

Im Verlauf des Jahres 1937 mehrten sich jedoch die Krisenanzeichen. Als problematisch erwies sich hauptsächlich ein Aufgabengebiet, für das der RAD aufgrund des dramatisch angestiegenen Landarbeitermangels nunmehr in erheblichem Maße herangezogen wurde: die Erntehilfe. In geringem Umfang war der Arbeitsdienst seit 1933 bei dieser eingesetzt worden.[106] Da sie mit seinem Erziehungsmodell aber nicht vereinbar war, hatte sich Hierl stets dagegen gewehrt. Denn die Erntearbeit verlangte grundsätzlich deutlich längere Arbeitsstunden, als sie der Arbeitsdienst vorsah, und den schnellen, mobilen Einsatz von kleineren und kleinsten Einheiten, was dem RAD-Erziehungsideal vom gemeinsamen Arbeiten und Leben widersprach.[107] Je mehr jedoch der Mangel an Landarbeitern zunahm, desto stärker wurde der Druck auf den Arbeitsdienst, sich trotzdem an der Erntearbeit zu beteiligen. Im Sommer 1937 wurde er erstmals massenhaft in diesem Bereich eingesetzt, was für Hierl und seine Arbeitsdienst-Konzeption eine herbe Niederlage bedeutete.[108]

Der Reichsarbeitsdienst wurde gleichzeitig noch von anderer Seite in Frage gestellt. Die Wehrmacht forderte, daß ihr Hierls Organisation als Bautruppe, als viertes Element neben Heer, Marine und Luftwaffe unterstellt werde. Göring trat ferner für ein anderes Modell ein, das für den Dienst Hierlscher Prägung aber ebenfalls das Ende bedeutet hätte. Der Arbeitsdienst sollte seinen Erziehungsauftrag aufgeben, sich ganz der produktiven Arbeit widmen und ein billiges staatliches Arbeitsheer werden.[109] Angesichts dieser Herausforderungen nutzte Hierl den Reichsparteitag 1937, um allen Versuchen, das bisherige Arbeitsdienst-Konzept aufzuweichen, entgegenzutreten. Seine Rede gipfelte in den Worten: »Und wie ein treuer scharfer Hofhund sich eher totschlagen, als in den seiner Bewachung anvertrauten Hof einbrechen läßt, so stelle ich mich vor die Unantastbarkeit dieser ideellen Grundlagen eines nationalsozialistischen Arbeitsdienstes«.[110] Einmal mehr konnte der Reichsarbeitsführer Hitler für sich gewinnen, weswegen der Dienst unabhängig blieb und seine erzieherische Dimension beibehielt.[111] Allerdings zeigte sich hier erstmals der Problemdruck, der im Kontext der forcierten Kriegsvorbereitung und besonders als Folge des Vierjahresplanes den Reichsarbeitsdienst schließlich in eine Dauerkrise stürzen sollte.

In dieser Phase konnte Hierl aber auch gewisse Erfolge verbuchen, denn seine Einrichtung wuchs analog zur Expansion des Reiches an. Vom Ziel der allgemeinen Dienstpflicht entfernte man sich zwar weiter, aber zumindest nominell wurde 1935 im Saarland, 1938 in Österreich und 1939 im Sudetenland, im Memelland sowie für die »Volksdeutschen« im Reichsprotektorat Böhmen und Mähren die Arbeitsdienstpflicht eingeführt.[112]

Im Sommer 1938 wurde der Dienst jedoch bei einer neuen Aufgabe eingesetzt, die seine bisherige ideologische Grundlage untergraben und seine Eigenständigkeit stärker noch als bei der Erntehilfe einschränken sollte: dem Bau des Westwalls. Der RAD übernahm umfangreiche Bauarbeiten bei der Anlage der Befestigungslinie an der deutschen Westgrenze. Über ein Drittel aller Abteilungen zog Hierl zu diesem Großeinsatz zusammen. Diese wurden zu »Baubataillonen« umstrukturiert, die der Wehrmacht unterstellt waren. Erstmals leistete Hierls Organisation in größerem Umfang eine Arbeit, die direkt militärischen Nutzen hatte.[113] Ähnlich wie beim Ernteeinsatz waren die langen Arbeitszeiten und die anderen Einsatzbedingungen nicht mit Hierls ursprünglicher Arbeitsdienst-Konzeption vereinbar, bei der die Erziehung im Zentrum gestanden hatte. Für politische Indoktrination und die anderen Bereiche der Erziehung blieb nunmehr kaum noch

Zeit. Der Westwall-Einsatz brachte noch eine weitere einschneidende Veränderung mit sich. Jetzt wagte es das Regime, das zweite Genfer Verbot neben dem der Arbeitsdienstpflicht zu brechen: Die am Westwall stationierten Abteilungen wurden an Waffen ausgebildet.[114] Zum Jahresende 1938 wurde diese Militarisierung auf alle RAD-Einheiten ausgeweitet.[115]

Gegenüber solch tiefgreifenden Veränderungen bedeutete der Kriegsbeginn im September 1939 für den Reichsarbeitsdienst keinen tiefen Einschnitt. Organisatorisch stand die Verwendung der Einrichtung nach 1939 in einer direkten Kontinuität zum Westwalleinsatz. Wieder bildete der RAD Baubataillone, die der Wehrmacht unterstellt waren. Diese Arbeitsmänner gehörten weiterhin formal zum Reichsarbeitsdienst, de facto leisteten sie hinter der Front militärähnliche Dienste. Wie die Organisation Todt und die Technische Nothilfe wurde der RAD Teil der weitgehenden Mobilisierung aller Arbeitskräfte für den Kriegseinsatz, die einen wichtigen Anteil an den anfänglichen Kriegserfolgen Deutschlands hatten. Die motorisierten, hochmobilen Truppenverbände brauchten für Vormarsch, Rückzug und Nachschub ein gutes Straßen- und Verkehrsnetz, und der RAD und ähnliche Organisationen stellten es bereit. Deswegen folgte Hierls Organisation der Wehrmacht in den nächsten Jahren an fast alle Kriegsschauplätze.[116]

Die teilweise Unterstellung des Dienstes war Wasser auf die Mühlen derjenigen, die dessen Auflösung zumindest für die Dauer des Krieges forderten. Wie schon 1937/38 erwies sich Göring als der gefährlichste Gegner des Dienstes, da er die beim Arbeitsdienst eingesetzten jungen Männer lieber in den Rüstungsbetrieben oder als Soldaten gesehen hätte. Deswegen stellte es für Hierl trotz aller Beschneidungen einen Erfolg dar, wenn er überhaupt den institutionellen Fortbestand seiner Organisation sichern konnte. Eine kurzzeitige Konsolidierung trat mit dem Ende des Krieges gegen Polen ein, als die Unterstellung unter die Wehrmacht endete und der RAD wieder zu einer eigenständigen Organisation wurde.[117] Eine Klärung hinsichtlich der organisatorischen Zukunft brachte kurz darauf eine Verordnung vom 20. Dezember 1939. Danach sollte der Dienst während des Krieges weiterexistieren, und es galt grundsätzlich auch künftig die Arbeitsdienstpflicht für Männer. Selbst wenn der institutionelle Fortbestand und die Eigenständigkeit des RAD gesichert waren, paßte die Verordnung die institutionelle Struktur und die Aufgaben des Dienstes aber ganz den Bedürfnissen der Wehrmacht an: Fortan hatten »Arbeiten im Interesse der Kriegführung« sowie die »Anforderungen des Chefs des Oberkommandos der Wehrmacht« Vorrang vor allen anderen Einsatzanforderungen.[118]

Mit dem Kriegsbeginn im Westen wurden erneut der Wehrmacht unterstellte Baubataillone gebildet, und der Reichsarbeitsdienst folgte dem Heer und der Luftwaffe nach Frankreich. Beim Überfall auf die Sowjetunion wurde die Zahl der Abteilungen auf ungefähr die Hälfte verringert und diese in ihren Einsatzformen noch stärker an den Interessen des Militärs ausgerichtet. Im Oktober 1941 waren 80 Prozent aller Abteilungen im Rahmen der Wehrmacht eingesetzt, und nur der kleine Rest ging den Aufgaben nach, die der RAD bis 1938 besorgt hatte.[119] Daß der Arbeitsdienst, wie Hierl nach dem Krieg behauptete, erst in den letzten beiden Kriegsjahren »zu einer improvisierten Kriegseinrichtung« wurde, ist demnach zu bezweifeln.[120] Insgesamt wurde der Reichsarbeitsdienst immer mehr zu einer abhängigen Bau- und Kampftruppe der Wehrmacht.

Im Krieg gegen die Sowjetunion bewachten Arbeitsdienstmänner seit 1942 auch Kriegsgefangene und kämpften gegen »Partisanen«. Der Anteil des RAD an diesem dunklen Kapitel der Geschichte der Wehrmacht ist bisher unerforscht, und er dürfte angesichts der schlechten Quellenlage nur schwer zu klären sein. Fest steht, daß zumindest einzelne Abteilungen außerdem an Mißhandlungen und Verbrechen an der jüdischen Bevölkerung in den besetzten Ostgebieten beteiligt waren.[121] Mehrfach kämpften RAD-Abteilungen ferner an vorderster Front, etwa im Rahmen der 9. Armee bei der Schlacht von Rshew im August und September 1942.[122] Solche Aufgaben hatte Hierl noch 1939 streng untersagt. Schon vor der Kriegswende von Stalingrad wurden Arbeitsmänner jedoch immer wieder in Krisensituationen als Frontsoldaten im Kampf gegen die Rote Armee eingesetzt. Vor allem wegen dieser Belastungen für die oft erst 17jährigen Arbeitsdienstpflichtigen wurde der Reichsarbeitsdienst 1943 von der »Ostfront« abgezogen. Er sollte danach wieder bei zivilen Projekten im Reich und in Frankreich eingesetzt werden, außerdem übernahm er militärische Bauarbeiten, etwa am Atlantikwall.[123]

Das zweite Aufgabenfeld nach dem Abzug aus dem Krieg gegen die Sowjetunion war die Luftverteidigung. Denn ab September 1942 wurden als Rückwirkung der verlustreichen Kämpfe reguläre Soldaten, die zuvor in der Flaksicherung des Reiches eingesetzt worden waren, in den Osten abkommandiert. Dafür bildete der Arbeitsdienst im August 1943 zunächst 240 Flakbatterien, 1944 sogar fast 400.[124] Als sich die Front der Reichsgrenze näherte, wurden die Flakbatterien immer häufiger im Bodenkampf eingesetzt, wo die schlecht ausgebildeten, oft aber verbissen kämpfenden Arbeitsmänner wie zuvor im »Ostfeldzug« große Verluste zu verzeichnen hatten. Am 31. März 1945 gab Hierl bekannt, daß drei Infanteriedivisionen aus den Reihen des RAD binnen zwei Wochen aufzustellen seien. Sie sollten bei der Verteidigung Berlins eingesetzt werden. Die kaum ausgebildeten und unzureichend bewaffneten Verbände wurden jedoch in kürzester Zeit aufgerieben.[125] Insgesamt bedeutete der Abzug des Reichsarbeitsdienstes von der »Ostfront« deswegen nur eine kurzzeitige Unterbrechung der Kriegseinsätze. Wollte man die Phase von 1937/38 bis Kriegsende genauer differenzieren, so wäre die Binnenzäsur ungefähr 1941/42 zu setzen, da der Arbeitsdienst seitdem gänzlich zu einem Satelliten der Wehrmacht wurde und immer wieder direkt an Kampfhandlungen und an Verbrechen im Hinterland der Front beteiligt war. Insgesamt stellte diese Entwicklung eine weitere Radikalisierung des RAD dar.

Der Niedergang der Organisation wurde auch durch die Aufwertung der Person Hierls nicht relativiert. Als Himmler im August 1943 Frick als Reichsinnenminister ablöste, wurde der Reichsarbeitsdienst zur Obersten Reichsbehörde aufgewertet und Hierl zum Minister befördert.[126] Mit der neuen Stellung versuchte der Reichsarbeitsführer bis zuletzt, einen Rest an Eigenständigkeit des RAD gegenüber der Wehrmacht zu wahren.[127] Er konnte aber nicht verhindern, daß seine Organisation zu deren Anhängsel reduziert wurde. Die Verleihung des höchsten Ordens des Regimes, des Goldenen Kreuzes des Deutschen Ordens, anläßlich Hierls 70. Geburtstags Ende Februar 1945 änderte so wenig am »Schattendasein«

des RAD wie die unter Hierls Ägide nach deutschem Vorbild errichteten Arbeitsdienste in einigen besetzten und abhängigen Gebieten.[128] Eine gewisse Bedeutung hatte der Dienst lediglich noch in einem Aufgabenfeld, das er im August 1942 übernommen hatte. Er wurde nun zur Bewährungsinstanz für »eindeutschungsfähige« West- und Osteuropäer. Diesen wurde die deutsche Staatsangehörigkeit auf Widerruf verliehen, wobei deren volle Anerkennung durch »Haltung und Leistung« im RAD zu erlangen war, während »schlechte Elemente bereits vorzeitig ausgeschaltet werden« sollten. Der Arbeitsdienst wurde somit zu einer Instanz der »Eindeutschung« – schließlich durchliefen ihn in den nächsten zwei Jahren über 100.000 West- und Osteuropäer. In Zusammenarbeit mit der SS hatte er nun auch in diesem Sinne direkten Anteil an der NS-Rassenpolitik.[129]

Bei Kriegsbeginn war der RAD somit Teil des elaborierten und differenzierten Systems von Arbeitskräften gewesen, die der Wehrmacht zuarbeiteten. Gemessen an der Arbeitsdienst-Ideologie und den selbstgesetzten Ansprüchen war er zwar seit 1937 massiv beschnitten worden. Im Kontext der Kriegsführung erhöhte er dagegen die Effizienz und Schlagkraft der Wehrmacht. Insgesamt gab es eine Verteilung der Kriegsaufgaben, innerhalb derer der Arbeitsdienst und ähnliche Organisationen die Wehrmacht durch ihre Tätigkeiten im Straßenbau und anderen Bereichen entlasteten. Als sich die deutschen Niederlagen häuften, verlor der Arbeitsdienst seine Spezialisierung. Er ähnelte immer mehr einer Feuerwehr – im wörtlichen wie im übertragenen Sinne –, die bei einer Vielzahl von Aufgaben eingesetzt wurde, und verlor so sein spezifisches Profil.[130] Zudem hatte er einflußreiche Feinde, allen voran Göring. Hauptlegitimation der Fortexistenz des Reichsarbeitsdienstes war die Hoffnung auf den »Endsieg«, denn danach sollte der Dienst zu seinen zivilen Projekten und zu seinem Erziehungsauftrag zurückkehren. Angesichts der Heterogenität der Ziele im Krieg ist es schwierig, die Position der Organisation und ihr Verhältnis zur Wehrmacht zu beschreiben. Völkerrechtlich galten die Arbeitsmänner nicht als Soldaten, da sie keinen Wehrdienst im Sinne des Wehrgesetzes leisteten, auch wenn sie immer wieder direkt in die Kampfhandlungen mit einbezogen wurden; insgesamt war der RAD seit 1938 eine halbmilitärische Einrichtung.[131] Im Herbst 1944 verlor der RAD schließlich einen Bundesgenossen, der ihn lange unterstützt hatte: Heinrich Himmler.[132] Nun erwog Himmler, den RAD im Frühjahr des kommenden Jahres in die SS zu übernehmen.[133] Dazu sollte es aber nicht mehr kommen. Letztlich war es wieder die schützende Hand Hitlers, die eine Übernahme des Arbeitsdienstes durch eine andere Organisation oder seine Auflösung bis zur Kapitulation Deutschlands verhinderte. Insofern existierte der RAD formal weiter, bis er am 2. Mai 1945 durch den Alliierten Kontrollrat aufgelöst wurde.[134]

Initiative und Effizienz: Der deutsche Arbeitsdienst (1933 bis 1945)

Insgesamt läßt sich die wechselhafte Geschichte des deutschen Arbeitsdienstes für die sechs Friedens- und die sechs Kriegsjahre der nationalsozialistischen Herrschaft nicht auf einen Nenner bringen. Damit trifft die These, daß die Organisation während des gesamten Zeitraums ein »Schattendasein« geführt habe, nicht zu. Sie muß in zweierlei Hinsicht differenziert werden: zum einen durch das Unterscheiden verschiedener Phasen und zum anderen, indem man nicht nur die institutionelle Bedeutung des Dienstes im Machtgefüge des »Dritten Reiches« zur Bewertung heranzieht, sondern auch die erzieherische Wirkung auf seine Angehörigen.

Bezogen auf den Einfluß im Institutionengefüge führte der Arbeitsdienst seit der Machtübertragung keineswegs ein marginales Dasein. In den ersten Monaten des Regimes war er aufgrund seiner Größe das wichtigste Arbeitsbeschaffungsprogramm des Reiches. Außerdem konnte sich Hierl gegen alle Übernahmeversuche und rivalisierenden Ansprüche letztlich behaupten. Der Reichsarbeitsführer gehörte zwar nicht zur innersten Machtelite des »Dritten Reiches«, und die Organisation blieb hinter ihren selbstgesetzten Zielen zurück. Gestützt auf das grundsätzliche Vertrauen Hitlers gelang es Hierl aber, den Arbeitsdienst in eigenmächtigen Initiativen nach seinen Vorstellungen umzubauen. Zugleich wurde der Handlungsspielraum aller nachgeordneten Ebenen der Organisation durch den Reichsarbeitsführer nach Kräften beschränkt; von diesen Instanzen sollten nach 1933/34 keine selbständigen Initiativen mehr ausgehen können. Wie in vielen anderen Organisationen auch, erfolgte die »Gleichschaltung« zunächst hauptsächlich über Gewalt, Terror und andere Maßnahmen, die die vorhandenen rechtlichen Regelungen durchbrachen. In dieser Phase kann man in Anlehnung an Bajohr von einer Radikalisierung einer über Normen abgesicherten Institution sprechen, die sich nunmehr über ihre eigenen rechtlichen Vorgaben hinwegsetzte, um dem ideologischen Auftrag einer völligen Erfassung und Erziehung der Jugend nachzukommen. Dieser Umbruch und die Machtkämpfe mit anderen NS-Institutionen erschütterten den Dienst zugleich im Innern, weswegen in dieser Phase die ideologisierende Wirkung auf die dem Arbeitsdienst Unterworfenen de facto eher gering zu veranschlagen ist: Er war zu sehr mit seinen organisatorischen Problemen beschäftigt, um wirkungsvolle »Erziehung« im Sinne des NS-Regimes leisten zu können.

In einer zweiten Phase von Mitte 1934 bis Mitte 1937 konnte sich der Arbeitsdienst nach außen und nach innen scheinbar konsolidieren. Die Einrichtung arbeitete zwar mit einer großen, ineffizienten Bürokratie. Allerdings gestalteten sich die Verwaltungsabläufe relativ reibungslos, und der Dienst hatte auch in den verschiedenen Diskussionen ein gewisses Durchsetzungsvermögen. Ex post wurden nun die Ergebnisse der Machtkämpfe der Anfangsphase juristisch abgesichert: Normen stützten künftig das, was über Maßnahmen erreicht worden war. Die Stabilisierung war aber nur relativ, da Hierl seine Position nicht weiter ausbauen konnte. Das zeigt vor allem seine Niederlage im Streit um den Nationalen Hilfsdienst. Zudem war die Einführung der Arbeitsdienstpflicht 1935 kein besonders tiefer Einschnitt, da sie keine Erweiterung der Organisation und ihrer Kompetenzen mit sich brachte. Die jungen Männer, die in dieser Mittelphase Arbeitsdienst leisteten, wurden einem vergleichsweise ausgefeilten erzieherischen Programm unterworfen, das unter anderem auf körperliche Abhärtung, politische Indoktrination, Disziplinierung und die Vermittlung eines spezifischen Männlichkeitsverständnisses setzte. Auch wenn sich die Wirkung nicht direkt messen läßt, dürfte der pädagogische Einfluß des Dienstes auf die Arbeitsmänner in dieser Zeit hoch gewesen sein.

Seit 1937 verlor der RAD in mehreren Schritten rapide an Bedeutung im Ämterdschungel des NS-Regimes. Zumindest ab 1942 war er institutionell tatsächlich auf ein »Schattendasein« reduziert. Die Radikalisierung des Regimes, die 1938 einen deutlichen Schub erfuhr, wirkte sich für den RAD kontraproduktiv aus. Nunmehr wurden seine Stellung, sein Erziehungsanspruch und sein Tätigkeitsfeld aufgrund der verstärkten Kriegsvorbereitung massiv eingeschränkt und bald den Bedürfnissen der Rüstungsindustrie und mehr noch der Wehrmacht unterworfen. Die Aggression nach außen und gegenüber den zuvor ausgegrenzten Gruppen der »Gemeinschaftsfremden« war dem Regime wichtiger als das ressourcenbindende pädagogische Programm des RAD gegenüber den »Volksgenossen«. Analog dazu verlor der Dienst auch gegenüber den Arbeitsmännern an Einfluß – besonders in der zweiten Kriegshälfte war er ein von der Wehrmacht kaum noch unterscheidbarer Appendix der kämpfenden Truppe. Lediglich gegenüber den nichtdeutschen jungen Männern, die den RAD nach 1942 als Institution der »Eindeutschung« erlebten, hatte der Dienst noch einen im nationalsozialistischen Sinne erzieherischen Auftrag. Gegenüber der Mehrheit der Arbeitsmänner kam er diesem dagegen kaum noch nach. Trotzdem darf seine Wirkung als Erziehungsinstitution des NS-Regimes insgesamt nicht unterschätzt werden, da ihn allein bis 1940 rund 2,75 Millionen Männer durchlaufen hatten.[135]

Dieser Abmilderung des ideologischen Anspruchs standen allerdings Veränderungen auf institutioneller Ebene gegenüber, die gewisse Ähnlichkeiten mit denen von 1933/34 hatten: Wiederum setzte sich der Arbeitsdienst über sein juristisch abgesichertes Gerüst hinweg, so daß man von einer erneuten Radikalisierung der normenstaatlichen Seite des Dienstes sprechen kann. Jetzt war Hierl aber nicht mehr der aktive Motor der Entwicklung, sondern der Getriebene, der sich den Ansprüchen Mächtigerer zu beugen hatte. Somit bildete die institutionelle Radikalisierung das Werkzeug zur ideologischen Deradikalisierung des RAD. Daß der Dienst nicht ganz aufgelöst wurde, hatte Hierl vor allem der Rückendeckung Hitlers zu verdanken.

Der Arbeitsdienst läßt sich somit nicht in die von Ernst Fraenkel im »Doppelstaat« vorgeschlagene Unterscheidung zwischen »normenstaatlich« und »maßnahmenstaatlich« verfaßten NS-Behörden einordnen. Wie auch viele andere NS-Institutionen zeichnete sich Hierls Organisation durch beide Dimensionen aus, wenngleich diese zu verschiedenen Zeiten der Einrichtung ihren Stempel verschieden stark aufdrücken konnten.[136] Im Fall des Arbeitsdienstes wirkte sich die Konkurrenz zu anderen Institutionen nicht leistungssteigernd aus. Vielmehr banden die Abwehrkämpfe gegen rivalisierende Institutionen in der Anfangsphase und erneut ab 1937 einen wesentlichen Teil der Ressourcen und Kräfte des Dienstes. Häufig waren die Herausforderungen auf die Frage zugespitzt, ob der RAD überhaupt eine Existenzberechtigung habe. Eine spürbare ideologische Radikalisierung läßt sich deswegen nach 1934 nicht feststellen: So ließen sich etwa die Pläne, die »Bewährung« von Abiturienten im Arbeitsdienst zu einem Hauptkriterium für die Aufnahme ins Studium zu machen, nicht verwirklichen.[137] Aber genau diese ausbleibende, weitere ideologische Radikalisierung nach der Gleichschaltungsphase ist besonders interessant. Denn zumindest für den Arbeitsdienst gilt, daß das Ergebnis der Machtkämpfe im NS-Regime darauf hinauslief, die Bedeutung einer Institution zu reduzieren, die ökonomisch weniger wichtigen Arbeiten nachging und die einen Erziehungsauftrag gegenüber den »Volksgenossen« hatte, den zunehmend auch andere Organisationen übernahmen. Auch die Schule, die Wehrmacht und viele Parteiorganisationen entwickelten sich zu immer ausgefeilteren Erziehungsinstitutionen im Sinne des Regimes.

Am Arbeitsdienst zeigen sich letztlich in nuce die Prioritäten des »Dritten Reiches«, die auf einen ökonomisch und rassistisch motivierten Angriffskrieg hinausliefen, während das ideologische Programm gegenüber den »Volksgenossen« teilweise reduziert wurde. Diese partielle ideologische Deradikalisierung in der Politik gegenüber den »Volksgenossen« ging bekanntlich mit einer beschleunigten, kumulativen Radikalisierung im Vorgehen gegen alle »Gemeinschaftsfremden« einher. Die beiden Prozesse liefen jedoch nicht nur gleichzeitig ab, sondern sie standen in einem dialektischen Verhältnis zueinander: Nur weil die quasi-utopischen Gesellschaftsvorstellungen gegenüber den »Volksgenossen« nicht weiter verfolgt wurden, konnte das Regime seine Kräfte bei der Verfolgung und Vernichtung der »Gemeinschaftsfremden« bündeln.

---

1 Vgl. Konstantin Hierl, Ausgewählte Schriften und Reden, hrsg. v. Herbert Freiherr von Stetten-Erb, 2 Bde., München 1941, hier: Bd. 2, S. 380-382, Zitat: S. 381 f.
2 Ebd., S. 199-205, Zitat: S. 201.
3 Ebd., S. 345-349, Zitat: S. 349.
4 Vgl. als wichtigste Arbeiten lediglich: Henning Köhler, Arbeitsdienst in Deutschland. Pläne und Verwirklichungsformen bis zur Einführung der Arbeitsdienstpflicht im Jahre 1935, Berlin 1967; Wolfgang Benz, Vom Freiwilligen Arbeitsdienst zur Arbeitsdienstpflicht, in: Vierteljahrshefte für Zeitgeschichte (VfZ) 16 (1968), S. 317-346; Manfred Seifert, Kulturarbeit im Reichsarbeitsdienst. Theorie und Praxis nationalsozialistischer Kulturpflege im Kontext historisch-politischer, organisatorischer und ideologischer Einflüsse, Münster/New York 1996; Peter Dudek, Erziehung durch Arbeit. Arbeitslagerbewegung und Freiwilliger Arbeitsdienst 1920-1935, Opladen 1988, sowie Michael Jonas, Zur Verherrlichung preußischer Geschichte als Element der geistigen Kriegsvorbereitung 1933-1945 in Deutschland. Organisationsspezifisch dargestellt am Erziehungssystem des Reichsarbeitsdienstes, Potsdam 1992; Kiran Klaus Patel, Lager und Camp. Lagerordnung und Erziehung im nationalsozialistischen Arbeitsdienst und im »Civilian Conservation Corps« des New Deal 1933-1939/42, in: Jahrbuch für historische Bildungsforschung 6 (2000), S. 93-116.
5 Vgl. zum wesentlich kleineren, aber besser erforschten Arbeitsdienst für Frauen zuletzt Susanne Watzke-Otte, »Ich war ein einsatzbereites Glied in der Gemeinschaft...« Vorgehensweise und Wirkungsmechanismen nationalsozialistischer Erziehung am Beispiel des weiblichen Arbeitsdienstes, Frankfurt/Main 1998, auch mit Hinweisen auf die weitere Literatur, S. 16-20.
6 Frank Bajohr, »Arisierung« in Hamburg. Die Verdrängung der jüdischen Unternehmer 1933-1945,

2. Aufl., Hamburg 1998 (1997), S. 342.
7   Vgl. Köhler, Arbeitsdienst (Anm. 4), S. 243-268; Benz, Arbeitsdienst (Anm. 4), S. 317-346, hier: S. 332-346; Seifert, Kulturarbeit (Anm. 4), S. 72-92; Jonas, Verherrlichung (Anm. 4), S. 154-173.
8   So der Begriff bei Benz, Arbeitsdienst (Anm. 4), S. 342; ähnlich die These von Köhler, Arbeitsdienst (Anm. 4).
9   Vgl. Reichsgesetzblatt (RGBl.) I (1931), S. 295; als wichtigste Literatur Köhler, Arbeitsdienst (Anm. 4); Dudek, Erziehung (Anm. 4), sowie Benz, Arbeitsdienst (Anm. 4), S. 317-346.
10 Unter anderem wurde den Freiwilligen seit Sommer 1932 der Aufenthalt im FAD nicht mehr auf die Arbeitslosenförderung angerechnet. Vgl. zu den komplizierten Regelungen Köhler, Arbeitsdienst (Anm. 4), S. 87-121.
11 Vgl. RGBl. I (1931), S. 295; vgl. ferner Reichsarbeitsblatt (RABl.) I (1931), S. 180-183.
12 Vgl. Friedrich Syrup, Der freiwillige Arbeitsdienst für die männliche deutsche Jugend, in: RABl. II (1932), S. 381-390.
13 Vgl. RGBl. I (1932), S. 392-395.
14 Vgl. zur Zahl der Arbeitslosen Heinrich August Winkler, Der Weg in die Katastrophe. Arbeiter und Arbeiterbewegung in der Weimarer Republik 1930 bis 1933, Berlin/Bonn 1987, S. 19-33; zur Entwicklung des FAD Leo von Funcke, Ein Jahr freiwilliger Arbeitsdienst, in: RABl. II (1932), S. 361-365; die zahlenmäßige Entwicklung des freiwilligen Arbeitsdienstes seit August 1932, in: Wirtschaft und Statistik 3 (1933), S. 180 f.
15 Vgl. zu den Dienstträgern zusammenfassend Dudek, Erziehung (Anm. 4), S. 214-250; Köhler, Arbeitsdienst (Anm. 4), S. 149-177.
16 Konstantin Hierl, Sinn und Gestaltung der Arbeitdienstpflicht, München 1932, S. 3.
17 Vgl. zum Erziehungsziel und der pädagogischen Praxis des nationalsozialistischen Arbeitsdienstes Patel, Lager (Anm. 4), S. 93-116.
18 Vgl. zur Haltung der NSDAP zum FAD bis 1933 zusammenfassend Köhler, Arbeitsdienst (Anm. 4), S. 243-251; Dudek, Erziehung (Anm. 4), S. 196.
19 Es gibt bisher keine zuverlässige Biographie Hierls; vgl. lediglich Herbert Erb/Hans Henning Freiherr Grote, Konstantin Hierl. Der Mann und sein Werk, München 1939; Wolfram Mallebrein, Konstantin Hierl. Schöpfer und Gestalter des Reicharbeitsdienstes, Hannover 1971.
20 Ursachen und Folgen. Vom deutschen Zusammenbruch 1918 und 1945 bis zur staatlichen Neuordnung Deutschlands in der Gegenwart, hrsg. v. Herbert Michaelis (u. a.), 26 Bde., Berlin (o. J.), hier: Bd. 9, Nr. 1970 (Aufruf der Reichsregierung v. 1.2.1933), S. 15-17, Zitat: S. 16.
21 Vgl. Konrad Repgen (Hg.), Akten der Reichskanzlei. Regierung Hitler, Band I: 1933/34, bearb. v. Karl-Heinz Minuth, Boppard am Rhein 1983, Nr. 9 (Ministerbesprechung v. 2.2.1933), S. 32.
22 Niederschrift über die Besprechung am 21.2.1933, Bundesarchiv (BA) Berlin, R 3905/15, Bl. 85-89.
23 Vgl. Theodor Duesterberg, Der Stahlhelm und Hitler, Wolfenbüttel/Hannover 1949, S. 43.
24 Einigermaßen gesicherten Zahlen zufolge organisierte der Stahlhelm Ende 1932 20.000, die NSDAP dagegen nur 10.000 Freiwillige; vgl. Köhler, Arbeitsdienst, S. 151-155 (Anm. 4); Dudek, Erziehung (Anm. 4), S. 196.
25 Vgl. Seldte an die Reichsminister v. 27.4.1933, nebst Anlagen, BA Berlin, R 1501/25674, Bl. 292-304; Ernennungsurkunde Hierls v. 4.5.1933, BA Berlin, R 3901/384, Bl. 14.
26 Vgl. zusammenfassend Patel, Lager (Anm. 4), S. 93-109.
27 Vgl. Seifert, Kulturarbeit (Anm. 4), S. 153-159.
28 Repgen, Akten (Anm. 21), Bd. I, Nr. 85 (Chefbesprechung v. 4.4.1933), S. 286-289, Zitat: S. 288; Max Domarus (Hg.), Hitler. Reden und Proklamationen 1932-1945, 2 Bde., Würzburg 1965, hier: Bd. 1, S. 29-35.
29 Vgl. Einziehung des ersten halben Jahrgangs der Arbeitsdienstpflichtigen, in: Völkischer Beobachter (VB) v. 5.5.1933.
30 Domarus, Hitler (Anm. 28), Bd. 1, S. 29-35, Zitat: S. 33.
31 Vgl. zum »Führerwillen« als Argumentationsstrategie Peter Longerich, Propagandisten im Krieg. Die Presseabteilung des Auswärtigen Amtes unter Ribbentrop, München 1987, S. 332-337; inhaltlich ähnlich, aber zweideutig, Kershaws Formel von »dem Führer entgegenarbeiten«, vgl. z. B. Ian Kershaw, Hitler, 2 Bde., Stuttgart 1998-2000, hier: Bd. 1, S. 663-667.
32 VB v. 5.5.1933.
33 Vgl. Repgen, Akten (Anm. 21), Bd. I, Nr. 155 (Krosigk an Seldte v. 3.6.1933), S. 545-547.
34 Vgl. Nadolny an Auswärtiges Amt v. 10.6.1933, BA Berlin, R 43 II/516, Bl. 101 f.

35 Vgl. Reichskommissar FAD an Bezirksleitungen v. 21.7.1933, BA Berlin, R 2301/5638, Bl. 42-46.
36 Karl Dietrich Bracher, Das Anfangsstadium der Hitlerschen Außenpolitik, in: VfZ 5 (1957), S. 63-75, Zitat: S. 74.
37 Vgl. Mahnken an Landesverbände und Anlagen v. 25.3.1933, BA Berlin, R 72/313, Bl. 99-102; Reichskommissar FAD an Arbeitsgauleitungen (AGL) v. 5.10.1933, BA Berlin, R 2301/5638, Bl. 72.
38 Vgl. z. B. Meldung Hauptmann Geist v. 12.5.1933, Bundesarchiv-Militärarchiv (BA-MA) Freiburg, MFB 1/WF-10/22628, unfol.; Kardinal Faulhaber an Hitler v. 27.4.1933, BA Berlin, R 43 II/516, Bl. 78-81.
39 Vgl. z. B. zu einem solchen Fall in Anhalt: Anhaltisches Staatsministerium, Der Anhaltische staatliche Arbeitsdienst 1932/33, Dessau 1935, S. 39 f.
40 Vgl. Bundesstelle für Arbeitsdienst an Landesverbände v. 13.4.1933, BA Berlin, R 72/329, Bl. 172; insgesamt Köhler, Arbeitsdienst (Anm. 4), S. 254.
41 Vgl. Reichsarbeitsgemeinschaft Sozialer Dienst an Reichskommissar FAD v. 30.3.1933, BA Berlin, NS 5 VI/3315, Bl. 7.
42 Lediglich auf regionaler Ebene wurde die »Gleichschaltung« in dieser Phase auch juristisch abgesichert, etwa in Sachsen; vgl. Freiwilliger Arbeitsdienst, in: Die Kommenden v. 26.3.1933.
43 Vgl. Reichskommissar FAD an Bezirksführer und Bezirkskommissare v. 28.4.1933, BA Berlin, R 2301/5645, Bl. 26.
44 Reichsleitung Arbeitsdienst (RL-AD) an alle Dienststellen des Arbeitsdienstes v. 15.5.1933, BA Berlin, R 2301/5638, Bl. 27.
45 Vgl. Verhaftung von Pfälzischen Stahlhelmführern, in: Pfälzische Presse. v. 30.3.1933; Die Verhaftungen von Stahlhelmführern in der Pfalz aufgehoben, in: Pfälzische Presse v. 31.3.1933.
46 Vgl. Michaelis, Ursachen (Anm. 20), Bd. 9, Nr. 2071 (Erklärung Seldtes v. 27.4.1933), S. 227 f.
47 Seldte an Bezirksleitungen v. 29.6.1933, BA Berlin, R 72/324, Bl. 3 f.; vgl. auch Seldte an Bezirksleitungen v. 30.6.1933, ebd., Bl. 2.
48 Hierl an Hitler v. 2.7.1933, BA Berlin, R 1501/5102, Bl. 25-31; Hierl, Politische Zusammensetzung der Stahlhelmarbeitslager (o. D.), BA Berlin, NS 10/30, Bl. 66 f. u. 70-74.
49 Vgl. Gesamt-Erhebung Stahlhelm v. 15.11.1932, BA Berlin, R 72/330, Bl. 287; Aufstellung der FAD-Lager des Stahlhelm v. 1.5.1933, ebd., Bl. 253.
50 Vgl. Reichskommissar FAD an Bezirksleitungen v. 21.7.1933, BA Berlin, R 2301/5638, Bl. 42-46.
51 Martin Broszat, Der Staat Hitlers. Grundlegung und Entwicklung seiner inneren Verfassung, 14. Aufl., München 1995 (1969), S. 246.
52 Vgl. Peter Longerich, Die braunen Bataillone. Geschichte der SA, München 1989, S. 166-172; Broszat, Staat (Anm. 51), S. 424 f.
53 Hierl an Hitler v. 26.8.1933, BA Berlin, R 43 II/516, Bl. 129-133.
54 Vgl. Repgen, Akten (Anm. 21), Bd. I, Nr. 240 (Hierl an Seldte v. 1.11.1933), S. 933 f.
55 Vgl. Seldte an Hitler v. 19.10.1933, BA Berlin, R 43 II/516, Bl. 174.
56 Vgl. Frick an Seldte v. 27.11.1933, BA Berlin, R 2/4538, Bl. 236; Gürtner an Seldte v. 21.12.1933, BA Berlin, R 43 II/516, Bl. 217.
57 Seldte an Hierl v. 20.12.1933, BA Berlin, R 2301/5638, Bl. 88 f.
58 Repgen, Akten (Anm. 21), Bd. I, Nr. 205 (Hierl an Hitler v. 26.8.1933), S. 721.
59 Vgl. Vermerk RL-AD v. 10.10.1933, BA Berlin, R 36/1014, Bl. 2 f.
60 Verhandlungsniederschrift Reichsinnenministerium v. 21.9.1933, BA Berlin, R 1501/5102, Bl. 33-63; ähnliche Kritik findet sich z. B. in der Denkschrift des Bayerischen Staatsministeriums (o. D., Anfang 1934), BA Berlin, R 36/1915, Bl. 77-93; vgl. auch Köhler, Arbeitsdienst (Anm. 4), S. 255.
61 Vgl. RL-AD an Bezirksführer v. 17.5.1933, BA Berlin, R 2301/5638, Bl. 28.
62 Hierl an Arbeitsgauführer (AGF) v. 13.12.1933, ebd., Bl. 64; vgl. auch bereits Bericht Deutscher Gemeindetag v. 28.10.1933, BA Berlin, R 36/1915, Bl. 13-15.
63 Vgl. Paul Seipp, Formung und Auslese im Reichsarbeitsdienst. Das Ergebnis des Diensthalbjahres 1934, 2. Aufl., Berlin 1938 (1935), S. 67.
64 Vgl. z. B. die Schilderung der Zustände in den Sopade-Berichten: Klaus Behnken (Hg.), Deutschland-Berichte der Sozialdemokratischen Partei Deutschlands (Sopade) 1934-1940, 7 Bde., Frankfurt/Main 1980, hier: Bd. 1 (1934), S. 222, 421 u. 644.
65 Vgl. z. B. die Erinnerungen von Joachim Seyppel, Vom Reichsarbeitsdienst und vom Prinzip Arbeit. Reminiszenzen, in: Gewerkschaftliche Monatshefte 46 (1995), S. 677-683; Erhard Eppler, Als Wahrheit verordnet wurde. Briefe an meine Enkelin, 3. Aufl. Frankfurt/ Main und Leipzig 1995 (1994), S.

139, sowie Martin Cranz, Ich, ein Deutscher, Dülmen 1987, S. 179.
66 Vgl. Dan P. Silverman, National Socialist Economics: The Wirtschaftswunder Reconsidered, in: Barry Eichengreen u. T. Hatton (Hg.), Interwar Unemployment in International Perspective, Dordrecht 1988, S. 185-220, hier: S. 213.
67 Vgl. z. B. Griffion D. Stierling, Die Jugend und der Arbeitsdienst, in: Das Junge Deutschland. Amtliches Organ des Jugendführers des Deutschen Reiches 27 (1933), S. 240-243; Helmut Stellrecht, Arbeitsdienst und Nationalsozialismus, Berlin 1934.
68 Vgl. RL-AD an AGF v. 30.1.1934, BA Berlin, BDC, Ordner 262, Bl. 53.
69 Vgl. RL-AD an AGF v. 1.3.1934, BA Berlin, R 2301/5645, Bl. 88.
70 Protokoll der 7. AGF-Tagung v. 7.-9.3.1935, BA Berlin, R 1501/5622, Bl. 31-133.
71 Vgl. allgemein Longerich, Bataillone (Anm. 52), S. 183-219; Ludolf Herbst, Das nationalsozialistische Deutschland 1933-1945. Die Entfesselung der Gewalt: Rassismus und Krieg, Frankfurt/Main 1996, S. 111-118.
72 Vgl. z. B. Der Führer bei den Arbeitsdienstlern, in: National-Zeitung v. 30.6.1934; Lobende Anerkennung des Arbeitsdienstes durch den Führer, in: VB v. 30.6.1934.
73 RL-AD an AGF v. 15.11.1933, BA Berlin, R 2301/5638, Bl. 77.
74 Vgl. RGBl. I (1934), S. 518 f.; vgl. auch Hans Günter Hockerts (Hg.), Akten der Reichskanzlei. Regierung Hitler, Band II: 1934/35, bearb. v. Friedrich Hartmannsgruber, München 1999, Nr. 33 (Reichsstatthalterkonferenz v. 1.11.1934), S. 136.
75 Vgl. Konstantin Hierl, Im Dienst für Deutschland 1918-1945, Heidelberg 1954, S. 80 f. u. 133.
76 Das Vertrauen Hitlers sollte Hierl bis zuletzt genießen: Zum Beispiel war es auch der Diktator, der Ende 1944 den Versuch Himmlers vereitelte, den RAD zu übernehmen.
77 Vgl. als flankierende Maßnahmen auch RL-AD an AGF v. 21.3.1934, BA Berlin, R 2301/5658, Bl. 156-158; ferner: Aus der Entwicklung des Arbeitsdienstes, in: Soziale Praxis 43 (1934), S. 170-174; Volker Herrmann, Vom Arbeitsmarkt zum Arbeitseinsatz. Zur Geschichte der Reichsanstalt für Arbeitsvermittlung und Arbeitslosenversicherung 1929 bis 1939, Frankfurt/Main (u. a.) 1993, S. 61.
78 Die nächsten organisatorischen Ziele des Freiwilligen Arbeitsdienstes, in: VB v. 9.5.1934.
79 Aufzeichnung Darrés, 1945-1948, Institut für Zeitgeschichte (IfZ) München, ED 110, S. 367; Alfred Rosenberg, Großdeutschland. Traum und Tragödie. Rosenbergs Kritik am Hitlerismus, hrsg. v. Heinrich Härtle, 2. Aufl., München 1970 (1955), S. 223.
80 Vgl. z. B. Auf dem Wege zur Arbeitsdienstpflicht, in: Berliner Börsen-Zeitung v. 9.9.1934; Metzner an Hierl v. 14.9.1934, BA Berlin, R 1501/5103, Bl. 19; Protokoll der 8. AGF-Tagung v. 28-29.6.1935, BA Berlin, R 1501/5622, Bl. 130-175.
81 Vgl. RGBl. I (1934), S. 1235; RGBl. I (1935), S. 5-7 u. 12.
82 Ebd., S. 461-463.
83 Herbert Schmeidler, Der »Arbeitsdienst« von heute, in: Juristische Wochenschrift 64 (1935), S. 1325-1328, Zitat: S. 1327.
84 Vgl. Broszat, Staat (Anm. 51), S. 326 f.
85 Vgl. die entsprechenden Jahrgänge des RGBl. I.
86 Daß diese Dimension des »Dritten Reiches« von den Anhängern der Polykratie-These vernachlässigt wurde, konstatierte jüngst auch Ludolf Herbst, Der Fall Hitler - Inszenierungskunst und Charismapolitik, in: Wilfried Nippel (Hg.), Virtuosen der Macht. Herrschaft und Charisma von Perikles bis Mao, München 2000, S. 171-191, hier: S. 189.
87 Peter Hußmann, Der deutsche Arbeitsdienst. Eine staatsrechtliche Untersuchung über Idee und Gestalt des deutschen Arbeitsdienstes und seine Stellung in der Gesamtstaatsstruktur, Berlin 1935, S. 63.
88 Vgl. z. B. ebda.; Max Sattelmair, Die Rechtsstellung des Deutschen Arbeitsdienstes in entwicklungsgeschichtlicher Darstellung, Augsburg 1937; dazu auch Rudolf Absolon, Die Wehrmacht im Dritten Reich, 6 Bde., Boppard 1969-1995, hier: Bd. 2, S. 502.
89 Sattelmair, Rechtsstellung (Anm. 88), S. 23.
90 Vgl. aus der Flut der Artikel z. B. Aufgabe und Sinn des Arbeitsdienstes, in: VB v. 11.4.1935; Die Führerlaufbahn im Arbeitsdienst, in: VB v. 31.7.1935.
91 Vgl. Vermerk Wiensteins v. 27.3.1935, BA Berlin, R 43 II/517, Bl. 39; Schacht an Frick v. 28.3.1935, ebd., Bl. 41; teilweise auch veröffentlicht in: Hockerts, Akten (Anm. 74), Bd. II, z. B. Nr. 157 (Vorlage Schmidt-Schwarzenberg an Krosigk v. 18.5.1935), S. 576-578.
92 Vgl. RGBl. I (1935), S. 769-771.

93 Vgl. Ernst Tschacksch, Reichsarbeitsdienstrecht 1938, in: Reichsverwaltungsblatt 60 (1939), S. 76.
94 Hierl, Dienst (Anm. 75), S. 88.
95 Vgl. Der deutsche Arbeitsdienst, in: Wirtschaft und Statistik 16 (1936), S. 135.
96 Vgl. die Regelungen vom 10.8.1934 zum Arbeitsplatztausch in RGBl. I (1934), S. 786; ferner als Belege für die Dienstverpflichtung für Studenten, den Parteinachwuchs und andere Gruppen RLAD an Bezirksleitungen v. 27.6.1933, BA Berlin, R 2301/5718, Bl. 7-10; Vereinbarung Hierl und Stabsleiter der Parteiorganisation und Führer der Deutschen Arbeitsfront v. 8.8.1934, BA Berlin, R 1501/5102, Bl. 115.
97 Vgl. RGBl. I (1935), S. 769-771; zu den Regelungen bis 1935 z. B. Jüdische Arbeitslager?, in: Deutscher Arbeitsdienst 3 (1933), S. 464.
98 Das zeigt sich etwa an den Deutschland-Berichten der SPD im Exil. Im Gegensatz zu den zahlreichen Meldungen über die Krise des Arbeitsdienstes aus dem Jahr 1934 wurde dieser nunmehr kaum noch beachtet; vgl. Behnken, Deutschland-Berichte (Anm. 64), Bde. 2-7.
99 Vgl. RGBl. I (1937), S. 95 f.; dazu Helmuth Croon, Aktenhaltung und Archivgutpflege im Reichsarbeitsdienst, in: Archivar 3 (1950), Sp. 153-177, hier: Sp. 154.
100 Vgl. Frick an Staatssekretär der Reichskanzlei v. 22.10.1936, BA Berlin, R 43 II/518, Bl. 125; Vermerk Reichskanzlei v. 26.1.1937, ebd., Bl. 128.
101 Vgl. Protokoll der 9. AGF-Tagung v. 18./19.10.1935, BA Berlin, R 1501/8365, Bl 43-102.
102 Aus: Rolf von Gönner, Spaten und Ähre. Das Handbuch der deutschen Jugend im Reichsarbeitsdienst, Heidelberg 1939, S. 172; allgemein zum Aufbau des Arbeitsdienstes ebd., S. 164-167; Seifert, Kulturarbeit (Anm. 4), S. 119-141.
103 Frick an Heß v. 4.12.1936 und Anlagen, BA Berlin, R 2/4532, Bl. 2.
104 Blomberg an Frick v. 9.1.1937, ebd., Bl. 15-19.
105 Vgl. Vermerk Reichsfinanzministerium v. 12.6.1937, ebd., Bl. 66-69.
106 Vgl. z. B. Einsatz des Arbeitsdienstes zur Erntezeit, in: Berliner Börsen-Zeitung v. 13.7.1933.
107 Vgl. dagegen Seifert, Kulturarbeit (Anm. 4), S. 153 f.
108 Vgl. Verordnung RAD v. 5.4.1937, BA Berlin, R 2/4530, Bl. 78 f.
109 Vgl. Mallebrein, Hierl (Anm. 19), S. 7-10 u. 80.
110 Hierl, Schriften (Anm. 1), Bd. 2, S. 383-393 (1937), Zitat: S. 393.
111 Vgl. Mallebrein, Hierl (Anm. 19), S. 7-10.
112 Vgl. RGBl. I (1938), S. 400, 631-634 u. 1578; Saarbevollmächtigter an Frick v. 13.2.1935, BA Berlin, R 3101/10338, Bl. 121.
113 Vgl. Oberbefehlshaber des Heeres an Heeresgruppenkommando (HGrKdo) 2 v. 3.6.1938, BA-MA Freiburg, MFB 1/WF-03/23094, unfol.
114 Vgl. Generalkommando XII. Armeekorps an 33. Division (u. a.) v. 25.6.1938; BA-MA Freiburg, MFB 1/WF-03/23097, unfol.; HGrKdo 2 an Oberkommando des Heeres v. 22.7.1938, National Archives and Record Administration, College Park (NARA) Washington, RG 242, T 81/110, unfol.
115 Vgl. Henrici an Gruppenführer v. 9.12.1938, NARA Washington, RG 242, T 580/934, unfol.
116 Vgl. insgesamt zum Kriegseinsatz Seifert, Kulturarbeit (Anm. 4), S. 87-92; Jonas, Verherrlichung (Anm. 4), S. 164-173.
117 Vgl. Reichsarbeitsführer an AGF v. 8.12.1939, BA Berlin, R 2301/5639, Bl. 248.
118 RGBl. I (1939), S. 2465 f.; Zitate S. 2465.
119 Vgl. Klausch [ohne Vorname], Der Reichsarbeitsdienst im Kriege, in: Jahrbuch des Reichsarbeitsdienstes 6 (1942), S. 11-25.
120 Hierl, Dienst (Anm. 75), S. 111.
121 Hinweise auf die Einsätze geben die Publikationen des RAD, vgl. z. B. Hans Looks, Hans Fischer, Arbeitsmänner zwischen Bug und Wolga. Erlebnisberichte und Bilder vom Einsatz des jüngsten Jahrganges an der Ostfront, Berlin 1943. Aufschlußreich ist auch die Chronik einer RAD-Abteilung, die im Warthegau eingesetzt wurde; vgl. BA Berlin, ZSg 145/57.
122 Vgl. z. B. Tagesbefehl Model v. 7.9.1942, BA-MA Freiburg, Msg 2/1512, unfol.; Milch an Hierl v. 14.11.1941, BA-MA Freiburg, MFB 1, WF-02/31276, unfol.
123 Vgl. Jonas, Verherrlichung (Anm. 4), S. 170 f.
124 Vgl. Ansprache Hierl v. 22.2.1944, BA Berlin, R 2301/5640, Bl. 169-173; Ausarbeitung Kumpf 1954, BA-MA Freiburg, Msg 2/144, unfol.
125 Vgl. Josef Pechmann, Die RAD-Infanterie-Division »Friedrich Ludwig Jahn«. Aufstellung und Einsatz beim Kampf um Berlin April/Mai 1945, Wien 1993 (Manuskript im BA-MA Freiburg).

126 Vgl. RGBl. I (1943), S. 495.
127 Vgl. Hierl an Winter v. 28.4.1945, BA-MA Freiburg, MFB 1/WF-01/1647, unfol.; vgl. zu den Reibungen mit der Wehrmacht auch allgemein BA-MA Freiburg, MFB 1/WF-02/31276.
128 Vgl. Mallebrein, Hierl (Anm. 19), S. 108; zu den Diensten in besetzten Gebieten und Satellitenstaaten Hermann Müller-Brandenburg, Idee und Gestalt des Arbeitsdienstes in Europa, in: Internationale Zeitschrift für Erziehung 11 (1942), S. 140-142.
129 Reichsarbeitsdienst (Hg.), Dienstbesprechung des Erziehungs- und Ausbildungsamtes, 8.-11.8.1944 in Teplitz-Schönau bei Prag. Niederschrift der Vorträge, Ansprachen und Aussprachen, o. O., o. J. [1944], S. 64-67.
130 Vgl. Alfred Vagts, Construction and Other Labor Troops, in: Military Affairs 9 (1945), S. 1-12.
131 Vgl. Ausarbeitung Kumpf 1954, BA-MA Freiburg, Msg 2/144, unfol.; Thilo Vogelsang, Zur Entwicklung des Arbeitsdienstes, in: Gutachten des Instituts für Zeitgeschichte, Bd. II, Stuttgart 1966, S. 142-145.
132 Vgl. zur guten Zusammenarbeit zuvor z. B. Himmler an Hierl v. 8.12.1941, IfZ München, MA 325, unfol.
133 Vgl. Vermerk von Herff v. 19.9.1944, BA-MA Freiburg, MFB 1/SF-01/28837, unfol.
134 Vgl. Jonas, Verherrlichung (Anm. 4), S. 172.
135 Vgl. Günther Hase, Der Werdegang des Arbeitsdienstes. Von der Erwerbslosenhilfe zum Reichsarbeitsdienst. Mit einem Geleitwort von Reichsarbeitsführer Konstantin Hierl, 2. Aufl., Leipzig 1941, S. 100.
136 Vgl. Ernst Fraenkel, Der Doppelstaat. Recht und Justiz im »Dritten Reich«, Frankfurt/Main 1984. Fraenkel hat aber selbst konzediert, daß Institutionen des »Maßnahmenstaates« normenstaatlich abgesichert sein konnten.
137 Vgl. z. B. Absoluter Dienst an der Nation, in: Berliner Börsen-Zeitung v. 17.6.1933. Zur laxen Praxis: Ullrich an Rektor der Universität München v. 18.7.1938, BA Berlin, NS 38/31, unfol.

Markus Leniger

»Heim im Reich?« Das Amt XI und die Umsiedlerlager der Volksdeutschen Mittelstelle, 1939-1945[1]

Während des Zweiten Weltkrieges betrieb das nationalsozialistische Regime eine umfassende »ethnische Neuordnung« Europas, deren Folgen auch heute noch spürbar sind.[2] Jenes verbrecherische Ringen um eine »völkische Flurbereinigung«, verbunden mit einem exzessiven rassistischen Imperialismus, kostete Millionen von Menschen vor allem in Ost- und Südostmitteleuropa das Leben oder entriß sie ihrer Heimat. Innerhalb des »Dritten Reiches« befaßte sich eine Vielzahl von Bürokratien mit diesem Programm einer »Neuordnung« Europas. Die meisten dieser Institutionen gehörten zum Archipel des Reichskommissars für die Festigung deutschen Volkstums (RKF) Heinrich Himmler,[3] einer der bedeutendsten Sonderverwaltungen im »Dritten Reich«.[4] In der Forschung ist diese Himmler-Behörde bisher in erster Linie im Zusammenhang mit dem »Generalplan Ost« untersucht worden.[5] Daher liegen zu den Siedlungsprojekten des RKF wichtige Einzelstudien und Quellensammlungen vor.[6] Eine Gesamtdarstellung zum Verwaltungsapparat des Reichskommissars für die Festigung deutschen Volkstums steht noch aus. Dazu bedarf es eines methodischen Ansatzes, der dessen heterogene Bestandteile in einer synthetisierenden Betrachtung zusammenführt.

Eine der Dienststellen, die zu diesem Behörden-Archipel gehörte, war die Volksdeutsche Mittelstelle (VoMi). Sie holte die »Volksdeutschen«[7] seit 1939/40 »heim ins Reich« und pferchte sie in Umsiedlerlager, in denen sie auf ihre endgültige Ansiedlung warteten. Zur Volksdeutschen Mittelstelle gibt es erst eine Monographie, in der ihre Rolle im Rahmen der »ethnischen Neuordnung« aber kaum thematisiert wird.[8] Ein Grund für diese Vernachlässigung seitens der historischen Forschung scheint darin zu bestehen, daß diese Institution in weit geringerem Maß als die übrigen Elemente des RKF-Archipels an der NS-Vernichtungspolitik beteiligt war. Die »verbrecherische Komponente« ihres Agierens lag, mit signifikanten Ausnahmen, deutlich unterhalb der Schwelle des Massenmordes.[9] Die Objekte ihres Handelns, die umgesiedelten »Volksdeutschen«, verloren nicht ihr Leben, sondern »nur« ihre Heimat. Sie wurden bislang viel zu wenig als das wahrgenommen, was sie auch waren: Opfer nationalsozialistischer Machtpolitik.[10]

Im folgenden soll die Funktion, die der Volksdeutschen Mittelstelle im Rahmen der RKF-Politik zukam, anhand eines ausgewählten Beispiels untersucht werden. Im Mittelpunkt steht das Lagersystem der Volksdeutschen Mittelstelle und die Lebenssituation der »volksdeutschen« Umsiedler in den Lagern. Letztere unterstanden dem Amt XI der Volksdeutschen Mittelstelle. Analysiert wird das bürokratische Verwaltungshandeln dieses Amtes und die Folgen, die sich aus dessen Politik für die »Volksdeutschen« in den Lagern ergaben. Dabei wird danach gefragt, welche Formen des Verwaltungshandelns sich in der Volksdeutschen

Mittelstelle, speziell in ihrem Amt XI, nach der Entscheidung zur Umsiedlung der »Volksdeutschen« im Herbst 1939 herausbildeten. Darüber hinaus wird von Interesse sein, wie effizient dieses Amt bei der Bewältigung der Probleme war, die durch die Unterbringung der »Volksdeutschen« in Lagern im »Altreich« entstanden.

Damit wird der Versuch unternommen, einen bislang weitgehend vernachlässigten Aspekt der nationalsozialistischen Germanisierungspolitik in den Blick zu nehmen: die Umsiedlung der »Volksdeutschen« aus ihren Siedlungsgebieten in Ostmittel- und Südosteuropa. Es geht um die Darstellung der Realität hinter der Propagandaformel vom »heim ins Reich!«.

Der Archipel des Reichskommissars für die Festigung deutschen Volkstums

Am 7. Oktober 1939 wurde der Reichsführer-SS (RFSS) Himmler durch einen Erlaß Hitlers mit der Umsiedlung von »Volksdeutschen« in die »neuen deutschen Ostgebiete« und mit der »Festigung deutschen Volkstums« in diesen Gebieten beauftragt.[11] Himmler wurde damit die Federführung bei einem Projekt übertragen, das Hitler einen Tag vorher in einer Rede vor dem Reichstag bekannt gegeben hatte. Hitlers Ziel war »eine neue Ordnung der ethnographischen Verhältnisse«. Das erfordere »eine Umsiedlung der Nationalitäten, so daß sich am Abschluß der Entwicklung bessere Trennungslinien ergeben, als es heute der Fall ist«, so Hitler.[12] Der Reichskommissar für die Festigung deutschen Volkstums sollte sich bei der Realisierung dieses Vorhabens der Mithilfe bereits bestehender Einrichtungen bedienen.[13] Für den Neuaufbau gab der Hitler-Erlaß dem Reichsführer SS Himmler bewußt vage gehaltene Richtlinien. Die »Festigung deutschen Volkstums« sollte sich nicht auf die dem Reich einverleibten polnischen Gebiete beschränken, sondern prinzipiell im gesamten deutschen Machtbereich gelten, der für Germanisierungsbestrebungen in Frage kam. Mit der fehlenden räumlichen Abgrenzung korrespondierten die äußerst diffus gehaltenen Aufgaben und Kompetenzen, die der »Führererlaß« dem RFSS übertrug. An die Spitze des RKF wurde mit Himmler eine Person plaziert, die unmittelbar dem »Führer« und Reichskanzler unterstand. Damit war an der Spitze der Behörde die Trennung zwischen Partei und Staat aufgehoben. Die neue Sonderverwaltung war von vornherein ein Konstrukt, das zwar auf die Indienstnahme bestehender Institutionen angewiesen war, selber aber von der staatlichen Bürokratie getrennt und unabhängig blieb.

Keimzelle der neuen Dienststelle war die Leitstelle für Ein- und Rückwanderung, die im Juni 1939 zur Koordinierung der mit dem faschistischen Italien vereinbarten Umsiedlung der Südtiroler eingerichtet worden war. Ihr Leiter, SS-Oberführer Ulrich Greifelt, wurde von Himmler zum Chef der RKF-Dienststelle berufen. Mitte Oktober 1939 erfolgte die Umbenennung des Führungsstabes in »Dienststelle des Reichskommissars für die Festigung deutschen Volkstums«. Mitte Juni 1941 wurde sie »in SS-mäßiger Hinsicht den Hauptämtern der Reichsführung SS gleichgestellt«. Seitdem hieß Greifelts Dienststelle »Reichskommissar für die Festigung deutschen Volkstums - Stabshauptamt (StHA)«.[14] Die Behörde verblieb formal aber weiter in der für sie so typischen Zwischenlage: nicht staatlich, nicht Parteistelle. Je nach Bedarf konnte man nach außen als staatliche Einrichtung, als Parteidienststelle, als SS-Hauptamt agieren – und war doch im Grunde nichts von alledem. Letztlich definierte der Reichskommissar für die Festigung deutschen Volkstums sich nicht von seiner juristischen Form her, sondern allein von seinen Aufgaben und Aktionen.

Die wichtigsten Dienststellen, derer sich der RKF bediente, waren – neben der Volksdeutschen Mittelstelle – das Reichssicherheitshauptamt (RSHA) und das Rasse- und Siedlungshauptamt (RuSHA).[15] Das RSHA war im Rahmen des RKF-Projektes für alle Angelegenheiten zuständig, die »nichtdeutsches« oder »fremdvölkisches« Volkstum betrafen. Von besonderer Bedeutung für unseren Kontext war dabei eine Sonderaufgabe: die schnelle Einbürgerung der »volksdeutschen« Umsiedler. Zu deren Durchführung errichtete der Chef der Sicherheitspolizei und des Sicherheitsdienstes (SD) Reinhard Heydrich Mitte Oktober 1939 die Einwandererzentralstelle (EWZ), die Abgesandte aller am Einbürgerungsverfahren beteiligten Dienststellen und Behörden umfaßte. Die EWZ überprüfte die »volksdeutschen« Umsiedler auf ihre »rassische«, politische, gesundheitliche und fachliche Eignung für eine Ansiedlung in den »neuen deutschen Ostgebieten«.[16] Ihr Gegenstück bildete die Umwandererzentralstelle (UWZ). Dabei handelte es sich ebenfalls um eine Dienststelle des RSHA, die die Vertreibung der autochthonen Bevölkerung organisierte. Gleichzeitig überprüfte die UWZ die zu vertreibenden Polen auf ihre »Eindeutschungsfähigkeit«. In ihren Aufgaben, in ihrem Verwaltungsaufbau und auch in ihrer Finanzierung war die Umwandererzentralstelle das vollkommene Spiegelbild der Einwandererzentralstelle.[17] Die »Rasseprüfer« des RuSHA saßen in den Kommissionen beider Behörden. Während sie bei der »Schleusung" in den Einwandererzentralstellen die »volksdeutschen« Umsiedler auf ihre Siedlungstauglichkeit überprüften, entschieden sie bei der Umwandererzentralstelle über die »Eindeutschungsfähigkeit« der »Fremdvölkischen«.[18]

Die Volksdeutsche Mittelstelle – Institutionelle Stellung und organisatorische Struktur

Unter den Dienststellen, die der Reichskommissar zur Erfüllung bestimmter Aufgaben heranziehen konnte, war die Volksdeutsche Mittelstelle von herausragender Bedeutung. Im Winter 1935 gegründet, war sie eine Parteibehörde, die dem Stellvertreter des Führers Rudolf Heß unterstand. Seit 1938 avancierte sie zur Zentralinstanz in der sogenannten Volkstumsarbeit und stand damit im Mittelpunkt der Bemühungen des nationalsozialistischen Regimes, die deutschen Minderheiten in den durch den Versailler Vertrag abgetretenen Gebieten im Sinne einer revisionistischen Politik zu instrumentalisieren.[19] Es ist vergleichsweise schwierig, den institutionellen Charakter der Volksdeutschen Mittelstelle zu bestimmen. Obwohl formal eine NSDAP-Dienststelle, trug sie von Anfang an Merkmale einer staatlichen Behörde: sie führte sowohl das Reichsdienstsiegel als auch die Reichsdienstflagge. Ihre äußere Erscheinung, einerseits staatliche Behörde, andererseits SS- bzw. Parteidienststelle, entsprach der »Zwitterhaftigkeit« der rechtlichen Basis, auf der sie zu agieren pflegte. Wie der Reichskommissar gehörte also auch die Volksdeutsche Mittelstelle zu den Sonderverwaltungen des »Dritten Reiches«.

Ohne diese Institution, dies soll an dieser Stelle einmal festgehalten werden, hätte der RKF Himmler 1939/40 sein ambitiöses »Festigungsprogramm« wohl nicht in Angriff nehmen können. Sie besaß aufgrund ihrer führenden Rolle in der »Volkstumsarbeit« der Vorkriegszeit ausgezeichnetes Datenmaterial über die »Reichs«- und »Volksdeutschen« im Ausland und sehr gute Kontakte zu den diversen Organisationen dieser Minderheiten. Die Entscheidung Hitlers im Oktober 1939, potentielle »ethnische Konfliktherde« durch die rasche Umsiedlung deutscher Minderheiten »heim ins Reich« auszuräumen, führte nämlich zu einem Problem: innerhalb weniger Wochen und Monate mußten etwa 500.000 Menschen registriert, transportiert, provisorisch untergebracht, verpflegt und schließlich in die deutsche Gesellschaft – vor allem in die Arbeitsprozesse – integriert werden. Im Deutschen Reich verfügte aber keine Behörde über das notwendige know how für die Organisation einer solchen Bevölkerungsverschiebung. Die Volksdeutsche Mittelstelle besaß immerhin umfangreiche Kenntnisse auf dem Gebiet der deutschen Minderheiten und betrieb durch die ihr zugehörige Beratungsstelle für Einwanderer (BfE) zudem bereits einige Flüchtlingslager an der deutsch-polnischen Grenze. In den kommenden Jahren band die RKF-Behörde die Volksdeutsche Mittelstelle dann sukzessive in ihre Umsiedlungsunternehmen ein, indem man ihr die Aufgabe übertrug, die Umsiedler in Lagern unterzubringen und zu betreuen. Bald verfügte sie über eines der größten Lagersysteme im nationalsozialistischen Staat. Das für die Verwaltung dieser mehr als 1.500 Lager zuständige Amt XI wurde zum wichtigsten Amt der Volksdeutschen Mittelstelle.[20]

Als Institution zwischen Partei und Staat war die Volksdeutsche Mittelstelle seit 1939 einer zweifachen Metamorphose unterworfen: Sie mutierte von einer Einrichtung der Partei zu einer Einrichtung der SS, innerhalb der SS dann von einer selbständigen Behörde zu einer Dienststelle des RKF. Sie war aber im Grunde genommen schon am 1. Januar 1937 in den Dunstkreis der SS geraten, als Werner Lorenz und Hermann Behrends an ihre Spitze berufen wurden. Der Chef der Volksdeutschen Mittelstelle, Lorenz, und sein Stabsleiter Behrends waren Himmler als hohe SS-Offiziere besonders verpflichtet. Die Hinwendung zur SS fand ihren Abschluß schließlich im Juni 1941 mit der Erhebung der Sonderbehörde zum SS-Hauptamt Volksdeutsche Mittelstelle.[21] Die Entwicklung eines Teils der Volksdeutschen Mittelstelle von einer selbständigen SS-Dienststelle zu einer RKF-Behörde begann mit Beginn des Krieges. Nachdem Lorenz zunächst einmal von Hitler persönlich den Auftrag zur »Rücksiedlung« der Baltendeutschen erhalten hatte, wurde er durch den »Führererlaß« vom 7. Oktober 1939 in dieser Frage dem Reichskommissar für die Festigung deutschen Volkstums unterstellt. Damit verlor Lorenz auf dem Gebiet der Umsiedlung das Privileg der unmittelbaren Unterstellung unter Hitler. Eine gewisse Eigenständigkeit verblieb der Institution bis 1941 allerdings, weil sie die Mittel für ihre Umsiedlungsaktivitäten zunächst noch direkt vom Reichsfinanzministerium erhielt.[22]

Im Zuge ihrer Tätigkeit für den Reichskommissar für die Festigung deutschen Volkstums wuchs die Volksdeutsche Mittelstelle zwar zu einer gewaltigen Organisation, verlor gleichzeitig aber an politischem Gewicht. Durch die Umsiedlung vieler »volksdeutscher« Minderheiten war ihre Betreuungsarbeit jenseits der Reichsgrenzen – bis 1938/39 die Basis ihrer exponierten Position – kaum mehr gefragt.[23] Sie wurde mit dem Erlaß des RFSS/RKF vom 9. September 1942 endgültig in den RKF-Archipel eingebunden, der ihre Kompetenzen vom RKF-Stabshauptamt abgrenzte. Der Volksdeutsche Mittelstelle kamen nun »Absiedlung« und Transport sowie Unterbringung und Versorgung der Umsiedler in den Lagern im »Altreich«, außerdem die »Führung« der wenigen, außerhalb der Reichsgrenzen ansässigen deutschen Volksgruppen zu. Dagegen oblag dem Stabshauptamt der Siedlungsbau und der »Menscheneinsatz«,[24] die Behandlung der »wirtschaftlichen Fragen der Umsiedlung, insbesondere der Vermögensausgleich« sowie auch die Propaganda für die Ansiedlung. Zu diesem Zeitpunkt verfügte die Volksdeutsche Mittelstelle über nicht weniger als elf Ämter, die alle nur denkbaren Aspekte der »Volkstumsarbeit" behandelten. Neben dem Führungsamt (Amt I) unter Lorenz' Adjutanten SS-Oberführer Walter Ellermeier waren dies:[25]

Amt II: Organisation/Personal (Amtschef SS-Obersturmbannführer Konrad Radunski)
Amt III: Finanzen-, Wirtschafts- und Vermögensverwaltung (Amtschef SS-Obersturmbannführer (F) Heinrich Lohl)
Amt IV: Information (Amtschef SS-Obersturmbannführer (F) Waldemar Rimann)
Amt V: Deutschtumserziehung (Amtschef SS-Sturmbannführer (F) Dr. Adolf Puls)
Amt VI: Sicherung deutschen Volkstums im Reich (Amtschef SS-Obersturmbannführer Heinz Brückner)
Amt VII: Sicherung deutschen Volkstums in den neuen Ostgebieten (Amtschef SS-Brigadeführer und Generalmajor der Polizei Horst Hoffmeyer)
Amt VIII: Kultur und Wissenschaft (Amtschef SS-Standartenführer Dr. Wilhelm Luig)
Amt IX: Politische Führung deutscher Volksgruppen (SS-Obersturmbannführer (F) Waldemar Rimann)
Amt X: Führung der Wirtschaft in den deutschen Volksgruppen (Amtschef Wirtschaftsbeauftragter Pg. Lothar Heller)
Amt XI: Umsiedlung (Amtschef SS-Oberführer Ellermeier).

Im Sinne der obengenannten Aufgabenverteilung waren hiervon lediglich die Ämter VI, VII (und dies nur teilweise) das Amt XI ausschließlich für den Reichskommissar tätig. Insbesondere das Amt XI »Umsiedlung« kann als das eigentliche RKF-Amt der Volksdeutschen Mittelstelle bezeichnet werden, denn es arbeitete ausschließlich mit dessen Betriebsmitteln. Innerhalb der Volksdeutschen Mittelstelle wuchs das Amt XI bald zu einem regelrechten Wasserkopf an. Ihm war zum einen der Einsatzstab Litzmannstadt unterstellt, der die dortigen Auffanglager betrieb, zum andern die Einsatzverwaltungen und Einsatzführungen in allen Gauen, in denen Umsiedlerlager bestanden.

»Wir sind daheim!«[26]: Das Amt XI Umsiedlung und das VoMi-Lagersystem

Gegenstand des Verwaltungshandelns der Volksdeutschen Mittelstelle waren nicht jene autochthonen »Fremdvölkischen«, deren Ausgrenzung und Vertreibung andere Teile des RKF-Archipels in den angegliederten und besetzten Gebieten betrieben. Die Volksdeutsche Mittelstelle stand im Selbstverständnis der Siedlungstechnokraten auf der »schönen Seite« der Umsiedlung, über die man voller Stolz und in aller Öffentlichkeit sprechen konnte.[27] Mit der Rückführung und Betreuung »volksdeutscher« Minderheiten ins Deutsche Reich betraut, erschien sie als eine Art Wohlfahrtsagentur, die sich um jene Menschen kümmerte, die bald auf den »freigemachten« Höfen, in den geräumten Wohnungen der »neuen Ostgebiete« angesiedelt werden sollten. Vom Bewußtsein »den Menschen im eigenen Zuständigkeitsbereich nur Gutes getan zu haben«, war auch das apologetische Schlußwort ihres ehemaligen Chefs, Lorenz, vor dem Nürnberger Gerichtshof bestimmt.[28]

Vom Oktober 1939 bis zum Herbst 1942 brachte die Volksdeutsche Mittelstelle im Auftrag des RKF Himmler »Volksdeutsche« aus folgenden Gebieten »heim ins Reich«:[29]

    1939/40 Estland-Lettland: 75.242
    1940/41 Litauen: 50.904
    1940 Wolhynien-Galizien-Narewgebiet: 134.950
    1940 Cholm-Lublin (östliches Generalgouvernement): 30.756
    1940 Bessarabien: 93.548
    1940 Nord-Bukowina: 43.568
    1941 Süd-Bukowina: 52.107
    1941 Dobrudscha: 15.063
    1941 Rumänien (Verwandtenumsiedlung): 9.732
    1941/42 Gottschee und Laibach: 14.810
    1942 Rußland: 5.314
    1942 Bosnien: 18.302

Von den 221.874 zur Umsiedlung vorgesehenen Südtirolern warteten Ende 1942 noch weit über 60 Prozent in ihrer Heimat auf die »Absiedlung«. Ein kleiner Teil – vor allem Einwohner ohne Landbesitz – war im »Altreich« oder in der angrenzenden »Ostmark« angesiedelt worden. Dies allerdings nach dem Willen des Reichskommissars erst »vorläufig«, denn den Führern der Südtiroler Volksgruppe war eine geschlossene Ansiedlung zugesagt worden. Aus den Schwierigkeiten, sich über ein Territorium zu verständigen, ergab sich der Umstand, daß den Südtirolern in ihrer großen Mehrheit das Schicksal der Umsiedlung und des Heimatverlustes erspart blieb.[30]

Insgesamt wurden bis Ende 1942 547.566 »Volksdeutsche« aus ihrer alten Heimat ins Deutsche Reich geholt. Davon waren 366.773 in den seit 1939 eingegliederten Gebieten angesiedelt worden. 99.000 Umsiedler wurden im »Altreich« untergebracht, 18.426 schieden als sogenannte Sonderfälle aus der Umsiedlungsaktion aus. 63.000 Umsiedler warteten zu diesem Zeitpunkt in den Lagern immer noch auf ihre Ansiedlung im Osten oder den Arbeitseinsatz im »Altreich«.[31] Sie alle waren für eine gewisse Zeit Betreuungsobjekte der Volksdeutschen Mittelstelle. In ihrer alten Heimat wurden sie von deren mobilen Erfassungskommandos registriert. Auf ihrem Weg »heim ins Reich« begleiteten sie VoMi-Angehörige, schließlich gelangten sie in Auffang- und Beobachtungslager, die derselben Behörde unterstanden. Die Volksdeutsche Mittelstelle übernahm damit eine Teilaufgabe in dem vom Reichskommissar für die Festigung des deutschen Volkstums betriebenen, arbeitsteiligen Prozeß der »Eindeutschung« der »neuen deutschen Ostgebiete«. Dies hatte Himmler so bereits anläßlich der ersten Umsiedlungsaktion aus Estland und Lettland festgelegt.[32]

Im folgenden soll ein kurzer Blick auf das Amt XI und den Aufbau des Lagersystems geworfen werden. Bei der Umsiedlung der Baltendeutschen glaubte Himmler noch, auf eine längere Unterbringung in Lagern verzichten zu können. Die Umsiedler sollten nach ihrer Registrierung nur kurz in Sammellagern verbleiben, um dann so schnell wie möglich in den okkupierten polnischen Gebieten, vor allem in den Städten Posen und Lodz, angesiedelt zu werden. Betreuung und Unterbringung sollten NSDAP und Nationalsozialistische Volkswohlfahrt (NSV) besorgen.[33] Die sich unmittelbar anschließende Umsiedlung der Wolhyniendeutschen führte zu einer Veränderung des Verfahrens. Die Volksdeutsche Mittelstelle erhielt jetzt den Auftrag, die Lagerunterbringung zu organisieren. Da es sich bei den Wolhyniendeutschen vorwiegend um Landbevölkerung handelte, bereitete die Neuansiedlung ungleich größere Schwierigkeiten als bei der baltischen Stadtbevölkerung. Zum einen sollten hierfür in kurzer Zeit Höfe und Wohnungen durch die Vertreibung von Polen und Juden »freigemacht« werden. Zum anderen war die Frage zu klären, in welchem Größen- und Wertverhältnis die neuen Besitzungen der Wolhyniendeutschen zu den von ihnen zurückgelassenen stehen sollten. Welchen Umfang diese Naturalrestitution haben sollte, war nämlich für die Anzahl der zu Vertreibenden von unmittelbarer Bedeutung. Hier stießen unterschiedliche Interessen des RKF und der Gauleiter in den Siedlungsgebieten aufeinander. Bei einer großzügigen Entschädigung drohten die Gaue einen Großteil der landwirtschaftlichen Flächen an die neuen Reichsbürger zu verlieren. Damit schrumpfte aber nicht nur die Verfügungsmasse der Gauleiter (und der autochthonen »Volksdeutschen« für ihre eigene Bereicherung). Auch das Versprechen, mit der eigentlichen Ostsiedlung und der Ansiedlung von Frontkämpfern erst nach dem Kriege zu beginnen, ließ sich mit den zur Verfügung stehenden Höfen nicht erfüllen. In einem ersten Kompromiß einigten sich die beteiligten Stellen darauf, in den Gemeinden des Warthegaus zunächst nicht mehr als 1/3 der landwirtschaftlichen Fläche zur Entschädigung und Ansiedlung von Umsiedlern zu verwenden. Die verbleibenden 2/3 sollten für die Erweiterung des autochthonen »volksdeutschen« Besitzes und zur Ansiedlung von Soldaten nach dem Krieg reserviert bleiben. Der Kompromiß bedeutete für die Zeit des Krieges die Festschreibung der Minderheitenposition der Deutschen in den neuen Reichsgauen, insbesondere im Warthegau. Durch die Einrichtung von sogenannten Beobachtungslagern im »Altreich« konnte dieses Problem zwar nicht gelöst werden, doch war damit immerhin Zeit gewonnen.

Zugleich bot der längere Lageraufenthalt Gelegenheit, ein »Manko« der Umsiedlung der Baltendeutschen zu vermeiden. Bereits bei deren Umsiedlung hatte Heydrich zu weniger Eile gemahnt, denn die Mitarbeiter in der Einwandererzentralstelle kamen mit den Überprüfungen der Umsiedler nicht nach. Daß eine gründlichere »Sichtung« notwendig war, meinten die RSHA-Beamten bei der Ankunft der Baltendeutschen in den Häfen von Stettin, Danzig, Gdingen und Memel erkannt zu haben. Dort waren nämlich viele Alte, Kranke, Stadtbewohner und Juden angekommen. Alle hatten sich für die Umsiedlung gemeldet und von den Deutschen Botschaften einen Paßvermerk »zur Umsiedlung zugelassen« erhalten.[34] Doch solche Gruppen wollte man im RSHA sowohl vom Einbürgerungs- als auch vom Umsiedlungsverfahren ausschließen. Die Erfahrung, daß auch »Volksdeutsche« jüdischen Glaubens ihre Umsiedlung »heim ins Reich« und die deutsche Staatsangehörigkeit beantragten, fand im November 1940 in den überarbeiteten »Richtlinien für die Einbürgerung der Umsiedler aus Bessarabien, Bukowina und Dobrudscha« ihren Niederschlag. Hier wurde erstmals festgelegt, daß die Umsiedler eidesstattlich erklären mußten, daß ihnen »keine Tatsachen über den Einschlag fremden, insbesondere jüdischen Blutes« bei ihren Vorfahren bekannt waren.[35]

Aber nicht nur für das RSHA, für die Einwanderzentralstelle und für die »Rasseexperten" des RuSHA verbesserten sich die Arbeitsbedingungen durch längere Lageraufenthalte. Letzteres ermöglichte auch eine gründliche medizinische Untersuchung der Umsiedler, eine Bewertung ihrer »politischen Zuverlässigkeit« und eine Beurteilung ihrer beruflichen Befähigung.[36] Die »heim ins Reich« geholten Menschen sollten, nach einem kurzen Aufenthalt in Sammel- und Auffanglagern im Warthegau, in »Beobachtungslager« im »Altreich« gebracht werden und dort mehrere Monate bis zur endgültigen Ansiedlung in den »neuen Ostgebieten« verbleiben. Dieses Verfahren wurde bei den folgenden Umsiedlungen beibehalten. Das Amt XI koordinierte Aufbau und Betrieb der Lager. Dabei stützte man sich auf Erfahrungen der Beratungsstelle für Einwanderer und des Flüchtlingshilfswerks der NSDAP aus der Vorkriegszeit. Über diese Vorkriegsarbeit der Beratungsstelle für Einwanderer, die der Volksdeutschen Mittelstelle unterstand, wurde auch die Reichskanzlei regelmäßig unterrichtet. Bis zum 26. Juli 1939, also längst vor dem Beginn der RKF-Umsiedlungen, durchliefen über 70.000 »Flüchtlinge« die 16 Lager der Beratungsstelle für Einwanderer. Die NSDAP unterminierte dadurch schon vor dem 6. Oktober 1939 ihren Grundsatz, die deutschen Minderheiten als Druckmittel im Ausland zu belassen.[37]

Aus der genauen Kenntnis dieser Tätigkeit seitens der Reichskanzlei erklärt sich im übrigen auch, warum Hitler zunächst Lorenz und die Volksdeutsche Mittelstelle mit der Umsiedlung der »Volksdeutschen« beauftragt hatte. Frühere Mitarbeiter der Beratungsstelle für Einwanderer bildeten den Kern der Führungsmannschaft des Amtes XI: SS-Sturmbannführer Friedrich-Wilhelm Altena[38] übernahm die Leitung der Abteilung Umsiedlung-Lagerführung, SS-Sturmbannführer Hans Hagen[39] leitete die Abteilung Umsiedlung-Verwaltung. Hagen, am 21. August 1900 in Lustenau/Vorarlberg geboren, war seit November 1930 NSDAP-Mitglied. Von 1934 bis 1938 war er hauptamtlicher SA-Führer im Hilfswerk Nordwest. Anschließend wurde er von der NSDAP-Reichsleitung in München mit der »finanziellen Betreuung der Beratungsstelle für Einwanderer beauftragt«.[40] Bei der Volksdeutschen Mittelstelle setzte der ausgebildete Kaufmann diese Tätigkeit in ungleich größerem Rahmen fort. Er war hier für die Verwaltung sämtlicher Lager zuständig. Zu seinen Aufgaben gehörte die finanzielle Aufsicht über alle Außenstellen, die Besoldung des Lagerpersonals, die Beschaffung von beweglichem Inventar, Verpflegung und Bekleidung für die Lager und die Aufsicht über alle Magazine, schließlich der Abschluß von Pachtverträgen für Lagerobjekte, der Barackenbau und die Organisation von Instandsetzungsmaßnahmen.[41]

Friedrich-Wilhelm Altena, geboren am 9. Juli 1902 in Gevelsberg/Westfalen, seit September 1930 Parteimitglied (Mitgliedsnummer 316.030), gehörte zu jener Generation, die für eine Teilnahme am Ersten Weltkrieg zu jung war. Ende 1918 hatte er sich zunächst einem Freikorps angeschlossen und war dann von der Reichswehr übernommen worden, der er bis Anfang 1928 angehörte. SS-Mitglied wurde Altena erst 1940. Vom 20. April 1940 bis 15. Juni 1941 wurde er als SS-Führer beim Stab des SS-Hauptamtes geführt, danach beim Stab des SS-Hauptamtes Volksdeutsche Mittelstelle. Er bekleidete zunächst den Rang eines SS-Hauptsturmführers und wurde im November 1941 zum SS-Sturmbannführer befördert. Altena war im Amt XI für die eigentliche Lagerführung zuständig. Dazu gehörte die Korrespondenz mit den Lagerführern, die Lagerinspektion, die Auswertung von Berichten, die Lagerführerschulung und die Umsiedlerbetreuung. Die Abteilung führte außerdem die zentrale Lagerstatistik und die Zentralkartei der Umsiedler und organisierte den Transport der Umsiedler und ihres Gepäcks innerhalb des Reiches.[42]

Die Aufgabenteilung zwischen Hagen und Altena an der Spitze des VoMi-Lagersystems fand ihre Entsprechung in den Umsiedlerlagern selbst. Jedes Lager hatte an seiner Spitze einen Lagerführer. Ihm zur Seite stand der Lagerverwaltungsführer. Die konkrete Arbeit vor Ort, das heißt die Lagerleitung und Beschaffung geeigneter Gebäude und Einrichtungen, übernahmen die Gaueinsatzführungen der Volksdeutschen Mittelstelle. Im Februar 1941 gab es in den meisten Gauen des »Altreichs« VoMi-Beobachtungslager und VoMi-Einsatzführungen.[43] Bei der Besetzung der Gaueinsatzführer griff man in der Regel auf die jeweiligen Gaureferenten für Volkstumsfragen der NSDAP zurück, die zumeist auch schon vorher Gaubeauftragte der Volksdeutschen Mittelstelle waren. Für die Parteifunktionäre brachte dies die Übernahme in den Staatsdienst und die Besoldung aus staatlichen RKF-Mitteln mit sich. Ihre Auswahl konnte nur in enger Absprache mit den jeweiligen Gauleitern erfolgen, auf deren Kooperation die Volksdeutsche Mittelstelle für den Aufbau und den Betrieb ihres Lagersystems angewiesen war. Im Grunde genommen waren es die lokalen VoMi-Stellen, die Gaueinsatz- und die Lagerführer, die das Funktionieren des Lagersystems ermöglichten. Für die Volksdeutsche Mittelstelle war die Einbeziehung von Parteistellen vor dem Hintergrund ihrer eigenen Entstehungsgeschichte nur folgerichtig, denn sie war, trotz der Entwicklung zu einer SS-Dienststelle, formal ja immer noch eine Einrichtung der NSDAP.[44] Für die NSDAP in den Gauen mit Umsiedlerlagern lag es außerdem durchaus nahe, sich von der Volksdeutschen Mittelstelle an führender Stelle in die Umsiedlerbetreuung einbauen zu lassen: Betreuung und »Menschenführung« gehörten nach dem Selbstverständnis der Partei zu ihren zentralen Aufgaben. In einem Rundschreiben der Abteilung Umsiedlung an alle Einsatzführer vom 4. Februar 1941 wurde die Verpflichtung betont, die Umsiedler, »die zum grössten Teil ihr deutsches Mutterland nicht kennen, in das geistige, kulturelle Leben und auch in das wirtschaftliche Denken des nationalsozialistischen Deutschlands einzuführen«. Dabei wurde ausdrücklich der Grundsatz »Menschenführung ist Aufgabe der NSDAP« betont und die Gaueinsatzführungen angewiesen, in der »geistigen Betreuung der Umsiedler aufs Engste mit ihren zuständigen Gauleitungen und Gliederungen der NSDAP« zusammenzuarbeiten.[45]

Eine wichtige Aufgabe der Gaueinsatzführer bestand in der Beschaffung geeigneter Objekte und Grundstücke für die Errichtung der Lager. Darüber hinaus waren Lager- und Lagerverwaltungsführer, Küchenpersonal, Krankenschwestern und sonstiges Personal zu rekrutieren.[46] Die Gaueinsatzführungen der Volksdeutschen Mittelstelle beschlagnahmten oder mieteten innerhalb kürzester Zeit zahlreiche Objekte. Ihr besonders Augenmerk galt kirchlichen Einrichtungen. Klöster und Missionshäuser waren nicht nur von ihrer baulichen Beschaffenheit ideale Orte der Gemeinschaftsunterbringung. Die Notwendigkeit, Platz für »volksdeutsche« Umsiedler zu schaffen, bot den lokalen Parteistellen auch einen Vorwand für praktische antikirchliche Maßnahmen. Die massenhafte Enteignung konfessioneller Einrichtungen im Zuge der Umsiedlung der »Volksdeutschen« gehört zu den kaum beachteten Kapiteln des nationalsozialistischen »Kirchenkampfes«.[47]

Die Unterbringung der Umsiedler in Massenunterkünften barg in den Augen der Umsiedlungstechnokraten allerdings Risiken. Die Einwanderung hunderttausender »Volksdeutscher« aus Ostmitteleuropa weckte bei den Organisatoren der Umsiedlung von Anfang an Befürchtungen vor einer möglichen Einschleppung von Infektionen.[48]

Die Aufsicht über die gesundheitliche Betreuung der Umsiedler hatte Himmler bereits Anfang November 1939 dem Reichsgesundheitsführer Dr. Leonardo Conti übertragen. Dazu gehörte die Unterbringung und Betreuung von Kranken, Schwangeren und behandlungsbedürftigen Gebrechlichen. Conti beauftragte einen Dr. Haubold mit der Organisation der geplanten Maßnahmen.[49] Haubold bediente sich der Dienststellen des Amtes für Volksgesundheit, der Reichsärztekammer und der Kassenärztlichen Vereinigung Deutschlands, denen er in Fragen der medizinischen Umsiedlerbetreuung generelle Weisungen erteilen konnte. Zu seinen Aufgaben gehörte das Bereitstellen der Ärzte und des sonstigen medizinischen Personals, außerdem die Unterbringung sowie Pflege und Verpflegung der Patienten. Die medizinisch zu betreuenden Umsiedler wurden in Hilfskrankenhäusern, Heimen, Umsiedlerlagern, aber auch in vorhandenen Krankenanstalten versorgt. Schließlich war Haubold für »alle sonstigen hygienischen Maßnahmen, insbesondere von Desinfektionen, Obduktionen und Leichenbestattungen« zuständig. Haubolds Dienststelle gab außerdem Richtlinien heraus, die aus medizinisch-hygienischer Sicht bei der Einrichtung der Lager zu berücksichtigen waren. Angesichts des hohen Zeitdrucks in der ersten Phase der Umsiedlung waren häufig Objekte als Lager gewählt worden, die für eine langfristige Unterbringung von Umsiedlern ungeeignet waren. Haubold wies deshalb nachdrücklich darauf hin, daß »bei der Auswahl der Objekte besonders Augenmerk darauf zu legen [sei], dass die heimkehrenden Volksdeutschen nicht schlechter untergebracht sind, als die Kriegsgefangenen«.[50]

Anfang 1941 berichtete Haubold in einem Vortrag vor ausländischen Ärzten dann von der angeblich so erfolgreichen medizinischen Versorgung der bis dahin über 500.000 Umsiedler. Allein bei der Umsiedlung der knapp 130.000 Wolhyniendeutschen waren nach dessen Angaben über 600 haupt- und nebenamtliche Ärzte im Gesundheitsdienst eingesetzt. Hinzu kamen 3.000 Schwestern, Pflegerinnen und Helfer. Als besonderen Erfolg wertete Haubold die Tatsache, daß jede »Seucheneinschleppung« ins Reichsgebiet verhindert worden sei. Gefahr drohte seiner Ansicht nach unter anderem von Umsiedlern aus Wolhynien, »dem Hauptfleckfiebergebiet des ehemaligen Ostpolens«.[51] Der rassistische sozial-hygienische Diskurs, der im Zusammenhang mit der »gesundheitlichen Betreuung« der Umsiedler durch die beteiligte Ärzteschaft gepflegt wurde, bedarf noch einer eingehenderen Analyse. Es ist jedoch offensichtlich, daß sich die Seuchenfurcht und die Desinfektionsanstrengungen der Umsiedlungshygieniker in den großen Zusammenhang der Überfremdungs-, Verschmutzungs- und Infektionsphobien nahtlos einfügen, die zu den feststehenden Topoi der biologistischen Weltanschauung des Nationalsozialismus gehörten.

»Umschlagplatz« Lodz

Eine signifikante Ausnahme unter den Einsatzführungen der Volksdeutschen Mittelstelle bildete die Dependance in Lodz/Litzmannstadt, denn sie war eine direkte Gründung des Amtes XI.[52] Dort organisierte der aus Berlin entsandte SS-Sturmbannführer Ludwig Doppler die Aufnahme der Umsiedler aus Ostpolen in Auffanglagern. Diese Auffanglager waren – anders als die zumeist kleinen Objekte im »Altreich« – Massenunterkünfte.[53] Am 4. November 1939 nahm der Einsatzstab seine Tätigkeit auf. Doppler und seine Mitarbeiter unternahmen zunächst Erkundungsfahrten durch Lodz/Litzmannstadt und die benachbarten Städte Pabianice und Zgierz, um geeignete Räumlichkeiten für die Errichtung von Sammellagern zu finden. Die Lager wurden unter anderem in Fabrikgebäuden, Schulen, großen Wohnhäusern und in den Sommersiedlungen des Lodzer Umlandes untergebracht, deren polnische und jüdische Besitzer man zuvor vertrieben hatte. So wurde zum Beispiel in Pabianice ein ganzer Wohnblock von jüdischen Bewohnern geräumt, in Sommerresidenzen Lodzer Bürger (»jüdische Sommervillen«) errichtete der Einsatzstab das Lager »Waldhorst« mit einer Kapazität von 8.000 Plätzen. Bereits am 2. Dezember 1939 hatte das VoMi-Kommando auf diese Weise 47 Lager für 30.000 Umsiedler errichtet. Später standen insgesamt 66 Lager mit einer Aufnahmekapazität von 62.000 Plätzen zur Verfügung. Die Lager wurden mit Schlafgelegenheiten aus Stroh, mit elektrischem Licht und Heizungen ausgestattet. Sie verfügten über Aufenthaltsräume, Waschanlagen für das Eß- und Kochgeschirr und Waschräume. Ähnlich wie im »Altreich« bestand das Lagerpersonal aus einem Lagerführer, seinem Stellvertreter und einem Verwaltungsführer. Hinzu kamen noch ein Quartiermacher, ein Gepäckordner, ein Hausbetreuer, ein Arzt, mehrere Schwestern, sonstiges Hilfspersonal und ein Wachhabender. Auch im Warthegau übernahm die NSV die Verpflegung der Umsiedler. Das Essen wurde mit Lastwagen aus Großküchenanlagen in Lodz/Litzmannstadt und Pabianice in die Lager gebracht. Im Verlauf der Wolhynien- und Galizienumsiedlung wuchs der Personalstand des Einsatzstabes auf 52 SS-Führer, 94 SS-Unterführer, 8 SA-Führer, 27 SA-Unterführer, 18 NSKK-Führer und -Unterführer sowie 3.538 »Volksdeutsche« aus den Reihen des Volksdeutschen Selbstschutzes (von diesen wurden allein 1.068 bei der Betreuung der Umsiedlerpferde eingesetzt). Der Mitarbeiterpool des Einsatzstabes wurde ergänzt durch »80 Parteigenossinnen vom Reichsmütter- und Frauenhilfsdienst«, die von der Reichsfrauenführung entsandt worden waren.[54]

Der erste Zug mit Umsiedlern aus Wolhynien traf am 22. Dezember 1939 auf dem Bahnhof von Pabianice ein.[55] Das aus SS-Männern, Selbstschutzangehörigen, Schwestern und Helfern des Roten Kreuzes bestehende Hilfspersonal brachte die Umsiedler zu Straßenbahnzügen, die für den Weitertransport bereitstanden. Von Selbstschutzmännern wurden die Umsiedler zum Aufnahmeplatz gebracht. Das schwere Gepäck mußte »zur doppelten Freude der Ankömmlinge« von zwangsverpflichteten Juden getragen werden. Im Aufnahmeraum wurden dann die Personalien aufgenommen. Jeder Ankommende erhielt hier eine Blechmarke an einer Schnur um den Hals gehängt, auf der sich seine Umsiedlungsnummer befand. Ihre erste Nacht »heim im Reich« verbrachten die Umsiedler, nachdem sie von Schwestern des Reichsmütterdienstes verpflegt wurden, im »unreinen Gebäude«, in einer großen Halle, die mit Holzgestellen und Stroh ausgestattet worden war. Erst am folgenden Tag wurden die Umsiedler ins Bad geschickt. Die Kleinkinder wurden von Schwestern in Wannen gebadet, die Erwachsenen duschten unter »warmen Brausen«. Beim Verlassen der Badeanstalt wurde den Umsiedlern noch ein Stempelvermerk auf das Handgelenk gedrückt, der sie zum Betreten des »reinen Hauses« berechtigte. Dann erfolgte die »Schleusung« durch die Einwandererzentralstelle. Nachdem diese ihre Überprüfung abgeschlossen hatte, wurden die selektierten Umsiedler aus dem Sammellager zu kleineren Lagern gebracht, in denen sie sich einige Tage aufhielten. Von dort erfolgte dann der Abtransport in die Beobachtungslager im »Altreich«. Mitte Januar 1940 war der Aufbau des Lagersystems im Warthegau abgeschlossen. Himmler konnte sich am 15. Januar anläßlich eines Besuchs in Lodz mit eigenen Augen von den Arbeitsabläufen in den VoMi-Sammellagern überzeugen. Stabsleiter Behrends und Doppler führten ihm im Lager Pabianice die Entladung eines Transportzuges mit Umsiedlern vor.[56] Nachdem der Lagerbetrieb am 26. Januar 1940 mit der Ankunft von dreizehn Zügen in Pabianice seinen Höhepunkt erreicht hatte, fand die »Rückkehr der Volksdeutschen aus Galizien und Wolhynien ins deutsche Vaterland« mit dem letzten Transport am 9. Februar 1940 ihren vorläufigen Abschluß.[57]

Der Volksdeutschen Mittelstelle war es innerhalb weniger Monate gelungen, ein Lagersystem für eine kurzfristige Unterbringung der »volksdeutschenihren« Umsiedler aufzubauen. Die entscheidende Initiative lag dabei im wesentlichen bei den als VoMi-Einsatzführungen fungierenden Gaugrenzlandämtern der NSDAP. Dagegen beschränkte sich die Berliner Zentrale zunächst auf den Aufbau eines Amtes zur Koordinierung und Leitung des ständig wachsenden Lagersystems und auf die Errichtung der großen Sammel- und Auffanglager im Warthegau. Lediglich im Amt XI verfügte man über eine gewisse fachliche Vorbildung auf dem Gebiet der Lagerführung und -verwaltung. Die Arbeiten der VoMi-Einsatzführungen waren statt dessen von Improvisation und Aktionismus dominiert. Die Verbindung zwischen den Einsatzführungen und der Berliner Zentrale wurde durch regelmäßige Berichte der Lagerkommandanten (Belegungszahlen, Ab- und Zugänge) und durch die Rundschreiben des Amtes XI gehalten. Für die Aufbauphase des VoMi-Lagersystems, in der es darum ging, innerhalb kürzester Zeit für Hunderttausende provisorische Unterkünfte zu finden, erwies sich dieses Prozedere als erstaunlich effektiv, denn die örtlichen Parteistellen konnten – besser als jeder noch so gut geschulte Verwaltungsbeamte in Berlin – die benötigten Lagerkapazitäten zusammenraffen. Doch als sich die Planung des RKF, die Umsiedler bereits im Frühjahr 1940 endgültig anzusiedeln, als Chimäre erwies, hatte dies entscheidende Konsequenzen für die Lager der Volksdeutschen Mittelstelle. Je länger die Umsiedler in den Lagern verblieben, je länger das Lagersystem in Folge ständig neuer Umsiedlungsaktionen bestand, desto weniger reichten Aktionismus und Improvisation aus, um die fehlende fachliche Qualifikation der Lagerführungen zu kompensieren. Sowohl bei der Organisation des Lageralltags als auch bei der Bewältigung von Konflikten innerhalb der Lager sollten sich die Mängel des Systems offenbaren.

Lagerleben: Konflikte und soziale Disziplinierung

Während sich die Umsiedler in den großen Sammellagern des Warthegaus nur wenige Stunden oder Tage aufhielten, blieben sie in den Beobachtungslagern des »Altreichs« mehrere Monate. Das Zusammenleben auf engem Raum führte zu vielfältigen Konflikten unter den Umsiedlern, aber auch zwischen Umsiedlern und Lagerführern. Zur Aufrechterhaltung der Disziplin und zur Strukturierung des Tagesablaufs gaben einzelne Einsatzführungen Lagerordnungen und Richtlinien für die Lagerführer heraus. Sie reagierten damit auf das Fehlen allgemeiner Anweisungen seitens der VoMi-Zentrale in Berlin. Besonders detaillierte »Richtlinien« verfaßte der Gauorganisationsleiter der NSDAP im Gau Sudetenland, Friedrich Bürger.[58] Hinter der Detailbesessenheit der Lagerordnungen, die darauf abzielten, jede Minute des Tages »sinnvoll« auszugestalten, verbarg sich die tatsächliche Leere im Lagerleben der Umsiedler. Den Einsatzführungen fiel im Grunde nichts anderes ein, als die Umsiedler mit streng reglementierten Tages- und Essenszeiten, Reinigungs- und Ordnungsdiensten, Appellen, Schulungsvorträgen und Feierstunden zu beschäftigen. Einen besonderen Bekehrungs- und Belehrungseifer richtete man auf die hygienischen Gewohnheiten der Umsiedler. Der Ordnungs- und Reglementierungswahn machte weder vor der Frage der täglichen Rasur noch vor der »richtigen Benutzung« der Aborte halt. Auch wenn es für die Lagerinsassen definitiv keine produktiven Aufgaben gab, galt der Grundsatz »Alle aufstehen«. Niemand sollte sich dem organisierten Leerlauf des Lagers entziehen. Zu diesem Ablauf gehörten »bei halbwegs gutem Wetter vor dem Mittagessen ein- bis zweistündige Spaziergänge getrennt nach Geschlechtern«. Für die männlichen Lagerinsassen sollten diese Spaziergänge »in Form des Ausmarsches mit Beibringung der einfachsten soldatischen Ordnungsübungen« stattfinden. Besonders mißtrauisch beobachtet wurden »Außenseiter«, die sich der gemeinschaftlichen Beschäftigungstherapie entziehen wollten:

> »Keine Außenseiter dulden. Es gibt immer Leute, die sich gern abseits halten und gern machen, was ihnen beliebt. Ohne triftigen Grund darf niemand sich ausschließen! Darauf ist streng zu schauen [...]. Den Leuten zunächst die Notwendigkeit des Einordnens und Mittuns freundlich klarmachen, wenn dies aber bei dem oder jenen nichts nutzt, dann bestimmt auftreten! Immer durchblicken lassen, daß das Verhalten im Lager mit ausschlaggebend für den späteren Einsatz als Reichsbürger sein wird«.[59]

Ein noch größeres Problem als die »Außenseiter« stellten in den Augen der Einsatzführung Sudetenland die »Städter« und »Fremdvölkischen« unter den Lagerinsassen dar. »Das versprengte städtische Deutschtum aus dem Osten [habe] sich vielfach von den Allüren der slawischen Umwelt, eine Mischung zwischen polnischer Schlamperei und sogenannter französischer Kultur, oft nicht frei gehalten«. Diese Umsiedler paßten nicht in das von der Umsiedlungspropaganda vermittelte Bild des kernigen deutschen Bauern. In den Richtlinien wurde daher für eine möglichst vollständige Trennung bäuerlicher und städtischer Umsiedler plädiert. Noch wichtiger als bei den »verdorbenen« Städtern war eine Trennung und Aussonderung im Fall der »fremdvölkischen Lagerinsassen«. Hier hoffte der Einsatzführer Sudetenland, »daß bald Gelegenheit gegeben wird, alle Fremdvölkischen in besondere Lager abschieben zu können«.[60] Doch Initiativen wie diejenige Bürgers konnten kaum etwas am Grundproblem der Lagerinsassen ändern. Ihre Ansiedlung verschob sich, und »durch diese Verzögerungen [...] ist die Stimmung bei den Umsiedlern sehr schlecht«.[61] Dies zeigt auch folgender Bericht einer Betreuerin:

> »Die Buchenländerfamilien sind schon 2 Jahre im Lager und seit 4 Monaten im angeblichen Durchgangslager zu Dresden. Sie erwarten brennend die versprochene Ansiedlung

und leben in diesem Lager bei karger Verpflegung und schlechter Unterkunft [...]. Die Menschen sind so verbittert und ungläubig, daß es uns schwer wurde, sie zu vertrösten. Sie klagen über das schlechte Essen. Kinder erhalten weder genug Milch noch Obst. Ungeziefer wie Wanzen und Ratten sind in den Räumen, die Behandlung seitens der Lagerführung ist schroff und kurz [...]. Die Anschauungen und Einstellungen dieser Männer (der Lagerverwaltung, Anm. M.I.L.) waren eigenartig. Es ist mir, als wenn von irgend einer Stelle die Menschen bewußt von der Ansiedlung fern gehalten werden, um für andere Dinge durch ihre Arbeitskraft Nutzen zu ziehen [...]«.[62]

Auch wenn in den meisten Lagern die hygienischen Verhältnisse besser waren: ein tiefes Gefühl der Unsicherheit und eine Unzufriedenheit mit der erzwungenen Untätigkeit bestimmte auch zahlreiche Berichte der Umsiedler selbst:

»So verging der Winter, ohne dass etwas Aussergewöhnliches vorgefallen wäre und ohne etwas Genaues darüber zu erfahren, was mit uns Umsiedlern geschehen wird, – wo unser künftiges Heim sein wird und ob wir überhaupt noch einmal so glücklich sein werden, wieder ein neues, liebes Heim unser Eigen zu nennen. – All' diese Fragen durchziehen das Herz u. die Seele des Emigranten, welcher sich wie ein Fisch vorkommt, welcher aus dem Wasser geschleudert, auf das Trockene niedergefallen ist und sich dadurch zu Retten sucht und das Wasser zu erreichen glaubt, dass er sich von Zeit zu Zeit emporschnellt. Wir Umsiedler sind alle nervös geworden, da ein Dunkel über unser Schicksal, – über unsere Zukunft gebreitet ist. Man tröstet uns und gibt uns den Rat Geduld zu haben und wir befolgen diesen guten Rat auch, wohl einsehend, dass zuerst der Sieg über den Erbfeind Deutschlands gewonnen werden muss und dann erst an uns gedacht werden kann. Es ist ja auch nicht die Hoffnungslosigkeit, oder der Unglaube, welche auf unseren Geist einwirken, uns mürbe u. apathisch machen, sondern nur die dunkle Ungewissheit über unsere Zukunft«.[63]

Die Ursachen dieser Ungewißheit lagen in den selbstproduzierten Problemen der Umsiedlungs- und Germanisierungspolitik der RKF-Behörde und der Volksdeutschen Mittelstelle. Sie wurden bis zum Kriegsende nicht gelöst. Statt dessen versuchte man, die Unzufriedenheit der Umsiedler durch »Betreuungsmaßnahmen« zu kurieren. Abwechslung brachten gelegentliche Film- und Theateraufführungen oder der Besuch der Spiel- und Singscharen der Hitler-Jugend. Eine psychologisch gefährliche Phase war aus der Sicht der Umsiedlungsbehörden das Weihnachtsfest. Die Erinnerungen an die aufgegebene Heimat wurden unter den Umsiedlern in dieser Zeit besonders mächtig. Für den RKF-Archipel war Weihnachten eine gute Gelegenheit, die Idylle einer »Volksgemeinschaft« zu inszenieren, die mit der Lagerwirklichkeit nicht das geringste zu tun hatte.[64] Doch die tatsächlichen Probleme der Umsiedler konnten mit Gemeinschaftsinszenierungen zu Weihnachten nicht gelöst werden. Insofern begegnete man der wachsenden Unzufriedenheit mehr und mehr mit einer gründlichen Überwachung und sozialen Kontrolle in den Lagern:

»Disziplin und Ordnung im Lager ist von den Lagerführern mit allen zu Gebote stehenden Mitteln aufrecht zu erhalten. Betrunkenheit ist auf das strengste zu ahnden [...]. Zur Verrichtung der Arbeit im Lager haben die Lagerführer in den einzelnen Unterkünften

Stubenälteste usw. einzusetzen und mit diesen regelmäßige Arbeitsbesprechungen abzuhalten. Die gesamte Lagerbesatzung ist wöchentlich mindestens einmal, sonst nach Bedarf zu Lagerappellen zusammenzurufen, bei denen wichtige Begebenheiten verlesen und besprochen werden. Kasernenhofton, sowie Durchführung der Lagerdisziplin durch Einführung militärischer Ordnung ist wegen der gemischten Lagerbesatzung zu vermeiden. Der Verkehr zwischen den Lagerinsassen und der Einwohnerschaft der nächstgelegenen Ortschaften ist im Benehmen mit der Ortsgruppenleitung der NSDAP zu regeln«.[65]

Die soziale Kontrolle im Lager, die vor allem die VoMi-Einsatzführungen propagierten, fand ihren Ausdruck unter anderem in der rigiden Bekämpfung der religiösen Traditionen der Umsiedler und der Behinderung von externer kirchlicher Betreuungsarbeit.[66] Die Initiative zu antikirchlichen Maßnahmen ging dabei weniger von der Zentrale in Berlin aus. Es gab in dieser Frage keine einheitlichen Vorgaben und auch keine einheitliche Praxis in den Gauen.[67] Verantwortlich zeichneten die Einsatzführer und die jeweiligen Lagerleiter, die ihren antikonfessionellen Affekten freien Lauf ließen. Die offen antikirchliche Haltung solcher Lagerleitungen bedeutete für viele Umsiedler einen Schock, da in ihren Herkunftsgebieten die Kirchen Stützen ihrer Traditionen und Sprache gewesen waren. Es konnte nicht ausbleiben, daß Umsiedler gegen antikirchliche Maßnahmen der Lagerleitungen offen protestierten.[68] Eine ganze Reihe solcher Beschwerden, vor allem aus den VoMi-Lagern in Württemberg, erreichten über die dortige evangelische Landeskirche auch die Reichskanzlei. Für den beschwerdeführenden Oberkirchenrat stand angesichts der zahlreichen Fälle fest, »dass [...] die Rücksiedler durch die mit der Rücksiedlung beauftragte volksdeutsche Mittelstelle planmässig von jeder christlichen und kirchlichen Betreuung ausgeschlossen sind«.[69] Aus den zahlreichen Fällen, die sich in den Akten der Reichskanzlei finden, sei hier lediglich als folgendes Beispiel erwähnt:

»Am 23. Januar verstarb im Krankenhaus Altshausen das Kind eines evangelischen Rückwanderers aus Watra Moldawitza (Bukowina), das vom Rückwandererlager Kloster Steinenbach bei Aulendorf in das Krankenhaus Altshausen verbracht worden war [...]. Sie möchten ihre Kinder christlich erziehen; er wünsche auch, dass sein Kind christlich bestattet werde [...]. Der Lagerführer hatte jedoch schon von sich aus Vorkehrungen zu einer Beerdigung unter Ausschluß der Kirche getroffen und hat seinen Willen auch gegenüber dem Vater des verstorbenen Kindes durchgesetzt. Die Beerdigung fand dann durch den Lagerführer statt, der in seiner Ansprache u.a. ausführte, die Volksdeutschen sollten sich ihrer alten Vorfahren erinnern, sowohl an ihren Glauben, als auch an ihre Tugenden. Diese suchten ihren Gott nicht in dumpfen Tempeln, sondern in rauschenden Eichenhainen [...]. Der tatsächliche Eindruck, sowohl bei der Bevölkerung als bei den Volksdeutschen, dürfte ein wesentlich anderer gewesen sein, als vom Lagerführer beabsichtigt«.[70]

Die Verwaltung der Umsiedlerlager hatte aber nicht allein mit den Insassen Probleme. Auch die Lagerleiter ließen es immer wieder an Eignung fehlen. Nahezu jedes Rundschreiben betonte, daß der Lagerleiter gegenüber den Insassen eine Vorbildfunktion zu erfüllen habe. Zur Abschreckung wurden den Einsatzführungen und Lagerleitern regelmäßig Feldurteile von SS- und Polizeigerichten übermittelt, die sich gegen Vergehen von Lagerleitern richteten.[71] So verurteilte beispielsweise das SS- und Polizeigericht III Berlin am 13. April 1942 den SS-Sturmmann Anton W., der im Lager Stahnsdorf Dienst tat, wegen Verbrechens nach § 174 RStGB zu einer Gefängnisstrafe von acht Monaten, schloß ihn aus der SS aus und gab ihm anschließend Gelegenheit zur »Bewährung in einer Sondereinheit der Waffen-SS«.[72]

Die Begründung dieses Urteils gibt einen guten Einblick in die Lebenswirklichkeit eines Lagers, insbesondere in das Verhältnis zwischen (weiblichen) Umsiedlern und Lagerleiter. Anton W., geboren am 26. August 1914 in Wien, war nach längerer Arbeitslosigkeit seit Dezember 1937 SS-Mitglied. Nach dem »Anschluß« Österreichs wurde er im SS-Wachdienst eingesetzt, unter anderem im Amt des Gauleiters von Wien und bei der Ausstellung »Der ewige Jude«. Im Oktober 1940 erfolgte seine Notdienstverpflichtung zur Volksdeutschen Mittelstelle. Er leitete zunächst das Lager Ottmachau und seit Dezember 1940 das Lager Heiligenkreuz bei Neisse. Wie die allermeisten Lagerführer war auch W. nicht durch eine besondere Ausbildung auf seine Aufgabe vorbereitet worden. Es erfolgte lediglich eine Belehrung »über seine Stellung zu den Umsiedlern und die Behandlung derselben«. Nach eigener Auskunft betrachtete sich W. als »Vertrauensmann« und als »Vater« der Umsiedler, da diese »in jeder Beziehung von dem Lagerführer abhängig« sind und »ihm auch ein grosses Vertrauen entgegen[bringen]«. Nach einem feuchtfröhlichen »Kameradschaftsabend« am 23. August 1941 kam es zu sexuellen Kontakten mit einer Umsiedlerin. Als diese mit der Aufdeckung der Beziehung drohte, erstattete der Lagerleiter am 6. Oktober 1941 Selbstanzeige. In dem anschließenden Verfahren standen sich die Aussagen des Lagerführers und der Umsiedlerin gegenüber. Während W. betonte, daß die Umsiedlerin sich freiwillig auf die Beziehung eingelassen habe, erklärte diese, der Lagerführer habe, nachdem sie in sein Zimmer gekommen sei, sofort die Tür verriegelt. W. habe versprochen, ihr zu einer »baldigen und günstigen« Ansiedlung zu verhelfen und ihr im Lager Vorteile bei der Verpflegung zu verschaffen. Diese Versprechungen und die Tatsache, daß er als Lagerführer »doch ihr Vorgesetzter [sei]«, habe sie dazu bewogen, gefügig zu sein. Die Richter sahen es als erwiesen an, daß Anton W. »unter Ausnutzung seiner Stellung als Lagerführer sich eine Umsiedlerin gefügig gemacht hat, wobei diese ihm allerdings keinen Widerstand entgegensetzte«. Von besonderer Bedeutung für das Urteil war die von den Richtern vorgenommene Charakterisierung der Volksdeutschen Mittelstelle als Institution »staatlichen Charakters«, die mit »staatshoheitlichen Aufgaben« betraut sei und auch »ihren Etat aus Reichsmitteln bestreitet«. Der Lagerführer war daher »nach seiner Dienststellung [...] Beamter im Sinne des § 359 RStGB« und hatte »unter Ausnutzung eines ihm übertragenen Amtes gehandelt«.[73]

»Der Menscheneinsatz«: Arbeitseinsatz der Umsiedler

Bereits Anfang 1941 standen die Umsiedlungsplaner erneut vor einem erheblichen Problem. Aufgrund ihrer rassistischen Vorgaben an die Qualität der zukünftigen Kolonisatoren fiel ein Großteil der Umsiedler für den Osteinsatz aus. Diese sogenannten A-Fälle verblieben vorerst in den Lagern. Angesichts der erheblichen Unterbringungskosten und eines eklatanten Arbeitskräftemangels im Reich war die Versorgung von »unproduktiv« in den Lagern lebenden Menschen nicht mehr erwünscht. Aus diesem Grund wurde der Arbeitseinsatz sowohl der A- als auch der O-Fälle (für eine Ansiedlung im Osten als geeignet eingestufte) in der Zeit vor ihrer Ansiedlung, zu einem zentralen Anliegen der RKF-Behörde und der Volksdeutschen Mittelstelle. Bereits im Rahmen der Bessarabien- und Bukowinaumsiedlung war der »vorübergehende Arbeitseinsatz der Umsiedler [...] während ihres Lageraufenthaltes« angeordnet worden. Dabei galt der Grundsatz, daß es sich nur um vorübergehende Beschäftigungen handeln durfte. Ein dauerhafter Verbleib der zukünftigen Ostsiedler in Wirtschaftsbetrieben des »Altreichs« sollte unbedingt verhindert werden. Den Umsiedlern durfte lediglich ein Drittel ihres Lohns direkt ausgezahlt werden. Die restlichen zwei Drittel wurden vom jeweiligen Lagerverwaltungsführer auf ein Sparbuch eingezahlt. Die angesparte Summe sollte nach der Ansiedlung zur Anschaffung von Hausrat verwandt werden.[74]

Um das Problem des Arbeitseinsatzes der inzwischen 100.000 A-Fälle in den Umsiedlerlagern grundsätzlich zu lösen, kam es am 10. Januar 1941 zu einer Besprechung zwischen Himmler, Greifelt, Lorenz und Oswald Pohl, Chef des Wirtschafts- und Verwaltungsamtes der SS.[75] Die A-Fälle, so das Ergebnis der Besprechung, sollten so schnell wie möglich in Arbeit gebracht werden. Zu diesem Zweck erfolgte durch eine RKF-Anordnung am 21. Januar 1941 die Gründung des Ansiedlungsstabes Altreich/Ostmark unter SS-Oberführer Kurt Hintze.[76] Diese berief sich auf die »vorläufige Feststellungen«, wonach die Zahl der im »Altreich« und in der »Ostmark« unterzubringenden »volksdeutschen« Umsiedler innerhalb des Jahres mehr als 100.000 Menschen betrage.[77] Aus dem großen Umfang der mit der Unterbringung verbundenen Arbeiten ergab sich für die RKF-Behörde die Notwendigkeit, eine Stelle zu schaffen, »welche die gesamten Maßnahmen zur Unterbringung der für das Altreich/Ostmark bestimmten Umsiedler zentral zusammenfaßt und den Einsatz bzw. die Betreuung in Zusammenarbeit mit allen in Frage kommenden Dienststellen der Partei und des Staates durchführt«. Der Leiter des Ansiedlungsstabes Hintze erhielt »sämtliche Vollmachten für die durchzuführenden Maßnahmen im Rahmen seiner Tätigkeit bei der Dienststelle des RKF«. Die Tätigkeit dieses Stabes erstreckte sich auf fünf Gebiete: 1. auf die Erfassung der entsprechenden Umsiedler in Zusammenarbeit mit dem Chef der Sipo und des SD, der Einwandererzentralstelle und der Volksdeutschen Mittelstelle, 2. auf deren Unterbringung in Arbeitsplätze in Zusammenarbeit mit der Reichsarbeitsverwaltung sowie auf die Beschaffung von Wohnungen oder sonstigen Unterkünften in Zusammenarbeit mit den Gauleitungen, NSV-Dienststellen, innerer Verwaltung und sonstigen Stellen, 3. die Überweisung der Nichteinsatzfähigen (»Alte«), Pflegebedürftigen (Kranke, Sieche), pensionierten Beamten und Rentenempfänger in eine »geeignete Fürsorge« in Zusammenarbeit mit den zuständigen Partei- und Staatsstellen, 4. die Zuweisung der bisher selbständigen Umsiedler aus der gewerblichen Wirtschaft an die Deutsche Umsiedlungs-Treuhand zwecks Beschaffung von Betrieben und die einstweilige Arbeitsvermittlung dieser Umsiedler sowie 5. die Unterbringung der bisher selbständigen Bauern. Von Anfang an war aber die faktische Handlungsfähigkeit des Ansiedlungsstabes stark eingeschränkt, da sich der RKF die Führung von »Verhandlungen über grundsätzliche Fragen, die allgemeine Planung des Gesamtarbeitseinsatzes und die Herausgabe grundsätzlicher Erlasse« vorbehielt.

Himmlers Anordnung vom 21. Januar 1941 stellte den Versuch dar, die inneren Widersprüche seiner eigenen Umsiedlungspolitik auszugleichen. Aufgrund der Selektionskriterien waren die über 100.000 Umsiedler in den VoMi-Lagern von einer Ansiedlung im Osten ausgeschlossen. Ein dauerhafter Arbeitseinsatz in der händeringend nach Arbeitskräften suchenden Wirtschaft scheiterte an der Unfähigkeit, den Umsiedlern Wohnraum außerhalb der Lager zur Verfügung zu stellen. Da nützte es wenig, wenn Himmler in beschwörendem Ton erklärte: »Es muß unbedingt erreicht werden, daß noch in der ersten Hälfte ds. Js. mindestens 50 v.H. dieser Umsiedler in nützliche Arbeit gebracht werden«. Begonnen werden sollte mit der »sofortigen Arbeitsbeschaffung« für die Umsiedler aus Wolhynien, Galizien, Narew (einschl. Chelmer Gebiet) und der »nichtlandwirtschaftlichen Bevölkerung des Nord- und Südbuchenlandes«. Dabei sollte vor allem auf diejenigen Umsiedler Druck ausgeübt werden, die sich auf die Versprechungen des RKF beriefen. Zu Beginn der Umsiedlungen hatte der RKF vollmundig verkündet, daß jeder Umsiedler, der in seiner alten Heimat selbständiger Besitzer eines gewerblichen oder landwirtschaftlichen Betriebes war, im Zuge der Naturalrestitution im Ansiedlungsgebiet einen gleichwertigen Besitz erhalten werde. Zumindest für die Umsiedler, die den Selektionskriterien der Einwandererzentralstelle nicht genügten, und denen als A-Fälle nur die Ansiedlung im »Altreich« blieb, ließ sich dieses Versprechen nicht realisieren. Zum einen, weil es dort gar nicht genug Betriebe gab, die der RKF hätte ankaufen können, zum anderen, weil die Siedlungsideologen des RKF die politisch, rassisch oder gesundheitlich als minderwertig eingestuften Umsiedler generell von Grundbesitz ausschließen wollten. In ihnen sah man allenfalls ein Arbeitskräftereservoir für die deutsche Wirtschaft, entschädigt werden sollten sie durch Geldleistungen.

Am 19. Februar 1941 wandte sich schließlich das Reichsarbeitsministerium an die Präsidenten der Landesarbeitsämter, um der Arbeitsverwaltung diejenigen Schritte mitzuteilen, die sich aus der RKF-Anordnung vom 21. Januar 1941 ergaben.[78] Bereits wenige Tage zuvor hatte Greifelt Zwangsmaßnahmen gegen Umsiedler angeordnet, die sich weigerten, die ihnen zugewiesenen Arbeit anzunehmen. Unter anderem sollten Entschädigungsanträge der betreffenden Umsiedler nicht mehr bearbeitet werden.[79] Dies blieb aber bei weitem nicht das einzige Druckmittel gegen »Arbeitsverweigerer«. Ende Februar 1942 erließ Lorenz eine »Straf- und Beschwerdeordnung für die Umsiedlerlager der Volksdeutschen Mittelstelle«. Darin wurde eine Reihe von Disziplinarstrafen gegen »aufsässige, böswillige und arbeitsscheue Umsiedler« genannt. Dazu gehörten die »Belehrung und ernste Ermahnung«, eine höchstens vierwöchige Ausgangssperre, Strafdienste (Reinigungs- und Küchendienste), der Entzug des wöchentlichen Taschengeldes, ein bis zu zehntägiger Quartierarrest und die »Unterbringung in einem Arbeitslager«. Damit sollten nicht allein »Arbeitsverweigerer« diszipliniert werden. Die Strafen richteten sich auch gegen »Ausbleiben ohne Urlaub über Zapfenstreich bzw. das Verlassen des Lagers ohne Urlaub bei Lagersperre«, »schlechtes und disziplinloses Benehmen gegen Lagerführer, seine Beauftragten und deren Anordnungen, gegen andere Umsiedler«, die »Vernachlässigung und Beschädigung von Einrichtungs- und Ausrüstungsgegenständen des Lagers« und schließlich auch gegen die »Aufwiegelung des Lagerpersonals und anderer Umsiedler«. Letzteres konnte bereits dann vorliegen, wenn ein Umsiedler lautstark seinen Unmut über den monatelangen Lageraufenthalt und das Ausbleiben der Ansiedlung zum Ausdruck brachte.[80]

Zur Verhängung von Strafen, die derartige Verstöße nach sich ziehen konnten, waren allein die Gaueinsatzführungen der Volksdeutschen Mittelstelle berechtigt. Sie machten davon vor allen Dingen Gebrauch, um »arbeitsunwillige« Umsiedler zu disziplinieren. Im Gau Brandenburg errichtete die Volksdeutsche Mittelstelle das Arbeitserziehungslager »Rotes Luch«, in dem Umsiedler interniert wurden, die als »arbeitsunwillig« galten.[81] Über eine Einweisung entschied jedoch nicht die lokalen Lagerführungen, sondern Altena als Leiter der Abteilung Umsiedlung im Amt XI. In bestimmten Fällen erschien ihm aber auch die Einweisung in dieses Arbeitserziehungslager als nicht mehr ausreichend. So wandte er sich am 12. September 1941 mit der Bitte an das RKF-Stabshauptamt, die Möglichkeit einer »Unterbringung in einem Konzentrationslager« zu prüfen. Seitens des Stabshauptamtes wurde Altena beschieden, »daß eine Unterbringung von arbeitsunwilligen Umsiedlern in ein[em] Konzentrationslager nur in Aussicht genommen wird, wenn die Unterbringung in dem Lager Rotes Luch nicht zu dem gewünschten Erziehungsergebnis geführt hat«.[82] Es war aber weniger die »Arbeitsunwilligkeit« der Umsiedler, die einem Arbeitseinsatz im Wege stand. Entscheidender war das Problem der fehlenden Unterkünfte in der Umgebung der Arbeitsplätze. Da der Bau von Holzbaracken infolge Materialmangels nicht möglich war, versuchte man durch die Nutzung leerstehender Lager- und Fabrikhallen, durch einfachste Ziegelbauten, teilweise Fortführung von Werkswohnungsbauten und durch die Aufteilung größerer Wohnungen eine provisorische Unterbringung zu erreichen.[83]

Zusammenfassend läßt sich sagen: Nachdem die Volksdeutsche Mittelstelle zunächst die ihr gestellte Aufgabe der Schaffung von Lagerkapazitäten erfüllen konnte, schlugen die inneren Widersprüche der RKF-Siedlungspolitik unmittelbar auf die Ebene der Umsiedlerlager durch. Weder die Umsiedler noch die Lagerleiter waren auf monate- oder jahrelange Lageraufenthalte und die damit verbundenen Probleme vorbereitet. Forderungen seitens der Umsiedler nach Einlösung von Versprechungen und die Verweigerung von Arbeit wurden auf die Weise beantwortet, die im »Dritten Reich« üblich war: mit Repressionen bis hin zur Einweisung in ein Arbeitserziehungs- oder ein Konzentrationslager. Gleichzeitig sahen sich die weniger konfliktbereiten Umsiedler dem weitreichenden Verfügungsanspruch ihres neuen Heimatstaates ausgesetzt. Die Zeit in den Lagern wurde von den VoMi-Repräsentanten der Peripherie, von den Gaueinsatzführungen und den Lagerleitern, als gute Gelegenheit zur Bekämpfung der religiösen und kulturellen Traditionen der Umsiedler wahrgenommen. Der Blick in die Umsiedlerlager zeigt die Kehrseite der »heim ins Reich«-Propaganda gegenüber den »Volksdeutschen«: Sie fanden nicht die ihnen versprochene Heimat. Die Umsiedler waren nunmehr Teil der Lagergesellschaft des »Dritten Reiches«.

Schluß: Initiative und Effizienz der Volksdeutschen Mittelstelle und ihres Amtes XI

Innerhalb des RKF-Archipels übernahm die Volksdeutsche Mittelstelle die »Rücksiedlung« und Lagerunterbringung der »volksdeutschen« Umsiedler. Im Rahmen der Tätigkeit für den RKF wuchs ihr Apparat seit Ende 1939 stetig an, während ihr politisches Gewicht ständig schwand. Aus der kleinen, aber politisch einflußreichen Koordinierungsstelle für die Lenkung deutscher Minderheiten im Ausland wurde eine Betreuungseinrichtung des RKF ohne wesentliche eigene Gestaltungskompetenz. Mit jedem Umsiedlertransport, der »heim ins Reich« gelangte, verlor die Volksdeutsche Mittelstelle an politischer Bedeutung. Die Lagerinsassen hörten nach Abschluß des beschleunigten Einbürgerungsverfahrens durch die Einwandererzentralstelle auf, »Volksdeutsche« zu sein. Auf das Verfahren selbst hatte die Volksdeutsche Mittelstelle keinen Einfluß. Die Vorgaben kamen vom RSHA und seinem Chef Heydrich, derer sich Himmler gemäß des RKF-Erlasses vom 7. Oktober 1939 bediente. Das Selektionsverfahren der Einwandererzentralstelle entschied über das weitere Schicksal der Menschen in den Lagern der Volksdeutschen Mittelstelle. Was läßt sich nun vor dem Hintergrund dieses politischen Bedeutungsverlustes abschließend zu den beiden Eingangsfragen sagen?

1. Die Errichtung des Amtes XI war die unmittelbare Folge der Einbeziehung der Volksdeutschen Mittelstelle in den RKF-Archipel. Das Amt war die Koordinierungs- und Leitungsstelle für das Lagersystem in den Gauen des »Altreichs« und im Warthegau. Es konnte sich auf selbsternannte Fachleute für Fragen der Lagerverwaltung aus der ehemaligen Beratungsstelle für Einwanderer stützen. Seine Aufgabe bestand in der Umsetzung der RKF-Vorgaben. Dabei bediente sich das Amt der Einsatzführungen der Volksdeutschen Mittelstelle. Letztere waren die eigentlichen Träger des Lagersystems. In der Aufbauphase entschieden sie weitgehend eigenständig über die konkreten Formen ihres Handelns. Dies galt zum einen für das Beschaffen der Lagerkapazitäten, zum anderen für die Organisation des Lageralltags. Die in hohem Maß auf Eigeninitiative beruhenden Tätigkeiten der Einsatzführungen waren gekennzeichnet vom Aktionismus, von der Improvisation und vom Dilettantismus der Funktionsträger. Ihre Eigeninitiative war der Grund sowohl für die erfolgreiche Beschaffung großer Lagerkapazitäten innerhalb kürzester Zeit als auch Ursache für einen großen Teil der Probleme und Konflikte in den Lagern. Die Lagerleiter und deren Verwaltungsführer waren nur zu oft überfordert.

Diese Überforderung fand ihren Niederschlag in Übergriffen gegen die Umsiedler, in antikirchlichen Maßnahmen aber auch in zahlreichen Fällen von Korruption.[84] Das Amt XI versuchte, seine Leitungs- und Koordinationsfunktion mit regelmäßigen Rundschreiben an die Einsatzführungen und an die Lagerleitungen wahrzunehmen. Neben der Übermittlung von Anordnungen des RKF-Stabshauptamtes zielten diese Rundschreiben auf eine Vereinheitlichung des Lagerwesens. Es wurde versucht, Entwicklungen und Methoden, die sich bei einzelnen Einsatzführungen bewährt hatten, für die Gesamtheit der Lager verbindlich zu machen. Die VoMi-Zentrale versuchte außerdem, die fachlichen Defizite des Lagerpersonals durch Schulungen auszugleichen. Für einen Überblick über die Belegungszahlen und über besondere Vorkommnisse in den Einsatzführungen sollte ein regelmäßiges Berichtswesen sorgen. Häufige Ermahnungen des Amtes XI an die Adresse der Lagerleitungen zeigen allerdings, daß sich durch diese Bürokratisierung der Verwaltung die Defizite vor Ort nicht beheben ließen.

2. Ungeachtet der offensichtlichen Defizite auf der Ebene der VoMi-Einsatzführungen und Lagerleitungen war das Amt XI bei der Beschaffung von Lagerkapazitäten, seiner wichtigsten Aufgabe, durchaus effizient. Auf Kosten der Kirchen, deren Liegenschaften im »Altreich« und in der »Ostmark« willkürlich beschlagnahmt wurden, und der autochthonen Bevölkerung im Warthegau, die man kurzerhand von ihren Besitztümern vertrieb, gelang es dem Amt XI, für jeden Umsiedler einen Platz in Gemeinschaftsunterkünften bereitzustellen. Bei der Gestaltung des Lageralltags machten sich dagegen Dilettantismus und ideologische Verblendung der Funktionsträger durchgehend negativ bemerkbar, denn hier griff man größtenteils auf bloß repressive Mittel zurück.

Um abschließend noch einmal auf das eingangs verwendete Bild zurückzukommen: die Volksdeutsche Mittelstelle war innerhalb des vom RKF Himmler errichteten Archipels für die rassistische Neuordnung Europas eine bedeutende Insel. Auch auf dieser Insel standen Lager, in denen Menschen ihrer Selbstbestimmungsrechte beraubt wurden. Wer sich nicht an die Regeln hielt, konnte schnell in andere Bereiche des Archipels verbracht werden, etwa in das Arbeitserziehungslager »Rotes Luch«. Die Handlungsträger der Volksdeutschen Mittelstelle funktionierten in der Erfüllung ihrer Aufgaben so gut oder so schlecht wie alle anderen Schreibtischtäter und Erfüllungsgehilfen des Gesamtsystems. Daß sie »Volksdeutsche« und nicht »Fremdvölkische« oder Juden behandelten, war ein Zufall. Auch wenn das Amt XI bei den Herrschaftsmethoden in den Lagern gelegentlich anderer Meinung gewesen sein mochte als die Lagerleitungen, so bestand doch Einigkeit über das Ziel. Durch die Bekämpfung ihrer kulturellen und religiösen Traditionen sollte aus den heterogenen Umsiedlergruppen eine »hygienisch" und »rassisch« einwandfreie, politisch »gleichgeschaltete« und insgesamt handhabbare Verfügungsmasse für den »Menscheneinsatz« geformt werden. Die Verwaltungsexperten in der Berliner Zentrale der Volksdeutschen Mittelstelle sorgten dafür, daß ungeachtet der fachlichen Mängel an der Peripherie und ungeachtet der inneren Widersprüche der RKF-Siedlungsprojekte das Lagersystem bis zum Kriegsende (und zum Teil noch darüber hinaus) funktionierte. Die Geschichte der Volksdeutschen Mittelstelle zeigt insofern, daß sich das »Dritte Reich« bis zur militärischen Niederlage im Mai 1945 auf funktionierende Bürokratien stützen konnte. Insofern gilt eben auch für den Nationalsozialismus – trotz seines schon fast sprichwörtlichen Kompetenzwirrwarrs und seiner Verachtung aller rechtsstaatlichen Traditionen – der Satz Max Webers, daß Herrschaft »im Alltag primär: Verwaltung« ist.[85]

1 Der vorliegende Aufsatz skizziert ein zentrales Thema meiner Dissertation, die unter dem Titel »Heim ins Reich - Nationalsozialistische Volkstumsarbeit und Umsiedlungspolitik 1939-1945« zur Zeit bei Professor Dr. Hans Mommsen an der Ruhr-Universität Bochum entsteht.
2 Zu »ethnischen Säuberungen« im 20. Jahrhundert allgemein Götz Aly, »Endlösung«. Völkerverschiebung und der Mord an den europäischen Juden, Frankfurt am Main 1995; Detlef Brandes, Großbritannien und seine osteuropäischen Alliierten 1939-1943, München 1988; Norman M. Naimark, Ethnic Cleansing in Twentieth Century Europe, Washington 1998, sowie Philipp Ther, Deutsche und polnische Vertriebene. Gesellschaft und Vertriebenenpolitik in der SBZ/DDR und in Polen 1945-1956, Göttingen 1998.
3 Die Unübersichtlichkeit der zahlreichen Behörden, Institutionen und Einrichtungen, die der RKF entweder selbst für Teilaspekte seiner »Festigungsarbeit« gründete oder mit Aufgaben betraute (und die damit zu Elementen des RKF-Gesamtsystems wurden bzw. in seinen Befehls- und Einflußbereich gerieten), läßt sich mit der geographischen Bezeichnung »Archipel« am besten veranschaulichen.
4 Zum Terminus »Sonderverwaltung« s. die Einleitung in: Verwaltung contra Menschenführung im Staat Hitlers. Studien zum politisch-administrativen System, hrsg. v. Dieter Rebentisch/Karl Teppe, Göttingen 1986, S. 7-32, hier: S. 13 ff.
5 Robert L. Koehls Studie über den RKF (RKFDV: German Resettlement and Population Policy 1939-1945. A History of the Reich Commission for the Strengthening of Germandom, Cambridge, Mass. 1957) ist bis heute der einzige Versuch einer Gesamtdarstellung geblieben. Zum »Generalplan Ost« gibt es eine Reihe wichtiger Untersuchungen. Zum Einstieg in die Thematik sind grundlegend die Quellensammlung Vom Generalplan Ost zum Generalsiedlungsplan, hrsg. v. Czeslaw Madajczyk unter Mitarb. v. Stanislaw Biernacki (u. a.), München (u.a.) 1994, sowie der synthetisierende Aufsatz von Karl-Heinz Roth, »Generalplan Ost« - »Gesamtplan Ost«. Forschungsstand, Quellenprobleme, neue Ergebnisse, in: Der »Generalplan Ost«. Hauptlinien der nationalsozialistischen Planungs- und Vernichtungspolitik, hrsg. v. Mechtild Rössler/Sabine Schleiermacher, Berlin 1993, S. 25-117. Die »Volksdeutschen« werden hier allerdings eher am Rande, meist als Profiteure der Vertreibungspolitik behandelt. Ein guter Überblick zur deutschen Siedlungspolitik im Osten gibt Rolf-Dieter Müller, Hitlers Ostkrieg und die deutsche Siedlungspolitik. Die Zusammenarbeit von Wehrmacht, Wirtschaft und SS, Frankfurt am Main 1991.
6 Dietrich A. Loeber (Hg.), Diktierte Option. Die Umsiedlung der Deutsch-Balten aus Estland und Lettland 1939-1941, Neumünster 1972; Dirk Jachomowski, Die Umsiedlung der Bessarabien-, Bukowina- und Dobrudschadeutschen. Von der Volksgruppe in Rumänien zur Siedlungsbrücke an der Reichsgrenze, München 1984; Karl Stuhlpfarrer, Umsiedlung Südtirol 1939-1940, 2 Bde., Wien/München 1985; Klaus Eisterer/Rolf Steininger (Hg.), Die Option. Südtirol zwischen Faschismus und Nationalsozialismus, Innsbruck 1989, sowie Harry Stossun, Die Umsiedlung der Deutschen aus Litauen, Marburg 1993.
7 In Ermangelung eines neutralen Begriffs wird die zeitgenössische Bezeichnung »Volksdeutsche« verwandt, wobei ich mir über deren inhaltliche Problematik im Klaren bin. Die »Volkstumspolitik« der Zwischenkriegszeit und der NS-Zeit verstand darunter alle Angehörigen deutscher Minderheiten jenseits der Reichsgrenzen. Von den »Volksdeutschen« zu unterscheiden sind die »Reichsdeutschen« – deutsche Staatsangehörige, die ihren ständigen Wohnsitz im Ausland genommen hatten. Ungeachtet faktischer Kompetenzstreitigkeiten war für die Betreuung dieser beiden Bevölkerungsgruppen folgende Arbeitsteilung vorgesehen: die VoMi war für alle »Volksdeutschen«, die Auslandsorganisation der NSDAP für alle »Reichsdeutschen« zuständig. Hierzu Louis de Jong, Die deutsche fünfte Kolonne im Zweiten Weltkrieg, Stuttgart 1959; Hans-Adolf Jacobsen, Nationalsozialistische Außenpolitik 1933-1938, Frankfurt am Main/Berlin 1968; Donald M. McKale, The Swastika Outside Germany, Kent 1977, sowie Jürgen Müller, Nationalsozialismus in Lateinamerika. Die Auslandsorganisation der NSDAP in Argentinien, Brasilien, Chile und Mexiko 1931-1945,

Stuttgart 1997. Die zeitgenössische Debatte über die Begriffe »Volk« und »Volkstum« wird in meiner Dissertation ausführlich behandelt. Zu den Wurzeln des Begriffes »Volk« und zu seiner Bedeutung für den politischen Sprachgebrauch zwischen 1914 und 1945 s. Reinhart Koselleck/Bernd Schönemann, Artikel »Volk, Nation«, in: Geschichtliche Grundbegriffe. Historisches Lexikon zur politisch-sozialen Sprache in Deutschland, Bd. 7, Stuttgart 1992, S. 316-431.

8   Valdis O. Lumans, Himmler's Auxiliaries. The Volksdeutsche Mittelstelle and the German National Minorities of Europe, 1933-1945, Chapel Hill/London 1993. Da es Lumans in erster Linie um die Darstellung nationalsozialistischer »Volkstumsarbeit" an den deutschen Minderheiten in aller Welt ging, bleibt die Darstellung der Umsiedlung notwendigerweise knapp. Trotzdem ist es bedauerlich, daß diese Arbeit in Deutschland nicht stärker rezipiert wurde.

9   Auch Teile der VoMi waren an Mordaktionen gegen Juden in der Ukraine/Transnistrien beteiligt. Dem Sonderkommando R unter Horst Hoffmeyer unterstand der dortige Volksdeutsche Selbstschutz. Bei der Ermordung von insgesamt 175.000 in Transnistrien ansässigen Juden und 88.294 aus Rumänien nach Transnistrien deportierten Juden spielte die SS und unter ihrer Leitung auch der örtliche Selbstschutz eine bedeutende Rolle. Dazu Ingeborg Fleischhauer, Das Dritte Reich und die Deutschen in der Sowjetunion, Stuttgart 1983, S. 138-141, sowie Meir Buchsweiler, Volksdeutsche in der Ukraine am Vorabend und Beginn des Zweiten Weltkriegs - ein Fall doppelter Loyalität?, Gerlingen 1984, S. 374-377.

10 Aly, Endlösung (Anm. 2), S. 22, hat diesen lange übersehenen Sachverhalt wie folgt auf den Punkt gebracht: »Mögen viele der deutschstämmigen Zwangsumsiedler subjektiv noch so sehr mit dem Dritten Reich sympathisiert haben und selbst aktive Nazis gewesen sein, so blieben sie doch Objekte der Machtpolitik. Der einzelne Volksdeutsche wurde nicht gefragt. Seiner ‚Option für Deutschland' lag keine wirkliche Entscheidungsfreiheit zugrunde. Wenn auch mit völlig unterschiedlichen Methoden und in entgegengesetzte Richtungen, wurden diese ‚Heimkehrer', wie Himmler sie gerne nannte, doch auf demselben bevölkerungspolitischen Rangierbahnhof verschoben wie die Juden«.

11 Der Prozeß gegen die Hauptkriegsverbrecher vor dem Internationalen Militärgerichtshof Nürnberg (14. November 1945 - 1. Oktober 1946), 42 Bde., Nürnberg 1947-1949, hier: Bd. XXVI, S. 255 ff. Der Erlaß stellte Himmler drei Aufgaben: »1. die Zurückführung der für die endgültige Heimkehr in das Reich in Betracht kommenden Reichs- und Volksdeutschen im Ausland, 2. die Ausschaltung des schädigenden Einflusses von solchen volksfremden Bevölkerungsteilen, die eine Gefahr für das Reich und die deutsche Volksgemeinschaft bedeuten, 3. die Gestaltung neuer deutscher Siedlungsgebiete durch Umsiedlung, im besonderen durch Seßhaftmachung der aus dem Ausland heimkehrenden Reichs- und Volksdeutschen«.

12 Hitlers Rede ist abgedruckt in: Dokumente der Deutschen Politik, hrsg. v. Franz Alexander Six, Bd. 7/1, Berlin 1940, S. 334-362, hier: S. 347.

13 Zum folgenden grundlegend Hans Buchheim, Rechtsstellung und Organisation des Reichskommissars für die Festigung deutschen Volkstums, in: Gutachten des Instituts für Zeitgeschichte, Bd. 1, München 1958, S. 239-279.

14 Das Wachstum des RKF von einer kleinen Koordinierungsstelle zum personalstarken SS-Hauptamt mit umfassenden Zuständigkeiten veranschaulicht der Organisations- und Geschäftsverteilungsplan des RKF-Stabshauptamtes v. 1.8.1942, Bundesarchiv (BA) Berlin, R 49/1, Bl. 1-52, hier: Bl. 46.

15 Zum RuSHA s. auch demnächst die Dissertation von Isabell Heinemann, die gerade bei Prof. Dr. Ulrich Herbert an der Universität Freiburg abgeschlossen worden ist.

16 Für die Selektion der »volksdeutschen« Umsiedler wurde von der EWZ der Begriff der »Schleusung« geprägt. Die Umsiedler durchliefen verschiedene Untersuchungen, die Aufschluß über ihre »rassische«, gesundheitliche, berufliche und politische Eignung für die Ostsiedlung geben sollten. Dabei erfolgte eine Einordnung in die drei Kategorien A-Fall (nur für Ansiedlung und Arbeitseinsatz im »Altreich« geeignet), O-Fall (für Ansiedlung im Osten geeignet) und S-Fall (»Fremdvölkischer«, aus der Umsiedlungsaktion auszuschließen). Die A- und O-Fälle erhielten am Ende des »Schleusungsverfahrens" ihre Einbürgerungsurkunde.

17 Die UWZ geht auf die Gründung eines Sonderstabes für die Evakuierung und den Abtransport der Polen und Juden in das Generalgouvernement am 11.11.1939 zurück. Der vom HSSPF im Warthegau, Wilhelm Koppe, gegründete Stab trug zunächst den Namen »Amt für die Umsiedlung der Polen und Juden« und wurde im April 1940 in UWZ umbenannt; s. dazu Aly, Endlösung (Anm. 2), S. 68, sowie Martin Broszat, Nationalsozialistische Polenpolitik 1939-1945, Stuttgart 1961, S. 87.

18 Buchheim, Rechtsstellung (Anm. 13), S. 267 f.

19 Erlaß Hitlers über die Volksdeutsche Mittelstelle v. 2.7.1938, in: Akten der Parteikanzlei der NSDAP. Rekonstruktion eines verlorengegangenen Bestandes. Sammlung der in anderen Provenienzen überlieferten Korrespondenzen, Niederschriften und Besprechungen usw. mit dem Stellvertreter des Führers und seinem Stadt bzw. der Partei-Kanzlei, ihren Ämtern, Referaten und Unterabteilungen sowie mit Heß und Bormann persönlich. Microfiche-Edition, hrsg. v. Institut für Zeitgeschichte u. bearb. v. Helmut Heiber/Peter Longerich, 2 Teile, München (u.a.) 1983-1992, Teil II, Fiche 207 00451.
20 Vgl. den Organisationsplan des Hauptamtes Volksdeutsche Mittelstelle (Stand: 15.6.1944), BA Berlin, BDC, SS-HO 3508, sowie Buchheim, Rechtsstellung (Anm. 13), S. 247.
21 Ebd., S. 261. Um Verwechslungen mit dem eigentlichen SS-Hauptamt zu vermeiden, erging vom RFSS am 27.8.1942 der Befehl, daß die Bezeichnung »SS-Hauptamt« nur dem tatsächlichen SS-Hauptamt zukomme. Die vollständige Bezeichnung der VoMi lautete dementsprechend: »Reichskommissar für die Festigung deutschen Volkstums, Hauptamt Volksdeutsche Mittelstelle«, BA Berlin, R 59/79, Bl. 113.
22 Koehl, RKFDV (Anm. 5), S. 49.
23 Zum folgenden Buchheim, Rechtsstellung (Anm. 13), S. 261.
24 Unter dem Titel »Der Menscheneinsatz« gab der Leiter der gleichnamigen RKF-Hauptabteilung Dr. Ernst Fähndrich im Dezember 1940 eine Sammlung von Verordnungen des RKF für den Dienstgebrauch heraus. Sie sollte »dem einzelnen Sachbearbeiter ein Hilfsmittel in die Hand [...] geben, das ihn über die wesentlichen Anordnungen und Richtlinien, die hinsichtlich des Menscheneinsatzes seit Bestehen des Reichskommissariates für die Festigung deutschen Volkstums ergangen sind, in zusammenfassender Form unterrichte[n]« (Der Menscheneinsatz. Grundsätze, Anordnungen und Richtlinien, hrsg. von der Hauptabteilung I des RKF, BA Berlin, Bestandsergänzungsfilme Nr. 16792, S. V.).
25 Lumans, Auxiliaries (Anm. 8), S. 142-145.
26 Unter dem Titel »Wir sind daheim« erschien seit dem 24.11.1940 eine Zeitschrift für die Umsiedler in den Lagern der VoMi und damit für jene, die eben noch kein neue Heimat gefunden hatten. Die Menschen, die »heim ins Reich« gekommen waren und sich in den Lagern der VoMi wiederfanden, wurden mit Appellen an ihre Geduld und ihre Einsicht in die großen Zusammenhänge abgespeist: »Von uns aus wollen wir Euch berichten von dem großen Aufbruch des deutschen Volkes und von der Entstehung des Großdeutschen Reiches unter seinem Führer Adolf Hitler. Und Ihr sollt uns erzählen von Eurem harten Lebenskampf fern vom Mutterland am Schwarzen Meer [...]. Mit diesem kleinen Blatt wollen wir versuchen uns noch näher zu kommen. Wir wollen uns in den Lagern zu einer großen Gemeinschaft zusammenschließen, in Geduld ausharren, bis der Tag anbricht, da Ihr mit neuer Kraft und neuem Mut zurückeroberten deutschen Boden zu neuer Blüte bringt« (Wir sind daheim. Mitteilungsblatt der Umsiedlungslager Bessarabien im Gau Sachsen, Nr. 1 v. 24.11.1940, BA Berlin, RD 12/1-1).
27 Zum »Doppelcharakter« der NS-Germanisierungspolitik s. Robert L. Koehl, Toward an SS-Typology: Social Engineers, in: The American Journal of Economics and Sociology 18 (1959), S. 113-126, hier: S. 114, sowie ders., The Black Corps. The Structure and Power Struggles of the Nazi SS, Wisconsin/London 1983, S. 186.
28 »We wanted to carry out a deed of peace. Wherever we came we were welcomed as saviours by the ethnic Germans. Never in my life have I experienced so much thanks and so much love as on the part of those human beings whom we wanted to help. Welfare and comradeship for all these men was matter of course for us. That was the sense in which I assumed my functions at that time and carried out my task and that was the spirit also in which the whole work of my organization was carried out«, Trials of War Criminals, USA vs. Ulrich Greifelt et al. (Case 8: »The RuSHA Case«), Bd. 5.1, Washington 1950, S. 77 f. Alle an der Umsiedlung der »Volksdeutschen« beteiligten Stellen und Personen hatten schon während des Krieges ein ausgesprochen gutes Gewissen, sie drängten mit ihrer Arbeit an die Öffentlichkeit. Zahlreiche Aufsätze und Bücher zur Umsiedlung der »Volksdeutschen« wurden verfaßt. Einen guten Überblick geben umfangreiche bibliographische Verzeichnisse zu dieser Publikationstätigkeit, die vom Deutschen Auslandsinstitut (DAI) in Stuttgart zusammengestellt wurden, BA Koblenz, R 57neu/17.
29 Die Ostumsiedlung: Übersicht, RKF-Jahresbericht 1942, Stand: 31.12.1942, BA Berlin, R 49/14, Bl. 9; s. dazu grundlegend Aly, Endlösung (Anm. 2).
30 Karl Stuhlpfarrer, Die defekte Umsiedlung, in: Eisterer/Steininger, Option (Anm. 6), S. 275-297,

sowie Stuhlpfarrer, Umsiedlung (Anm. 6).
31 RKF-Stabshauptamt, Hauptabteilung B Statistik: Umsiedlung deutscher Volksgruppen, Personenzahl gegliedert nach Ansiedlungsgebieten (Stand: 1.4.1942), BA Koblenz, R 57neu/8, unfol. Es folgten 1942 und 1943 noch weitere, zahlenmäßig kleinere Umsiedlungen (Bosnien, Kroatien). Bei allen Umsiedlungszahlen aus den beteiligten Dienststellen ist Vorsicht geboten. Schließlich dienten die Statistiken auch dazu, die Leistungsfähigkeit der jeweiligen Dienststellen zu beweisen. Gelegentlich genannte Zahlen sprechen von bis zu einer Million umgesiedelter »Volksdeutscher«. Diese Zahlen beinhalten dann aber auch jene Bevölkerungsverschiebungen der Jahre 1943 und 1944, die nicht mehr als geregelte Umsiedlungen, sondern als Evakuierungsmaßnahmen bezeichnet werden müssen. Von besonderer Bedeutung ist hier die von Himmler bereits im März 1943 angeordnete Rückführung der »Volksdeutschen« aus Rußland; s. dazu Lumans, Auxiliaries (Anm. 8), S. 250-255.
32 RFSS/RKF, »Grundsätzliche Anordnung« v. 3.11.1939, gez. H. Himmler, in: Menscheneinsatz (Anm. 24), S. 13 f.: »1. Die Aus- und Abwanderung aus Estland und Lettland wird durch die Volksdeutsche Mittelstelle mit Hilfe der volksdeutschen Führung im Baltikum durchgeführt [...] 5. Die Aufnahme und Erfassung erfolgt durch die Einwandererzentralen in Gotenhafen und Posen mit den Nebenstellen in Swinemünde und Stettin, die dem Chef der Sicherheitspolizei unterstehen. 6. Die Verteilung der Volksdeutschen auf die Provinzen Westpreußen und Posen erfolgt durch den Leiter der Dienststelle des Reichskommissars, SS-Oberführer Greifelt«.
33 Die »Unterbringung bei der Ankunft in einstweiligen Quartieren« hatte Himmler, angesichts der geplanten kurzen Verweildauer, der NSV übertragen. Bei der Umsiedlung der Wolhyniendeutschen erhielt die VoMi den Auftrag »die Organisation der Lager und die Aufnahme der Volksdeutschen in den Lagern« durchzuführen; RFSS/RKF, Anordnung 2/VI v. 30.10.1939, gez. H. Himmler, in: Ebd., S. 22.
34 Lumans, Auxiliaries (Anm. 8), S. 189.
35 Der Sonderbeauftragte des RM dI bei der EWZ, Richtlinien v. 7.11.1940, BA Berlin, R 69/31, Bl. 28-35, hier: Bl. 29.
36 Die Details des EWZ-Selektionsverfahrens (»Fliegende Kommissionen«) werden ausführlich in meiner Dissertation behandelt. Die Selektion der »volksdeutschen« Umsiedler, nachdem sie »heim ins Reich« gekommen waren, ist bislang – wie deren Umsiedlung insgesamt – noch kaum eingehender erforscht. Ein wichtige Rolle spielten die Eignungsprüfer des RuSHA. Sie vermerkten ihr Urteil auf der gleichen Karteikarte wie die Ärzte der EWZ-Gesundheitsstelle (und traten gegenüber den Umsiedlern auch als Mediziner auf). Die Einteilung erfolgte in vier sogenannte Rassewertungsgruppen, wobei zunächst nur die Angehörigen der Gruppen I und II im Osten angesiedelt werden sollten (Der Chef des RuSHA SS-Oberführer Otto Hofmann, betr.: Anleitung zur Eignungsprüfung der Rückwanderer v. 14.10.1939, BA Berlin, R 69/426, Bl. 130-133).
37 Schreiben VoMi-Stabsführer Behrends an Reichsminister Hans-Heinrich Lammers v. 1.8.1939 betr. Durchgangslager für Einwanderer, BA Berlin, R 43 II/1409, Bl. 17.
38 Lumans, Auxiliaries (Anm. 8), S. 60 f. Zu Altena s. dessen RuSHA-Sippenakte und SSO-Akte, BA Berlin, BDC; s. auch aus demselben Bestand SL 9, Bl. 2; SS-HO 3341, Bl. 4; SS-HO 4815, Bl. 28 und SS-HO 7139, Bl. 99. Der Chef des Hauptamtes VoMi Werner Lorenz an RFSS/Chef des SS-Personalhauptamtes v. 26.11.1941, BA Berlin, BDC, SSO Altena.
39 BA Berlin, BDC, SSO-Akte Hans Hagen; ebd., SL 9, Bl. 43.
40 SA-Sturmhauptführer Hans Hagen an Reichsführung der SS der NSDAP v. 24.2.1939, BA Berlin, SSO-Akte Hans Hagen, unfol. Hagen beantragte in diesem Schreiben bei der Reichsführung SS die Übernahme in die SS, da die BfE »führungsmäßig SS Obergruppenführer Lorenz untersteht und aufgrund dessen als eine SS Dienststelle angesprochen werden kann«. Zum 20.4.1939 erfolgte seine Übernahme in die SS (Mitgliedsnummer 323.789) im Rang eines Hauptsturmführers. Ein Jahr später wurde er zum Sturmbannführer befördert.
41 RKF/Hauptamt Volksdeutsche Mittelstelle: Organisation und Geschäftsverteilungsplan v. 15.6.1944, BA Berlin, BDC, SS-HO 3508, Bl. 30. Den Hinweis auf diese Quelle verdanke ich meinem Kollegen Jan Erik Schulte, Dortmund.
42 BA Berlin, BDC, SS-HO 3508, Bl. 29 f.
43 Verteiler (Einsatzführungen, Einsatzverwaltungen) v. 26.2.1941, BA Berlin, R 59/76, Bl. 2-6.
44 Lumans, Auxiliaries (Anm. 8), S. 145.
45 SS-Hauptsturmführer Altena, Die weltanschauliche Betreuung der Umsiedler, Rundschreiben der

VoMi, Abteilung Umsiedlung, an alle Einsatzführungen v. 4.2.1941, BA Berlin, R 59/96, Bl. 53-59.
46 Lumans, Auxiliaries (Anm. 8), S. 145 f.
47 So waren z. B. Ende 1940 von den 26 VoMi-Lagern im Gau Württemberg 15 in kirchlichen Einrichtungen untergebracht (Namentliche Aufstellung der Lagerführer, Abschrift der bis jetzt vorgesehenen Lager im Gau Württemberg/Hohenzollern v. 10./11.12.1940, BA Koblenz, R 57/1266, unfol.). Auch in Schlesien wurde ein Großteil der Männerklöster für Umsiedlungszwecke beschlagnahmt; s. hierzu Siegmund Bulla, Das Schicksal der schlesischen Männerklöster während des Dritten Reiches und 1945/1946, Sigmaringen 1991. Für den freundlichen Hinweis danke ich Herrn Dr. Christoph Kösters von der Kommission für Zeitgeschichte, Bonn. Umfangreiche Verzeichnisse von Umsiedlerlagern der VoMi finden sich in: BA Berlin, R 59/97. Aus den nach Gauen geordneten Listen geht jedoch nicht immer eindeutig hervor, welches Lager in einer kirchlichen Einrichtung untergebracht war. Nicht in jedem Fall wurde der bis zur Beschlagnahme gebräuchliche, kirchliche Name von den Einsatzführungen in die Listen übernommen.
48 BA Koblenz, R 57neu/126, unfol.; VDA-Pressemitteilung Nr. 1/1940, Willy Heudtlass: Hauptsammellager Lodsch. Aus der Arbeit für die aus Rußland zurückkehrenden Volksdeutschen, o. D., BA Koblenz, R 57neu/10, unfol.
49 Anordnung zur Organisation des Gesundheitsdienstes für rückwandernde Volksdeutsche, Dr. Conti v. 24.11.1939, BA Berlin, R 69/570, Bl. 81-82. Haubold trug die Amtsbezeichnung »Der Beauftragte des Reichsgesundheitsführers für die gesundheitliche Betreuung der volksdeutschen Umsiedler«; Briefkopf eines Schreibens Haubolds an das DAI, August 1941, BA Koblenz, R 57/1051, unfol.
50 VoMi/Friedrich Wilhelm Altena an alle Einsatzführer, o. D. (Herbst 1940), BA Berlin, R 59/77, Bl. 1-2; VoMi: Anhaltspunkte, die bei der Errichtung von Lagern im Reichsgebiet weitgehendste Berücksichtigung finden müssen, o. D. (1940), ebd., Bl. 3-4.
51 Die gesundheitliche Betreuung der Umsiedler. Vortrag von Dr. Haubold vor ausländischen Dozenten, Völkischer Beobachter v. 28.2.1941, BA Koblenz, R 57neu/10, unfol.
52 RuSHA-Akte Ludwig Doppler, BA Berlin, BDC.
53 Ebd. Dopplers Qualifikation bestand darin, daß »er auch schon vordem Flüchtlingslager errichtet und geführt hatte«. Zu Doppler und zum Einsatzstab Litzmannstadt Umsiedlungstagebuch Heinz Brückner: Die Umsiedlung der Volksdeutschen aus Wolhynien, Galizien und dem Narew-Gebiet, BA Koblenz, R 57neu/126. Brückner war Chef des VoMi-Amtes VI, das sich offiziell um das materielle, geistige und kulturelle Wohlergehen der Umsiedler kümmerte; Organisationsschema des Hauptamtes Volksdeutsche Mittelstelle, o. D. (1943), BA Berlin, BDC, SS-HO 4816, sowie Lumans, Auxiliaries (Anm. 8), S. 139 f., 143 f. u. 168 f.
54 Umsiedlungstagebuch Heinz Brückner, 2. Auffang- und Sammellager, BA Koblenz, R 57neu/126, unfol. Zur Mitarbeit von Frauen bei der Umsiedlung der »Volksdeutschen« s. Elizabeth Harvey, »Die deutsche Frau im Osten«: »Rasse«, Geschlecht und öffentlicher Raum im besetzten Polen 1940-1944, in: Archiv für Sozialgeschichte 38 (1998), S. 191-214.
55 Das folgende, einschließlich der Zitate, nach Elfriede Beck-Wellhorn: Die Umsiedler im Sammellager Pabianice, o. D., BA Koblenz, R 57neu/74, unfol.
56 Umsiedlungstagebuch Heinz Brückner, 15. Der Reichsführer-SS in Litzmannstadt, BA Koblenz, R 57neu/126, unfol.
57 Wie Anm. 55.
58 Richtlinien für die Lagerführer der Beobachtungslager der Volksdeutschen Mittelstelle Gau Sudetenland v. 6.2.1940, BA Koblenz, R 57neu/129.
59 Ebd., Bl. 11.
60 Ebd., Bl. 15.
61 SS-Obersturmbannführer Fritz Gissibl, Reichspropagandaamt Wartheland - Zweigstelle Litzmannstadt - NSDAP-Gauleitung Wartheland - Gauschulungsamt, Notiz für Schulungsredner v. 7.6.1943, BA Koblenz, R 57 neu/3, unfol. Das Leben in den Lagern war bestimmt vom Warten auf die Ansiedlung. Wurden die »Volksdeutschen« der ersten Umsiedlungen (Baltendeutsche, Wolhyniendeutsche) noch relativ schnell angesiedelt, so änderte sich das für die Angehörigen der ab 1941 umgesiedelten Volksgruppen. Die schlechte Stimmung in den Lagern fand ihren Niederschlag in zahlreichen Konflikten der Umsiedler untereinander und mit den Repräsentanten der Umsiedlungsbehörden. Gemäß der Arbeitsteilung innerhalb der Umsiedlung kam den Reichspropagandaämtern bzw. den Gauschulungsämtern der Gauleitungen die Aufgabe zu, mit ihren Schulungsrednern die Stimmung zu verbessern. Zielgruppe des Rednereinsatzes waren Umsiedler aus Kroatien und Bos-

nien, die bereits im Herbst 1942 »heim ins Reich« geholt worden waren. Durch die »unruhigen Zustände« im vorgesehenen Ansiedlungsgebiet im Distrikt Lublin sowie durch die krisenhafte Entwicklung an der Ostfront nach Stalingrad stand der Zeitpunkt der Ansiedlung in den Sternen. Die Redner wurden angewiesen, die Redewendung »baldige Ansiedlung« nicht mehr zu verwenden. Zu den Ursachen der »Verzögerung« Aly, Endlösung (Anm. 2), S. 107-114.

62 Bericht der Umsiedlerbetreuerin A. Scharnhorst v. 17.8.1942, BA Berlin, R 49/121, Bl. 139.
63 Bericht des Umsiedlers Theodor J. K., Umsiedlerlager Frühlingsberg (Lagerführung der Bessarabien-Deutschen Ybbs an der Donau), v. 5.3.1941, BA Koblenz, R 57neu/101, unfol.
64 RKF/ VoMi, Umsiedlung-Verwaltung, Dienstanweisung Nr. 66 v. 1.12.1941 betr. Veranstaltung von Weihnachtsfeiern für die Rückwanderer, soweit sie sich in Sammelbetreuung der Volksdeutschen Mittelstelle befinden, BA Berlin R 59/83, Bl. 87 u. 87 RS. Dabei waren genaue Regeln zu beachten. Zunächst einmal sollten die Weihnachtsfeiern »in festlichen, mit Lichterbäumen geschmückten Räumen stattfinden«, die von den zuständigen Lagerverwaltungsführern im Einvernehmen mit dem Lagerführer und der NSV hergerichtet werden mußten. Im Rahmen der Feier sollte »ein schmakkhaftes Gemeinschaftsessen im Werte von RM 1,- je Teilnehmer verabreicht« werden. Darüber hinaus sollte jeder Umsiedler an seinem Platz einen Weihnachtsteller vorfinden, für den nochmals RM 1,- ausgegeben werden konnte. Besonders großzügig zeigte man sich gegenüber Kindern. An die unter 14 Jahre alten Umsiedlerkinder durfte je ein Geschenk im Wert von bis zu RM 1,50 übergeben werden. An »besonders bedürftige Familien« erfolge zusätzlich eine finanzielle Gabe in Höhe von RM 5,- für jeden Erwachsenen und von RM 2,50 für jedes Kind.
65 NSDAP-Gauleitung Bayerische Ostmark, Amt für Volkswohlfahrt, Volksdeutsche Mittelstelle Umsiedlung Bessarabien, Der Einsatzführer (Hauptstellenleiter Blatner), Rundschreiben Nr. 1 an alle Lagerführer v. 15.10.1940, BA Berlin, R 59/105, Bl. 3-6, hier: Bl. 6.
66 Mit Rundschreiben der VoMi, Abt. Umsiedlung, an alle Einsatzführer v. 30.8.1941 wurde der Vertrieb von religiösem Schrifttum durch den Martin-Luther-Bund in den Lagern mit der Begründung unterbunden, dabei handle es sich »zum grössten Teil um unzeitgemässes, veraltetes, pietistisches und jüdisch-christliches Schrifttum, dass sich zu einer Verteilung in den Umsiedlerlagern schon deshalb in gar keiner Weise eignet, weil darin von den Juden als dem auserwählten Volk gesprochen wird, und weil es restlos von der Anerkennung des Alten Testaments ausgeht«, BA Berlin, R 59/78, Bl. 135f. Einige Einsatzführer wiesen zwar darauf hin, daß unter allen Umständen ein Konflikt mit der Kirche vermieden werden müsse, machten aber gleichzeitig darauf aufmerksam, daß der Lagerbesuch von Pfarrern »selbstverständlich« und »nach wie vor verboten« bleibe, vgl. BA Berlin, R 59/ 105, Bl. 77-80.
67 »Die Praxis ist hier in verschiedenen Reichsteilen nicht einheitlich. In einzelnen Lagern besteht eine geordnete Lagerseelsorge, in anderen Gebieten ist dies anscheinend leider nicht möglich«; Dr. Stahn, Ministerialdirigent im Reichskirchenministerium, an Ministerialdirektor Kritzinger v. 25.3.1941, BA Berlin, R 43 II/1411a, Bl. 139.
68 Dazu u. a. zwei Briefe des bessarabiendeutschen Umsiedlers Otto Irion aus dem Sammellager Kirschberg bei Litzmannstadt an den Ansiedlungsstab und die »höhere Kirchenbehörde« v. 9.12.1941, BA Koblenz, R 57/1516, unfol.
69 Evangelischer Oberkirchenrat Sautter, Stuttgart, an Reichsminister Lammers betr. Situation bei der religiösen Betreuung der Umsiedler v. 10.2.1941, BA Berlin, R 43 II/1411a, Bl. 117-151.
70 Ebd. Hier auch ein ähnlicher Fall aus einem Lager bei Ravensburg, in dem noch während der Quarantänezeit ein katholisches Kind gestorben war: »Obwohl der Kaplan der Gemeinde mit zurückgewandert ist und sich im selben Lager befindet, durfte er die Beerdigung nicht abhalten: sie erfolgte durch den Kreisleiter von Ravensburg unter Zuziehung der H.J.«.
71 Vgl. Lumans, Auxiliaries (Anm. 8), S. 147.
72 Das folgende nach: SS- und Polizeigericht III Berlin: Feldurteil im Namen des Deutschen Volkes in der Strafsache gegen den SS-Sturmmann Anton W., Volksdeutsche Mittelstelle Lager Stahnsdorf v. 13.4.1942, BA Berlin, R 59/79, Bl. 73-77.
73 Ebd., Bl. 74. Ein ähnliches Beispiel im Rundschreiben Nr. 68/42 v. 5.9.1942 der Gaueinsatzführung Bayreuth, BA Berlin, R 59/105, Bl. 122. Darin der Fall des Lagerführers und des Lagerkochs im Umsiedlerlager Untermachtal, die wegen Unzucht mit Abhängigen (§ 174, Ziff. 2 RStGB) sowie wegen fortgesetzter Amtsunterschlagung und fortgesetztem Diebstahl verurteilt wurden.
74 Schreiben Altenas an die VoMi-Einsatzführer v. 29.10.1940, BA Berlin, R 59/77, Bl. 16-17.
75 Der Dienstkalender Heinrich Himmlers 1941/42. Im Auftrag der Forschungsstelle für Zeitgeschich-

te in Hamburg bearbeitet, kommentiert und eingeleitet von Peter Witte, Michael Wildt, Martina Voigt, Dieter Pohl, Peter Klein, Christian Gerlach, Christoph Dieckmann und Andrej Angrick. Mit einem Vorwort von Uwe Lohalm und Wolfgang Scheffler, Hamburg 1999, S. 104: Eintrag 10.1.1941, sowie die Vorgänge in: BA Berlin, R 49/3127. Gleichzeitig wurde auch die Frage der zahlenmäßigen Verteilung der O-Fälle in den Ostgebieten erörtert.
76 RKF, Anordnung Nr. 26/I v. 21.1.1941, BA Berlin, R 49/89, unfol.
77 Das folgende, einschließlich aller Zitate, nach: Himmlers Anordnung Nr. 26/I, Bildung eines Ansiedlungsstabes für das Altreich/Ostmark v. 21.1.1941, in: Menscheneinsatz, 1. Nachtrag (Anm. 24), S. 50 f.
78 Reichsarbeitsminister, gez. Dr. Beisiegel, an die Präsidenten der Landesarbeitsämter (außer Posen, Danzig-Westpreußen) v. 19.2.1941, in: Ebd., S. 51-53.
79 RFSS/RKF, gez. Greifelt, an VoMi v. 8.2.1941 betr. »Anwendung von Zwangsmaßnahmen beim Einsatz von Umsiedlern«, in: Ebd., S. 54.
80 Straf- und Beschwerdeordnung für die Umsiedlerlager der VoMi, SS-Obergruppenführer Lorenz v. 25.2.1942, BA Berlin, RD 12/9
81 Lumans, Auxiliaries (Anm. 8), S. 201. Ein Einweisung in ein AEL war für die Betroffenen kaum weniger gravierend als die Einweisung in ein KZ. Zu den AEL s. jetzt auch grundlegend Gabriele Lotfi, KZ der Gestapo. Arbeitserziehungslager im Dritten Reich, Stuttgart/München 2000.
82 Schreiben Altenas an das RKF-StHA v. 12.9.1941, BA Berlin, BDC, SSO-Akte Altena, Bl. 11289; Schreiben RKF-StHA an Altena v. 22.10.1941, ebd., Bl. 11290.
83 Reichsarbeitsminister, gez. Dr. Zschucke, an Präsidenten der Landesarbeitsämter (außer Posen und Danzig-Westpreußen) v. 5.6.1941, in: Menscheneinsatz, 1. Nachtrag (Anm. 24), S. 68 f.
84 Zur Korruption in den Lagern des »Dritten Reiches" mit Fokus auf die KZ jetzt Frank Bajohr, Parvenüs und Profiteure. Korruption in der NS-Zeit, Frankfurt am Main 2000, S. 90-97.
85 Max Weber, Wirtschaft und Gesellschaft. Grundriß der verstehenden Soziologie, 5., rev. Aufl., besorgt v. Johannes Winckelmann, Tübingen 1980, S. 126: »Der Typus des rationalen legalen Verwaltungsstabes ist universaler Anwendung fähig und er ist das im Alltag Wichtige. Denn Herrschaft ist im Alltag primär: Verwaltung«.

Martin Moll

Die Abteilung Wehrmachtpropaganda im Oberkommando der Wehrmacht:
Militärische Bürokratie oder Medienkonzern?

«Die Wehrmacht mischt sich nun in alles ein. Sie will auch eigene Propaganda machen. Das werde ich verhindern. Man muß ihr da scharf entgegentreten [...]. Die Wehrmacht wird ein Staat im Staate. Das darf nicht sein«.[1]

»Ich trage dann dem Führer ausführlich meine Schwierigkeiten mit OKW-W[ehrmachtpropaganda] vor [...]. Er ist nun entschlossen, tabula rasa zu machen. Ich schlage ihm vor, zuerst einmal General von Wedel zu empfangen [...] Wenn er einmal sieht, wer im OKW überhaupt Propaganda macht, dann wird er auch die Wehrmachtpropaganda vorbehaltlos mir und meinem Amt unterordnen«.[2]

Sechs Jahre liegen zwischen diesen teils wütenden, teils geringschätzigen Auslassungen Joseph Goebbels', als Reichsminister für Volksaufklärung und Propaganda (RMVP) der schärfste Konkurrent der Abteilung beziehungsweise Amtsgruppe Wehrmachtpropaganda im Oberkommando der Wehrmacht (OKW/WPr.) und ihres Leiters, des Generalmajors Hasso von Wedel. Die gehässigen Attacken des Ministers waren zweifellos durch Ressortegoismus motiviert. Freilich konnte er sein Ziel, Wedels Abteilung seinem Imperium einzuverleiben, nicht erreichen; Hitler beließ es bei bloßen Ankündigungen. Hingegen glückte einem anderen Konkurrenten, der Waffen-SS, spät aber doch das Unterwandern und die Übernahme der militärischen Propaganda.

Dennoch: Das von Goebbels gezeichnete Selbst- und Wunschbild als Herr und Meister jeglicher Propaganda im nationalsozialistischen Deutschland hat die Sicht der Zeitgenossen ebenso wie jene der Nachlebenden geprägt. Die Gleichsetzung Goebbels' und seines Ministeriums mit der NS-Propaganda schlechthin sitzt so tief, dass konkurrierende, eigenständig Propaganda treibende Institutionen des Hitler-Reiches nur selten Aufmerksamkeit fanden.[3] Wenn die Forschung sie wahrnahm, so galt ihr Interesse zivilen Institutionen wie dem »Amt Rosenberg« oder dem Auswärtigen Amt.[4] Dass die deutsche Wehrmacht in nennenswertem Umfang Propaganda außerhalb des Kreises ihrer Soldaten betrieben haben könnte, erscheint geradezu als Unding. Gleichwohl war diese Propaganda in quantitativer wie qualitativer Hinsicht von außerordentlicher Bedeutung. War man zunächst für die »geistige Betreuung« der viele Millionen zählenden Wehrmachtangehörigen zuständig, so kamen im Krieg mit der »Kampfpropaganda« gegen die feindlichen Streitkräfte und der Beeinflussung der Bevölkerung in den besetzten Gebieten zwei umfangreiche neue Aufgaben hinzu. Die Wehrmachtpropaganda des OKW expandierte rasch: 1942 wurden die Propagandatruppen zu einer eigenen Waffengattung erhoben und erreichten im Jahr darauf mit 15.000 Mann Divisionsstärke.

Die Quellenlage ist vergleichsweise gut. Das Bundesarchiv verwahrt umfangreiche Akten der OKW-Wehrmachtpropaganda und ihrer Außenstellen.[5] Von Wedel, einer ihrer Abteilungsleiter sowie ein weiterer Offizier haben nach 1945 Darstellungen beziehungsweise Memoiren veröffentlicht.[6] Hinzu kommen Berichte von Zeitzeugen, die damals untergeordnete Positionen innehatten.[7] Ehemalige Angehörige der Propagandatruppe gründeten nach Kriegsende die Zeitschrift »Die Wildente«, in welcher zahllose Erinnerungsberichte und Kriegstagebücher publiziert wurden. Weitere zentrale Quellen wie der täglich verlautbarte Wehrmachtbericht oder die über den Fronten abgeworfenen Flugblätter sind in (Teil-)Editionen zugänglich.[8] Die wissenschaftliche Literatur zum Thema ist schwer überschaubar, was auf ihre starke Zersplitterung und die zum Teil exotischen Druckorte zurückzuführen ist.[9] Besonderes Interesse fanden spektakuläre, im Dunstkreis von Geheimoperationen angesiedelte Unternehmen oder herausragende Propagandaprodukte wie die Auslandsillustrierte »Signal«.[10] Noch immer gültig ist die Studie Buchbenders über die gegen die Rote Armee gerichtete Zersetzungspropaganda.[11] Sie wird jetzt ergänzt und in einigen ihrer zentralen Thesen kritisch hinterfragt durch eine allerdings unveröffentlichte Examensarbeit.[12] Jüngst erschien eine Monographie zu den von Wehrmachtphotographen festgehaltenen antisemitischen Maßnahmen im besetzten Marseille.[13] Einen weiteren Schwerpunkt bilden die von der OKW-Wehrmachtpropaganda geführten Propaganda-Kompanien (PK) und deren Kriegsberichterstattung.[14]

Klang in der westlichen Forschung mitunter Bewunderung für die mit modernster Technik und aus der vordersten Linie gefertigten Reportagen an, so wurde die DDR-Historiographie nicht müde, auf die Wehrmachtpropaganda als erstrangigen Bestandteil des nationalsozialistischen Systems der »Meinungsmanipulierung« hinzuweisen. Obwohl an aktuellen Anlässen orientiert und der Polemik gegen die westdeutsche Wiederbewaffnung, in deren Rahmen angeblich die Traditionen der Wehrmachtpropaganda nahtlos weitergeführt worden seien, verpflichtet, haben DDR-Historiker doch grundlegende, detailgenaue Arbeiten vorgelegt und zahlreiche Dokumente ediert.[15] Hierbei wurde die eigenständige Rolle der Militärs bei der Schaffung der psychologischen Voraussetzungen für einen Angriffskrieg betont, die von der westlichen Forschung völlig vernachlässigt werde, zumal letztere sich ausschließlich auf die Chefpropagandisten Hitler und Goebbels konzentriere.[16] Auffällig ist, dass der Blick der ostdeutschen Forscher auf die Manipulierung der deutschen Bevölkerung, in erster Linie der Soldaten, gerichtet war, während die Propaganda gegenüber dem Ausland, in den besetzten Gebieten sowie an den Fronten in den Hintergrund trat.[17] Wurde sie wie etwa die europaweite Rundfunkpropaganda untersucht, so mit Schwergewicht auf den Aktivitäten des Goebbels-Ministeriums oder des Auswärtigen Amtes, wofür allerdings nicht wissenschaftliche Gründe ausschlaggebend waren, sondern die Polemik der späten sechziger Jahre gegen den in der Rundfunkabteilung des Auswärtigen Amtes tätig gewesenen, damaligen Bundeskanzler Kurt Georg Kiesinger.[18]

Trotz einer Vielzahl auf Quellen basierender Arbeiten zur Wehrmachtpropaganda bleibt zu bilanzieren, dass diese in die gängigen Überblicksdarstellungen kaum Eingang gefunden haben — hier beherrscht noch immer Goebbels das Feld. Immerhin liegt zu ihrer Dienststellengliederung und personellen Besetzung eine brauchbare Abhandlung vor.[19] Hingegen fehlt eine Zusammenfassung der vielfältigen Einzelforschungen, die vor allem der Expansion während der Kriegsjahre, den vielfältigen neuen Aufgaben der Wehrmachtpropaganda sowie ihrer Rolle innerhalb des NS-Propagandaapparates gerecht würde.[20] Neuerdings hat die Debatte über die Beteiligung der Wehrmacht an den Verbrechen des Regimes das Forschungsinteresse völlig absorbiert. In einem neuen Standardwerk über die bewaffnete Macht des Dritten Reiches wird bei insgesamt 1.300 Seiten lediglich ein eher nebensächlicher Aspekt der Propagandisten in Uniform behandelt.[21] Messerschmidts mehr als 30 Jahre alte Darstellung widmet dem Thema hingegen einige Aufmerksamkeit, beschränkt sich jedoch — abgesehen vom Aspekt der »Truppenbetreuung« — grösstenteils auf die Vorkriegsjahre.[22] Diese Zeitspanne wurde unter dem Blickwinkel der »Wehrhaftmachung« der deutschen Bevölkerung intensiv untersucht, ohne freilich die Bedeutung der Wehrmacht sonderlich hoch zu gewichten.[23]

Der vorliegende Aufsatz möchte Vorgeschichte und Ausbau der Wehrmachtpropaganda des OKW skizzieren und sodann insbesondere die Außenstellen in den besetzten Gebieten ansprechen. Behandelt wird das eingesetzte Personal, in erster Linie die aus der Wirtschaft oder den freien Berufen stammenden Fachleute. Vielfältige Initiativen der Wehrmachtpropaganda sind ohne den Aktivismus dieser nun zu Einfluss gelangten Profis kaum erklärlich. Es wäre allerdings unzutreffend, sich die Tätigkeit der Wehrmachtpropaganda als ungeliebte, weil unmilitärische Arbeit fachfremder Berufsoffiziere vorzustellen. Während die Kriegsberichterstattung als Thema keine neuen Einsichten verspricht, gilt die umgekehrte Erwartung für die Propaganda in den besetzten Staaten. Hierbei ist davon auszugehen, dass die Kontrolle über die Medien und die Beeinflussung der unterworfenen Bevölkerungen zu den vorrangigsten Zielen der Besatzer zählten, die praktische Umsetzung dieser Anliegen jedoch in weiten Teilen des deutsch beherrschten Europa militärischen Dienststellen und gerade nicht dem Propagandaministerium oblag. Die hierbei auftretenden Auseinandersetzungen sowohl mit Besatzungsbehörden als auch mit den Zentralen in Berlin leiten zu einem weiteren Schwerpunkt über. Neben den Streitereien auf höchster Ebene soll das Augenmerk auf die Situation vor Ort gelenkt werden. Auszuloten wird sein, welche Entscheidungsspielräume Offiziere in Rängen zwischen Oberleutnant und Major, im Zivilberuf häufig Journalisten, bei der Gestaltung der Okkupationspolitik erlangen konnten.

Stationen einer Entwicklung: 1914/18 bis 1939

Am Anfang stand der Erste Weltkrieg, sein Ausgang und die Lehren, die nicht nur Hitler und seine Gefolgsleute, sondern auch die Militärs aus ihm lange vor 1933 zogen. Für sie galt als ausgemacht, dass Deutschland nicht zuletzt aufgrund seiner unzulänglichen propagandistischen Anstrengungen unterlegen war.[24] Diese Interpretation vertraten prominente Weltkriegsgeneräle und -admiräle, allen voran Erich Ludendorff und Alfred von Tirpitz.[25] Ihnen zur Seite gesellte sich eine Flut teils wissenschaftlich, teils populär gehaltenen Schrifttums, das die Notwendigkeit propagandistischer Anstrengungen schon im Vorfeld eines künftigen Konflikts unterstrich.[26] Nach dem 30. Januar 1933 hatte sich diese Sichtweise durchgesetzt und wurde nun handlungsleitend. Gegenteilige Behauptungen führender Männer der OKW-Wehrmachtpropaganda, die nach 1945 die »Propagandafremdheit« der Wehrmachtführung beklagten, vermögen nicht zu überzeugen.[27]

Hitler hatte unmittelbar nach seiner »Machtergreifung« der Generalität versichert, sein Bestreben gelte der Steigerung des deutschen »Wehrwillens«, wobei er nahtlos an die von den Militärs bereits entwickelten Theoreme einer Kriegführung der Zukunft anknüpfen konnte. Bei deren Umsetzung entwickelte sich eine Art Arbeitsteilung, die den im Prinzip gleichartigen Interessen zwischen NS-Regierung und Wehrmacht entsprach: Der von Goebbels gelenkte Apparat besorgte die allgemeine Propaganda und nahm hierbei weitgehend auf die detaillierten Vorstellungen der Wehrmacht Rücksicht, so dass sich die Militärs anfangs auf die Sympathiewerbung für die Armee sowie auf organisatorische Vorbereitungen künftiger psychologischer Kriegführung beschränken konnten.[28] Ihre Organe blieben relativ bescheiden und bestanden im wesentlichen aus der Pressegruppe im Ministeramt des Reichswehrministeriums. Ihr bekanntestes Produkt war die Ende 1936 ins Leben gerufene Halbmonatsschrift »Die Wehrmacht«, die bis Kriegsbeginn eine Auflage von 750.000 Exemplaren erreichte.[29] Hinzu kamen die Presseoffiziere in den Ic-Abteilungen der Wehrkreise sowie der Luftgau- und Marinestationskommandos, die mit den Reichspropagandaämtern des Propagandaministeriums und den örtlichen Medien zusammenzuarbeiten hatten.[30]

Spätestens seit 1935 nahm die Kooperation festere Formen an, die sich in Beratungen des Reichsverteidigungsausschusses über »Maßnahmen zur Vorbereitung der Propaganda im Kriege« niederschlugen.[31] Während die zivile Propaganda unter Goebbels weitgehend zentralisiert war, fehlte eine Koordinationsstelle innerhalb der Wehrmacht. Im Zusammenhang mit der Umorganisation der Wehrmachtspitze im Februar 1938 wurde zunächst die mit der »Vorbereitung der Propaganda im Kriege« betraute Gruppe der Abteilung Inland in die Pressegruppe eingebaut. Beschleunigend wirkten in der Folge die Anläufe, verbesserte Organisationsformen der Kriegsberichterstattung zu finden, die bei den unblutigen Besetzungen Österreichs, des Sudetenlandes und der »Resttschechei« 1938/39 mit unbefriedigenden Resultaten erprobt worden waren. Bereits im Zuge eines Manövers im Herbst 1936 war auf Betreiben des Presseoffiziers im Wehrkreiskommando II (Stettin), des späteren Bundesarchivdirektors Dr. Erich Murawski, mit einer

»Propagandaeinsatzstelle« experimentiert worden.[32] Im Hintergrund schwelte der Konflikt, ob zivile Berichterstatter in die Wehrmacht eingegliedert werden sollten, was diese befürwortete, Goebbels jedoch ablehnte. Seine Chancen, sich durchzusetzen, verringerten sich in dem Maße, in dem auf Seiten der Wehrmacht Tendenzen zur stärkeren Verankerung der kleinen, für Propagandafragen zuständigen Stellen bemerkbar wurden.

Eine Studie des OKW-Chefs Wilhelm Keitel unterstrich im Frühjahr 1938 die notwendige Koordinierung zwischen Waffen- und Propagandakrieg, die Keitel für sich beanspruchte, während die Führung des Propagandakrieges Goebbels zugestanden wurde.[33] Zunächst gelang es Keitel, sich gegen Widersacher in der Heeresführung durchzusetzen. Mit Befehl vom 16. August 1938 wurde im Vorfeld der »Sudetenkrise« die Aufstellung von vier Propaganda-Kompanien angeordnet, zu deren Aufgaben neben der Berichterstattung die Aktivpropaganda für die Bevölkerung möglicher Kampfgebiete zählte. Ihnen gegenüber besaß das Propagandaministerium Weisungsbefugnisse.[34] Um die Monatswende August/September 1938 wurden die Presse- und Zensuroffiziere dann zu einer Schulung zusammengerufen. Die Referenten blickten auf die Erfahrungen des Weltkrieges zurück und erteilten Lehren für künftige Einsätze.[35] Gab der bevorstehende Sudeteneinmarsch das Startsignal zur Aufstellung der Propaganda-Kompanien, so war nun die Abgrenzung der Kompetenzen nicht länger aufschiebbar. Am 2. September 1938 versandte das Propagandaministerium den Entwurf der »Richtlinien für die Zusammenarbeit zwischen dem Reichspropagandaministerium und dem OKW im Kriege«, die zwar textlich nicht nachweisbar sind, aber offenkundig noch im selben Jahr wirksam wurden.[36] Denn unter dem 27. September 1938 erließ das OKW auf den Erfahrungen des erwähnten Lehrgangs basierende »Grundsätze für die Führung der Propaganda im Kriege«, die ungeachtet einiger späterer Erweiterungen bis zum Kriegsende gültig blieben, so dass sie als Schlüsseldokument der Wehrmachtpropaganda gelten können. Im Frieden sollte Goebbels die gesamte Propaganda leiten, die Wehrmacht jedoch für die Aufrechterhaltung des »Kampfwillens« ihrer Soldaten sowie für die aktive Propaganda im potentiellen Kampfgebiet, gerichtet an die dortige Bevölkerung und die gegnerischen Verbände, verantwortlich sein. Mehr noch: Neben der laufenden engen Zusammenarbeit durch Nachrichtenaustausch war explizit die Rede von »allgemeine(n) Weisungen des OKW an den Propaganda-Minister, die die Ausrichtung des Propagandakrieges auf das Ziel des Waffenkrieges zum Inhalt haben«.[37] Damit hatte Goebbels, zu dieser Zeit durch seine Affäre mit der Schauspielerin Lida Baarova politisch schwer angeschlagen, der Wehrmacht ein Feld überlassen, das 1938 noch wenig Relevanz besaß, jedoch im Kriegsfall enorme Bedeutung gewinnen musste.[38]

Folgerichtig strebte das Militär danach, mit seiner Wehrpropaganda »alle Nachrichten und Schilderungen (zu) durchdringen«.[39] Praktisch bedeutete dies etwa, dass die Wehrmacht sich ein Mitspracherecht bei allen Filmproduktionen zubilligte, sofern diese militärische Themen behandelten — mochte es sich auch um historische handeln.[40] Im Frühjahr 1939 unterstrich eine Dienstanweisung für die Abteilung Wehrmachtpropaganda nochmals, daß zu deren Aufgaben »alle Fragen der Propaganda, soweit sie zum Aufgabengebiet des OKW gehören oder sich in der Wehrmacht auswirken«, zählten. Darüber hinaus waren die dem Propagandaministerium »zu erteilenden Richtlinien für die von diesem zu erzielende Übereinstimmung des Propagandakrieges mit dem Waffenkrieg« auszuarbeiten.[41]

Gegenüber dem Propagandaministerium war die hier fixierte Position der Wehrmachtpropaganda also keineswegs bescheiden, sondern durchaus ausbaufähig, zumal sie mit den Propaganda-Kompanien jenes Instrument unter ihrer weitgehenden Kontrolle hatte, dem die Aufgaben der Zukunft übertragen werden sollten. Allerdings hatte sich Goebbels über die Auswahl des Fachpersonals, welches die Wehrmacht nur bedingt aus ihren Reihen rekrutieren konnte, ein wichtiges Mitspracherecht gesichert.[42] Zudem konnte er den Einheiten Weisungen geben und über die Verwertung des abgelieferten Materials im Inland bestimmen.[43] Überraschend ist, dass der Minister sogar seinem Tagebuch gegenüber, auf dessen Seiten er mit markigen Sprüchen nicht geizte, den militärischen Charakter der Kriegsberichterstattung akzeptierte und lediglich seinem Wunsch Ausdruck verlieh, in ihrem Rahmen sollten sich zivile Talente profilieren können.[44]

Das Näherrücken des Krieges, die Vermehrung der Propaganda-Kompanien und die Einigung mit Goebbels ließen es der Wehrmachtführung angezeigt erscheinen, ihre Propagandainstanzen neu zu strukturieren. Mit Wirkung vom 1. April 1939 wurde die OKW-Abteilung Wehrmachtpropaganda geschaffen und in sie die Pressegruppe der OKW-Abteilung Inland, eine Untergruppe der Abteilung Landesverteidigung, sowie die Gruppe Völkerpsychologie des Oberkommandos des Heeres (OKH) eingegliedert. Mit Ausnahme der Pressegruppe der Luftwaffe war die Zentralisation aller Zensur-, Presse- und Propagandastellen der Wehrmacht gelungen.[45] Nach der neuen Kriegsspitzengliederung unterstand die Wehrmachtpropaganda dem Wehrmachtführungsamt, im Sommer 1940 in Wehrmachtführungsstab umbenannt, an dessen Spitze mit Kriegsbeginn General Alfred Jodl trat.[46] Die direkte Unterstellung unter Jodl belegt den Stellenwert, den die militärische Führung dem Faktor Wehrmachtpropaganda zuschrieb. Irrig sind Aussagen, die Wehrmachtpropaganda des OKW sei erst nach Eröffnung der Feindseligkeiten auf Betreiben Goebbels' ins Leben gerufen worden.[47]

An die Spitze der Abteilung trat der damalige Oberstleutnant Hasso von Wedel, der diesen Posten bis in die letzte Kriegsphase innehaben sollte. Im Herbst 1937 war er in die Pressegruppe der Abteilung Inland versetzt worden, war also mit den ihm jetzt anvertrauten Sachgebieten bereits vertraut. Im Jahr darauf veröffentlichte er in dem Sammelband »Wehrmacht und Partei« einen ausgesprochen regimefreundlichen, die Indoktrination der Truppe mit der NS-Ideologie befürwortenden Aufsatz.[48] Seine publizistische Tätigkeit verweist die Nachkriegsbehauptungen seiner Mitarbeiter, von Wedel habe zur Truppe zurückkehren wollen, seine Arbeit abgelehnt und sich selbst als inkompetent bezeichnet, ins Reich der Legende.[49] Dagegen sprechen nicht nur seine damals veröffentlichten Meinungen, die für einen Offizier der Jahre 1938 und 1939 keineswegs selbstverständlich waren, sondern auch der Umstand, dass von Wedel allem Anschein nach rasch erkannte, welche Karrierechancen ihm seine Stellung eröffnete. Er betrieb zielstrebig den Ausbau seiner Dienststelle hin zu einer Amtsgruppe des Wehrmachtführungsstabes, was ihm dann 1943 die Beförderung zum Generalmajor einbrachte.

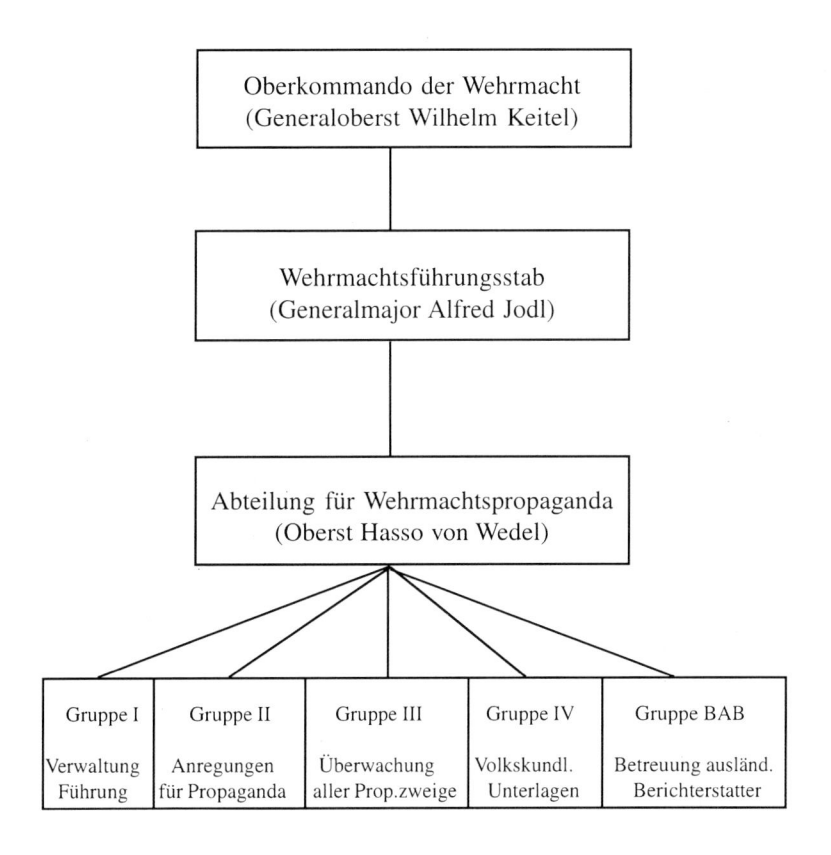

Schaubild: Mobilmachungs-Gliederung OKW/WPr. 1939

```
                Oberkommando der Wehrmacht
              (Generaloberst Wilhelm Keitel)
                           |
                 Wehrmachtsführungsstab
               (Generalmajor Alfred Jodl)
                           |
              Abteilung für Wehrmachtspropaganda
                 (Oberst Hasso von Wedel)
```

Gruppe I	Gruppe II	Gruppe III	Gruppe IV	Gruppe BAB
Verwaltung Führung	Anregungen für Propaganda	Überwachung aller Prop.zweige	Volkskundl. Unterlagen	Betreuung ausländ. Berichterstatter

Institutionelle und territoriale Expansion — die erste Phase

Im Frühjahr 1939 waren in der Berliner Zentrale der Wehrmachtpropaganda des OKW aber erst 42 Offiziere (davon sechs Generalstäbler und 22 Reserveoffiziere) und 50 Mann Zivilpersonal tätig, die auf vier Gruppen aufgeteilt waren. WPr. I war die Führungsgruppe, geleitet vom Stellvertreter von Wedels, Major Rolf Kratzer. WPr. II bearbeitete »Anregungen für die Propaganda«, WPr. III alle Fragen der

...arsten nahm sich die in der Folge stark expan-
...iche Unterlagen für die Propaganda« mit der
...»Betreuung ausländischer Berichterstatter« aus.⁵⁰ Als regionaler Unterbau fungierten die Presseoffiziere in den Wehrkreisen sowie die Propaganda-Kompanien. Nach den Erfahrungen der ersten Kriegsmonate erfolgte eine Neugliederung, indem mit WPr. V-VII jeweils eigene Gruppen für Heer, Luftwaffe und Kriegsmarine geschaffen wurden. Damit sollten die Bestrebungen der Wehrmachtteile, sich zwecks verstärkter propagandistischer Selbstdarstellung eigene Einrichtungen zu schaffen, aufgefangen werden. Da sich diese Gliederung nicht bewährte und Doppelarbeit verursachte, wurden diese drei letzten Gruppen Ende 1942 wieder aufgelöst.⁵¹ Die Erweiterung der Wehrmachtpropaganda ab 1940 umfasste drei Ebenen: Die Berliner Zentrale, das Netz der Verbindungsoffiziere und die in den besetzten Gebieten errichteten Filialen. Auf die Propaganda-Kompanien wird nachstehend, obwohl auf sie der Löwenanteil der der OKW-Wehrmachtpropaganda unterstehenden Soldaten entfiel, nur sporadisch eingegangen. Zwar sollten sie nach den ursprünglichen Planungen die »geistige Betreuung der Bevölkerung im Kampfgebiet« übernehmen, doch wurden sie hierin rasch von ortsfesten Außenstellen abgelöst und beschränkten sich in der Folge auf die Kriegsberichterstattung.⁵²

Nach dem Krieg gegen Polen wurden die gemachten Erfahrungen ausgewertet und die noch als unbefriedigend angesehene Arbeit der Kriegsberichter verbessert.⁵³ Die in Polen anfangs eingesetzte Militärverwaltung wurde Ende Oktober 1939 abgezogen und das besetzte Gebiet teils dem Reich zugeschlagen, teils der Zivilverwaltung des Generalgouvernements unterstellt. Militärische Propagandaeinrichtungen hatten dort kein Betätigungsfeld. Dennoch sollte der Weltkrieg die bei der Wehrmachtpropagandagruppe IV angesiedelten Aufgaben der Auslandspropaganda enorm ausweiten, galt es doch, sowohl die Kriegsgegner als auch die neutralen Länder zu beeinflussen. Besondere Sorgfalt widmete man den propagandistischen Vorbereitungen des geplanten Westfeldzuges, die für die Zeit seit Anfang November 1939 belegt sind.⁵⁴ Vertreter der Abteilung wurden zu Besprechungen auf höchster Ebene zugezogen und die Einbindung von Wedels und seiner Mitarbeiter in den Dienstbetrieb des Wehrmachtführungsamtes verstärkt. Da Jodls Stab dem Diktator in seine Hauptquartiere zu folgen hatte, wurde ein Verbindungsoffizier eingesetzt. Von Wedel erschien regelmäßig zu Vorträgen bei Jodl oder dessen Stellvertreter.⁵⁵ Neben der Ernennung weiterer Verbindungsoffiziere errichtete man eine dem Abteilungschef direkt unterstellte Informationsgruppe, welche unter anderem Nachrichten für die Auslandspresse zu redigieren hatte. In der Phase des »Sitzkrieges« (Winter 1939/40) hielt sich die Wehrmachtpropaganda auf diesem Gebiet noch merklich zurück. Hierfür beanspruchte das Auswärtige Amt die Alleinkompetenz, die Hitler Reichsaußenminister Joachim von Ribbentrop am 8. September 1939 per schriftlichem Befehl zugesprochen hatte.⁵⁶ Anders als Goebbels akzeptierte von Wedel diese Anweisung und gestattete dem Auswärtigen Amt die Entsendung eines Verbindungsmannes zu seiner Dienststelle, der das dort anfallende Material unter außenpolitischen Gesichtspunkten prüfen sollte.⁵⁷ Bald stellte sich heraus, dass Hitlers Befehl von allen Seiten unterlaufen wurde. Hierzu trug der Kriegsverlauf bei, verringerte sich doch durch die Besetzung weiter Teile Europas die Zahl jener Staaten, die als Ausland und damit als Domäne des Auswärtigen Amtes galten.

Der im Januar 1940 in Kraft getretene Geschäftsverteilungsplan der Abteilung Wehrmachtpropaganda lässt den Wandlungsprozess erst in Ansätzen erkennen.[58] Die Gruppe IV unter Oberstleutnant Dr. Albrecht Blau, der sich durch etliche Publikationen als Experte für »Völkerpsychologie« und »geistige Kriegführung« profiliert hatte, war unter anderem für die 14-tägige Erstellung des »Wehrmacht-Propaganda-Lageberichtes« sowie die Gestaltung von Nachrichtenmaterial für das Ausland zuständig.[59] Hierbei kooperierte Blaus Gruppe mit dem auf dem Zenit seiner Machtentfaltung stehenden Auswärtigen Amt, wie sich etwa an der seit Frühjahr 1940 gemeinsam bewerkstelligten Heraugabe der Auslandsillustrierten »Signal« belegen lässt. Das Projekt »Signal« entwickelte sich zu einem außergewöhnlichen Erfolg. Die Zeitschrift erschien 1943 in mehr als zwanzig Sprachen und mit einer Auflage von 2,5 Millionen Exemplaren. Die Wehrmacht stellte nicht bloß die materiellen und personellen Ressourcen, sie sicherte zudem die Exklusivrechte für das teilweise farbige Bildmaterial der Propaganda-Kompanien. OKW und Auswärtigem Amt war es gelungen, die Gründung der zweimal monatlich erscheinenden Illustrierten gegen erhebliche Widerstände aus dem Goebbels-Ministerium durchzusetzen. Das OKW setzte dabei auf Medienprofis aus dem zivilen Bereich: Fritz Solm, Inhaber eines Werbeunternehmens und nun als Rittmeister bei WPr. IV tätig, engagierte den Hauptschriftleiter der »Berliner Illustrierten Zeitung«, Harald Lechenperg, einen durch seine Bildreportagen weltweit bekannten Fotojournalisten.[60] Gemeinsam kreierten sie ein Produkt, das sich die Kriegsgegner wie auch namhafte Repräsentanten der deutschen Nachkriegspresse zum Vorbild nahmen.[61] Hatte die Wehrmachtpropaganda des OKW mit »Signal« in das neutrale und befreundete Ausland expandiert, so brachten die Feldzüge im Norden und Westen zwischen April und Juni 1940 eine Expansion anderer Art. In Vorbereitung der Besetzung Dänemarks und Norwegens hatte die Abteilung je eine Propagandastaffel D und N aufgestellt. Sie sollten mit der ersten Welle der Invasionstruppen vorgehen und umgehend alle Medien unter ihre Kontrolle bringen. Im Falle Dänemarks fügte sich die dortige Regierung den deutschen Forderungen, leistete keinen Widerstand und sorgte für eine deutschfreundliche Tendenz der Medien. Da Dänemark nicht als besetzt galt, wurde die deutsche Politik in Kopenhagen durch den Gesandten des Reiches repräsentiert; die Staffel D wurde nach wenigen Tagen abgezogen. Bei den im Lande stationierten Truppen verblieb lediglich ein Wehrmacht-Propaganda-Offizier (W.Pr.O.), der keine über die Truppenbetreuung hinausgehenden Aktivitäten entfaltete. Anders verlief die Entwicklung in Norwegen, dessen Armee den Eindringlingen Widerstand leistete und am 9. April 1940 mit dem Kreuzer »Blücher« auch Teile der auf ihm eingeschifften, für Oslo bestimmten Staffel N versenkte. Dennoch gelang es der Staffel noch am selben Tage, den Rundfunk zu übernehmen. Während der Dauer der Kämpfe zensierte sie die Presse und forderte die norwegischen Truppen zur Einstellung der Feindseligkeiten auf.[62] Mit der Einsetzung eines zivilen Reichskommissars am 24. April 1940 ging die Militärverwaltung zu Ende. Die Staffel wurde abgezogen, nachdem sie ihre Aufgaben an die im Rahmen der Zivilverwaltung errichtete Hauptabteilung für Volksaufklärung und Propaganda übergeben hatte. Der beim Wehrmachtbefehlshaber in Oslo installierte Propagandaoffizier war aktiver als derjenige in Dänemark, konnte jedoch auf die allgemein-politische Propaganda für die unterworfene Bevölkerung nur wenig Einfluss nehmen, da er mit der Betreuung der mehrere Hunderttausend Mann zählenden Besatzungstruppen vollauf beschäftigt war und die zivile deutsche Hauptabteilung sowie ein im Rahmen der Kollaborationsregierung geschaffenes, norwegisches »Volksaufklärungsministerium« am längeren Hebel saßen.[63]

Während in Skandinavien die Übergabe der Amtsgeschäfte über die Bühne ging, liefen die Vorbereitungen für den Krieg im Westen auf Hochtouren.[64] Als dieser am 10. Mai 1940 begann, waren je eine Propagandastaffel für Belgien, Frankreich und die Niederlande dabei.[65] Die im November 1939 einsetzenden Planungen der Militärs zielten darauf ab, die Staffeln nach dem Vorbild der Reichspropagandaämter, der Außenstellen des Propagandaministeriums in den Gauen, zu organisieren.[66] In Holland, das bereits am 14. Mai kapitulierte, verlief die Entwicklung nach norwegischem Muster, da die dortige Staffel zugunsten der Ende des Monats eingesetzten Zivilverwaltung zurückgezogen wurde.[67] Belgien, das am 28. Mai die Waffen streckte, blieb hingegen bis in den Sommer 1944 hinein unter Militärverwaltung, so dass der Militärbefehlshaber weiterhin über eine von Major Felix Gerhardus kommandierte Propaganda-Abteilung B verfügte, die im November 1940 aus der Staffel hervorgegangen war.[68] Da in Belgien weder eine deutsche Zivilverwaltung noch eine Kollaborationsregierung bestanden, hatte die Abteilung ihre Kompetenzen mit keinem Konkurrenten vor Ort zu teilen, sieht man von gelegentlichen Interventionen Heinrich Himmlers in Fragen der »Volkstumspolitik« und der Anwerbung »germanischer« Freiwilliger ab. Die Presseabteilung der ehemaligen Gesandtschaft des Reiches hatte in der Anfangsphase der Besatzung versucht, ihre prekär gewordene Position abzusichern, in dem sie die Wehrmachtpropaganda-Abteilung gegen den Militärbefehlshaber auszuspielen suchte, erlitt damit aber Schiffbruch.[69]

Weitaus komplizierter gestalteten sich die Verhältnisse in Frankreich. Im besetzten West- und Nordteil bestand eine Militärverwaltung, die mit der 1941 über 600 Mann umfassenden Propaganda-Abteilung F unter Oberstleutnant Heinz Schmidtke über eine der am stärksten besetzten Außenstellen der OKW-Wehrmachtpropaganda verfügte und ein dichtes Netz von Filialen in den Departements unterhielt.[70] Anders als in Belgien bestand in Paris weiterhin die Deutsche Botschaft unter Otto Abetz, deren Kulturabteilung den Militärs heftige Fehden lieferte. Abetz berief sich auf einen »Führer-Auftrag«, der ihn mit der »politischen Leitung« von Presse, Rundfunk und Propaganda betraut hatte.[71] Hinzu kamen Anläufe Goebbels', die seiner Meinung nach aufgeblähte Wehrmachtabteilung aufzulösen. Beide Initiativen verliefen im Sande — gegenüber der Propaganda-Abteilung, die vor Ort über die reale Macht und einen reichen Fundus an Finanzmitteln und Mitarbeitern gebot, konnten sich weder Goebbels aus dem fernen Berlin noch die Botschaft mit ihrer Handvoll Propagandisten durchsetzen. Dennoch war der theoretisch umfassende »Führer-Auftrag« an Abetz ein Unikum in allen unter Militärverwaltung stehenden Gebieten. Man darf vermuten, dass es Hitler im Falle Frankreichs darum zu tun war, den Status des Besiegten in der Schwebe zu halten und nicht einmal hinsichtlich der Zuständigkeit für Propaganda klare Festlegungen zu treffen. Darüber hinaus zeigt sich an diesem Beispiel, was von einem »Führer-Befehl« zu halten war, wenn es an den Ressourcen zu seiner Umsetzung mangelte. Hier wie in anderen besetzten Gebieten profitierte von diesem Umstand paradoxerweise die Wehrmachtpropaganda. Obwohl die Abteilung über keinerlei politische Hausmacht verfügte, konnte sie das unter Kriegsbedingungen entscheidende Gewicht in die Waagschale werfen: Nur sie war in der Lage, Hunderte Fachkräfte für ein einziges Land abzustellen, wovon die Konkurrenz nicht einmal zu träumen wagte. Die Konsequenzen waren grotesk: In der zweiten Jahreshälfte 1940 setzte Abetz seine Versuche zur Auflösung der Propaganda-Abteilung fort, die sogar beim Militärbefehlshaber auf Sympathie stießen, sah dieser doch in der ihm bloß formal unterstehenden Dienststelle einen von Goebbels ferngesteuerten Fremdkörper.[72] Ganz abgesehen davon, dass der Minister diese Einschätzung ganz und gar nicht teilte, wusste Abetz nur zu gut, dass bei einem Abzug der Abteilung ein Vakuum drohte, das seine Botschaft nicht einmal ansatzweise auszufüllen vermocht hätte. Vorsorglich suchte er daher nach einem Modus, das militärische Filialnetz in den Dienst des Auswärtigen Amtes zu stellen. Zur Erprobung dieser absonderlichen Idee kam es nicht, denn ausgerechnet Goebbels bestärkte den Widerstand von Wedels, da er seinem Intimfeind von Ribbentrop keinen Erfolg gönnte und es lieber beim Status Quo beließ. Die OKW-Wehrmachtpropaganda hatte nicht nur erfolgreich zwischen den rivalisierenden Machtblöcken von Auswärtigem Amt und Propagandaministerium laviert, sondern auch General Jodl auf ihre Seite gezogen, der »eine Abgabe der Pressebenkung an die Botschaft für ausgeschlossen« bezeichnete.[73] In der Folge versuchte Abetz, mittels der »Auskämm«-Aktion des Generals Walther von Unruh der Propaganda-Abteilung Personal zu entziehen und sie auf diese Weise zu schwächen. Im Verhandlungsweg gelang es ihm, einen OKW-Befehl vom 28. Oktober 1943 zu erwirken, welcher die Abteilung »auf rein militärische Aufgabenkreise« beschränkte.[74] Dies war ein billiges Zugeständnis und unter Kriegsbedingungen eine Leerformel, gab es doch kaum ein Sachgebiet, bei dem ein militärisches Interesse nichts ins Treffen zu führen war. Ganz im Gegenteil betätigte sich die Abteilung auch und gerade auf kulturellem Gebiet, so dass alle Ansätze zu ihrer Beschneidung ad absurdum geführt wurden.[75]

Als Goebbels im Zuge der Umsetzung des OKW-Befehls eine Amputation der Propaganda-Abteilung zu Gunsten des Auswärtigen Amtes befürchtete, reagierte er mit der Entsendung eines eigenen »Bevollmächtigten« nach Paris, der sowohl eine eigenständige Dienststelle errichten wie auch als Auffangbecken der militärischen Propagandakompetenzen fungieren sollte.[76] Ihm gelang es, den Militärbefehlshaber zur Aussetzung der befohlenen Maßnahmen zu bewegen, bis Goebbels eine Entscheidung Hitlers herbeigeführt haben würde.[77] Die Interventionen gingen hin und her; Goebbels sang geradezu ein Loblied auf die Außenstelle der Wehrmachtpropaganda, die »3 ½ Jahre mit größtem Erfolg gearbeitet hat«, und warnte vor den Folgen ihrer Zerschlagung.[78] Die zukünftige Rolle der Abteilung, die sich im Laufe der Zeit vermehrt der Bekämpfung der Widerstandsbewegung zuwandte und in diesem Zusammenhang eigene Überlegungen über die Wirksamkeit summarischer »Vergeltungsmaßnahmen« anstellte, blieb bis zur alliierten Invasion im Juni 1944 unentschieden.[79] Die Frage wurde dann ebenso gegenstandslos, wie sich im Herbst 1940 die Vorbereitungen für eine Propaganda-Staffel England in Luft aufgelöst hatten.[80]

Ausgreifen nach Südosten — die zweite Phase

Vor dem Übergang zu weiteren Expansionsschritten 1941 wurde die bereits durch das Errichten der Außenstellen und der Begleitpropaganda zu den Kriegszügen des letzten Jahres deutlich gestärkte Position der Wehrmachtpropaganda neuerlich aufgewertet. Ausdruck dafür ist ihre Aufnahme in den Verteiler von Hitlers »Weisungen für die Kriegführung« seit April 1941.[81] Vorausgegangen war ein schriftlicher »Führer-Befehl« vom 10. Februar 1941, welcher die Vertretung der Gesamtwehrmacht »in Fragen der Propaganda« und deren einheitliche Ausrichtung dem OKW und damit der Wehrmachtpropaganda zuwies.[82] Die vom Chef des OKW eine Woche danach erlassenen Durchführungsbestimmungen legten die Zuständigkeit der Wehrmacht exzessiv aus: Unter die Aufgaben der Wehrmachtpropaganda rechnete Keitel nun die Beeinflussung der Öffentlichkeit sowohl im In- wie im Ausland. Das betraf Presse, Rundfunk, Film und Vortragswesen, soweit sie »in Zusammenhang mit der Wehrmacht oder den Wehrmachtteilen stehen«.[83] Goebbels schien anfangs die Tragweite dieser Alleinvertretungsformel des OKW gar nicht erkannt beziehungsweise dahingehend aufgefasst zu haben, als ob Hitler und Keitel lediglich die Wehrmachtpropaganda gegenüber den Wehrmachtteilen hätten stärken wollen. Den Hitlers Befehl kommentierte er mit dem Satz: »Eine große Erleichterung für mich«.[84] Er sollte eines Besseren belehrt werden.

Das über ganz Europa ausgeweitete Aktionsfeld der OKW-Wehrmachtpropaganda fand neben den Außenstellen einen weiteren Niederschlag in sogenannten Propaganda-Verbindungspunkten, die in der ersten Jahreshälfte 1941 mit deutlicher Ausrichtung auf den bevorstehenden Krieg gegen die Sowjetunion primär in Ost- und Südosteuropa errichtet wurden. Ihre Aufgaben bestanden in der raschen Verteilung des aus der Berliner Zentrale gelieferten Materials und in der Einflussnahme auf die Verbündeten auf dem Balkan.[85] Die Stützpunkte in Graz, Sofia und Bukarest waren erst im Zuge des Balkanfeldzuges errichtet worden. Die Vorbereitungen für das Unternehmen gegen Griechenland und Jugoslawien illustrieren, welchen Grad die Einbindung der OKW-Wehrmachtpropaganda in die Befehlsgebung auf höchster Ebene mittlerweile erreicht hatte. Hitler hatte am 27. März 1941 als Reaktion auf den Regierungswechsel in Belgrad ein überfallartiges Vorgehen auch gegen Jugoslawien — der Krieg gegen Griechenland war bereits länger geplant — angeordnet.[86] Jodls Wehrmachtführungsstab folgte zwei Tage später mit »Besonderen Anordnungen«, die unter anderem organisatorische Fragen des Propagandaeinsatzes regelten und vier Propaganda-Kompanien bereitstellten. Diese hatten Lautsprechereinsätze, Plakate und anderes Material in den Landessprachen für die Zivilbevölkerung und die gegnerischen Truppen vorzubereiten. Nach erfolgtem Einmarsch waren die Rundfunkstationen zu besetzen und die Presse, auf deren Weitererscheinen großer Wert gelegt wurde, zu überwachen.[87] Keitel steuerte am 28. März 1941 »Richtlinien« bei, die sich primär mit der nuancierten Behandlung der Nationalitäten Jugoslawiens befassten.[88] Beide Befehle hatte die Wehrmachtpropaganda des OKW ausgearbeitet. Das Auswärtige Amt, mit dem die für den Abwurf vorbereiteten Flugblätter besprochen wurden, hielt sich in seinen Direktiven an die Linie Keitels.[89] Goebbels entfaltete in seinen täglichen Ministerkonferenzen zwar hektische Aktivitäten, blieb jedoch auf die Steuerung der nach Südosteuropa gerichteten Rundfunkpropaganda beschränkt. Ob die Sendungen im Kampfgebiet tatsächlich gehört wurden, erscheint zweifelhaft.[90]

Nach dem Ende der Kampfhandlungen wuchs das Filialnetz der Wehrmachtpropaganda neuerlich an. In Belgrad wurde die dortige Propaganda-Staffel zu einer Abteilung ausgebaut und ihre Zuständigkeit, ursprünglich auf das unter Militärverwaltung stehende Rest-Serbien begrenzt, auf alle unter deutscher militärischer Kontrolle stehenden Gebiete des Balkans ausgedehnt. Folglich wurde ihre Bezeichnung von Serbien (S) auf Südost (SO) geändert.[91] Als Kommandeur betraute man mit Dr. Julius Lippert eine der schillerndsten Figuren der Wehrmachtpropaganda. Seine Ernennung sollte sich für von Wedel als Glücksfall und für Goebbels, der Lipperts Ernennung vorgeschlagen hatte, als Bumerang erweisen.[92] Lippert, ein »Alter Kämpfer« aus Goebbels' Entourage und Mitarbeiter des »Angriff«, war nach 1933 zum Staatskommissar in Berlin und schließlich zum Oberbürgermeister der Reichshauptstadt aufgestiegen.[93] Nachdem er sich geweigert hatte, Hitlers Architekten Albert Speer freie Hand bei dessen »Neugestaltung« der Stadt zu lassen, hatte ihn der von Speer aufgestachelte Diktator im Sommer 1940 kurzerhand abgesetzt. Daraufhin ging Lippert zur Wehrmacht und wurde nach Belgrad abkommandiert.[94]

Anders als in den bisher besetzten west- und nordeuropäischen Staaten stießen Lipperts Propagandisten in Serbien auf eine Medien- und Kulturlandschaft, die aus der Perspektive der selbsternannten Herrenmenschen geradezu archaisch wirkte. Die serbischen Kinos waren angeblich »aus hygienischen Gründen für Deutsche in der Regel kaum betretbar.«[95] Ähnliche Eindrücke mochten die Besatzer in Polen gewonnen haben, doch stand dort eine »Hebung des kulturellen Niveaus« ohnedies nicht zur Debatte. In Serbien hingegen gab es im Gegensatz zu Polen jetzt auch Gruppen von Untertanen, die am »deutschen Wesen« genesen sollten.[96] Lippert nahm ein umfassendes Ausbauprogramm in Angriff, über das seine Nachkriegsmemoiren ungeachtet ihrer weinerlich-apologetischen Tendenz viele interessante Details enthalten.[97] Dabei kam ihm zugute, dass seine Berliner Vorgesetzten vollauf mit »Barbarossa« beschäftigt waren und sich um ihre Belgrader Außenstelle kaum kümmerten.[98] Fehlte es schon an generellen Direktiven für die Gestaltung der Besatzungspolitik, so ließ man auch die Propagandisten vor Ort gewähren. Wie wenig ihm die besatzungspolitischen Ziele geläufig waren, illustriert die Anfrage Lipperts, ob in seinem Wirkungskreis nach den »Pläne(n) unserer Staatsführung« die »polnische Methode« oder die »sorgsame und pflegliche

123

Behandlung, die man den Franzosen angedeihen läßt«, zur Anwendung kommen sollte.[99] Nach Absprache mit Propagandaministerium und Auswärtigem Amt teilte die OKW-Wehrmachtpropaganda mit, es sei »in Serbien, das uns immer feindlich gesinnt bleiben wird, eine kulturelle Betreuung« zu unterlassen; lediglich deutsche Kultur dürfe verbreitet werden. »Die einzige Richtschnur für unsere Haltung ist in der nüchternen Wahrung der aus unserer Eigenschaft als Besatzungsmacht sich ergebenden rein deutschen Belange zu sehen.«[100] Diese klar an der »polnischen Methode« orientierte Antwort ignorierte Lippert. Ob es ihm dabei um die Befriedigung seines Ehrgeizes ging oder ob ihm die Wiederingangsetzung des Kulturlebens ein echtes Anliegen war, lässt sich schwer entscheiden. Die beiden Motive schlossen sich auch nicht aus. Unablässige Bemühungen zur Gründung neuer Einrichtungen mündeten in schließlich in einen militärisch organisierten Konzern, dem Lippert als Generaldirektor vorstand. Zu seinem mit manch dubioser Methode ausgebauten, prosperierenden Unternehmen gehörten eine Bildagentur, drei Rundfunksender, elf Druckereien, 21 Kinos, 18 Sprechbühnen und sieben Filmverleihfirmen, daneben auch Genesungsheime und eine profitable Bank.[101] Die angegliederte »Wehrmachtsendergruppe Südost« betreute neben dem Belgrader Sender die Stationen Tirana, Priština, Agram, Banja Luka, Saloniki, Dubrovnik, Sarajewo und Adria sowie vier weitere Soldatensender.[102]

Natürlich konnte keine Rede davon sein, etwa einen autonomen kulturellen Bereich für die Serben einzurichten, standen doch alle Teile des Medien-Imperiums unter strikter Kontrolle der Propaganda-Abteilung, die zudem das Propagandaamt der serbischen Marionettenregierung am kurzen Zügel führte.[103] Nach Goebbels' Vorbild hielt Lippert eine tägliche Pressekonferenz ab und nahm laufend Inspektionsreisen vor, die einer Heerschau glichen.[104] Dennoch wird man nicht bestreiten können, dass bei aller Steuerung ein Kulturleben existierte, das für die okkupierten Staaten mit slawischer Bevölkerungsmehrheit durchaus ungewöhnlich war. Lipperts Rolle ist umso schwerer einzuschätzen, als es sich bei ihm gewiss nicht um einen ganz gewöhnlichen Soldaten handelte, ist die bedingungslose Hingabe des bereits 1927 in die NSDAP Eingetretenen an die nationalsozialistische Weltanschauung doch über jeden Zweifel erhaben. Reichlich grotesk mutet an, dass ausgerechnet dieser Mann seinen Kurs gegen Militärs in der Zentrale der Wehrmachtpropaganda durchsetzte, die den Serben keinerlei kulturelle Betreuung zugestanden. Ob hierbei Überlegungen, eine deutsch dominierte »Reichsfestung Belgrad« zu schaffen, zum Tragen kamen, kann mangels einschlägiger Quellen nicht beurteilt werden.[105] Immerhin galt Lippert sein Dienstort als historisch umkämpfter »Mittelpunkt deutschen Kulturstrebens und Tatwillens«.[106] Offen muss vor allem bleiben, inwiefern Lipperts Konzern eine an den Gesetzen des Marktes orientierte Eigendynamik entwickelte, wodurch Fragen der Ideologie und deren Propagierung ins zweite Glied rückten. Jedenfalls liefert er einen schlagenden Beweis für die von der Forschung bei ihrer Fixierung auf weltanschauliche Aspekte kaum wahrgenommene Tatsache, dass sich mitten in einem Weltkrieg mit Propaganda eine Menge Geld verdienen ließ.[107] Dieser Faktor wirkte zweifellos auf viele Maßnahmen der Besatzer ein, insbesondere auf jene, die einen dauerhaften, über das Kriegsende hinausweisenden Zugriff auf den Medien- und Kulturbetrieb der okkupierten Gebiete ermöglichen sollten. Mindestens ebenso wichtig wie die unmittelbaren Eingriffe über Verbote, Zensur und Presselenkung waren daher indirekt wirksame Strukturmaßnahmen, die den Besatzern die Kontrolle über die Nachrichtenagenturen und Filmverleihfirmen verschafften, bislang aber kaum erforscht sind.[108]

Ein völlig vernachlässigtes, weil tabuisiertes Feld ist die Frage, ob nicht die für serbische Verhältnisse modernen deutschen Marketing- und Vertriebsmethoden, die gesteigerte Profite versprachen, als Stimulans für die Kollaboration serbischer Medienvertreter wirkten, die nach dem Urteil der Propaganda-Abteilung S nicht zu wünschen übrig ließ.[109] Lipperts Maßnahmen wollten das Problem der in deutschen Augen 1941 völlig unbefriedigenden Medienlandschaft an der Wurzel beseitigen; sie waren nicht zum mindesten als eine materielle und immaterielle Investition in die Zukunft gedacht. Seine Amtszeit auf dem Balkan zeigt, wie groß der Gestaltungsspielraum war, den ehrgeizige Propagandisten in den besetzten Gebieten vorfanden. Ihre Vorgesetzten, die auf dem Balkan häufig wechselnden Militär- und Wehrmachtbefehlshaber, deren Dienststellen laufend umstrukturiert wurden, waren durch die »Partisanenbekämpfung« in Anspruch genommen und mischten sich nicht ein.[110] Im Gegensatz zu Frankreich gab es kaum zivile Konkurrenten vor Ort.[111] Das Auswärtige Amt hatte einige Zeit in Griechenland ein gewichtiges Wort mitzureden, zog sich in der Folge jedoch zurück.[112] Lippert ignorierte einen scharfen Befehl, in Griechenland die Italiener die erste und das Auswärtige Amt die zweite Geige spielen zu lassen. Da diese, so seine Replik, völlig untätig blieben, sei eine Zusammenarbeit unmöglich; er müsse das bestehende Vakuum durch die Errichtung von Außenstellen seiner Abteilung, die sukzessive von Norden nach Süden vorgeschoben wurden, ausfüllen. Ohne auf ernsthaften Widerstand zu stoßen, gelang es ihm ab 1942/43, selbst die erste Geige zu spielen.[113]

In Serbien war das Auswärtige Amt ebenso wie das Propagandaministerium Hälfteaktionär der dortigen Rundfunkgesellschaften, überließ der Propaganda-Abteilung aber die Gestaltung der Sendungen in deutscher und serbischer Sprache.[114] Die Wehrmachtpropaganda nahm es hin, dass sich ihre Außenstelle über die Direktive, jede kulturelle Betreuung der Serben zu unterlassen, glatt hinwegsetzte. Bereits im ersten seiner Berichte führte Lippert explizit die Förderung von Theatern, Varietés und ähnlichen Kultureinrichtungen an.[115] Ende 1942 ließ er jede Tarnung fallen und meldete, seine Politik bestehe darin, möglichst wenig in das serbische Kulturleben einzugreifen, dieses bloß behutsam zu steuern und aufdringliche deutsche Kulturpropaganda zu vermeiden.[116] Auszuschließen ist aufgrund der dichten Quellenüberlieferung, dass die Belgrader Abteilung ihre Aktivitäten der Zentrale gegenüber verheimlichte, klagte man dort doch über Lipperts »kilometerlang(e) Tätigkeitsberichte«.[117] Über die Motive, diese »Eigenmächtigkeiten« zu dulden, kann man nur spekulieren. Denkbar erscheint, dass Lippert von seinem früheren Ansehen zehrte und nicht wie ein beliebiger kleiner Major behandelt wurde. Vielleicht erkannte von Wedel, dass sich die Belgrader Abteilung zu einem Vorzeigestück der Wehrmachtpropaganda entwickelte. Daneben schlugen auch persönliche Faktoren zu Buche: Lippert gefiel sich sichtlich in seiner Rolle als selbsternannter Protektor des serbischen Kulturlebens. Er gründete etwa eine

Arbeitsgemeinschaft zur Pflege serbischer Volksmusik und verfolgte sein Steckenpferd, die Verwirklichung eines Theaterneubaus in Belgrad.[118] Diese Politik war aus unmittelbaren Interessen der Besatzungsmacht nicht abzuleiten. Als die Propaganda-Abteilung über ihre Absicht der Gründung eines Jugendphilharmonieorchesters berichtete, ließ es von Wedels Stellvertreter bei der Randglosse »Haben wir daran Interesse?« bewenden.[119]

Es war von nicht zu überschätzender Bedeutung, dass Lipperts wichtigste Mitarbeiter als Medienprofis aus dem Zivilleben zu ihm gestoßen waren. So hatte der Leiter der Rundfunkgruppe zuvor beim Reichssender Saarbrücken gearbeitet, während der für den Film verantwortliche Oberleutnant Dr. Scheunemann sein Brot als Filmproduzent verdient hatte.[120] Jakob Funke, Chef vom Dienst der in Belgrad produzierten »Donauzeitung«, kam von der »Rheinisch-Westfälischen Zeitung«.[121] Zwar konnte sich Lippert das ihm zugeteilte Personal nicht gerade aussuchen. Es ist aber offenkundig, dass jener Mann, der in seiner Berliner Zeit für eine rücksichtslose personelle Säuberung der Stadtverwaltung gesorgt hatte, nun Wert auf die Mitarbeit von Fachkräften legte, nach deren Gesinnung er nicht fragte.[122] Der Aktivismus der Abteilung hielt bis zum Rückzug der deutschen Truppen an. Noch im Sommer 1944 verteilte sie in einer Woche 2,4 Millionen Flugblätter, 50.000 Broschüren, 30.000 Plakate und 10.000 Wandzeitungen.[123] Der schon im Sommer 1941 einsetzende Verlust der deutschen Kontrolle über weite Teile des besetzten Gebietes außerhalb der Städte war mit dieser Materialflut freilich nicht aufzuhalten. Ähnliches galt für die propagandistische Ausschlachtung der Exekutionen von angeblichen »Kommunistenhäuptlingen«, die Lipperts Abteilung als ihren ureigenen Beitrag zur »Partisanenbekämpfung« verstand.[124]

Wehrmachtpropaganda im Krieg gegen die Sowjetunion und im »totalen Krieg«

Nach den bis zum Sommer 1941 europaweit gesammelten Erfahrungen war die propagandistische Vorbereitung des »Barbarossa«-Unternehmens schon Routine. Der Umfang des Feldzuges wie auch die gebotene Geheimhaltung, zu der eine Reihe von Verwirrspielen und Täuschungsmanövern beitrug, sprengten allerdings die gewohnten Dimensionen. Zu einer Zeit, als Goebbels nicht einmal in die »Barbarossa«-Planung eingeweiht war, begann die Wehrmachtpropaganda des OKW bereits mit den Vorbereitungen und arbeitete seit Februar 1941 unter anderem Flugblätter aus. Nicht weniger als 13 Propaganda-Kompanien mit rund 2.200 Mann wurden zusammengestellt.[125] Da aktuelle Informationen über das Sowjetreich rar waren, erstellte die Abteilung eine in allen Führungsstellen der Wehrmacht zirkulierende Studie »Sowjet-Union. Staatsgebiet und Bevölkerung«.[126] Es versteht sich, dass die Wehrmachtpropaganda sowohl in die Rechtfertigung des Überfalls als Präventivkrieg wie auch in die ideologische Indoktrinierung der Truppe involviert war, deren Stellenwert für die von Anfang an praktizierte verbrecherische Kriegführung nicht gering zu schätzen ist.[127] Auch die Wehrmachtpropaganda hetzte gegen die Juden, während man zugleich gegenüber den Russen als Befreier »von der Tyrannei der Sowjets« auftrat.[128] Bei dem regen Interesse, das Hitler, Keitel und Jodl an der propagandistischen Begleitmusik des Krieges nahmen, kam ein eigenständiger Kurs der Abteilung nicht in Betracht.

Der jahrelange »Osteinsatz« unterschied sich für die Propagandisten in Uniform von allen bisherigen Einsätzen. Da der geplante »Blitzfeldzug« scheiterte, nahmen die Propaganda zur Beeinflussung der Roten Armee sowie die Kriegsberichterstattung weiterhin eine herausgehobene Stellung ein.

In den okkupierten Gebieten, soweit sie an die Zivilverwaltung abgegeben wurden, stritten sich Propagandaministerium und Alfred Rosenbergs Reichsministerium für die besetzten Ostgebiete um die Kompetenzen in Propagandaangelegenheiten. Als rückwärtiges Heeres- beziehungsweise Armeegebiet blieben weite Landstriche unter militärischer Hoheitsgewalt. Um diese Gebiete zu betreuen, war am 4. Juli 1941 die Aufstellung der Propaganda-Abteilungen Ostland, Weißrußland und Ukraine befohlen worden, die sich mehrere Monate hinzog. Ihnen folgten ihm Herbst 1942 die kurzlebigen Abteilungen Don und Kaukasus. Jeweils mit mehr als 300 Mann besetzt, oblag ihnen die Aufgabe, die Bevölkerung im Interesse des Reiches zu beeinflussen.[129] Ihre Tätigkeit ist bislang kaum erforscht.[130] Feststehen dürfte, dass nach einer ersten euphorischen Phase die Versprechungen der Propagandisten von der Realität immer stärker konterkariert wurden und sich die Schwerpunkte ihrer Arbeit je länger desto mehr auf die Bekämpfung der Partisanen und die Anwerbung von »Ostarbeitern« reduzierten.[131]

Eine nennenswerte kulturelle Betreuung der unterworfenen Völker, die in Frankreich und selbst in Serbien einen hohen Stellenwert genoss, war auf sowjetischem Gebiet ohnedies unerwünscht. Ebenso wie die politische Führung zutiefst geprägt von rassistischen Stereotypen, hatte die Wehrmachtpropaganda den sogenannten Ostvölkern auf absehbare Zeit nur »Arbeit und nochmals Arbeit« anzubieten.[132] Auffällig ist der hohe Grad an Übereinstimmung zwischen dem Regime und den Propagandaoffizieren bei der ideologiegeleiteten Einschätzung der für den Osten adäquaten Strategie. Auch der Abteilung Wehrmachtpropaganda galt der russische Bauer als »von Natur aus faul und ehrgeizlos«.[133] Es erscheint daher als unglaubwürdig, wenn sich deren Vertreter nach Kriegsende als Opfer einer verfehlten Ostpolitik präsentierten.[134]

Schon im Vorfeld des Russlandfeldzuges und erst recht nach dessen Beginn ergoss sich unter von Wedel ein Strom von Propagandamaterial auf die im Osten eingesetzten Truppen, das mit seiner Kombination antisemitischer und antislawischer Inhalte Hitlers Bild vom »jüdischen Bolschewismus« reproduzierte. Selbst wenn die Wehrmachtpropaganda des OKW kein der SS-Broschüre »Der Untermensch« vergleichbares Produkt zu verantworten hatte, änderte dies nichts an der vermutlich wirkungsvolleren, permanenten Berieselung, die durch Medien wie die »Mitteilungen für die Truppe« beziehungsweise für das Offizierskorps transportiert wurde. Im ersten Jahr des Krieges gegen die Sowjetunion waren die Übergänge zu den extremen Feindbildern der SS fließend.

Zuzugeben ist, dass der unerwartete Kriegsverlauf mancherorts einen Perspektivenwechsel ausgelöst haben mag, der dazu führte, dass die Wehrmachtpropaganda frühzeitig dafür eintrat, das Experiment mit einer auf deutscher Seite kämpfenden russischen »Befreiungsarmee« unter General Andrej Wlassow zu wagen. Anfangs billigte man dem General nur propagandistische Aufgaben zu, wobei er und seine Männer durch die Abteilung von Wedels betreut wurden.[135] Die Beeinflussung der Ostfreiwilligen unterstand ab 1943 einer von WPr. IV geführten »Ostpropagandaabteilung zbV« in Berlin.[136] Es ist jedoch nicht nachweisbar, dass die Wehrmachtpropaganda des OKW als solche, vertreten durch ihren Leiter und nicht durch drittrangige Sachbearbeiter, nennenswerte Schritte in Richtung einer Modifikation der deutschen Ostpolitik unternommen hätte, wie sie für andere militärische Dienststellen belegt sind.[137] Nicht zuletzt wegen der starken zivilen Konkurrenz scheint man bei der Wehrmachtpropagandaabteilung den im Osten tätigen Dienststellen eher geringe Aufmerksamkeit geschenkt zu haben. Mit der Kriegskrise im Winter 1941/42 war auch die rasante Expansion der Abteilung von Wedels an ihr Ende gelangt. Diese Feststellung gilt freilich nur hinsichtlich des territorialen Aspekts, wenn wir Intermezzi wie den »Propagandazug Tunis« oder das Ausgreifen der Propaganda-Abteilung F in den im November 1942 besetzten südlichen Teil Frankreichs außer Acht lassen.[138] Der Ausbau des Filialnetzes nach 1942, zum Teil auf dem Gebiet ehemaliger Verbündeter, die nun ihrerseits okkupiert wurden, konnte mit dem Wachstum der Jahre 1940/41 nicht entfernt mithalten. Durch die Rückzüge schrumpfte das dem Zugriff der Wehrmachtpropaganda zugängliche Territorium von Monat zu Monat.

Dennoch: Die Umstellung auf einen langen Abnutzungskrieg steigerte die Bedeutung der Propaganda in all ihren Spielarten. In institutioneller Hinsicht war mit dem Steckenbleiben des Angriffs im Osten der Zenit für die Abteilung Wehrmachtpropaganda noch lange nicht überschritten. Mit Wirkung vom 1. April 1942 war von Wedel auch zum Chef der Propagandatruppen ernannt worden, womit ihm sämtliche militärischen Propaganda- und Berichtereinheiten fachlich und disziplinär unterstanden und die letzten Reste unabhängiger Zellen der Wehrmachtteile beseitigt waren. Kurz darauf wurden die Propagandatruppen von der Nachrichtentruppe getrennt und als eigenständige Waffengattung konstituiert. Zu dieser Zeit waren in der Zentrale der Wehrmachtpropaganda im OKW etwa 300 Personen tätig.[139] Auffällig ist, dass sich die personellen Verflechtungen mit dem Propagandaministerium weiter intensivierten und die Trennung in einen militärischen und zivilen Propagandaapparat zunehmend obsolet werden ließen. Das Goebbels-Ministerium hatte bereits in der Vergangenheit über sein Referat Reichsverteidigung (RV) auf die Personalauswahl für die Propaganda-Kompanien und -Abteilungen einen erheblichen Einfluss besessen und mit den Einheiten unmittelbaren Dienstverkehr unterhalten, was allein schon ungewöhnlich ist. Dieses den militärischen Dienstweg durchbrechende Privileg war in einer zwischen Propagandaministerium und OKW geschlossenen Vereinbarung festgeschrieben worden.[140] 1942 wurden zusätzlich etlichen Referenten des Propagandaministeriums in Personalunion gewisse Funktionen bei der Wehrmachtpropagandagruppe I übertragen, wo sie als »Fachprüfer« tätig waren.[141]

Eine noch bedeutsamere Umschichtung brachte die Übernahme der für Auslands- und Kampfpropaganda zuständigen Gruppe IV durch Oberstleutnant Hans-

Leo Martin, der weiterhin Verbindungsoffizier zu Goebbels blieb. Martins Vorgänger Dr. Blau war unter dubiosen Umständen in die Wüste geschickt worden; auch Martin stolperte im Sommer 1944 über eine Korruptionsaffäre und musste seinen Dienst fortan an der Front statt in Goebbels' Vorzimmer verrichten. Seit Anfang 1940 Goebbels zugeteilt, war der politisch engagierte Offizier völlig in dessen Bann geraten. Wie sich aus unzähligen Eintragungen im Tagebuch des Ministers ergibt, verkehrten die beiden privat häufig miteinander. Martin führte über Teile der Generalität Klage, was nach militärischen Maßstäben als grobe Illoyalität zu werten war.[142] Während der Winterkrise 1941/42 setzte Goebbels den Offizier gar als Spitzel ein, der ihm über den angeblichen Defätismus in den höheren Stäben der Wehrmacht berichten sollte.[143] Der Oberstleutnant, für Goebbels »einer unserer besten Aktivposten im OKW«, sollte die »Radikalisierung unserer Kriegführung« innerhalb des OKW in Angriff nehmen.[144] Für den Minister war der Offizier nicht nur sein Sprachrohr gegenüber den Militärs. In einem sich selbst verstärkenden Prozess dienten die seinem großen Vorbild abgekupferten Meinungen Martins wiederum als Bestätigung für die Richtigkeit der Auffassungen Goebbels'! Im Sommer 1942 ließ er Martin eine Denkschrift gegen die Einsetzung von Scheinregierungen in den besetzten Ostgebieten verfassen, die kaum überraschend auf der Linie lag, die Goebbels zuvor im Propagandaministerium vorgegeben hatte. Umso trickreicher war es, das Elaborat dann als militärische Expertise innerhalb der Wehrmacht zirkulieren zu lassen.[145] Goebbels hatte allen Grund, Martin als seinen geistigen Adepten zu betrachten, mit dem man »Pferde stehlen« könne. Anstatt sich vor seine Kameraden zu stellen, bestärkte der Offizier den Minister in dessen abgrundtiefer Verachtung der Generalität.[146] Der Titel von Martins Memoiren »Unser Mann bei Goebbels« stellt den Sachverhalt geradezu auf den Kopf.[147] Damit ist noch nicht gesagt, dass dem Propagandaministerium ein Einbruch in die wichtige Gruppe WPr. IV gelungen war. Die Nachkriegsaussage Martins über seine Doppelbelastung als Gruppenleiter und Verbindungsoffizier klingt plausibel, da er häufiger im Ministerbüro als an seinem Schreibtisch im OKW anzutreffen war.[148]

Zwischenzeitlich hatte die OKW-Wehrmachtpropaganda eine Größe erreicht, die den Rahmen einer Abteilung sprengte. 1943 befehligte sie rund 15.000 Soldaten: Stabsoffiziere für Propaganda bei jeder Heeresgruppe, 23 Propaganda-Kompanien, Propaganda-Abschnittsoffiziere, acht Propaganda-Abteilungen sowie zahlreiche Wehrmacht-Propaganda-Offiziere in den 20 Wehrkreisen und den besetzten Gebieten.[149] Zeitweilig verfolgte Pläne, weitere Propaganda-Offiziere als Attachés in die deutschen Missionen in den befreundeten und neutralen Ländern einzubauen, waren am Widerstand des Auswärtigen Amtes gescheitert.[150] Vermutlich im Sommer 1943 wurde die Abteilung Wehrmachtpropaganda zur Amtsgruppe innerhalb des Wehrmachtführungsstabes aufgewertet, von Wedel am 1. September 1943 zum Generalmajor befördert.[151] Unmittelbar danach übersiedelte er zusammen mit einer kleinen Chefgruppe, bestehend aus seinem Adjutanten und je einem Verbindungsoffizier der vier nunmehrigen Abteilungen, den früheren Gruppen I-IV, ins Führerhauptquartier, um den Kontakt zur höchsten politischen und militärischen Führung zu intensivieren.[152] Ironischerweise war dies gerade jener Monat, in dem Goebbels laut seiner eingangs dieses Aufsatzes zitierten

Tagebucheintragung hoffte, die Amtsgruppe vollständig eliminieren zu können! Von Wedel konnte stattdessen täglich mit Hitler, Keitel und Jodl Fühlung halten; der Leiter der Abteilung I, Oberst Kratzer, verblieb als ständiger Vertreter mit der Masse der Amtsgruppe in Berlin.[153] Die Chefgruppe wich nicht mehr von Hitlers Seite und nahm noch an der Verlegung des Führerhauptquartiers auf einen Gefechtsstand teil, von dem aus im Dezember 1944 die Ardennenoffensive geleitet wurde.[154]

Bis Kriegsende erfolgten noch einige organisatorische Umstellungen. Erwähnung verdient, dass an der Jahreswende 1943/44 zwecks propagandistischer Aufbereitung des kommenden Einsatzes der »Vergeltungswaffen« eine Kommission gebildet wurde, der neben Referenten der Amtsgruppe Wehrmachtpropaganda Vertreter der Abwehr und der Luftwaffe angehörten.[155] Erhebliche Zuständigkeitseinbussen entstanden dadurch, dass Hitler Ende 1943 die Einsetzung »Nationalsozialistischer Führungsoffiziere« bei allen Truppenteilen verfügte und hierfür Sonderstäbe gebildet wurden, welche die ideologische Indoktrination der Soldaten zunehmend an sich zogen.[156] Hitlers Befehle führten zu einer Aufwertung des Allgemeinen Heeres- beziehungsweise Wehrmachtsamtes sowie der Partei-Kanzlei der NSDAP, bei denen die neuen Aufgaben organisatorisch angebunden wurden. Ungeachtet dessen beteiligte sich die Amtsgruppe von Wedels mit eigenen Beiträgen zur Festigung der Kampfmoral an der Durchhaltepropaganda.[157] Ihr wichtigstes Organ waren die seit April 1940 zweimal wöchentlich herausgegebenen »Mitteilungen für die Truppe«, die sich an Soldaten und Unteroffiziere wandten und Ende 1941 in einer Auflage von 750.000 Stück gedruckt wurden.[158] Ihnen folgten im Januar 1942 die »Mitteilungen für das Offizierskorps« mit 400.000 Exemplaren.[159] Im Januar 1945 wurde die bisherige Abteilung II (Inlandpropaganda) in Fachgruppen aufgeteilt, wodurch man sich neben vermehrter Einflussnahme auf die diversen Sparten der Inlandspresse personaleinsparende Effekte erhoffte.[160]

In einer Phase des Krieges, als der Wirkungsraum der Amtsgruppe Wehrmachtpropaganda schrumpfte und die Propaganda-Abteilungen im Osten sowie jene in Paris und Belgrad zu bestehen aufgehört hatten, kündigte sich im Herbst 1944 eine weitere Umstellung an.[161] Mit den Niederlagen hatte sich das Schwergewicht auf die Kampf- beziehungsweise Aktivpropaganda zur »Zersetzung« der gegnerischen Streitkräfte verlagert. Auf diesem Feld wurde die Amtsgruppe von einer überraschend aufgetauchten Konkurrenz überflügelt. Der Waffen-SS war nach dem Polenfeldzug die Aufstellung einer Propaganda-Kompanie gestattet worden, um ihre Abhängigkeit von der angeblich zu spärlichen Berichterstattung der Wehrmacht-Propaganda-Kompanien zu beenden. Im Sommer 1943 wurde diese laufend vergrößerte Einheit der Waffen-SS zur Standarte (Regiment) »Kurt Eggers« umgebildet, die in der zweiten Kriegshälfte nicht nur an allen Fronten, sondern zusätzlich in den besetzten Gebieten präsent war.[162] Die von ihr aufgezogene perfide Zersetzungspropaganda brachte noch einmal bescheidene Überläuferzahlen.[163] Die Standarte vermarktete ihre Unternehmen mit klingenden Decknamen (»Skorpion-West«, »Wintermärchen« und andere), verschoss Flugblätter mittels V-Raketen nach Großbritannien und empfahl sich mit all dem für höhere Aufgaben.[164] Im Sommer 1944 gelang ihr ein erster Einbruch in die Strukturen der

Amtsgruppe Wehrmachtpropaganda, der über die bisherige Zusammenarbeit weit hinausging. Nach der Entlassung des Leiters der Abteilung IV, Oberst Martin, gelang es »Kurt Eggers«, ihren Sturmbannführer Anton Kriegbaum als Nachfolger einsetzen zu lassen. Kriegbaum zog mehrere seiner SS-Leute nach. In dieser Phase beanspruchte »Kurt Eggers« bereits die Kompetenz, dem OKW Sprachregelungen vorzuschreiben.[165]

Zu einer Ablösung von Wedels kam es erst in den letzten Kriegstagen. Im April 1945 übergab er seine Funktion an den erst 35-jährigen Kommandeur von »Kurt Eggers«, SS-Standartenführer Gunter d'Alquen, der sich als Hauptschriftleiter der SS-Wochenzeitung »Das Schwarze Korps« einen Namen gemacht hatte.[166] Unklar ist, ob aus diesem Anlass die bislang vereinigten Funktionen Chef der Propagandatruppen und Chef der Wehrmachtpropaganda getrennt wurden.[167] Über die Umstände und Motive dieses Wechsels existieren widersprüchliche Angaben. Ein Zusammenhang mit den Ereignissen des 20. Juli 1944 erscheint unwahrscheinlich.[168] Murawski vermutet einen Wunsch Himmlers, dem Keitel zugestimmt habe.[169] Eine andere Meinung geht dahin, von Wedel habe seine Ablösung selbst gewünscht und d'Alquen vorgeschlagen.[170] Dafür spricht, dass sowohl der Generalmajor als auch seine engsten Mitarbeiter in ihren Nachkriegsaussagen voll des Lobes über die Waffen-SS waren und sich über d'Alquen kein böses Wort findet.[171] Dieser führte wiederum an, von Wedel sei der ewigen Anfeindungen müde und deshalb froh gewesen, »Verantwortungen (los) geworden zu sein, deren politischen Affinitäten er nicht gewachsen sein konnte«.[172] Dem wird man insoweit folgen können, als der General im April 1945 wenig Sinn darin gesehen haben dürfte, an seinem Sessel zu kleben. Die Wehrmachtpropaganda pfiff auf dem letzten Loch und war weitgehend auf Aktionen der »Mundpropaganda« reduziert.[173] Zum einen war absehbar, dass der Personalwechsel keinerlei praktische Auswirkungen mehr haben würde, zum anderen fehlte von Wedel der Fanatismus seines Nachfolgers, der sofort nach der Amtsübergabe am 2. Mai 1945 versuchte, mit den Resten seiner Propagandatruppen im Bereich der imaginären »Alpenfestung« tätig zu werden. Erst einige Tage nach Inkrafttreten der Kapitulation ergab er sich mit seinem Stab im österreichischen Mauterndorf.[174] Die hier gebotene Interpretation kann nicht ausschließen, dass der Wunsch »der SS« nach Übernahme der Wehrmachtpropaganda eine Rolle gespielt hat.[175] Sie versucht nur, den fehlenden Widerstand von Wedels zu deuten, ohne zu Theorien eines Komplotts der SS Zuflucht zu nehmen. In Anbetracht der 1944 weit gediehenen Verschmelzung zwischen »Kurt Eggers« und der OKW-Wehrmachtpropaganda bedeutete der Amtswechsel eher den folgerichtigen Abschluss einer längeren Entwicklung als einen Putsch. Vieles deutet darauf hin, dass d'Alquen nicht vorrangig wegen seiner SS-Zugehörigkeit, sondern aufgrund seiner Professionalität auf den in dieser Kriegsphase besonders gefragten Gebieten der Kampf- und Zersetzungspropaganda zum Zuge kam. Immerhin ist es bemerkenswert, dass die Wehrmachtführung für einen so wichtigen Posten einen Mann akzeptierte, wenn nicht freudig begrüßte, der als Propagandist des SS-Staates als Prototyp des Weltanschauungsfanatikers galt und sich durch seine jahrelange Hasspropaganda gegen die Kirchen und die Juden einen einschlägigen Ruf erworben hatte. Die schon für die erste Phase des Untersuchungszeitraums konstatierte Übereinstimmung zwischen den Zielen des Regimes und der bewaffneten Macht fand in der Berufung d'Alquens eine schlagende Bestätigung.

Die Frage der Effizienz

Wie effizient war die Wehrmachtpropaganda? Die Antwort auf diese Frage wird nicht auf Versuche beschränkt bleiben können, den Erfolg bei den Adressaten zu bestimmen, was erhebliche methodische und quellenkritische Probleme verursacht. Unter den Bedingungen nationalsozialistischer Herrschaft ist Effizienz auch und nicht zum geringsten als Durchsetzungsfähigkeit innerhalb des Behördendschungels des Dritten Reiches zu verstehen. Nachstehend sollen beide Aspekte berücksichtigt und miteinander verbunden werden.

Die Nachkriegsdarstellungen prominenter Angehöriger der Wehrmachtpropaganda zeichnen ein Bild permanenter Anfeindungen seitens des Propagandaministeriums, das konsequent das Ziel einer Einverleibung der Abteilung verfolgt habe. In diesem »kalte(n) Krieg« habe Goebbels die Wehrmachtpropaganda systematisch schlecht gemacht.[176] Ganz so war es nicht. Wohl gelang es dem Minister, einzelne Offiziere ablösen zu lassen, wenn ihnen gravierende sachliche Fehler unterlaufen waren. Dieses Schicksal ereilte 1941 den Leiter von der Gruppe II, Oberstleutnant Kurt Hesse, den Goebbels mit manischer Wut verfolgt hatte. Obsiegen konnte er nur, weil Hesse bei Keitel, Jodl und selbst bei von Wedel persona non grata war.[177] Umgekehrt musste allerdings das Propagandaministerium kurz darauf hinnehmen, dass einer seiner eigenen Abteilungsleiter in die Wüste geschickt wurde.[178] Derartige Nadelstiche brachte man sich bei günstiger Gelegenheit gegenseitig bei, sie gingen jedoch nicht an die Substanz. Die zahlreichen abfälligen Urteile Goebbels' über einzelne Propagandisten in Uniform sind im Kontext gleichgelagerter Urteile über seine zivilen Konkurrenten zu sehen und dürfen keinesfalls überbewertet werden.[179] Dies gilt in noch höherem Maße für seine Phantasien, die Arbeit der Wehrmachtpropaganda einfach zu kommandieren, die er in seinem Tagebuch und bei seinen hausinternen Konferenzen, nicht jedoch in der Realität ausleben konnte.[180] Letztere war hinsichtlich der Kernbereiche militärischer Zuständigkeit vielmehr geprägt von Bitten und Anregungen.[181] Phasen relativer Harmonie in der Zusammenarbeit wechselten mit Perioden scharfer Auseinandersetzungen. Aufs Ganze gesehen waren beide Seiten immer wieder bemüht, die vor Kriegsbeginn fixierte, vage Abgrenzung der Zuständigkeiten durch weitere Vereinbarungen zu konkretisieren. Pragmatische Lösungen waren das Gebot der Stunde, nicht die ohnehin illusionären Bestrebungen, den Konkurrenten gänzlich zu eliminieren. Die engen organisatorisch-personellen Verflechtungen sowie die gegenseitigen Informations- und Weisungsrechte kamen sicherlich beiden Seiten zu Gute.

Verschiedene Vorgänge belegen die Vermutung, dass eine ausschließlich unter Konkurrenzgesichtspunkten gedeutete Trennung von Propagandaministerium und Wehrmachtpropaganda an der Realität vorbeigeht. Goebbels war sogar bestrebt, so viele Offiziere wie möglich in der einen oder anderen Form an sein Haus zu binden. Dieser Plan soll von General Jodl verschleppt worden sein.[182] Neben den erwähnten Personalunionen zwischen Referenten des Propagandaministeriums und »Fachprüfern« der Wehrmachtpropaganda waren Offiziere der OKW-Abteilung z.B. in der Rundfunkkommandostelle des Propagandaministeriums und bei den einzelnen Sendern tätig.[183] Ihr Einfluss auf die Programmgestaltung war durch das Bereitstellen militärischer Meldungen im weitesten Sinne des Wortes beträchtlich.[184] Dazu trug bei, dass im Zeichen des »totalen Krieges« das gesamte Programm nicht zuletzt die Verbundenheit zwischen Front und Heimat festigen sollte. Die bekannteste dieser Sendungen, das sonntägliche »Wunschkonzert für die Wehrmacht«, wurde daher von Wehrmachtpropaganda-Vertretern überwacht und zensuriert.[185] Es mag sein, dass Goebbels gehofft hatte, über zahlreiche Personalunionen die Wehrmachtpropaganda Stück für Stück aus den Strukturen des OKW herauszulösen. Abseits punktueller Erfolge, wie sie am Beispiel des »umgedrehten« Verbindungsoffiziers Oberst Martin dargestellt wurden, änderte sich aber nichts an der Tatsache, dass Einbrüche in den Apparat des Konkurrenten wechselseitig erfolgten und auch die OKW-Wehrmachtpropaganda Zutritt zu den Schaltzentralen der zivilen Propagandainstanzen erhielt. Am augenfälligsten zeigte sich dieser Umstand in der ständigen Präsenz von Offizieren bei den Pressekonferenzen des Propagandaministeriums, wobei sie die militärische Lage erläuterten und Journalistenfragen beantworteten. Gegenüber seinem zweiten großen Widersacher, dem Auswärtigen Amt, hatte Goebbels derlei personelle Verquickungen so weit als möglich zu unterbinden getrachtet.[186] Schon die unzähligen Koproduktionen lassen es angezeigt erscheinen, jedes einseitige Urteil zu vermeiden und stärker die vielleicht zähneknirschende, in der Summe aber vielfältige Zusammenarbeit herauszustellen.[187] Die Wehrmacht hatte es dabei in der Hand, unter Berufung auf Geheimhaltungsrücksichten die Kooperation mit dem Propagandaministerium auf ein unumgängliches Minimum zu reduzieren. Im März 1940 ließ sie etwa das Ministerium wissen, gemäß »Führerbefehl« dürften ausschließlich militärische Instanzen an der propagandistischen Vorbereitung des Skandinavienfeldzuges beteiligt werden.[188] Im September 1943 nahm sie mit einer ähnlichen Begründung die Gestaltung der Nachrichten über die alliierte Landung auf dem italienischen Festland in die eigene Hand. Ohne Absprache mit dem Propagandaministerium verbreitete die Wehrmachtpropaganda die unzutreffende Meldung, die Invasionstruppen seien zerschlagen worden. Goebbels schäumte, hatte aber das Nachsehen.[189]

Die Propaganda-Abteilungen als rein militärische, der OKW-Abteilung beziehungsweise den örtlichen Militärbefehlshabern unterstellte Einrichtungen erhielten beispielsweise finanzielle Zuwendungen des Propagandaministeriums, um damit Vorhaben bestreiten zu können, die sonst an engherzigen militärischen Vorschriften gescheitert wären. Nachdem das OKW diesen Transaktionen auf die Schliche gekommen war und sie untersagt hatte — »wohl aus Eifersucht«, wie man rund um Goebbels mutmaßte — suchte das Ministerium nach Wegen, den Empfängern die einem Geheimfonds entnommenen Mittel weiterhin zukommen zu lassen.[190] Wie eng die Verbindungen waren, zeigt der Geschäftsverteilungsplan des Propagandaministeriums vom November 1942. Innerhalb der Abteilung Pro hatte ein Referat alle Weisungen an die Propaganda-Abteilungen SO und F mitzuzeichnen; ein anderes Referat betreute die Abteilungen in organisatorischer Hinsicht. Beide wurden hierin von der Abteilung RV unterstützt, die für alle Propaganda-Abteilungen in Gebieten mit Militärverwaltung zuständig war.[191] Intensiv diskutiert wurde zwischen der Wehrmachtpropaganda des OKW und dem Propagandaministerium die Besetzung der Kommandeursposten, die nur auf dem Kompromissweg möglich war.[192] Die eigenartige Zwitterstellung der Abteilungen verschaffte diesen »Dienern zweier Herren« in der Praxis eine beträchtliche Selbstständigkeit, konnte man sich doch je nach Bedarf an den einen oder den anderen Vorgesetzten anlehnen. Von dem nach dem Krieg behaupteten strukturellen Gegensatz zwischen zivilen und militärischen Propagandisten war wenig zu bemerken, wenn der Kommandeur der Propaganda-Abteilung F darum bat, seine verdienten Staffelführer mit einem Porträt Goebbels' auszuzeichnen.[193] Kaum Beachtung in der Forschung hat der Umstand gefunden, dass die Wehrmacht mit ihrem Verfügungsrecht über das Personal in Zeiten kriegsbedingter Verknappung aller Ressourcen über ein Machtinstrument von außerordentlicher Bedeutung verfügte. Schon im Sommer 1940 hatte Goebbels gegenüber Keitel über die durch Einberufungen entstandene missliche Lage seines Hauses Klage geführt und auf die opulente Ausstattung der militärischen Konkurrenz hingewiesen.[194] Das Propagandaministerium, das um jede einzelne Uk-Stellung mit dem OKW ringen musste, blickte mit Neid auf den hohen Personalstand der Propaganda-Abteilungen und forderte immer wieder einen Abbau der Mannschaftsstärken.[195] Noch im März 1945 glaubte Goebbels festgestellt zu haben, mehr als 500 Soldaten könnten von der Wehrmachtpropaganda für andere Aufgaben abgezogen werden.[196]

Weniger kompliziert gestaltete sich das Verhältnis zum Auswärtigen Amt. Eine Mitwirkung an der Inlandspropaganda sowie bei der Indoktrination der Truppe kam für dieses ohnedies nicht in Betracht. Was blieb, waren die vielzitierten »außenpolitischen Belange«. In der ersten Kriegsphase hatten die Diplomaten, gestützt auf Hitlers Befehl vom 8. September 1939, die von Keitel und Jodl vorgetragenen Initiativen, bei voller Anerkennung der Prärogative des Auswärtigen Amtes bei der Auslandspropaganda zu einer Abgrenzung der Interessensphären zu gelangen, ungnädig entgegen genommen.[197] Die in der Folge installierten Verbindungsmänner des Auswärtigen Amtes zur OKW-Wehrmachtpropaganda kamen über die Rolle von Briefträgern kaum hinaus. Mit dem Ausgreifen der Wehrmacht auf weite Teile Europas wendete sich das Blatt, gab es doch nur mehr wenige besetzte Länder, in denen wie im Falle Dänemarks Gesichtspunkte der Außenpolitik zum Tragen kommen sollten. Ungeachtet mancher Überschneidungen und punktueller Konflikte, wie sie etwa im besetzten Frankreich bestanden, existierte doch eine Art natürlicher Aufgabentrennung, indem sich die Wehrmachtpropaganda auf die okkupierten Gebiete konzentrierte, das Auswärtige Amt hingegen auf das befreundete und neutrale Ausland. Ein noch im Frühjahr 1944 unternommener Anlauf von Ribbentrops, Verbindungsmänner zu den Besatzungsverwaltungen abzustellen, kam bei Hitler zur Sprache, der sich »mit außerordentlicher Schärfe« dagegen aussprach und erklärte, »daß Verbindungsleute des Auswärtigen Amts bei den Verwaltungen der besetzten Gebiete [...] nichts zu suchen haben«.[198] Im Streitfall setzte sich in der Regel der vorhandene und besser ausgestattete Apparat gegen die hereindrängende Konkurrenz durch. Dies gelang in Frankreich und auf dem Balkan den dortigen Propaganda-Abteilungen, während es dem Auswärtigen Amt und seinen Missionen glückte, sowohl den Einbau von Propaganda-Offizieren in die deutschen Vertretungen wie auch die eigenmächtige Verteilung von Propagandamaterial durch die dortigen Militärattachés zu verhindern.[199] Daneben dürfen vielfältige Momente der Kooperation nicht ausgeblendet werden: Mit »Signal« wurde das erfolgreichste deutsche Propagandaprodukt vom Auswärtigen Amt und der Wehrmachtpropaganda in Koproduktion herausgebracht.

Nach dem hier ausgebreiteten Befund ließ die Einbindung der Wehrmachtpropaganda in die Kommandostrukturen von OKW und Wehrmachtführungsstab entgegen den Nachkriegsdarstellungen von Wedels und anderer wenig zu wünschen übrig. In der Phase der »Blitzkriege« war die Abteilung intensiv in die propagandistische Vorbereitung der geplanten Offensiven eingebunden. Die grundlegenden Weisungen für die Propaganda zum »West«-, »Balkan«- und »Russlandfeldzug« wurden, wie oben dargelegt, von Keitel beziehungsweise Jodl gezeichnet, nachdem sie sich intensiv mit von Wedel und seinen Offizieren beraten hatten.[200] Auch für die folgenden Jahre sind unmittelbare Anweisungen Jodls nachweisbar.[201] Die Einschaltung Hitlers, Keitels und Jodls in die Redaktion des täglichen Wehrmachtberichtes — das zentrale Medium der Nachrichtenpolitik im Krieg — ist hinlänglich erforscht.[202] In den für die ersten Kriegsmonate erhaltenen dienstlichen Tagebüchern Jodls spiegelt sich dessen permanentes Interesse an der Arbeit seiner Abteilung WPr.[203] Spätestens mit dem Krieg gegen die Sowjetunion hatten massive rassistisch-weltanschauliche Perspektiven in ihre Tätigkeit Eingang gefunden. Es ist nicht zu klären, ob dies auf Initiativen von oben zurückging oder eigenen Entschlüssen entsprungen war. Auffällig ist, dass die OKW-Abteilung ihre Propaganda-Kompanien bereits während des Frankreichfeldzuges angewiesen hatte, »vertiert aussehende Senegalneger« unter den Gefangenen zu photographieren.[204] Unter den Bedingungen nationalsozialistischer Herrschaft waren also die strukturell-organisatorischen Voraussetzungen für eine effiziente Arbeit der Wehrmachtpropaganda passabel. Es bleibt die Frage zu stellen, nach welchen Kriterien der Erfolg mit Blick auf die Adressaten gemessen werden kann.[205] Die Antwort kann sich nicht in quantitativen Momenten erschöpfen: Die während des Krieges im Osten zum Einsatz gebrachten, mehreren Milliarden Flugblätter oder die 600.000 Meter Film, welche die Propaganda-Kompanien in den sechs Wochen des Westfeldzuges belichteten, sind per se noch kein Effizienzkriterium, zumal sie schon den Zeitgenossen als Indizien einer Überproduktion erschienen.[206] Weiterführende Überlegungen werden die drei Zielgruppen zu differenzieren haben, an die sich die Wehrmachtpropaganda wandte: Die Truppe, die eigene Bevölkerung und die Menschen im Ausland, insbesondere in den besetzten Gebieten. Ferner ist zu berücksichtigen, wie Wehrmachtpropaganda selbst die Schwerpunkte setzte: 1942 waren drei Viertel ihres Personals mit den verschiedenen Sparten der Berichterstattung befasst; nur 15 Prozent verblieben für die »Aktivpropaganda«.[207] Ohne auf Details einzugehen, liegt auf der Hand, dass das von den Propaganda-Kompanien produzierte Material (bis Kriegsende 80.000 Wortberichte, zwei Millionen Einzelphotos, fünf Millionen Meter Kinofilm, mehr als eine Million in deutschen und ausländischen Zeitungen veröffentlichte Berichte) technisch auf der Höhe der Zeit war. Da die auf deutscher Seite praktizierte Form der Berichterstattung durch Soldaten möglichst aus der vordersten Linie von den Kriegsgegnern als beispielhaft betrachtet und nachgeahmt wurde, wird man ihr hohe Effizienz zubilligen müssen. Paradoxerweise bestand in der letzten Kriegsphase eines der Hauptprobleme für OKW/WPr. darin, den perfekt getarnten Imitationen ihrer eigenen Produkte wirksam entgegenzutreten, galten doch die von den Westalliierten geschickt gefälschte Illustrierte »Nachrichten für die Truppe« und der als deutscher Sender zur »Truppenbetreuung« kaschierte »Soldatensender Calais« als gefährliche Bedrohung der Kampfmoral der an der Westfront eingesetzten deutschen Verbände.[208] Die noch bis zum Balkanfeldzug 1941 so wirkungsvoll praktizierten Methoden »grauer« beziehungsweise »schwarzer« Propaganda, welche die Adressaten über ihre Produzenten im Unklaren ließ beziehungsweise täuschte, waren am Ende auf die Erfinder zurückgefallen. Dem war vorausgegangen, dass die Deutschen ihrerseits die Lehren aus den angeblichen oder wirklichen Erfolgen der feindlichen Propaganda im Ersten Weltkrieg ziehen wollten und sich mit diesem historischen Anschauungsmaterial noch bis weit in den Zweiten Weltkrieg hinein geradezu besessen auseinandersetzen.[209] Effizienz, so wäre zu folgern, kann anhand der Zahl der Schüler und Kopisten festgestellt werden. Es sagt beispielsweise eine Menge über die Wirkung einer Zeitschrift wie »Signal« aus, wenn eine portugiesische Illustrierte in Erwartung höherer Verkaufszahlen ihre äußere Aufmachung dem deutschen Original anglich.[210] Freilich erweist gerade der Erfolg der im feindlichen Lager stehenden Schüler, dass selbst die beste Propaganda auf ein für sie günstiges Umfeld angewiesen ist. Diese Tatsache begünstigte in der ersten Kriegshälfte die deutsche, danach die alliierte Seite.

Kontinuitäten? Versuch einer Bilanz

Zur mindestens zeitweiligen Effizienz der Wehrmachtpropaganda trug bei, dass die Propaganda-Kompanien auf junge, talentierte Profis aus den Medienberufen zurückgriffen, die solcherart ihrer Wehrpflicht genügten und zugleich in ihrem Metier tätig sein konnten. An welchem der beiden Pole sich ihr Selbstverständnis orientierte, ist schwer zu entscheiden, waren sie doch durch die eigens für sie geschaffenen Dienstgrade als »Sonderführer« zu einem Exotikum innerhalb der Truppe geworden. Ob der tägliche Kontakt mit den Frontverbänden integrative Tendenzen förderte, lässt sich anhand autobiographischer Quellen nicht beurteilen.[211] Klar dagegen spricht der pausenlose Ortswechsel der Propaganda-Kompanien. Es stellt sich die Frage, ob einfach journalistische Arbeit geleistet oder eine spezifisch nationalsozialistische Wehrmachtpropaganda betrieben wurde. Eine Antwort wird erst möglich sein, wenn der Grad der Befolgung der unzähligen Direktiven für die Arbeit der Propaganda-Kompanien umfassend untersucht ist. Die in den Kompanien versammelten Propagandisten verdienten während des

Krieges ihre ersten Sporen, waren aber auch später überaus erfolgreich. Eine Auflistung bekannter Berichter liest sich wie ein Who is Who der bundesdeutschen Medienlandschaft bis weit in die 1980er Jahre.

Zu nennen wäre nicht allein Lothar-Günther Buchheim, der Autor des verfilmten Romans »Das Boot«. Ihm zur Seite standen der Regisseur Franz Antel, Gert Buchheit, Kurt W. Marek (als C.W. Ceram der Autor des Bestsellers »Götter, Gräber und Gelehrte«), Paul C. Ettighofer, Joachim Fernau (Propaganda-Kompanie der Waffen-SS), Werner Höfer, die späteren Fernsehintendanten Karl Holzamer und Peter von Zahn (nach der Kapitulation Leiter der Abteilung Wort bei Radio Hamburg), Walter Kiaulehn, Heinz Maegerlein, der »Stern«-Chefredakteur und Verleger Henri Nannen, Rudolf Pörtner (Verfasser von »Die Wikinger Saga« und »Mit dem Fahrstuhl in die Römerzeit«), der Verleger Ernst Rowohlt, der Verfasser historischer Romane Jürgen Thorwald und viele andere mehr. Hinzu kommt die außerhalb der Propaganda-Kompanien, aber im Rahmen der Wehrmachtpropaganda tätige Prominenz wie Giselher Wirsing (»Signal«; nach dem Krieg Chefredakteur von »Christ und Welt«) und Ernst Jünger (Propaganda-Abteilung F).[212]

Diese Liste sagt meines Erachtens wenig über eine untergründige »Faschisierung« des bundesrepublikanischen Kulturlebens oder die Beharrungskraft nationalsozialistischer Eliten.[213] Sie belegt aber, dass in den Propaganda-Kompanien eine fachliche Elite versammelt war, die sich auch unter völlig gewandelten Umständen durchzusetzen verstand. Dies fiel ihnen umso leichter, als sie als wehrpflichtige Soldaten kaum Argwohn bei den alliierten Siegern weckten und normalerweise mühelos die bis 1949 erforderlichen Lizenzen erhielten. Dabei wurde übersehen, dass das Propagandaministerium große Sorgfalt auf die Auswahl der Berichterstatter angewandt hatte.[214] Richtig wird man liegen, wenn man von einer Gruppe ehrgeiziger »Macher« ausgeht, die ihren Job effizient verrichten wollten, von ihm vielleicht auch fasziniert waren und ihre ideologischen Botschaften als Teil ihrer professionellen Arbeit verstanden. Kaum einer hat sich nach 1945 mit seinem Wirken im Zweiten Weltkrieg auseinandergesetzt, nur ausnahmsweise waren ideologische Kontinuitäten im späteren Schaffen erkennbar.[215] Selbst bei Buchheim stehen die Schrecken des Krieges, nicht seine Rolle als Angehöriger einer Propaganda-Kompanie im Mittelpunkt.

Ähnlich lagen die Dinge bei den Propaganda-Abteilungen in den besetzten Gebieten. Es war nicht nur billiges Eigenlob, wenn der Abteilungskommandeur in Paris sein Personal wie folgt beschrieb: »Alle Sachbearbeiter, [...] deren Einsatz den Umgang mit Franzosen verlangt, beherrschen die Landessprache, kennen Frankreich, haben zum Teil jahrelang in Frankreich die Mentalität der Franzosen studieren können und kommen aus Zivilberufen, die sie [...] für diese Arbeit besonders geeignet erscheinen lassen«.[216] Wenn man die Auswahl des richtigen Personals zu den Voraussetzungen des Erfolgs zählt, so war die Abteilung Wehrmachtpropaganda des OKW jedenfalls erfolgreich und effizient. Aber selbst bei diesem Urteil sind Einschränkungen notwendig. Wie oben dargelegt, praktizierten die »men on the spot«, gestützt auf Selbstbewusstsein und Ehrgeiz, immer wieder ihre eigene Politik. Die zahlreichen minutiösen Weisungen aus der Berliner Zentrale wurden von den Propaganda-Abteilungen, weniger von den Propaganda-Kompanien, teils im eigenen Sinne ausgelegt, teils ignoriert. Es ist evident, dass gerade in Frankreich und Serbien eine aufwendige Kulturpolitik betrieben wurde, die den Befehlen zum kulturellen Niederhalten der beiden Länder widersprach.[217]

Betrachtet man die in den besetzten Gebieten aufgebauten Medien-Imperien, deren auf Gewinnmaximierung ausgerichtetes Management und die weitgehende Kontrolle des Kulturlebens durch ein engmaschiges Netz zur Beherrschung sämtlicher Vertriebsformen, so erhält man ein Effizienzkriterium eigener Art. Es deckte ein sekundäres Anliegen der Wehrmachtpropaganda voll ab, musste jedoch hinsichtlich des Hauptziels, der Beeinflussung der unterworfenen Bevölkerung, sein Scheitern verbuchen. In diesem Zusammenhang darf nicht vergessen werden, dass die Propaganda neben »positiven«, also fördernden Maßnahmen, stets auch das ihr zu Gebote stehende Repertoire »negativer« Eingriffe zur Anwendung brachte: Berufsverbote, Theaterschließungen, Presse- und Filmzensur, Radio- und Bücherbeschlagnahmungen sowie Inhaftierungen unbotmäßiger Medienleute. Trotzdem: Auf eine Phase anfänglicher Euphorie, geprägt durch die bereitwillige Kollaboration einheimischer »Kulturschaffender«, folgte spätestens ab 1942 eine Periode der Ernüchterung, ja der Resignation. Hinsichtlich Zeitpunkt und Ausmaß von Land zu Land verschieden, gebremst durch das Streben der Propagandisten nach Eigenlob, häuften sich nun die Berichte über die als verstockt, feindselig und antideutsch beschriebene Einstellung der Bevölkerung. Man erkannte zunehmend, dass die Besatzungsmacht den Menschen nicht viel anzubieten hatte. Der Umstand, dass allerorten der deutsche Rückzug beziehungsweise die Kapitulation von der überwiegenden Mehrheit der Bevölkerung als Befreiung empfunden wurde, spricht prima vista gegen die Effizienz der Wehrmachtpropaganda. Jedoch wird man berücksichtigen müssen, dass die Rahmenbedingungen der immer brutaleren Okkupationspolitik, an der zumindest in der Sowjetunion auch von Wedels Abteilung beteiligt war, mittelfristig jeder Propaganda den Boden entzog. Insofern scheiterte die Wehrmachtpropaganda an den von ihr mitgeprägten strukturellen Bedingungen. Das Urteil über die militärische Auslandspropaganda, eine technisch effiziente, gut organisierte Maschinerie, die aber im Leeren rotierte, bleibt daher zwiespältig.

Es ist evident, dass die Propaganda für die eigene Bevölkerung beziehungsweise die Truppe ungleich günstigere Bedingungen vorfand und daher gemessen an der Auslandspropaganda im wesentlichen erfolgreich war. Sieht man von Auflösungserscheinungen in den letzten Kriegsmonaten ab, so konnte das in den Jahren vor 1939 gesteckte Ziel, eine Erhebung im Inneren à la November 1918 zu verhindern, erreicht werden. Die Mitwirkung der Wehrmachtpropaganda auf diesem Feld war weniger spektakulär als in den besetzten Gebieten und gekennzeichnet durch Aufgabenteilung, Kooperation und Konflikt mit zivilen Instanzen. Lediglich auf dem bedeutsamen Gebiet der ideologischen Beeinflussung der Truppe verfügte sie bis Ende 1943 nahezu über ein Monopol. Wolfram Wette vertritt die These, die Wehrmachtpropaganda habe dazu beigetragen, unter den Truppen im Osten eine Mentalität zu erzeugen, welche den Vernichtungskrieg erst ermöglichte.[218] Die Motivforschung steht hinsichtlich der Täter allerdings erst am Anfang. Zu klären wäre insbesondere, welche Elemente des propagandistischen Angebots der Frontsoldat überhaupt wahrnahm, ob er in seinen raren Mußestunden nicht lieber nach Illustrierten aus der Heimat als nach den »Mitteilungen« und sonstigen amtlichen Belehrungen griff. Die Wirkungsforschung wird sich hüten müssen, allein auf die quellenmäßig gut belegten Elaborate der Propagandazentralen gestützt zu urteilen und die leicht erkennbare Absicht per se mit der Wirkung gleichzusetzen, ohne die viel schwieriger aufzuhellenden Umstände im Frontalltag und im Denken des durchschnittlichen Soldaten in Rechnung zu stellen. Zur Vorsicht mahnt schon folgende Überlegung: Es liegt auf der Hand, dass bei den seit Juni 1941 ständig im Kampf liegenden Osttruppen am wenigsten Gelegenheit für ideologische Schulungen bestand. Viel besser waren die Chancen bei den Besatzungsverbänden in West- und Nordeuropa, die jahrelang untätig blieben. Selbst wenn man den umfangreichen Austausch zwischen West- und Ostdivisionen berücksichtigt, fällt doch auf, dass sowohl die Barbarisierung der Kriegführung als auch der von der Wehrmacht gezeigte Kampfwille im Osten weitaus am größten waren — trotz der dort eher ungünstigen äußeren Bedingungen für die Indoktrinierung der Soldaten. Propaganda darf niemals im luftleeren Raum interpretiert werden. Selbst wenn sich der Adressat im Sinne des Propagandisten verhält — und die an der Ostfront bis zuletzt kämpfenden Soldaten taten dies — kann dieser »Erfolg« nicht automatisch und monokausal dem Konto der Propaganda gutgeschrieben werden.

Bei allen Einschränkungen war die Wehrmachtpropaganda gleich der bewaffneten Macht, der sie angehörte, ein unverzichtbarer Bestandteil des Herrschaftssystems, eine tragende Säule des NS-Staates. Für dessen Aufrechterhaltung und zur Führung des Krieges leistete sie vor und nach 1939 einen eminenten, eigenständigen Beitrag, wobei sie sich mit der Politik und den Zielen des Regimes nahezu hundertprozentig identifizierte. Die psychologischen Faktoren in einem »Krieg der Zukunft« wurden früh und zutreffend erkannt und diese Erkenntnis umgesetzt. Die einer militärischen Propaganda zukommenden Aufgaben wurden während des Krieges auf vielen Gebieten überschritten. Geht man mit der einhelligen Forschungsmeinung davon aus, dass eine ebenso unablässige wie modern gestaltete Propaganda zu den zentralen Wesensmerkmalen des NS-Regimes gehörte, so kann es nicht verwundern, dass auch die bewaffnete Macht in sie involviert war. Weniger bekannt ist, dass die Wehrmacht nicht bloß Adressat, sondern zusätzlich Akteur war. Die Abteilung Wehrmachtpropaganda des OKW verkörperte einen neuartigen, weitgehend traditionslosen militärisch-bürokratischen Apparat, der einen innerhalb der Wehrmacht einzigartigen halb-zivilen Charakter aufwies. Zudem finden sich Merkmale eines privatkapitalistisch geführten Konzerns neben Elementen starker Ideologisierung durch die Verzahnung mit parteidominierten Institutionen des Regimes. Vielleicht machte gerade diese seltsame Kombination das Wesen der Wehrmachtpropaganda aus.

---

1   Die Tagebücher von Joseph Goebbels. Im Auftrag des Instituts für Zeitgeschichte und mit Unterstützung des Staatlichen Archivdienstes Rußlands hrsg. v. Elke Fröhlich, Teil I: Aufzeichnungen 1923-1941, Bd. 4, München 2000, S. 379. Eintrag zum 28.10.1937 (im folgenden: Goebbels, Tagebücher).
2   Goebbels, Tagebücher Teil II: Diktate 1941-1945, Bd. 9, München (u.a.) 1993, S. 578 f. , Eintrag zum 23.9.1943.

3 Bei Ralf Georg Reuth, Goebbels, München (u.a.) 1990, findet sich auf mehr als 700 Seiten keinerlei Hinweis auf von Wedel und OKW/Wehrmachtpropaganda (WPr.).
4 Vgl. Reinhard Bollmus, Das Amt Rosenberg und seine Gegner. Studien zum Machtkampf im nationalsozialistischen Herrschaftssystem, Stuttgart 1970; Peter Longerich, Propagandisten im Krieg. Die Presseabteilung des Auswärtigen Amtes unter Ribbentrop, München 1987.
5 Bundesarchiv-Militärarchiv (BA-MA) Freiburg, RW 4. Hier finden sich auch zwei 1957/58 entstandene Ausarbeitungen von Wedels über die Wehrmachtpropaganda, die gekürzt in sein in der folgenden Anmerkung zitiertes Buch Eingang fanden.
6 Hasso von Wedel, Die Propagandatruppen der Deutschen Wehrmacht, Neckargemünd 1962; Hans-Leo Martin, Unser Mann bei Goebbels. Verbindungsoffizier des Oberkommandos der Wehrmacht beim Reichspropagandaminister 1940-1944, Neckargemünd 1973; Martin Henry Sommerfeldt, Das Oberkommando der Wehrmacht gibt bekannt. Ein Augenzeugenbericht des Auslandssprechers des OKW, Frankfurt am Main 1952.
7 Ilse Schmidt, Die Mitläuferin. Erinnerungen einer Wehrmachtsangehörigen, Berlin 1999, S. 35 ff. über ihren Einsatz als Stabshelferin bei der Propaganda-Abteilung Südost in Belgrad; Gerhard Heller, In einem besetzten Land. NS-Kulturpolitik in Frankreich. Erinnerungen 1940-1944, Hamburg 1982. Heller diente als Sonderführer bei der Propaganda-Abteilung Frankreich. Kurt Hesse, Die deutsche Wehrmachtpropaganda im zweiten Weltkrieg, in: Allgemeine Schweizerische Militär Zeitschrift 8 (1950), S. 566-579. Hesse war in der Zentrale von OKW/WPr. als Leiter von WPr. II tätig, wurde aber 1941 versetzt.
8 Erich Murawski, Der deutsche Wehrmachtbericht 1939-1945. Ein Beitrag zur Untersuchung der geistigen Kriegführung. Mit einer Dokumentation der Wehrmachtberichte vom 1.7.1944 bis zum 9.5.1945, Boppard am Rhein 1962; ders., Die amtliche deutsche Kriegsberichterstattung im zweiten Weltkrieg, in: Publizistik 7 (1962), S. 158-164; Klaus Kirchner, Flugblätter aus Deutschland 1939/1940. Bibliographie, Katalog, Erlangen 1982; ders., Flugblätter aus Deutschland 1941. Bibliographie, Katalog, Erlangen 1987. Weiteres Material findet sich im »Falling Leaf. The Journal of the Psywar Society«, von dem bislang mehr als 170 Hefte erschienen sind. Vgl. Ortwin Buchbender/Horst Schuh, Heil Beil! Flugblattpropaganda im 2. Weltkrieg. Dokumentation und Analyse, Stuttgart 1974; Lothar Leser, Deutsche Flugblattpropaganda im Bereich der 20. (Gebirgs-)Armee (Propaganda-Kompanie 680), in: Jahresbibliographie der Bibliothek für Zeitgeschichte 46 (1974), S. 573-586; Thomas Trumpp, Zur Decodierung von deutschen Druckerzeugnissen des Zweiten Weltkrieges. Versuch einer Auflösung der verschlüsselten Druckvermerke, in: Publizistik 37 (1992), S. 346-360.
9 Beispielsweise J. Defrasne, Un instrument caractéristique de l'arme psychologique: les unités de propagande de la Wehrmacht, in: Revue Historique des Armées (1980), S. 111-130; Omer Bartov, Indoctrination and Motivation in the Wehrmacht: The Importance of the Unquantifiable, in: Journal of Strategic Studies 9 (1986), S. 16-34.
10 Ortwin Buchbender/Reinhard Hauschild, Geheimsender gegen Frankreich. Die Täuschungsoperation »Radio Humanité« 1940, Herford 1984; André Uzulis, Psychologische Kriegführung und Hitlers Erfolg im Westen. Zur nationalsozialistischen Rundfunk- und Flugblattpropaganda gegenüber Frankreich 1939/40, in: Zeitschrift für Geschichtswissenschaft (ZfG) 42 (1994), S. 139-153; ders., Deutsche Kriegspropaganda gegen Frankreich 1939/40, in: Jürgen Wilke (Hg.), Pressepolitik und Propaganda. Historische Studien vom Vormärz bis zum Kalten Krieg, Köln (u.a.) 1997, S. 127-172; Horst Schuh, Der große Bluff. Deutsche Täuschungspropaganda im Westen 1939/40, in: Informationen für die Truppe (1980), Heft 2, S. 86-91; Martin Moll, »Signal«. Die NS-Auslandsillustrierte und ihre Propaganda für Hitlers »Neues Europa«, in: Publizistik 31 (1986), S. 357-400.
11 Ortwin Buchbender, Das tönende Erz. Deutsche Propaganda gegen die Rote Armee im Zweiten Weltkrieg, Stuttgart 1978.
12 Andreas Gossens, Die deutsche Wehrmachtspropaganda gegenüber sowjetischen Soldaten in den Jahren 1941-43. Examensarbeit an der Rheinischen Friedrich-Wilhelms-Universität in Bonn 1999 (unpubliziert).
13 Ahlrich Meyer (Hg.), Der Blick des Besatzers. Propagandaphotographie der Wehrmacht aus Marseille 1942-1944, Bremen 1999; ders., Die Razzien in Marseille 1943 und die Propagandaphotographie der deutschen Wehrmacht, in: Francia 22/3 (1995), S. 127-153.
14 Georg Schmidt-Scheeder, Reporter der Hölle. Die Propaganda-Kompanien im 2. Weltkrieg. Erlebnis und Dokumentation, Stuttgart 1977. Es handelt sich um einen Erlebnisbericht des Angehörigen

einer der PK ohne wissenschaftlichen Anspruch; Doris Kohlmann-Viand, Journalisten kämpfen — Soldaten berichten. Die nationalsozialistische Kriegsberichterstattung im Zweiten Weltkrieg, in: Medien & Zeit 3 (1989), S. 22-28.

15 Martin Jakisch/Werner Stang, Vorstellungen der faschistischen deutschen Militärs über die Propaganda im Kriege, in: Militärgeschichte 25 (1986), S. 240-251; Werner Stang, Organe und Mittel der militärischen Führung des faschistischen Deutschlands zur Meinungsmanipulierung besonders der Soldaten des Heeres 1939-1943, in: Militärgeschichte 19 (1980), S. 53-66; ders., Die Verfügung »Politische Erziehung und Unterricht der Wehrmacht« vom 30. Januar 1936. Genesis und Bedeutung, in: Revue internationale d'Histoire militaire 71 (1989), S. 226-240; ders., Richtlinien für die Meinungsmanipulierung der deutschen Soldaten des Heeres 1939 bis 1943, in: ZfG 41 (1993), S. 513-531; Helmut Francke, Entwicklung und Tätigkeit der Abteilung Wehrmachtpropaganda im OKW in der faschistischen psychologischen Kriegführung (1939-1940), 2 Bde. Phil. Diss. Humboldt-Universität Berlin, 1987 (unpubliziert); Andreas Wäntig, Die psychologische Kriegführung der faschistischen deutschen Wehrmacht in Vorbereitung und während des Überfalls auf die UdSSR — dargestellt anhand der Entwicklung und Aktivitäten der Abteilung Wehrmachtpropaganda im Oberkommando der Wehrmacht 1941-1945, 2 Bde. Phil. Diss. Humboldt-Universität Berlin, 1988 (unpubliziert); Klaus Scheel, Der Aufbau der faschistischen PK-Einheiten vor dem zweiten Weltkrieg, in: Zeitschrift für Militärgeschichte (ZMG) 4 (1965), S. 444-455; ders., Dokumente über die Manipulierung der deutschen Bevölkerung für den zweiten Weltkrieg durch die Wehrmachtpropaganda, in: ZMG 11 (1971), S. 324-338.

16 Diese berechtigte Kritik trifft nicht zu auf Wilhelm Deist/Manfred Messerschmidt/Hans-Erich Volkmann/Wolfram Wette, Ursachen und Voraussetzungen des Zweiten Weltkrieges, Frankfurt am Main 1989 (Taschenbuchausgabe der Erstauflage von 1979), insbesondere S. 148-151 (Beitrag Wette).

17 Eine Ausnahme bildet Klaus Scheel, Die faschistische deutsche Kriegspropaganda in den besetzten Ländern Südosteuropas, in: Jahrbuch für die Geschichte der Sozialistischen Länder Europas 24 (1980), S. 69-83.

18 Klaus Scheel, Krieg über Ätherwellen. NS-Rundfunk und Monopole 1933-1945, Berlin-Ost 1970; Nationalrat der Nationalen Front des demokratischen Deutschland (Hg.), Vom Ribbentrop-Ministerium ins Amt des Bundeskanzlers. Dokumentation in Sachen Kiesinger, 2. Aufl., Berlin-Ost 1968.

19 Wolf Keilig, Abteilung für Wehrmachtpropaganda (WPr.), in: Ders. (Hg.), Das deutsche Heer 1939-1945. Gliederung, Einsatz, Stellenbesetzung, 3 Bde. (Loseblatt), Bad Nauheim 1956-1970, Lieferung 42/II, S. 1-20.

20 Kaum brauchbar Gerhard Kaiser, »Geistige Kriegführung« und die Amtsgruppe Wehrmachtpropaganda des OKW im zweiten Weltkrieg, in: Der deutsche Imperialismus und der zweite Weltkrieg, Bd. 3, Berlin-Ost 1962, S. 171-179. Ein Überblick bei Buchbender, Erz (Anm. 11) sowie ders./Horst Schuh, Die Waffe, die auf die Seele zielt. Psychologische Kriegführung 1939-1945, Stuttgart 1983. Umfassend Martin Moll, »Das neue Europa«. Studien zur nationalsozialistischen Auslandspropaganda in Europa, 1939-1945. Die Geschichte eines Fehlschlages, 2 Bde. Phil. Diss., Karl-Franzens-Universität Graz, 1986 (unpubliziert), S. 14-81 sowie in den Länderkapiteln.

21 Rolf-Dieter Müller/Hans-Erich Volkmann (Hg.), Die Wehrmacht. Mythos und Realität, München 1999. Es handelt sich um Wolfgang Schmidt, »Maler an der Front«. Zur Rolle der Kriegsmaler und Pressezeichner der Wehrmacht im Zweiten Weltkrieg. Der Aufsatz findet sich seltsamerweise im Abschnitt »Mentalitäten und Kriegsalltag«. So viel Interessantes dieser Beitrag beinhaltet, so spielt in ihm die Wehrmachtpropaganda doch eine untergeordnete Rolle.

22 Manfred Messerschmidt, Die Wehrmacht im NS-Staat. Zeit der Indoktrination, Hamburg 1969, S. 239-245, 315-326. Ähnlich Jutta Sywottek, Mobilmachung für den totalen Krieg. Die propagandistische Vorbereitung der deutschen Bevölkerung auf den Zweiten Weltkrieg, Opladen 1976, die den »Propagandainstitutionen der Wehrmacht« nur die S. 36-41 widmet. Verstreute Hinweise in: Militärgeschichtliches Forschungsamt (Hg.), Deutsche Militärgeschichte 1648-1939, Herrsching 1983, hier: Bd. VII, S. 13 ff.; Klaus-Jürgen Müller, Das Heer und Hitler. Armee und nationalsozialistisches Regime 1933-1940, Stuttgart 1969; ders., Armee, Politik und Gesellschaft in Deutschland 1933-1945, Potsdam 1979.

23 Stärker bei Deist (u.a.), Ursachen (Anm. 16), S. 25-169. In den weiteren Bänden dieser Reihe wurde dem Thema Wehrmachtpropaganda nur geringe Aufmerksamkeit zuteil.

24 Hierzu Martin Creutz, Die Pressepolitik der kaiserlichen Regierung während des Ersten Weltkriegs. Die Exekutive, die Journalisten und der Teufelskreis der Berichterstattung, Frankfurt am Main (u.a.) 1996.

25 Erich Ludendorff, Meine Kriegserinnerungen 1914-1918, Berlin 1919; ders., Der totale Krieg, München 1935; Alfred von Tirpitz, Erinnerungen, Leipzig 1919.
26 Nachweise bei Deist (u.a.), Ursachen (Anm. 16), S. 25 ff., 143 ff.; Sywottek, Mobilmachung (Anm. 22), S. 13-22.
27 Wedel, Propagandatruppen (Anm. 6), S. 39. Nahezu wortgleich Martin, Mann (Anm. 6), S. 122.
28 Sywottek, Mobilmachung (Anm. 22), S. 36-41. Wehrmachtsvertreter nahmen an Konferenzen im RMVP teil und beteiligten sich an der Ausgabe von Weisungen an Medienvertreter.
29 Deist (u.a.), Ursachen (Anm. 16), S. 147 f.
30 Scheel, Aufbau (Anm. 15), S. 446.
31 Protokoll der 10. Sitzung des Reichsverteidigungsausschusses v. 26.6.1935. Vortrag Major a.D. Alfred von Wrochem, in: Der Prozeß gegen die Hauptkriegsverbrecher vor dem Internationalen Militärgerichtshof. Nürnberg, 14. November 1945-1.Oktober 1946 (im folgenden: IMG), 42 Bde., Nürnberg 1947-1949, hier: Bd. XXXVI, S. 410-436 (Dokument 405-EC). Eine ähnlichen Themen gewidmete Sitzung fand am 14.5.1936 statt. Scheel, Aufbau (Anm 15), S. 447.
32 Ebd., auch zu einem Versuch bei Manövern 1937 mit einer vergrößerten Propagandaeinheit.
33 Abhandlung des Chefs OKW »Die Kriegführung als Problem der Organisation« v. 19.4.1938. Gedruckt in: IMG, Bd. XXXVIII, S. 35-50 (Dokument 211-L).
34 OKH/AHA/Ia M Nr. 2790/38 gKdos. v. 16.8.1938 betreffend Aufstellung von PK's, BA-MA Freiburg, RH 19 XVI/8, Bl. 102-105. Faksimileabdruck bei Francke, Entwicklung (Anm. 15), Bd. II, S. 29-33. Vortragsmanuskript Major Hielscher für den Lehrgang der Presse- und Zensuroffiziere v. 30.8.1938, gedruckt bei Scheel, Dokumente (Anm. 15), S. 330-332. Vgl. Wedel, Propagandatruppen (Anm. 6), S. 20 f.
35 Scheel, Dokumente (Anm. 15), S. 328. Der Abschlußbericht v. 27.9.1938 ist gedruckt bei Jakisch/ Stang, Vorstellungen (Anm. 15), S. 244-249.
36 Ebd. Vgl. Scheel, Aufbau (Anm. 15), S. 448, und die Wiedergabe des Inhalts aus dem Gedächtnis bei Wedel, Propagandatruppen (Anm. 6), S. 22 ff. Die vorausgegangenen Besprechungen spiegeln sich in verschiedenen Eintragungen in Goebbels' Tagebuch. Vgl. insbesondere Goebbels, Tagebücher I, Bd. 5, München (u.a) 2000, S. 400, Eintrag zum 30.8.1938, wo von einer Einigung mit dem OKW die Rede ist. Goebbels gesteht zu, Propagandastellen dürften im Ernstfall kein »Zivilistenhaufen« sein.
37 Die Verfügung ist gekürzt wiedergegeben bei Buchbender, Erz (Anm. 11), S. 17 f.
38 Wedel, Propagandatruppen (Anm. 6), S. 23: »Auffallend war hierbei, dass das R.M.V.P. der Frage der Aktivpropaganda keinen besonderen Wert beilegte, weshalb zunächst auch nicht viel hierfür geschah«. Zur Baarova-Affäre Reuth, Goebbels (Anm. 3), S. 388 ff.
39 OKW/Wehrmachtführungsamt (WFA)/WPr. Nr. 520/39 v. 11.5.1939, betreffend Wehrmachtpropaganda, Bl. 1, zitiert nach Sywottek, Mobilmachung (Anm. 22), S. 264, Anm. 204.
40 Ebd., S. 39.
41 OKW, Dienstanweisung für die Abteilung Wehrmachtpropaganda (WPr), ausgegeben am 1.3.1939, gedruckt bei Hans-Adolf Jacobsen (Hg.), Kriegstagebuch des Oberkommandos der Wehrmacht (Wehrmachtführungsstab) 1940-1945, Bd. I, Teilband II, Herrsching 1982, S. 883.
42 Das OKW trachtete allerdings, über seine Propaganda-Ersatz-Abteilung vom RMVP unabhängiger zu werden und eine eigene Personalreserve zu bilden; Buchbender, Erz (Anm. 11), S. 26; Wedel, Propagandatruppen (Anm. 6), S. 93.
43 Als Beispiel OKW/WFA/WPr. Ib/Id Nr. 2740/39 geh. v. 13.10.1939, betreffend Weisungen des OKW und des RMVP an alle PK's; gedruckt bei Francke, Entwicklung (Anm. 15), Bd. II, S. 80-83.
44 Goebbels, Tagebücher I, Bd. 6, München (u.a.) 1998, S. 168, Eintrag zum 1.11.1938.
45 Keilig, Abteilung (Anm. 19), S. 1 ff.; Moll, Europa (Anm. 20), S. 18 ff.; Buchbender, Erz (Anm. 11), S. 22; Wedel, Propagandatruppen (Anm. 6), S. 34.
46 Keilig, Abteilung (Anm. 19), S. 1 ff.; Moll, Europa (Anm. 20), S. 18 ff.; Franz Josef Schott, Der Wehrmachtführungsstab im Führerhauptquartier 1939-1945. Phil. Diss., Bonn 1978, S. 62.
47 D.L., Wehrmacht und Propaganda. Rückblick und Ausblick auf die psychologische Kriegführung, in: Militärpolitisches Forum 3 (1954), S. 33-39, hier: S. 34. Bei dem Autor dürfte es sich um den Kommandeur der Propaganda-Abteilung Südost, Julius Lippert, handeln. Ähnlich falsche Aussagen über mangelhafte Vorbereitungen vor Kriegsbeginn finden sich bei Wedel, Propagandatruppen (Anm. 6), S. 130 f., und bei Murawski, Wehrmachtbericht (Anm. 8), S. 25 f.
48 Auszugsweise gedruckt bei Léon Poliakov/Joseph Wulf (Hg.), Das Dritte Reich und seine Diener, Frankfurt am Main (u.a.) 1983, S. 421 f. 1939 folgte Hasso von Wedel, 20 Jahre deutsche Wehr-

macht 1919-1939, Berlin 1939, das mit den Worten schloss: »Danken wir zu allen Zeiten und zu allen Orten Adolf Hitler, dem Führer und Obersten Befehlshaber der Wehrmacht«; ebd., S. 63. Vgl. ders., Das Großdeutsche Heer. Schriften der Hochschule für Politik 25, Berlin 1939 sowie seinen Artikel »Deutschlands Befestigungen in Ost und West«, Völkischer Beobachter v. 21.5.1939.

49 Murawski, Wehrmachtbericht (Anm. 8), S. 46. Eine Zusammenstellung von Charakterisierungen von Wedels bei Moll, Europa (Anm. 20), S. 20-22.
50 Ebd., S. 19; Keilig, Abteilung (Anm. 19), S. 3-7; Buchbender, Erz (Anm. 11), S. 22; Francke, Entwicklung (Anm. 15), Bd. I, S. 38-45.
51 Keilig, Abteilung (Anm. 19), S. 7-10.
52 Scheel, Aufbau (Anm. 15), S. 452, 454.
53 Die Debatte wurde (halb-)öffentlich geführt. Vgl. Robert Schmelzer, Aus der Geschichte der Kriegsberichterstattung, in: Zeitungswissenschaft 15 (1940), S. 69-84. Zur Tätigkeit von OKW/WPr. vor und während des Feldzuges Francke, Entwicklung (Anm. 15), Bd. I, S. 36-51.
54 Ebd., S. 51-73; Walther Hubatsch, Das dienstliche Tagebuch des Chefs des Wehrmachtführungsamtes im Oberkommando der Wehrmacht, Generalmajor Jodl, für die Zeit vom 13. Oktober 1939 bis zum 30. Januar 1940, in: Die Welt als Geschichte 12 (1952), S. 274-287 und 13 (1953), S. 58-71, hier: Heft 12 (1952), S. 284, Einträge vom 5. und 6.11.1939.
55 In Jodls Tagebuch mehrfach erwähnt. Dieser Teil ist gedruckt in: IMG, Bd. XXVIII, S. 397-435 (Dokument 1809-PS), hier: S. 415. Walter Warlimont, Im Hauptquartier der deutschen Wehrmacht 39-45. Grundlagen, Formen, Gestalten, 3. Aufl., München 1987, S. 47. Der Verbindungsoffizier wird im Jodl-Tagebuch erstmals am 10.11.1939 erwähnt; Hubatsch, Tagebuch 12 (Anm. 54), S. 285.
56 »Führer-Erlasse« 1939-1945. Edition sämtlicher überlieferter, nicht im Reichsgesetzblatt abgedruckter, von Hitler während des Zweiten Weltkrieges schriftlich erteilter Direktiven aus den Bereichen Staat, Partei, Wirtschaft, Besatzungspolitik und Militärverwaltung. Zusammengestellt und eingeleitet von Martin Moll, Stuttgart 1997, S. 91 f. (Dokument 5). Zu den Auswirkungen Longerich, Propagandisten (Anm. 4), S. 134 ff.
57 Auswärtiges Amt (AA), Dienstanweisung für Verbindungsmann bei OKW/WPr. v. 15.1.1940, Politisches Archiv des Auswärtigen Amtes (PA/AA) Berlin, Büro des Staatssekretärs, Akten betreffend Auslandspropaganda, Presse, Bd. 1, Bl. 216357.
58 Geschäftsverteilungsplan OKW/WPr. v. Januar 1940. Institut für Zeitgeschichte (IfZ) München, Micro-Archives (MA), 242, frames 466268 ff.; Keilig, Abteilung (Anm. 19), S. 7 f.
59 Ebd.; Albrecht Blau, Geistige Kriegführung, Potsdam 1937; ders., Die geistige Kriegführung im Rahmen der Gesamtkriegführung, in: Jahrbuch für Wehrpolitik und Wehrwissenschaft 1939, Hamburg 1939, S. 93-106.
60 Vgl. Kurt Kaindl, Harald P. Lechenperg 1928-1937, Salzburg 1990.
61 Im einzelnen Moll, Signal (Anm. 10). Die Hauptschriftleitung ging 1943 auf Giselher Wirsing über, den späteren langjährigen Chefredakteur von »Christ und Welt«. Vgl. Otto Köhler, Unheimliche Publizisten. Die verdrängte Vergangenheit der Medienmacher, München 1995, S. 290-327. Lechenperg behauptete in einem Interview mit dem Verfasser 1986, er habe die Idee zu »Signal« und dessen Konzept allein entwickelt. Wie auch immer: Dies ändert nichts daran, dass es die Wehrmacht verstand, begabte Profis für ihre Zwecke einzuspannen.
62 Das Kriegstagebuch der Staffeln D und N ist gedruckt in: Propagandatruppen der deutschen Kriegsmarine. Teil I: Juni 1939 bis Juni 1940. Versuch einer Dokumentation. Beiheft zur Zeitschrift »Die Wildente« 1, Hamburg o. J., S. 49 ff. Die Besetzung behandeln Francke, Entwicklung (Anm. 15), Bd. I, S. 73-85, sowie Moll, Europa (Anm. 20), S. 416-423.
63 Ebd., S. 440-445; Martin Moll, Die deutsche Propaganda in den besetzten »germanischen« Staaten Norwegen, Dänemark und Niederlande 1940-1945. Institutionen-Themen-Forschungsprobleme, in: Robert Bohn (Hg.), Die deutsche Herrschaft in den »germanischen« Ländern 1940-1945, Stuttgart 1997, S. 209-245; ders., Zwischen Weimarer Klassik und nordischem Mythos: NS-Kulturpropaganda in Norwegen 1940-1945, in: Wolfgang Benz/Gerhard Otto/Anabella Weismann (Hg.), Kultur-Propaganda-Öffentlichkeit. Intentionen deutscher Besatzungspolitik und Reaktionen auf die Okkupation, Berlin 1998, S. 189-223. Zur Tätigkeit des W.Pr.O.: Wehrmachtbefehlshaber Norwegen/Ic/W.Pr.O. Nr. 423/42 geh. v. 20.6.1942. Merkblatt für Fragen der Wehrmachtpropaganda. Wehrmachtbefehlshaber Norwegen Tgb.-Nr. 538/42 g. v. 31.8.1942 betr. Wehrmachtpropaganda, BA-MA Freiburg, RW 4/v. 230, unfol. Dort auch diverse Lageberichte des W.Pr.O. aus den Jahren 1940-1942.
64 Ausführlich hierzu Francke, Entwicklung (Anm. 15), Bd. I., S. 86-117.

65 Konrad Kwiet, Vorbereitung und Auflösung der deutschen Militärverwaltung in den Niederlanden, in: Militärgeschichtliche Mitteilungen (MGM) Nr. 1 (1969), S. 121-153, hier: S. 135.
66 Referat RV an Goebbels v. 21.5.1940, Bundesarchiv (BA) Berlin, R 55/217, Bl. 10.
67 Vgl. Gabriele Hoffmann, NS-Propaganda in den Niederlanden. Organisation und Lenkung der Publizistik unter deutscher Besatzung 1940-1945, Berlin 1972; Moll, Propaganda (Anm. 63).
68 Vgl. Werner Warmbrunn, The German Occupation of Belgium 1940-1944, Frankfurt am Main (u.a.) 1993.
69 Longerich, Propagandisten (Anm. 4), S. 222-224.
70 Ebd., S. 224-228; Francke, Entwicklung (Anm. 15), Bd. I, S. 130-143; Bernhard R. Kroener/Rolf-Dieter Müller/Hans Umbreit, Organisation und Mobilisierung des deutschen Machtbereichs, Stuttgart 1988, S. 300 (Beitrag Umbreit); Claude Lévy, L'organisation de la propagande allemande en France, in: Revue d'Histoire de la deuxième guerre mondiale 16 (1966), Heft 64, S. 7-28; Elisabeth Dunan, La »Propaganda Abteilung« de France: Tâches et organisation, in: Revue d'Histoire de la deuxième guerre mondiale 1 (1951), Heft 4, S. 19-32.
71 Von Ribbentrop an Chef OKW v. 3.8.1940, mit Wiedergabe einer »Führer-Verfügung«, in: Akten zur Deutschen Auswärtigen Politik (ADAP), Serie D, Bd. X, Frankfurt am Main 1963, S. 333 f. (Dokument Nr. 282). Vgl. Roland Ray, Annäherung an Frankreich im Dienste Hitlers? Otto Abetz und die deutsche Frankreichpolitik 1930-1942, München 2000; Francke, Entwicklung (Anm. 15), Bd. I, S. 134 f.
72 Hans Umbreit, Der Militärbefehlshaber in Frankreich 1940-1944, Boppard am Rhein 1968, S. 151 f.
73 AA-Unterstaatssekretär Martin Luther an Verbindungsmann des AA zum Führerhauptquartier, Walther Hewel, 28.9.1942, PA/AA Berlin, Handakten Luther, Bd. 12, Bl. 262 f.
74 Dieser wird wiedergegeben in der Dienstanweisung für den Bevollmächtigten des Reichsministeriums für Volksaufklärung und Propaganda in Frankreich, o. D. (Herbst 1943), BA Berlin, R 55/516, Bl. 310 f. Vgl. Umbreit, Militärbefehlshaber (Anm. 72), S. 154 f.; Longerich, Propagandisten (Anm. 4), S. 227.
75 Kathrin Engel, Deutsche Film- und Theaterpolitik im besetzten Frankreich 1940-1944, in: Benz (u.a.), Kultur (Anm. 63), S. 35-53; Manuela Schwartz, Musikpolitik und Musikpropaganda im besetzten Frankreich, in: Ebd., S. 55-78.
76 Aufzeichnung des RMVP mit Anlage (Entwurf); RMVP an Keitel, o. D. (vermutlich Anfang November 1943), BA Berlin, R 55/516, Bl. 308-312. RV an Goebbels v. 16.11.1943, ebd., Bl. 314-317.
77 Longerich, Propagandisten (Anm. 4), S. 227. Vorlage Hans Schmidt-Leonhardts für Goebbels v. 16.11.1943, BA Berlin, R 55/516, Bl. 314-317.
78 Goebbels an Hitler v. 24.11.1943, IfZ München, ED 172, Bd. 106 f. Vgl. Goebbels, Tagebücher II, Bd. 10, München (u.a.) 1994, S. 291, Eintrag zum 14.11.1943.
79 Photodokumentation: »Der rote Maquis in Frankreich«. Wehrmachtpropaganda aus dem Jahr 1944, in: Beiträge zur nationalsozialistischen Gesundheits- und Sozialpolitik, Bd. 14: Repression und Kriegsverbrechen. Die Bekämpfung von Widerstands- und Partisanenbewegungen gegen die deutsche Besatzung in West- und Südeuropa, Berlin 1997, S. 65 ff. Kritisch gegenüber Geiselerschießungen ohne Gerichtsverfahren: Propaganda-Abteilung F Gruppe AP/I, Aktennotiz für Abteilungskommandeur v. 21.4.1942, BA-MA Freiburg, RW 35/308, unfol.
80 Verbindungsmann des AA beim OKW an Leiter der Presseabteilung des AA v. 6.9.1940, PA/AA Berlin, Handakten Luther, Bd. 3, Bl. 386 f.
81 Weisung Nr. 26 »Zusammenarbeit mit den Verbündeten auf dem Balkan« v. 3.4.1941, gedruckt in: Walther Hubatsch (Hg.), Hitlers Weisungen für die Kriegführung 1939-1945. Dokumente des Oberkommandos der Wehrmacht, 3. Aufl, Koblenz 1983, S. 108-111 (Dokument Nr. 26).
82 Der Führer und Oberste Befehlshaber der Wehrmacht/Wehrmachtführungsstab (WFSt) Nr. 75/41g. v. 10.2.1941 betreffend einheitliche Führung des Propagandakrieges, gedruckt in: Moll, Führer-Erlasse (Anm. 56), S. 159 (Dokument Nr. 71).
83 Faksimile-Wiedergabe des Befehls bei Kirchner, Flugblätter 1941 (Anm. 8), S. XVIII. Vgl. Buchbender, Erz (Anm. 11), S. 24.
84 Goebbels, Tagebücher I, Bd. 9, München (u.a.) 1998, S. 150, Eintrag zum 20.2.1941.
85 Sie befanden sich in Königsberg, Rovaniemi, Reichshof (ehemaliges Polen), Warschau, Sofia, Bukarest, Wien und Graz. Defrasne, Instrument (Anm. 9), S. 118. WPr.-Außenstelle Wien an OKW/WPr. v. 3.5.1941, Bericht Nr. 2, IfZ München, MA-190/7, frames 473648-473652. Vgl. Wolfram Wette, Deutsche Kriegspropaganda während des Zweiten Weltkrieges. Die Beeinflussung der süd-

osteuropäischen Satellitenstaaten Ungarn, Rumänien und Bulgarien, in: Manfred Messerschmidt (Hg.), Militärgeschichte: Probleme-Thesen-Wege, Stuttgart 1982, S. 311-326; Scheel, Kriegspropaganda (Anm. 17).

86 Weisung Nr. 25 v. 27.3.1941, gedruckt in: Hubatsch, Weisungen (Anm. 81), S. 106-108 (Dokument Nr. 25).
87 OKW/WFSt/Abt. L (IV/Qu) Nr. 44388/41 g.Kdos. Chefs. v. 29.3.1941, Besondere Anordnungen zur Weisung Nr. 25, IfZ München, MA-49, unfol.
88 OKW/WFSt/WPr. (I) Nr. 109/41 g.Kdos. Chefs., gez. Keitel, v. 28.3.1941. Richtlinien für die Behandlung von Fragen der Propaganda gegen Jugoslawien, gedruckt in: IMG, Bd. XXVIII, S. 29-32 (Dokument 1746-PS).
89 AA an OKW v. 28.3.1941 mit Anlage: Richtlinien für die Behandlung von Fragen der Propaganda beim Einmarsch in Griechenland, BA Berlin, Auswärtiges Amt Nr. 69284, unfol.
90 Werner Augustinovic/Martin Moll, Deutsche Propaganda im Balkanfeldzug 1941, in: Österreichische Militärische Zeitschrift 38 (2000), S. 459-466. Hinweise auf die eine Ausnahme darstellenden Geheimsender, die vor Ort für Panik und Verwirrung zu sorgen hatten, ebd. S. 464 f. Vgl. Reimund Schnabel, Mißbrauchte Mikrofone. Deutsche Rundfunkpropaganda im Zweiten Weltkrieg. Eine Dokumentation, Wien 1967, S. 349 ff.
91 Im Februar 1942 nach der Errichtung zweier Staffeln in Griechenland: Prop-Abt. SO, Lage- und Tätigkeitsbericht 1.-28.2.1942 v. 28.2.1942, IfZ München, MA-190/7, frames 472888-472900.
92 Goebbels, Tagebücher I, Bd. 9, München (u.a.) 1998, S. 279. Eintrag zum 29.4.1941: »Lippert berichtet vom serbischen Feldzug [...]. Soll nun als Führer unserer Propagandastaffel nach Serbien. Ich gebe ihm genaue Richtlinien«.
93 Zur Zeit vor 1933 insbesondere Ernest Bramsted, Goebbels and his Newspaper Der Angriff, in: Max Beloff (Hg.), On the Track of Tyranny, London 1960, S. 45-65.
94 Martin Moll, Der Sturz alter Kämpfer. Ein neuer Zugang zur Herrschaftsanalyse des NS-Regimes, in: Historische Mitteilungen der Ranke-Gesellschaft 5 (1992), S. 1-51, hier: S. 26-30.
95 Prop-Abt. S, Lage- und Tätigkeitsbericht 1.-25.5.1941 v. 26.5.1941, IfZ München, MA-190/7, frames 472738-472754.
96 »Es zeigt sich immer wieder, daß der serbische Volkscharakter in seiner Mischung aus Verstocktheit, mißverstandener Romantik, Familienzusammenhalt, Vetternwirtschaft und Korruption etwas einmaliges darstellt, dem angesichts der starken Gefühlsbetontheit des Denkens und Handelns mit Methoden der Aufklärung nicht beizukommen ist«. Prop-Abt. S, Lage- und Tätigkeitsbericht 31.8.-30.9.1941 v. 1.10.1941, IfZ München, MA-190/7, frames 472818-472829.
97 Julius Lippert, Lächle ... und verbirg die Tränen. Erlebnisse und Bemerkungen eines deutschen »Kriegsverbrechers«, Leoni am Starnberger See 1955. Die Bestätigung bei Wedel, Propagandatruppen (Anm. 6), S. 60 ff.
98 Prop-Abt. S, Lage- und Tätigkeitsbericht 1.-25.5.1941 v. 26.5.1941, IfZ München, MA-190/7, frames 472738-472754.
99 Prop-Abt. S, Lage- und Tätigkeitsbericht 26.5.-25.6.1941 v. 25.6.1941, ebd., frames 472755-472771.
100 WPr. I a an Prop-Abt. S v. 12.7.1941, ebd., frame 472775.
101 Scheel, Kriegspropaganda (Anm. 17), S. 79; Moll, Europa (Anm. 20), S. 757 und S. 774.
102 Prop-Abt. SO, Monatsbericht Juli 1944 der Wehrmachtsendergruppe SO v. 3.8.1944, BA Berlin, R 55/800, Bl. 1-7.
103 Prop-Abt. S, Lage- und Tätigkeitsbericht 26.10.-30.11.1941 v. 1.12.1941, IfZ München, MA-190/7, frames 472849-472858.
104 Vgl. die Schilderung seiner Sekretärin: Schmidt, Mitläuferin (Anm. 7), S. 35-37, sowie Moll, Europa (Anm. 20), S. 774.
105 Hans-Ulrich Wehler, »Reichsfestung Belgrad«. Nationalsozialistische »Raumordnung« in Südosteuropa, in: Vierteljahrshefte für Zeitgeschichte 11 (1963), S. 72-84.
106 Prop-Abt. S, Lage- und Tätigkeitsbericht 26.6.-25.7.1941 v. 26.7.1941, IfZ München, MA-190/7, frames 472776-472789.
107 Zu den nach den Regeln des Privatrechts ablaufenden Veränderungen bei den serbischen Rundfunksendern, die als Aktiengesellschaften organisiert waren: Moll, Europa (Anm. 20), S. 765.
108 Für Serbien vgl. ebd., S. 773-780.
109 Prop-Abt. SO, Wochenbericht 25.4.-2.5.1942 v. 5.5.1942, BA Berlin, R 55/1337, Bl. 64. Vgl. Moll, Europa (Anm. 20), S. 775.

110 Dies zeigt noch der nach der Räumung des Balkans verfasste, undatierte Abschlußbericht der Militärverwaltung Südost, in dem die Prop.-Abt. nur nebenbei erwähnt wird, IfZ München, MA-515, frame 000194.

111 Der AA-Gesandte Felix Benzler unterhielt in Belgrad eine Pressestelle, konnte sich neben Lipperts Abteilung jedoch nicht profilieren. Vgl. Longerich, Propagandisten (Anm. 4), S. 230-232.

112 Hitler hatte nach dem »Balkanfeldzug« sowohl in Serbien als auch in Griechenland jeweils einen Bevollmächtigten des AA eingesetzt. Die Anordnungen bei Moll, Führer-Erlasse (Anm. 56), S. 170 f. (Dokumente Nr. 84 f.). Der AA-Vertreter in Athen hatte »die politischen, wirtschaftlichen und kulturellen Interessen des Reichs« zu vertreten, jener in Belgrad war lediglich für »Fragen außenpolitischen Charakters« zuständig. Zu undifferenziert und den Einfluss des AA überschätzend Longerich, Propagandisten (Anm. 4), S. 233. Ausführlich Moll, Europa (Anm. 20), S. 806-809.

113 Ebd., S. 807 f. mit zahlreichen Quellennachweisen.

114 Aufzeichnung der Interradio AG v. 14.5.1943, BA Berlin, R 2/4916, Bl. 183-213. Die Interradio war eine von AA und RMVP geführte Holding für deren Beteiligungen an Rundfunkgesellschaften.

115 Prop.-Abt. S, Lage- und Tätigkeitsbericht 1.-25.5.1941 v. 26.5.1941, IfZ München, MA-190/7, frames 472738-472754.

116 Prop.-Abt. SO, Lage- und Tätigkeitsbericht November 1942 v. 3.12.1942, ebd., frames 473016-473040.

117 Stellungnahme Oberst Kratzer zum Lage- und Tätigkeitsbericht der Prop.-Abt. SO November 1942 v. 20.12.1942, ebd., frames 473042 f. Der 24-seitige Bericht ebd., frames 473016-473040.

118 Prop.-Abt. SO, Wochenbericht 11.-17.5.1942, o. D., BA Berlin, R 55/1337, Bl. 57 f.

119 Prop.-Abt. SO, Lage- und Tätigkeitsbericht 1.-28.2.1942 v. 28.2.1942, IfZ München, MA-190/7, frames 472888-472900.

120 Aufzeichnung des RMVP, o. D. (vermutlich 1943), Personalstand der Prop.-Abt. SO, BA Berlin, R 55/1367, Bl. 135-144.

121 Peter Köpf, Ex-Nazis hatten eine Chance. Goebbels-Propagandisten in der westdeutschen Nachkriegspresse, in: Medien & Zeit 10 (1995), Heft 3, S. 28-34, hier: S. 29.

122 Heinrich Sprenger, Heinrich Sahm. Kommunalpolitiker und Staatsmann, Köln (u.a.) 1969, S. 263. Sahm war der Vorgänger Lipperts als Berliner Oberbürgermeister, über dem Lippert seit 1933 als Staatskommissar amtierte.

123 Prop.-Abt. SO, Wochenbericht 26.6.-2.7.1944 v. 5.7.1944, BA Berlin, R 55/620, Bl. 49.

124 Prop.-Abt. S, Lage- und Tätigkeitsbericht 26.7.-30.8.1941 v. 31.8.1941, IfZ München, MA-190/7, frames 472805-472816. Schmidt, Mitläuferin (Anm. 7), S. 37 f., schildert das Einlangen der schaurigen Photos von den Hinrichtungen in Lipperts Dienststelle. Verstreute Hinweise auf die Rolle der Abteilung im Rahmen der Judenerschießungen bei Walter Manoschek, »Serbien ist judenfrei«. Militärische Besatzungspolitik und Judenvernichtung in Serbien 1941/42, München 1993.

125 Wolfram Wette, Die propagandistische Begleitmusik zum deutschen Überfall auf die Sowjetunion am 22. Juni 1941, in: Gerd R. Ueberschär/Wolfram Wette (Hg.), »Unternehmen Barbarossa«. Der deutsche Überfall auf die Sowjetunion 1941. Berichte, Analysen, Dokumente, Paderborn 1984, S. 111-129, hier: S. 112-116; Horst Boog/Jürgen Förster/Joachim Hoffmann/Ernst Klink/Rolf-Dieter Müller/Gerd R. Ueberschär, Der Angriff auf die Sowjetunion, Frankfurt am Main 1991 (Taschenbuchausgabe der Erstauflage von 1983), S. 525-538 (Beitrag Förster); Buchbender, Erz (Anm. 11), S. 30 ff., 56 ff.

126 Ebd., S. 30 f. mit Faksimile-Abbildung des Deckblattes.

127 Hierzu jetzt (allerdings auf eher schmaler Quellenbasis) Jochen Janssen, Antibolschewismus in der Schulungsarbeit der Deutschen Wehrmacht, in: Osteuropa 51 (2001), S. 58-77.

128 OKW/WFSt/WPr. Nr. 144/41 g.Kdos. Chefs. v. Juni 1941, Weisungen für die Handhabung der Propaganda im Fall »Barbarossa«, gedruckt in: IMG, Bd. XXXIV, S. 191-195 (Dokument 026-C).

129 Buchbender, Erz (Anm. 11), S. 51-56.

130 Vgl. ebd., passim. Buchbender konzentriert sich freilich auf die Kampf- und Flugblattpropaganda gegen die Rote Armee. Eine Zusammenfassung für die besetzten Gebiete ebd., S. 263-287. Vgl. Katrin Boeckh, Die deutsche Propaganda im »Reichskommissariat Ukraine«, in: Studien zu deutsch-ukrainischen Beziehungen N.F. 2 (1996), S. 5-19; Johannes Schlootz (Hg.), Deutsche Propaganda in Weißrußland 1941-1944. Eine Konfrontation von Propaganda und Wirklichkeit, Berlin 1996; Babette Quinkert, »Hitler, der Befreier!« Zur psychologischen Kriegführung gegen die Zivilbevölkerung der besetzten sowjetischen Gebiete 1941-1944, in: Bulletin für Faschismus- und Weltkriegs-

forschung Nr. 14 (2000), S. 57-83.
131 Dies., Terror und Propaganda. Die »Ostarbeiteranwerbung« im Generalkommissariat Weißruthenien, in: ZfG 47 (1999), S. 700-721.
132 OKW/WFSt/WPr. (Id/AP) Nr. 8790/41 g. v. 24.11.1941, Richtlinien für die Durchführung der Propaganda in den besetzten Ostgebieten, BA-MA Freiburg, RH 19 III/483, unfol.
133 OKW/WFSt/WPr. (AP) Nr. 150/42 g. Kdos. v. 23.3.1942, Grundlagen der Propaganda gegen die Wehrmacht und die Völker der Sowjetunion, ebd.
134 Nachweise bei Buchbender, Erz (Anm. 11), passim, der diese Perspektive allerdings selbst übernimmt. Zur Kritik Quinkert, Hitler (Anm. 131), passim.
135 Vgl. Hans-Erich Volkmann, Das Vlasov-Unternehmen zwischen Ideologie und Pragmatismus, in: MGM Nr. 12 (1972), S. 117-155. Aus der Feder eines ehemaligen WPr.-Angehörigen: Werner Strik-Strikfeldt, Gegen Stalin und Hitler. General Wlassow und die russische Freiheitsbewegung, Mainz 1970.
136 Keilig, Abteilung (Anm. 19), S. 11. Aus zeitgenössischer Sicht vgl. den Beitrag des 1942 abgelösten Leiters von WPr. IV: Albrecht Blau, Die Beteiligung der europäischen Völker am Kampf gegen den Bolschewismus, in: Europa und die Welt, Berlin 1944, S. 254-272.
137 Kroener (u.a.), Organisation (Anm. 70), S. 298 f.
138 Vgl. hierzu Meyer, Blick (Anm. 13).
139 Keilig, Abteilung (Anm. 19), S. 9 f.; Buchbender, Erz (Anm. 11), S. 24.
140 Referat RV, Rundschreiben v. 26.7.1940, BA Berlin, R 55/219, Bl. 23.
141 Keilig, Abteilung (Anm. 19), S. 10.
142 Goebbels, Tagebücher I, Bd. 9, München (u.a.) 1998, S. 58, Eintrag zum 19.12.1940: »Major Martin beklagt sich bei mir bitter über die schlechte und penetrante Propaganda, die Brauchitsch mit seiner Person betreiben läßt«.
143 Goebbels, Tagebücher II, Bd. 3, München (u.a.) 1994, S. 166, Eintrag zum 22.1.1942. Martin hatte den Bericht tatsächlich vorgelegt, nachdem ihn Goebbels erst am Vortag darum gebeten hatte. Vgl. ebd., S. 159 f., Eintrag zum 21.1.1942. Zur Relativierung der von Goebbels maßlos überschätzten Insider-Kenntnisse Martins vgl. Willi A. Boelcke, Das »Seehaus« in Berlin-Wannsee. Zur Geschichte des deutschen »Monitoring-Service« während des zweiten Weltkrieges, in: Jahrbuch für die Geschichte Mittel- und Osteuropas 23 (1974), S. 231-269, hier: S. 256 f. Boelcke argumentiert außerdem, der Bericht Martins habe von Wedel eine willkommene Gelegenheit geboten, den Empfängerkreis geheimen Abhörmaterials drastisch einschränken zu lassen und damit die von seiner Abteilung herausgegebenen, offiziellen Publikationen aufzuwerten.
144 Goebbels, Tagebücher II, Bd. 3, München (u.a.) 1994, S. 517, Eintrag zum 21.3.1942.
145 Ebd., Bd. 5, München (u.a.) 1995, S. 289, Eintrag zum 10.8.1942: »Diese Denkschrift zehrt sehr stark von meinen vielfachen Ausführungen in der Ministerkonferenz, die Martin sich zu eigen gemacht hat«.
146 Ebd., Bd. 11, München (u.a.) 1994, S. 172, Eintrag zum 25.1.1944: »Ich glaube, am liebsten möchte er seinen Oberstenrock an den Nagel hängen und entweder zur Partei, zum Ministerium oder zur Waffen-SS übertreten«.
147 Martin, Mann (Anm. 6). Zur Charakterisierung vgl. Moll, Europa (Anm. 20), S. 29 f.; Willi A. Boelcke, Kriegspropaganda 1939-1941. Geheime Ministerkonferenzen im Reichspropagandaministerium, Stuttgart 1966, S. 105 f. Aus zeitgenössischer Sicht: Sommerfeldt, Oberkommando (Anm. 6), S. 58, für den Martin die Interessen Goebbels' gegen die Wehrmacht vertrat.
148 Martin, Mann (Anm. 6), S. 112.
149 Buchbender, Erz (Anm. 11), S. 19 ff.
150 Aufzeichnung Ernst von Weizsäckers v. 8.5.1942, PA/AA Berlin, Büro des Staatssekretärs, Akten betreffend Auslandspropaganda, Presse, Bd. 1, Bl. 216545.
151 Keilig, Abteilung (Anm. 19), S. 9-11; Wolf Keilig (Hg.), Rangliste des deutschen Heeres 1944/45. Dienstalterslisten T und S der Generale und Stabsoffiziere des Heeres v. 1. Mai 1944 mit amtlich belegbaren Nachträgen bis Kriegsende, Bad Nauheim 1955, S. 38.
152 Keilig, Abteilung (Anm. 19), S. 17; Moll, Europa (Anm. 20), S. 33.
153 Murawski, Wehrmachtbericht (Anm. 8), S. 47.
154 Schott, Wehrmachtführungsstab (Anm. 46), S. 170, Anm. 95.
155 Heinz Dieter Hölsken, Die V-Waffen. Entstehung-Propaganda-Kriegseinsatz, Stuttgart 1984, S. 99. OKW/WPr., Geschäftsverteilungsplan Juni 1944, IfZ München, MA-242, frames 466277-466283.
156 Die Befehle Hitlers bei Moll (Anm. 56), Führer-Erlasse, S. 381-384 (Dokumente Nr. 289 f.), 403

(Dokument Nr. 312), 414 (Dokument Nr. 324), 423 f. (Dokument Nr. 333) und 484 f. (Dokument Nr. 391). Vgl. Arne W.G. Zoepf, Wehrmacht zwischen Tradition und Ideologie: Der NS-Führungsoffizier im Zweiten Weltkrieg, Frankfurt am Main 1988.

157 Als Beispiel die in Kooperation mit dem Personalamt des Heeres 1944 herausgegebene Broschüre »Wofür kämpfen wir?«, IfZ München, Da 34.06. Vgl. auch die Broschüre »Der Offizier als Führer im Kampf gegen die feindliche Propaganda«, ebd., Da 33.94.
158 Stang, Organe (Anm. 15), S. 57. Vgl. auch ebd., S. 59 f. eine Zusammenstellung weiterer Publikationen und Periodika.
159 Ebd., S. 61.
160 Keilig, Abteilung (Anm. 19), S. 17.
161 In Belgien wurde außerdem noch einen Monat vor Räumung des Landes die bisherige Militär- durch eine Zivilverwaltung abgelöst und die Propaganda-Abteilung B zurückgezogen.
162 Kurt Gerhard Klietmann (Hg.), Die Waffen-SS, Osnabrück 1965, S. 415-418; Moll, Europa (Anm. 20), S. 305-327; Buchbender, Erz (Anm. 11), S. 244-247.
163 Ebd., S. 249-258.
164 Vgl. Reg G. Auckland, V 1 Rocket Propaganda Leaflets 1944-1945, Sandridge 1990.
165 Gunter d'Alquen an von Wedel v. 9.8.1944, IfZ München, MA-305, frame 391687. Vorausgegangen war eine Beschwerde eines Höheren SS- und Polizeiführers, ein Propagandatrupp der Wehrmacht habe trotz eines 1942 ausgesprochenen Verbots Himmlers den Ausdruck »Partisanen« gebraucht.
166 Vgl. Werner Augustinovic/Martin Moll, Gunter d'Alquen — Propagandist des SS-Staates, in: Ronald Smelser/Enrico Syring (Hg.), Die SS: Elite unter dem Totenkopf. 30 Lebensläufe, Paderborn (u.a.) 2000, S. 100-118; William L. Combs, The Voice of the SS. A History of the SS Journal »Das Schwarze Korps«, New York (u.a.) 1986.
167 Schriftliche Mitteilungen von Gunter d'Alquen an Martin Moll v. 6. u. 28.4.1986. D'Alquen beteuert, er sei nie Chef von OKW/WPr. gewesen, sondern lediglich Chef der Propagandatruppen.
168 So aber ohne Belege Defrasne, Instrument (Anm. 9), S. 120 ff.
169 Murawski, Wehrmachtbericht (Anm. 8), S. 145.
170 Buchbender/Schuh, Heil Beil (Anm. 8), S. 17.
171 Wedel, Propagandatruppen (Anm. 6), S. 83-87; Martin, Mann (Anm. 6), passim.
172 Schriftliche Mitteilung von Gunter d'Alquen an Martin Moll v. 6.4.1986. Zur Interpretation Augustinovic/Moll, d'Alquen (Anm. 166), S. 109 f.
173 Volker R. Berghahn, Meinungsforschung im »Dritten Reich«: Die Mundpropaganda-Aktion der Wehrmacht im letzten Kriegshalbjahr, in: MGM Nr. 1 (1967), S. 83-119.
174 Augustinovic/Moll, d'Alquen (Anm. 166), S. 112 f.
175 Murawski, Wehrmachtbericht (Anm. 8), S. 141 ff.
176 Ebd., S. 141, 694; Wedel, Propagandatruppen (Anm. 6), S. 151 (Zitat).
177 Vgl. die Schilderung bei Boelcke, Kriegspropaganda (Anm. 148), S. 636, und bei Moll, Europa (Anm. 20), S. 46, mit Nachweisen der Dutzenden Passagen in Goebbels' Tagebuch, die Hesse betreffen. Ein noch schlimmeres Schicksal erlitt der Auslandssprecher des OKW, Major Martin Sommerfeldt, der mit Zustimmung Keitels nach dem 20.7.1944 zeitweilig verhaftet wurde. Hierzu ebd., S. 44.
178 Es handelte sich um den Leiter der Abteilung Auslandspresse, Prof. Dr. Karl Bömer, der angetrunken den bevorstehenden Angriff auf die Sowjetunion ausgeplaudert hatte. Goebbels versuchte vergeblich, den versierten Presseexperten zu halten; er kam zur Frontbewährung und starb im Jahr darauf; Boelcke, Kriegspropaganda (Anm. 148), S. 69-73.
179 Goebbels, Tagebücher I, Bd. 8, München (u.a.) 1998, S. 395, Eintrag zum 29.10.1940: »Eine Reihe von Torheiten des OKW abgestellt. Die machen Propaganda aus dem Schubfach. Richtige Bürokraten! Aber ich verbiete einfach diese Torheiten«.
180 Beispielsweise in der Konferenz vom 22.6.1942; Willi A. Boelcke (Hg.), Wollt Ihr den totalen Krieg? Die geheimen Goebbels-Konferenzen 1939-1943, Stuttgart 1967, S. 326 f.
181 RMVP an OKW/WPr., betreffend Sabotageakte und Angriffe auf deutsche Soldaten, Geiselerschießungen v. 19.9.1941, BA-MA Freiburg, RH 3/v. 204, unfol. (mit Vorschlägen zur öffentlichen Darstellung der Exekutionen).
182 Leiter RV an Goebbels v. 30.12.1942, BA Berlin, R 55/1367, Bl. 4 f.
183 Keilig, Abteilung (Anm. 19), S. 9; Ansgar Diller, Rundfunkpolitik im Dritten Reich, München 1980, S. 336-340.
184 WPr. II c, Denkschrift betreffend Zusammenarbeit von Wehrmacht und Rundfunk im Kriege v.

11.3.1940. Gedruckt bei Francke, Entwicklung (Anm. 15), Bd. II, S. 128-131.
185 Diller, Rundfunkpolitik (Anm. 183), S. 341 f.
186 Ebd., S. 316-334.
187 Aus der Masse möglicher Beispiele sei lediglich die von 1939 bis 1944 erschienene Heft-Serie »Deutschland im Kampf« genannt, als deren Herausgeber von Wedel und Goebbels' Abteilungsleiter Alfred Ingemar Berndt fungierten.
188 OKW/WPr. an RMVP v. 21.3.1940, IfZ München, MA-49, unfol.
189 Goebbels, Tagebücher II, Bd. 9, München (u.a.) 1993, S. 528, Eintrag zum 18.9.1943: »Die militärischen Nachrichtenstellen, die von General Jodl abhängig sind, haben bereits von einem Dünkirchen und einem Gallipoli gesprochen, und nun fällt die ganze feindliche Propagandameute über mich her und macht mich für diese gänzlich verfehlte Nachrichtenpolitik verantwortlich«.
190 Ministerialrat Eberhard Taubert an Dr. Werner Naumann (Leiter von Goebbels' Ministerbüro) v. 14.1.1943, BA Berlin, R 55/516, Bl. 154.
191 Geschäftsverteilungsplan des RMVP v. 1.11.1942, IfZ München, MA-233, frames 503311-503431.
192 Details in den Länderkapiteln bei Moll, Europa (Anm. 20).
193 Leiter Personalabteilung an Goebbels v. 4.1.1941, BA Berlin, R 55/219, Bl. 129.
194 Goebbels an Keitel v. 1.8.1940, BA Berlin, R 43 II/1150, Bl. 69 ff.
195 RV an OKW/WPr. v. 8.1.1942, BA Berlin, R 55/1367, Bl. 45 f. Vermerk Leiter RV v. 15.1.1942, ebd., Bl. 47. Goebbels, Tagebücher II, Bd. 7, München (u.a.) 1993, S. 342, Eintrag zum 14.2.1943: »Ich mache den Vorschlag, die Propaganda-Kompanien, auch im Felde, die sehr stark überbesetzt sind, wesentlich zu kürzen«.
196 Goebbels, Tagebücher II, Bd. 15, München (u.a.) 1995, S. 414, Eintrag zum 4.3.1945.
197 Jodl an von Weizsäcker v. 16.12.1939, PA/AA Berlin, Büro des Staatssekretärs, Akten betreffend Auslandspropaganda, Presse, Bd. 1, Bl. 216340 ff. Aufzeichnung von Weizsäckers v. 27.12.1939, ebd., Bl. 216349 f. Die Einigung spiegelt sich in OKW/WFA/WPr Nr. 250/40 g. v. 15.1.1940, betreffend Auslandspropaganda (Entwurf), gedruckt bei Francke, Entwicklung (Anm. 15), Bd. II, S. 113 f. Zum Kontext Moll, Europa (Anm. 20), S. 55-57.
198 Aufzeichnung ohne Unterschrift (vermutlich vom Chef der Reichskanzlei verfasst) v. 19.4.1944, ADAP, Serie E, Bd. VII, S. 648 f. (Dokument Nr. 346).
199 OKH/Generalstab des Heeres/Attaché-Abteilung, Zusammenstellung eines Schriftwechsels v. 27.3.1941, IfZ München, MA-242, frames 467102-467104. Die Initiative war in diesem Fall vom OKH ausgegangen und endete damit, dass die Attachés nur das von WPr. bereitgestellte, mit dem AA abgestimmte Material verteilen durften.
200 Als Beispiel OKW/WFA/WPr. I Nr. 3960/40 geh. (gez. Keitel) v. 27.5.1940, betreffend Propagandagroßaktion gegen Frankreich, gedruckt bei Francke, Entwicklung (Anm. 15), Bd. II, S. 93 f.
201 Walther Hubatsch (Hg.), Kriegstagebuch des Oberkommandos der Wehrmacht (Wehrmachtführungsstab) 1940-1945, Bd. III, Halbband Herrsching 1982, S. 750.
202 Murawski, Wehrmachtbericht (Anm. 8), passim.
203 Vgl. die Zusammenstellung der Nachweise bei Moll, Europa (Anm. 20), S. 63 f.
204 Eilweisung OKW/WPr. an die PK's im Westen v. 23.5.1940, referiert nach Boelcke, Kriegspropaganda (Anm. 148), S. 130. Eine ähnliche Weisung erging Anfang Juli 1940, wonach »die Vernegerung des französischen Volkes stark herauszustellen« war, zit. nach Francke, Entwicklung (Anm. 15), Bd. I, S. 132.
205 Einige methodische Überlegungen bei David Welch, Propaganda and Indoctrination in the Third Reich: Success or Failure?, in: European History Quarterly 17 (1987), S. 403-422; ders. (Hg.), Nazi Propaganda. The Power and the Limitations, Beckenham 1983. Vgl. insbesondere Ian Kershaw, How effective was Nazi Propaganda?, in: Ebd., S. 180-205. Jüngst Rainer Gries, Propagandageschichte als Kulturgeschichte. Methodische Erwartungen und Erfahrungen, in: Deutschland-Archiv 33 (2000), S. 558-570.
206 Buchbender/Schuh, Waffe (Anm. 20), S. 20, 24.
207 Ebd., S. 20.
208 Klaus Kirchner, Flugblätter aus England, aus den USA. Nachrichten für die Truppe 1944. Bibliographie, Katalog, Erlangen 1989; ders., Flugblätter aus England, aus den USA. Nachrichten für die Truppe 1945. Bibliographie, Katalog, Erlangen 1989. Zum Hintergrund Sefton Delmer, Die Deutschen und ich, Hamburg 1962. Es ist bezeichnend, dass der Erlebnisbericht des britischen Chefpropagandisten Delmer ausgerechnet im Verlag des ehemaligen PK-Angehörigen Henri Nannen

erschien!
209 Als Beispiel vgl. Walther Hahn, Propagandakriegführung vom Standpunkt des Soldaten. Operatives und taktisches Denken in der feindlichen Propaganda während des ersten Weltkrieges, in: Militärwissenschaftliche Rundschau 4 (1942), S. 347-372; Gerhard Baumann, Grundlagen und Praxis der internationalen Propaganda, Essen 1941; Fritz Hesse, Zur Psychologie der englischen Propaganda, in: Hochschule für Politik (Hg.), Jahrbuch 1940, Berlin 1940, S. 234-248; Heinrich Kessemeier (Hg.), Der Feldzug mit der anderen Waffe, 4. Aufl. Hamburg 1941.
210 Dr. Paul Schmidt (Leiter der Presseabteilung des AA) an Diplogerma, Consugerma Lissabon v. 16.10.1941, PA/AA Berlin, Presseabteilung, Bd. 56, unfol.: »Bitte umgehend Aufmachung Zeitschrift ‚Esfera' dergestalt abändern, dass alle äusserlichen Konkurrenzmomente zum 'Signal' insbesondere Type der Aufschriften und roter Textpunkt wegfallen«.
211 Buchheims »Das Boot« stellt einen Sonderfall dar, da die extremen Verhältnisse auf einem U-Boot nicht generalisiert werden können. Eher das Eigenleben der PK-Männer betonend: Schmidt-Scheeder, Reporter (Anm. 14). Buchheim war auch als PK-Maler tätig und auf der jährlichen »Großen Deutschen Kunstausstellung« in München vertreten. 1943 veröffentlichte er den — 1996 erneut aufgelegten — Bild-Text-Band »Jäger im Weltmeer«. Hierzu Schmidt, Maler (Anm. 21), S. 643.
212 Buchbender/Schuh, Waffe (Anm. 20), S. 22. Vgl. Helmut Peitsch, »Am Rande des Krieges«? Nichtnazistische Schriftsteller im Einsatz der Propagandakompanien gegen die Sowjetunion, in: Kürbiskern (1984), Heft 3, S. 126-149. Vgl. Köhler, Publizisten (Anm. 61), S. 102-132. Zu Wirsing ebd., S. 290-327; Moll, Signal (Anm. 10).
213 Die ins Treffen geführten Beispiele stammen nicht aus dem Bereich der Wehrmachtpropaganda: Dr. Paul Schmidt, Pressechef des AA, der unter dem Pseudonym Paul Carell zahlreiche Bücher über den Zweiten Weltkrieg verfasste (»Unternehmen Barbarossa«, »Verbrannte Erde« u.a.). Vgl. Köhler, Publizisten (Anm. 61), S. 164-203. Prof. Dr. Franz Alfred Six, zeitweilig Amtschef im Reichssicherheitshauptamt und Leiter der Kulturabteilung des AA, der nach 1945 eine erfolgreiche Unternehmerschule gründete. Vgl. Lutz Hachmeister, Der Gegnerforscher. Die Karriere des SS-Führers Franz Alfred Six, München 1998.
214 Arnulf Kutsch, Deutsche Rundfunkjournalisten nach dem Krieg. Redaktionelle Mitarbeiter im Besatzungsrundfunk 1945 bis 1949. Eine explorative Studie, in: Mitteilungen des Studienkreises Rundfunk und Geschichte 12 (1986), S. 191-214, hier: S. 206, 212. Die Goebbels unterstehenden Reichspropagandaämter beurteilten mit der Partei-Kanzlei der NSDAP die politische Zuverlässigkeit der PK-Männer. Partei-Kanzlei an Gauleitung Berlin v. 14.7.1942, Akten der Partei-Kanzlei der NSDAP. Rekonstruktion eines verlorengegangenen Bestandes. Hg. vom Institut für Zeitgeschichte München. Bearbeitet von Helmut Heiber (u.a.), München 1983 ff., hier Teil I, Fiche 30700760.
215 Am ehesten bei Joachim Fernau, dem Autor umstrittener Bestseller mit historischen Themen. Eine völkisch-nationale Geschichtskonzeption wurde für sein Hauptwerk »Deutschland, Deutschland über alles ... Von Arminius bis Adenauer« (1952) konstatiert. Hierzu Köhler, Publizisten (Anm. 61), S. 102-119.
216 Zitiert nach Francke, Entwicklung (Anm. 15), Bd. I, S. 134.
217 Ergänzend RMVP/RV Nr. 34/40g an OKW v. 31.7.1940, betreffend Weisungen für Propaganda-Einheiten, BA-MA Freiburg, RW 4/v. 187, unfol.: Kritik an der zu positiven Berichterstattung über Frankreich und seine Kultur.
218 Wolfram Wette, »Rassenfeind«. Antisemitismus und Antislawismus in der Wehrmachtpropaganda, in: Walter Manoschek (Hg.), Die Wehrmacht im Rassenkrieg. Der Vernichtungskrieg hinter der Front, Wien 1996, S. 55-73; ders., »Rassenfeind«. Die rassistischen Elemente in der deutschen Propaganda gegen die Sowjetunion, in: Hans-Adolf Jacobsen/Jochen Löser/Daniel Proektor/Sergej Slutsch (Hg.), Deutsch-russische Zeitenwende. Krieg und Frieden 1941-1995, Baden-Baden 1995, S. 175-201.

Jan Erik Schulte

Die Konvergenz von Normen- und Maßnahmenstaat:
Das Beispiel SS-Wirtschafts-Verwaltungshauptamt, 1925-1945

Während des »Dritten Reiches« wurden Bürokratien und Bürokraten als »nicht nationalsozialistisch« gebrandmarkt. Einer der schärfsten Kritiker jedes »schematischen« Verwaltungshandelns[1] und des »Bürokraten-Egoismus«[2] war Adolf Hitler selbst: »Man verlangt immer von mir, ich solle etwas sagen zum Lob der Bürokratie. Ich kann das nicht«.[3] Abneigung gegen die Bürokratie fand sich auf jeder Ebene der NS-Bewegung.[4] Entgegen den propagandistischen Behauptungen bediente sich die NS-Herrschaft jedoch extensiv der öffentlichen Verwaltung und baute selbst große bürokratische Apparate auf.[5] Auf diese Diskrepanz von Postulat und Wirklichkeit hat Franz Neumann schon 1942 hingewiesen: »Wir haben es also mit zwei gleichzeitig auftretenden Entwicklungen zu tun: einerseits dem enormen zahlen- und funktionsmäßigen Wachstum der staatlichen Bürokratien, andererseits der ideologischen Verteufelungskampagne, die sich gegen die Bürokratie richtet [...]«.[6]

Ernst Fraenkel hat in seiner klassischen Studie zum »Doppelstaat« ausgeführt, daß es analytisch wenig aussagekräftig ist, traditionelle Verwaltungen und neu aufgebaute NS-Bürokratien voneinander zu trennen.[7] Vielmehr sollten die Formen der Herrschaftsausübung der jeweiligen Institutionen betrachtet werden. Fraenkel unterscheidet zwischen dem »Maßnahmenstaat« und dem »Normenstaat« beziehungsweise den ihnen jeweils zuzuordnenden Behörden und Instanzen.[8] Für ihn ist der Maßnahmenstaat das »Herrschaftssystem der unbeschränkten Willkür und Gewalt, das durch keinerlei rechtliche Garantien eingeschränkt ist«. Der Normenstaat sei dagegen das »Regierungssystem, das mit weitreichenden Herrschaftsbefugnissen zwecks Aufrechterhaltung der Rechtsordnung ausgestattet ist, wie sie in Gesetzen, Gerichtsentscheidungen und Verwaltungsakten der Exekutive zum Ausdruck gelangen«.[9] Das von Fraenkel kreierte Modell beansprucht ausdrücklich nur für die Vorkriegszeit Gültigkeit.[10] Für die weitere Entwicklung erwartete der Autor, dessen Buch bereits um die Jahreswende 1940/41 erschien, eine weitergehende Anpassung des Normenstaates an den Maßnahmenstaat.[11] Inwieweit diese Entwicklung eingetreten ist und Fraenkels Modell insbesondere auch für die Kriegszeit trägt, bleibt noch zu klären.

Eine umfassende Erforschung der den »Doppelstaat« tragenden Institutionen ist auch heute noch ein Desiderat. Zwar bilden Studien zur Gestalt und Funktion des bürokratischen Vollzugsapparates und Analysen seiner administrativen Methoden einen wesentlichen Bestandteil der historischen Auseinandersetzung mit dem NS-Regime.[12] Doch sind sowohl die Rolle der überkommenen staatlichen Bürokratie in der Spätzeit des »Großdeutschen Reiches«[13] als auch besonders die

Struktur der »politischen Sonderverwaltungen«[14] des NS-Staates bislang nicht ausreichend untersucht worden. Studien, die den spezifischen Charakter der neuen Sonderbehörden analysieren, sind Mangelware.[15] Diese Einschätzung gilt auch für die von Heinrich Himmler geführte Schutzstaffel (SS), die unbestritten eines der wichtigsten und dynamischsten neuen Organe des NS-Staates war. Gerade ihr wird ein hohes Maß an Bürokratisierung zugeschrieben.[16] Aber auch für die SS mangelt es an aussagekräftigen, modernen verwaltungshistorischen Detailstudien.[17]

Allerdings hat die seit einigen Jahren forcierte Diskussion über das Verhältnis zwischen Geheimer Staatspolizei und deutscher Gesellschaft die Kenntnis vom »Innenleben« und von den Prozeduren staatlicher Verfolgungsapparate erheblich erweitert.[18] Bislang beschränkt sich diese Diskussion aber vorwiegend auf die im Reichssicherheitshauptamt (RSHA) zusammengefaßten Behörden.[19] Vor dem Hintergrund der Forschungsdesiderate auf dem Gebiet der neuen »politischen Sonderverwaltungen« insgesamt und der Bedeutung des SS/Polizei/Gestapo-Komplexes im speziellen erscheint es sinnvoll, eines der großen Subsysteme des »Schwarzen Ordens« beispielhaft zu analysieren.

Die SS-Verwaltungs- und Wirtschaftsorganisation, seit 1942 unter dem Namen SS-Wirtschafts-Verwaltungshauptamt (WVHA) bekannt, bietet sich aus mehreren Gründen für diese verwaltungshistorische Analyse an: Neben dem RSHA gehörte das WVHA zu den wichtigsten Zentralbehörden der SS. Vor allem mittels des ihm seit März 1942 unterstehenden Systems der Konzentrationslager (KZ) und des Verleihs von KZ-Häftlingen an die Rüstungsindustrie entfaltete das Wirtschafts- und Verwaltungshauptamt eine politische Wirkung, die weit über den Rahmen der SS-Organisation hinausging. Als Verwaltungszentrale der Waffen-SS war es an bürokratische Prozeduren und rechtliche Normen gebunden; zugleich kontrollierte es mit den KZ ein bedeutendes, außernormatives Terrorinstrument des nationalsozialistischen Maßnahmenstaates.

Anhand der exemplarischen Darstellung dieser wichtigen Sonderbehörde des NS-Staates soll im folgenden untersucht werden, welche Maximen das Verwaltungshandeln im SS-Wirtschafts-Verwaltungshauptamt bestimmten und wie sich der bürokratische Alltag darstellte. Vor dem Hintergrund dieser Analyse wird darüber hinaus versucht, das WVHA im Modell des »Doppelstaates« zu positionieren und somit die Tragfähigkeit der von Fraenkel eingeführten Unterscheidung zu testen.

Grundstrukturen der SS-Verwaltung in der »Kampfzeit«

Die Ursprünge der SS-Verwaltung reichen zurück bis in die Frühzeit der NS-Bewegung, als die SS nicht mehr war als eine unbedeutende paramilitärische Gruppierung. Nach seiner Entlassung aus der Landsberger Festungshaft stellte Hitler im Frühjahr 1925 eine »Stabswache« genannte Formation auf. Mit ähnlich strukturierten Einheiten in anderen Städten des Deutschen Reiches wurde sie noch im selben Jahr zu einer einheitlichen Organisation, der SS, zusammengefaßt.[20] Da sie keine Mittel von der NSDAP erhielt, mußte Hitlers Schutzformation schon bald nach ihrer Errichtung Wege für eine eigenständige Finanzierung finden.[21] Ihr bescheidener Etat wurde in der Folgezeit vor allem durch den geringen Obolus, den jeder SS-Mann abführen mußte, und durch Zahlungen sogenannter Fördernder Mitglieder gedeckt. Letzteres Instrument war nur aus finanziellen Erwägungen geschaffen worden. Diese Beitragszahler hatten außer den monetären keine weiteren Verpflichtungen zu erfüllen: Sie gehörten nicht zur SS und mußten auch keinen SS-Dienst leisten.[22]

In den ersten Jahren ihres Bestehens war die SS nicht mehr als ein loser Verbund kleiner lokaler »Staffeln«. Verwaltungsaufgaben bestanden nur in geringem Umfang: Einige Bekleidungsstücke, wie das »Braunhemd« oder die schwarze Mütze, wurden zentral beschafft, Postkarten und NS-Publikationen vertrieben, eine Erwerbsunfähigkeits- und Invaliditätsversicherung angeboten[23] und vor allem Mitgliedsbeiträge und Spenden verwaltet.[24] Üblicherweise übernahm der jeweilige örtlichen Staffelführer auch das Einsammeln der Geldbeträge. Damit lag der Organisationsgrad der einzelnen Staffeln noch unterhalb dem eines eingetragenen Vereines, der einen Vorstand einschließlich eines Kassenwartes aufweisen mußte.

Selbst bei der »Oberleitung« der SS in München bestand eine eigene Kassenverwaltung nur für eine begrenzte Zeit. Bereits am 23. November 1927 befahl der damalige Reichsführer der SS, Konrad Heiden, die Vereinigung der »Kassenverwaltung der SS mit der Wirtschaftsstelle der N.S.D.A.P. Reichsleitung«.[25] Obwohl die SS ihre Geldmittel selbstständig aufbringen mußte, konnte oder wollte sie sich Ende 1927 keine eigene Finanzverwaltung leisten. Dieser Zustand blieb jedoch nicht lange bestehen. Vermutlich auf Initiative Heinrich Himmlers, des damals Stellvertretenden Reichsführers der SS, wurde 1928 ein Reichsgeldverwalter eingesetzt, der neben seiner Funktion als Münchner Staffelführer noch nebenamtlich das Kassenwesen der SS-Oberleitung betreute. Der neue Finanzchef Paul Magnus Weickert scheint seine Arbeit zur Zufriedenheit Himmlers ausgeführt zu haben, denn auch nach dessen Beförderung zum Reichsführer-SS blieb Weickert weiterhin auf seinem Posten.[26]

Zunächst blieb eine organisierte Geldverwaltung auf die oberste Ebene der SS beschränkt. Aber im Juli 1930 konnte Weickert die »Fördernden Mitglieder« über eine neue Verwaltungsgliederung informieren, die nun auch die lokalen Einheiten einbezog. Als »ausführende Organe der Reichsgeldverwaltung SS« standen Weickert seit dieser Zeit »die neuernannten Geldverwalter« zur Verfügung, die »die örtlichen, kassentechnischen Arbeiten übernehmen und somit auch ein regelmässiges Einheben der monatlichen Beiträge unserer fördernden Mitglieder [...] sicherstellen« sollten. Vor dem Hintergrund des von Himmler betriebenen Zuwachses der SS hatte der Reichsgeldverwalter das organisatorische Fundament der SS-Geldverwaltung legen können; die finanziell prekäre Lage blieb jedoch, wie dem Rundschreiben Weickerts an die »Fördernden Mitglieder« zu entnehmen ist, bestehen.[27]

Gerade in Zeiten knapper Kassen schufen die Forderungen Weickerts und seiner Geldverwalter immer wieder Zündstoff für Konflikte mit der Parteiorganisation und mit den lokalen SS-Führern. Im November 1931 kam es zu einer Unterredung von Vertretern der SS-Oberführung Ost mit dem Gauleiter der Kurmark, Wilhelm Kube. Dieser hatte der SS das Einsammeln des SS-Mitgliedsbeitrages in Höhe von je 0,30 Reichsmark verboten und behauptete im Gespräch mit den SS-Führern, daß ihm über ein Recht der SS, diese Beiträge zu erheben, überhaupt nichts bekannt sei. Zwar ist der Ausgang des Streits nicht überliefert, aber auch so wird deutlich, wie verbissen während der Wirtschaftskrise auch um kleine Beträge gefeilscht wurde.[28]

Die Zusammenarbeit von lokaler Geldverwaltung und SS-Führern war ebenfalls nicht konfliktfrei. Im Rahmen eines Vortrags auf der Führerbesprechung am 13./14. Juni 1931, bei dem auch Himmler anwesend war, beschwor Weickert die herausragende Bedeutung des Geldverwalters für die Funktionsfähigkeit der örtlichen Schutzstaffel, ließ zwischen den Zeilen aber anklingen, daß die Staffelführer dies nicht immer so sehen würden. Betont kämpferisch deklamierte der Reichsgeldverwalter: »Sobald die Geldverwaltung richtig durchorganisiert ist, werden auch die ewigen Reibereien zwischen aktiven SSF[ührern] und G[eld]V[erwaltern] aufhören, weil der aktive SSF erst dann merken wird, wieviel ein wirklich tüchtiger G.V. wert ist«.[29] Im Zuge seines Referates gab Weickert auch über die Arbeitsethik der SS-Geldverwaltung Auskunft:

»In der SS müssen die Finanzen in Ordnung gehen, es muss alles klar gebucht sein, sodass niemand etwas über schlechte Buchführung sagen kann [...]. Im verwaltungstechnischen Sinne ist es erforderlich, daß man erst denkt und dann niederschreibt, damit die Bücher auch sauber und ordentlich aussehen. Entschuldigungen und Ausreden gibt es nicht, man hat immer seinen Dienst zu machen, nur der Tod entschuldigt«.[30]

Da Weickert es für nötig hielt, auf eine saubere und ordentliche Buchführung hinzuweisen, wird deutlich, vor welchen Problemen die SS-Geldverwaltung noch immer stand. Eine geregelte Verwaltung war zwar auf dem Papier schon vorhanden, in der Praxis hatte sie sich aber noch nicht durchgesetzt. Weickert mußte sich mit Schwierigkeiten auseinandersetzen, die üblicherweise nur in Vereinen auftraten, die über kein kompetentes Kassenpersonal verfügten. Die SS-Geldverwaltung bewegte sich folglich noch immer auf einem sehr niedrigen Organisations- und Professionalitätsniveau.

Als paramilitärischer Verband, der zudem noch der SA unter dem ehemaligen Hauptmann Ernst Röhm unterstand, griff auch die SS auf militärische Organisationsschemata zurück. Daher wurde nicht nur in der SA,[31] sondern auch in der SS der »Stab« analog den höheren Kommandobehörden der Reichswehr in verschiedene Stabsabteilungen eingeteilt. Die Reichsgeldverwaltung Weickerts firmierte in dieser Organisation als Abteilung IVa »Geldverwaltung«. Diese Gliederung setzte sich auch auf unterer Ebene fort. Die Abschnitts- und Standartengeldverwalter führten alle die Bezeichnung IV a. Da Weickert im Stab der SS neben dem Kassenwesen auch für Bekleidungs-, Verpflegungs- und Unterkunftsfragen zuständig war (Abteilung Id), betreuten auch die ihm unterstellten Geldverwalter die Id-Abteilung ihrer jeweiligen Abschnitts- oder Standartenstäbe.[32] Auf dem Papier hatten sich die SS und ihre Finanzverwaltung also eine straffe militärähnliche Organisation gegeben.

Militärische Traditionen und preußische Pflichtauffassung scheinen jedoch die verantwortlichen Verwaltungsführer nicht geleitet zu haben. Sowohl der Weltkriegsgefreite Weickert als auch dessen Nachfolger, der Chef des »Verwaltungsamtes-RFSS«, Gerhard Schneider, wurden jeweils wegen Unterschlagungen ihrer Ämter enthoben. Anfang 1934 war die SS-Verwaltung somit führerlos.[33]

Aufbau der Verwaltungsbürokratie der SS-Verfügungstruppe

Das Personalproblem kam für Himmler und die SS-Verwaltung zum denkbar ungünstigsten Zeitpunkt. Nach der »Machtergreifung« der Nationalsozialisten hatte der Reichsführer-SS als Chef der Politischen Polizei in Bayern und als Polizeipräsident von München staatliche Funktionen übernommen[34] und die SS-Verwaltung mit öffentlichen Aufgaben betraut. So wurde beispielsweise die Verwaltung des Konzentrationslagers Dachau einschließlich der Werkstätten vom SS-Verwaltungsamt betreut. Auch erhielt die SS seit 1933 Zuschüsse aus dem Reichshaushalt. Obwohl diese vom Reichsschatzmeister der NSDAP ausgezahlt wurden, mußten sie gemäß den Richtlinien für öffentliche Gelder verbucht werden. Die SS-Verwaltung sah sich also neuen Herausforderungen gegenüber, die sie mit dem vorhandenen Personal und den etablierten Organisationsstrukturen nicht meistern konnte.[35]

In dieser Situation gelang es Himmler, mit Oswald Pohl einen verwaltungserfahrenen Marinezahlmeister als Chef des Verwaltungsamtes zu verpflichten, dem er die Reorganisation des Verwaltungsdienstes anvertrauen konnte. Pohl, 1892 geboren, gehörte zu den »Alten Kämpfern« der NSDAP, in die er bereits 1923, nach anderen Angaben 1925 oder 1926, eingetreten war. Der Zahlmeister hatte sich vor allem in der SA engagiert, deren Kieler Marinestandarte er Anfang 1934 führte. Zudem saß er als NSDAP-Abgeordneter im Rat der Stadt Kiel. Pohls Karriere als Militärverwaltungsbeamter war typisch und wenig auffällig verlaufen. Im Ersten Weltkrieg diente er sowohl in Landkommandos als auch an Bord. Nach dem Versailler Vertrag wurde er in die 15.000 Mann starke Reichsmarine übernommen und fortan als Halbflottillen- und Abteilungszahlmeister eingesetzt. Vor seinem Eintritt in die SS gehörte er als Abteilungszahlmeister der I. Marineartillerieabteilung in Kiel an.[36]

Wie sich schon wenige Monate nach Pohls Antritt als Leiter der SS-Verwaltung zeigte, mußte er praktisch eine ganz neue Verwaltungssparte aufbauen. Im Anschluß und als Folge der Ermordung Röhms und der politischen Marginalisierung der SA erhielt die SS das Recht, militärische Verbände, die sogenannte SS-Verfügungstruppe, zu errichten.[37] Diesem auf drei, später vier Regimenter begrenzten Verband wurde schon 1935 ein Etat in Höhe von 50 Millionen Reichsmark zugewiesen. Damit verfügte die für die Finanzen zuständige SS-Verwaltung über einen Betrag in bislang nicht gekannter Höhe.[38] Um die organisatorischen und fachlichen Probleme zu lösen, kreierte Pohl, der auch für die Aufstellung der Haushaltsvoranschläge der Verfügungstruppe zuständig war,[39] einen eigenen Verwaltungsdienstweg und – wichtiger – stellte neues, verwaltungserfahrenes Personal ein.

In Verwaltungsanordnungen, die seit dem 17. Januar 1935 herausgegeben wurden, übermittelte SS-Oberführer Pohl den Einheiten der SS-Verfügungstruppe seine Anweisungen.[40] Zentraler Arbeitsbereich der SS-Verwaltung war das Finanzwesen, das vom Chef des SS-Verwaltungsamtes am 16. April 1935 einheitlich geregelt wurde: Pohl richtete im SS-Verwaltungsamt eine »Oberkasse« ein, die sämtliche öffentlichen Gelder vereinnahmte und abrechnete, die der SS-Verfügungstruppe von der Reichshauptkasse überwiesen wurden. Die Oberkasse war also das Nadelöhr, durch das alle staatlichen Mittel ihren Weg zu den einzelnen Einheiten fanden. Bei der Oberkasse entstand eine »Rechnungsstelle«, die alle Einzahlungen und Auszahlungen vornahm, die das SS-Verwaltungsamt als oberste Verwaltungsbehörde der SS-Verfügungstruppe anordnete. Damit legte Pohl fest, daß alle finanziellen Ausgaben, die nicht speziell mit einzelnen Einheiten zusammenhingen, direkt von ihm gesteuert wurden. Hierzu gehörte das gesamte Unterkunfts-, Bau- und Bekleidungswesen der SS-Verfügungstruppe. Schließlich richtete Pohl bei jeder Standarte, jedem Sturmbann und jeder SS-Führerschule eine Amtskasse ein, die ihre Gelder unmittelbar von der Oberkasse bezog.[41]

Mit der Einrichtung des Kassenwesens der SS-Verfügungstruppe hatte Pohl den Schritt von der Vereinsverwaltung zur öffentlichen Verwaltung getan. Allein die Bezeichnungen sprechen für sich: Nicht mehr einzelne »Geldverwalter« waren für die Finanzen persönlich verantwortlich, sondern anonyme »Kassen« übernahmen Einnahmen und Ausgaben. Diese Kassen wurden genauestens überwacht und hatten die Verwaltungsvorschriften für öffentliche Haushalte zu befolgen. Pohl ordnete daher am 2. Mai 1935 an:

»Zur Durchführung dieser Kontrolle besteht beim Verwaltungsamt-SS eine Prüfungsstelle, die mit 2 Führern besetzt ist, welche als alte Routiniers das Gebiet der Reichs-Rechnungslegungs-Ordnung restlos beherrschen. Diese beiden Führer besuchen monatlich 1mal jede Verwaltungsdienststelle, um an Ort und Stelle nicht nur Fehler festzustellen und zu kritisieren, sondern um die Verwaltungsführer an Hand der festgestellten Unzulänglichkeiten zu schulen. Diese Führer sind also weniger Prüfer als vielmehr fliegende Schulmeister«.[42]

Der Leiter der SS-Verwaltung führte seinen Kurs, die SS-Verwaltungsführer mit den Buchungsregeln der Reichsverwaltung vertraut zu machen, kompromißlos weiter. Am 2. März 1936 ließ er Buchungstafeln verteilen, die »in ihrer strengen Gliederung nach den Grundsätzen der Reichsfinanzverwaltung ein Nachschlagewerk in allen Buchungsfragen und zugleich ein wertvolles Unterrichtsmaterial« seien.[43] Das Vorgehen, die Verwaltung der SS-Verfügungstruppen auf die Grundsätze des öffentlichen Finanzwesens einzuschwören und eine klar gegliederte Verwaltungsorganisation aufzubauen, wurde honoriert. Nach einer positiven Beurteilung durch seinen direkten Vorgesetzten, den Chef des SS-Hauptamtes SS-Gruppenführer Kurt Wittje,[44] wurde Pohl am 1. Juni 1935 »zum Verwaltungschef der SS unter Beibehaltung seiner Dienststellung als Chef des Verwaltungsamtes SS und unter Beförderung zum SS-Brigadeführer«[45] ernannt. Damit war Pohl dem

Reichsführer-SS nunmehr unmittelbar unterstellt. Der frischgebackene Verwaltungschef der SS hatte es geschafft, eine kompetente und streng hierarchisch strukturierte Militär- und Finanzverwaltung aufzubauen und doch zugleich als »Feind aller Paragraphen«[46] zu gelten. Pohl glückte somit der Spagat zwischen bürokratischer Notwendigkeiten und nationalsozialistischer Bürokratiekritik.

Schaubild 1: Die Entwicklung der Verwaltungs- und Wirtschaftsämter der SS

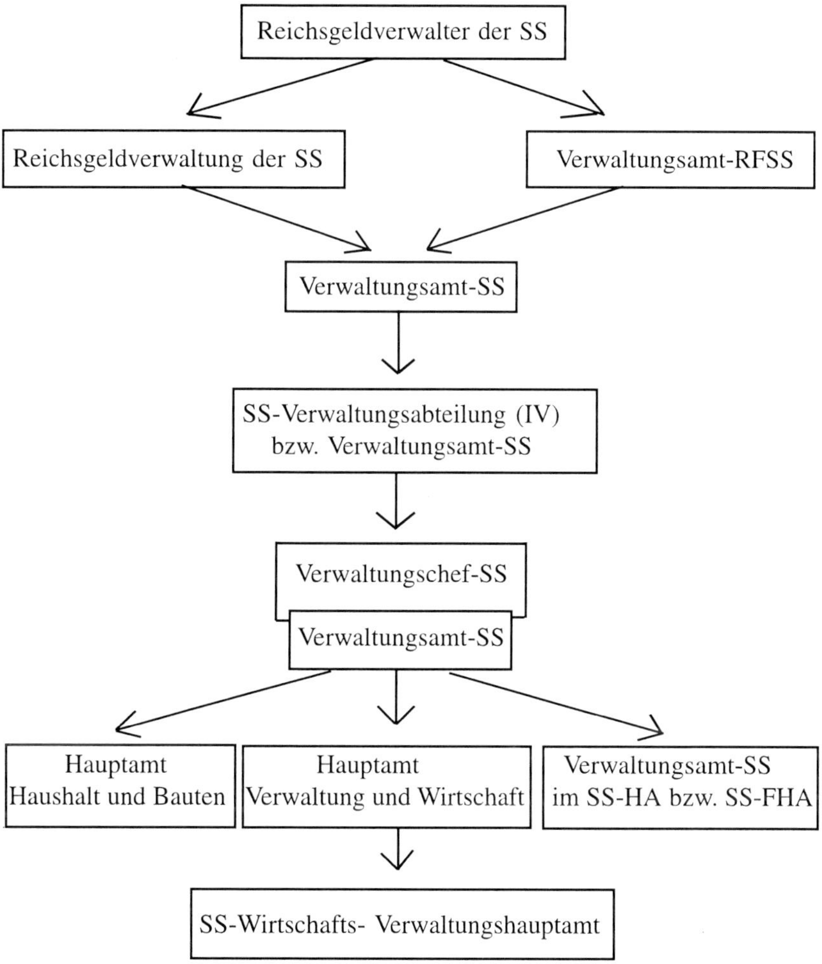

```
                    Reichsgeldverwalter der SS
                    ↙                    ↘
    Reichsgeldverwaltung der SS      Verwaltungsamt-RFSS
                    ↘                    ↙
                    Verwaltungsamt-SS
                            ↓
              SS-Verwaltungsabteilung (IV)
                bzw. Verwaltungsamt-SS
                            ↓
                    Verwaltungschef-SS
                    Verwaltungsamt-SS
                ↙           ↓           ↘
    Hauptamt        Hauptamt         Verwaltungsamt-SS
Haushalt und Bauten  Verwaltung und   im SS-HA bzw. SS-FHA
                    Wirtschaft
                            ↓
              SS-Wirtschafts- Verwaltungshauptamt
```

(c) Jan Erik Schulte (Abkürzungen: SS-HA = SS-Hauptamt; SS-FHA = SS-Führungshauptamt)

Mit der Rückendeckung Himmlers,[47] der die fachliche Kompetenz und Loyalität seines Verwaltungschefs schätzte, gelangen Pohl und seiner SS-Verwaltung der weitere Aufstieg. Am 1. April 1939 wurde die Verwaltungsorganisation in die beiden Hauptämter Haushalt und Bauten sowie Verwaltung und Wirtschaft geteilt, als deren Chef Himmler Pohl berief. Der SS-Verwaltungsapparat gehörte nun zu den obersten SS-Behörden und stand auf einer Stufe mit dem Hauptamt Sicherheitspolizei unter Reinhard Heydrich oder dem SS-Hauptamt unter August Heißmeyer. Mit seiner am 20. April 1939 erfolgten Ernennung zum Ministerialdirektor im Reichsinnenministerium wurde Pohl formal in die Ministerialbürokratie übernommen. Die besondere Bedeutung dieser Ernennung lag in der Tatsache begründet, daß die mit Mitteln aus dem Haushalt des Innenministeriums geführte SS-Verfügungstruppe nun auch in der Ministerialinstanz von Pohl betreut wurde. Er war in Angelegenheiten der bewaffneten SS von diesem Zeitpunkt an seine eigene Kontrollinstanz. Am 1. Februar 1942 übernahm er schließlich das SS-Wirtschafts-Verwaltungshauptamt, das sämtliche SS-Verwaltungszweige unter einem Dach zusammenführte, und eines der mächtigsten Hauptämter der SS bildete.[48]

Das SS-Verwaltungsführerkorps der Vorkriegszeit

Pohl war aber nicht nur auf organisatorischem Gebiet erfolgreich. Vielmehr gelang es ihm, neue »Verwaltungsführer«, die bislang noch nicht mit seiner Organisation in Verbindung gestanden hatten, heranzuziehen und sie an entscheidenden Stellen einzusetzen. Anders als die Konzentrationslager, war die SS-Verwaltung keine Versorgungsanstalt für »Alte Kämpfer«.[49] Pohl bemühte sich um Fachleute, die die haushaltstechnischen Regeln beherrschten und eine effiziente und kompetente Verwaltung für die SS-Verfügungstruppe aufbauen konnten. Er wollte, wie er formulierte, den »soldatischen Beamten«[50] schaffen. Dieses Idealbild entsprang Pohls eigener Erfahrung und beruflichen Sozialisation. Schon während seiner Marinedienstzeit hatte er sich dafür eingesetzt, daß die Marinebeamten, zu denen die Zahlmeister gehörten, den Seeoffizieren gleichgestellt würden.[51] In der SS baute er daher ein Verwaltungsführerkorps auf, das militärische Erfahrungen und bürokratische Fachkompetenz vereinigte.

Der Verwaltungschef der SS achtete besonders auf die soldatischen und administrativen Fähigkeiten der Bewerber, weniger aber auf eine vorherige SS-Mitgliedschaft, wie die folgenden Beispiele zeigen: Im Februar 1935 übernahm Pohl den 1885 geborenen Verwaltungsobersekretär Friedrich Köberlein direkt von der Landespolizei und wies ihn in eine SS-Obersturmführerstelle bei der SS-Verwaltung ein. Köberlein wurde erst zu diesem Zeitpunkt in die SS und aufgenommen, was sein berufliches Fortkommen aber keineswegs behinderte: Bereits am 1. März 1936 übertrug ihm der Verwaltungschef die Führung der Hauptabteilung V 4 im SS-Verwaltungsamt, die für das gesamte Unterkunftswesen der SS, speziell der SS-Verfügungstruppe, zuständig war. Bis Kriegsende stand Köberlein an der Spitze der SS-Unterkunftsverwaltung, zuletzt als SS-Standartenführer und Chef des Amtes B III im WVHA. Nur einen Monat nach Köberleins Eintritt in die SS-Verwaltung stieß der Polizeiverwaltungssekretär Paul Reiss (Jahrgang 1888) zur Dienststelle Pohls. Auch er wurde erst mit Übernahme in den SS-Verwaltungsdienst in die SS aufgenommen. Über eine Parteimitgliedschaft ist nichts bekannt.

Reiss baute zusammen mit Köberlein das Unterkunftswesen der SS auf. Bei Kriegsende hatte er es bis zum SS-Sturmbannführer und Leiter des Hauptwirtschaftslagers in Dachau gebracht. Anton Blaser, geboren 1899, diente bei der Landespolizei Augsburg als Hauptwachtmeister und Unterkunftsverwalter, bevor er ebenfalls im März 1935 in die SS und die SS-Verwaltung übernommen wurde. Wie Reiss gehörte auch er zu den frühesten Mitarbeitern der Unterkunftsverwaltung und war bei Kriegsende Stellvertreter Köberleins im Amt B III. Ebenfalls im Frühjahr 1935 traten mindestens vier Verwaltungsunteroffiziere der Reichswehr nach Ableistung ihrer 12jährigen Dienstzeit in Pohls Verwaltungsbehörde ein und wurden dort zum Teil auch als Unterkunftsverwalter eingesetzt.[52]

1936 gelang es Pohl, weitere Verwaltungsfachleute anzuwerben. Hierzu gehörten beispielsweise der Oberleutnant der Landespolizei und Kaufmann Gustav Eggert (geb. 1894), der in unterschiedlichsten Verwaltungspositionen bei der SS-Verfügungstruppe eingesetzt wurde, im SS-Wirtschafts-Verwaltungshauptamt als Chef des Amtes A II (Kassen- und Besoldungswesen) fungierte und zuletzt ein Korps der Waffen-SS als Intendant betreute; der Polizeihauptmann und ehemalige Zahlmeister Franz Müller (geb. 1894), der seit 1942 als leitender Verwaltungsoffizier und Amtschef IV im SS-Führungshauptamt diente; der Oberamtmann bei der Landespolizei Hans Moser (geb. 1907), der verschiedene höhere Verwaltungspositionen in der SS-Verfügungstruppe und Waffen-SS ausfüllte und als SS-Standartenführer im WVHA zeitweise das Amt B I (Verpflegungsamt) und vertretungsweise das Amt D II (Häftlingseinsatz) führte; der Major der Landespolizei Eduard Weiter (geb. 1889), der in der Vorkriegszeit die Oberkasse der SS-Verfügungstruppe leitete und Kurt Prietzel (geb. 1897), ebenfalls Major der Landespolizei und vormaliger Heereszahlmeister, der in verschiedenen Verwaltungsstellen der SS-Verfügungstruppe eingesetzte wurde, als Vorgänger Mosers das Amt B I führte, von 1943 bis 1944 die Verwaltung des RSHA leitete und bei Kriegsende als SS-Wirtschafter in Oslo diente. Alle genannten Verwaltungsführer hatten einschlägige Kenntnisse in den Bereichen Militär- oder Polizeiverwaltung und waren bis 1933 und ein großer Teil bis zum Eintritt in die SS-Verwaltung weder Mitglied der NSDAP noch der SS oder einer anderen NS-Gliederung gewesen.[53]

Wie die Unterkunftsverwaltung, so bestand auch, soweit bekannt, die gesamte Rechtsabteilung des Verwaltungschefs-SS aus Fachleuten, die von Pohl ausgesucht worden waren und die sich vor 1933 weder in der NSDAP noch in der SS engagiert hatten. Hierzu gehörten der Leiter der Rechtsabteilung Dr. Walter Salpeter (geb. 1902) und seine Mitarbeiter Dr. Horst Barthelmess (geb. 1903) und Dr. Paul Weiss (geb. 1910). Der Jurist Karl Mummenthey (geb. 1906), der ebenfalls der Rechtsabteilung angehörte und später als Geschäftsführer das SS-Unternehmen Deutsche Erd- und Steinwerke GmbH (DESt) leitete, stand bis 1933 in den Reihen des Stahlhelms[54], aber ebenfalls nicht in der »NSDAP«.[55]

Im Rahmen des Aufbaus der Verwaltung der SS-Verfügungstruppe griff Pohl seit dem Frühjahr 1935 vor allem auf altgediente bürokratieerfahrene Soldaten und Polizeibeamte des Innendienstes sowie auf akademisch gebildete Juristen zurück. Ohne die neuen Fachkräfte hätte er den Aufbau der Verwaltung für die SS-Verfügungstruppe nicht durchführen und weder die Geldversorgung sicherstellen noch die Kasernen bewirtschaften können.[56] Pohls Anspruch, ein soldatisches und fachlich versiertes Verwaltungsführerkorps aufzubauen, läßt sich auch an der von ihm forcierten Ausbildung von Verwaltungsführern an der SS-Verwaltungsführerschule in Arolsen erkennen. Diese Schule wurde von Pohls ehemaligem Zahlmeisterkameraden Hans Baier geleitet. In den Richtlinien für die SS-Verwaltungsführerlaufbahn dekretierte der SS-Verwaltungschef:

»Verwaltungsführer der SS sein heisst: auf seinem Fachgebiet ein wirklicher ‚Führer' sein, sicher sattelfest, mit vielseitigem Wissen ausgestattet, [...] ohne Rücksicht darauf, ob er an der Front Dienst tut oder auf der Schreibstube oder im Büro. Darum gilt für den Führer und Führernachwuchs das Grundgesetz nationalsozialistischer Weltanschauung in hervorragendem Masse, daß nur persönliche Eignung und immer wieder unter Beweis zu stellende Leistungen dazu berechtigen, Führer zu werden [...], nicht aber Schulbildung, Studium oder gar Herkunft«.[57]

Für Pohl war also neben der wenig konkreten »persönlichen Eignung« vor allem die fachliche Leistung das entscheidende Kriterium für die Führerauswahl, das er kurzerhand als »Grundgesetz nationalsozialistischer Weltanschauung« deklarierte. Auch an der Verwaltungsführerschule rangierte die »weltanschauliche Erziehung« weit hinter den verwaltungsfachlichen und militärischen Ausbildungszielen. In den von Pohl herausgegebenen Richtlinien für die Verwaltungsführerlaufbahn fand sich der »Weltanschauliche Unterricht« ziemlich am Ende einer Liste von Pflichtfächern, zwischen »Kaufmännische[r] und kameralistische[r] Buchführung« und »Kurzschrift und Maschinenschreiben«.[58]

Die Anforderungen, die Pohl an seine Verwaltungsführer stellte, entsprachen im wesentlichen denjenigen, die auch für die öffentliche und militärische Verwaltung galten. Eine Ausnahme bildeten allerdings die Rekrutierungsvoraussetzungen für SS-Verwaltungsführer. Anders als in Wehrmacht und öffentlicher Bürokratie spielten formale Bildungsabschlüsse für eine Übernahme als Führer (Offizier) in die SS-Verwaltung vorderhand keine Rolle. Es wurde ganz im Gegenteil darauf Wert gelegt, daß jeder Anwärter, der die »persönliche« und fachliche Eignung habe, zum Führer im SS-Verwaltungsdienst aufsteigen könne. Diese Form der »Chancengleichheit«, der allerdings zumindest in der Vorkriegszeit eine »rassische« Vorauswahl vorausging, war nicht verwaltungstypisch, sondern fester Bestandteil der »Führerauslese« der SS insgesamt.[59] Die SS und speziell das Verwaltungsführerkorps dienten somit auch als Vehikel für einen beruflichen und sozialen Aufstieg, der in der Wehrmachts- und öffentlichen Bürokratie auf diese Weise nur in Ausnahmefällen möglich war. Der Zwang zur Professionalisierung ließ Pohl aber schon in seinen »Richtlinien« verkünden, daß Abiturienten bessere Chancen hätten und besonders befähigte Verwaltungsführer Rechts- und Wirtschaftswissenschaften studieren sollten. Folglich spielten die formalen Bildungsvoraussetzungen auch weiterhin eine nicht unwesentliche Rolle, und selbst die von Hitler geschmähten Juristen waren für Pohl hochwillkommene und benötigte Fachkräfte.[60] Pohls für die Waffen-SS aufgebaute Verwaltungsbehörde unterschied sich folglich personell und ideell nur wenig von den althergebrachten Administrationen des Normenstaates. Wie seine Verwaltungstätigkeit zeigte, knüpfte der SS-

Verwaltungschef vielmehr bewußt an traditionelle bürokratische Vorstellungen an. Seine Überzeugung brachte Pohl am 4. Juni 1935 gegenüber dem Reichsinnenministerium pointiert zum Ausdruck, als er schrieb, daß er »die uns übergebenen Reichsgelder im besten Sinne alter preussischer Sparsamkeit und Gewissenhaftigkeit verwalten« wolle.[61]

SS-Wirtschaftsbürokratie zwischen ökonomischer Rationalität und weltanschaulicher Motivation

Die Verwaltung der Allgemeinen SS, also der freiwilligen, ehrenamtlichen SS-Formationen, und der SS-Verfügungstruppe waren zwei originäre Arbeitsbereiche der von Pohl geleiteten Behörde. In den Jahren 1936 bis 1938 erweiterte sich der Tätigkeitsbereich durch die Übernahme der Verwaltung von SS-Totenkopfverbänden und KZ.[62]

Ebenfalls im Jahr 1938 befahl Himmler Pohl, SS-eigene Wirtschaftsunternehmen aufzubauen beziehungsweise bereits bestehende Einrichtungen zu übernehmen. Die schon existierenden und bislang vom Persönlichen Stab Reichsführer-SS geführten Betriebe waren zum großen Teil auf persönliche Initiative Himmlers hin gegründet worden. Sie sollten weltanschauliche Vorstellungen des Reichsführers-SS in die Praxis umsetzen. So produzierte die Porzellan-Manufaktur Allach Zierrat für den SS-Haushalt und vertrieb der Nordland-Verlag »völkisches« Schrifttum, Runenkunden oder antijüdische Hetzschriften. Die Gesellschaft zur Förderung und Pflege deutscher Kulturdenkmäler e.V. betreute unter anderem den »Sachsenhain« bei Verden an der Aller und den Quedlinburger Dom, in dem der von Himmler verehrte König Heinrich I. begraben lag. Auch oblag dem Verein die Finanzierung der »Reichsführerschule-SS« auf der Wewelsburg.[63]

Im Gegensatz zum Verwaltungsbereich, den Pohl weitgehend selbstständig führte, machte Himmler seinen Einfluß auf den Wirtschaftsbereich häufig geltend. Die Übernahme von über 300 »Ostziegeleien« in den im Herbst 1939 annektierten polnischen Territorien (Danzig-Westpreußen, Warthegau, Ostoberschlesien) und die daraus entstehende Ostdeutsche Baustoffwerke GmbH ging ebenso wie die Gründung der Deutschen Versuchsanstalt für Ernährung und Verpflegung GmbH, die Heilkräuter von KZ-Häftlingen ziehen ließ, auf den Reichsführer-SS zurück. Auch diese in Himmlers Auftrag von Pohl gegründeten Unternehmen verfolgten im weitesten Sinne weltanschauliche Ziele, sei es die »Germanisierung« der eingegliederten Gebiete oder eine lebensreformerisch-nationalistische Landwirtschafts- und Ernährungspolitik.[64]

Mit den Deutschen Erd- und Steinwerken errichtete Pohl am 29. April 1938 das erste größere SS-Unternehmen, das vorwiegend KZ-Häftlinge ausbeutete. Als Gründungsgesellschafter und Geschäftsführer setzte der SS-Verwaltungschef zwei seiner Mitarbeiter ein: den bisherigen Nordland-Geschäftsführer Arthur Ahrens und Pohls Rechtsreferenten Salpeter.[65] Dabei ließ Pohl vor allem Ahrens freie Hand beim Aufbau des Unternehmens sowie der Errichtung der geplanten

Ziegelwerke.⁶⁶ Für den Verwaltungsbereich verfügte Pohl über ein personelles Konzept; aus diesem Grund setzte er dort Fachkräfte ein, die er von Reichswehr und Polizei abwarb. Da ökonomisches Handeln und die Führung von Wirtschaftsbetrieben jenseits der Pohlschen Erfahrungswelt lagen, fehlten ähnliche Vorstellungen für den sich entwickelnden Wirtschaftsbereich. Als Führungskräfte für dieses Tätigkeitsfeld griff der Verwaltungschef daher zunächst auf bereits in der SS bewährte Kräfte zurück.

Pohls Versäumnis, externe Fachleute heranzuziehen, endete in einem Desaster. Ahrens war mit der Führung eines großen Baustoffunternehmens überfordert. Die drei Ziegelwerke in Oranienburg, Berlstedt bei Weimar und Neuengamme bei Hamburg waren technisch falsch ausgerüstet worden und konnten die vorhandenen Tonarten nicht verarbeiten. Erst nach einer kostenintensiven Umrüstung, die von dem Ziegeleiingenieur Erduin Schondorff geleitet wurde, konnten die Betriebe Anfang der 40er Jahre die Produktion aufnehmen. Aber auch dann erfüllten diese die hochgesteckten Erwartungen der SS nur in Ansätzen. Es hatte sich gezeigt, daß Pohls Verwaltungsbehörde den Betrieb komplizierter und technisch hochstehender Anlagen nur mit Hilfe externer Fachleute, wie Schondorff, meistern konnte.⁶⁷

Vor allem seit Beginn des Zweiten Weltkrieges wechselten versierte Wirtschaftsmanager von privaten und öffentlichen Unternehmen zur SS-Wirtschaft. Dies hing nicht zuletzt damit zusammen, daß Pohl die SS-Manager vor einem Fronteinsatz bewahren konnte. Als Reserveführer der Waffen-SS leisteten die neuen Mitarbeiter ihren Kriegsdienst in Pohls Dienststellen ab. Auf diese Weise sicherte sich der oberste Verwaltungsleiter der SS die Betriebs- und Volkswirte sowie Wirtschaftsjuristen, ohne die ein weiterer Aufbau der SS-Wirtschaft nicht möglich war. Auch beim Ausbau der Wirtschaftsunternehmen zeigte sich, daß Pohl und sein Verwaltungsapparat neue Aufgaben nur erfolgreich angehen konnten, wenn es ihnen gelang, auswärtige Fachleute heranzuziehen. Die weltanschauliche Überzeugung dieser Experten spielte – wie diejenige der Verwaltungsführer – bei der Rekrutierung keine Rolle.⁶⁸

Mit den neuen SS-Managern veränderte sich auch die Zielsetzung der SS-Wirtschaft. Hatten bislang aufgrund von weltanschaulichen Vorgaben gegründete Gesellschaften den Kurs dominiert, so wurde jetzt verstärkt ökonomischen Kriterien Rechnung getragen. Für diese neue Richtung stand vor allem Dr. Hans Hohberg, ein promovierter Betriebswirt und zugelassener Wirtschaftsprüfer. Bei einer Prüfung von SS-Gesellschaften war er mit Pohl zusammengekommen, der ihn für eine Tätigkeit als Wirtschaftsberater gewinnen konnte. Von 1940 bis 1942/43 war er, zuletzt als Chef des Wirtschaftsstabes (Stab W), der einflußreichste SS-Manager im Stab des Hauptamtschefs, obwohl er nie in die SS oder NSDAP eintrat.⁶⁹

Hohberg und seine Mitarbeiter trachteten danach, weitere Unternehmen zu erwerben, um eine marktbeherrschende Stellung zu erlangen (Mineralwasserbereich) oder profitable Wirtschaftseinheiten zu bilden (Möbelbetriebe). Dabei setzten sie sich teilweise gegen die überkommenen etatistischen Vorstellungen eines Salpeter durch, der den Charakter der SS-Unternehmen als öffentliche Betriebe gewahrt wissen wollte. Hohberg gelang es mit Zustimmung Pohls, die Deutsche Wirtschaftsbetriebe GmbH als – handelsrechtlich übliche – Dachorganisation für die SS-Gesellschaften zu gründen, um Gewinne und Verluste ausgleichen und Steuern sparen zu können.

Allerdings wurden die kulturellen und weltanschaulichen Ziele nicht völlig vernachlässigt. Vielmehr traten vorwiegend ökonomisch motivierte Unternehmensgründungen und -übernahmen nur neben die alten SS-Betriebe. In der SS-Wirtschaft bestanden folglich verschiedene Ziele nebeneinander, wobei vor allem in den Jahren 1940/41 – einer Zeit, in der Himmler wenig in die Wirtschaftsunternehmen eingriff – der ökonomische Kurs dominierte.[70]

Obwohl der SS-Wirtschaftskonzern ein Instrument der scheinbar allmächtigen SS war, mußte er sich an bestehende gesetzliche Vorschriften halten. Dies traf auch auf den Erwerb »arisierter« Unternehmen oder von »feindlichem Vermögen« zu, wie die SS-Manager bei der Übernahme von Möbelfabriken im Reichsprotektorat Böhmen und Mähren sowie bei dem versuchten Erwerb der Apollinaris Brunnen AG feststellen mußten.[71] Die zahlreichen Ausnahmegenehmigungen und Vergünstigungen, die für die einzelnen SS-Unternehmen galten, blieben ebenfalls im gesetzlich vorgesehenen Rahmen. Allerdings agierte das SS-Management geschickt mit der unklaren rechtlichen Situation des Konzerns. Zum einen war die SS als Parteigliederung dem Reichsschatzmeister der NSDAP finanziell verantwortlich, zum anderen gehörte der SS-Komplex mit seinen Sparten Polizei und Waffen-SS zum Staatsapparat. Pohl und seine Mitarbeiter konnten daher wahlweise als parteieigener oder öffentlicher Konzern auftreten.[72]

Bisweilen war die tatsächliche rechtliche Situation der SS-Betriebe aber selbst Pohl nicht klar. Um einem Steuerbescheid eines Berliner Finanzamtes begegnen zu können,[73] sandte er am 27. Januar 1943 ein Schreiben an den Beauftragten für Rechtsangelegenheiten des NSDAP-Reichsschatzmeisters und bat um Aufklärung: »Ich wäre Ihnen dankbar, wenn Sie mich darüber belehren würden, was die Partei nun ist. Vor allem interessiert mich auch die Frage, ob die in meinem Hauptamt verwalteten Unternehmungen nach wie vor öffentliche Betriebe sind oder nicht«.[74] Oberbefehlsleiter Dr. Anton Lingg gab eine umfassende Auskunft, die die verfassungsrechtliche Stellung der NSDAP erläuterte, und die unklare rechtliche Position der SS-Unternehmen faktisch bestätigte:

> »Die Partei als die staats- und verfassungstragende Bewegung des Deutschen Volkes muß für sich die gleiche Rechtsstellung in Anspruch nehmen wie der Staat [...]. Ihre Rechtsform läßt sich unter die Begriffe des heute noch geltenden Rechts nicht einordnen. Die Partei ist kurz gesagt die Kampfgemeinschaft der besten Nationalsozialisten des Deutschen Volkes. Selbstverständlich sind nach wie vor alle Angelegenheiten der NSDAP. Gemeinschaftsangelegenheiten und damit öffentliche Angelegenheiten [...]. Soweit es sich um Unternehmungen oder Betriebe der Allgemeinen-SS und damit der NSDAP. handelt, verweise ich auf das oben Gesagte. Die von der Waffen-SS verwalteten Unternehmungen sind schon deswegen öffentliche Betriebe, da ja die Waffen-SS eine Einrichtung des Reiches ist«.[75]

In Fraenkels aufgestelltem Modell vom »Doppelstaat« wird die Wirtschaft der Sphäre des Normenstaates zugeordnet.[76] Dies trifft auch für den SS-Konzern insoweit zu, als er sich an die bestehenden Vorschriften halten mußte und auch in Steuerfragen nicht autonom handeln konnte. Allerdings zeigte es sich, daß die SS-Wirtschaft, um Vorteile zu erreichen, auch vor der willkürlichen, das heißt maßnahmenstaatlichen Auslegung der Rechtsnormen nicht zurückschreckte. Leider ist das Resultat der Auseinandersetzung mit der Finanzverwaltung nicht überliefert. Es läßt sich also nicht verifizieren, ob sich in diesem speziellen Fall das als normenstaatliche Behörde anzusprechende Finanzamt oder der maßnahmenstaatlich argumentierende SS-Konzern durchsetzen konnte.

Um Steuern zu sparen, ließen sich Pohl und seine Manager also noch Anfang 1943 mit dem zuständigen Finanzamt auf eine Diskussion über die rechtliche Situation und organisatorische Zugehörigkeit von SS-Wirtschaft und WVHA ein.[77] Vor dem Hintergrund der für die deutschen Streitkräfte verheerenden Ereignisse an der »Ostfront« erscheint die von der WVHA-Führung und vom Management des SS-Konzerns vehement geführte Auseinandersetzung um Steuerbefreiungen unzeitgemäß. An dieser Prioritätensetzung zeigt sich jedoch der Realitätsverlust, der in der SS-Wirtschaft um sich griff.

Der zunehmende Mangel an realistischen Lageeinschätzungen läßt sich bereits im Frühjahr/Sommer 1942 in Ansätzen konstatieren. Seit dieser Zeit erwartete Himmler, sekundiert von Pohl, von der SS-Wirtschaft den Aufbau eines Rüstungskonzerns. Dabei verstieg sich gerade der Reichsführer-SS zu Forderungen, die die SS-Unternehmen aus technologischer Sicht überhaupt nicht erfüllen konnten. Mit der seit 1942 versuchten Neuausrichtung wurde der von Hohberg und seinen Mitarbeitern eingeschlagene Kurs, der den Aufbau eines wettbewerbsfähigen Konzerns vorsah, verlassen. Sichtbarer Ausdruck dieses Richtungswechsels war das Personalrevirement an der Spitze des Stabes W. Im Sommer 1943 wurde Hohberg von dem ehemaligen Marinezahlmeister und bisherigen Leiter der Verwaltungsführerschule der SS, Baier, abgelöst. Baier war kein kreativer Unternehmer, sondern Erfüllungsgehilfe der von Himmler und Pohl vorgegebenen Ziele.

Die in der zweiten Kriegshälfte von der SS angegangenen Projekte, sei es der Rüstungskonzern oder die von Himmler persönlich forcierten Rohstoffersatzverfahren, stießen schnell an ihre ökonomischen und technischen Grenzen. Ohne ausgebildetes Fachpersonal und in der Führung von Rüstungsunternehmen oder technologisch anspruchsvollen Verfahren geschulte Ökonomen und Ingenieure blieben die neuen Betriebe oder Produktionen ein Torso. Als Beispiel dafür steht der von vornherein zum Scheitern verurteilte Versuch, durch Umbenennung der Forschungsanstalt für das Deutsche Buchwesen mbH in Deutsche Torfverwertungs GmbH,[78] die weiterhin von dem Leiter der SS-Buchsparte Dr. Alfred Mischke geführt wurde, die Torfverkokung voranzubringen. Den Erfordernissen adäquates wirtschaftliches und technisches Handeln wurde in der letzten Kriegsphase im SS-Konzern durch vordergründige Reorganisationen ersetzt.[79]

Schaubild 2: Das SS-Wirtschafts-Verwaltungsamt vom 1.2.1942 bis Kriegsende

SS- Wirtschafts-Verwaltungshauptamt				
Amtsgruppe A Truppenverwaltung	**Amtsgruppe B** Truppenwirtschaft	**Amtsgrupee C** Bauwesen	**Amtsgruppe D** Konzentrationslager [seit 16.3. 1942]	**Amtsgruppe W** wirtschaftliche Unternehmungen
Amt A I Haushaltsamt	**Amt B I** Verpflegungsamt	**Amt C I** Allgemeine Bauaufgaben	**Amt D I** Zentralamt	**Amt W I** Steine u. Erden (Reich)
Amt A II Kassen- u. Besoldungswesen	**Amt B II** Bekleidungswirtschaft	**Amt C II** Sonderbauaufgaben	**Amt D II** Arbeitseinsatz der Häftlinge	**Amt W II** Steine u. Erden (Ost)
Amt A III Rechtsamt	**Amt B III** Unterkunftswirtschaft	**Amt C III** Technische Fachgebiete	**Amt D III** Sanitätswesen u. Lagerhygiene	**Amt W III** Ernährungsbetriebe
Amt A IV Prüfungsamt	**Amt B IV** Rohstoffe u. Beschaffungen	**Amt C IV** Künstlerische Fachgebiete	**Amt D IV** Verwaltung	**Amt W IV** Holzbearbeitungsbetriebe
Amt A V Personalamt	**Amt B V** Verkehrswesen [seit 1.10. 1942]	**Amt C V** Zentrale Bauinspektion		**Amt W V** Land-, Forst-, Fischwirtschaft
		Amt C VI Bauunterhaltung u. Betriebswirtschaft		**Amt W VI** Textil u. Leder verwertung
				Amt W VII Buch u. Bild
				Amt W VIII Sonderaufgaben
				Amt W IX Forsten [seit 25.10. 1944]

(Quelle: Schulte, Wirtschaftsimperium der SS, S. 484f.)

Zur »Bürokratisierung« der Konzentrationslager

Am 16. März 1942 wurde die Inspektion der Konzentrationslager als Amtsgruppe D dem SS-Wirtschafts-Verwaltungshauptamt unterstellt. Seit dieser Zeit überwachte Pohl alle Bereiche des KZ-Systems, ausgenommen die Einweisungen der Insassen, die weiterhin vom RSHA vorgenommen wurden. Es war keine Überraschung, daß die Konzentrationslager aus dem SS-Führungshauptamt, der für Organisation und Ausbildung der Waffen-SS zuständigen Zentralstelle, in das SS-Wirtschafts- und Verwaltungshauptamt überführt wurden. Bereits in der Vorkriegszeit hatte Pohl Verwaltung, Finanzen und Bauwesen der Inspektion der KZ kontrolliert. Im Dezember 1939 war auch die Aufsicht über die Zwangsarbeit der Häftlinge hinzugekommen. Mit der Eingliederung der Inspektion in das WVHA wurde folglich ein längst begonnener Prozess abgeschlossen und die Kompetenzen für die Führung der KZ in einer Hand vereinigt. Der Zeitpunkt für die Eingliederung der Konzentrationslager war allerdings von der Ernennung von Gauleiter Fritz Sauckels zum Generalbevollmächtigten für den Arbeitseinsatz beeinflußt. Himmler wollte nämlich Sauckel den Zugriff auf die Häftlingsarbeitskräfte erschweren und ordnete deshalb die Konzentrationslager seinem Wirtschaftsmanager Pohl zu.[80]

Das Münchner SS-Verwaltungsamt hatte schon 1933 das »Musterlager« Dachau administrativ betreut und die für das KZ arbeitenden »Häftlingsbetriebe« kontrolliert. Mit der Übernahme der Inspektion der Konzentrationslager in den Gestapo-Reichshaushalt verlor die SS-Verwaltung für einige Jahre die direkte Herrschaft über das KZ-Verwaltungswesen, konnte diese aber spätestens seit 1938/39 in vollem Umfang zurückgewinnen. Die bürokratischen Prozeduren in den Konzentrationslagern waren also auch mit Hilfe der SS-Verwaltung entwickelt worden.[81]

An der Spitze der meisten KZ-Administrationen stand der Kommandanturstab mit seinen fünf Abteilungen (I. Kommandantur/Adjutantur, II. politische Abteilung, III. Schutzhaftlager, IV. Verwaltung, V. Lager- und Standortarzt). Die in den Abteilungen tätigen SS-Führer, Unterführer und Mannschaften sowie die als Schreibkräfte beschäftigten »Funktionshäftlinge«[82] unterhielten einen umfangreichen Briefwechsel mit der Inspektion der Konzentrationslager, mit SS-Behörden, die für Ausrüstungs-, Bewaffnungs- und Verwaltungsfragen zuständig waren (SS-Führungshauptamt, Hauptamt Haushalt und Bauten bzw. WVHA), und mit staatlichen Dienststellen, z.B. den Ernährungsämtern, machten die Kommandantur- und Wachmannschaftsangehörigen mit den zahlreichen SS-Verordnungen bekannt und erstellten umfangreiche Listen und Statistiken, die Zahl, Beruf, Beschäftigung, Kategorie und Krankenstand der Häftlinge wiedergeben sollten.[83]

Der zentrale Verwaltungsakt, den jeder Häftling zweimal am Tag über sich ergehen lassen mußte, und der die Grundlage der »Häftlingsstatistik« bildete, war der sogenannte Appell. Er forderte umfangreiche Vorarbeiten, die von der »Häftlingsschreibstube« geleistet wurden. Häftlinge, die nicht am Appell teilnehmen brauchten (z.B. die in der SS-Küche Beschäftigten) oder konnten (z.B. die in den Krankenrevieren Liegenden), mußten erfaßt und dem Rapportführer als dem für die Appelle zuständigen SS-Unteroffizier gemeldet werden. Zugleich gaben die Blockältesten, also die für die innere Organisation der einzelnen Häftlingsquartiere zuständigen »Funktionshäftlinge«, der »Häftlingsschreibstube« die personelle Stärke der Blocks bekannt. Die so ermittelten Zahlen nahm der Rapportführer als Grundlage für seinen Appell.

Der Appell war aber weit mehr als ein administratives Werkzeug zur Ermittlung der Häftlings-Ist-Stärke. Er war ein Mittel zur psychischen und physischen Brechung der Gefangenen und häufig Ausdruck willkürlicher Brutalität durch SS-Schutzhaftlager-, Rapport- und Blockführer. Wie überlebende Häftlinge berichten, wurde der tägliche Appell als eine immerwährende Tortur gefürchtet. Bei Fehlen oder Flucht eines Häftlings oder auch bei einem Zählfehler mußten die Gefangenen oft stundenlang in Hitze, Kälte, Schnee oder Regen ausharren, bis der Fehler oder der fehlende Häftling gefunden wurde. Kranken Häftlingen, die sich nicht mehr rechtzeitig im Häftlingshospital angemeldet hatten, wurde befohlen, am Appell teilzunehmen. Auf die Gesundheit und Schwere der Krankheit wurde keine Rücksicht genommen, der Anwesenheitspflicht mußte genügt werden. Die während des Tages verstorbenen und ermordeten Gefangenen lagen aufgereiht auf dem Appellplatz, damit auch sie mitgezählt werden konnten. Der Appell diente nicht zuletzt der willkürlichen Drangsalierung der Häftlinge, wenn – in den Augen der SS – Disziplin und Ordnung zu Wünschen ließen, d.h. wenn die Reihen nicht kasernenhofmäßig korrekt ausgerichtet waren oder die Häftlinge ihre Mützen nicht schnell genug heruntergerissen hatten, um in demütiger Haltung den Appell durchzustehen. Administrative Prozeduren wurden im KZ folglich auch und gezielt zur terroristischen Unterdrückung der Häftlinge eingesetzt.[84]

Strafen durften nur gemäß einem von der Inspektion der Konzentrationslager aufgestellten Katalog verhängt werden.[85] Für unterschiedliche »Vergehen« der Häftlinge wurden jeweils abgestufte, in der Regel körperliche Strafen ausgesprochen, die in genau festgelegten Formen exekutiert werden sollten. Die körperliche Mißhandlung einzelner Häftlinge vor den zum Appell angetretenen Gefangenen wird von zahllosen ehemaligen KZ-Häftlingen detailliert beschrieben. Dabei wird häufig hervorgehoben, daß die Delinquenten die erhaltenen Schläge mitzählen mußten.[86] Die abstrakte Zahl, sei es als eintätowierte Häftlingsnummer, als Anzahl der Häftlinge beim Appell, als Todesstatistik oder als Addition der verabreichten Schläge, beherrschte den (Verwaltungs-)Alltag im Lager.

Gerade in Bezug auf die Strafen war sowohl den Häftlingen als auch den Wachmannschaften bewußt, daß die offiziell verhängten und gemeldeten Züchtigungen nur einen kleinen Teil der Gewalttätigkeiten, Mißhandlungen und »Bestrafungen« im Lager ausmachten. Im wahrsten Sinn des Wortes unberechenbar waren die tagtäglichen Grausamkeiten, die nicht offiziell von der KZ-Leitung sanktioniert wurden, aber Häftlingen Leben oder Gesundheit kosteten.[87] Die Willkür wurde nur scheinbar durch die administrativ verordnete Strafzuteilung ausgeschaltet und der Strafenkatalog blieb nicht mehr als die ohnehin menschenverachtende Fassade eines Regimes, hinter der die wirkliche und unumschränkte Gewaltherrschaft regierte.[88]

Neben dem Appell und den Strafen strukturierte die Arbeit den Häftlingsalltag.[89] Auch die Zwangsarbeit war genau reglementiert und administrativ überwacht. Der für den »Arbeitseinsatz« zuständige bürokratische Apparat unterstand seit Winter 1939/40 dem von Pohl geleiteten Hauptamt Haushalt und Bauten. Als Chef der Hauptabteilung I/5 (Häftlingseinsatz) war es die Aufgabe von SS-Hauptsturmführer Wilhelm Burböck, die Zwangsarbeit der KZ-Häftlinge zu überwachen. Zu diesem Zweck richtete er eigene Außenstellen in den Konzentrationslagern ein.[90] Um eine Übersicht über die Geldforderungen für vermietete Häftlingsarbeiter und über die Anzahl der bereitstehenden Arbeitskräfte zu erhalten, versuchte er ein umfangreiches Berichtssystem aufzubauen:

»Zur täglichen Erfassung aller Häftlinge ist die blaue Übersicht über Häftlingseinsatz zu verwenden, in der laut bereits ergangener Anordnung die Häftlinge nach Fach- und Hilfsarbeiter zu unterscheiden sind [...]. Auf Grund der täglichen Erfassung in den blauen Übersichten sind von den Außendienststellen der Hauptabteilung I/5 bis zum 5. eines jeden Monats für den vorangegangenen Monat die Forderungsnachweise für die einzelnen Wirtschaftsbetriebe-SS und die Privatbetriebe zu erstellen [...]. Die zur Zeit besetzten Aussenstellen der Hauptabteilung I/5 [...] reichen jeweils einen Durchschlag an den Inspekteur KL., Häftlingseinsatz ein [sic!]«.[91]

Burböcks Tätigkeit erschöpfte sich im wesentlichen in Verwaltungsmaßnahmen und Reorganisationen, wobei er nicht zuletzt in die Büroorganisation der einzelnen Außenstellen eingriff und auf peinlich genaue Aktenführung pochte.[92]

Burböck vermochte es in über zwei Jahren nicht, über die Herausgabe von Verwaltungsanordnungen hinaus großen Einfluß auf die Bereitstellung von Häftlingsarbeitskräften zu erlangen. Die KZ-Kommandanten und teilweise auch seine Mitarbeiter in den Außendienststellen ignorierten seine Anordnungen oder setzten sie nur unvollständig um. Ohne Anbindung an die KZ-Kommandatur blieben die Außenstellenleiter Burböcks machtlos. Doch selbst in Lagern, in denen der Kommandant die Aufgaben der Burböckschen Dienststelle unterstützte, umgingen untergeordnete Chargen immer wieder den vorgesehenen Weg zur Beschaffung von Häftlingskommandos.[93]

Die von Burböck vorgesehene zentrale Kontrolle des Arbeitseinsatzes der KZ-Häftlinge scheiterte. Daher wurde er im März 1942 durch den bisherigen Betriebsinspekteur der SS-Unternehmen, Gerhard Maurer, ersetzt. Der neue Amtschef D II (»Häftlingseinsatz«) in der Amtsgruppe D griff auf das von Burböck aufgebaute statistische Berichtswesen zurück und ließ sich ebenfalls weiterhin über die zahlenmäßigen Stärken der einzelnen Häftlingskommandos berichten. Wie Burböck versuchte auch Maurer, eine »Zentralkartei zur Erfassung aller Häftlinge nach Berufen« aufzubauen und diese mit Hilfe des teilmechanisierten Hollerith-Verfahrens zugänglich zu machen.[94]

In den einzelnen Lagern wurden die sogenannten Häftlingskarteien eingerichtet, die dem zuständigen Arbeitseinsatzführer, einem SS-Führer, eine umfassende Übersicht über die Qualifikationen und den Einsatzort der Häftlinge des jeweiligen KZ bieten sollten. Dieses Registratursystem bestand aus mehreren Karteien, von denen die Berufskartei für die von Maurer vorgesehene zentrale Lenkung die wichtigste war. Darüber hinaus wurden die persönlichen und beruflichen Daten auch in Karteien eingetragen, die nach Namen, Häftlingsnummern und Arbeitskommandos sortiert waren. Die Bearbeitung dieser Registraturen oblag »Funktionshäftlingen« der sogenannten Arbeitsstatistik.[95] Um die immer umfangreicher werdenden Einweisungen von Häftlingen karteimäßig erfassen zu können, wurde vermutlich ab 1944 das nach Hermann Hollerith benannte Lochkartenverfahren in den Konzentrationslagern eingeführt.[96]

Aufgrund seines Dienstranges, seiner Persönlichkeit sowie seines guten Verhältnisses zum Chef der Amtsgruppe D, Richard Glücks, und zu Pohl konnte Maurer eine straffe Organisation aufbauen und die Zusammenarbeit zwischen Arbeitseinsatzzentrale, Arbeitseinsatzführer, KZ-Kommandantur und KZ-Häftlinge beschäftigenden Unternehmen ausbauen. Vor allem in der zweiten Kriegshälfte gelang es Maurer, hunderte von Arbeitskommandos an Rüstungsbetriebe zu überstellen und den steten Ersatz von »Arbeitsunfähigen« durch »Arbeitsfähige« zu organisieren.[97] Um die »Arbeitsdisziplin«, also die willenlose Unterordnung unter das Regiment der SS und der Rüstungsfirmen, aufrechtzuerhalten, schreckte er nicht vor drakonischen Maßnahmen zurück: Der »Sabotage« überführte Häftlinge sollten »vor allen angetretenen Häftlingen des betreffenden Arbeitskommandos« aufgehängt werden.[98] Aber auch die von Maurer aufgebaute Zwangsarbeitsbürokratie konnte keinen »rationalen« Einsatz der Häftlinge garantieren: Die Gefangenen gaben bei der Einlieferung oder Überstellung in ein KZ häufig keine korrekten Auskünfte über ihre fachlichen Qualifikationen. Vielmehr suchten sie sich Berufe aus, die von der SS benötigt wurden und voraussichtlich die Einteilung in ein weniger hartes Arbeitskommando zur Folge hatten.[99] Aus diesem Grund war die von Maurers Mitarbeitern angelegte Berufskartei in großem Umfang eine Fiktion.

Vor allem in der zweiten Kriegshälfte operierte Maurer mit immer größeren Häftlingskontingenten. Die Arbeitskommandos, die der Rüstungsindustrie zur Verfügung gestellt wurden, umfaßten Hunderte von Inhaftierten. Zwar wurden einige dieser Zwangsarbeiterabteilungen vor Ort von Industriemanagern ausgesucht, die Kommandos aber üblicherweise von der Lager-SS zusammengestellt. Aufgrund der vielen eingehenden Anfragen aus der Rüstungswirtschaft konnte und wollte Maurer nicht in die örtliche Auswahl der Kontingente eingreifen. Er mußte sich daher auf die Einteilungen durch den SS-Arbeitseinsatzführer und die von Häftlingen geführte »Arbeitsstatistik« verlassen. Die durch die Lager-SS vorgenommenen Kommandierungen von Häftlingen ohne Rücksicht auf Arbeitsfähigkeit oder Qualifikation[100] und die den spezifischen Interessen von »Funktionshäftlingen« folgenden Entscheidungen der »Arbeitsstatistik«[101] machten einen an rein ökonomischen Kriterien ausgerichteten Einsatz der Zwangsarbeiter allerdings illusorisch. Letztlich konnte Maurer von seiner Oranienburger Zentrale aus nur einen Überblick über die Zahl der zur Verfügung stehenden Häftlinge gewinnen. Auf Gesundheitszustand, Qualifikation, Alter und häufig Geschlecht der für einen Arbeitseinsatz vorgesehenen Gefangenen hatte er kaum Einfluß.[102] Die mit modernen Büromaschinen (Hollerith) ausgestattete Arbeitsverwaltung konnte somit nur scheinbar eine bürokratisch-perfekte Überwachung exekutieren.[103]

Das KZ-System zeichnete sich durch einen hohen Grad an formaler Bürokratisierung aus. Mit Hilfe eines umfangreichen Verwaltungskatalogs sollten die Häftlinge bewacht, unterdrückt und ausgebeutet werden. Die Verwaltungsvorschriften reglementierten aber nur einen Teil des Lageralltags. Gewalttätigkeiten der Wachmannschaften waren häufig nicht formal legitimiert, jedoch von der Lager-SS akzeptiert. Der Lagerterror war somit keinesfalls ausschließlich Ergebnis der bürokratischen Struktur des KZ-Systems. Er basierte vielmehr auf den willkürlichen Mißhandlungen von Häftlingen durch Wachmannschaften, also der regellosen Anwendung von Gewalt.[104] Daher waren die Konzentrationslager eines der typischen Organe des von Fraenkel definierten Maßnahmenstaates. Selbst die vom WVHA zentral gesteuerte Organisation des Arbeitseinsatzes erschöpfte sich in einer arbeitsaufwendigen formalen Überwachung der Zwangsarbeit. Einen ökonomisch effektiven Einsatz der personellen Ressourcen konnte die Arbeitseinsatzbürokratie aber nicht leisten, da sie die Verhältnisse in den Lagern ignorierte. Wie bei Appell und Strafkatalog blieb auch beim Arbeitseinsatz die abstrakte Zahl das äußerste Maß bürokratischer Kontrolle.

Überall einsetzbar: Die SS-Bürokraten - Drei Beispiele

In den verschiedenen Sparten der SS-Verwaltungs- und Wirtschaftsbürokratie wurden jeweils Mitarbeiter mit unterschiedlicher formaler Qualifikation und weltanschaulicher Überzeugung beschäftigt. Es fanden sich im WVHA »Alte Kämpfer« und »Konjunkturritter«,[105] Kaufleute, Militärverwaltungsbeamte, Ökonomen, Juristen und Techniker. Pohl hatte seine Mitarbeiter für jeweils spezielle Aufgabenbereiche eingestellt. Nur mit Hilfe der verwaltungserfahrenen Militärs und Polizeibeamten konnte er die Verwaltung der Waffen-SS aufbauen; nur die Ökonomen, die seit Kriegsbeginn in Pohls Apparat eintraten, ermöglichten den Ausbau der SS-Wirtschaft. Viele Angehörige des WVHA blieben bis zum Zusammenbruch des NS-Regimes der Sparte treu, in der sie seit Beginn ihrer Tätigkeit für die SS gearbeitet hatten. Andere wechselten die Arbeitsbereiche oder ihre Aufgabengebiete dehnten sich aus, so daß sie schließlich Funktionen in mehreren Bereichen wahrnahmen. Der Übergang zwischen den einzelnen Amtsgruppen und Tätigkeitsfeldern wurde fließend, das einheitliche und überall in der Pohlschen Behörde einsetzbare Verwaltungsführerkorps zumindest in Ansätzen Wirklichkeit.

Anton Kaindl, geboren 1902, gehörte zu den jüngeren ehemaligen Militärangehörigen mit Verwaltungserfahrung. Nach einer kaufmännischen Lehre trat er 1920 in die Reichswehr ein. In zwölf Jahren brachte er es dort bis zum Verwaltungsoberfeldwebel. Seit Herbst 1932 betätigte sich der ehemalige Zeitsoldat im Reichskuratorium für Jugendertüchtigung und nach der nationalsozialistischen »Machtergreifung« beim Chef des Ausbildungswesens.[106] Als diese Dienststelle, die bis zur Entmachtung der SA im Juni/Juli 1934 beim NS-Wehrverband angesiedelt war, aufgelöst wurde, trat er im Juli 1935 in die SS-Verwaltung ein. Pohl urteilte über Kaindl: »Er ist ein ganz ausgezeichneter Verwaltungsbeamter, der die nötige Berufsausbildung hat und viel Fachwissen mitbringt«.[107] Wie andere Ex-Militärs trat auch Kaindl erst mit Übernahme in die SS-Verwaltung in die SS und nach Aufhebung der Mitgliedersperre 1937 in die NSDAP ein. Kaindl stieg rasch zum stellvertetenden Hauptabteilungsleiter V 1 (Haushalt) im SS-Verwaltungsamt auf. Er war somit an der Aufstellung der Haushaltsvoranschläge für Allgemeine SS und SS-Verfügungstruppe maßgeblich beteiligt. Alle Finanzplanungen für den Ausbau der bewaffneten SS liefen über diese Hauptabteilung. Mit Kaindl überwies Pohl am 20. Oktober 1936 folglich einen seiner wichtigsten Mitarbeiter »zur Inspektion des Führers der SS-Totenkopfverbände zur Wahrnehmung der anfallenden Verwaltungsaufgaben der SS-Totenkopfverbände«.[108] Bereits im Frühjahr 1938 übernahm Kaindl auch die Verwaltung der Inspektion der Konzentrationslager; beide Dienststellen firmierten seit dem 1. Oktober 1938 als »Truppenverwaltungsamt SS-TV/KL«. Der ehemalige Verwaltungsoberfeldwebel stand somit an der Spitze der gesamten KZ-Verwaltung. Als Ende 1939 die SS-Totenkopfverbände zur SS-Totenkopfdivision zusammengefaßt wurden, übernahm Theodor Eicke, bislang Chef der SS-Totenkopfverbände und der Inspektion der KZ, Kaindl als leitenden Verwaltungsoffizier der Division. Kaindl wechselte also wiederum die Verwaltungssparte. Er war in eine militärische Funktion zurückgekehrt. Bis zum 1. Oktober 1941 führte der SS-Obersturmbannführer die Verwaltungsgeschäfte dieses Verbandes der Waffen-SS. Im Oktober 1941 kehrte Kaindl von den Fronteinsätzen zurück und diente fortan wiederum als Verwaltungsleiter in der Inspektion der KZ. Im Zuge des großen Revirements von KZ-Kommandanten, das der Übernahme der Inspektion der Konzentrationslager durch Pohl folgte, wurde der Verwaltungsfachmann Kaindl am 1. September 1942 zum Kommandanten des KZ Sachsenhausen bestimmt. Diese Funktion übte er bis Kriegsende aus.[109] Kaindl war ein multifunktional einsetzbarer SS-Verwaltungsführer, der in jeder Amtsstellung reüssierte. Ob ihn jemals moralische Skrupel überkamen, ist nicht überliefert; seine Karriere in der SS-Verwaltung und im KZ-System lassen sie jedenfalls nicht erkennen.[110]

Karl Sommer war ein gewöhnlicher Mitarbeiter eines SS-Unternehmens. 13 Jahre jünger als Kaindl, hatte auch er eine kaufmännische Lehre abgeschlossen. Sommer konnte vermutlich nur für kurze Zeit seinen Beruf ausüben, da er bereits im November 1937 zur Wehrmacht eingezogen wurde. Aufgrund des Kriegsbeginns wurde Sommer nach dem Ende seiner zweijährigen Dienstpflicht nicht aus der Wehrmacht entlassen. Er diente bis März 1941 bei einem Infanterieregiment. Der Kaufmann gehörte seit dem 1. März 1933 der SS an, trat allerdings nie in die NSDAP ein. Sommers Karriere in der Allgemeinen SS war unauffällig. Erst nachdem er 1941 vom Hauptamt Verwaltung und Wirtschaft bzw. von den Deutschen Erd- und Steinwerken als Zivilmitarbeiter angestellt worden war, stieg er in der Allgemeinen SS zum SS-Untersturmführer auf. Maurer sagte nach dem Krieg aus, Sommer sei für den Arbeitseinsatz der Deutschen Erd- und Steinwerke verantwortlich gewesen. Da das SS-Unternehmen fast ausschließlich KZ-Häftlinge ausbeutete, organisierte also der Zivilist Sommer die Zwangsarbeit von Gefangenen bei den DESt-Betrieben. Vermutlich im Frühjahr 1942 lernte Maurer Sommer kennen. Nach Maurers Ernennung zum Chef des Amtes D II (Arbeitseinsatz der Häftlinge) ließ er den Zivilisten als neuen Mitarbeiter in seine Dienststelle versetzen. Sommer wurde als SS-Obersturmführer der Reserve in die Waffen-SS übernommen. Bis Kriegsende stand er an der Spitze der Hauptabteilung D II/1 (Häftlingseinsatz). Er führte die wichtigste Abteilung im Amt D II und fungierte bei Abwesenheit Maurers als dessen Stellvertreter. Zentrale Entscheidungen behielt sich der Amtschef vor. Doch lief über Sommers Schreibtisch die Korrespondenz, die den Verleih der KZ-Insassen an Industriebetriebe und den Transport von »arbeitsfähigen« Gefangenen betraf.[111] Er war der wichtigste Zuarbeiter seines Chefs und bereitete zweifelsohne zahllose Entscheidungen vor, die den Arbeitseinsatz und damit das Leben von KZ-Häftlingen betrafen. Als zweiter Mann hinter Maurer war der Kaufmann und spätere SS-Hauptsturmführer ein unscheinbares, aber nichtsdestotrotz wichtiges Rädchen im Getriebe der Zwangsarbeit von KZ-Häftlingen.[112]

Josef Vogt stand bereits im 50. Lebensjahr, als er 1936 in die SS und SS-Verwaltung eintrat. Damit gehörte er zu den ältesten Verwaltungsführern, die Pohl einstellte. Wie sein neuer Chef hatte auch Vogt vor und während des Ersten Weltkrieges als Zahlmeister gedient, wurde aber 1920 nicht in das 100.000-Mann-Heer übernommen. Statt als Militärbeamter arbeitete er hinfort als Verwaltungsinspektor bei verschiedenen bayerischen Versorgungsstellen sowohl im Kassen- als auch im Versorgungsdienst. Vogt wurde Mitte 1933 in die SA, aber erst 1937 in die NSDAP aufgenommen.[113] Seine gesamte SS-Karriere verbrachte er im Prüfdienst,[114] zunächst als Hauptprüfer für die Rechnungslegung in der SS-Verfügungstruppe, danach als Hauptabteilungsleiter und schließlich als für die Finanz- und Buchprüfungen der gesamten Waffen-SS zuständiger Amtschef A IV im Wirtschafts- und Verwaltungshauptamt. Vogt stieg in der SS bis zum Standartenführer auf. Nach dem Krieg wurde er im Pohl-Prozeß angeklagt und als einer von nur drei Mitangeklagten freigesprochen.[115]

Gerade Vogts Dienststelle hatte aber wie kaum eine andere Überblick über den gesamten Tätigkeitsbereich des WVHA. Sämtliche Einheiten und Ämter des WVHA und der Waffen-SS, die Gelder verwalteten – mit Ausnahme der SS-Wirtschaftsbetriebe, die eigene Prüfer beschäftigten –, wurden von Vogt und seinen Mitarbeitern geprüft.[116] Wie er selbst 1947 in einer eidesstattlichen Erklärung ausführte, reiste er Mitte 1943 mit einem Mitarbeiter[117] nach Lublin, um die dortige »Standortverwaltung und die angeschlossenen Wirtschaftsbetriebe zu überprüfen«. Er wurde vom SS- und Polizeiführer Lublin, Odilo Globocnik, und vom Leiter der Standortverwaltung, SS-Sturmbannführer Georg Wippern, empfangen.[118] Bereits am 26. September 1942 hatte August Frank, Chef der Amtsgruppe A im WVHA und direkter Vorgesetzter Vogts, den Leiter der Standortverwaltung Lublin mit der Aufbewahrung, Weiterleitung und Verwaltung aller Besitztümer beauftragt, die den ermordeten Juden im Generalgouvernement[119] geraubt worden waren.[120] Nun hatte also Frank – wie Vogt nach dem Krieg aussagte – seinen Prüfungschef nach Lublin geschickt, um die dortige Buchführung zu kontrollieren. Wippern gab Vogt »eine Unmenge von Belegen«. Auch bemerkte der WVHA-Amtschef, daß Wipperns Kasse eine große Anzahl Devisen aufwies. Er wurde – gemäß eigener Beteuerung – darüber aufgeklärt, daß die ausländischen Valuten von »Leuten in den Arbeitslagern« bzw. von »den Juden« stammten. Vogt behauptete, daß für ihn schon damals der Raub des Eigentums – von der Ermordung der Juden sprach er nicht – Unrecht gewesen sei. Aus diesem Grund hätten er und sein Mitarbeiter »fluchtartig Lublin verlassen«. Allerdings hatte Vogt noch genug Zeit, um sich drei in Lublin befindliche Arbeitslager – rein dienstlich – anzusehen. Noch 1947 beteuerte Vogt, wie gewissenhaft er bei seiner Prüfung in Lublin vorgegangen sei. Trotz seiner Einlassung, Lublin schnell verlassen zu haben, »mußte er diesen Prüfungsauftrag damals durchführen und nachsehen, ob alles in richtiger Weise verbucht worden war und keine Verschiebungen vorgenommen waren.« Über die hohen Devisenbeträge habe er »gewissenhaft ein Verzeichnis aufstellen lassen und es auch zu den Akten genommen«.[121]

Vogts Prüfung stellte eine korrekte Verbuchung des Raubgutes fest. In seinem »Bericht über die verwaltungsmäßige Abwicklung der Aktion Reinhardt [sic!]« schrieb Globocnik hierzu:

»Eine Vorprüfung bis 1.4.1943 durch SS-Obersturmbannführer Vogt vom SS-Wirtschafts-Verwaltungshauptamt, [sic!] hat bereits stattgefunden und hat vollste Ordnung ergeben. Für den Rest muß die Vorprüfung noch durchgeführt werden. Aufgrund einer Vereinbarung mit dem Reichsfinanzministerium ist diese Vorprüfung endgültig und werden unter Ausschaltung des Reichsrechnungshofes die Belege und Unterlagen gemäß den Geheimhaltungsvorschriften vernichtet«.[122]

Da Vogt die ihm vorgelegten Belege nur bis einschließlich März 1943 geprüft hatte, beharrte Globocnik gegenüber Himmler und Pohl auf einer endgültigen Entlastung.[123] Das von Vogt geführte Amt A IV konnte diesem Begehren aber zunächst nur für den bereits geprüften Zeitraum nachkommen. Es fertigte am 7. Januar 1944 »für die Zeit vom 25.10.42 bis 31.3.1943«[124] einen abschließenden »Prüfungsbericht« an. Zusammen mit einem Bericht vom Amt A II/3 (Kassen- und Rechnungswesen), das das Raubgut entgegengenommen und weitergeleitet hatte, diente die Abschlußerklärung von Vogts Amt als Grundlage der von Pohl am 16. Februar 1944 ausgesprochenen Entlastung Globocniks:

»Nach Kenntnisnahme des Prüfungsberichtes und nachdem die gezogenen Prüfungsbemerkungen durch die Stellungnahme von SS-Sturmbannführer Wippern geklärt wurden, erteile ich Ihnen für den obengenannten Zeitraum [25.10.42 bis 31.3.43] Entlastung. Die weiteren Rechnungsbelege für die Zeit vom 1.4.43 - 31.12.43 werden zur Zeit geprüft. Über das Prüfungsergebnis[125] werde ich Ihnen zeitgerecht Mitteilung zuleiten«.[126]

Vogt und das von ihm geführte Prüfungsamt waren also die Instanz, die die »Werteerfassung« des Völkermordes abschließend kontrollierte und buchungstechnisch guthieß. Dabei scheint es dem Amtschef nur wenig Überwindung gekostet zu haben, die Prüfung der Belege des größten Raubmordes der Geschichte ähnlich professionell und »gewissenhaft« abzuwickeln wie z.B. die Kontrolle der Amtskasse einer Waffen-SS-Einheit. Wie Kaindl oder Sommer war auch Vogt überall im Verantwortungsbereich des WVHA zur Zufriedenheit seiner SS-Vorgesetzten einsetzbar.[127]

In einem pervertierten Sinn waren die Kaindls, Sommers und Vogts des WVHA »gute Bürokraten«. Sie versuchten die übernommenen Aufgaben bestmöglich und effizient abzuschließen. Der Inhalt der übertragenen Tätigkeiten spielte dabei keine Rolle. Ihr Bürokratismus richtete sich nicht am Wohl und Wehe der von ihrem Verwaltungshandeln betroffenen Personen aus, sondern blieb rein formaler Natur. Aus diesem Grund konnten sie ohne Probleme sowohl im normen- als auch im maßnahmenstaatlichen Verwaltungsbereich beschäftigt werden. Weltanschauliche Präferenzen hatten für die Übernahme bestimmter Funktionen und Positionen ebenfalls keine Bedeutung – weder verteilte Pohl die Aufgaben nach ideologischen Kriterien noch versuchten Kaindl, Sommer und Vogt, aufgrund von weltanschaulichen Überzeugungen bestimmte Tätigkeiten zu übernehmen. Dies unterscheidet sie von Adolf Eichmann, der bereits vor 1933 in die österreichische NSDAP und SS eingetreten war und nach neuesten Forschungen als weltanschaulich motivierter Täter gelten kann.[128] Die Handlungsspielräume, die die drei WVHA-Angehörigen wie alle an wichtigen Positionen eingesetzten Bürokraten besaßen, nutzten sie, um ihre eigene Karriere zu befördern und »um von sich aus im Sinne der übergeordneten Ziele agieren zu können«.[129] Daher trugen sie Verantwortung für die von ihnen durchgeführten Maßnahmen und können nicht als reine Befehlsempfänger gelten. Weit mehr als Eichmann waren sie typische Vertreter bürokratischer Apparate.

Die SS übernimmt die Heeres- und Wehrmachtsverwaltung

Die gesamte Verwaltung der bewaffneten SS stand wie in der Vorkriegszeit ebenso während des Zweiten Weltkrieges unter Pohls Kontrolle. Auch die Administrationen bei den Höheren SS- und Polizeiführern (HSSPF), den Vertretern Himmlers in den Regionen, leiteten von Pohl beauftragte Verwaltungsführer.[130] Mit Billigung Himmlers richtete der Chef des WVHA im Juni 1942 die Dienststellung eines SS-Wirtschafters bei den Höheren SS- und Polizeiführern vorwiegend in Ostmittel- und Osteuropa ein.[131] Seit 1943 übernahmen diese SS-Wirtschafter zunehmend auch Aufgaben der Polizeiverwaltung.[132] Die Unterstellung des Polizeiverwaltungswesens unter die WVHA-Außenstellen geschah im Rahmen der personellen und organisatorischen Neustrukturierung des Amtes Verwaltung und Recht des Hauptamtes Ordnungspolizei. Am 16. September 1943 hatte SS-Gruppenführer August Frank, der Stellvertreter Pohls im WVHA, den bisherigen Amtschef Ministerialdirektor Dr. Werner Bracht abgelöst. Frank gestaltete das Verwaltungswesen der Ordnungspolizei nach seinen Erfahrungen im WVHA um. Das bislang für Verwaltungsfragen zuständige Amt wurde in Wirtschafts-Verwaltungsamt umbenannt und eine Laufbahn des »Wirtschafts-Verwaltungsdienstes der Polizei« in Analogie zum »Wirtschafts-Verwaltungsdienst« der SS eingerichtet.[133] Die von Pohl aufgestellten Verwaltungsstandards wurden nun auch außerhalb der engeren SS- und Waffen-SS-Verwaltung angewandt.[134]

Die Übernahme der Polizeiverwaltung durch August Frank war nur ein Schritt auf dem Weg eines zunehmenden Einflusses Pohls auf das Verwaltungswesen im »Dritten Reich«. Bereits im Winter 1943/44 hatten Gespräche zwischen den Wehrmachtsteilen, der Organisation Todt (OT) und der Waffen-SS über »Vereinfachungen in der Verwaltung« mit dem Ziel der Einsparung von Verwaltungspersonal für den Fronteinsatz stattgefunden. Im Zuge dieser Umorganisationen sollten, wie Pohl mit dem Chef des Heeresverwaltungsamtes General Herbert Osterkamp[135] vereinbarte, SS-Versorgungseinrichtungen »dort, wo Heereseinrichtungen am gleichen Standort sich befinden und wir [die SS] den stärkeren Apparat stehen haben, diese Heereseinrichtungen [mit]übernehmen«.[136] Der Chef des WVHA erklärte sich bereit, Truppenwirtschaftslager aufzulösen, wenn die bislang von dort aus versorgten SS-Einheiten besser von Wehrmachtsdienststellen beliefert werden könnten. Allerdings müßte »die Verpflegungsorganisation der Waffen-SS in ihrer bisherigen Grundform« sowie die Bekleidungswirtschaft der Waffen-SS bestehen bleiben.[137]

Gemäß Fraenkels Modell der nationalsozialistischen Herrschaft gehörte die Wehrmacht auf die Seite des Normenstaates. Allerdings ließ spätestens während des Zweiten Weltkrieges auch in den Streitkräften die Befolgung der weiterhin bestehenden Rechtsnormen nach und es breitete sich ein zunehmend maßnahmenstaatliches Vorgehen, besonders bei der Unterdrückung unterworfener Völker, aus.[138] Trotzdem ist es bemerkenswert, daß sich um die Jahreswende 1943/44 mit der Kooperation von WVHA und Wehrmacht auf dem Versorgungsgebiet eine Symbiose anbahnte, die eine Unterscheidung zwischen Organen des Normen- und denjenigen des Maßnahmenstaates völlig verwischt hätte. Diese Entwicklung auf dem Verwaltungsgebiet fand ihre Entsprechung in einer immer weitergehenden Kooperation und Angleichung, die Bernd Wegner als »Konvergenz von Heer und Waffen-SS«[139] bezeichnet. Zu einer vollkommenen organisatorischen Verschmelzung kam es aber weder ingesamt zwischen Heer und Waffen-SS noch zwischen den Verwaltungsorganen der beteiligten Militärdienststellen. Allerdings konnten die leitenden SS-Verwaltungsführer ihren Einfluß auf die Verwaltung der Wehrmacht bis Kriegsende noch erheblich steigern.

Über die ersten Absprachen der beteiligten Dienststellen von WVHA und Heer hinaus, wurden aufgrund eines Führerbefehls vom 27. November 1943 und vermutlich auch auf Grund des Drängens von Rüstungsminister Albert Speer zur Vereinfachung der Wehrmachtsverwaltung und zur Personaleinsparung in der Etappe sechs Kommissionen gebildet, die über zu treffende Maßnahmen beraten sollten.[140] Drei dieser Kommissionen gehörten Mitarbeiter Pohls an. Neben SS-Gruppenführer Georg Lörner, der den Vorsitz in der Kommission für Verpflegung übernahm, und SS-Gruppenführer Dr. Ing. Hans Kammler als stellvertretender Vorsitzender für die Kommission Bauwesen wurde August Frank zum Stellvertreter von Generaldirektor Hellmuth Roehnert von der Firma Rheinmetall-Borsig in der Kommission Verwaltung ernannt.[141] Obwohl drei SS-Verwaltungsführer an herausragender Stelle in den Kommissionen eingesetzt waren, hielt Pohl die Kommissionsberatungen nicht für zweckmäßig. Er teilte Himmler mit:

»Wenn man glaubt, die Verwaltungsorganisation könnte man reformieren durch Abbau von Menschen primär, so ist das ein grundlegender Irrtum. Man muß das System ändern, d.h. die Dinge in der Verwaltung einfacher machen, dann fallen die Menschen von selber fort, weil sie dann keine Arbeit mehr haben«.[142]

Die wenig konkreten Vorstellungen Pohls gipfelten in dem – ganz zeitgemäßen und NS-typischen – Vorschlag, einen »Verwaltungsdiktator« zu ernennen, der vermutlich einen größeren Erfolg als die »6 Kommissionen, zu denen insgesamt über 100 Menschen« gehörten, hätte.[143] In seiner Antwort auf Pohls Schreiben stimmte der Reichsführer-SS den Ansichten seines Hauptamtchefs zu.[144] Pohls ablehnende Haltung änderte sich jäh nach der ersten Beratung der Kommission für Verwaltung am 21. April 1944:

»Es ist nicht zu viel gesagt, wenn ich behaupte, daß wir hier einen großen Erfolg davon getragen haben, und zwar in erster Linie durch die mutige und furchtlose Haltung von Frank [...]. Die Sache steht nun so, daß wir, die SS, in dieser Kommission das Heft in der Hand haben«.[145]

Wie Pohl Himmler erläuterte, gewann Frank, unterstützt durch den Sonderbeauftragten Hitlers für die Vereinfachung der Wehrwirtschaftsorganisation General Heinz Ziegler,[146] die faktische Leitung der Kommission Verwaltung. Mit einem kleinen Arbeitsstab, den Frank je nach Bedarf selbst zusammenstellen konnte, sollte er die Verwaltungsvereinfachung angehen. Triumphierend verkündete Pohl, daß nun die Voraussetzungen gegeben wären, um »diese wichtigste Reformarbeit auf dem Gebiete des Heereswesens, die in den letzten 100 Jahren geleistet worden ist«, durchzuführen.[147]

Frank wandte sich entschieden vor allem gegen die »Rückständigkeit und Verbürokratisierung des Heeresverwaltungsapparates«. Er wollte, wie er der Kommission und General Ziegler erläuterte, nicht weniger als eine vollkommene Neuorganisation der Militärverwaltung:[148]

»Das Endziel soll sein, für die gesamte Wehrmacht eine 'Kriegsverwaltungsvorschrift' zu schaffen, die in kurzen, leicht verständlichen Sätzen der Truppe die allgemeinen Richtlinien vorschreibt und dann eine Wehrmachtverwaltung aufzubauen, die nach modernsten Grundsätzen der Büro- und Arbeitstechnik ausgerichtet ist und mit dem geringsten Aufwand an Menschen und Material einwandfrei arbeitet«.[149]

Die Euphorie von Pohl und Frank über eine anstehende komplette Neuorganisation der deutschen Militärverwaltung erhielt allerdings durch Himmler einen leichten Dämpfer. Dieser gratulierte beiden zwar zum Erfolg der Kommissionsberatungen und begrüßte die Versuche, gemeinsame Vorschriften für alle Wehrmachtsteile und die Waffen-SS herauszugeben, pochte aber auf die Eigenständigkeit der Waffen-SS und wandte sich gegen ein einheitliches Verwaltungsführerkorps für Wehrmacht und bewaffnete SS.[150]

Die strikte Trennung von SS- und Wehrmachtsverwaltung wurde allerdings schon wenige Monate später aufgehoben. Nach dem mißglückten Attentat auf Hitler am 20. Juli 1944 wurde Himmler als Nachfolger des in den Putschversuch verwickelten Generaloberst Friedrich Fromm[151] mit der Führung des Ersatzheeres und der Heeresrüstung betraut.[152] Ende August kommandierte Himmler Frank zum Stab von SS-Obergruppenführer Hans Jüttner, der als ständiger Vertreter des Befehlshabers des Ersatzheeres fungierte.[153] Die genaue Funktion Franks in seiner neuen Dienststellung ist unbekannt. Vermutlich sollte er seine Arbeiten zur Vereinheitlichung der Wehrmachtsverwaltung weiterführen. Erst am 1. November 1944 wurde er als Nachfolger von General Osterkamp zum Chef des Heeresverwaltungsamtes ernannt, das ebenfalls zum Befehlsbereich des Befehlshabers des Ersatzheeres gehörte. Damit verlegte sich der Schwerpunkt seiner Tätigkeit von der konzeptionellen auf die praktische Ebene. Frank unterstand nun die Heeresverwaltung einschließlich der für Haushaltsfragen zuständigen Amtsgruppe. Zudem war er sowohl für das Verpflegungswesen des Heeres als auch – nach eigener Auskunft – für die »Verpflegung der gesamten deutschen Frontarmee, also auch für die Luftwaffe, für die Marine, für die OT, für die Einheiten des Roten Kreuzes, für die Waffen-SS«[154] zuständig.[155]

Im Zuge der Ernennung Himmlers zum Befehlshaber des Ersatzheeres konnte auch Pohl seine Rolle als graue Eminenz der Verwaltungsneuordnung aufgeben. Himmler, nun von Hitler mit der Verwaltungsvereinfachung im Rahmen von Heer, Waffen-SS, Polizei und OT beauftragt, übergab die praktische Durchführung dieser Maßnahmen an Pohl. Dieser stürzte sich wie üblich in die Arbeit und konnte Himmler am 29. Januar 1945 zumindest einen ersten Vorschlag zur Neugestaltung der OT unterbreiten. Pohl hoffte darauf, 20.000 Menschen »einsparen« zu können. Wie die nicht überlieferten konzeptionellen Überlegungen Franks, so entfalteten auch die Vorschläge Pohls keine Wirkung mehr. Das deutsche Staatswesen und die Wehrmacht standen kurz vor dem Zusammenbruch. Die Umsetzung der vorgeschlagenen Neuerungen erwies sich als illusorisch.[156] Allerdings wurde Pohls Traum von einem »Verwaltungsdiktator« noch kurz vor Kriegsende fast verwirklicht. Am 14. März 1945 beauftragte Hitler August Frank zusätzlich zu seinen Aufgaben als Verwaltungschef des Heeres, »die Versorgung mit Bekleidung, Verpflegung und Unterkunftsgeräten und deren Bewirtschaftung für die gesamte Wehrmacht, Waffen-SS, Polizei, Reichsarbeitsdienst, OT und Deutsches Rotes Kreuz einheitlich zu steuern«.[157] Damit war es Pohl gelungen, seine Vorstellungen von einer der nationalsozialistischen Herrschaft angemessenen Verwaltung zumindest in Ansätzen auf die Wehrmacht und die im Rahmen der Wehrmacht eingesetzten Organisationen zu übertragen. Wie seine Karriere in der SS ausweist, war Frank[158] nämlich nicht nur ein – laut Pohl – »alter Verwaltungsmann«,[159] der »über ein reiches Fachwissen«[160] verfügte, sondern der Repräsentant eines Systems, in dem die Verwaltungsmitarbeiter ohne sichtbare Skrupel zwischen den Sparten der Pohlschen Behörde, in denen terroristische Willkür herrschte, und denjenigen, in denen normative Ordnungen befolgt wurden, wechselten.

Fazit

Wie Hitler und die NSDAP, so blickten auch Himmler und die SS abschätzig auf Bürokraten und die traditionelle Bürokratie.[161] In der Zeitschrift »Das Schwarze Korps«, dem Sprachrohr der SS, konnte man am 12. Juni 1941 lesen:

>»Die Bekämpfung der Bürokratie ist also eine Aufgabe, die jeden angeht [...]. Heute aber wissen wir: der Bürokrat ist der Vertreter eines ganz bestimmten Rassenbildes. Er

entsteht überall dort, wo das geistig unregsame, unterwürfige, aber fleißige und auf Lebenssicherung bedachte ostische Element sich mit der Beharrlichkeit des fälischen oder Führerwillen des nordischen Menschen verband«.[162]

Gegen diese völlig negative Bewertung administrativer Tätigkeiten gelang es Pohl, sein von der SS akzeptiertes Leitbild vom »soldatischen Beamten« zu setzen, der ein ebenso guter Troupier wie Verwaltungsfachmann ist. Der von Pohl erdachte SS-Verwaltungsführer sollte von der Pike auf lernen und sich seine Karriere Stück für Stück erkämpfen.[163] Eigenverantwortlichkeit und Entscheidungsfreudigkeit waren zwei Charakteristika des von Pohl kreierten Verwaltungsführerkorps. Pohls langjähriger Mitarbeiter SS-Obersturmbannführer Josef Spacil forderte daher von seinen Untergebenen:

»Die Aufgaben der Verwaltung sind von weittragendster Bedeutung und können nur von solchen SS-Führern erfüllt werden, die sich als klare, weitschauende, willensstarke und verantwortungsfreudige Berater [...] erweisen. Eine zu enge Auslegung der Gesetze, Verordnungen und Bestimmungen wirkt hemmend und nicht fördernd, da sie nur den Rahmen geben, nach denen der Führer des Verwaltungsdienstes entscheiden soll. Auch in solchem Falle, wo der Führer des Verwaltungsdienstes eine paragraphenmäßige Deckung nicht findet, muß sein Gewissen gepaart mit der Verantwortungsfreudigkeit entscheiden. So wird sich immer der richtige Weg finden lassen«.[164]

Die von Pohl und seinen Mitarbeitern formulierten Anforderungen an den SS-Verwaltungsführer waren allerdings nicht weit von den Richtlinien entfernt, die der Staatssekretär im Reichsministerium des Innern, Wilhelm Stuckart,[165] für die Ausbildung der höheren Verwaltungsbeamten einführen wollte:

»Deutsche Verwaltung muß für Europa und darüber hinaus [...] das Vorbild einfacher schlagkräftiger, leistungsfähiger und sauberer Verwaltungsführung sein [...]. Die riesenhaften Aufgaben [...] erfordern ein Beamtentum, das nationalsozialistisch verantwortungsbewußt, leistungsstark und zugleich aufrecht und geachtet voll Selbstvertrauen an diese Aufgaben herangeht. [...] Dieser Beamte wird nicht nur ein charakterfester und zuverlässiger Nationalsozialist sein müssen, sondern er wird darüber hinaus die [...] erforderlichen weltanschaulichen, geschichtlichen, philosophischen und biologisch-rassekundlichen Wissensgrundlagen besitzen müssen [...]. Erfahrung und Fühlung mit dem politischen und praktischen Leben müssen daher durch die Ausbildung mindestens ebenso erworben werden wie Wissen und Kenntnisse«.[166]

Im Gegensatz zur traditionellen Bürokratie schlich sich in Pohls Administration gelegentlich eine etwas primitive Vorstellung von den Prioritäten der Verwaltungstätigkeit ein, die auch in späteren Jahren noch an die Weickertsche Diktion von einer sauberen Buchführung erinnerten: »Das Kassenbuch ist das Spiegelbild des mit der Führung beauftragten Führers des Verwaltungsdienstes oder Unterführers. Seine vornehmste Aufgabe muß sein, durch persönlichen Ehrgeiz die Buchführung und die Belegswirtschaft einwandfrei und ordnungsgemäß zu erstellen«.[167] Gravierender als diese professionelle Diskrepanz zwischen SS-Verwaltung und traditioneller Bürokratie war der unterschiedliche Stellenwert, der einem normativen System, »einem Mindestmaß an Rechtsförmigkeit«, zugemessen wurde. Für Stuckart und andere nationalsozialistische Verwaltungsfachleute war dieses »Mindestmaß« als Grundlage für alle Verwaltungstätigkeit gefordert.[168] Pohl dagegen setzte andere Prioritäten. In der Verwaltungssparte seiner Behörde wurde gemäß den eigenen parteiamtlichen und staatlichen Vorschriften für die Allgemeine SS und Waffen-SS gehandelt. Pohl machte seinen Verwaltungsführern besonders die Kenntnis der haushaltsrechtlichen Bestimmungen zur Pflicht, da die kassenführenden Stellen der Waffen-SS vom Reichsrechnungshof geprüft wurden. Die Mitarbeiter der Wirtschaftssparte mußten sich je nach Unternehmensziel der von ihnen geführten Gesellschaften weltanschaulich oder machtpolitisch motivierten Vorgaben beugen, konnten zumindest während eines Zeitraums zu Beginn des Zweiten Weltkrieges aber auch rein ökonomische Zielsetzungen verfolgen. Obwohl die SS-Wirtschaft einige Ausnahmegenehmigungen erwirken konnte, stand sie im übrigen aber nicht außerhalb des für die Kriegswirtschaft aufgestellten Ordnungsrahmens und mußte die erlassenen wirtschaftsbürokratischen Vorschriften und Anordnungen beachten. In der KZ-Zentrale in Oranienburg und den einzelnen KZ wurden dagegen gesetzliche und bürokratische Regeln nur formal befolgt. Ungeschriebene Gesetze und terroristische Willkür beherrschten das alltägliche Leben speziell der Gefangenen.

In den verschiedenen Bereichen des SS-Wirtschafts-Verwaltungshauptamtes dominierten unterschiedliche Vorstellungen von der Regelgebundenheit bürokratischer Systeme. Die differierenden Vorgehensweisen lassen sich unter Rückgriff auf die von Ernst Fraenkel geprägten Archetypen Maßnahmenstaat und Normenstaat präzise definieren. In Sinne des Fraenkelschen Modells war das KZ-System, wie auch die Gestapo,[169] prototypisches Instrument des Maßnahmenstaates, die als überwiegend traditionelle Militärverwaltung agierende Waffen-SS-Administration dagegen Teil des Normenstaates. Fraenkel wies darauf hin, daß gerade nicht das Nebeneinander von Partei und Staat den »Doppelstaat« ausmachte, sondern die Trennlinie zwischen willkürlicher und regelgebundener Herrschaft verlief, wie es auch an der von Pohl geführten Behörde deutlich wird. Anders als von Fraenkel vermutet, ging der Normenstaat nicht im Maßnahmenstaat auf. Anhand der von Pohl geleiteten Organisation wird deutlich, daß für einen Teil des Aufgabenbereichs normenstaatliche Regeln befolgt werden, um beispielsweise die möglichst effiziente Verwaltung der Waffen-SS zu gewährleisten. Dagegen ermöglichte erst die Regellosigkeit in den Konzentrationslagern den Aufbau eines Systems des totalen Terrors und der völligen Entrechtung der Gefangenen. In Pohls Apparat existierten zugleich normenstaatliche und maßnahmenstaatliche Bürokratien.

Typisch für das SS-Wirtschafts-Verwaltungshauptamt waren sowohl die Abgrenzung der unterschiedlichen Sparten als auch die potentiell unbeschränkten Arbeitsfelder der Verwaltungsführer. Diese wurden je nach Notwendigkeit in den normen- oder in den maßnahmenstaatlichen Bereichen des WVHA beschäftigt. Pohl machte sich die spezifische Struktur bürokratischer Systeme wie Hierarchien, unpersönliche Entscheidungswege und abgegrenzte Zuständigkeiten sowie den Karrierismus seiner Untergebenen zunutze. Nachdem sie sich auf den Dienst im WVHA eingelassen hatten, entwickelten die aus der traditionellen Verwaltung versetzten Mitarbeiter durchaus eigene Initiative und funktionierten – soweit bekannt – auch in maßnahmenstaatlichen Funktionen ohne Skrupel und Probleme. Mit seinem Insistieren auf fachlich geschulte und vorderhand unpolitische Verwaltungs-, Wirtschafts- und Bauexperten gelang es Pohl, ein überall einsatzbereites »Führerkorps« zu schaffen, das die an das SS-Wirtschafts- und Verwaltungshauptamt gestellten weltanschaulich oder machtpolitisch motivierten Aufgaben ohne zu zögern umsetzte.

Es wird deutlich, daß Fraenkels Modell auch für eine Analyse der Kriegszeit von großem Wert ist. Jenseits statischer Unterscheidungen von alten und neuen Bürokratien kann es mittels eines Blicks auf das konkrete Verwaltungshandeln gelingen, maßnahmen- und normenstaatliches Handeln voneinander zu isolieren und die Spezifika einzelner Behörden vor dem Hintergrund des sich in einem permanenten Wandlungsprozeß befindlichen Staatswesens zu benennen. Für das WVHA ist keine eindeutige Zuordnung zu finden. In dieser Behörde ist vielmehr ist eine weitgehende Konvergenz von Normen- und Maßnahmenstaat festzustellen. Ob eine ähnliche Zuschreibung auch für die überkommenen Verwaltungen möglich ist und ob sich traditionelle und neue Bürokratien in ihrem Verwaltungshandeln während der NS-Herrschaft zunehmend angeglichen haben – wie es beispielsweise die Entwicklung der Wehrmacht nahelegt –, ist eine Frage, deren Beantwortung sowohl die Funktion und Struktur der öffentlichen Verwaltung während der Kriegszeit als auch die Spezifika der bislang noch immer sehr diffus bleibenden Sonderbehörden des NS-Staates klären helfen könnte.

1 Henry Picker, Hitlers Tischgespräche im Führerhauptquartier, 3. Aufl., Stuttgart 1976, S. 258 (Eintrag v. 3.5.1942).
2 Ebd., S. 261.
3 Adolf Hitler. Monologe im Führerhauptquartier 1941-1944. Die Aufzeichnungen Heinrich Heims, hrsg. v. Werner Jochmann, Bindlach 1988, S. 50 (Eintrag zur Nacht v. 1. auf den 2.8.1941). Zu Hitlers Bürokratiekritik s. Dieter Rebentisch, Führerstaat und Verwaltung im Zweiten Weltkrieg. Verfassungsentwicklung und Verwaltungspolitik 1939-1945, Stuttgart 1989, S. 29-32, 541 f.
4 Vgl. ebd., S. 31; Ludolf Herbst, Das nationalsozialistische Deutschland 1933-1945. Die Entfesselung der Gewalt: Rassismus und Krieg, Frankfurt am Main 1996, S. 246 f.
5 Gerade die NSDAP bildet eine »massive bureaucratic institution« heraus, so Jane Caplan, Government without Administration. State and Civil Service in Weimar and Nazi Germany, Oxford 1988, S. 168.
6 Franz Neumann, Behemoth. Struktur und Praxis des Nationalsozialismus 1933-1944, hrsg. v. Gert Schäfer, Frankfurt am Main 1993 [Erstauflage (EA) 1942], S. 111.
7 Vgl. Ernst Fraenkel, Der Doppelstaat, Frankfurt am Main/Köln 1974 [EA 1941], S. 23; s. auch Caplan, Government (Anm. 5), S. 137 f., die darauf hinweist, daß der immer wieder beschworene Dualismus zwischen Partei und Staat der Komplexität des NS-Systems nicht gerecht werde.
8 Vgl. Fraenkel, Doppelstaat (Anm. 7), S. 13, 99.
9 Ebd., S. 21.
10 Vgl. ebd., S. 12.
11 Vgl. ebd., S. 100.
12 S. die Bibliographien in Dieter Rebentisch/Karl Treppe (Hg.), Verwaltung contra Menschenführung im Staat Hitlers. Studien zum politisch-administrativen System, Göttingen 1986, S. 418-427, sowie Michael Ruck, Bibliographie zum Nationalsozialismus, 2 Bde., Darmstadt 2000, hier: Bd. 1, S. 186-198.
13 Vgl. Rebentisch, Führerstaat (Anm. 3), S. 544.
14 Hans Mommsen, Zur Verschränkung traditioneller und faschistischer Führungsgruppen in Deutsch-

land beim Übergang von der Bewegungs- zur Systemphase, in: Ders., Der Nationalsozialismus und die deutsche Gesellschaft. Ausgewählte Aufsätze, Reinbek bei Hamburg 1991, S. 39-66, hier: S. 39.
15 S. dazu nur die älteren Studien von Reinhard Bollmus, Das Amt Rosenberg und seine Gegner. Studien zum Machtkampf im nationalsozialistischen Herrschaftssystem, Stuttgart 1970, sowie Robert Lewis Koehl, RKFDV. German Resettlement and Population Policy 1939-1945. A history of the Reich Commission for the strengthening of Germandom, Cambridge 1957; aktueller Herwart Vorländer, Die NSV. Darstellung und Dokumentation einer nationalsozialistischen Organisation, Boppard am Rhein 1988, sowie Peter Hammerschmidt, Die Wohlfahrtsverbände im NS-Staat. Die NSV und die konfessionellen Verbände Caritas und Innere Mission im Gefüge der Wohlfahrtspflege des Nationalsozialismus, Opladen 1999. Detaillierte Arbeiten, die den gegenwärtigen Forschungsstand rezipieren, fehlen, um nur einige zu nennen, zum Propaganda- und Luftfahrtministerium, zur Deutschen Arbeitsfront, zu den Gliederungen der NSDAP und nicht zuletzt zum größten administrativen Apparat, der NSDAP selbst.
16 So schon Fraenkel, Doppelstaat (Anm. 7), S. 228.
17 Die Arbeit von Koehl, RKFDV (Anm. 15) repräsentiert schon seit langer Zeit nicht mehr den Forschungsstand; Valdis O. Lumans, Himmler's Auxiliaries. The Volksdeutsche Mittelstelle and the German National Minorities of Europe, 1933-1945, Chapel Hill, London 1993 bezieht die Verwaltungswirklichkeit auf unterer Ebene nicht mit ein; Friedrich Wilhelm, Die Polizei im NS-Staat. Die Geschichte ihrer Organisation im Überblick, Paderborn (u.a.) 1997, bietet eine Organisationsgeschichte, vernachlässigt aber das praktische Verwaltungshandeln ebenso wie die personelle Struktur; zum SS-Führungshauptamt, SS-Hauptamt, SS-Personalhauptamt etc. fehlen eigenständige Studien. Für eine politische Verwaltungsgeschichte beispielhaft Johannes Tuchel, Konzentrationslager. Organisationsgeschichte und Funktion der »Inspektion der Konzentrationslager« 1934-1938, Boppard am Rhein 1991.
18 Klaus-Michael Mallmann/Gerhard Paul, Herrschaft und Alltag. Ein Industrierevier im Dritten Reich, Bonn 1991; Robert Gellately, Die Gestapo und die deutsche Gesellschaft. Die Durchsetzung der Rassenpolitik 1933-1945, 2. Aufl., Paderborn (u.a.) 1994; Gisela Diewald-Kerkmann, Politische Denunziationen im NS-Regime oder die kleine Macht der »Volksgenossen«, Bonn 1995; Jens Banach, Heydrichs Elite. Das Führerkorps der Sicherheitspolizei und des SD 1936-1945, Paderborn (u.a.) 1998, sowie die beiden Sammelbände von Gerhard Paul/Klaus-Michael Mallmann (Hg.), Die Gestapo - Mythos und Realität, Darmstadt 1995, sowie dies. (Hg.), Die Gestapo im Zweiten Weltkrieg. »Heimatfront« und besetztes Europa, Darmstadt 2000.
19 Patrick Wagner, Volksgemeinschaft ohne Verbrecher. Konzeption und Praxis der Kriminalpolizei in der Zeit der Weimarer Republik und des Nationalsozialismus, Hamburg 1996, sowie das Forschungsprojekt von Michael Wildt, »Gewalt-Elite. Eine kollektivbiographische Untersuchung der Führungsgruppe des Reichssicherheitshauptamtes«.
20 Vgl. Bernd Wegner, Hitlers Politische Soldaten: Die Waffen-SS 1933-1945. Leitbild, Struktur und Funktion einer nationalsozialistischen Elite, 5. Aufl., Paderborn (u.a.) 1997, S. 79 f.; Robert Lewis Koehl, The Black Corps. The Structure and Power Struggles of the Nazi SS, Madison 1983, S. 21 f.; Heinz Höhne, Der Orden unter dem Totenkopf. Die Geschichte der SS, Bindlach 1990, S. 27 f.
21 Richtlinien zur Aufstellung von »Schutzstaffeln« der NSDAP, Bundesarchiv (BA) Berlin, NS 19/1934, Bl. 4, die der erste »Führer« der SS, Julius Schreck, am 21.9.1925 per Rundschreiben versandte.
22 Jan Erik Schulte, Zwangsarbeit und Vernichtung: Das Wirtschaftsimperium der SS. Oswald Pohl und das SS-Wirtschafts-Verwaltungshauptamt 1933-1945, Paderborn (u.a.) 2001, S. 18-20, 76 f.
23 Damit bot die SS noch vor der SA eine Versicherung an, die bei »Unfällen« im Zuge von Parteiaktivitäten Hilfe leisten sollte. Über diese frühe Versicherung der SS ist bislang nichts bekannt. Sie wird auch nicht in Stefan Laube, Hilfskasse statt Versicherung. Die NSDAP und das »Wagnis Machtergreifung« (1926-1933), in: Zeitschrift für Unternehmensgeschichte 44 (1999), S. 196-217 erwähnt. Vermutlich ging die von der SS angebotenen Versicherung später in der »Hilfskasse« der NSDAP auf. Vgl. ebd., S. 211 f.
24 Vgl. Richtlinien (Anm. 21), sowie Walter Naasner, Neue Machtzentren in der deutschen Kriegswirtschaft 1942-1945. Die Wirtschaftsorganisation der SS, das Amt des Generalbevollmächtigten für den Arbeitseinsatz und das Reichsministerium für Rüstung und Kriegsproduktion im nationalsozialistischen Herrschaftssystem, Boppard am Rhein 1994, S. 246.
25 Heidens Befehl an die SS-Führer v. 23.11.1927, BA Berlin, NS 19/1934, Bl. 30.
26 Vgl. BA Berlin, BDC, PA Weickert.
27 Vgl. (einschließlich der Zitate) Weickerts Rundschreiben v. Juli 1930, BA Berlin, NS 31/298, Bl. 3;

s. auch Naasner, Machtzentren (Anm. 24), S. 246 f. Zur schlechten wirtschaftlichen Lage der SS vgl. SS-Gruppenführer West an SA-Stabschef v. 21.9.1932, BA Berlin, NS 19/1934, Bl. 216.
28 Vgl. Protokoll der Besprechung am 3.11.1931, BA Berlin, BDC, PA Wilhelm Jeppe.
29 Protokoll der Führerbesprechung am 13./14.6.1931, BA Berlin, NS 19/1934, Bl. 158.
30 Ebd.
31 Vgl. Organigramm des Stabes der SA, o. D. (ca. 1930/31), BA Berlin, NS 23alt/470, unfol.
32 Vgl. Stabsbefehl Himmlers v. 12.5.1931 u. SS-Befehl -C-, Nr. 28 v. 9.6.1931, BA Berlin, NS 19/1934, unfol.; s. auch Naasner, Machtzentren (Anm. 24), S. 242-244.
33 Vgl. BA Berlin, BDC, PA Weickert, PA Schneider.
34 Vgl. Tuchel, Konzentrationslager (Anm. 17), S. 122 f.
35 Vgl. Schulte, Wirtschaftsimperium der SS (Anm. 22), S. 29, 34 f., 46, 78-80.
36 Vgl. ebd., S. 32-34; Michael Allen, Oswald Pohl - Chef der SS-Wirtschaftsunternehmen, in: Die SS: Elite unter dem Totenkopf. 30 Lebensläufe, hrsg. v. Ronald Smelser/Enrico Syring, Paderborn (u.a.) 2000, S. 394-407; Walter Naasner (Hg.), SS-Wirtschaft und SS-Verwaltung.»Das SS-Wirtschafts-Verwaltungshauptamt und die unter seiner Dienstaufsicht stehenden wirtschaftlichen Unternehmungen« und weitere Dokumente, Düsseldorf 1998, S. 352-354; Tuchel, Konzentrationslager (Anm. 17), S. 385 f.
37 Wegner, Soldaten (Anm. 20), S. 84-100; Klaus-Jürgen Müller, Armee und Drittes Reich 1933-1939. Darstellung und Dokumentation, Paderborn 1987, S. 71-78.
38 Vgl. Schulte, Wirtschaftsimperium der SS (Anm. 22), S. 76-84.
39 Vgl. ebd.
40 Vgl. Verwaltungsanordnung Nr. 2 v. 4.2.1935, BA Berlin, NS 31/10, Bl. 1; Pohls Rundschreiben »Aufbau der SS-Verwaltung« v. 27.9.1935, BA Berlin, NS 3/557, Bl. 55.
41 Vgl. Verwaltungsanordnung Nr. 9 v. 16.4.1935, BA Berlin, NS 31/10, Bl. 25 f.
42 Verwaltungsanordnung Nr. 11 v. 2.5.1935, BA Berlin, ebd. Bl. 54.
43 Pohls Rundschreiben v. 2.3.1936, BA Berlin, NS 31/363, Bl. 14.
44 Vgl. Wittjes Beurteilung v. 14.5.1935, BA Berlin, BDC, PA Pohl.
45 Himmlers Personalverfügung Nr. 20 v. 1.6.1935, Institut für Zeitgeschichte (IfZ) München, MA 387, Bl. 726011.
46 So Wittje in seiner Beurteilung v. 14.5.1935, BA Berlin, BDC, PA Pohl.
47 Schon am 1.6.1935 hatte Himmler befohlen:»Die SS-Hauptämter sind nicht berechtigt, in Haushalts- und damit zusammenhängenden Verwaltungsangelegenheiten mit der Reichsleitung oder mit Behörden zu verhandeln. Zu derartigen Verhandlungen ist nur der Verwaltungschef der SS berechtigt«. Himmlers Rundschreiben v. 1.6.1935, BA Berlin, NS 3/555, Bl. 31.
48 Schulte, Wirtschaftsimperium der SS (Anm. 22), passim.
49 Vgl. Karin Orth, Die Konzentrationslager-SS. Sozialstrukturelle Analysen und biographische Studien, Göttingen 2000, S. 101-103.
50 Pohl schrieb an Himmler, daß es sein Ziel wäre, »den bürokratischen Beamten einmal durch den soldatischen Beamten zu ersetzen«. Staatsarchiv Marburg, Best. 327/2, zit. nach: Anke Schmeling, Josias Erbprinz zu Waldeck und Pyrmont. Der politische Weg eines hohen SS-Führers, Kassel 1993, S. 65 f. Der Verwaltungschef vertauschte also den bei Himmler negative Konnotationen auslösenden durch einen positiv besetzten Begriff. Wie er mit der Bezeichnung »Beamte« deutlich machte, zog Pohl nicht gegen die auch von ihm in der SS eingeführten, klaren bürokratischen Strukturen und Verantwortlichkeiten zu Felde, sondern er versuchte, seine Vorstellungen bürokratischen Handelns von den NS-weit kritisierten Bürokratievorstellungen abzugrenzen.
51 Sein Duz-Freund und späterer Chef der Verwaltungsführerschule in Dachau und Arolsen, Hans Baier, schrieb von Pohl als einem »langjährigen Mitkämpfer [...] für das Offizierswerden der Marinezahlmeister«. Baier an Pohl v. 6.11.1936, BA Berlin, BDC, PA Baier. Die Aufwertung der Marinezahlmeisterlaufbahn war ein gemeinsames Ziel der Marinezahlmeister. Der Zahlmeister des Linienschiffs »Schlesien«, Großmann, bedankte sich am 21.5.1935 bei Himmler für »die Zusicherung, für die soldatische Besserstellung der Marinezahlmeister in Richtung des Verwaltungsoffiziers eintreten zu wollen«. BA Berlin, BDC, PA Pohl. Großmanns und Pohls Wortwahl ist fast identisch, was darauf hinweist, daß Pohls Konzept für die SS-Verwaltung in seiner Zeit bei der Marineverwaltung entstand.
52 Köberlein trat mit einer hohen Mitgliedsnummer vermutlich 1937 in die NSDAP ein. Gemäß den Personalakten von Reiss und Blaser wurde beiden nicht in die NSDAP aufgenommen. Vgl. insgesamt Pohl an den SS-Personalchef Schmitt v. 6.1.1936, BA Berlin, BDC, PA Breuer, Köberlein, Reiss, Blaser.

53 Vgl. BA Berlin, BDC, PA Eggert, Moser, Müller, Weiter, Prietzel.
54 Zur rechtsgerichteten Veteranenorganisation »Stahlhelm - Bund der Frontsoldaten« Volker R. Berghahn, Der Stahlhelm. Bund der Frontsoldaten 1918-1935, Düsseldorf 1966, sowie Joachim Tautz, Militaristische Jugendpolitik in der Weimarer Republik. Die Jugendorganisation des Stahlhelm, Bund der Frontsoldaten: Jungstahlhelm und Scharnhorst, Bund deutscher Jungmannen, Regensburg 1998.
55 Vgl. BA Berlin, BDC, PA Salpeter, Barthelmess, Weiss, Mummenthey.
56 Auch für den Truppendienst der SS-Verfügungstruppe wurden militärische »professionals« eingestellt. Vgl. Bernd Wegner, Anmerkungen zur Geschichte der Waffen-SS aus organisations- und funktionsgeschichtlicher Sicht, in: Die Wehrmacht. Mythos und Realität, hrsg. v. Rolf Dieter Müller/ Hans-Erich Volkmann, München 1999, S. 405-419, hier: S. 408.
57 Richtlinien für die SS-Verwaltungsführerlaufbahn v. 20.9.1938, BA Berlin, NS 3/548, Bl. 5.
58 Vgl. (einschließlich der Zitate) ebd., Bl. 8 f. Insgesamt Hermann Kaienburg, KZ-Haft und Wirtschaftsinteresse. Das Wirtschaftsverwaltungshauptamt der SS als Leitungszentrale der Konzentrationslager und der SS-Wirtschaft, in: Konzentrationslager und deutsche Wirtschaft 1939-1945, hrsg. v. dems., Opladen 1996, S. 29-60, hier: S. 32 f., der jedoch betont, daß die politische Zuverlässigkeit der neuen Verwaltungsmitarbeiter eine wesentliche Rolle bei deren Auswahl gespielt habe.
59 Vgl. Wegner, Soldaten (Anm. 20), S. 140 f., sowie allgemein zur Führerauslese in der SS Herbert Friedrich Ziegler, Nazi Germany's New Aristocracy. The SS Leadership, 1925-1939, Princeton 1989, bes. S. 58.
60 Vgl. Richtlinien (Anm. 57), Bl. 5 f.
61 Pohl an Reichle v. 4.6.1935, BA Berlin, R 2/26704, Bl. 12.
62 Vgl. Schulte, Wirtschaftsimperium der SS (Anm. 22), S. 69-75.
63 Vgl. Gabriele Huber, Die Porzellan-Manufaktur Allach-München GmbH. Eine »Wirtschaftsunternehmung« der SS zum Schutz der »deutschen Seele«, Marburg 1992; Albert Knoll, Die Porzellanmanufaktur München-Allach. Das Lieblingskind von Heinrich Himmler, in: Dachauer Hefte 15 (1999), S. 116-133; Karl Hüser, Wewelsburg 1933 bis 1945. Kult- und Terrorstätte der SS. Eine Dokumentation, Paderborn 1982, sowie insgesamt Enno Georg, Die wirtschaftlichen Unternehmungen der SS, Stuttgart 1963, S. 14-24.
64 Vgl. Schulte, Wirtschaftsimperium der SS (Anm. 22), S. 137-147; Wolfgang Jacobeit und Christoph Kopke, Die Biologisch-dynamische Wirtschaftsweise im KZ. Die Güter der »Deutschen Versuchsanstalt für Ernährung und Verpflegung« der SS von 1939 bis 1945, Berlin 1999; Michael Allen, Engineers and Modern Managers in the SS: The Business Administration Main Office (Wirtschaftsverwaltungshauptamt), Diss. University of Pennsylvania 1995, S. 178, 196-202; Hermann Kaienburg, »Vernichtung durch Arbeit«. Der Fall Neuengamme. Die Wirtschaftsbestrebungen der SS und ihre Auswirkungen auf die Existenzbedingungen der KZ-Gefangenen, 2. Aufl., Bonn 1991, S. 118-121; Georg, Unternehmungen (Anm. 63), S. 62-66, 83-88.
65 Vgl. Schulte, Wirtschaftsimperium der SS (Anm. 22), S. 115-117; Kaienburg, KZ-Haft (Anm. 58), S. 42; Kaienburg, Vernichtung (Anm. 64), S. 75.
66 Vgl. Schulte, Wirtschaftsimperium der SS (Anm. 22), S. 122.
67 Vgl. ebd., S. 119-123; Allen, Engineers (Anm. 64), S. 115-128; Kaienburg, Vernichtung (Anm. 64), S. 90-112.
68 Vgl. Schulte, Wirtschaftsimperium der SS (Anm. 22), S. 161-163.
69 Vgl. BA Berlin, BDC, PA Hohberg; Schulte, Wirtschaftsimperium der SS (Anm. 22), S. 172-174.
70 Vgl. ebd., S. 174-197.
71 Vgl. ebd., S. 182, 187-190; s. insgesamt Josef Henke, Von den Grenzen der SS-Macht. Eine Fallstudie zur Tätigkeit des SS-Wirtschafts-Verwaltungshauptamtes, in: Rebentisch/Teppe, Verwaltung (Anm. 12), S. 255-277; ders., Der Griff der SS nach dem Apollinaris-Brunnen in Bad Neuenahr. Ein Beitrag zum Verhältnis von SS und Verwaltung während des Zweiten Weltkrieges, in: Jahrbuch für westdeutsche Landesgeschichte 8 (1982), S. 159-198; Miroslav Kárný, Síla a slabost hospodárského koncernu SS. Prípad závodu Bucovice (Macht und Ohnmacht des SS-Wirtschaftskonzerns: Fall Bocovice), in: Slezký Sborník 84 (1986), S. 32-50.
72 Vgl. Kaienburg, Vernichtung (Anm. 64), S. 84 f.
73 Hohberg an das Finanzamt Börse Berlin v. 5.5.1943, BA Berlin, BDC, SS-HO 3463; Hohberg an die W-Amtschefs v. 12.4.1943, BA Berlin, NS 3/821, Bl. 10.
74 Pohl an Lingg v. 27.1.1943, BA Berlin, NS 3/1072, Bl. 2.
75 Lingg an Pohl v. 15.2.1943, ebd., Bl. 4.
76 Vgl. Fraenkel, Doppelstaat (Anm. 7), S. 101.
77 Hohberg an das Finanzamt Börse Berlin v. 5.5.1943, BA Berlin, BDC, SS-HO 3463.

78　1943 sollte die Forschungsanstalt Verfahren entwickeln, die »sich mittelbar oder unmittelbar auf die Buchherstellung« bezogen; 1944 war der »Gegenstand des [umbenannten] Unternehmens [...] die Gewinnung und der Abbau von Torf auf eigenem und gepachteten Grundbesitz«. Gesellschaftsvertrag Forschungsanstalt, BA Berlin, NS 3/178, Bl. 171-175, hier: Bl. 172; Gesellschaftsversammlung Forschungsanstalt v. 26.9.1944, ebd., Bl. 138 f., hier: Bl. 138.
79　Vgl. insgesamt Schulte, Wirtschaftsimperium der SS (Anm. 22), S. 232-238.
80　Vgl. ebd., S. 199-201; Jan Erik Schulte, Das SS-Wirtschafts-Verwaltungshauptamt - Zentrale der Zwangsarbeit von KZ-Häftlingen, in: Stiften gehen. NS-Zwangsarbeit und Entschädigungsdebatte, hrsg. v. Ulrike Winkler, Köln 2000, S. 85-107, hier: S. 92 f.
81　Vgl. Schulte, Wirtschaftsimperium der SS (Anm. 22), S. 46-48, 71-75, 99 f.
82　KZ-Gefangene, die Vorarbeiter- oder sonstige privilegierte Aufgaben wahrnahmen, hießen im KZ-Jargon »Funktionshäftlinge«. Vgl. Orth, Konzentrationslager-SS (Anm. 49), S. 49-51.
83　Vgl. ebd., S. 38-49; Standort- und Kommandanturbefehle des Konzentrationslagers Auschwitz 1940-1945, hrsg. v. Norbert Frei (u.a.), München 2000; Hermann Langbein, ... nicht wie die Schafe zur Schlachtbank. Widerstand in den nationalsozialistischen Konzentrationslagern 1938-1945, Frankfurt am Main 1995, S. 34-36.
84　Vgl. Harry Naujoks, Mein Leben im KZ Sachsenhausen 1936-1942. Erinnerungen des ehemaligen Lagerältesten, hrsg. v. Martha Naujoks und dem Sachsenhausen-Komitee für die BRD, Köln 1987, S. 62-67; Hermann Kaienburg, Das Konzentrationslager Neuengamme 1938-1945, Bonn 1997, S. 97 f.
85　Die »Disziplinar[-] u. Strafordnung für das Gefangenenlager« Dachau wurde zur Grundlage für alle Lagerordnungen und Strafkataloge in KZ. Vgl. Comité International de Dachau (Hg.): Konzentrationslager Dachau 1933-1945, 9. Aufl., (o.O.) 1978, S. 68 f.; Gedenkstätte Buchenwald (Hg.): Konzentrationslager Buchenwald 1937-1945. Begleitband zur ständigen historischen Ausstellung, erstellt von Harry Stein, Göttingen 1999, S. 104 f.; Kaienburg, Neuengamme (Anm. 84), S. 100; Danuta Drywa, Direkte Extermination, in: Stutthof. Das Konzentrationslager, Gdansk 1996, S. 234-254, hier: S. 237; Isabell Sprenger, Groß-Rosen. Ein Konzentrationslager in Schlesien, Köln (u.a.) 1996, S. 180; Tuchel, Konzentrationslager (Anm. 17), S. 145-147.
86　Vgl. Naujoks, Leben (Anm. 84), S. 66 f.
87　Vgl. Gedenkstätte Buchenwald (Anm. 85), S. 104-111; Kaienburg, Neuengamme (Anm. 84), S. 99; Drywa, Extermination (Anm. 85), S. 237-242, sowie Wolfgang Sofsky, Die Ordnung des Terrors. Das Konzentrationslager, Frankfurt am Main 1993, S. 132.
88　Vgl. Johannes Tuchel, Die Inspektion der Konzentrationslager 1938-1945. Das System des Terrors, Berlin 1994, S. 100.
89　Vgl. Hermann Langbein, Arbeit im KZ-System, in: Dachauer Hefte 2 (1986), S. 3-12, hier: S. 3.
90　Vgl. Schulte, Wirtschaftsimperium der SS (Anm. 22), S. 382-384.
91　Rundschreiben Georg Lörners, Chefs des Amtes I des Hauptamtes Haushalt und Bauten v. 17.7.1940, Nürnberger Dokument NO-3666. Dieses Schreiben trug im Kopf die Bezeichnung Amt I/5. Als zuständiger Fachreferent zeichnete Burböck für die Richtigkeit des Befehls. Die hier benutzten Unterlagen des Falls IV der Nürnberger Nachfolgeprozesse (Pohl-Prozeß) wurden im IfZ München und im Zentrum für Antisemitismusforschung (ZfA) der Technischen Universität Berlin eingesehen.
92　Vgl. Burböcks Rundschreiben v. 7.7.1941, Nürnberger Dokument NO-3653.
93　Vgl. Hauptabteilung I/5 an Außenstellenleiter Buchenwald v. 22.8.1941, Nürnberger Dokument NO-3653; Rudolf Höß' Kommandanturbefehl Nr. 32/41 v. 23.11.1941, in: Frei, Standort- und Kommandanturbefehle (Anm. 83), S. 82.
94　Vgl. Affidavit Albert Schwartz, ehemaliger Arbeitseinsatzführer des KZ Buchenwald, v. 19.2.1947, Nürnberger Dokument NO-2125; Marek Orski, Die Arbeit, in: Stutthof. Das Konzentrationslager, Gdansk 1996, S. 200-224, hier: S. 214; Tuchel, Inspektion (Anm. 88), S. 124; Schulte, Wirtschaftsimperium der SS (Anm. 22), S. 390.
95　Vgl. Franciszek Piper, Arbeitseinsatz der Häftlinge aus dem KL Auschwitz, Oswiecim 1995, S. 86 f.; Orski, Arbeit (Anm. 94), S. 212-214; Aleksander Lasik, Die Organisationsstruktur des KL Auschwitz, in: Auschwitz 1940-1945. Studien zur Geschichte des Konzentrations- und Vernichtungslager Auschwitz, hrsg. v. Waclaw Dlugoborski/Franciszek Piper, Oswiecim 1999, Bd. 1, S. 165-320, hier: S. 248-250; Gedenkstätte Buchenwald (Anm. 85), S. 54, 138; Jens-Christian Wagner, Produktion des Todes. Das KZ Mittelbau-Dora, Göttingen 2001, S. 296.
96　Vgl. Orski, Arbeit (Anm. 94), S. 214; Tuchel, Inspektion (Anm. 88), S. 124. Zur Entwicklung, Funktion und Einsatz des Hollerith-Systems Friedrich Grünholz, Buchhaltungssysteme, -formen

und -verfahren, in: Handwörterbuch der Betriebswirtschaft, hrsg. v. Heinrich Nicklisch, Bd. 1, 2. Aufl., Stuttgart 1938, Sp. 1190-1275, hier: Sp. 1267-1274, sowie Edwin Black, IBM und der Holocaust. Die Verstrickung des Weltkonzerns in die Verbrechen der Nazis, München/Berlin 2001.
97 Vgl. BA Berlin, BDC, PA Maurer; Tuchel, Inspektion (Anm. 88), S. 118, 122 f.; Karin Orth, Das System der nationalsozialistischen Konzentrationslager. Eine politische Organisationsgeschichte, Hamburg 1999, S. 237-243.
98 In Vertretung des Amtsgruppenchefs D von Maurer abgezeichnetes Rundschreiben v. 11.4.1944, Nürnberger Dokument NO-1556.
99 Vgl. Orski, Arbeit (Anm. 94), S. 213; Langbein, Arbeit (Anm. 89), S. 3; Primo Levi, Ist das ein Mensch?, München 1991, S. 122, 125; vgl. dagegen Piper, Arbeitseinsatz (Anm. 95), S. 87.
100 Vgl. Tibor Wohl, Arbeit macht tot. Eine Jugend in Auschwitz, Frankfurt am Main 1990, S. 105.
101 Vgl. »Bericht über die Arbeit der Arbeitsstatistik« (April-Mai 1945), in: Der 'gesäuberte' Antifaschismus. Die SED und die roten Kapos von Buchenwald. Dokumente, hrsg. v. Lutz Niethammer, Berlin 1994, S. 215-217; Langbein, Schafe (Anm. 83), S. 35; Levi, Mensch (Anm. 99), S. 122; Orski, Arbeit (Anm. 94), S. 213 f.
102 Selbst über die Gründe, die einen Arbeitseinsatz eines größeren Kontingentes von jüdischen Häftlingen unmöglich machte, blieb Maurer unaufgeklärt; s. Tuchel, Inspektion (Anm. 88), S. 124, 128.
103 Wie Edwin Black feststellt, bildeten teilmechanisierte Buchungsverfahren das Rückgrat der KZ-Arbeitsstatistik. Allerdings übersieht er, daß aufgrund einer ungenügenden und fehlerhaften Datenerfassung der Einsatz der Hollerith-Maschinen im WVHA nicht wirklich effektiv war. Auch seine Behauptung, der Einsatz der Büromaschinen wäre für das WVHA lukrativ gewesen, ist zu relativieren. Die Entgelte für die an Rüstungsunternehmen verliehenen KZ-Häftlinge wurden zwar zunächst vom WVHA entgegengenommen, aber schließlich geschlossen an die Reichskasse abgeführt. Finanzieller Nutznießer der Zwangsarbeit von KZ-Häftlingen war also in erster Linie die Finanzverwaltung des Deutschen Reiches. Vgl. Black, IBM (Anm. 96), S. 21-25, 483-487 et passim.
104 Sofsky, Ordnung des Terrors (Anm. 87), S. 121, 128, 131-136; Tuchel, Inspektion (Anm. 88), S. 17.
105 Diesen Begriff gebrauchte Caplan, Government (Anm. 5), S. 168, für die Ministerialbeamten, die seit 1933 aus opportunistischen Gründen in die NSDAP eintraten.
106 Zum Chef des Ausbildungswesens: Thilo Vogelsang, Der Chef des Ausbildungswesens (Chef AW), in: Gutachten des Instituts für Zeitgeschichte, Bd. 2, Stuttgart 1966, S. 146-156.
107 Pohl an das SS-Personalamt v. 5.7.1935, BA Berlin, BDC, PA Kaindl.
108 Pohl an den Führer der SS-Totenkopfverbände v. 8.10.1936, ebd.
109 Christl Wickert, Täterkarrieren. Die SS-Lagerleitung Sachsenhausen 1942-1945, in: Internationale wissenschaftliche Korrespondenz zur Geschichte der deutschen Arbeiterbewegung 33 (1997), S. 173-211, weist darauf hin, daß sich weitere SS-Verwaltungsführer in der Kommandantur des KZ Sachsenhausen sammelten.
110 Kaindl wurde im sowjetischen Sachsenhausen-Prozeß zu lebenslanger Haft verurteilt und verstarb 1951 in sowjetischer Gefangenschaft. Vgl. insgesamt BA Berlin, BDC, PA Kaindl; Affidavit Anton Kaindl v. 16.7.1946, Dokument Scheide 33, IfZ München, MB 16/27, Bl. 1138 ff.; Tuchel, Konzentrationslager (Anm. 17), S. 231, 258-264, 377 f.; Schulte, Wirtschaftsimperium der SS (Anm. 22), S. 72-74. Orth, Konzentrationslager-SS (Anm. 49), geht auf die Biographie Kaindls nicht ausführlich ein. Zur Problematik der Aussagen im sowjetischen Sachsenhausenprozeß Winfried Meyer, Stalinistischer Schauprozeß gegen KZ-Verbrecher? Der Berliner Sachsenhausen-Prozeß vom Oktober 1947, in: Dachauer Hefte 13 (1997), S. 153-180.
111 Das den Arbeitseinsatz von KZ-Häftlingen betreffende Schrifttum weist das Aktenzeichen D II/1 aus, das für Sommers Hauptabteilung stand. Sommer fungierte als zuständiger Referent, der die Korrespondenz vorbereitete, auch wenn er die betreffenden Schreiben nicht abzeichnete. Zur Korrespondenz der Hauptabteilung D II/1 z.B. Pohl an Fritz Kranefuss v. 15.1.1944, Nürnberger Dokument NO-1905; Tuchel, Inspektion (Anm. 88), S. 128, 131.
112 Vgl. BA Berlin, BDC, PA Maurer; Affidavit Karl Sommer v. 4.10.1946, NI-1065; Affidavit Gerhard Maurer v. 22.5.1947, Dokument Sommer A/1, in: Trials of War Criminals before the Nuernberg Military Tribunals under Control Council Law No. 10. Nuernberg October 1946 - April 1949, Bd. V, Washington 1950 (= München 1979), S. 601-604.
113 Laut eigenen Angaben engagierte er sich schon vor 1933 in der NS-Bewegung. Vgl. BA Berlin, BDC, PA Vogt.
114 Vogt behauptete nach dem Krieg, daß er 1937 zunächst als Hilfsarbeiter zum Reichsrechnungshof kommandiert worden sei. Vgl. Affidavit Josef Vogt v. 16.1.1947, Nürnberger Dokument NO-1567.

115 Vgl. BA Berlin, BDC, PA Vogt; Affidavit Josef Vogt v. 16.1.1947, Nürnberger Dokument NO-1567; Johannes Tuchel, Fall IV: Der Prozeß gegen Oswald Pohl und andere Angehörige des SS-Wirtschafts-Verwaltungshauptamtes, in: Der Nationalsozialismus vor Gericht. Die alliierten Prozesse gegen Kriegsverbrecher und Soldaten 1943-1952, hrsg. v. Gerd R. Ueberschär, Frankfurt am Main 1999, S. 110-120, hier: S. 117.

116 Gemäß Haushaltsvoranschlag der Waffen-SS für das Reichnungsjahr 1942, BA Berlin, R 2/12190, Bl. 8 u. 14, wurden dem Amt A IV Planstellen für 59 SS-Führer, 26 Unterführer und Männer sowie 6 Angestellten genehmigt. Pohl hatte zwar 86 Führerplanstellen gefordert, die jedoch nicht alle – wie die handschriftlichen Eintragungen auf dem Haushaltsvoranschlag ausweisen – vom Reichsfinanzministerium genehmigt wurden.

117 SS-Hauptsturmführer Hans Hahnefeld. Vgl. Affidavit Josef Vogt v. 16.1.1947, Nürnberger Dokument NO-1567; Stellenbesetzungsliste der Führer des Verwaltungsdienstes im Heimatkriegsgebiet (Anschreiben Pohls v. 16.5.1942), BA Berlin, BDC, SS-HO 916, Bl. 1-38, hier: Bl. 26.

118 Vogt kam auch mit SS-Oberscharführer Rzepa zusammen, der die Kasse der Standortverwaltung leitete und gemeinsam mit Wippern für die Buchhaltung der »Aktion Reinhard« in Lublin verantwortlich war. Vgl. Affidavit Josef Vogt v. 16.1.1947, Nürnberger Dokument NO-1567; Aufstellung über die »angefallenen Gegenstände« (d. h. das Raubgut), PS-4024, in: Der Prozeß gegen die Hauptkriegsverbrecher vor dem Internationalen Militärgerichtshof, Nürnberg 14. November 1945 - 1. Oktober 1946, 42 Bde., Nürnberg 1947-49, hier: Bd. XXXIV, S. 86-89 (zit. IMG).

119 Auch Globocnik betonte in seinem »Bericht über die verwaltungsmäßige Abwicklung der Aktion Reinhardt«, daß die »Erfassung« sich auf das gesamte Generalgouvernement erstreckt habe. Vgl. PS-4024, IMG, Bd. XXXIV, S. 82-85, hier: S. 82.

120 Vgl. Befehl Franks v. 26.9.1942, Nürnberger Dokument NO-724; auch abgedruckt – allerdings mit falschen Adressaten (Franks Befehl ging an die Leiter der Standortverwaltung Lublin und des KZ Auschwitz) – in: Jüdisches Historisches Institut (Hg.), Faschismus, Getto, Massenmord. Dokumentation über Ausrottung und Widerstand der Juden in Polen während des zweiten Weltkrieges, Frankfurt am Main o. J. (1962), S. 404-406. Hierzu Bertrand Perz/Thomas Sandkühler, Auschwitz und die »Aktion Reinhard« 1942-45. Judenmord und Raubpraxis in neuer Sicht, in: Zeitgeschichte 26 (1999), S. 283-316, bes. S. 285.

121 Vgl. (einschließlich der Zitate) Affidavit Josef Vogt v. 16.1.1947, Nürnberger Dokument NO-1567. Über die Prüfung durch Vogt soll Pohl auch in einem Schreiben an den Vorsitzenden des Bundes deutscher Soldaten vom 5.7.1951 berichtet haben. Der Wortlaut des Schreibens ist abgedruckt in: Peter-Ferdinand Koch (Hg.), Himmlers graue Eminenz - Oswald Pohl und das Wirtschafts-Verwaltungshauptamt der SS, Hamburg 1988, S. 159. Allerdings fehlen, wie bei zahlreichen anderen Dokumenten und Zitaten in diesem Buch, auch hier genaue Quellenangaben.

122 Bericht Globocniks (Datum des Anschreibens: 5.1.1944), PS-4024, IMG, Bd. XXXIV, S. 82-85, hier: S. 83. Zum Raub des Eigentums der Ermordeten auch Naasner, Machtzentren (Anm. 24), S. 380-386; Raul Hilberg, Die Vernichtung der europäischen Juden, Frankfurt am Main 1990, Bd. 2, S. 1015-1027; Gerald Reitlinger, Die Endlösung. Hitlers Versuch der Ausrottung der Juden Europas 1939-1945, Berlin 1956, S. 330 f.

123 Vgl. Globocnik an Himmler v. 4.1.1944, Himmler an Pohl v. 21.1.1944, Pohl an Himmer v. 25.1.1944, PS-4024, IMG, Bd. XXXIV, S. 70 f., S. 90 f.

124 Pohl an Globocnik v. 16.2.1944, ebd., S. 91 f., hier: S. 92. Der »Prüfungsbericht Amt A IV vom 7.1.44« wird in der Bezugszeile des Schreibens genannt. Ebd., S. 91.

125 Das Prüfungsergebnis ist nicht überliefert.

126 Wie Anm. 124.

127 Vogt wurde zwei Tage nach der Entlastungserklärung Globocniks durch Pohl zum SS-Standartenführer befördert. Vgl. BA Berlin, BDC, PA Vogt.

128 Vgl. Hans Safrian, Adolf Eichmann. Organisator der Judendeportation, in: Smelser/Syring, Die SS (Anm. 36), S. 134-146; Yaacov Lozowick, Hitlers Bürokraten. Eichmann, seine willigen Vollstrecker und die Banalität des Bösen, München/Zürich 2000, S. 341; Michael Burleigh, Die Zeit des Nationalsozialismus. Eine Gesamtdarstellung, Frankfurt am Main 2000, S. 365-367.

129 Raul Hilberg, The Bureaucracy of Annihilation, in: Unanswered Questions: Nazi Germany and the Genocide of the Jews, hrsg. v. François Furet, New York 1989, S. 127 ff., hier zit. nach: Safrian, Eichmann (Anm. 128), S. 143. Klaus-Michael Mallmann und Gerhard Paul beschreiben die Motive für die Beteiligung von Polizeifunktionären an der NS-Terrorherrschaft im »Osten« folgendermaßen: »Weltanschauliche Wahrnehmungs- und Verarbeitungsmuster verbanden sich dort mit system-

unabhängigem Karrierismus und Opportunismus [...]«. Vor allem die beiden letztgenannten Motive galten auch für die Bürokraten des WVHA. Vgl. Klaus-Michael Mallmann/Gerhard Paul, Die Gestapo. Weltanschauungsexekutive mit gesellschaftlichem Rückhalt, in: Dies, Gestapo im Zweiten Weltkrieg (Anm. 18), S. 599-650, hier: S. 644.
130 Vgl. Ruth Bettina Birn, Die Höheren SS- und Polizeiführer. Himmlers Vertreter im Reich und in den besetzten Gebieten, Düsseldorf 1986, S. 94-98.
131 Schulte, Wirtschaftsimperium der SS (Anm. 22), S. 313-315.
132 Vgl. Rundschreiben des HSSPF im Generalgouvernement, SS-Obergruppenführer Koppe v. 16.1.1944, SS-Wirtschafter beim HSSPF im Generalgouvernement, SS-Standartenführer Schellin v. 31.1.1944, BA Berlin, R 19/157, Bl. 1 f.
133 Vgl. Himmlers Befehl v. 5.6.1944, Wirtschafts-Verwaltungsanordnungen (W.V.A.), hrsg. v. Reichsführer-SS und Chef der Deutschen Polizei – SS-Wirtschafts-Verwaltungshauptamt, 3. Jg., Nr. 4 v. 15.6.1944, BA Berlin, NSD 41/16.
134 Vgl. Schulte, Wirtschaftsimperium der SS (Anm. 22), S. 421-423; Wilhelm, Polizei im NS-Staat (Anm. 17), S. 182 f., 197 f.
135 General der Artillerie Herbert Osterkamp war seit dem 18.9.1939 Chef des Heeresverwaltungsamtes. Vgl. Wolf Keilig, Die Generale des Heeres, Friedberg 1983, S. 248.
136 Pohl an Himmler v. 20.1.1944, BA Berlin, NS 19/1889, Bl. 6-7, hier: Bl. 7.
137 Pohls Rundschreiben v. 25.1.1944, ebd., Bl. 8.
138 Dies hat die Diskussion um die Ausstellung »Vernichtungskrieg - Verbrechen der Wehrmacht« des Hamburger Instituts für Sozialforschung überdeutlich gemacht. Vgl. den Begleitband zur Ausstellung v. Hannes Heer und Klaus Naumann (Hg.), Vernichtungskrieg. Verbrechen der Wehrmacht 1941-1944, 2. Aufl., Hamburg 1995; Gehorsam bis zum Mord? Der verschwiegene Krieg der deutschen Wehrmacht - Fakten, Analysen, Debatte, hrsg. v. Theo Sommer, Hamburg 1995 (ZEIT-Punkte Nr. 3/1995); Heribert Prantl (Hg.), Wehrmachtsverbrechen. Eine deutsche Kontroverse, Hamburg 1997, sowie Christian Gerlach, Kalkulierte Morde. Die deutsche Wirtschafts- und Vernichtungspolitik in Weißrußland 1941 bis 1944, 2. Aufl., Hamburg 2000.
139 Wegner, Anmerkungen (Anm. 56), S. 418.
140 Die sechs Kommissionen war zuständig für Verpflegung, Bekleidung, Bauwesen, Nachschub, Transportwesen und Verwaltung. Vgl. Pohl an Himmler v. 13.4.1944, IfZ München, MA 356, Bl. 685732. Zum »Führerbefehl« und den Implikationen Bernhard R. Kroener, »Menschenbewirtschaftung«, Bevölkerungsverteilung und personelle Rüstung in der zweiten Kriegshälfte (1942-1944), in: Das Deutsche Reich und der Zweite Weltkrieg, Bd. 5/2, hrsg. v. Militärgeschichtlichen Forschungsamt, Stuttgart 1999, S. 775-1001, hier: S. 964-990; Rolf-Dieter Müller, Albert Speer und die Rüstungspolitik im totalen Krieg, in: Ebd., S. 273-773, hier: S. 296.
141 Vgl. Pohl an Himmler v. 13.4.1944, IfZ München, MA 356, Bl. 685732.
142 Ebd., Bl. 685733.
143 Ebd.
144 Vgl. Rudolf Brandt, Persönlicher Referent Himmlers, an Pohl v. 22.4.1944, IfZ München, MA 356, Bl. 685731.
145 Pohl an Himmler v. 24.4.1944, IfZ München, MA 356, Bl. 685724.
146 Vor seiner Ernennung zum Sonderbeauftragten fungierte Ziegler als Verbindungsoffizier des Generalstabs des Heeres beim Rüstungsminister. Vgl. Müller, Speer (Anm. 140), S. 296; Keilig, Generale (Anm. 135), S. 381.
147 Vgl. (einschließlich des Zitats) Pohl an Himmler v. 24.4.1944, IfZ München, MA 356, Bl. 685724 f.
148 Franks Bericht über die 1. Kommissionssitzung v. 21.4.1944, ebd., Bl. 685726-30.
149 Ebd., Bl. 685729.
150 Vgl. Himmler an Pohl v. 15.5.1944, ebd., Bl. 685721.
151 Bernhard R. Kroener, Generaloberst Fritz Fromm und der deutsche Widerstand - Annäherung an eine umstrittene Persönlichkeit, in: Aufstand des Gewissens. Militärischer Widerstand gegen Hitler und das NS-Regime 1933 bis 1945, hrsg. v. Thomas Vogel, 3. Aufl., Hamburg (u.a.) 2000, S. 411-431; Gene Mueller, Generaloberst Friedrich Fromm, in: Hitlers militärische Elite, Bd. 1, hrsg. v. Gerd R. Ueberschär, Darmstadt 1998, S. 71-78.
152 Vgl. Rudolf Absolon, Die Wehrmacht im Dritten Reich, Bd. VI, Boppard am Rhein 1995, S. 203 f. Zu Himmler als Befehlshaber des Ersatzheeres und Chef der Heeresrüstung fehlen bislang detaillierte Studien. Ziele und Bedeutung seiner Ernennung sind umstritten. In der Literatur werden wirtschaftliche, polizeiliche und (macht-) politische Motive Hitlers und Himmlers getrennt voneinander

diskutiert. Vgl. Kroener, Fromm (Anm. 151), S. 418, 423; Müller, Speer (Anm. 140), S. 767 f.; Georg Meyer, Auswirkungen des 20. Juli 1944 auf das innere Gefüge der Wehrmacht bis Kriegsende und auf das soldatische Selbstverständnis im Vorfeld des westdeutschen Verteidigungsbeitrages bis 1950/51, in: Aufstand des Gewissens (Anm. 151), S. 298-329, hier: S. 312 f.; Dietrich Eichholtz, Geschichte der Deutschen Kriegswirtschaft 1939-1945, Bd. III, Berlin 1996, S. 50.
153 Jan Erik Schulte, Hans Jüttner - Der Mann im Hintergrund der Waffen-SS, in: Smelser/Syring, Die SS (Anm. 36), S. 276-288.
154 Verhör Franks v. 6.6.1947, ZfA Berlin, deutsches Protokoll des Fall IV (Pohl-Prozeß), S. 2331.
155 Vgl. BA Berlin, BDC, PA Frank; Absolon, Wehrmacht (Anm. 152), Bd. VI, S. 211 f.; Schulte, Wirtschaftsimperium der SS (Anm. 22), S. 424.
156 Befehl Hitlers v. 2.8.1944, BA Berlin, Sammlung Schuhmacher/282, unfol.; Befehl Himmlers v. 5.8.1944, ebd.; Pohl an Himmler v. 29.1.1945, ebd.; Franz W. Seidler, Die Organisation Todt. Bauen für Staat und Wehrmacht 1938-1945, Koblenz 1987, S. 253 f.
157 Hitlers Befehl v. 14.3.1945, in: »Führer-Erlasse« 1939-1945. Edition sämtlicher überlieferter, nicht im Reichsgesetzblatt abgedruckter, von Hitler während des Zweiten Weltkrieges schriftlich erteilter Direktiven aus den Bereichen Staat, Partei, Wirtschaft, Besatzung und Militärverwaltung, hrsg. v. Martin Moll, Stuttgart 1997, S. 486; s. das Verhör Franks v. 6.6.1947, ZfA Berlin, Prot. (d), S. 2332.
158 August Frank trat am 8.4.1932 in die SS, aber erst am 1.2.1933 in die NSDAP ein. Er bekleidete nacheinander folgende Posten. Leiter der Verwaltung des KZ Dachau, Führer des SS-Wirtschafts-amtes Dachau, Abteilungsleiter im Verwaltungsamt-SS für Liegenschaften und SS-Betriebe, Hauptabteilungsleiter für Haushaltsangelegenheiten im Verwaltungsamt-SS und beim Verwaltungschef-SS, Stabsführer Pohls, Leiter des Verwaltungsamtes für die Waffen-SS, Chef der Amtsgruppe A und Stellvertetender Chef des WVHA, Chef des Wirtschafts-Verwaltungsamtes des Hauptamtes Ordnungspolizei, Chef Heeresverwaltungamt und schließlich dem Chef des Oberkommandos der Wehrmacht unterstellter Beauftragter für die zentrale Bewirtschaftung von Verpflegung, Bekleidung und Unterkunft. Vgl. BA Berlin, BDC, PA Frank; Heiratsantrag v. 10.3.1934, BA Berlin, BDC, PA Karl Bestle, Stellenbesetzungsplan des Verwaltungsamtes-SS v. 1.5.1934, BA Berlin, NS 31/361, Bl. 67; Hitlers Befehl v. 14.3.1945, in: Moll, »Führer-Erlasse« (Anm. 157), S. 486; Naasner, SS-Wirtschaft, S. 329-332 (Anm. 36); Tuchel, Konzentrationslager (Anm. 17), S. 152; Absolon, Wehrmacht, Bd. VI (Anm. 152), S. 211.
159 Pohl an Himmler v. 13.4.1944, IfZ München, MA 356, Bl. 685733.
160 Beförderungsvorschlag Pohls für Frank v. 31.7.1935, BA Berlin, BDC, PA Frank.
161 Zu Himmlers Meinung über die Bürokratie z. B. sein Schreiben an Kurt Daluege und Heydrich v. 21.11.1941, in: Helmut Heiber (Hg.), Reichsführer!... Briefe an und von Himmler, Stuttgart 1968, S. 99 f.
162 »Das Schwarze Korps«, Folge 24 v. 12.6.1941, S. 4, in: Facsimile Querschnitt durch das Schwarze Korps, hrsg. v. Helmut Heiber/Hildegard von Kotze, München (u.a.) 1968, S. 176.
163 Pohls Anspruch korrespondiert mit dem vom »Schwarzen Korps« als positiv bewerteten Verwaltungsführer; s. ebd., S. 176 f.; die in Anm. 57 genannte Quelle und einen Artikel von Joseph Goebbels »Der Papierkrieg«, den Pohl in schriftlicher Form verschickte, an alle WVHA-Angehörigen richtete und mit den Worten einleitete: »Dieser Aufsatz ist sorgfältig zu lesen und - danach zu handeln«. Vojensky Historicky Archiv (VHA) Prag, Standortverwaltung Brünn 3(2)/1, unfol.
164 Spacils Rundschreiben v. 25.9.1942, VHA Prag, Höherer SS- und Polizeiführer Rußland-Süd 46/8, unfol.
165 Stuckart kann als Repräsentant des nationalsozialistisch ausgerichteten traditionellen Beamtentums gelten. Zur Biographie vgl. Kurt Pätzold/Erika Schwarz, Tagesordnung: Judenmord. Die Wannseekonferenz am 20. Januar 1942. Eine Dokumentation zur Organisation der »Endlösung«, 3. Aufl., Berlin 1992, S. 241-245.
166 Denkschrift Stuckarts über »Grundgedanken zur Neuordnung des Ausbildungsganges der höheren Verwaltungsbeamten« v. 5.8.1940 (Auszug), in: Hans Mommsen, Beamtentum im Dritten Reich. Mit ausgewählten Quellen zur nationalsozialistischen Beamtenpolitik, Stuttgart 1966, S. 149 f.; s. auch Caplan, Government (Anm. 5), S. 283 f., sowie den Vortrag Fritz-Dietlof Graf von der Schulenburg »Das preußische Erbe und der nationalsozialistische Staat« (März 1938), in: Ulrich Heinemann, Ein konservativer Rebell. Fritz-Dietlof Graf von der Schulenburg und der 20. Juli, Berlin 1990, S. 194-207, hier: S. 204-207.
167 Wie Anm. 164.
168 Vgl. (einschließlich des Zitats) Heinemann, Rebell (Anm. 166), S. 85.
169 Vgl. Fraenkel, Doppelstaat (Anm. 7), S. 94; s. auch Mallmann/Paul, Die Gestapo (Anm. 129), S. 610.

Ralf Blank

Albert Hoffmann als Reichsverteidigungskommissar im Gau Westfalen-Süd, 1943-1945
Eine biografische Skizze

Die Reichsverteidigungskommissare (RVK) stellten im »Dritten Reich« eine der wichtigsten Sonderverwaltungen dar. Sie wurden am 1. September 1939 in jedem der 15 Wehrkreise des Deutschen Reiches eingesetzt. Ihre Aufgabe war es, alle Angelegenheiten der Reichsverteidigung zwischen zivilen und militärischen Behörden zu koordinieren.[1] Sie agierten als nachgeordnete Organe des mit Beginn des Krieges installierten Ministerrats für die Reichsverteidigung und waren an die Weisungen der in diesem Gremium vertretenen Obersten Reichsbehörden gebunden. Die Reichsverteidigungskommissare konnten allen zivilen Dienststellen ihres Bezirks, die nicht Oberste Reichsbehörden oder Oberste Preußische Landesbehörden waren, in sämtlichen Reichsverteidigungs-Angelegenheiten Anweisungen erteilen. Dienststellen der Wehrmacht blieben hiervon ausgenommen. Der Reichsverteidigungskommissar sollte im Zweiten Weltkrieg ein Steuerungsorgan der staatlichen Verwaltungen in den Regionen sein, konzeptionell also die Einheit der Reichsverwaltung in der Mittelinstanz verkörpern.[2] Seine Aufgaben blieben zunächst einmal vage und unbestimmt. Was genau unter Reichsverteidigungs-Angelegenheiten zu verstehen war, hing von der militärischen Lage und den Notwendigkeiten der Kriegführung ab.

Die Reichsverteidigungskommissare zeichneten sich samt und sonders dadurch aus, dass sie in Personalunion das Amt eines Gauleiters der NSDAP bekleideten. Dieser Sachverhalt hat zu der Behauptung Anlass gegeben, die NSDAP als Institution habe die innere Verwaltung marginalisieren können und in Gestalt der RVK die »Befehlsgewalt an der inneren Front« übernommen.[3] Genährt wurden solche Spekulationen auch durch die weitere verwaltungspolitische Entwicklung dieser Institution. Im November 1942 wurden die Reichsverteidigungsbezirke an die Territorien der Parteigaue angeglichen, wodurch nunmehr alle Gauleiter gleichzeitig als Reichsverteidigungskommissare amtierten.[4] Zwar ist zu konstatieren, dass die Gauleiter in ihrer zusätzlichen Funktion nunmehr auch eine Schlüsselstellung in der staatlichen Verwaltung ihres Gaues einnahmen.[5] Zu fragen ist jedoch danach, inwieweit sie diese Position auch dazu nutzten, die NSDAP gegenüber den staatlichen Verwaltungsorganen zu stärken. In diesem Zusammenhang muss vor allen Dingen die materielle Verwaltungstätigkeit der Reichsverteidigungskommissare von Interesse sein, weniger ihre zugegeben exponierte verfassungsrechtliche Stellung.

In diesem Beitrag werden die Auswirkungen, die die Tätigkeit der Reichsverteidigungskommissare für das institutionelle Verhältnis zwischen NSDAP und Staat hatte, näher unter die Lupe genommen. Dies geschieht anhand eines regionalen Beispiels, nämlich des Gaues Westfalen-Süd. In diesem Territorium existierte erst seit November 1942 ein eigener Reichsverteidigungsbezirk, den Gauleiter Paul Giesler leitete. Westfalen-Süd zählte zu den bevölkerungsreichsten und industrialisiertesten Territorien des Deutschen Reiches und setzte sich aus landschaftlich, sozial und wirtschaftlich heterogenen Regionen zusammen.[6] Neben dem von Schwerindustrie und Steinkohlenbergbau geprägten Ruhrgebiet mit den Großstädten Dortmund und Bochum handelte es sich dabei um die agrarisch orientierte Hellweg-Zone mit den größeren Städten Hamm, Unna und Soest, das stark industrialisierte märkische Sauerland mit Hagen, das Hochsauerland mit Arnsberg und das Siegerland mit Siegen als regionale »Oberzentren« sowie das waldreiche Wittgensteiner Land mit Berleburg als Regionalzentrum. 1938 umfasste Westfalen-Süd 19 Kreisleitungen der NSDAP, denen 385 einzelne Ortsgruppen und Stützpunkte unterstanden.[7] Sitz der Gauleitung war Bochum. Eine Übersicht vom 1. Januar 1940 ergab bei einer Gesamtbevölkerung von 2,6 Millionen Menschen einen Anteil von 5,9 Prozent NSDAP-Mitgliedern.[8] Die staatliche Verwaltung in Westfalen-Süd leitete Regierungspräsident (RP) Lotar Eickhoff, der in Arnsberg residierte. Das Arnsberger Regierungspräsidium war übrigens auch geschäftsführende Behörde des RVK Westfalen-Süd. Der Bezirksregierung Arnsberg kam in Reichsverteidigungs-Angelegenheiten insofern eine wichtige Funktion zu.[9]

Stationen einer rechtsradikalen Karriere: Albert Hoffmann (1907-1972)

Am 13. April 1943 wurde Albert Hoffmann zum Reichsverteidigungskommissar und geschäftsführenden Gauleiter der NSDAP in Westfalen-Süd ernannt.[10] Hoffmann, zu dieser Zeit erst 35 Jahre alt, repräsentierte die zweite Generation der Elite der NSDAP. Am 24. Oktober 1907 als Sohn des Gastwirts August Wilhelm Hoffmann und dessen Ehefrau Katharina in Bremen geboren, hatte er vor seiner Berufung nach Westfalen-Süd eine bemerkenswerte Karriere im Parteiapparat gemacht.[11] Die Stationen dieser Karriere sollen im folgenden nachgezeichnet werden, weil sie für das Verständnis seines späteren Wirkens als Reichsverteidigungskommissar unerlässlich sind.[12] Zunächst aber einige allgemeine Lebensdaten: Nach dem Besuch der Realschule in Bremen-Altstadt erlernte Hoffmann den Beruf des Rohtabakkaufmanns. Im Rahmen seiner beruflichen Ausbildung war er für ein Jahr in Amsterdam beschäftigt, um anschließend für verschiedene Rohtabakfirmen als Handelsvertreter im gesamten Deutschen Reich tätig zu sein. Seine Verdienstmöglichkeiten wurden von Hoffmann im Jahr 1947 rückblickend als sehr gut bezeichnet, und dies sogar in der Wirtschaftskrise zwischen 1929 und 1933.[13] Zwischen 1923 und 1925 war er nach eigenen Angaben als Führer der »Freischar Lützow« tätig, später sei er Mitglied im völkischen Verband »Reichskriegsflagge«

geworden. In Bremen trat Hoffmann am 27. Juli 1926 unter der Mitgliedsnummer 41.165 in die NSDAP ein und nahm zunächst nur ehrenamtliche Aufgaben wahr. Bereits 1925 will er aber die NSDAP und SA in seiner Geburtsstadt neu mitbegründet haben.[14] Hoffmanns Karriere als hauptamtlicher Parteifunktionär begann am 1. April 1933, als er Stellvertretender Kreisleiter und Kreispropagandaleiter in Bremen wurde. Ab Juli 1933 leitete er zusätzlich noch das Organisations- und Personalamt der dortigen Kreisleitung. In diesen Funktionen beteiligte sich Hoffmann an antijüdischen Aktionen und an Terrormaßnahmen gegen politische Gegner. Bis Sommer 1934 war er auch maßgeblich für die »Gleichschaltung« in Bremen verantwortlich.

Am 20. August 1934 wurde Hoffmann in den Stab des Stellvertreters des Führers (StdF) Rudolf Heß nach München berufen und folgte seinem Kreisleiter Paul Wegener, der bereits im Monat zuvor dorthin abgeordnet worden war. In der Münchner Parteizentrale machte Hoffmann schnell Karriere. Anfänglich bearbeitete er Beschwerden und Hinweise aus der Bevölkerung sowie aus Parteikreisen an Heß. Doch bereits im September 1935 erfolgte die Beförderung zum Reichsamtsleiter sowie die Übernahme des Amts II A beim StdF. Dieses Amt besaß eine Schlüsselfunktion innerhalb des von Martin Bormann kontrollierten Stabes des StdF, denn es fungierte als Koordinierungsinstanz für alle Parteiangelegenheiten.[15]

Beim »Anschluss« Österreichs im März 1938, bei der Eingliederung des Sudetenlandes wenige Monate später und bei der Okkupation der Rest-Tschechoslowakei im März 1939 übernahm Hoffmann jeweils das Amt eines Stillhaltekommissars.[16] In dieser (Stiko) Funktion war er für die »Gleichschaltung« von Verbänden, Vereinen und Organisationen zuständig. Im Sudetenland leitete er zusätzlich auch den Aufbau der NSDAP. Hoffmann war als Stillhaltekommissar an den »Arisierungen« beteiligt. In Wien arbeitete er mit Adolf Eichmann und der von diesem geführten Zentralstelle für jüdische Auswanderung zusammen.[17] Darüber hinaus wirkte Stillhaltekommissar Hoffmann an der Gründung der SS-eigenen Holdinggesellschaft Deutsche Wirtschaftsbetriebe GmbH mit, die unter Vorsitz Oswald Pohls, des Chef des SS-Wirtschafts-Verwaltungshauptamts stand.[18] Bereits im September 1936 war Hoffmann, der im Sommer 1934 aus der SA ausgeschieden war, in die SS eingetreten und dem SS-Hauptamt unterstellt worden. Im März 1939 trat Hoffmann zum SD-Hauptamt über, dem er bis September 1942 angehörte, zuletzt im Dienstrang eines SS-Standartenführers. Anschließend wurde er als SS-Oberführer dem Persönlichen Stab des Reichsführers SS unterstellt und schließlich am 9. November 1943 zum SS-Gruppenführer befördert.[19]

Als Wachtmeister und Reserve-Offiziersanwärter wurde Hoffmann nach einem dreimonatigen Wehrdienst im November 1939 in den Stab Heß zurückbeordert. Dort stieg er im April 1940 in den Dienstrang eines Oberdienstleiters der NSDAP auf. Im Zuge der Aufteilung des Gaues Schlesien wurde Hoffmann im Februar 1941 zum Stellvertretenden Gauleiter Oberschlesiens ernannt. Diese Beförderung verdankte er der Protektion Bormanns, der ein gewichtiges Wort bei der Besetzung der Posten der Gauleiter und Stellvertretenden Gauleiter mitredete.[20] Bis Januar 1943 war Hoffmann nach Gauleiter Fritz Bracht der einflussreiche »zweite Mann« im oberschlesischen Parteiapparat. Als Gauwirtschaftsberater, Leiter der Deutschen Arbeitsfront (DAF) und Vorsitzender der Neuen Heimat Kattowitz koordinierte Hoffmann übrigens auch die Zusammenarbeit zwischen Gauleitung, Wirtschaft und SS im Bereich des Konzentrationslagers (KZ) Auschwitz.[21] Das Konzentrationslager will Hoffmann allerdings nur einmal besucht haben, und zwar im März 1941, wie er in seinem Spruchgerichtsverfahren 1947 glaubhaft zu machen versuchte.[22] Von »Greueln« und »Vergasungsanstalten« habe er dabei nichts wahrgenommen, auch seien im Lager zum Zeitpunkt seines Besuchs nur polnische Widerstandskämpfer der Ridz-Smigly-Bewegung untergebracht gewesen. Juden will er im KZ Auschwitz nicht begegnet sein. Ein weiterer Besuch Hoffmanns in Auschwitz ist nicht nachweisbar.[23]

Zwischen Mai und Oktober 1942 war Hoffmann als Vertreter des Leiters der Partei-Kanzlei im OKW-Stab z.b.V. des Generalleutnant Walter von Unruh tätig (Unruh-Kommission). In diesem Zusammenhang nahm er an der Prüfung von uk-Stellungen im Generalgouvernement und in den besetzten sowjetischen Gebieten teil.[24] Im Generalgouvernement war zu dieser Zeit die »Aktion Reinhard«, die massenhafte Ermordung von Juden, in vollem Gang. Gleichzeitig wurden dort massenhaft »Partisanen« erschossen.[25] Hoffmann wusste von diesen Vernichtungsaktionen und billigte sie, wie seine Berichte an Bormann belegen.[26] So war er für Odilo Globocnik, dem spiritus rector der »Aktion Reinhard«, voller Lob: »Brigadeführer Globocnik führt zur Zeit als Sonderauftrag die Evakuierung der polnischen Juden durch [...]. Eine anerkennenswerte Tätigkeit des Pg. Globocnik, der mit viel Umsicht und der notwendigen Härte die sicherlich nicht angenehme Aufgabe zu lösen versteht«.[27] Zur »Bandenbekämpfung« in Weissruthenien im Mai 1942 resümierte Hoffmann: »Der SD hatte schon einmal die Absicht die polnische Intelligenz zu vernichten. Leider hat s. Zt. die Zivilverwaltung nicht mitgezogen«. Der weissruthenische Generalkommissar Wilhelm Kube erzählte Hoffmann, dass er sich einmal in das Ghetto von Minsk begeben habe, nachdem der SD »vor den Augen der weissruthenischen Bevölkerung jüdische Kinder liquidiert« hatte. Das habe er nicht gutheißen können und hätte auf eine Durchführung »derartiger Massnahmen« außerhalb der Stadt bestanden. Aus Mitleid habe Kube nach Hoffmanns Aussage an die »am lautesten weinenden Kinder« etwa drei bis fünf Bonbons verteilt. Hoffmann leitete Bormann Kubes Bitte weiter, doch keine deutschen Juden mehr nach Minsk zu senden, da er nicht in der Lage wäre, sie zu ernähren.[28]

Nach Abschluss der Reisetätigkeit im Gefolge des Generals Walter von Unruh war Hoffmann bis Ende Oktober 1942 mit den Planungen bevorstehender Überprüfungen von staatlichen und zivilen Dienststellen innerhalb des Reichsgebietes befasst. In Unruhs Auftrag bereitete er ein detailliertes Konzept für den Ablauf der zukünftigen Inspektionen vor.[29]

Hoffmann nahm an den folgenden Inspektionen des OKW-Stabes z.b.V. jedoch nicht teil. Die Ursache dafür lag wahrscheinlich in Hoffmanns oberschlesischen Verpflichtungen, vielleicht auch in der schon im Spätherbst 1942 geplanten Berufung in den Gau Westfalen-Süd.[30] Wichtig ist, dass Bormann und die Partei-Kanzlei Hoffmann als eine Art Rationalisierungsexperten ansahen, der durch seine Tätigkeiten bei der Unruh-Kommission die notwendigen Voraussetzungen mitbrachte, um als Reichsverteidigungskommissar agieren zu können. Hoffmann war durch seine Erfahrungen bei der personellen Mobilisierung, die ja der Hauptzweck der Unruh-Kommisison war, jedenfalls bestens für höhere Aufgaben qualifiziert.

Reichsverteidigungskommissar Hoffmann und der alliierte Luftkrieg

Am 26. Januar 1943 wurde Hoffmann von Hitler zum geschäftsführenden Stellvertretenden Gauleiter im Gau Westfalen-Süd berufen, fünf Monate später schließlich in den Dienstrang eines Gauleiters erhoben.[31] Offiziell konnte Hoffmann aber erst am 17. April 1944 die Leitung dieses Gaues antreten. Gleichwohl agierte er seit Februar 1943, wenn auch formal noch nicht im Amt, in Westfalen-Süd als Gauleiter sowie als Reichsverteidigungskommissar. Als letzterer war Hoffmann gleich zu Beginn seiner Tätigkeiten durch Hitlers Erlass »Über den umfassenden Einsatz von Männern und Frauen für Aufgaben der Reichsverteidigung« in den »totalen Kriegseinsatz« einbezogen worden.[32] In diesem Zusammenhang sollte er die uk-Stellungen in der Wirtschaft überprüfen und dafür sorgen, dass Betriebe mit nichtkriegswichtiger Produktion stillgelegt wurden. Er konnte insofern an seine nur wenige Monate zurückliegenden Tätigkeiten in der Unruh-Kommission anknüpfen. Hoffmann scheint sich im Rahmen dieser Aufgabe als bloßes Durchführungsorgan der Obersten Reichsbehörden verstanden zu haben. Eine eigenständige Politik als Reichsverteidigungskommissar verfolgte er bei diesen »Auskämmungen« jedenfalls nicht. Hoffmanns wenig exponierte Rolle hing damit zusammen, dass er gerade erst in sein neues Amt eingesetzt worden war und sich zunächst einmal orientieren musste. Diese Phase war allerdings bald abgeschlossen.

Unmittelbar nach Hoffmanns Ernennung zum RVK Westfalen-Süd begann im März 1943 mit der »Battle of the Ruhr« eine von der Royal Air Force getragene Luftkriegsoffensive gegen das Rhein-Ruhrgebiet. Der Gau Westfalen-Süd geriet besonders im Mai und Juni 1943 in das Visier der britischen Luftwaffe. Besonders die Städte Dortmund und Bochum wurden mit schwerwiegenden Folgen bombardiert. Insgesamt verloren im Frühjahr und Sommer 1943 rund 5.000 Menschen im Gau Westfalen-Süd durch alliierte Luftangriffe ihr Leben. Die immensen Sachschäden konnten nur durch einen umfangreichen Arbeitskräfteeinsatz beseitigt werden. Angesichts dieser Lage sahen sich die kommunalen Verwaltungen völlig überfordert. Die Zerstörung von Büro- und Dienstgebäuden sowie dem Dienst fernbleibende Mitarbeiter wirkten sich lähmend auf deren Tätigkeiten aus. Der Essener Stadtkämmerer Karl Hahn beschrieb diese Situation in einem Monatsbericht für April 1943 folgendermaßen: »Die Verwaltung ist mit dem, was man so nennen kann, am Ende. Wir wurschteln, und zwar sowohl mit unzureichendem und unzulänglichem Personal als auch sachlich, da letzten Endes sehr häufig nach einem langen mühevollen Weg auch dem Obdachlosen gesagt werden muss, dass seine Wünsche nicht erfüllt werden können«.[33]

Hoffmann kannte die Probleme, denen die kommunalen Verwaltungen im alliierten Luftkrieg ausgesetzt waren. Er strebte daher von Beginn an danach, seine

Kompetenzen als Reichsverteidigungskommissar gerade auf dem Gebiet des (zivilen) Luftschutzes zur Geltung zu bringen. Im Luftschutz herrschte im Zweiten Weltkrieg, nicht nur im Gau Westfalen-Süd, ein heilloses Durcheinander. Staatliche Behörden, die Luftwaffe, die Ordnungspolizei, die Wirtschaftsverwaltungen und die NSDAP, ihre Gliederungen und angeschlossenen Verbände waren auf diesem Gebiet tätig und es fehlte nicht gerade selten an Koordination.[34] Die NSDAP hatte schon zwei Monate nach Beginn des Krieges die Aufgabe übernommen, die Bevölkerung nach alliierten Bombenangriffen in ihrem Sinne zu »betreuen«.[35] Hintergrund derartiger Aktivitäten war das »Dolchstoßsyndrom«, also die während der Kriegsjahre vorhandene Angst der NS-Führung vor revolutionären Unruhen, wie sie am Ende des Ersten Weltkriegs 1918 aufgetreten waren.[36] In Westfalen-Süd hatte der federführende Reichsverteidigungskommissar für den Wehrkreis VI, der Köln-Aachener Gauleiter Josef Grohé, seinem Amtskollegen Giesler bereits im Frühjahr 1942 die »Bekämpfung von Luftangriffs-Katastrophen« im Gau Westfalen-Süd übertragen. Zu diesem Zweck errichtete Giesler einen Gaueinsatzstab, zu dem er Vertreter der wichtigsten Parteiorgane, der staatlichen und kommunalen Behörden und der Wehrmacht hinzuzog.[37] Die Zusammensetzung dieses Gaueinsatzstabes zeigt, dass die NSDAP ihren Anspruch auf Mitwirkung bei der Bewältigung der Luftkriegsfolgen durchgesetzt hatte. Von einer Beherrschung dieses Aufgabenfeldes durch die NSDAP, mithin von einer Weisungsbefugnis gegenüber den staatlichen Verwaltungen, kann aber nicht gesprochen werden. Vielmehr ging man beim Luftschutz und der Beseitigung von Angriffsfolgen im Gau Westfalen-Süd – wie im übrigen auch in anderen Regionen des Deutschen Reiches – seit Mitte 1942 zum Prinzip der Arbeitsteilung über.

Im Luftschutz knüpfte Hoffmann als Reichsverteidigungskommissar in Westfalen-Süd bei den bestehenden Strukturen an. Er machte sich selbst zum Leiter des Gaueinsatzstabes, dessen Tätigkeiten er fortan in der Art eines persönlichen Regiments koordinierte. Er ließ es sich nicht nehmen, nach Luftangriffen mit einem umgebauten Panzerspähwagen in die betroffenen Städte zu fahren und sich persönlich über den Umfang der Schäden zu informieren.

Auch war Hoffmann der Überzeugung, dass die im Gaueinsatzstab vertretenden Behörden der ständigen propagandistischen Mobilisierung bedurften, um ihre Aufgaben zu erfüllen. Als Hoffmanns verlängerter Arm fungierte Regierungspräsident Eickhoff. Dieser tadelte auf dem Höhepunkt der »Battle of the Ruhr« die mangelnde Einsatzbereitschaft von kommunalen Beamten und Angestellten bei der »Betreuung« von Obdachlosen mit den folgenden Worten: »Seitens der Parteidienststellen wird immer wieder Klage darüber erhoben, dass die an den Obdachlosensammelstellen eingesetzten städtischen Beamten und Angestellten bei dem Einsatz nach Großangriffen ihre Tätigkeit trotz des großen Andrangs und der gehäuften Arbeit nach den Dienststunden richten. Es kommt immer wieder vor, dass um 18.00 Uhr die Tätigkeit eingestellt wird mit der Begründung, die Dienstzeit sei beendet«.[38]

Die Inflexibilität der kommunalen Verwaltungen im »Luftkrieg« war der Aufsichtsbehörde also nicht entgangen. Hoffmann nutzte sein Vorgesetztenverhältnis als Reichsverteidigungskommissar, um über den Regierungspräsidenten die kommunalen Verwaltungen anzutreiben. Die »Mobilisierung aller Abwehrkräfte«, auch der staatlichen Behörden, bildete das Credo von RVK Hoffmann.

Die herausragende Position, die Reichsverteidigungskommissar Hoffmann binnen kürzester Zeit im Gau Westfalen-Süd in Angelegenheiten des (zivilen) Luftschutzes einnahm, wurde auch noch durch eine andere Tatsache unterstrichen. Seit März 1943 ließ Hoffmann auf dem Harkortberg bei Wetter/Ruhr eine ausgedehnte Stollenanlage bauen, die als Befehlsstelle für den Reichsverteidigungskommissar dienen sollte. Diese Bunkeranlage konnte nach erstaunlich kurzer Zeit schon im Juni 1943 bezogen und in Betrieb genommen werden. Offenbar handelte es sich hierbei um die erste verbunkerte Befehlsstelle eines Reichsverteidigungskommissars im Deutschen Reich. In der Bunkeranlage auf dem Harkortberg waren direkte Kommunikationsleitungen zur Partei-Kanzlei in München, zu den Obersten Reichsbehörden sowie zu den regional zuständigen Wehrmachts- und Luftwaffenführungsstäben vorhanden.[39]

Hoffmanns Selbstverständnis als RVK hing eng mit seiner Tätigkeit im Luftkrieg zusammen, wie sich aus einer Rede ersehen läßt, die er am 9. Oktober 1943 bei einer Zusammenkunft von Heeres-, Luftwaffen- und Marinebefehlshabern hielt, an der auch Hitler persönlich teilnahm.[40] Hoffmann sah die Aufgabe eines Reichsverteidigungskommissars vor allem darin, die Wehrmacht an der »Heimatfront« zu entlasten. Zu diesem Zweck müsse er die zivilen Verwaltungsorgane koordinieren und wie ein Gauleiter als »Volksführer« agieren. Der Verwaltungsapparat in einem Gau sei, so Hoffmann, vom Reichsverteidigungskommissar demnach unter politischen Gesichtspunkten zu steuern. Durch diese »Totalität in der Menschenführung« sei der in der Lage, die Bevölkerung stets zu neuen Leistungen anzutreiben. Hoffmanns Ausführungen zeigen, dass er einen umfassenden Anspruch auf die Steuerung der Mittelinstanz der staatlichen Verwaltung erhob. Sein Selbstverständnis traf insofern exakt die verfassungsrechtlich vorgesehene Rolle der Reichsverteidigungskommissare.

Was seine materielle Tätigkeit im Luftkrieg anging, legte RVK Hoffmann allergrößten Wert auf die Mobilisierung des »Selbstschutzes«, also auf vorbeugende Luftschutz-Maßnahmen der Bevölkerung, den Bunkerbau und die behelfsweise Unterbringung von fliegergeschädigten »Volksgenossen«. Im August 1943 stellte Hoffmann grundsätzliche Überlegungen darüber an, was die Wohnraumbeschaffung für »Ausgebombte« anging. Er wandte sich darin gegen das vom Reichskommissar für den sozialen Wohnungsbau geplante »Behelfsheim-Programm«, das er mit »Zigeunersiedlungen vergangener Zeiten« verglich. Im Hinblick auf die schweren Rückwirkungen der Bombenangriffe auf Hamburg führte Hoffmann folgendes aus: »Letzten Endes ist doch auch anzunehmen, dass unsere neuen Abwehrmittel in immer grösserem Ausmass zur Anwendung gelangen und die Feindangriffe – wie sie auf Hamburg durchgeführt wurden – schliesslich in diesem grossen Umfange unmöglich machen«. Hoffmann schlug vor, dass die Beschlagnahme von Wohnraum rigoros durchgeführt werden sollte, wobei er die staatlichen und kommunalen Verwaltungen als zu »weich« und »lasch« bezeichnete. Aus psychologischen Gründen hielt er die provisorische Unterbringung von »Ausgebombten« an ihrem alten Wohnort für zweckmäßiger als die Errichtung von »Behelfsheim-Siedlungen« an den Peripherien der Städte.[41]

Den zweiten Schwerpunkt von Hoffmanns Tätigkeiten im Luftkrieg bildete der Bunker-Bau. Die Einrichtung von Schutzräumen gegen Bombenangriffe befand sich zu diesem Zeitpunkt in einer Krise, da sich erwiesen hatte, dass die in den Großstädten im »Luftschutz-Führerprogramm« seit Herbst 1940 errichteten Beton-Hochbunker nicht fertiggestellt werden und nur einen geringen Teil der Bevölkerung aufnehmen konnten.[42] Der Schutz der Bevölkerung gegen alliierte Luftangriffe geriet damit ins Hintertreffen. In einer »Vertraulichen Information« der Partei-Kanzlei für die Gau- und Kreisleiter verwies Bormann am 31. Juli 1943 mit Nachdruck darauf, dass Hitler zusätzliche Sicherungsmaßnahmen für die Bevölkerung fordere.[43] Einen Ausweg sah RVK Hoffmann in einem Stollen-Bauprogramm, dem er sich nun widmete. Den Ausgangspunkt dieser Aktivitäten bildete ein Runderlass des Reichsministers des Innern (RMdI), Heinrich Himmler, an die Reichsverteidigungskommissare vom 4. November 1943, wonach »der Stollenbau eine der wichtigsten Schutzmaßnahmen gegen die Gefahr des Luftterrors« sei. Der Stollenbau solle, so Himmler, in Zusammenarbeit zwischen den örtlichen Luftschutzleitern und den Hoheitsträgern der NSDAP erfolgen und von den Reichsverteidigungskommissaren koordiniert werden.[44] Technische Richtlinien, die jedoch mehrfach überarbeitet wurden, hatte das Reichsluftfahrtministerium (RLM) schon im September 1943 herausgegeben.[45] Unmittelbar nach einer Rundreise durch westdeutsche Städte ordnete Göring dann Ende 1943 an, dass zum Schutz der Bevölkerung »in großem Umfang« als bombensicher angesehene Stollen angelegt werden sollten. Auf den Bau neuer Hochbunker könne verzichtet werden.[46]

Wegen der Intensivierung der Luftangriffe im Herbst 1944 und der vermehrten Verwendung »panzerbrechender« Abwurfmunition durch die alliierten Bomberflotten ließ RVK Hoffmann den Stollenbau im Gau Westfalen-Süd erneut forcieren. So stellte die NSDAP-Kreisleitung Meschede in einem Rundschreiben an die Ortsgruppen folgendes fest: »Angesichts des sich immer mehr verstärkenden feindlichen Luftterrors und dem Übergreifen der Luftangriffe auch auf kleinere Gemeinden und ländliche Gebiete ist es unbedingt erforderlich, dass auch in Gemeinden und Orten, in denen bisher keine Luftschutzbauten errichtet worden sind, zumindest einfache Schutzmöglichkeiten für die Bevölkerung geschaffen werden«.[47] Nicht nur die Partei, sondern auch die staatlichen Verwaltungen sahen sich gefordert. Der Landrat in Meschede konstatierte: »Nachdem die Front nähergerückt ist und damit tgl. Angriffe, insbesondere der Jagdbomber, erfolgen, [ist es] notwendig, die Arbeiten auf dem Gebiet des Luftschutzes aufzugreifen. Der Reichsverteidigungskommissar und Gauleiter hat angeordnet, alle Ausländer, die Sonntags nicht arbeiten, für diese Arbeit heranzuziehen«.[48] Hoffmanns Anordnung bedeutete für die betroffenen ausländischen Arbeitskräfte, dass sie nun ohne jeden Ruhetag die gesamte Woche über Schwerstarbeit leisten mussten. Sie errichteten für die deutsche Bevölkerung provisorische Schutzräume, die ihnen selber verwehrt blieben.

Zur Jahreswende 1944/45 versuchte RVK Hoffmann, ein umfassendes Bauprogramm für Luftschutzstollen zu organisieren. Zu diesem Zweck ernannte er im November 1944 den Gauobmann der DAF, Erich Sonnenschein, zum Sonderbeauftragten für die Durchführung der Selbstschutzmaßnahmen.[49] Sonnenschein ordnete sogleich die Bildung von Luftschutzstäben bei den Kreisleitungen an, die auf lokaler Ebene sämtliche Möglichkeiten für eine schnelle Errichtung von Luftschutzstollen ergreifen und organisieren sollten. Als federführende Organisation für die Durchführung der Luftschutzbaumaßnahmen bestimmte Hoffmann die DAF.[50] Für RVK Hoffmann war dieses »Selbstschutzprogramm« ein wichtiges Element der verstärkten »Durchhalte«-Propaganda und ein Mittel zur Aktivierung der »Volksgemeinschaft«. Wie bei anderen Gelegenheiten, versuchte sich Hoffmann auch beim Stollenbau in seinem Gau als besonders energischer und effizient arbeitender Reichsverteidigungskommissar zu präsentieren. Dabei geriet er auch mit anderen Behörden in Konflikt. So erließ er im Juni 1944 eine Anordnung über die Einstufung von Bunker und Stollen in »Schutzkategorien«, was den sofortigen Protest des Höheren SS- und Polizeiführers West als dem für den Luftschutz zuständigen regionalen Befehlshaber hervorrief.[51] Ende 1944 gelang es Hoffmann dann aber offenbar, einen von den staatlichen Dienststellen unabhängig agierenden Gau-Luftschutz unter dem Kommando der NSDAP zu organisieren. Mit der Übernahme des Luftschutzes, der ursprünglich eine rein staatliche Aufgabe darstellte, löste die NSDAP im Gau Westfalen-Süd in der Endphase des Zweiten Weltkrieges die staatlichen Dienststellen als ausführende Organe auf diesem Gebiet anscheinend ab. Ständig vermischte Hoffmann in dieser Phase das Amt des Reichsverteidigungskommissars mit dem des Gauleiters. Vielfach lässt sich heute nicht mehr feststellen, in welcher Funktion er seine Anordnungen zeichnete.

Der Reichsverteidigungskommissar Westfalen-Süd im »totalen Kriegseinsatz«

Hoffmanns Tätigkeiten in der Endphase des Zweiten Weltkrieges wurden vor allem durch die sich verschlechternde Kriegslage bestimmt. Nach der alliierten Invasion im Juni 1944 und der fast zeitgleich erfolgenden sowjetischen Sommeroffensive, die zum Zusammenbruch der Heeresgruppe Mitte an der »Ostfront« führte, zeichnete sich die militärische Niederlage des Deutschen Reichs ab. Mit Joseph Goebbels' Ernennung zum Reichsbevollmächtigten für den totalen Kriegseinsatz am 25. Juli 1944 versuchte das nationalsozialistische Regime durch »Auskämm-Aktionen« die letzten personellen Reserven zu mobilisieren.[52] Dabei nahmen die Reichsverteidigungskommissare eine Schlüsselstellung ein, denn sie erhielten noch umfangreichere Zuständigkeiten, als ihnen schon per »Führererlass« vom 13. Januar 1943 zugestanden worden waren.[53] Zwei Tage nach der Veröffentlichung der Durchführungsbestimmungen für den totalen Kriegseinsatz am 16. August 1944 gründete Hoffmann weisungsgemäß eine Gaukommission und veranlasste bei den Kreisleitungen die Bildung von Kreiskommissionen.[54] In die Gaukommission, die er selbst leitete, berief Hoffmann sowohl Gauamtsleiter der NSDAP als auch Vertreter von Wirtschaft, Wehrmacht und Verwaltung.[55] Die Gaukommissionen stellten generell so etwas wie eine Verlängerung der Gaueinsatzstäbe dar und waren wie diese arbeitsteilig strukturiert. Als geschäftsführendes Organ der Gaukommission Westfalen-Süd fungierte Regierungspräsident Eickhoff. Eickhoff bildete einen eigenen Arbeitsstab »Totaler Kriegseinsatz« und war mit einem Sachbearbeiter ständig auf der Gaubefehlsstelle Harkortberg bei Wetter präsent, um den Verwaltungsaufwand des Reichsverteidigungskommissars zu minimieren.[56] Über ein von Hoffmann eingerichtetes »Postfach 100«, das vom Gaupropagandaamt betreut wurde, sollten von der Bevölkerung Vorschläge und Hinweise auf Missstände an der »Heimatfront« geliefert werden.[57] Bis zum Jahresende gingen dort rund 3.500 Eingaben aus der Bevölkerung ein. Unter diesen befanden viele anonyme Denunziationen.[58]

Im Rahmen der »Maßnahmen zur Durchführung des totalen Kriegseinsatzes« betrieb Hoffmann eine konsequente Politik der »Auskämmung« von Arbeitskräften in Industriebetrieben, Behörden und sonstigen Einrichtungen. Er knüpfte hierbei an seine Tätigkeiten in der Unruh-Kommission an. So nahmen die Kreiskommissionen dann auch bei der »Auskämmung« uk-gestellter Arbeitskräfte für die Wehrmacht eine Schlüsselstellung ein. Mit den Überprüfungen der uk-Stellungen gerieten diese regionalen Institutionen des Reichsverteidigungskommissars zunehmend in Konflikt zu den Interessen von Wirtschaft und Industrie. So wies der Leiter der Bezirksgruppe Steinkohlenbergbau die Kreiskommission Wanne-Eickel/Wattenscheid Ende Januar 1945 darauf hin, dass eine personelle Schwächung des Ruhrkohlenbergbaus zugunsten der Wehrmacht nicht mehr vertretbar sei.[59] Als letzte größere Aktion fanden im Februar und März 1945 unter dem Schlagwort »Fronthilfe 1945« noch Überprüfungen in den Flakbatterien des Gaugebiets statt, die ebenfalls zusätzliches Personal für einen Fronteinsatz freistellen sollten.[60] Einer der Höhepunkte in diesem Zusammenhang war der Befehl Hoffmanns vom 12. März 1945 über die Ablösung von kriegsverwendungsfähigen (kv) Soldaten der Heeresgruppe B durch Männer volkssturmpflichtiger Jahrgänge. Mit dieser Aktion sollten die Kreiskommissionen im Gau Westfalen-Süd auf »ausdrückliche Anordnung des Gauleiters« 4.000 Männer für einen Fronteinsatz in der Heeresgruppe B des Generalfeldmarschalls Walter Model freimachen.[61]

Neben der »Auskämmung« der Betriebe musste RVK Hoffmann im »totalen Kriegseinsatz« aber auch versuchen, durch die Freistellung von bestimmten Arbeitskräften, zum Beispiel vom Schanzeinsatz und Dienst beim Volkssturm, den Interessen der Industrie in Einzelfällen entgegenzukommen. Die sich überwiegend auf »Auskämm-Aktionen« in Industriebetrieben, Behörden und der allgemeinen Wirtschaft erstreckenden Tätigkeiten der Kreiskommissionen wurden in Westfalen-Süd bis Ende März 1945 fortgesetzt, wobei diese Instanzen zunehmend auch andere Bereiche im Einsatz von Arbeitskräften steuerten. Davon betroffen war auch der Einsatz von ausländischen Zwangsarbeitern im Gau Westfalen-Süd. Im Zusammenhang mit der »weiteren Freimachung von Kräften für die Wehrmacht und Rüstungsindustrie« wies der Reichsverteidigungskommissar die Leiter der Kreiskommissionen am 24. August 1944 an, dass »Ostarbeiterinnen« und Polinnen in Industriebetrieben die Tätigkeiten der zur Wehrmacht einberufenen deutschen Schwerarbeiter zu übernehmen hätten.[62] Ergänzend teilte der RVK mit, dass deutsche Frauen die angeblich »mit leichteren Arbeiten« beschäftigten »Ostarbeiterinnen« und Polinnen ersetzen sollten. Von dieser Regelung sollten nur diejenigen Zwangsarbeiterinnen ausgeklammert bleiben, die gesundheitsschädigende Tätigkeiten verrichteten. Einen Monat später ordnete Hoffmann an, dass in einer »Polen-Aktion« im Gaugebiet sämtliche männlichen Zwangsarbeiter aus Polen sowie deren Familien erfasst werden sollten, um »die Bildung eines organisatorischen Bandenwesens im Keime zu ersticken«. Gleichzeitig war von den Kreiskommissionen darauf zu achten, dass in Rüstungsfertigungen keine Polen mehr eingesetzt wurden.[63] Den Hintergrund dieser Anweisung bildete der am 1. August 1944 in Warschau ausgebrochene Aufstand der polnischen Untergrundarmee und die Angst vor entsprechenden Aktionen der im Reichsgebiet beschäftigten Polen. Trotz Hoffmanns Anordnung trafen dann ab September 1944 auch im Gau Westfalen-Süd in großer Zahl deportierte polnische Zwangsarbeiter ein, darunter überwiegend Frauen, Jugendliche und Kinder.[64]

RVK Hoffmann nutzte die Kreiskommissionen also zum einen zur »Auskämmung« der Wirtschaftsbetriebe für Zwecke der Wehrmacht, zum anderen für eine Ersatzgestellung von Arbeitskräften. Daneben zog er sie auch zum Einsatz von Arbeitskräften heran, die die Sachschäden im Ruhrgebiet notdürftig reparieren sollten. So ordnete Hoffmann am 9. März 1945 die Bildung von »Bereitschaftsgruppen« in Industriebetrieben an, um der katastrophalen Verkehrslage zu begegnen.[65] Nach dieser Anordnung sollten Industriebetriebe zu jeder Tages- und Nachtzeit Einsatztrupps abrufbereit halten, die unmittelbar nach Bombenangriffen zu Reparatur- und Räumarbeiten eingesetzt werden konnten. Für diese Einsatzbereitschaften sollten von den Industriebetrieben des Kreisgebietes Bochum 2.000 Arbeitskräfte, von den Kreiskommissionen in Dortmund und Hagen jeweils 2.500 und 1.500 Beschäftigte gestellt werden. Die Betriebe beschränkten sich darauf, ihre ausländischen Arbeiter zu diesem Einsatz abzugeben. Noch vor Ablauf des Stichtags am 31. März 1945 wurden tatsächlich Tausende von Arbeitskräften für diese Einsatzbereitschaften mobilisiert. So stellten die Zechen im Kreisgebiet Wanne-Eickel/Wattenscheid schon am 11. März 1945 insgesamt 1.008 Arbeiter, darunter 945 ausländische Zwangsarbeiter, für die Bereitschaftsgruppen zur »Verfügung«.[66] Dass es die Zwangsarbeiter als erste traf, zeigt auch der von Hoffmann am 19. März 1945 geforderte Einsatz von »möglichst vielen uniformierten Amtswaltern der NSDAP als Führungskräfte bei der Beaufsichtigung« dieser Einsatztrupps.[67] Die NSDAP agierte wie beim »Stellungsbau« als Aufsichtsinstanz der größtenteils ausländischen Arbeiter.

Hoffmann im »Kampf um die Ruhr«

Durch die alliierten Luftangriffe entstanden im Ruhrgebiet ab Herbst 1944 gravierende Probleme im Verkehrsnetz und in der Produktion. Der Reichsminister für Rüstung und Kriegsproduktion, Albert Speer, war bereits in seinem Reisebericht »Der Westen« am 15. September 1944 gegenüber Hitler zur Einschätzung gekommen, dass »ohne das Rheinisch-Westfälische Industriegebiet [...] eine Fortführung des Krieges nicht möglich« sei.[68] Knapp zwei Monate später hatte sich die Lage im Rhein-Ruhrgebiet noch weiter verschlechtert. Am 11. November 1944 legte Speer daraufhin Hitler eine ausführliche »Ruhr-Denkschrift« vor, in der die möglichen Konsequenzen bei einem Ausfall dieser Region dargestellt wurden.[69] Speer betonte in dieser Denkschrift, die er als Kopie auch Hoffmann zugänglich machte, dass ein Engpass bei den Kohlenlieferungen entstanden sei, der die gesamte Rüstungsproduktion infrage stelle. Seit sechs Wochen liege eine verkehrstechnische Abriegelung des Ruhrgebiets von seinen Absatzregionen vor. Speer relativierte diese Feststellung mit der optimistischen Erwartung, dass die Situation »nicht auf Dauer vorhanden«, sondern in »verhältnismäßig kurzer Zeit« zu beheben wäre. Er gab Hitler gegenüber seiner Hoffnung Ausdruck, dass sich diese Krise durch einen bedingungslosen »Kampf um die Ruhr« bewältigen lasse. Deshalb schloss er seine Denkschrift mit den pathetischen Worten: »Wir dürfen auf keinen Fall müde werden. Wir werden alles daransetzen, um diesen für das Schicksal unseres Reiches entscheidenden Kampf um die Ruhr zu gewinnen«.[70]

Die Realität sah anders aus. Zwischen Oktober 1944 und März 1945 setzten die alliierten Luftstreitkräfte ihre schweren Angriffe auf das Ruhrgebiet und dessen Umland fort. Der Reichstreuhänder der Arbeit für Westfalen, Helmut Baller, konstatierte zeitgleich mit Speer im November 1944, dass eine – von ihm als »Zweite Schlacht um das Ruhrgebiet« bezeichnete – Luftoffensive entbrannt war.[71] Doch der Höhepunkt der Bombardierungen kam erst mit einer kombinierten Offensive der britischen und US-amerikanischen Luftstreitkräfte zwischen dem 28. Februar und 20. März 1945, der »Interdiction of the Ruhr«. Außerordentlich schwere Luftangriffe auf die größeren Städte im Ruhrgebiet ließen den Straßen- und Bahnverkehr in der Region zum Erliegen kommen. Dieser Luftoffensive folgte eine schwerwiegende Angriffsserie, die im Zusammenhang mit den alliierten Boden- und Luftlandeoperationen »Plunder« und »Varsity« am Niederrhein stand.[72] Wegen der Zerstörung des verzweigten Kommunikations- und Nachrichtennetzes, darunter auch von Teilen des Drahtfunks, hatte Hoffmann im Februar 1945 einen »Gaukurierdienst« eingerichtet, über den der Dienstverkehr zwischen Parteidienststellen und staatlichen Behörden abgewickelt werden sollte.[73] Bereits am 29. September 1944 war auf Initiative von Hoffmann in Dortmund eine »Notgemeinschaft der Industrie im Gau Westfalen-Süd zur gegenseitigen Selbsthilfe bei Bomben- und Brandschäden« gebildet worden, die ab Januar 1945 tätig wurde. Die Notgemeinschaft verfügte über einen ausgewählten Kreis von Fachleuten, die die Maßnahmen zum »Selbstschutz« koordinieren sollten. Hoffmann betonte in seiner Anordnung, dass die entsprechenden Fachkräfte vor Einziehungen zur Wehrmacht und zu sonstigen Einsätzen geschützt waren.[74]

Die Anordnungen und Befehle Hoffmanns in seiner Eigenschaft als Reichsverteidigungskommissar erwiesen sich in den letzten Kriegswochen oft als realitätsfern und scheiterten in Einzelfällen am bürokratischen »Widerstand« der mit ihrer Umsetzung beauftragten staatlichen Behördenmitarbeiter. Diese Unterlassungen besaßen freilich keinen politischen Hintergrund, sondern lagen vielmehr in der objektiven Einschätzung der wenigen Handlungsmöglichkeiten begründet, die es im Frühjahr 1945 noch gab. Eine »Geheime Sonderanordnung« Hoffmanns vom 11. März 1945 veranschaulicht den Ablauf eines solchen Vorgangs auf recht deutliche Weise.[75] Hoffmann wies – interessanterweise als Gauleiter – die staatlichen Polizeiverwalter an, gegen zurückströmende Soldaten unter »rücksichtslosem Waffengebrauch« vorzugehen. Nach Hoffmanns Auffassung handelte es sich bei diesen Soldaten um Deserteure. Ein »besonderes Eingreifkommando«, das aus bewaffneten Mitgliedern der Hitler-Jugend bestand, konnte bei Bedarf zusätzlich von der Befehlsstelle Wetter-Harkortberg angefordert werden. Hoffmann appellierte an die Polizeibehörden mit den Worten: »Äusserste Härte ist geboten! [...] Es geht hierbei um die Existenz des Reiches! Werden wir in den Knochen weich, müssen wir uns nicht wundern, wenn sich daraus Folgerungen für den Kriegsverlauf ergeben«.[76]

Der Leiter der Kreispolizeibehörde in Meschede richtete daraufhin am 17. März 1945 ein Antwortschreiben an den Regierungspräsidenten in Arnsberg.[77] Er stellte darin nüchtern fest, dass er sehr wohl die »notwendige Härte« zur Bekämpfung von »Zersetzungserscheinungen« besitzen würde. Zugleich betonte er, dass die Gendarmerie des Kreises Meschede voll und ganz mit der Kontrolle von »Ausländertrecks« beschäftigt sei. Für eine Bekämpfung von »Zersetzungserscheinungen in der Wehrmacht« seien sie, so der oberste Polizeibeamte im Kreis Meschede, auch in Hinblick auf Alter und Erfahrung, keinesfalls geeignet. Dieser Begründung konnte der Regierungspräsident nicht viel entgegenhalten: »Wenn ein marodierender Haufen von Soldaten über die Straßen zieht, dann wäre es weltfremd anzunehmen, dass ein 60jähriger Gendarmeriebeamter der Reserve ihm mit der Pistole in der Hand entgegen treten würde«. Der Leiter der Kreispolizeibehörde in Meschede kam zu dem Ergebnis, dass sich die von Hoffmann geforderten Maßnahmen »beim besten Willen und bei stärkster Energie« nicht durchführen lassen würden.[78]

Die »Sonderanordnung« Hoffmanns belegt, dass er sich in der Kriegsendphase besonders brachialer Methoden bediente, um »Zersetzungserscheinungen in der Truppe« und Zweifel am »Endsieg« rücksichtslos und brutal niederzuschlagen. Mit der Bildung von Standgerichten am 17. Februar 1945 setzte Hoffmann als Reichsverteidigungskommissar dann noch ein Instrument der NS-Terrorjustiz ein. Inwieweit Hoffmann in die Mordaktionen der Gestapo-Dienststellen im Gau Westfalen-Süd verstrickt war, konnte in den Prozessen gegen frühere Gestapo-Angehörige vor deutschen und britischen Gerichten nicht eindeutig geklärt werden.[79] Bekannt geworden ist ein Besuch Hoffmanns um den 15. Februar 1945 im Gestapo-Hauptquartier in Dortmund-Hörde, wo er auch das dortige Kellergefängnis mit den Inhaftierten inspizierte.[80]

In den letzten Kriegswochen arbeiteten Model als Oberbefehlshaber der Heeresgruppe B, der Leiter des Ruhrstabs, Walter Rohland, und der Leiter des DAF-Einsatzstabes Rhein-Ruhr, Dr. Theodor Hupfauer, mit Hoffmann als Reichsverteidigungskommissar im Operationsgebiet zusammen.[81] Hoffmann war in dieser Funktion seit dem alliierten Rheinübergang am 24. März 1945 auch für die Gaue Düsseldorf und Essen und Westfalen-Nord zuständig. Folgt man Speer, so gelang es ihm in den letzten Wochen des »Dritten Reiches«, Hoffmann und die anderen Gauleiter zu einer Abschwächung der von Hitler verfügten Zerstörungsmaßnahmen im Ruhrgebiet zu bewegen.[82] Dennoch ließ Hoffmann kurz vor Einmarsch der amerikanischen Truppen von der Bevölkerung zahlreiche Panzersperren und Schützengräben errichten. Die folgenreiche Sprengung der Ruhrbrücken zwischen Hattingen und Menden wurde von Hoffmann als Reichsverteidigungskommissar persönlich befohlen.[83]

Hoffmanns »Kampf um die Ruhr« fand Anfang April 1945 bereits ein jähes Ende. Zu diesem Zeitpunkt bereiteten sich die Mitarbeiter des Gaustabs der NSDAP auf ihre Flucht vor. Auch Hoffmann war nur noch sporadisch auf seiner Befehlsstelle anzutreffen. Zum überwiegenden Teil erledigte er seine Amtsgeschäfte im Hauptquartier der Heeresgruppe B.[84] Am Abend des 13. April 1945 gab Hoffmann auf einer Besprechung mit den Kreisleitern in Haßlinghausen die Auflösung der NSDAP im Gau Westfalen-Süd bekannt, ohne vorher das Einverständnis Hitlers oder Bormanns eingeholt zu haben.[85] Noch am selben Abend ergriff er mit seinem Gaustabsamtsleiter Hans Strube die Flucht. Für rund zwei Wochen tauchten die beiden Männer im Umkreis von Schwelm sowie im Süden Bochums unter.[86] Erst gegen Mitte Mai 1945 setzte sich Hoffmann zu seiner Ehefrau und seinem »evakuierten« Sohn zum neuen Wohnsitz Marienau bei Hameln ab. Dort war er zur Tarnung als Arbeiter auf einem Bauernhof beschäftigt.[87] Hoffmanns Karriere in der NSDAP, die als verbrecherische Organisation wenige Monate später aufgelöst wurde, hatte damit ein Ende gefunden.

Als führender Funktionär der NSDAP war Hoffmann nach dem Kriege allerdings der Strafverfolgung durch die alliierten Behörden ausgesetzt. Am 4. Oktober 1945 wurde er von der britischen Militärregierung verhaftet und zunächst in Iserlohn inhaftiert. Danach brachte man ihn ins Civil Internment Camp (C.I.C.) 4 in Recklinghausen. Im Sommer 1946 war Hoffmann im Gerichtsgefängnis Nürnberg inhaftiert, nach seinen Angaben in mehrmonatiger »verschärfter« Einzelhaft, und trat als Zeuge im Prozess gegen die Hauptkriegsverbrecher auf. Ein von ihm erlassener »Fliegerbefehl« zur Lynchjustiz gegen abgeschossene alliierte Jagdbomber-Piloten sowie eine Anordnung, die das willkürliche Erschießen von Zwangsarbeitern sanktionierte, führten 1946 und 1948 zu zwei Strafprozessen vor britischen Militärgerichten in Recklinghausen und Hamburg, in denen er jedoch aus Mangel an Beweisen freigesprochen wurde.[88] Im Spruchgerichtsverfahren der nordrhein-westfälischen und niedersächsischen Justiz erhielt Hoffmann im Dezember 1948 eine Haftstrafe von vier Jahren und neun Monaten, aus der er im April 1950 unter Anrechnung der Internierungshaft vorzeitig entlassen wurde. Seit 1951 Jahre baute sich Hoffmann unter anderem in seiner früheren »Gauhauptstadt« Bochum eine neue Existenz als Kaufmann und Industrievertreter auf. In einigen Prozessen der deutschen Justiz im Zusammenhang mit »Endphaseverbrechen« in den 1950er Jahren wurde er als Zeuge geladen und vernommen. Hoffmann starb 1972 in Heiligenhaus bei Bremen als vermögender Kaufmann, ohne dass er nochmals öffentlich politisch in Erscheinung getreten wäre.

Zusammenfassung

Die in diesem Beitrag dargestellten Tätigkeiten Hoffmanns als Reichsverteidigungskommissar im Gau Westfalen-Süd zeigen, wie stark er sich auf die Bewältigung der Auswirkungen des alliierten Bombenkriegs konzentrierte. Mehr noch: der Bombenkrieg entwickelte sich in diesem Gau zu einem allem anderen übergeordneten Moment. Dies betraf vor allem den Einsatz von Hilfskräften nach Bombenangriffen und die »Betreuung« der Zivilbevölkerung, für die der Gauleiter als Reichsverteidigungskommissar verantwortlich war. Seit dem Sommer 1944 bestimmte die Arbeit der Gaukommission für den »totalen Kriegseinsatz« die RVK-Tätigkeiten. Dabei ist es zu einer kaum nachvollziehbaren Vermischung von Aufgaben und Tätigkeiten des Reichsverteidigungskommissars mit denen des Gauleiters gekommen. Hoffmann erteilte willkürlich und ohne erkennbares System wahlweise in beiden Funktionen den staatlichen Verwaltungen und der NSDAP direkte Weisungen. Bei der Bereitstellung von Arbeitskräften für Aufräumarbeiten nach Bombenangriffen und bei der Mobilisierung im »totalen Krieg« bediente sich Hoffmann als Reichsverteidigungskommissar unterschiedslos der Kreiskommissionen und des Regierungspräsidenten. Die vom RVK Hoffmann in seiner Amtsführung angestrebte Einheit von »Menschenführung« der NSDAP und staatlicher Verwaltung entsprach im Gau Westfalen-Süd 1944/45 den Gegebenheiten. Seiner Initiative, das Prinzip der »Einheit der Verwaltung« in die Tat umzusetzen, muss hohe Durchschlagskraft zugebilligt werden.

Es entsteht der Eindruck, dass das Handeln und Wirken eines Reichsverteidigungskommissars vor allem von der Persönlichkeit des jeweiligen Gauleiters abhängig war. Der in diesem Beitrag vorgestellte Albert Hoffmann repräsentierte einen besonders dynamisch auftretenden, rücksichtslos agierenden Funktionär des »Dritten Reiches«. Inwieweit solche Handlungsweisen eines Reichsverteidigungskommissars auch in Gauen festzustellen sind, die weniger vom Bombenkrieg betroffen waren, müssen Vergleichsstudien zeigen. Um zum Beginn meiner Ausführungen zurückzukehren: War es Hoffmann nun gelungen, die NSDAP zu stärken und die staatliche Verwaltungsorgane zurückzudrängen? Wie effizient war er in seiner Eigenschaft als Reichsverteidigungskommissar eigentlich? Diese Fragen sind nicht einfach zu beantworten, da Hoffmann einen höchst eigenwilligen Führungsstil entwickelt hatte. Im Sommer 1943 war es in Westfalen-Süd sicher zu einer Stärkung der NSDAP im Bereich der Betreuung der Bevölkerung gekommen. Durch die Teilhabe ihrer Organisationen an der Bewältigung der Angriffsfolgen im Luftkrieg, vornehmlich der ursprünglich elitären NSV, konnte die Partei im Vergleich zu den staatlichen Behörden wesentliche Pluspunkte sammeln. Parallel dazu wurde der Einfluss der Parteifunktionäre, hier besonders der Ortsgruppen- und Kreisleiter, durch ihre Einbindung in die staatlichen und kommunalen Entscheidungsprozesse gestärkt. Eine Hauptursache dafür war jedoch die Überforderung der kommunalen Verwaltungsbehörden, die sich im Luftkrieg zeigte. Diesen Sachverhalt hatte der Regierungspräsident in Arnsberg früh erkannt, denn er forderte mit Nachdruck eine dem Luftkriegsgeschehen entsprechende Einsatzbereitschaft bei den städtischen Beamten und Angestellten ein. Noch im Dezember 1943 sahen sich der RVK Hoffmann und schließlich sogar Reichsinnenminister Himmler dazu veranlasst, die Beamten und Angestellten des öffentlichen Dienstes zu mahnen, ein zuvorkommenderes Auftreten gegenüber »fliegergeschädigten Volksgenossen« an den Tag zu legen.[89]

Derartige Reaktionen lassen im Rückblick den Eindruck aufkommen, dass ein nicht geringer Teil der Bediensteten in öffentlichen Verwaltungen restlos überfordert, wenn nicht gar trotz des Schicksals ihrer Mitbürger einfach unmotiviert war. Das Eindringen der NSDAP in den kommunalen Verwaltungsablauf wurde dadurch befördert. Mit ihrer kleinräumigen, fast milieuähnliche Organisation war die NSDAP in der Lage, flexibel auf kurzfristig entstandene Notstände zu reagieren. So gab die NSDAP nach Bombenangriffen Sonderverpflegungen an die Bevölkerung aus, kümmerte sich um die Unterkunft von »Ausgebombten« und übernahm viele andere kommunale Aufgaben. Auch die Evakuierung von obdachlosen »Ausgebombten« und die (Erweiterte) Kinderlandverschickung fanden unter maßgeblicher Beteiligung der NSDAP statt. Gleichzeitig konnte sich die Partei in Krisensituationen nach Luftangriffen auf das Weisungsrecht der Gauleiter als Reichsverteidigungskommissare berufen. Es war allerdings weniger Hoffmanns Amtsführung als Reichsverteidigungskommissar, die den Aspirationen der Partei förderlich war, staatliche Aufgaben zu übernehmen. Vielmehr traten kommunale Verwaltungsbehörden auch viele Aufgaben, die sie selbst nicht bewältigen konnten, an die NSDAP ab. Für Hoffmann als Reichsverteidigungskommissar wäre es ein Leichtes gewesen, sich im Luftkrieg nur noch der NSDAP zu bedienen. Er hingegen wahrte die seit 1933/34 bestehende Balance zwischen Partei und Staat und operierte, dem Prinzip der Arbeitsteilung entsprechend, mit gemischten Kommissionen und Sonderbeauftragten aus beiden Bereichen. Eine wie auch immer geartete Übernahme der inneren Verwaltung durch die NSDAP forcierte er nicht. Insofern kann man, zumindest bis Ende 1944, auch nicht davon sprechen, die NSDAP habe das Kommando an der »Heimatfront« übernommen. Bürokratie, Initiative und Effizienz konzentrierten sich im Gau Westfalen-Süd 1943 bis 1945 auf die Instanz des Gauleiters, der das staatliche Amt des Reichsverteidigungskommissars als Mittel zur Durchsetzung seines eigenen Führungsanspruches nutzte.

---

1   Verordnung über die Bestellung von Reichsverteidigungskommissaren v. 1.9.1939, Reichsgesetzblatt (RGBl.) I (1939), S. 1565 f. Grundlegend Karl Teppe, Der Reichsverteidigungskommissar. Organisation und Praxis in Westfalen, in: Dieter Rebentisch/Karl Teppe (Hg.), Verwaltung contra Menschenführung im Staat Hitlers. Studien zum politisch-administrativen System, Göttingen 1986, S. 278-301, sowie Dieter Rebentisch, Führerstaat und Verwaltung im Zweiten Weltkrieg; Verfassungsentwicklung und Verwaltungspolitik 1939-1945, Stuttgart 1989.
2   Uwe Bachnick, Die Verfassungsreformvorstellungen im nationalsozialistischen Deutschen Reich und ihre Verwirklichung, Berlin 1995.
3   Rebentisch, Führerstaat (Anm. 1), S. 132.
4   Verordnung über die Reichsverteidigungskommissare und die Vereinheitlichung der Wirtschaftsverwaltung v. 16.11.1942, RGBl. I (1942), S. 649. Zuvor hatte es immer wieder Kompetenzstreitigkeiten zwischen RVK und denjenigen Gauleitern gegeben, die einem Amtskollegen als RVK unterstellt worden waren. Ein Beispiel bildete der Amtsbereich von RVK Josef Terboven im Wehrkreis VI (Münster), der die Gaue Düsseldorf, Köln-Aachen, Essen, Westfalen-Süd und Westfalen-Nord umfasste.

5 Peter Hüttenberger, Die Gauleiter. Studie zum Wandel des Machtgefüges in der NSDAP, Stuttgart 1969; Walter Ziegler, Gaue und Gauleiter im Dritten Reich, in: Horst Möller/Andreas Wirsching/ Walter Ziegler (Hg.), Nationalsozialismus in der Region. Beiträge zur regionalen und lokalen Forschung und zum internationalen Vergleich, München 1996, S. 139-159; Kurt Düwell, Gauleiter und Kreisleiter als regionale Gewalten des NS-Staates, in: Ebd., S. 161-174, sowie Walter Ziegler, Die nationalsozialistischen Gauleiter in Bayern, in: Zeitschrift für Bayerische Landesgeschichte 58 (1995), S. 427-460.

6 Zu Geschichte und Aufbau des Gaues Westfalen-Süd s. Wilfried Böhnke, Die NSDAP im Ruhrgebiet 1920-1933, Bonn-Bad Godesberg 1974, S. 147 f., sowie Gerhard Kratzsch, Der Gauwirtschaftsapparat der NSDAP. Menschenführung, »Arisierung«, Wehrwirtschaft im Gau Westfalen-Süd. Eine Studie zur Herrschaftspraxis im totalitären Staat, Münster 1989, S. 16 ff.

7 Zur Geschichte der NSDAP und des Gaugebiets aus nationalsozialistischer Sicht s. Friedrich Alfred Beck (Hg.), Kampf und Sieg. Geschichte der Nationalsozialistischen Deutschen Arbeiterpartei im Gau Westfalen-Süd von den Anfängen bis zur Machtübernahme, Dortmund 1938.

8 Übersicht über den Anteil der Parteimitglieder nach dem Stand v. 1.1.1940, Staatsarchiv (StA) Münster, Gauleitung Westfalen-Süd 1, unfol.

9 Zu Funktion und Aufgaben von RP im »Dritten Reich« Horst Romeyk, Düsseldorfer Regierungspräsidenten 1918-1945, in: Rheinische Vierteljahresblätter 44 (1980), S. 237-299, sowie ders., Der preußische Regierungspräsident im NS-Herrschaftssystem. Am Beispiel der Regierung Düsseldorf, in: Rebentisch/Teppe, Verwaltung (Anm. 1), S. 121-140.

10 Schreiben des Generalbevollmächtigten für die Reichsverwaltung v. 13.4.1943 an Hoffmann betr. Bestallung zum RVK, in: Akten der Partei-Kanzlei der NSDAP. Rekonstruktion eines verlorengegangenen Bestandes. Sammlung der in anderen Provenienzen überlieferten Korrespondenzen, Niederschriften und Besprechungen usw. mit dem Stellvertreter des Führers und seinem Stadt bzw. der Partei-Kanzlei, ihren Ämtern, Referaten und Unterabteilungen sowie mit Heß und Bormann persönlich. Microfiche-Edition, hrsg. v. Institut für Zeitgeschichte u. bearb. v. Helmut Heiber/Peter Longerich, 2 Teile, München (u.a.) 1983-1992 [im folgenden APK], hier: Teil I, Fiche 103 06614.

11 In der Historiografie ist Hoffmann vergleichsweise unbekannt geblieben. So wird bei Ziegler der Vorname Hoffmanns mit »Paul« falsch angegeben, auch fehlt Hoffmann in einer Liste der Gauleiter mit den Veränderungen von 1943, vgl. Ziegler, Gaue (Anm. 5), S. 149 u. 157.

12 Für eine ausführliche Biografie Hoffmanns s. Ralf Blank, Albert Hoffmann (1907-1972). Gauleiter und Reichsverteidigungskommissar in Westfalen-Süd 1943-1945, in: Westfälische Lebensbilder, Bd. 17, hrsg. von der Historischen Kommission für Westfalen, Münster 2001 [im Druck].

13 Belegt sind eigenhändige Lebensläufe und biografische Angaben von Hoffmann aus den Jahren 1936, 1937, 1943, 1944, 1947, 1948 und 1950. Während der Lebenslauf von 1944 durch die Partei-Kanzlei erstellt worden war und das Exemplar von 1948 auf eine Aussage Hoffmanns vor einem britischen Militärgericht in Hamburg basiert, handelt es sich bei den übrigen Exemplaren um von Hoffmann formulierte Selbstzeugnisse. Mit 18 beschriebenen Seiten ist der am 25.6.1947 im britischen Internierungslager C.I.C. 3 in Recklinghausen erstellte Lebenslauf dabei das ausführlichste Dokument, gefolgt von den 1950 verfassten »Erinnerungen«. Handschr. Lebenslauf von Hoffmann, verfasst im C.I.C. 4 in Recklinghausen am 24.7.1947, Bundesarchiv (BA) Koblenz, Z 42II/1784 [Ermittlungsakte 1], Bl. 9-17, hieraus auch im folgenden zitiert, sofern nicht anders ausgewiesen.

14 Anders als in den von Hoffmann und durch die Partei-Kanzlei tradierten biografischen Angaben ist es sehr fraglich, ob Hoffmann vor 1933 überhaupt eine nennenswerte und herausragende Rolle innerhalb der NSDAP in Bremen gespielt hat. Es spricht vieles dafür, dass Hoffmann bis zur Machtübernahme aus beruflichen Gründen eine gewisse Zurückhaltung geübt hatte, um dann aber die Möglichkeit einer Parteikarriere zu ergreifen. Darauf deutet auch seine erst im Juli 1933 vollzogene Kündigung der Anstellung als Rohtabak-Kaufmann hin.

15 Das Amt umfasste folgende Arbeitsbereiche: Allgemeine Organisationsangelegenheiten der Partei, sozial-, wirtschafts-, verkehrs- und agrarpolitische Parteiangelegenheiten, Verbindungsstelle zu den Hauptämtern und den Parteigliederungen, ab 1938 auch Volkstumspolitik, Sozialpolitik und Allgemeine Beschwerden und Bittgesuche; s. Peter Longerich, Hitlers Stellvertreter. Führung der Partei und Kontrolle des Staatsapparates durch den Stab Heß und die Partei-Kanzlei Bormann, München (u.a.) 1992, hier: S. 265 f.

16 Zu Hoffmanns Tätigkeiten als Stiko Gertrude Rothkappl, Die Zerschlagung österreichischer Vereine, Organisationen, Verbände, Stiftungen und Fonds. Die Tätigkeit des Stillhaltekommissars in den Jahren 1938-1939, Diss. Wien 1996. Hinweise auf Hoffmanns Tätigkeiten als Stiko im Sudetengau

enthalten Volker Zimmermann, Die Sudetendeutschen im NS-Staat. Politik und Stimmung der Bevölkerung im Reichsgau Sudetenland (1938-1945), Essen 1999, hier: S. 119 u. 163 ff., sowie Ralph Gebel, »Heim ins Reich!« Konrad Henlein und der Reichsgau Sudetenland (1938-1945), 2. Aufl., München 2000, S. 119-128. Hierzu auch das Schreiben Hoffmanns an den Staatssekretär im Reichsministerium der Justiz, Franz Schlegelberger, v. 9.2.1939 betr. Stellungnahme zu den Befugnissen und Maßnahmen des Stiko im Sudetengau, BA Berlin, R 3001/1998, Bl. 92 ff.

17 Zu Eichmanns Tätigkeiten in Wien Hans Safrian, Eichmann und seine Gehilfen, Frankfurt/Main 1997, hier: S. 23 ff. Zur Zusammenarbeit zwischen Stiko und Eichmann s. Rothkappl, Zerschlagung (Anm. 16), S. 85 ff.

18 Walter Naasner, SS-Wirtschaft und SS-Verwaltung. »Das SS-Wirtschafts-Verwaltungshauptamt und die unter seiner Dienstaufsicht stehenden wirtschaftlichen Unternehmungen« und weitere Dokumente, Düsseldorf 1998, hier: S. 85. Aus dem Verwaltungsvermögen des Stiko erhielt Pohl u.a. Firmen und Güter als Geschenk.

19 Die Mitgliedschaft in der SS wurde von Hoffmann bereits im September 1936 beantragt, BA Berlin, BDC, Personalunterlagen Hoffmann [SS-Offiziere]. Zeitgleich traten weitere Mitarbeiter des StdF in die SS ein, so zum Beispiel Hellmuth Friedrichs, als Leiter der Abteilung II Hoffmanns unmittelbarer Vorgesetzter.

20 Ein im Juni 1944 von der Partei-Kanzlei erstellter offizieller Lebenslauf nennt den 20.4.1941 für die Berufung Hoffmanns zum Stellvertretenden Gauleiter in Oberschlesien. Dieses Datum ist jedoch nicht korrekt und bezieht sich auf die öffentliche Amtseinführung Hoffmanns; s. Lebenslauf Hoffmanns, erstellt durch die Partei-Kanzlei am 21.6.1944, APK (Anm. 10), Teil II, Fiches 307 02464 f.

21 Sybille Steinbacher, »Musterstadt« Auschwitz. Germanisierungspolitik und Judenmord in Ostoberschlesien, München 2000, hier: S. 151 ff.

22 Protokoll der Vernehmung Hoffmanns v. 29.10.1947, BA Koblenz, Z 42/II-1784, Bl. 53-57, hier: Bl. 54. Anläßlich dieses Besuchs, als Hoffmann Bracht und Himmler begleitete, wurde auch der Ausbau des Lagers sowie die Errichtung des künftigen Vernichtungslagers Birkenau beschlossen, s. Danuta Czech, Kalendarium der Ereignisse im Konzentrationslager Auschwitz-Birkenau 1939-1945. Hamburg 1989, S. 79.

23 Bei Himmlers Besuch in Auschwitz am 17. und 18.7.1942 war Hoffmann nicht zugegen; vgl. dagegen Der Dienstkalender Heinrich Himmlers 1941/42, hrsg. im Auftrag der Forschungsstelle für Zeitgeschichte in Hamburg, Hamburg 1999, S. 492, Anm. 71, sowie Steinbacher, Auschwitz (Anm. 21), S. 283.

24 Hierzu Bernhard R. Kroener, »General Heldenklau«. Die »Unruh-Kommission« im Strudel polykratischer Desorganisation (1942-1945), in: Politischer Wandel, organisierte Gewalt und nationale Sicherheit. Beiträge zur neueren Geschichte Deutschlands und Frankreichs. Festschrift für Klaus-Jürgen Müller, hrsg. v. Ernst-Willi Hansen, Gerhard Schreiber und Bernd Wegner, München 1995, S. 269-286.

25 Bericht über die Tätigkeit des OKW-Stabes z.b.V. v. 28.9.1942, BA Berlin, R 43 II/681, unfd. Unruh begrüßte ausdrücklich die »Aktion Reinhard« und wollte wegen der Streitigkeiten zwischen der Wehrmacht und der SS Ende Juli 1942 in Przemysl im Diskrikt Galizien dafür sorgen, »dass in Zukunft die Umsiedlungsarbeit des Reichsführers-SS unter keinen Umständen mehr durch untergeordnete Organe gestört wird«, zit. nach: Thomas Sandkühler, »Endlösung« in Galizien. Der Judenmord in Ostpolen und die Rettungsinitiativen von Berthold Beitz 1941-1944, Bonn 1996, S. 345. Es ist eine hier nicht zu klärende Frage, inwieweit die Tätigkeit der Unruh-Kommission die Maßnahmen zum Judenmord erleichtert haben. Himmler hatte dem HSSPF-Ost (Krakau) Friedrich-Wilhelm Krüger Verhaltensrichtlinien für Kontakte mit der Unruh-Kommission erteilt, wobei »offen Auskunft« zu geben war; Schreiben Himmlers v. 15.7.1942 an Krüger, BA Berlin, NS 19/2653, Bl. 59. Dazu auch Christian Gerlach, Die Bedeutung der deutschen Ernährungspolitik für die Beschleunigung des Mordes an den Juden 1942. Das Generalgouvernement und die Westukraine, in: Ders., Krieg, Ernährung, Völkermord. Forschungen zur deutschen Vernichtungspolitik im Zweiten Weltkrieg, Hamburg 1998, S. 167-257, hier: S. 233-237.

26 Hoffmanns sehr aussagekräftige Berichte an Bormann finden sich in: BA Berlin, NS 6/795.

27 Bericht Hoffmanns v. 8.9.1942, ebd., Bl. 159-185.

28 Nach Hoffmanns Bericht v. 26.5.1942, ebd., Bl. 28-32.

29 Fernschreiben Hoffmanns an Bormann v. 21.10.1942 betr. Besuch des Generals von Unruh in Kattowitz sowie Planungen für die Reiseroute, BA Berlin, NS 6/796, Bl. 1-4. Das Fernschreiben belegt allerdings auch die wichtige Position von Hoffmann im OKW-Stab z.b.V.

30 Dies geht aus dem Bericht Hoffmanns v. 8.9.1942 (BA Berlin, NS 6/795, Bl. 159-185, hier Bl. 184,) hervor, als er Bormann bat: »Ich darf daher höflichst bitten, meine Tätigkeit im OKW/Stab z.b.V. mit dem 19. September als beendet anzusehen, da mich Gauleiter Bracht dringend in Oberschlesien benötigt [...]. Ich bilde mir nicht ein, unersetzlich zu sein, denn ausser unserem Führer ist kein Mensch unersetzlich. Aber letzten Endes fehlt doch eine Arbeitskraft. Ich habe zudem für die Dauer des Krieges noch die Tätigkeit des Gauwirtschaftsberaters mit übernommen, ein Aufgabengebiet, das in Oberschlesien nicht unbesetzt bleiben kann. Das Amt des Gauwirtschaftsberaters hat vorläufig ausser mir nicht einen einzigen männlichen Mitarbeiter«.
31 Wie Anm. 20.
32 »Führer-Erlasse« 1939-1945. Edition sämtlicher überlieferter, nicht im Reichsgesetzblatt abgedruckter, von Hitler während des Zweiten Weltkrieges schriftlich erteilter Direktiven aus den Bereichen Staat, Partei, Wirtschaft, Besatzungspolitik und Militärverwaltung. Zusammengestellt und eingeleitet von Martin Moll, Stuttgart 1997, S. 311 ff., sowie Rebentisch, Führerstaat (Anm. 1), S. 294 f.
33 Monatsberichte des Essener Stadtkämmerers Karl Hahn, April und März 1943, S. 139 u. 143, Stadtarchiv (StadtA) Essen, unverzeichnet.
34 Grundlegend Wilfried Beer, Kriegsalltag an der Heimatfront: Alliierter Luftkrieg und deutsche Gegenmaßnahmen zur Abwehr und Schadensbegrenzung, dargestellt für den Raum Münster, Bremen 1990.
35 Dies schlug sich seit 1940 in der Aufstellung besonderer »Einsatzpläne« der NSDAP nieder. Für Westfalen-Süd überliefert als Einsatzplan der Partei zur Bekämpfung schwerer Notstände nach Fliegerangriffen, NSDAP-Gau Westfalen-Süd, o.D. [Mai 1942], StadtA Bochum, Bo 321/2, unfol.
36 Timothy W. Mason, Arbeiterklasse und Volksgemeinschaft. Dokumente und Materialien zur deutschen Arbeiterpolitik 1936-1939, Opladen 1975, S. 1-16.
37 Die organisatorischen und administrativen Richtlinien für die Bildung von Gaueinsatzstäben wurden im Schnellbrief des Generalbevollmächtigten für die Reichsverwaltung an die RVK v. 6.5.1942 betr. Planmäßige Vorbereitung der nach größeren Luftangriffen sofort zu treffenden Hilfsmaßnahmen festgelegt, APK (Anm. 10), Teil II, Fiches 103 06778-06785. Die Leitung des Gaueinsatzstabes Westfalen-Süd hatte Giesler übernommen, sein Vertreter war der Stellvertretende Gauleiter Heinrich Vetter. Für behördliche Maßnahmen waren RP Eickhoff und als Stabsleiter der Gaugeschäftsführer der NSDAP zuständig. Zwei Verbindungsoffiziere hielten Kontakt zum Luftgaukommando VI sowie zum Wehrkreiskommando VI. Ansonsten waren alle nur erdenklichen staatlichen Behörden und Parteidienststellen in diesem Gaueinsatzstab vertreten.
38 Rundschreiben des RP Arnsberg an die Polizeipräsidenten und Oberbürgermeister in seinem Bezirk, R.V. Nr. 383/43, v. 15.6.1943 betr. Einsatz von Beamten und Angestellten in Obdachlosensammelstellen, StadtA Herne, Best. Wanne-Eickel, Akte Bekämpfung von Brandbomben.
39 Presseberichte über die Gaubefehlsstelle Harkortberg sowie über ihre Funktion als Luftlagemeldezentrale liegen mehrfach vor: »Zentraler Einsatz aller Kräfte. Auf der Befehlsstelle des GL und RVK«, Bochumer Anzeiger v. 7.7.1943 u. Hagener Zeitung v. 8.7.1943 »Der Luftlagebericht und seine Bedeutung - Wichtige Mitteilungen von den Durchsagen des Drahtfunks«, Tremonia-Westdeutsche Volkszeitung v. 15.2.1944 , sowie »Der Kampf der Heimat: Achtung, Achtung! Luftlagebericht! Wie unser Drahtfunk arbeitet/Auf der Befehlsstelle des Gauleiters, Hagener Zeitung v. 28.11.1944, StadtA Hagen, Zeitungssammlung.
40 Das folgende nach: Albert Hoffmann, Der Reichsverteidigungskommissar in Zusammenarbeit mit den Befehlshabern der Wehrmacht, o.O., o.D. (1943), Bundesarchiv-Militärarchiv Freiburg, RW 6/412; interpretiert bei Arne W. Zoepf, Wehrmacht zwischen Tradition und Ideologie: Der NS-Führungsoffizier im Zweiten Weltkrieg, Frankfurt am Main (u.a.) 1988, S. 69 ff.
41 Fernschreiben Hoffmanns an Friedrichs v. 25.8.1943, BA Berlin, NS 6/579, Bl. 173-183.
42 Zum Bunkerbau im Deutschen Reich vgl. Michael Foedrowitz, Bunkerwelten, Berlin 1999.
43 Vertrauliche Information der Partei-Kanzlei v. 31.7.1943 betr. Luftschutzmaßnahmen der Gaue und Kreise, StadtA Oberhausen, Akte Tiefbauamt/47, unfol.
44 Schnellbrief des RMd v. 10.1.1944 an die RVK betr. besondere Bedeutung des Baues von Luftschutz-Stollen, StA Münster, Kreis Meschede/Landratsamt Nr. 2518, unfol.
45 Bestimmungen des RLM und Oberbefehlshabers der Luftwaffe (ObdL) über den Bau von Luftschutzstollen v. 17.9.1943 u. Richtlinien für den Bau von gas-, splitter- und trümmersicheren Luftschutz-Rundbauten, Fassung September 1943, StA Münster, Kreis Meschede/Landratsamt Nr. 2518, unfol.
46 Schnellbrief des RLM/ObdL v. 4.12.1943, mitgeteilt vom Luftgaukommando VI (RS 5974/43 v.

22.12.1943), StA Münster, Oberpräsidium Westfalen, Nr. 5055, Bl. 222.
47 Rundschreiben 35/44 der Kreisleitung Meschede v. 6.10.1944 an die Ortsgruppen, den Landrat und das Arbeitsamt im Bezirk betr. Stollenbau, StA Münster, Kreis Meschede/Landratsamt Nr. 2528, unfol. Das Rundschreiben basierte auf einer Anordnung Hoffmanns, die am Tag zuvor von seinem persönlichen Referenten an die Kreisleitungen herausgegeben worden war. Hoffmann hatte darin eine »besondere Aktivität« auf diesem Gebiet gefordert.
48 Rundschreiben des Landrats in Meschede v. 10.10.1944 an die Amtsbürgermeister des Kreises betr. Stollenbau, StA Münster, Kreis Meschede/Landratsamt Nr. 2518, unfol.
49 Anordnung des RVK Westfalen-Süd v. 22.11.1944 betr. Ernennung Sonnenscheins zum Sonderbeauftragten, StadtA Lippstadt, Akte GB 159, unfol.
50 Schreiben des Kreisobmanns der DAF-Kreiswaltung Ennepe-Ruhr in Gevelsberg an den Bürgermeister von Hattingen als Leiter der Sofortmaßnahmen v. 22.12.1944 betr. Durchführung des Selbstschutzprogramms, StadtA Hattingen, Bestand C-6, Akte 885, unfol. Sonnenschein gab seit dem 1.12.1944 eigene Luftschutz-Leitblätter heraus, letztmalig offenbar am 9.2.1945, die technische Hinweise und Konstruktionseigenschaften von Stollenbauten enthielten, StadtA Hattingen, Bestand C-6, Akte 885, unfol.
51 Schnellbrief des RVK Nr. 13/44 v. 2.6.1944 betr. Deckenstärke bei Luftschutzbauten u. Schreiben des HSSPF-West an Hoffmann v. 4.6.1944, Hauptstaatsarchiv (HStA) Düsseldorf, RW 37/22, Bl. 136 u. 138.
52 Hierzu Rebentisch, Führerstaat (Anm. 1), S. 516 ff.
53 Ebd., S. 476 f.
54 Rundschreiben RVK-TK 5/44 an die Kreisleiter, Landräte und Oberbürgermeister v. 18.8.1944 betr. Durchführung des totalen Kriegseinsatzes »TK-Maßnahmen« u. Rundschreiben RVK-TK 100/44 v. 2.9.1944 betr. Anordnung über die weitere Tätigkeit der Kreiskommissionen für den totalen Kriegseinsatz, StadtA Herne, Bestand Wanne-Eickel, Akte Totaler Kriegseinsatz (unverzeichnet), unfol.
55 Mitglieder der Gaukommission waren: Der Stellvertretende Gauleiter Vetter (Parteiangelegenheiten), RP Eickhoff (Verwaltung), DAF-Gauobmann Sonnenschein (Sonderaufgaben), der Hauptgeschäftsführer der Gauwirtschaftskammer Hans Scholz (Organisation der gewerblichen Wirtschaft), Gauwirtschaftsberater Heinrich Bornemann (Sonderaufgaben), Gaufrauenschaftleiterin Anna Luise Bruckner (Fraueneinsatz), Gaugesundheitsführer Karl Lotz (Gesundheitsführung); Gaupropagandaleiter Kurt Kränzlein (Postfach 100), Landesbauernführer Petersmann (Ernährungswirtschaft), der Präsident des Gauarbeitsamtes Baller (Arbeitseinsatz), der Stellvertretende Leiter des Rüstungskommandos Dortmund Otto Make (Gewerbliche Wirtschaft), Oberst Meinhard, der Leiter des Rüstungskommandos Lüdenscheid (Rüstungswirtschaft), Oberst Schmitz, der Leiter des Rüstungskommandos Dortmund (Rüstungswirtschaft), der Gauamtsleiter für Technik Flach (Organisation des Rüstungskommandos), der Persönliche Referent des GL Gerhard Gebhard sowie der Industrielle Albert Vögler (Sonderaufgaben).
56 Zuständig für die Bearbeitung der TK-Maßnahmen in der Aussenstelle des RP auf der Gaubefehlsstelle Wetter-Harkortberg war anscheinend ein Regierungsassessor Lueg. Die Schreiben wurden wahlweise mit Arnsberg bzw. Wetter und Harkortberg als zeichnende Dienststelle versehen. Als Absendervermerk erschien die Abkürzung RVK-TK, wobei die Anordnungen sowohl vom Gauleiter als auch vom Regierungspräsidenten Eickhoff gezeichnet sowie in der Regel von einer Verwaltungskraft beglaubigt wurden. Es existieren RVK-Anordnungen im Zusammenhang mit den Maßnahmen zum totalen Kriegseinsatz, allerdings ohne den Geschäftsvermerk RVK-TK, die vom Gauleiter-Adjutanten Gebhard sowie vom Gaustabsamtsleiter Strube herausgegeben wurden und an die Kreisleiter gerichtet waren.
57 Goebbels hatte bei der Verkündung des totalen Kriegseinsatzes eine zentrale »Feldpostnummer 08000« auch überregional angeboten, s. Rebentisch, Führerstaat (Anm. 1), S. 518. Im Gau Essen existierte seit Mitte August 1944 eine »Feldpostnummer 08000 Gauhauptstadt Essen«; Rundschreiben des RVK Essen an die Kreisleiter v. 7.9.1944, HStA Düsseldorf, RW 23/87, Bl. 12. Das »Postfach 100« war eine Erfindung von Hoffmann.
58 Rundschreiben des Gaupropagandaleiters an die Kreispropagandaleiter u. die Leiter der Kreiskommissionen v. 5.1.1945 betr. Postfach 100, StadtA Herne, Bestand Wanne-Eickel, Akten Totaler Kriegseinsatz (unverzeichnet), unfol. Der Gaupropagandaleiter musste in den Vormonaten mehrfach darauf hinweisen, dass die Zusendungen vertraulich behandelt werden mussten; Rundschreiben an alle Kreisleitungen v. 29.9.1944, ebd.
59 Schreiben der Bezirksgruppe Steinkohlenbergbau Ruhr/Wirtschaftsgruppe Bergbau an die Kreis-

kommission Wanne-Eickel/Wattenscheid v. 26.1.1945 betr. Einberufungen zur Flak, ebd.
60 Schreiben der gemischten Kreiskommission an den Verbindungsoffizier in der Gaubefehlsstelle Harkortberg v. 21.2.1945 betr. »Fronthilfe 1945«, hier Programm zur Überprüfung der Flakeinheiten lt. Anordnung v. 18.2.1945; Rundschreiben des Gaustabsamtsleiters an alle Kreisleiter v. 14.2.1945 betr. Aktion »Fronthilfe 1945«; Durchsage des Gaustabsamtsleiters über Konferenzschaltung an alle Kreisleiter v. 18.2.1945 betr. Fliegeroffiziere für die Standorte, sowie Schreiben des Gaustabsamtsleiters an die Kreisleiter v. 13.3.1945 betr. Überprüfungen bei Luftwaffe und Heer, allesamt ebd.
61 Rundschreiben RVK-TK 880/45 an die Leiter der Kreiskommissionen v. 12.3.1945 betr. Ablösung von kv-Soldaten einer Heeresgruppe durch Männer volkssturmpflichtiger Jahrgänge, ebd.
62 Rundschreiben RVK-TK 59/44 v. 24.8.1944 an die Leiter der Kreiskommissionen betr. der Anordnung zur weiteren Freimachung von Kräften für die Wehrmacht und Rüstungsindustrie, ebd.
63 Schreiben RVK-TK 209/44 an die Leiter der Kreiskommissionen v. 26.9.1944 betr. »Polen-Aktion«, ebd.
64 Im Stadtkreis Hagen kann nachgewiesen werden, dass unter den im Herbst 1944 den Industriebetrieben und der Reichsbahn zugewiesenen Deportierten aus Polen bzw. aus dem Raum Warschau ein besonders hoher Anteil an Frauen, Jugendlichen und Kindern (rund 90 Prozent) war, StadtA Hagen, Zentraldatei Zwangsarbeiter.
65 Befehl an die Leiter der Kreiskommissionen v. 9.3.1945 betr. Bildung von Bereitschaftsgruppen für den ersten Sondereinsatz bei Verkehrsnotständen, StadtA Herne, Bestand Wanne-Eickel, Akten Totaler Kriegseinsatz (unverzeichnet), unfol.
66 Schreiben der Kreiskommission Wanne-Eickel/Wattenscheid an den Oberbürgermeister von Wanne-Eickel v. 11.3.1945 betr. Bereitschaftsgruppen, ebd.
67 Sonderrundschreiben der Gaubefehlsstelle Harkortberg an die Kreisleiter u. Kreiskommissionen v. 19.3.1945 betr. Einsatz bei Verkehrsschäden, ebd.
68 Anlage zum Reisebericht Speers v. 15.9.1944, BA Berlin, R 3/1539, Bl. 4-5.
69 »Ruhr-Denkschrift« Speers für Hitler v. 11.11.1944, APK (Anm. 10), Teil I, Fiches 108 00128-108 00142/II. Hierzu auch den Bericht Speers über seine Reise an Rhein und Ruhr v. 23.11.1944, ebd., Fiches 108 00206-108 00230, hier: Fiche 108 00206.
70 Ebd.
71 Rundverfügung Nr. 142/ 44 v. 21.11.1944 betr. Bekämpfung der Auswirkungen von feindlichen Luftangriffen, StA Münster, Kreis Meschede/Landratsamt 2612, unfol. Die Alliierten bezeichneten ihre seit Anfang Oktober 1944 laufende Luftoffensive gegen das Rhein-Ruhrgebiet tatsächlich als »Second Battle of the Ruhr«.
72 Zum »Ruhrabriegelungs-Programm« Ralf Blank, Die Stadt Dortmund im Bombenkrieg, in: Gerhard E. Sollbach (Hg.), Dortmund. Bombenkrieg und Nachkriegsalltag 1939-1948, Hagen 1996, S. 48 (dort Angaben zur Quellenüberlieferung). Ausführliche Untersuchungen zu den Auswirkungen von Bombenangriffen auf Verkehrsziele finden sich bei Alfred C. Mierzejewski, Bomben auf die Reichsbahn. Der Zusammenbruch der deutschen Kriegswirtschaft 1944-1945, Freiburg 1993.
73 Einrichtung eines Gaukurierdienstes aufgrund der schwierigen Verkehrs- und Transportlage im RV-Bezirk Westfalen-Süd durch die Reichspostverwaltung; Rundverfügung der Stadtverwaltung Herne v. 19.2.1945, StadtA Herne, Rundverfügungen der Stadtverwaltung, unfol.
74 Mitteilung des RVK v. 11.1.1945 betr. Schaffung einer Notgemeinschaft der Industrie im Gau Westfalen-Süd zur gegenseitigen Selbsthilfe bei Bomben- und Brandschäden, StA Münster, Kreis Meschede/Landratsamt Nr. 2612, unfol. Gegenüberlieferung RVK-Pr. Nr. 5114/44 v. 11.1.1945 im StA Herne, Bestand Wanne-Eickel, Akte TK-gesammelte Anordnungen, unfol.
75 Sonderanordnung v. 11.3.1945, gez. Hoffmann, StA Münster, Kreis Meschede/Landratsamt 2377, unfol.
76 Ebd.
77 Persönliches Schreiben des Leiters der Kreispolizeibehörde Meschede an den RP in Arnsberg v. 17.3.1945 betr. geheime Sonderanordnung des Gauleiters v. 11.3.1945, ebd.
78 Ebd.
79 Zu den »Kriegsendphaseverbrechen« Gerhard Paul, »Diese Erschießungen haben mich innerlich gar nicht mehr berührt«. Die Kriegsendphasenverbrechen der Gestapo 1944/45, in: Gerhard Paul/ Klaus-Michael Mallmann (Hg.), Die Gestapo im Zweiten Weltkrieg. ‚Heimatfront' und besetztes Europa, Darmstadt 2000, S. 543-568.
80 Protokoll der Vernehmung von Richard H. aus Schwerte am 25.11.1946 durch das 56/57 Intelligence Team in Dortmund, Protokolle der Vernehmungen von Hermann B. und Heinrich S. aus Dortmund am 25.11.1946 durch das 56/57 Intelligence Team in Dortmund, Protokoll der Vernehmung von Wilhelm K. aus Dortmund v. 24.10.1945 u. 5.10.1948, ebd. Bl. 8, 21 u. 170, Protokoll der Verneh-

mung von Hoffmann durch Staatsanwalt Dr. Mauren im C.I.C. 4 in Recklinghausen, 29.10.1947, BA Koblenz, Z 42/II-1784, Bl. 53-57, hier: Bl. 55 f.
81 Die Position Hoffmanns war im März und April 1945 die eines RVK im Operationsgebiet gemäß Hitlers Erlass v. 20.9.1944, in: »Führer-Erlasse« (Anm. 32), S. 456 f. Der RVK im Operationsgebiet wurde von Hitler bestellt und sollte mit den militärischen Befehlshabern eng zusammenarbeiten, s. Hüttenberger, Gauleiter (Anm. 5), S. 189. Nach Hoffmanns Aussagen im »Wanne-Eickel IV Trial« wäre er bei mit Datum des alliierten Rheinübergangs am 24.3.1945 RVK-West geworden und für die Gaubezirke Köln, Düsseldorf, Essen, Westfalen-Süd u. Westfalen-Nord verantwortlich gewesen, BA Koblenz, All. Proz. 8, JAG 342/II. In einem am 11.4.1945 von Model herausgegebenen Befehl wird ein »leitender RVK« erwähnt, der in Verbindung mit den Dienststellen des Rüstungsministeriums für die Zerstörung von Wirtschaftsobjekten zuständig war. Im Verteiler wird Hoffmann als einziger Gauleiter genannt, so dass er im Kontext mit dem genannten »leitenden RVK« identisch war; KD-Fernschreiben des Oberkommandos der Heeresgruppe B v. 11.4.1945 (Abschrift von einer Fotokopie) betr. Zerstörungsmaßnahmen, BA Koblenz, Z 42 IV/6871 [Spruchgerichtsverfahren gegen Vetter]. Allerdings ist unklar, wer eigentlich genau Hoffmann zum leitenden RVK-West ernannt hatte. Nach Rechtslage käme nur Hitler in Frage.
82 Albert Speer, Erinnerungen. Frankfurt 1969, S. 452, sowie Dietrich Eichholtz, Geschichte der deutschen Kriegswirtschaft, 3 Bde., Berlin 1969-1996, hier: Bd. 3, S. 665. Hupfauer, Leiter des DAF-Einsatzstabs Rhein-Ruhr und seit Dezember 1944 Amtschef im Ministerium Speer, gab anläßlich der Spruchgerichtsverhandlung gegen Hoffmann eine eidesstattliche Erklärung ab. Hupfauer sagte aus, dass er gemeinsam mit Speer am 24.3.1945 in Rummenohl bei Hagen sowie auf der Gaubefehlsstelle Harkortberg den Befehl »verbrannte Erde« besprochen hätten. Hoffmann wäre gegen eine Durchführung gewesen und hätte seinen Gaustabsamtsleiter Strube angewiesen, ein entsprechendes Telegramm nach Berlin ins Führerhauptquartier zu senden. Strube sei nach einiger Zeit mit einer abschlägigen Antwort zurückgekehrt. Darüber hinaus sei Hoffmann für eine kampflose Übergabe des Ruhrgebiets gewesen, BA Koblenz, Z 42II/1784.
83 Dienstliche Mitteilungen der Stadtverwaltung Hagen, Juni 1945, StadtA Hagen, Stadtkundliche Bibliothek, unfol.
84 Aussagen von Hoffmann sowie seines früheren Begleitoffiziers der Wehrmacht, Hauptmann Otto Knappe, BA Koblenz, Z 42II/1784 [Ermittlungsakte II].
85 Dieser Befehl sorgte nach der Erinnerung der früheren Kreisleiters Karl Nieper in den wenigen Tagen vor dem endgültigen Zusammenbruch für »viel Ärger«; Erinnerung des früheren Kreisleiters von Herne/Castrop-Rauxel, StadtA Herne. Durch Zeugenaussagen im Zusammenhang mit einem Spruchgerichtsverfahren gegen Vetter ist belegt, dass dieser am 15.4.1945 die Anordnungen Hoffmanns zur Auflösung der Partei und des Volkssturm heftig kritisiert haben soll, BA Koblenz, Z 42IV/6171, Akte 1.
86 StadtA Altena, Bestand D-10-1. Strube wurde Anfang Mai 1945 bei einem Handgemenge mit ehemaligen Zwangsarbeitern in Herbede bei Witten getötet.
87 Bericht der Polizeistation Coppenbrügge, Kreis Hameln-Pyrmont, v. 30.5.1949 an den Öffentlichen Ankläger beim Spruchgericht Bielefeld, BA Koblenz, Z 42II/1784 [Ermittlungsakte II].
88 Ralf Blank, »... der Volksempörung nicht zu entziehen«. Gauleiter Albert Hoffmann und sein »Fliegerbefehl«, in: Jahrbuch des Vereins für Orts- und Heimatkunde der Grafschaft Mark 98 (1998), S. 255-296.
89 »Vom Besuch in den Ämtern«; Bochumer Anzeiger v. 8.12.1944, StadtA Bochum. Anweisung des Reichsführers-SS, Himmler, als RMdI an die Beamten und Angestellten von staatlichen Behörden bezüglich eines geforderten entgegenkommenden Verhaltens gegenüber Fliegergeschädigten, abgedruckt im Bochumer Anzeiger v. 31.12.1943, StadtA Bochum.

Herbert Ruland

»Die Tatsache scheint zu erschrecken, daß so etwas in Aachen möglich ist«.

Unbekannte Fotografien vom Morgen nach der Pogromnacht

1988 veröffentlichte Arieh Eytan — 1938 noch Edgar Friesen — im Mitteilungsblatt des Kibbuz Gesher seine Erinnerungen an das Geschehen, das er am Morgen des 10. November 1938 in seiner Heimatstadt Aachen erlebte. Sein Weg zur Arbeit in einer ehemals jüdischen Tuchfabrik, die sich bereits »im Verlauf der Arisierung befand«, führte ihn durch die ganze Innenstadt Aachens:

»Ich verliess unsere Wohnung auf dem Weg zu meinem Arbeitsplatz, ca. 20 Minuten zu Fuss, und als ich an einem grossen Schuhgeschaeft vorbeikam sah ich eine groessere Menge von Menschen neben den zerstoerten Fenstern dieses Geschaeftes und einen Polizisten, welcher fuer Ordnung sorgte. Ich dachte, dass hier sicherlich ein Unfall war und selbst als sich dasselbe Bild mehrere Male kurz danach wiederholte, dachte ich noch nicht an irgend etwas besonderes. Als ich jedoch in die Stadtmitte kam, traf ich einen Freund auf einem Fahrrad, welcher mir zurief, dass die Synagoge brennt. Sofort wurde mir bewusst, dass dies mit den ‚Unfaellen' an den juedischen Geschaeften zusammenhaengt. Ich wendete mich um und lief schnell der Gegend zu, wo sich unser Gotteshaus befand und je naeher ich kam umsomehr roch ich den Rauch des Feuers. Aber was ich empfand, als ich vor diesem Gebaeude stand - ein praechtiger Tempel mit zwei Kuppeln - kann ich nicht beschreiben. Unsere Familie war zwar nicht allzu religioes, aber die Synagoge und daneben liegenden offiziellen juedischen Anstalten, darunter unser Jugendheim, waren stets das Zentrum des juedischen Lebens und bedeutete uns Allen weitaus mehr als lediglich ein Haus. Einige Minuten weilte ich dort; die Feuerwehr bemuehte sich, dass der Brand nicht auf die Nachbarschaft ueberging, tat jedoch nichts um das Feuer zu loeschen - und als die eine der Kuppeln in Truemmer zusammenfiel, war's mir als ob man mir ein Messer durch's Herz gestossen hätte. Es war mir schwer, den Ort zu verlassen, aber ich musste doch zur Arbeit«.[1]

Die im folgenden vorzustellenden Fotografien aus Aachen illustrieren exakt die von Eytan geschilderten Vorkommnisse und zeigen sogar noch weit mehr.

Zur Geschichte des Fotofundes

Die Aufnahmen stammen aus einem umfangreichen Fotobestand, den der Autor — an der Volkshochschule der Ostkantone in Eupen/Belgien für die wissenschaftliche Aufarbeitung regionaler Sozial- und Zeitgeschichte und für die Akquirierung diesbezüglicher Archivbestände verantwortlich — im November 1996 erhielt. Die Aufnahmen befanden sich in einem Postpaket, auf dem mit braunem Wachsstift der Hinweis »alle Negative« vermerkt war. In Wirklichkeit bestand der Inhalt neben Tausenden Negativen verschiedenster Größe auch aus fast ebenso vielen Abzügen, außerdem aus Postkarten, Eintrittsbillets, Rechnungen, ja sogar Pariser Metro-Tickets. Die Entstehung des Fotomaterials läßt sich auf Grund der Beschriftungen und des Fotoinhalts ungefähr auf die Zeit zwischen 1936 und Ende 1939 datieren. Ein Glasnegativ zeigt die Einberufung des Fotografen zur Wehrmacht am 20. Januar 1940, und damit enden die Aufnahmen. Aufgrund der langjährigen Nachkriegsodyssee des Pakets ist dessen Inhalt sehr unterschiedlich erhalten. Die Fotos sind teilweise in vorzüglichem Zustand, teilweise durch Wasserschäden völlig unbrauchbar.

Qualität und Schärfe der Aufnahmen zeigen, daß hier kein Amateur am Werk war, sondern jemand, der sein Handwerk verstand. Dies wird aus teilweise raffinierten Belichtungen und dem erkennbaren Hang des Fotografen zum Experimentieren ersichtlich. Neben Privataufnahmen finden sich zahlreiche Serien, die offensichtlich im Auftrag für Dritte entstanden sind, zumindest aber zum späteren Verkauf bestimmt waren. Neben dem uns hier speziell interessieren Fund zum Novemberpogrom in Aachen sind weitere Einzelaufnahmen und Serien mit hohem zeitgeschichtlichen Wert vorhanden. Einige Fotos dokumentieren die »Venn-Bahn«, deren Bahnkörper dort, wo die Strecke in der Eifel durch das Deutsche Reich verlief, laut Versailler Vertrag eine belgische Enklave darstellte. Nach dem »Anschluß Österreichs« und nach der Pogromnacht dienten die belgischen Bahnhöfe auf Reichsgebiet als Anlaufstellen für jüdische Flüchtlinge.[2] Eine äußerst beeindruckende Serie »vieux marché« entstand wohl im Frühjahr 1939 in Brüssel und zeigt unter anderem orthodoxe Juden auf einem großen Flohmarkt.

Im Laufe der Kriegsjahre scheint der Foto-Bestand in ein Dorf in den nunmehr vom Deutschen Reich annektierten Kreis Malmedy gelangt zu sein. Mögliche Ursache könnten die ständig zunehmenden Bombenangriffe auf die Stadt Aachen gewesen sein. Doch auch in den besagten Eifel-Dörfern blieb dann im Winter 1944/45 während der sogenannten Rundstedt-Offensive kaum ein Stein auf dem anderen. Höchstwahrscheinlich gingen deshalb nach Kriegsende der Fotograf und seine Angehörigen von einem Totalverlust ihres Eigentums aus. Doch das Paket tauchte etliche Jahre später bei einer Entrümpelung wieder auf und landete nach oberflächlicher Sichtung in einem Keller. Der Autor erhielt das Paket schließlich über einen Teilnehmer der VHS-Seniorenakademie in der belgischen Eifel.

Zu den Fotografien vom 10. November 1938 in Aachen

Die hier sechs vorzustellenden Fotografien befanden sich in einem der damals üblichen Schutzumschläge für Negative und Abzüge der Firma Agfa. Mit Rotstift ist auf dem Umschlag das Wort »Juden« vermerkt. Es fanden sich acht Abzüge, sieben davon in der Größe 6x8 und einer im Format 7x7. Zwei der Abzüge, die in einem Aachener Fotogeschäft entwickelt wurden, zeigen den Brand der Synagoge, sechs belegen die Vorgänge rund um das Schuhhaus Speier in Aachen. Zusätzlich sind zwei Negative 6x6 von unterschiedlicher Qualität erhalten geblieben, die Ereignisse vor der Synagoge dokumentieren. Unklar bleibt bisher, ob diese Fotos aus Interesse des Fotografen an den Pogrom-Vorgängen oder doch vielleicht im Auftrag Dritter entstanden sind. Unbekannt ist auch, ob der Fotograf ursprünglich noch mehr Aufnahmen von diesen Ereignissen anfertigte.

Erstmals wurden vier der überlieferten Fotos in der Tageszeitung »Aachener Nachrichten« am 26. Februar 1997 veröffentlicht.[3] Dies führte zu vielfältigen Leserreaktionen.[4] Tatsächlich sind Aufnahmen zur Reichspogromnacht mit dieser Aussagekraft durchaus selten, insbesondere, was Fotos über die Zerstörung und Plünderung jüdischer Geschäfte anbelangt. Bislang kennen wir meist nur Bilder, die den Zustand jüdischer Geschäfte einige Tage nach der Pogromnacht wiedergeben. Auf ihnen sind in der Regel die Aufräumarbeiten und das Absichern von Schaufenstern durch Bretterverschläge zu sehen, nicht aber die Vorgänge selbst. Öffentlich waren Vergrößerungen der Aufnahmen 1997 einen Monat lang im Funkhaus des Belgischen Rundfunks (BRF) in Eupen zu sehen, im Rahmen einer regionalen Ergänzung zur Ausstellung »'Schweigendes Grauen' - ehemalige NS-Vernichtungslager in Polen«. Diese Ausstellung, in der auch Dokumente und Fotografien zu »Flucht, Verfolgung und Widerstand im Grenzland« gezeigt wurden, war erneut Anlaß für Zeitzeugen, über ihre Erlebnisse während des Pogroms in Aachen zu berichten.

Zur Pogromnacht in Aachen

1933 lebten in der Stadt Aachen 1.345 jüdische Bürger. Bei einer Gesamtzahl von 162.774 Einwohnern machte das 0,83 Prozent der Bevölkerung aus.[5] Ein nicht zu unterschätzender Anteil der jüdischen Aachener gehörte der Oberschicht an. Neben Fabrikanten und Geschäftsleuten gab es viele jüdische Akademiker, Juristen, Ärzte, Apotheker, Lehrer und Professoren.[6] Infolge der antijüdischen Politik seit 1933 emigrierten viele jüdische Aachener. 1939, nach dem Pogrom, lebten nur noch 782 in der Stadt.[7]

Wegen des Attentats auf einen deutschen Botschaftsangestellten in Paris hatte Hitler am Abend des 9. November in München im Beisein von Goebbels entschieden, daß die Juden in Deutschland jetzt »den Volkszorn zu verspüren bekommen« sollten.[8] Darüber informierte man noch in derselben Nacht landesweit die Partei und ihre Gliederungen. Der auf diese Weise von der NS-Führung inszenierte Pogrom gegenüber der jüdischen Bevölkerung dauerte eine Nacht und einen Tag: Menschen wurden ermordet, Geschäfte geplündert, Synagogen gebrandschatzt und Wohnungen zerstört. Allerorten verhaftete die Polizei jüdische Männer, insgesamt um die 30.000, und brachte sie in Konzentrationslager.[9]

Wie in vielen anderen deutschen Städten, übernahm auch in Aachen die lokale

Parteiprominenz die Durchführung des Pogroms.[10] Am frühen Morgen des 10. November, gegen vier Uhr, steckten zunächst Aachener Feuerwehrleute sowie Angehörige der Parteiformationen — alle auf ausdrücklichen Befehl in Zivil — die Synagoge in Brand. Noch während diese Aktion andauerte, zogen »unter Führung der Beamten der Geheimen Staatspolizei (Gestapo), welche die Listen der jüdischen Betriebe, Geschäfts- und Wohnhäuser erstellt hatten, Trupps von SS und SA durch die Straßen der Stadt, verwüsteten und plünderten jüdische Betriebe und Geschäfte, demolierten ihre Wohnungen und nahmen wohlhabende Juden in Schutzhaft«.[11] In Aachen wurden insgesamt 70 Juden festgenommen.

Ein Blick in die lokale und regionale NS-Presse trägt begreiflicherweise nichts Näheres zur Erhellung der für Aachen geschilderten Pogrom-Vorgänge bei. Hingegen erweist sich die Durchsicht der damals im grenznahen Ausland erschienenen Zeitschriften als sehr lohnend. In den deutschsprachigen Tageszeitungen Eupen-Malmedys waren die Ereignisse im benachbarten Aachen Thema. Allerdings stand ein großer Teil dieser Presseorgane der Heimattreuen Front (HF) nahe; unter diesem Tarnnamen firmierte die dortige »Heim ins Reich«- und Nazi-Bewegung, die vollständig von der Gauleitung der NSDAP in Köln kontrolliert wurde.[12] Ihre Berichterstattung unterschied sich daher in keiner Weise von derjenigen der Goebbelschen Propagandaorgane. Sowohl in der »Eupener Zeitung« wie in den »Eupener Nachrichten« ist am 10. und 11. November deshalb lediglich nachzulesen, daß nach Bekanntgabe des Todes des Diplomaten Ernst von Rath sich der Unmut der Bevölkerung im ganzen Reich »vielfach in starken antijüdischen Aktionen Luft« gemacht habe.[13] Auch in Aachen sei es zu »großen judenfeindlichen Kundgebungen« gekommen, wobei »alle jüdischen Geschäfte vom Volk gestürmt, [...] Schaufenster und die Inneneinrichtungen [...] zerstört« worden seien. Ähnlich wurde dort über »spontane Aktionen« in Düren, Köln und Frankfurt berichtet. Unter der Rubrik »Aus aller Welt«, und dies auch erst auf Seite drei, berichtete die »Eupener Zeitung« am 10. November über ein »Großfeuer in Aachen«, bei dem die dortige Synagoge niederbrannte. Jeglicher Hinweis auf die Urheberschaft fehlt.

Man schrieb lakonisch: »Das Ergebnis der polizeilichen Untersuchungen über die Brandursache bleibt abzuwarten«.[14]

Zum Brand der Synagoge

Ganz anders reagierte die »Libre Belgique«, eine angesehene katholische Tageszeitung, die — aufgeschreckt durch die Propagandatiraden der Eupener pronazistischen Blätter — noch im Verlauf des 10. November einen Sonderberichterstatter nach Aachen entsandte, der folgendes meldete:

> »Wir gehen [...] durch die Stadt und sehen vom Kaiserplatz aus schon den Rauch und die Flammen, die aus dem noch stehenden einzigen Türmchen der Synagoge am Promenade(n)platz aufsteigen. Zwei Kompagnien Feuerwehr stehen abwartend auf dem Platze; ihre Aufgabe erschöpft sich darin, zuzusehen und den Ordnungsdienst aufrecht zu erhalten. Die ‚Judenkirche' muß brennen und brennt auch schon 7 Stunden lang [...]. Jenseits der Sperrkette sahen viele Menschen mit undurchdringlichen Mienen dem Brande zu. Nur eine Bemerkung wurde laut von einer Nazifrau, deren haßerfülltes Gesicht eine Ausnahme machte: ‚Wenn der zweite Turm einstürzt, müssen wir Hurrah rufen'. Sie fand

damit aber kein Echo in der Menge [...]. Ein alter biederer Geschäftsmann, ein Freund aus früheren Tagen raunte uns unter der Hand zu: 'Jetzt sind die Juden daran, hinterher geht es an uns Katholiken'«.[15]

Auch das »Limburgs Dagblad« aus Maastricht hatte noch am 10. November einen Redakteur nach Aachen in Marsch gesetzt, der über die Menschen vor der Ruine ähnlich berichtete:

»Von dem jüdischen Bethaus stehen im übrigen nur noch die Aussenmauern. Innen ist es völlig ausgebrannt [...]. Der Platz steht voll mit Menschen, die starr auf die Ruine schauen. Niemand sagt etwas«.[16]

Die Fotos 1 bis 3 illustrieren genau diese Beschreibungen der Synagoge gegen Mittag des 10. November. Deutlich zu erkennen sind die Rauchschwaden, die aus den Türmen emporsteigen, und die geschwärzte Fassade über dem Portal. Menschenmassen säumen den Platz, auch Kinder sind auf den Fotografien zu erkennen. Fast alle starren in Richtung Synagoge, nur wenige Leute unterhalten sich, wie deutlich auf einer Aufnahme zu erkennen ist. Auch dies ein Beleg für die allgemein geschilderte gedrückte Stimmung. Vor den Menschen steht in weiter Reihe Schutzpolizei postiert. Auf der Straße sieht man Löschfahrzeuge, die den »arischen Besitz« in der Nachbarschaft schützen.

Das katholische Eupener »Grenz-Echo« kritisierte in seiner Ausgabe vom 12. November besonders die unrühmliche Rolle der Aachener Feuerwehr. Die Synagoge habe nach übereinstimmenden Erzählungen noch am Nachmittag des 10. November gebrannt und die Hilfeleistung der Feuerwehr habe dem Worte Schillers entsprochen: »Müßig sieht er seine Werke und bewundernd untergehen«.[17] Ein Mitglied der Aachener Berufsfeuerwehr wurde übrigens beim Autor wegen eines dieser Fotos vorstellig. Allerdings interessierte er sich nur für das neben der Synagoge befindliche Feuerwehrauto, da sich ein entsprechendes Bild bis dato nicht in deren Sammlung befand.

Zu den Vorgängen am Schuhhaus Speier in der Großkölnstraße

Wie überall in Deutschland, wurden in der Pogromnacht auch in Aachen viele Geschäfte zerstört. Der Berichterstatter der »Libre Belgique« schilderte seinen Eindruck am Tag nach diesen Taten:

»Aachen Marktplatz! [...] Wir gehen am früheren Kaufhaus Tietz vorbei, das man in Ruhe gelassen hat, weil es seit einigen Jahren ‚arisiert' ist.[18] Bald finden wir die Spuren der Vorgänge, die erst ein paar Stunden zurückliegen. Ein Haufen von Männern und Frauen steht bekümmert vor der demolierten Auslage eines der schönsten Geschäfte der Stadt, der Firma Speyer. Nirgends wird eine Bemerkung laut, es wäre viel zu gewagt, offen die Meinung zu äußern. Man hört nur die Hammerschläge der Arbeiter, welche die gähnenden Öffnungen der zerschlagenen Spiegelscheiben mit Brettern verkleiden. Es gibt in diesen Tagen viele solche Bretterverschläge in Aachen«.[19]

Als der Redakteur des »Limburg's Dagblad« in die Großkölnstraße kam, war das Zerstörungswerk hingegen noch zu besichtigen, die Schaufenster bei Speier und auch am Konfektionshaus Stern hatte man noch nicht mit Brettern gesichert, zwei Schutzpolizisten standen auf der Wacht und viel Volk war auf der Straße:

> »Ich war verblüfft über die Art, wie die Menschen die Vorgänge betrachten. Ob sie eher bestürzt sind, ob sie eher Angst haben [...]. Die Gesichter sehen angespannt und bedrückt aus. Es gibt Niemand der lacht oder überhaupt eine Bemerkung macht. Man schaut stumm vor sich hin, die Tatsache scheint zu erschrecken, daß so etwas in Aachen möglich ist«.[20]

Die hier gezeigten Fotos von den Vorgängen am Schuhhaus Speier müssen also am frühen Vormittag entstanden sein, denn von Aufräumarbeiten oder vom Anbringen der Holzverkleidungen ist noch nichts zu sehen. Stattdessen sind die Folgen der Zerstörung deutlich wahrzunehmen. Daß die Plünderungsmaßnahmen noch andauern, darauf deuten die Kinder und Jugendlichen vor und in den demolierten Schaufenstern hin (Bild 4). Der Junge, der in die Kamera blickt und mit dem rechten Bein auf der Fensterneinfassung steht, hält wohl einen Schuhkarton in der Hand. Ein Teil der Aachener Lehranstalten scheint an diesem Tag ihren Schülern unterrichtsfrei gegeben zu haben. Das erklärt die vielen Kinder und Jugendlichen auf den Bildern.[21] Der Redakteur des »Limburgs Dagblad« gibt an, daß ihm als deutsche Patrioten über jeden Zweifel erhabene Aachener Bürger glaubhaft versichert hätten, daß Elementarschullehrer ihre Schüler sogar zum Plündern auf gefordert hätten.²² In dem zweiten Mädchen von links erkannte sich übrigens eine Frau wieder, die damals mit ihren Eltern in diesem Haus wohnte. Als sie an diesem Tag ihrer Mutter mitteilte, sie wolle sich ebenfalls ein paar Schuhe von der Straße holen, gab diese ihr energisch zu verstehen, daß sie dann aber die gemeinsame Wohnung nicht mehr betreten dürfe. Die Verwüstungen und Plünderungen in Aachen fanden sogar in den Deutschland-Berichten der Sozialdemokratischen Partei Erwähnung:

»Beim Schuhhaus Speyer wurden 7 Schaufenster eingeschlagen, innen wurde alles zerstört und die Waren wurden auf die Straße gestreut. Dasselbe geschah beim Konfektionshaus Stern und Marx, sowie beim Konfektionshaus Winterfeld in der Corneliusstraße. Ferner wurden geplündert: Gummiwarengeschäft Saul, Bettwarengeschäft Seelmann, Engrosgeschäft Bär, Restaurant Schild und viele andere Unternehmen. Nirgends war das Volk beteiligt. Es war lediglich die Nazi-Räuberbande, die alles zerschlug und ausraubte«.²³

Entgegen der Feststellung dieses Berichtes hatten sich aber nicht nur die Pogrom-Täter bei ihrem Zerstörungswerk in der Nacht bedient, sondern am folgen

219

den Vormittag hatten auch noch Kinder und Heranwachsende die in den Auslagen herumliegenden Warenbestände geplündert.

Bild 5 zeigt zahlreiche Menschen, die an dem zerstörten Geschäft entlang promenieren, wobei sie auch Neugier hier hin geführt haben könnte. Es macht den Eindruck, als wenn die meisten Erwachsenen, wie ja auch oben zitiert — ob nun aus Scham oder Angst — nur flüchtige Blicke auf das demolierte Geschäft werfen und ansonsten auf die andere Straßenseite sehen. Die Kinder dagegen vermitteln den Eindruck, als wenn der Ort für sie eine Art Abenteuerspielplatz darstellte! Nur den Jungen vor dem demolierten und leergeräumten Schaufenster, zu sehen auf Bild 6, scheinen die ganzen Vorgänge zum Nachdenken angeregt zu haben.

Was sich in Aachen während und direkt nach der Pogromnacht abspielte, geschah so oder ähnlich auch in vielen anderen deutschen Orten. Aachen aber war westlichste Großstadt des Deutschen Reiches und Einkaufsziel für viele Bürger aus den Nachbarstaaten. Die ungeheuerlichen Meldungen über die Vorgänge in Deutschland mobilisierten deshalb auch verständlicherweise die Verantwortlichen der in den angrenzenden belgischen und niederländischen Städten erscheinenden

Presseorgane. Hinzu kam noch, daß viele Belgier und Franzosen am 11. November — einem arbeitsfreien Gedenktag an den Waffenstillstand von 1918 — damals wie heute einen Besuch in Aachen planten. Nach den Zeitungsberichten wollten viele wissen, was dort vorgefallen war. Diejenigen, die die Stadt dann besuchten, bekamen einen Eindruck von dem, was sie nach einem deutschen Überfall zu erwarten hatten. Das Eupener »Grenz-Echo« beschrieb am 13. November 1938 die Wirkung des Novemberpogroms auf das benachbarte Ausland auf ironische Weise:

»Eine Belebung der arischen Wirtschaft durch die Vernichtung des jüdischen Eigentums ließ sich zweifellos feststellen, denn die Stadt wimmelte von Ausländern aus Holland, Belgien und Frankreich, die alle einen persönlichen Eindruck über die Vorfälle gewinnen wollten und sich auch ihre Meinung gebildet haben«.[24]

Die hier erstmals überregional präsentierten Fotos, ergänzt durch die Berichte der Auslandspresse und Zeitzeugenerinnerungen, erlauben somit einen Einblick auf Teile des Geschehens am Vormittag nach der Pogromnacht, wie es wohl für andere deutsche Städte bisher nicht möglich ist.

1 Arieh Eytan, Erinnerungen, masch. schriftl. (Rechtschreibung entspricht dem Original), vgl. auch Aachener Nachrichten v. 26.2.1997, S. 3.
2 Dort kam es häufig zu Grenzverletzungen deutscher Beamter, worüber die belgische Presse damals berichtete, vgl. hierzu Herbert Ruland, Faschistische Bewegungen, Widerstand und Flüchtlingsschicksale in Neubelgien in der Zwischenkriegszeit, in: Ders. (Hg.), Kolloquiumsbericht. Ostbelgien und der 10. Mai 1940. Zeitgeschichte, Verdrängung und Aktualität, Eupen o. J. (1990), hier: S. 38 f.
3 Aachener Nachrichten v. 26.2.1997, S. 1 u. 5.
4 Aachener Nachrichten v. 28.2.1997, S. 2.
5 Verwaltungsbericht der Stadt Aachen 1933, hier zit. nach: Annelie Kreutz, Die Verfolgung der Juden im Dritten Reich in Aachen, Examensarbeit zur 1. Staatsprüfung für das Lehramt an der Grund- und Hauptschule, Pädagogische Hochschule Rheinland, Abt. Aachen (hektogr.), Aachen 1976, S. 23.
6 Ebd., S. 13.
7 Ebd., S. 23.
8 Zu den Anweisungen Hitlers vgl. Joseph Goebbels, Tagebücher 1924-1945, hrsg. v. Ralf Georg Reuth München (u.a.) 1992, Bd. 3, S. 1281, gekürzter Eintrag vom 10.11.1938.
9 Zum Pogrom: Walter H. Pehle (Hg.), Der Judenpogrom 1938, Frankfurt am Main 1988; Kurt Pätzold/Irene Runge, Pogromnacht 1938, Berlin 1988; Dieter Obst, »Reichskristallnacht« Frankfurt am Main (u.a.) 1991.
10 Heinz Gödde, Die Nacht, als die Aachener Synagoge in Brand gesteckt wurde. Bausteine einer Chronik des Novemberpogroms 1938, in: Annemarie Haase (Hg.), Fragen - Erinnern - Spuren sichern: zum Novemberpogrom 1938 in Aachen, Aachen 1992, S. 36. Zum Verlauf der Pogromnacht in Aachen weitere Beiträge ebd.; Kreutz, Verfolgung (Anm. 5), S. 58-64; Herbert Lepper, Von der Emanzipation zum Holocaust. Die Israelitische Synagogengemeinde zu Aachen 1801-1942, Teile I u. II, Aachen 1994, S.127-131, 1239-1242 u. 1246-1258.
11 Ebd., S. 128.
12 Zur HF und zu den faschistischen Bewegungen in Belgien in der Zwischenkriegszeit Ruland, Bewegungen (Anm. 2), hier: S. 22-37; vgl auch ders., Belgien: Zeitgeschichte und Erinnerung an zwei Weltkriege in einem komplizierten Land, in: Bildungswerk der Humanistischen Union (Hg.), Gemeinsames Erinnern an den Nationalsozialismus? Gedenkorte und Geschichtsprojekte in den Niederlanden, Belgien und Nordrhein-Westfalen, Recklinghausen 2000, hier: S. 27-29.
13 Eupener Nachrichten v. 11.11.1938, S. 1; vgl. auch ebd. v. 10 11.1938, S. 1; wortgleich in: Politisches Tageblatt (Aachen) v. 10. 11. 1938, hier nach Lepper, Emanzipation (Anm. 10), S. 1242.
14 Eupener Zeitung v. 10.11.1938, S. 3.

15 La Libre Belgique, hier zit. nach Grenz-Echo (Eupen) v. 12.11.1938, S. 3.
16 (Übersetzung d. A.) Ook in Aken woedde de furie - Synagoge volkomen uitgebrand. Ouggetuigen vertellen. (Van onzen eigen redacteur), in: Limburgs Dagblatt (Maastricht) v. 11.11.1938.
17 Grenz-Echo (Eupen) v. 12.11.1938, S. 3.
18 Bereits am 13. Mai 1933 teilte das »Westdeutsche Grenzblatt« mit, daß »die Besitzverhältnisse und die Führung der Leonhard Tietz AG [...] in letzter Zeit eine grundlegende Änderung erfahren [haben]. Ausserdem wurden Massnahmen eingeleitet, welche die Angleichung der Betriebsführung an die Grundsätze nationaler Wirtschaftsführung erstreben«. Aus Tietz wurde die Westdeutsche Kaufhof AG; vgl. Gesellschaft für Christlich-Jüdische Zusammenarbeit Aachen e.V. (Hg.), Spuren jüdischen Lebens in Aachen von 1850 bis 1938, eine Anschauungsmappe, Aachen 1992, S. 25 f.
19 La Libre Belgique, zit. nach Grenz-Echo (Eupen) v. 12.11.1938, S. 3.
20 (Übersetzung d. A.) Limburgs Dagblatt (Maastricht) v. 11.11.1938.
21 Vgl. Anke Collet/Renate Petry, Die Folgen - Reaktionen aus der Aachener Bevölkerung und Einzelschicksale von Juden nach der Pogromnacht, in: Haase, Fragen (Anm. 10), S. 39.
22 (Übersetzung d. A.) Limburgs Dagblatt (Maastricht) v. 11.11.1938; vgl. Gödde, Nacht (Anm. 10), S. 28 f.
23 Deutschland Berichte der Sozialdemokratischen Partei Deutschlands (Sopade) 1934-1940, Bd. 5 (1938), Salzhausen 1980, S. 1336.
24 Grenz-Echo (Eupen) v. 12.11.1938, S. 3. Beim belgischen Generalkonsulat in Aachen ging als Duplikat sogar eine anonyme Anzeige an die Staatsanwaltschaft ein, in der detailliert die Vorgänge in der Pogromnacht geschildert und Aufklärung gefordert wurde. Das Schreiben wurde an den belgischen Außenminister Paul Henry Spaak weitergeleitet; vgl. Collet/Petry, Folgen (Anm. 21), S. 41-49.

Rezensionen

Mark Roseman, A Past in Hiding. Memory and Survival in Nazi Germany, Metropolitan Books, New York 2001, 493 S., 27.50 US-$.

Diese aufwühlende Biographie sollte zur Pflichtlektüre an den Universitäten werden. In gewisser Weise kann sie den Tagebüchern von Anne Frank und Viktor Klemperer an die Seite gestellt werden. Doch im Unterschied zu ihnen stellt sie die Leistung eines Historikers dar, der eine Geschichte rekonstruierte, »which had never been fully told, never been fully known even by those involved« (S. 203).
Marianne Strauss wird 1923 in einer wohlhabenden jüdischen Essener Kaufmannsfamilie geboren. Die Eltern sind deutsche Patrioten, die Atmosphäre zuhause ist kühl. In den dreißiger Jahren wächst sie schon weitgehend ohne Kontakte zu Nichtjuden heran. Zwischen 1939 und 1941 macht sie eine Ausbildung als Kindergärtnerin in Berlin. Von Ende 1938 bis Ende 1942 bemüht sich die Familie um die Ausreise in wechselnde Zielländer von Neuseeland bis Schweden, was die Behörden schließlich erfolgreich verschleppen. Im Herbst 1941 werden die Strauss' von der Deportation ausgespart, wobei sie Verbindungen zu korrupten lokalen Eliten und eine Reklamation durch die Abwehr ausnutzen, die sie nach der Emigration als Agenten verwenden will. Doch Mariannes Verlobter wird im April 1942 nach Izbica nahe Lublin verschleppt; sie aber halten über Monate den Kontakt. Sie schickt ihm unzählige Pakete, bis er erblindet und ermordet wird. Als die Familie schließlich Anfang September 1943 nach Theresienstadt deportiert werden soll, entflieht Marianne der Gestapo und überlebt mehr als anderthalb Jahre Illegalität mit Hilfe der linken Widerstandsgruppe »Bund«. Sie versteckt sich nicht etwa – das Geheimnis ihres Überlebens liegt darin, daß sie offen auftritt und Rollen verkörpert, andere Identitäten annimmt. Fast alle Verwandten werden in Auschwitz ermordet. In Düsseldorf befreit, engagiert sie sich als Journalistin, tritt der KPD bei, um 1947 einen orthodoxen jüdischen Arzt aus Liverpool zu heiraten und sich bis zu ihrem Tod 1996 auf ihre Rolle in der Familie zu beschränken.
Diese dürren Worte können den ganzen Reichtum dieses Lebenswegs, und seiner Beschreibung, nicht vermitteln. Er beruht zunächst einmal auf einer ungewöhnlichen Fülle von Quellen. Mark Roseman hat nicht nur mit einer beeindruckenden Zahl Verwandter und Bekannter zwischen Buenos Aires und Haifa gesprochen oder kommuniziert. Er machte vor allem eine Flut an schriftlichen Dokumenten ausfindig, darunter, um nur die verblüffendsten zu nennen, die ergreifenden Liebesbriefe zwischen Marianne und ihrem Verlobten in Izbica sowie seinen umfassenden Bericht über das Lager (S. 146-181 und 186-197), Mariannes Tagebuch aus der Zeit der Illegalität 1944 und offizielle Schreiben einschließlich von Eichmann persönlich verfaßter Forderungen zur Deportation der Familie und Gestapo-Berichten über die Umstände der Flucht von Marianne Strauss. Dies ist auch ein Buch über Wissen und Kommunikation. Allem Anschein nach schickten Marianne und andere Verwandte bis in den Sommer 1944 Päckchen und Post über Schweden und Portugal nach Theresienstadt – Marianne aus ihren Verstecken heraus. Die Tochter erfuhr im Juni 1944 aus einem BBC–Bericht über die bevorstehende Ermordung der Gruppe, zu der, wie sie wußte, ihre Eltern gehörten – Tage bevor dieser Mord wirklich stattfand, wie Roseman nachweist.
Doch viele dieser Dokumente enthielt Marianne Strauss ihrem Biographen zeitlebens vor. Erst nach ihrem Tod entdeckte er sie zusammen mit ihrem Sohn, der von all dem praktisch nichts wußte, in allen Winkeln ihres Hauses in Kisten aufbewahrt, Symbol

für eine verhaßte Erinnerung, die sie nicht losließ, ständig bedrohte und daher von ihr verschwiegen werden mußte. Als entscheidend erweisen sich die Traumata durch die Trennung von ihren Verwandten und ihre damit verbundenen Schuldgefühle (S. 164, 260, 301 und 409-412). Daher ist dies im doppelten Sinn eine »Geschichte im Versteck«. Roseman hat drei Dinge in einem unternommen: er beschreibt den dramatischen Lebensweg von Marianne Strauss, die Genese ihrer Erinnerung und die »detective story« der Rekonstruktion (S. 10). All das hätte schiefgehen können. Gelungen ist Roseman dieser Drahtseilakt nach jahrelanger Recherche, weil er überaus sorgfältig und genau, klug reflektierend und quellenkritisch vorbildlich vorgeht. Rosemans psychologische Deutungen sind begründet, seine Darstellung ist einfühlsam, hat nichts Überspanntes, ist weder weinerlich noch unangemessen nüchtern, überlegt komponiert und vermeidet fast durchgehend Überinterpretationen und überflüssige Längen.

Mark Rosemans Buch stellt einen besonderen Lebensweg dar, fügt unserem Wissen aber nicht etwa bloß eine weitere Story hinzu, sondern genau eine Tiefenstudie jener Art, wie sie derzeitig benötigt werden, um nach so vielen Erkenntnissen über Strukturen, politische Beweggründe und den Vorgang des Mordens wieder lebendige Persönlichkeiten nicht nur zu präsentieren, sondern wirklich in die Geschichte einzufügen. Er zeigt die ganze Komplexität und Widersprüchlichkeit der Judenverfolgung, in der eben nicht nur »willige Vollstrecker« agierten, sondern auch Passanten und nicht wenige Helfer, gebrochene wie selbstlose Persönlichkeiten – kurz »the complex nature of Germany's relations with its Jews« (S. 12). Er thematisiert die aus seiner (britischen) Sicht problematische Identität der assimilierten deutschen Juden und ihre von jeher schwierige Beziehung zu dem, was damals ihr Vaterland war, und seinen Werten. Bleibt zu hoffen, daß der Aufbau-Verlag bei der angekündigten deutschen Übersetzung den Eigenheiten und besonderen Stärken dieses Buches Rechnung tragen und nicht versuchen wird, gerade die Reflektiertheit in einem Buch als überflüssig »einzusparen«, das die faszinierende Rekonstruktion eines schwer gezeichneten Lebens ist.

Christian Gerlach, Berlin

Elisabeth Kraus, Die Familie Mosse. Deutsch-jüdisches Bürgertum im 19. und 20. Jahrhundert, C.H. Beck, München 1999, 793 S., 98 DM.

Ein gewaltiges Buch – 600 engbedruckte Textseiten, 200 Seiten »Apparat« (Anmerkungen und Bibliographie) – ein Wälzer. Eine Münchener Habilitationsschrift, die für den Druck, wie das Nachwort verrät, nur »geringfügig« überarbeitet wurde.

Ein interessantes Thema. Die Geschichte einer Familie. Nicht irgendeiner Familie. Die Familie Mosse ist weithin bekannt in Deutschland, das Berliner Mosse-Zentrum ist vielen vertraut, Historiker kennen den kürzlich verstorbenen amerikanischen Kollegen George L. Mosse, der 1919 als Georg Lachmann-Mosse in Berlin geboren wurde und dessen Autobiographie (Confronting History) ein Jahr nach dem Erscheinen der Familiengeschichte veröffentlicht wurde.

Der Grundton der beiden Bücher ist sehr verschieden. George Mosses Lebenserinnerungen beginnen gegen Ende des Kaiserreichs, mit Reminiszenzen an seinen Großvater Rudolf Mosse, der als Pressezar eine mächtige Figur war. Die großbürgerliche Familienidylle zeigt schon bald Risse: Die Ehe der Eltern zerbricht, der Verlag gerät in große finanzielle Probleme. Der Nationalsozialismus treibt die jüdische Familie ins Exil, in die Schweiz, nach Frankreich, nach England, schließlich in die USA. Dort faßt George rasch Fuß und wird ein weltberühmter Professor, der mit seinen weitgespannten und häufig unkonventionellen Interessen ein großes Publikum und viele Schüler anzieht. Ende gut ...

Demgegenüber erzählt Elisabeth Kraus vom Aufstieg und Fall des Hauses Mosse: Sie beschreibt den Weg der Familie von Grätz nach Berlin, von der Peripherie ins Zentrum. Das im Kaiserreich erreichte Niveau politischen Einflusses, ökonomischer Macht und sozialer Ehre ließ sich in der Weimarer Republik nicht halten. Die NS-Zeit sprengte die Familie vollends auseinander; manche Mitglieder gingen ins Exil, andere wurden ins Konzentrationslager verschleppt, einige wenige überlebten die Tortur. Zwar läßt auch Elisabeth Kraus nicht unerwähnt, daß es für viele Enkel und Urenkel des »Stammvaters« Markus Mosse ein Leben nach dem Holocaust gab – aber es war in der Regel ein Leben außerhalb Deutschlands. Die Geschichte der deutsch-jüdischen Familie Mosse ging mit der NS-Zeit zu Ende.

Um diese Geschichte zu rekonstruieren, hat Elisabeth Kraus viele Monate und Jahre in diversen Archiven verbracht. Sie hat Memoiren im New Yorker Leo Baeck-Institut gelesen, Akten über jüdische Organisationen im Kaiserreich und in der Weimarer Republik gewälzt, Nachlässe, Testamente und Stiftungsunterlagen sondiert. Sie hat Kontakte zu noch lebenden Familienmitgliedern aufgenommen und ist jeder Spur nachgegangen, die sie von dieser weitverzweigten Familie finden konnte. Das Ergebnis ist eine beeindruckend komplexe und methodisch reflektierte Arbeit, der es gelingt, die Geschichte einer Familie in die Gesellschaftsgeschichte Deutschlands zwischen 1800 und 1950 einzuschreiben. Die Lektüre informiert folglich nicht nur über die Lebenswege derjenigen Familienmitglieder, die Spuren hinterlassen haben, sondern auch über die Orte und Verhältnisse, in denen sie gelebt haben. Auf diese Weise entsteht eine dichte Beschreibung des hauptstädtischen Presselebens im Kaiserreich, aber auch eine kundige Einführung in die japanischen Modernisierungsanstrengungen auf dem Gebiet des Rechtswesens, an denen Albert Mosse, einer der vielen Brüder Rudolf Mosses, entscheidend beteiligt war. Selbst die USA der 1860er Jahre, in die es einen der Brüder verschlug, kommen ins Visier. Entsprechend vielfältig sind auch die historischen Problemlagen, die das Buch zusammenbindet: vom Assimilations- und Emanzipationswillen des jungen Markus Mosse, der 1832 in Berlin den medizinischen Doktorgrad erwirbt, bis zu den verzweifelten Versuchen seiner Enkelin Martha, durch ihre Mitwirkung an der von der Gestapo erzwungenen »Umsiedlung« Berliner Juden »so viel Gutes wie möglich im Interesse der Betroffenen zu tun«.

Dafür, daß die Arbeit trotz der langen Zeitspanne, der vielen Orte und Einzelschicksale nicht auseinanderfällt, bürgt die gedankliche Disziplin der Autorin, die sich an einigen klar benannten Forschungsfragen orientiert und diese immer wieder aufnimmt. Dazu gehört vor allem die Frage, ob und inwiefern die Geschichte der Mosse-Familie die bisherigen Forschungserkenntnisse zur jüdisch-deutschen Sozial- und Kulturgeschichte bestätigt oder modifiziert. Hat etwa die Verbürgerlichung der Familie, ihr Aufstieg aus kleinen, provinziellen Verhältnissen, zum Verlust ihrer Jüdischkeit geführt? Hier ist die Antwort eindeutig: Alle Brüder und Schwestern der Mosse-Familie blieben ihrer jüdischen Religion treu, sie heirateten innerhalb des jüdischen Milieus und erzogen auch ihre Kinder in einem überwiegend reformierten Ritus. Konversionen sind nicht überliefert; selbst wenn vielen Mitgliedern Religion nicht viel bedeutete, sahen sie doch keinen Anlaß, sich formell von ihr zu verabschieden.

Neben Fragen, die den Platz der Mosse-Familie im deutsch-jüdischen Milieu und den Stellenwert ihrer Geschichte im Rahmen der deutsch-jüdischen Geschichtsschreibung insgesamt tangieren, stehen andere, die der Spezifik des Jüdischen nachgehen. Lassen sich die fantastischen Karrieren, die viele Mosse-Brüder im Kaiserreich gemacht haben, auf besondere jüdische Eigenheiten oder Erfahrungen zurückführen? Unterscheidet sie ihre Berufswahl grundsätzlich von nichtjüdischen Männern und Frauen? Gibt es eine jüdische Wirtschaftsmoral? Ist die überaus enge Bindung zwischen den Brüder- und Schwesterfamilien, die sich beispielsweise in der Praxis äußert, im Erbfall nicht nur die eigenen Kinder, sondern auch die Nichten und Neffen zu bedenken, spezifisch jüdisch? Läßt sie sich möglicherweise auf einen erfahrungsbedingten Schutzinstinkt zurückführen? Solche Fragen werden immer wieder gestellt, aber nie eindeutig beantwortet. An diesem neuralgischen Punkt legt sich die Autorin größte Zurückhaltung auf. Zugleich aber wird sie nicht müde, von der »jüdischen Familienforschung« als eigener »Wissenschaftsdisziplin« zu sprechen, ebenso wie von »jüdischer Bürgertumsforschung« oder von »jüdischen Aufgaben«. Hier scheint ein Essentialismus durch, der irritierend wirkt – setzt er doch das bereits voraus, was eigentlich hätte bewiesen werden sollen: daß es so etwas wie eine spezifisch jüdische Lebens- und Erfahrungsweise überhaupt gibt. Auch der Ansatz jüngerer Historiker, den geläufigen und mittlerweile recht sterilen Kontrast jüdisch-nichtjüdisch durch ein breiteres Panorama soziokultureller Existenzen und Identitäten (jüdisch versus protestantisch versus katholisch z.B.) aufzubrechen, spielt keine Rolle.

Diese Unterlassung begrenzt den wissenschaftlichen Erkenntniswert des Buches, das die festen Pfade der bisherigen Forschung nicht verläßt und sich zudem selten zu einer klaren, eindeutigen These versteht. So farbig das Porträt der Mosse-Familie ausfällt, so anschaulich das Itinerar der verschiedenen Lebenswege, ihrer Irrungen und Wirrungen entfaltet wird, so sehr beschleicht die Leserin deshalb am Ende der Lektüre das Gefühl: »Der Vorhang fällt, und alle Fragen bleiben offen«. Das spricht wohlgemerkt, nicht prinzipiell gegen das Buch, denn offene Fragen sind das Lebenselixier jeder Wissenschaft. Es spricht aber – und dies sehr dezidiert – gegen die Länge des Buches, gegen seine zahlreichen Wiederholungen und akademischen Selbstverliebtheiten. Möglicherweise spricht es auch gegen den in letzter Zeit so modischen Ansatz, Familienbiographien zu schreiben – selbst wenn es dabei um so vielfältig interessante und mit »der« deutschen Geschichte des 19. und 20. Jahrhunderts verknüpfte Familien wie die Mosses geht.

Ute Frevert, z. Zt. Stanford

Frank Bajohr, Parvenüs und Profiteure. Korruption in der NS-Zeit, S. Fischer-Verlag, Frankfurt a. M. 2001, 256 S., 44,90 DM.

Das »Dritte Reich« war korrupt bis auf die Knochen. Dieser Umstand war den Überlebenden und Gegnern des Regimes unmittelbar nach dem Krieg noch durchaus präsent. Er ist in den folgenden Jahrzehnten allerdings in Vergessenheit geraten. Daran hat auch die zunächst sehr zögerliche Aufarbeitung der NS-Verfolgungsverbrechen ihren Anteil gehabt. Eine Diktatur, die zu solch monströsen Untaten wie der millionenfachen Ermordung jüdischer Menschen in der Lage war, kann, so die implizite Annahme, nicht korrupt gewesen sein. Denn politische Korruption steht in mehrfacher Hinsicht für das genaue Gegenteil jener unbestechlichen Bürokratie, die Raul Hilberg und andere als Motor der deutschen Mordmaschine beschrieben haben. Erst neuerdings ist diese Interpretation des NS-Verwaltungsmassenmordes durch die Beobachtung in Frage gestellt worden, daß, insbesondere in Osteuropa, der Holocaust auf einer durchgreifenden Entbürokratisierung beruhte, daß Raub in mehr oder weniger elaborierter Form ein Antriebsfaktor auf allen Ebenen des Täterapparates war, daß ideologisch motivierte Kooperation

und nicht Konflikte zwischen den verschiedenen »Säulen« der nationalsozialistischen Herrschaftsverfassung die mörderische Effizienz dieses Systems gewährleistete.
Der Hamburger Historiker Frank Bajohr hat es mit seiner wichtigen »dokumentierenden Analyse« (S. 12) nunmehr unternommen, das Ausmaß und die Erscheinungsformen der politischen Korruption im »Dritten Reich« im Überblick zu beschreiben und erste Konsequenzen für die Interpretation des NS-Regimes zu ziehen. Bajohr definiert als politische Korruption den Mißbrauch eines öffentlichen Amtes zu privaten Zwecken (S. 7). So gesehen, bestand im NS-Staat ein »groteskes Nebeneinander von bekämpfter, geduldeter und institutionalisierter Korruption« (S. 191), angefangen von Geldgeschenken und Dotationen Hitlers über die sprichwörtliche Prunk- und Repräsentationssucht seiner Satrapen, über das korrupte Universum der NSDAP und ihrer »Amtswalter« bis hin zur systematischen Korrumpierung breiter Bevölkerungskreise durch die Beute aus den nationalsozialistischen Massenmorden. Lediglich das alte Berufsbeamtentum und Teile von Wirtschaft und Militär seien weniger korrupt gewesen (ebd.).
Bajohr führt die Korruption im NS-Staat in erster Linie auf die klientelistische Struktur der nationalsozialistischen »Bewegung« zurück, die sich nach der Machtübernahme in den Staat hineinfraß. Zunächst ging es bei der Zweckentfremdung öffentlicher Mittel um »Wiedergutmachung« für diejenigen Anhänger, die arbeitslos oder materiell schlecht gestellt waren und als Lohn ihrer Mühen einen entsprechenden Ausgleich erwarteten. Der 30. Januar 1933 begründete vielfach atemberaubende Karrieren gänzlich unqualifizierter Personen im öffentlichen Dienst. Der in der Darstellung leitmotivisch immer wieder auftauchende ehemalige Stallbursche und nachmalige bayerische NS-Wirtschaftsfunktionär Christian Weber (S. 59 und öfter) ist nur ein, wenn auch besonders instruktives Beispiel für solch feistes Wohlleben von Hitlers Gnaden.

Gleichzeitig begann eine massive Umverteilung von Geld und Privilegien. Fast alle führenden Nationalsozialisten, darunter auch der Reichsführer-SS Heinrich Himmler, unterhielten schwarze Kassen und zweigten Millionenvermögen durch Stiftungen ab, deren Zweck oft nur notdürftig verschleiert wurde. Die Korruption stabilisierte personale Beziehungen und Seilschaften durch Zuwendungen und kriminelle Komplizenschaft. Der »Führer« Adolf Hitler schritt gegen diese Praxis nicht nur nicht ein, sondern machte sie selbst zum »Herrschaftsprinzip auf allen Ebenen der NS-Hierarchie« (S. 45). Am Beispiel der Reichsminister Goebbels und Speer verdeutlicht Bajohr, wie selbstverständlich Amtsmißbrauch und Steuerhinterziehung bald waren (S. 67), ganz abgesehen vom unstillbaren Bedürfnis der NS-Potentaten, durch repräsentativen Luxus, geraubte Kunst und ausgedehnte Jagdgebiete das zu imitieren, was sie für adligen Lebensstil hielten. Tatsächlich beschränkte sich die Korruption aber nicht auf die Führungsspitze des Regimes. Wenn der Reichsschatzmeister der NSDAP bis Ende 1941 rund 11.000 Strafverfahren gegen Mitglieder anstrengte, die sich am Vermögen der Partei vergriffen hatten, so zeigt dies, wie selbstverständlich die Selbstbedienung auch »unten« betrieben wurde. Dabei wirkte der Umstand, daß in der NSDAP und ihren Gliederungen zahlreiche einschlägig Vorbestrafte leitende Funktionen übernahmen, als zusätzlicher Faktor.
Dies alles wurde seit 1938 auch in anderen Ländern praktiziert, in Österreich und dann besonders im besetzten Polen und in der Sowjetunion. Das Generalgouvernement war für seine korrupten Zustände berüchtigt und sprichwörtlich bekannt (»im Westen liegt Frankreich, im Osten wird Frank reich«; »eine Treuhand wäscht die andere«). Man könnte gegen Bajohrs Interpretation kritisch einwenden, daß die Zustände

in Polen und in der Sowjetunion so stark von der NS-Vernichtungspolitik bestimmt waren, daß sie als bloße Zuspitzung der im Reichsgebiet üblichen Korruption wohl nicht hinreichend zu beschreiben sind. Ähnliches gilt für das System der Konzentrationslager, das Bajohr neben der Partei, der NS-Elite und den besetzten Ostgebieten zu den »Kernbereichen der Korruption« zählt. Das Eigentum lebender und ermordeter Häftlinge wurde in den Lagern systematisch geplündert. Es wanderte oft genug in die Taschen der Kommandanten und ihrer Untergebenen, statt an den Fiskus zu fallen. Ebenso wurden im großen Stil für die Häftlinge bestimmte Lebensmittel unterschlagen.

Dem strukturellen Zusammenhang von Judenverfolgung und Korruption, der in Berichten des SD über die besetzten Ostgebiete durchaus erkannt und beim Namen genannt wurde, widmet Bajohr ein eigenes Kapitel, das teilweise an Resultate seiner großen Studie über die »Arisierung« anschließt. Bewegte sich die Korruption bis 1938 noch weitgehend in den seit der Machtübernahme üblich gewordenen Bahnen, so stellte die systematische Wegnahme des jüdischen Eigentums ab 1938 eine Wasserscheide insofern dar, als die »Arisierung« einen »Bereicherungsmarkt« schuf, »auf dem alle Kategorien von Parteigenossen [...] gleichermaßen tätig wurden.« (S. 115). Diese Verbreitung antisemitischer Korruption setzte sich nach dem Einsetzen der Massendeportationen in die Vernichtungslager fort. Das Eigentum getöteter Juden wurde in besonderen Auktionen unter das Volk gebracht, das sich damit zu Mittätern machte. Es spricht viel für Bajohrs These, daß diese moralische Korrumpierung der »Volksgenossen« gezielt eingesetzt wurde, um sie an das Regime und an dessen Vernichtungspolitik zu ketten (S. 132 f.). Andererseits kam es bei der Verwertung der Beute aus der »Aktion Reinhard« in Vernichtungslagern in Polen zu massiven Unterschlagungen, die Himmlers Ideal des »anständigen« Mordens ad absurdum führten.

Angesichts der alle Lebensbereiche des NS-Staates durchdringenden und von Hitler gedeckten Korruption ist es nicht weiter verwunderlich, daß ihre Bekämpfung kaum Erfolge zeitigte. Die als Nachklapp zur Bekämpfung der Weimarer Republik eingerichteten Anti-Korruptionsreferate der Kriminalpolizei mußten ihre Tätigkeit noch 1933 einstellen, weil sie unweigerlich zutage gefördert hätten, daß die Nationalsozialisten selbst im großen Stil betrieben, was sie der Republik vorwarfen. Der Reichsrechnungshof wurde ausgeschaltet und durch »führerstaatliche« Instanzen ersetzt, die ihrem Prüfungsauftrag nur sehr unzureichend nachkamen. NS-Funktionäre betrieben eine systematische Strafvereitelung im Amt; die wenigen couragierten Richter wurden mit körperlicher Gewaltandrohung eingeschüchtert. Erst seit Frühjahr 1942 wurden im Einzelfall korrupte »Amtswalter« verurteilt und hingerichtet, um dem wachsenden Zorn der Bevölkerung über das Luxusleben privilegierter Funktionäre ein Bauernopfer darzubringen. Diese Taktik war durchaus komplementär zur gleichzeitigen Herausbildung einer »Beutegemeinschaft«, die sich unter anderem in unverfrorenen Forderungen Ausgebombter nach jüdischem Eigentum manifestierte.

Ein wesentliches Verdienst dieser Studie ist es, einmal mehr auf die Bedeutung der NSDAP und ihrer Unterorganisationen aufmerksam zu machen, die in der neueren NS-Forschung zuwenig berücksichtigt wurde. Die Partei war ein wesentlicher Motor und zugleich ein wesentliches Instrument der politischen Korruption im »Dritten Reich«. Sie trug maßgeblich dazu bei, daß der Staat und seine Opfer einer kriminellen Mafia ausgeliefert wurden, die sich beinahe nach Gutdünken am Eigentum anderer vergriff und weite Teile des öffentlichen Lebens zu einem »Selbstbedienungsladen« degradierte.

Bajohr führt – und dies betrifft auch die

Problemstellung des Bandes 17 der »Beiträge« – an, daß herkömmliche Effizienzkriterien wohl nicht hinreichten, um die Funktion der Korruption im »Dritten Reich« zu bestimmen. »Aus Sicht der Nationalsozialisten wirkte die Korruption [...] als ‚Schmiermittel' für die politischen Klientelstrukturen und damit funktional und stabilisierend« (S. 194). Anderseits sieht die These einer nationalsozialistischen Polykratie bestätigt, obwohl dieser viele seiner Befunde zuwiderlaufen. Diese interpretatorischen Unsicherheiten ließen sich möglicherweise beseitigen, wenn ein funktionalistischer Begriff von Korruption verwendet würde, den Bajohr als unzureichend ablehnt (S. 12).

Insgesamt eine beeindruckende und herausfordernde Analyse, die neue Fragehorizonte nach der gesellschaftlichen Tragweite der Korruption im NS-Staat und ihren Auswirkungen nach Kriegsende eröffnet. Hermann Göring war kein Einzelfall, sondern in gewisser Weise Repräsentant einer durch und durch korrupten Gesellschaft. Daß es nach 1945 gelungen sei, mit dieser unheilvollen Tradition zu brechen, wäre um so erstaunlicher und bedürfte einer eigenständigen Untersuchung.

Thomas Sandkühler, Bielefeld

Gerhard Paul/Klaus-Michael Mallmann (Hg.), Die Gestapo im Zweiten Weltkrieg. »Heimatfront« und besetztes Europa, Wissenschaftliche Buchgesellschaft, Darmstadt 2000, 674 S., 98 DM.

Mit dem vorliegenden Sammelband zur Geheimen Staatspolizei (Gestapo) im Zweiten Weltkrieg schließen Klaus-Michael Mallmann und Gerhard Paul ein mehrjähriges Forschungsprojekt ab, dessen erste Ergebnisse sie bereits vor mehr als fünf Jahren vorgelegt haben. Beide Herausgeber zählen zweifellos zu den aktivsten und methodisch innovativsten Zeithistorikern und haben die Forschung zum deutschen Kommunismus im 20. Jahrhundert und zur Sozial- und Gesellschaftsgeschichte des »Dritten Reiches« entscheidend vorangebracht. Im zu rezensierenden Band sind 27 empirisch gesättigte Aufsätze versammelt, die fast ausnahmslos aus der Feder von Historikern stammen, die einschlägige Studien zum Polizeiapparat des NS-Regimes verfaßt haben. Sieben Beiträge, einschließlich des über 50 Seiten langen Resümees, stammen von Mallmann und Paul selbst. Nach einer knappen Einleitung, in der die Herausgeber die historische Forschung zu diesem Thema prägnant rekapitulieren, widmet sich der erste Hauptteil des Sammelbandes dann der Organisation und dem Personal des Reichssicherheitshauptamtes (RSHA), der Sicherheitspolizei (Sipo) und des Sicherheitsdienstes (SD) der SS. Michael Wildt untersucht die personelle Struktur der Einsatzgruppen während des »Polenfeldzuges« und arbeitet heraus, daß von 39 Einsatzgruppenchefs und Kommandoführern später 16 leitende Funktionen im RSHA einnahmen (S. 40). Demnach war die Erfahrung aktiven Tötens, die die späteren RSHA-Amtsleiter im »Polenfeldzug« machten, für ihre Politik nach 1939/40 konstitutiv. Auf Wildts Habilitationsschrift zum Personal des RSHA, die den zeitlichen Bogen bis 1945 weiterziehen wird, darf man gespannt sein.

Gerhard Paul und Jens Banach untersuchen in zwei eher institutionengeschichtlichen Beiträgen die Funktion des Amtes IV des RSHA als Führungsinstanz der Gestapo und die Sozialstruktur des Korps der Inspekteure, Kommandeure und Befehlshaber der Sipo und des SD. Beiden Aufsätzen ist gemein, daß sie sehr deskriptiv und vergleichsweise thesenarm gehalten sind. Bei Paul schwingt eine gewisse Unsicherheit bei der Bewertung des institutionellen Charakters des Amtes IV mit (NS-Weltanschauungsbürokratie vs. Formen traditioneller Bürokratie, S. 62 f., ähnlich S. 64 u. 66), was dem rudimentären Forschungsstand zum Thema RSHA geschuldet ist.

Banachs kollektivbiographische Ausführungen zur generationellen Prägung der Führungskader von Sipo und SD knüpfen an seine inzwischen publizierte Dissertation an. Er betont, daß diese Kader überwiegend den Jahrgängen 1900-1909 angehörten und ein Großteil promovierte Juristen waren. Jürgen Matthäus untersucht in einem anregenden Beitrag die antisemitische Indoktrination der Polizeiangehörigen, die bis 1939/40 auf den SS- und Polizeischulen praktiziert wurde. Eine direkte Kausalbeziehung zwischen diesen »Schulungen« und den Massenverbrechen an der »Ostfront« lasse sich, so Matthäus, nur in Ausnahmefällen nachweisen. Hierbei weist er auf Unterschiede bei der antisemitischen »Schulung« für Angehörige von Sipo und SD auf der einen sowie von Kriminalpolizei und Ordnungspolizei (Orpo) auf der anderen Seite hin. In Zukunft wird zu untersuchen sein, welchen Stellenwert diese »Schulungen« im Rahmen des Prozesses der »Sozialisierung von Serienmördern« (S. 124) hatten.

Der zweite Hauptteil des Sammelbandes umfaßt dann neun Beiträge über »Die Gestapo an der Heimatfront«, die allesamt hohen Erkenntniswert besitzen. Drei dieser Aufsätze sollen hier näher analysiert werden. Holger Berschels Beitrag über die Bearbeitung von »Judenangelegenheiten« bei der Stapoleitstelle Düsseldorf zeigt, daß im »Judenreferat« mehrheitlich aus der Weimarer Republik übernommene Exekutivbeamte tätig waren, darunter ein ehemaliger Sozialdemokrat (S. 162 ff.). Diese »Polizeiroutiniers« waren bei ihren Ermittlungen auf Denunziationen aus der Bevölkerung und auf die Zuarbeit anderer Behörden angewiesen. Sie hielten sich, so Berschel, an die Direktiven des RSHA und exekutierten die vorhandenen antijüdischen Gesetze auf formal korrekte Weise. Der Autor läßt keinerlei Zweifel daran, daß diesen »Polizeiroutiniers«, die keine ideologisch verblendeten Überzeugungstäter waren, das Schicksal ihrer Opfer gleichgültig war.

Inwieweit seine Befunde auch auf andere Stapoleitstellen zutreffen, werden vergleichende Studien klären müssen.

Alfons Kenkmann, ausgewiesen durch eine wichtige Dissertation zum Thema, widmet sich dann den Formen jugendlicher Nonkonformität im Krieg und der Rolle der Gestapo bei deren Sanktionierung. Er relativiert die Ergebnisse der neueren Denunziationsforschung dahingehend, daß Anzeigen gegen Angehörige informeller Jugendgruppen größtenteils aus dem Bereich der Partei, ihrer Gliederungen und angeschlossenen Verbände kamen (S. 198). Kenkmann konstatiert eine enge Korrelation zwischen den jeweiligen Deliktvorwürfen und der Anzeigebereitschaft der Bevölkerung. Durch diesen Befund wird Robert Gellatelys These, beim »Dritten Reich« habe es sich um eine sich selbst überwachende Gesellschaft gehandelt, doch relativiert. Es scheint mir jedenfalls einen nicht geringen Unterschied auszumachen, ob Anzeigen von »ganz normalen« Männern und Frauen oder von Personen kamen, die NS-Organisationen angehörten. Die institutionelle Zusammenarbeit zwischen NSDAP und Polizei, dies macht Kenkmanns Aufsatz deutlich, ist eines der wohl gravierendsten Desiderate der Polizeiforschung.

Andreas Heuslers Ausführungen über die Kontrolle der ausländischen Zwangsarbeiter durch die Münchener Stapoleitstelle gehen in eine ähnliche Richtung. Heusler zeigt, wie vielfältig die Spitzeldienste von DAF und vom Abwehroffizier der Wehrmacht, aber auch von landsmannschaftlichen Vertrauensleuten in den Betrieben waren, auf die die Stapoleitstelle München zurückgreifen konnte (S. 232-235). Gleichwohl sei es ihr niemals gelungen, die stetig wachsende Zahl von Fremdarbeitern wirkungsvoll zu kontrollieren. Leider läßt Heusler den Leser darüber im Unklaren, was ihn zu dieser Einschätzung bewogen hat. Allgemein sollte man nicht in den Fehler verfallen, das entgrenzte Sicherheitsbedürfnis der Gestapo zum Maßstab zu nehmen, um auf ihren Erfolg oder Mißerfolg rückzuschließen. In diesem Zusammenhang wird nach den realen Wirkungen der staatspolizeilichen Repressionsmaßnahmen auf das Verhalten der Zwangsarbeiter selbst zu fragen sein. Eine solche Verhaltensgeschichte der Zwangsarbeiter im Deutschen Reich ist aber ebenfalls noch ein Desiderat.

Der dritte Hauptteil über die »Gestapo im besetzten Europa« vereinigt elf Beiträge zu Struktur und Praxis der Gestapo in den besetzten Gebieten, von denen gleich drei aus der Feder von Mitherausgeber Mallmann stammen. Mallmann stellt die Massenmorde, die die Einsatzgruppen und -kommandos des SD während des »Rußlandfeldzuges« begingen, in den Mittelpunkt seiner Betrachtungen. Zu diesem Zweck macht er uns mit der personellen Struktur der Einsatzgruppen und -kommandos vertraut, die von 1938 bis 1945 im besetzten Europa agierten. Danach präsentiert er die Kommando- und Teilkommandoführer der Einsatzgruppen als »Türöffner der Endlösung«. Mallmann zufolge war es vor allem diese Gruppe, die die Vernichtungspolitik an der »Ostfront« in einem Prozeß permanenter Selbstermächtigung vorantrieb (S. 449, 451 f. u. 459 f). Dabei kam ihnen eine in der Wehrmacht grassierende Freischärlerpsychose zugute, die sich in der Wahnvorstellung vom »jüdischen Bolschewismus« konkretisierte und für eine »routinierte Zusammenarbeit« zwischen Armee und Einsatzgruppen sorgte (S. 447). Dieser Freischärlerpsychose widmet sich auch Mallmanns dritter Beitrag zum »Bandenkampf«, wie er sich in den Jahren 1942-1944 in der besetzten Sowjetunion entwickelte. Hierbei weist Mallmann nach, daß Sipo und SD die »Partisanenbekämpfung« sukzessive den Truppenkommandeuren von Wehrmacht, Waffen-SS und Orpo überlassen mußten (S. 511). Diese Truppenkommandeure vermengten »Bandenbekämpfung« und Judenvernichtung immer mehr miteinander (S. 517 ff.). Der Holocaust entwickelte sich, resümiert man Mallmanns Beiträge, als Prozeß, der vor allem durch persönliche Initiativen vor Ort bestimmt wurde. Die Beweggründe der Täter bedürfen freilich noch einer genauen Analyse. Ob das Karrieremotiv, auf das Mallmann abhebt, wirklich so zentral war (S. 461 f.), scheint fraglich.

Wesentlich konventioneller als Mallmann gehen dann allerdings die übrigen Autoren des dritten Hauptteils zu Werke. Im Mittelpunkt ihrer Analysen stehen organisatorische, institutionelle und personelle Strukturen der Gestapo im besetzten Europa, weniger die politische Praxis. Oldrich Sladek analysiert die Rolle der Gestapo im Reichsgau Sudetenland und im Reichsprotektorat Böhmen und Mähren und kann mit einigen Neuigkeiten über tschechische Vertrauensleute in den Reihen der Gestapo aufwarten (S. 327 ff.). Die naheliegende Frage nach den Formen institutioneller Kooperation, so mit der tschechischen Protektoratsregierung, stellt Sladek nicht. Guus Mershoek, Knut Stang und Bernd Kasten arbeiten heraus, daß die Gestapo in den Niederlanden, in Litauen und in Frankreich ohne Mitwirkung der einheimischen Polizeien und »Schutzmannschaften« kaum hätte funktionieren können (S. 364 f., 398, 402 u. 470 f.). Sie gehen der polizeilichen Kollaboration jedoch nicht systematisch nach. Ähnliches trifft auf Claudia Steurs Ausführungen über die »Judenberater« des RSHA zu, die in befreundeten europäischen Staaten und denjenigen besetzten Gebieten eingesetzt wurden, denen man eine eigene Regierung belassen hatte. Steur beschreibt die Aktivitäten von »Eichmanns Emissären« lediglich aus der Vogelperspektive, ohne ihre konkrete Tätigkeit vor Ort zu analysieren. Regelrecht ärgerlich hingegen ist Michael Foedrowitz' Beitrag zur Rolle der Befehlshaber der Sipo und des SD im Generalgouvernement, in dem unverständliche Formulierungen und zusammenhanglose Äußerungen die Regel darstellen. Was eigentlich die »angekündigte Feindschaft auf allen

Lebensgebieten« (S. 348) und die »versehentliche Festnahme des A[rmia] K[raiova]-Chefs Stefan Rowecki [...], die auch durch angestrengte Korrekturen nicht wieder wettzumachen war« (S. 360) gewesen sein sollen, ist dem Rezensenten verborgen geblieben. Sätze wie »1943 hatte der Holocaust die Juden in die Wälder getrieben« (S. 358) und mißglückte Aperçus wie »die ‚Kultivierung' der polnischen Untergrundszene« (S. 351) wechseln einander ab. Foedrowitz' Hypothese, Gestapo und NKWD hätten sich bei der Liquidierung der polnischen Führungsschicht im Jahre 1940 untereinander abgesprochen, ist aus der Luft gegriffen (S. 350). Sowohl die »AB-Aktion« des Befehlshabers der Sipo und des SD als auch die vom NKWD zu verantwortenden Morde von Katyn, auf die der Autor in diesem Zusammenhang rekurriert, werden sich schwerlich auf eine solche Absprache zurückführen lassen. Vom wissenschaftlichen Standpunkt aus sind Foedrowitz' Ausführungen unbrauchbar. Seriöse Informationen zu diesem Thema bietet hingegen ein Buch von Wlodzimierz Borodziej, das seit kurzem in deutscher Übersetzung vorliegt.

Der vierte Hauptteil des Sammelbandes besteht aus zwei Beiträgen, die sich dem Ende der Gestapo 1944/45 widmen. Gerhard Paul untersucht die »Endphaseverbrechen« der Gestapo, also die Massenerschießungen von mehr als 10.000 Gefängnisinsassen, Kriegsgefangenen, Zwangsarbeitern und Angehörigen des deutschen Widerstands, die im Herbst 1944 begannen. Hierbei arbeitet er heraus, daß die Täter in den Jahren zuvor fast ausnahmslos am sicherheitspolizeilichen Einsatz an der »Ostfront« oder auf dem Balkan teilgenommen hatten (S. 562). Die Motive, die diesen »Endphaseverbrechen« der Gestapo zugrundelagen, waren vielgestaltig und werden von Paul detailliert beschrieben (S. 565). Besonders beschämend ist, daß die Täter aufgrund des Paragraphen 6 des »Straffreiheitsgesetzes« von 1954 juristisch unbehelligt blieben. Stephan Lincks Beitrag zur »Festung Nord« und zur »Alpenfestung« schildert die Absetzbewegung des RSHA aus Berlin und den Zerfall des Polizeiapparates im Mai 1945. Leider erfährt man nicht, wann das Gros der RSHA-Angehörigen den Krieg definitiv verloren gab. Auch die chimärischen Perspektiven der SS- und Polizeiführung, so etwa die Option eines Separatfriedens, werden nicht ausführlich thematisiert.

Eine grundlegende Synthese der beiden Herausgeber, in der sie die Gestapo als »Weltanschauungsexekutive mit gesellschaftlichem Rückhalt« charakterisieren, beschließt diesen Band. Mallmann und Paul betonen, daß die Gestapo organisatorisch, personell, taktisch und in einem Teil ihrer Feindbilder an die Politische Polizei der Weimarer Republik anknüpfte und sich unter den besonderen Systembedingungen des »Dritten Reiches« dann radikalisierte. Hierbei machen sie vier Radikalisierungsschübe geltend: Die Zerschlagung der KPD, die Massentötungen der Einsatzgruppen nach 1939, die Entscheidung zum »Reichseinsatz« von Fremdarbeitern und die Morde in der »Endphase« (S. 638 f.). Die Herausgeber schlußfolgern, daß institutionelle Kooperation, gesellschaftliche Selbstpolizierung und Kollaboration in den besetzten Gebieten Bausteine der Gestapo-Macht gewesen seien. Dieser zweifellos zutreffende Befund verweist freilich auf ein Manko des vorliegenden Sammelbandes: In keinem der Aufsätze wird einer dieser Aspekte einmal systematisch untersucht. Vielmehr dominiert eine institutionengeschichtliche Herangehensweise an das Thema Gestapo. Es bleibt zu hoffen, daß die künftige Forschung zur Polizei im »Dritten Reich« wirkungsgeschichtliche Aspekte stärker berücksichtigt.

Armin Nolzen, Warburg

Manfred Kittel, Provinz zwischen Reich und Republik. Politische Mentalitäten in Deutschland und Frankreich 1918-1933/36, Oldenbourg Verlag, München 2000, 854 S., 168 DM.
Andreas Wirsching, Vom Weltkrieg zum Bürgerkrieg? Politischer Extremismus in Deutschland und Frankreich 1918-1933/39. Berlin und Paris im Vergleich, Oldenbourg Verlag, München 1999, 702 S., 148 DM.

Die beiden materialreichen und gleichgewichtig vergleichenden Habilitationen von Manfred Kittel und Andreas Wirsching geben mit ihren zusammen 1550 Seiten Umfang tiefe Einblicke in die politischen und sozialen Verhältnisse in Deutschland und Frankreich nach dem Ersten Weltkrieg. Beide unterstreichen die Bedeutung des Raumes als politisch-soziale Kategorie, in dem sie zum einen die ländlichen Provinzen am Beispiel Westmittelfrankens und der Corrèze und zum anderen das großstädtische Gelände am Beispiel Berlin und Paris analysieren. Beide Studien argumentieren auf der Höhe des Forschungsstandes, beziehen sich im Kern auf den Milieubegriff, vertiefen und ergänzen anhand von wichtigen Fallbeispielen die Überblicksdarstellungen von Wolfram Pyta (1996) und Detlev Schmiechen-Ackermann (1998) über die Land- und Stadtverhältnisse im Deutschland der Zwischenkriegszeit und arbeiten im kontrastierenden Vergleich zu Frankreich Besonderheiten der deutschen Situation heraus.

Manfred Kittel untersucht mit den ländlichen Regionen der Corrèze und Westmittelfrankens zwei sozialstrukturell eng verwandte Bauernlandschaften, die sich jedoch im politisch-mentalen Bereich höchst unterschiedlich entwickelten. In der laizistischen Corrèze – wie in vielen französischen Agrarregionen der Zwischenkriegszeit – konnte die linke Volksfront aus Kommunisten, Sozialisten und Radikalsozialisten starke Wahlergebnisse erzielen. Das protestantisch geprägte westliche Mittelfranken war dagegen ein Paradebeispiel für die deutschen Agrarregionen, in denen die konservative Rechte während der Weimarer Republik Fuß fassen konnte, bis in den Schlußjahren der Republik der Nationalsozialismus den »Aufstand in der Provinz« (Detlev Peukert) für sich kanalisieren konnte. Kittel behandelt somit an dem höchst interessanten und noch wenig untersuchten Gegenstand der Agrarprovinzen die Frage nach der Interdependenz zwischen sozioökonomischer Struktur und politischen Einstellungen sowie der Verknüpfung von langfristiger Struktur- und kurzfristiger politischer Ereignisgeschichte. Für die Beantwortung der Frage, warum in Frankreich der Linksrepublikanismus und in Deutschland der Nationalprotestantismus dominierten, stellt Kittel vor allem den unterschiedlichen Status der lokalen Meinungsführer in den Dörfern Frankreichs und Deutschlands heraus, also der Bauernführer und Bürgermeister sowie der Pfarrer und Lehrer. Trotz des zunehmenden Gewichtes, das der Presse für die öffentliche Meinungsbildung im dörflichen Binnengefüge zukam, blieben die Provinzeliten dennoch als personale Vermittler entscheidend. Auf dem evangelisch geprägten Land war der Pfarrer als Mitglied im Kirchenvorstand, Prediger und öffentlicher Redner die höchste Dorfautorität. Seine traditionsverhaftete antidemokratische und monarchistisch-kaisertreue Gesinnung besaß beträchtlichen Einfluß auf die Dorfgemeinde und besaß einige ideologische Nähe zum Nationalsozialismus. Dahinter rangierten die aufstiegsorientierten Dorflehrer, die meist nationalliberal-militaristisch gesonnen waren und über Funktionen in Turn- und Gesangsvereinen ihre Position in der dörflichen Führungsetage festigten. In Frankreich wiederum war der Lehrer wichtiger für die politische Kultur als der Pfarrer, der sich seit der Trennung von Kirche und Staat weitgehend von der Politik fernhielt. Die Lehrer waren in der

Corrèze republikanisch-pazifistisch eingestellt und wirkten als Schriftführer bei örtlichen Agrarverbänden oder als Schatzmeister im landwirtschaftlichen Genossenschaftswesen stark auf die Dorfmeinungen ein. Die Provinzeliten und die weit in das 19. Jahrhundert zurückreichende Vereinskultur des aufgeklärt-humanitären und pazifistischen Republikanismus auf der französischen Seite und die vaterländisch-militaristisch geprägte Vereinslandschaft auf deutscher Seite waren als Vorfeldorganisationen entscheidend für die politische Ausrichtung in beiden Regionen in der Zwischenkriegszeit.

Es ist also die langfristige Mentalität der Dorfeliten, die aus Kittels Sicht die kurzfristigen politischen Entscheidungsprozesse maßgeblich präfigurierte. Kittel betont insofern die strukturierende Kraft und Trägheit der langfristigen politischen Traditionen und Mentalitäten, die Frankreich vor einer extremen Radikalisierung nach rechts ebenso bewahrt wie sie die Chancen für einen hochideologisierten und maximalistischen Kommunismus beschwert hat. Der lang zurückreichende und durchdringende Laizismus und Republikanismus einerseits und der Pazifismus einer siegreichen Nation anderseits bildeten eine soziale Gruppenschranken überschreitende Grundstruktur, auf der die Politik auffußen mußte, sofern sie erfolgreich sein wollte.

Die französischen Kommunisten waren deswegen so viel erfolgreicher als ihre deutschen Genossen, weil sie eher dazu bereit waren, kleinbäuerliches Eigentum als Bollwerk gegen Verelendung zu akzeptieren. Ihre politische Mentalität war stärker von der republikanischen Tradition Frankreichs geprägt, die dazu beitrug, die für Deutschland typische parteipolitische Desintegration und den Antiparlamentarismus einzudämmen. Die französischen Kommunisten waren zudem weniger antiklerikal, was in einer laizistischen Region ohnehin auf weniger Widerstand stieß, als dies im tief protestantischen Westmittelfranken der Fall war. Sie waren in ihrer politischen Praxis auch reformistischer und in ihrer Kollektivierungsrhetorik wesentlich milder als die deutschen Kommunisten, die die Bauern mit ihren ebenso radikalen wie abstrakten Traktaten malträtierten. Dazu kam auf deutscher Seite die Dominanz der SPD in den Betrieben, die als bedrohlich empfundene Eigentums- und Kirchenfeindlichkeit der KPD, das Fehlen einer eigenen bäuerlichen Vorfeldorganisation bei den auf ihre autonome Wirtschaftsexistenz stolzen deutschen Bauern (S. 188-205).

Umgekehrt führt Kittel den Erfolg der Rechten in der deutschen Provinz auf den traditionellen »Gesinnungsmilitarismus« (S. 278) in Deutschland zurück. In Frankreich dagegen, so Kittel war die Militärkultur schwächer entwickelt und bürgerlich-republikanisch geprägt, anstatt, wie im deutschen Falle von rechtem Nationalismus, Militarismus und Antidemokratismus. Der Erfolg des Nationalsozialismus ist somit ohne den vorhergegangenen Erfolg der rechten Wehrverbände undenkbar. Reichsflagge, Bund Oberland und Stahlhelm, aber auch die Kriegervereine fungierten als Vorfeldorganisationen, die mit ihrer »völkisch«-radikalen bis nationalkonservativen Wehrideologie breite bäuerlich-mittelständische Schichten mobilisierten und in politisch-mentaler Hinsicht das Feld für die Nationalsozialisten bestellten. Eben weil der Militarismus in der Bevölkerung, gerade auch bei den Lehrern und Pfarrern, so populär war, konnte der Nationalsozialismus reüssieren. Die Erosion der sich in der Regierungsbeteiligung abnutzenden DNVP, die anhaltenden und durch die Deutschnationalen nicht gelösten ökonomischen Probleme, das Entsetzen über den Wahlsieg der »marxistischen« Parteien von 1928, der beeindruckende Erdrutschsieg der Nationalsozialisten vom September 1930, der Generationskonflikt und schließlich die pro-evangelische Propaganda der regionalen NS-Bewegung bewirkten einen Radikalisierungsschub, der auf einer politisch-mental benachbarten Provinzmentalität auffußte (S.274-294 u. 555-646).

Über die enge Frage nach den Ursachen der politischen Unterschiede hinaus erfährt man viel – oft zu viel – über die sozialen und wirtschaftlichen Lebensumstände der Bauern, wie etwa über die soziale Signifikanz ihrer Heiratskreise und ihrer Vetternwirtschaft. Daß ländliche Dörfer Gemeinschaften bilden, ist bekannt und wäre nicht immer so ausführlich zu belegen gewesen. Teilweise führt die etwas ausufernde Darstellung in die problematische Richtung einer Totalgeschichte. Andererseits lernt man auch in den vom Thema wegführenden Passagen viel, was nicht zuletzt Kittels sehr intensiver Quellenarbeit in den Archiven und seinem mikrohistorisch genauen Blick zu verdanken ist.

Kittels Buch kann zweifellos den wichtigsten empirischen Studien zur politischen Sozialgeschichte der Zwischenkriegszeit zugerechnet werden. Nochmals wird die Frage nach dem Sonderweg gestellt und mit der Zuspitzung auf die präfigurierende Bedeutung der politischen Mentalitäten als »Gefängnissen langer Dauer« (Ferdinand Braudel) positiv beantwortet.

Andreas Wirschings Arbeit fragt ebenfalls nach den unterschiedlichen Ursachen von Links- und Rechtsextremismus in Frankreich und Deutschland. Dabei greift er eine der wichtigsten Schwächen der bisherigen Faschismustheorie an, die darin liegt, daß sie zwar immer wieder den kontrastierenden Vergleich zur radikalen Rechten, kaum aber zu den Kommunisten gesucht hat, um die Spezifik des Faschismus zu bestimmen. Sie hat dieses Feld – sieht man einmal von Ernst Noltes Analysen aus den sechziger Jahren ab – fast völlig der Totalitarismustheorie überlassen. Wirsching hat sich zum Ziel gesetzt, den Geltungsbereich der Totalitarismustheorie nun auch auf »totalitäre Bewegungen« zu erweitern (anstatt wie bislang auf staatliche Herrschaftstechniken und -strukturen begrenzt zu bleiben).

Mit diesem theoretischen Anspruch, dem Frankreich-Vergleich und mit einer außergewöhnlich umfänglichen archivalischen Quellenforschung setzt dieses Buch hohe Maßstäbe. Wirschings Arbeit geht weit über die bisherigen Studien von Conan Fischer (1991) und Christian Striefler (1993) zum Vergleich der kommunistischen und der NS-Bewegung in der Weimarer Republik hinaus. Er verweist auf das schwächer ausgeprägte und gewaltärmere Bürgerkriegsszenario im französischen Paris mit seiner weniger ideologisch verhärteten und stärker in die Gesellschaft integrierten kommunistischen Bewegung. Auch seine Analyse der schwächeren faschistischen Variante in Frankreich zählt zu den bemerkenswerten Stärken des Buches, die jedoch durch das problematische »heuristische und analytische Arbeitsinstrument« (S. 612) des Begriffes der »totalitären Bewegung« merklich abgeschwächt werden.

Ausgehend von Carl J. Friedrichs Modell totalitärer staatlicher Herrschaftstechnik hat Wirsching vier Merkmale der totalitären Bewegung entwickelt: eine bestimmte Form der Ideologie, die Partei/politische Organisation, den Propagandaapparat und die paramilitärische Organisation. Als Kernmerkmal der totalitären Ideologie benennt Wirsching mit der »Verabsolutierung eines politischen Freund-Feind-Gegensatzes«, »manichäischem Denken« und einem »moralischen Rigorismus« (S. 8-10) zwar wichtige totalitäre Ideologieformen. Problematisch ist hingegen Wirschings Versuch, die Inhaltsebene der antiliberalen und antidemokratischen totalitären Ideologie als »geschlossenes Weltbild« darzustellen, das unabhängig von der politischen Propagandapraxis und »immun gegen [...] Erfahrungswissen« gewesen sei (S. 8 f.). Denn die Geschlossenheit der Ideologie – verstanden als umfassender Gesellschaftsentwurf, der die Gesamtheit des Wirklichen in systematischer Weise zu erfassen sucht – traf eben vor allem auf die kommunistische Seite zu, während die faschistischen Einstellungen viel stärker erfahrungsorientiert und situationsangepaßt waren.

Der Typus der totalitären Partei ist nach Wirsching durch seine alle gesellschaftlichen Bereiche durchdringende »Kapillarfunktion« (S. 10) und durch die nach innen angestrebte Homogenität gekennzeichnet. Tatsächlich wurde die notfalls mit Zwangsmaßnahmen durchgesetzte Einheitlichkeit tendenziell sowohl bei den faschistischen wie auch den kommunistischen Bewegungen realisiert. Bei den Faschisten war sie jedoch weniger auf die Ideologie, wie Wirsching meint, sondern auf die kollektive Beteiligung an Gewaltaktionen, den Lebensstil und die Einsatzbereitschaft für die »Bewegung« bezogen, während bei den Kommunisten die 'richtige' ideologische Haltung ungleich wichtiger war. Pointiert könnte man formulieren, daß die Faschisten auf eine einheitliche Ausdrucksseite der Politik achteten, während die Kommunisten mehr auf eine einheitliche Inhaltsseite der Politik abhoben.

Zum totalitären Propagandaapparat zählt Wirsching die »Vergewaltigung des Menschen« (S. 12) durch die mit Absolutheitsanspruch auftretende »ideologiekonforme Propaganda«. Es handele sich bei der totalitären Propaganda, so Wirschings künstlich anmutende Begriffswahl, um den Versuch ein »virtuelles Nachrichtenmonopol« zu errichten (S. 12). Dieser Vorstellung liegt die Annahme von einer »zumindest tendenzielle[n] Einheit von Wort und Tat, von Agitation und Aktion« zugrunde (ebd.). Tatsächlich tauchen in diesem Modell Tat und Aktion jedoch nur als aus der »totalitären Ideologie« abgeleitete Größen auf – die originäre Prägekraft der Praxis findet kaum Berücksichtigung. Zudem hätte die totalitäre Propaganda mehr mit nicht-totalitären Propagandatechniken auf ihre angebliche Spezifik befragt werden müssen.

Das letzte totalitäre Element in Wirschings Modell, die paramilitärischen Organisationen, umfaßt recht unterschiedliche Einheiten wie die rudimentären »Gegnerdienste« der totalitären Parteien. Zu diesem Punkt gehört auch das Konzept des von der »totalitären Ideologie« völlig durchdrungenen und fanatisierten »politischen Soldaten« (S. 11). Äußere Kennzeichen seien die Uniformierung, die disziplinierte Marschformation und die rudimentäre Bewaffnung. Tatsächlich ist unstrittig, daß diese Elemente auf Faschisten und Kommunisten zutreffen. Allerdings stößt man auch hier wieder auf Wirschings Grundhaltung vom Primat der Ideologie, die eine entsprechende Vernachlässigung der Dynamik der propagandistischen Praxis, seiner voluntaristischen Elemente und der Bedeutung des internen Organisationsalltages für Ästhetik und Form der Gewaltaktionen nach sich zieht. Diese Elemente der politischen Praxis bleiben abermals außerhalb des ideologiefixierten Blickwinkels.

Wie im klassischen Totalitarismusmodell Friedrichs Gesellschaften von oben, also vom Staat her, gedacht werden, so werden auch bei Wirsching die »totalitären Bewegungen« vom Willen und der Vorstellung der zentralen und bestenfalls der örtlichen Leitungen und Kader her verstanden. Die Vergemeinschaftungspraxen an der Basis fallen aus dem Blickwinkel heraus. Aufgrund der polykratischen Struktur wenigstens der faschistischen Bewegungen sind diese jedoch von besonderem Interesse. Selbst hierarchisch strukturierte Organisationen werden nicht nur von oben per Beschlußlage mit einem Zweck ausgestattet. Die in den Organisationen ausgebildete Subkultur, ihre politische Praxis und die hier entwickelten Deutungsmuster, die internen Interaktionsweisen und Konflikte spielen für die Zwecksetzung eine bedeutende Rolle. Es ist somit davon auszugehen, daß nicht einmal in »totalitären Bewegungen« die Vorstellungen und Ansichten, die sich die Funktionäre von der einzuschlagenden Politik machten, mit der politischen Praxis übereinstimmte. Eine Vorstellung von diesen Aushandlungsprozessen fehlt in Wirschings Modell, das der

Faschismusforschung mit der Anlehnung an die Theorien sozialer Bewegungen insofern unterlegen ist.

Ein zweites Problem der Arbeit liegt darin, daß Wirsching sich an dem angeblich »nur selektiv rezipierten und kaum je in seinem Gesamtzusammenhang gewürdigten« (S. 514) Faschismusmodell Ernst Noltes orientiert. Dabei betrachtet er, in Anlehnung an Nolte, den Antikommunismus als »entscheidenden und autonomen Impuls des Faschismus« (S. 517, 513) und fragt dabei, inwiefern sich die Radikalität des Faschismus tatsächlich aus dem sozialistisch-kommunistischen Umsturz- und Revolutionsversuch speiste. Schon allein das Herausgreifen nur dieses einen Merkmals führt zu einer irreführenden Monokausalität, da sicher nicht alle entschiedenen Antikommunisten als Faschisten bezeichnet werden können. In seiner empirischen Untersuchung gelangt Wirsching zu dem Schluß, daß die »Radikalität« des Faschismus eine vom vorgängigen Kommunismus »abhängige Variable« (S. 516) gewesen sei. Eine differenzierte Konstellationsanalyse zeigt hingegen, daß ein enger Zusammenhang zwischen der Stärke der radikalen Sozialisten und Kommunisten einerseits und der Faschisten andererseits nicht durchgängig nachzuweisen ist. Wirschings Hypothese trifft zwar für einige Berliner Kieze in den Stadtteilen Wedding, Neukölln und Charlottenburg zu, galt aber eben nicht für die Hochburgen der SA, die in evangelisch-ländlichen Regionen Nord- und Ostdeutschlands lagen (Schlesien, Ostpreußen und Schleswig-Holstein), die für die Kommunisten mitgliedermäßiges Ödland waren. Hätte Wirsching eine sorgfältigere Analyse der Gewaltstatistiken vorgenommen, so wäre ihm nicht entgangen, daß die SA-Gewalt etwa zur Hälfte den Sozialdemokraten und eben nicht den Kommunisten galt. Es fügt sich freilich nicht in Wirschings Interpretationsschema, daß die SA einen Teil der Arbeiterbewegung angriff, der sie kaum per Gewalt herausgefordert hatte. Von »berechtigter« Verteidigung und reaktiver Gegengewalt kann somit keine Rede sein. Wirschings Studie bringt in konzeptioneller Hinsicht erhebliche Probleme mit sich. Die unzutreffende Verallgemeinerung der Berliner Verhältnisse auf Gesamtdeutschland stellt wohl die Hauptschwäche seiner Interpretation dar.

Sven Reichardt, Berlin

Sybille Steinbacher, »Musterstadt« Auschwitz. Germanisierungspolitik und Judenmord in Ostoberschlesien (= Quellen und Darstellungen zur Geschichte von Auschwitz; Bd. 2), Verlag K. G. Saur, München 2000, 419 S., 78 DM.

Manche lokal- und regionalgeschichtliche Analysen bestechen zwar durch Farbigkeit und Anschaulichkeit im Detail, doch geschieht dies bisweilen auf Kosten allgemeiner Zusammenhänge, die in der ausgreifend präsentierten lokalen Faktenfülle verlorengehen oder fälschlich als Ausdruck lokaler Entwicklungen gedeutet werden. Um es gleich vorwegzunehmen: Die Arbeit Sybille Steinbachers über die »Musterstadt« Auschwitz gehört nicht in diese Kategorie. Mit bestechender Souveränität arbeitet sie die Wechselbeziehungen und Zusammenhänge zwischen lokalen, regionalen und reichsweiten Entwicklungen heraus, so daß sich im lokalgeschichtlichen Brennglas ihrer Arbeit die Grundaxiome der nationalsozialistischen Bevölkerungs- und Vernichtungspolitik bündeln.

Im Zentrum ihrer Analyse steht die Entwicklung von Auschwitz zur deutschen »Musterstadt« im Kontext von »Germanisierung« und Massenmord. Bis 1918 war Auschwitz Teil der habsburgischen Monarchie gewesen und gehörte danach zum Territorium des neugebildeten polnischen Staates. Zum Zeitpunkt seiner Besetzung durch deutsche Truppen im Herbst 1939 lebten rund 8.000 Juden und 6.000 Polen in der Stadt, die Ende Oktober dem Regierungsbezirk Kattowitz bzw. der Provinz Schlesien zugeschlagen und damit dem Deutschen Reich einverleibt wurde. Nicht »fern im Osten«, sondern auf »reichsdeutschem« Territorium entstand ab 1941/42 die größte Mordstätte unter nationalsozialistischer Herrschaft.

Die dem Reich eingegliederten Gebiete sollten, anders als das neugebildete Generalgouvernement, durch ein Programm der »volkstumspolitischen Neuordnung« und »ethnischen Flurbereinigung« zügig »germanisiert« werden. Das hieß im Kern: Vertreibung und Deportation von Juden und Polen sowie die Ansiedlung von »Reichs«- und umgesiedelten »Volksdeutschen«. Aus Auschwitz wurde die jüdische Bevölkerung 1941 deportiert, nachdem sich eine Niederlassung der IG Farben dort etabliert hatte, in deren Gefolge sich mehr als 7.000 Reichsdeutsche in Auschwitz ansiedelten. Der beklemmende Zusammenhang von Massenmord und »deutschem Aufbau« wird von Steinbacher eindrucksvoll vorgeführt.

Für das Germanisierungsprogramm zeichnete nicht nur Heinrich Himmler als Reichskommissar für die Festigung deutschen Volkstums verantwortlich, sondern in besonderer Weise auch die regionalen schlesischen Machthaber, vor allem Gauleiter und Oberpräsident Josef Wagner und sein Stellvertreter als Oberpräsident, der spätere Widerstandskämpfer Fritz-Dietlof von der Schulenburg. Die von Steinbacher herausgearbeitete Tatsache, daß von der Schulenburg an der Deportation von Polen und Juden führend beteiligt war, fügt der seit langem geführten Debatte um das Verhältnis des deutschen Widerstandes zur »Judenfrage« eine weitere betrübliche Facette hinzu.

Die ausgreifenden Siedlungs- und Germanisierungspläne standen in Ostoberschlesien in einem erheblichen Spannungsverhältnis zur kriegswirtschaftlichen Bedeutung der Region, die nicht die Deportation dringend benötigter Arbeitskräfte, sondern ihre Ausbeutung zugunsten des Reiches nahelegte. Daher wurden die meisten der ostoberschlesischen Juden zur Zwangsarbeit herangezogen und dem SS-Oberführer Albrecht Schmelt unterstellt, dem »Sonderbeauftragten für den fremdvölkischen Arbeitseinsatz«.

Dieser Zwangsarbeitseinsatz begrenzte die Dynamik der »Germanisierungspolitik« und ermöglichte vielen ostoberschlesischen Juden bis 1943 ein zeitweiliges Überleben, ehe auch sie deportiert und ermordet wurden. Als in Auschwitz schon die Schornsteine der Krematorien rauchten, leisteten viele der ostoberschlesischen Juden in den Lagern der Dienststelle Schmelt immer noch Zwangsarbeit.

Das Nebeneinander, das Spannungsverhältnis und die Aporien der Planungen und Konzepte herausgearbeitet zu haben, gehört zu den großen Verdiensten der Arbeit Steinbachers. In Auschwitz offenbarten sich die Aporien in besonderer Weise, gehörte doch die Stadt zum »Oststreifen« des neu eingegliederten Ostoberschlesiens und damit zu einem Gebiet, in das Juden aus den westlicheren Regionen bevorzugt abgeschoben wurden. Letzteres und die gleichzeitig betriebene »Germanisierung« führten daher zu einer akuten Wohnraumnot, zumal die geplanten gigantischen Bevölkerungstransfers die logistischen Möglichkeiten weit überstiegen.

Diese selbstgeschaffenen Dilemmata trugen schließlich dazu bei, daß die Politik der Umsiedlung und Deportation in eine Politik des systematischen Massenmordes umschlug, deren kleinster gemeinsamer Nenner das von allen Beteiligten geforderte »Verschwinden« der Juden war. Wie die Autorin dieser vorzüglichen und überdies gut geschriebenen Studie resümierend feststellt, kam den Neuordnungsplanungen für den Massenmord eine wichtige Legitimationsfunktion zu. Sie waren jedoch nicht seine Ursache, sondern »der situative Ausdruck sowie die praktische mörderische

Anwendung einer tief internalisierten rassenideologischen Grundüberzeugung«.
Frank Bajohr, Hamburg

Bernd C. Wagner, IG Auschwitz. Zwangsarbeit und Vernichtung von Häftlingen des Lagers Monowitz 1941-1945 (= Darstellungen und Quellen zur Geschichte von Auschwitz; Bd. 3), K.G. Saur, München 2000, 378 S., 78 DM.

Die Geschichte des Konzentrationslagers (KZ) Auschwitz-Monowitz dokumentiert, so eine der zentralen Thesen des Autors, den Versuch, die Auslöschung der jüdischen Bevölkerung Europas mit der industriellen Produktion von Rüstungsgütern zu verbinden (S. 288). Wagners Arbeit ist also über die Fachwissenschaft hinaus für die aktuelle Diskussion um die Entschädigung ehemaliger KZ-Häftlinge und Zwangsarbeiter von einiger Bedeutung. Mehr noch: kaum etwas ist für diese Diskussion geeigneter als eine Untersuchung des Lagers Monowitz, das ab Juni 1942 errichtet wurde, um KZ-Häftlinge für den Bau des Buna- und Treibstoffwerks der IG Farben AG in Monowitz bei Auschwitz bereitzustellen. In Monowitz starben in den knapp vier Jahren von April 1941 bis Januar 1945 etwa 30.000 Menschen, von denen allein 25.000 Häftlinge des Lagers Monowitz waren. Kein Wunder, daß die Beteiligung der IG Farben an diesen Verbrechen seit dem Nürnberger IG Farben-Prozeß (1947) immer wieder Gegenstand der politischen Auseinandersetzung war, galt der dortige Industriekomplex doch zumindest in der Historiographie der ehemaligen DDR geradezu als Sinnbild für die verbrecherische Zusammenarbeit von Industrie und SS. Im Westen allerdings konnte sich das bereits im IG Farben-Prozeß angewandte Verteidigungsargument, die KZ-Häftlinge seien der IG durch den Staat aufgezwungen worden, lange halten. In der materialreichen Studie – Grundlage ist seine 1997 abgeschlossene Dissertation – geht der Autor mehreren Fragen nach, die immer wieder heftige Kontroversen in der Wissenschaftslandschaft ausgelöst haben. Haben die Manager der IG Farben die Standortentscheidung für das IG Farben-Werk in Monowitz bei Auschwitz im Hinblick auf die Arbeitskräfte des dortigen Konzentrationslagers getroffen? Welches Verhältnis bestand zwischen dem Konzentrationslager Auschwitz und dem Werk der IG Farben? Unter welchen Umständen lebten und arbeiteten die beim Aufbau des IG Farben-Werks beschäftigten Häftlinge? Und wie verhielten sich Direktoren und deutsche Arbeitskräfte angesichts der Massentötungen, die in nächster Nähe stattfanden? Hier bleibt Wagner keine Antwort schuldig. Nach akribischer Auswertung der bereits seit 1946/47 vorliegenden Quellen, ergänzt durch Unterlagen des Staatlichen Museums Auschwitz-Birkenau und des »Sonderarchivs« in Moskau, kommt er zu eindeutigen Ergebnissen. Er weist nach, daß die Aussicht auf Arbeitskräfte des seit 1940 bestehenden Konzentrationslagers Auschwitz bereits bei der Standortentscheidung für Monowitz eine erhebliche Rolle gespielt hat (u.a. S. 49). Zwar hätten auch andere Faktoren für den vorgesehenen Standort östlich der Stadt Auschwitz gesprochen, doch seien verschiedene Projekte der IG an anderen Orten wegen des herrschenden Arbeitskräftemangels nicht realisiert worden. Auch die Anforderung der Häftlinge des KZ für den Bau des Werkes sei auf Drängen der IG Farben erfolgt. Vehement und gut dokumentiert setzt sich Wagner gegen die apologetische Darstellung des Wirtschaftshistorikers Gottfried Plumpe zur Wehr, der noch 1990 die diesbezügliche Initiative staatlichen Stellen zugeschrieben hatte. Auch das 1987 erschienene Standardwerk des US-amerikanischen Historikers Peter Hayes zur Geschichte der IG Farben wird in einigen zentralen Punkten korrigiert.

Noch einen zweiten populären Irrtum klärt Wagner gleichsam en passant auf. Denn solange es herrschende Meinung war, daß der Einsatz von KZ-Häftlingen für die IG Farben vom NS-Regime befohlen wurde, solange konnte man unterstellen, daß das gesamte Projekt auf staatliche Initiative zurückging. Auch hier kommt Wagner zu bemerkenswerten Schlüssen. Er übernimmt den innovativen Ansatz von Karl Heinz Roth, der bereits 1989 festgestellt hatte, daß das Werk Monowitz mehr als nur ein kriegsbedingtes Provisorium gewesen sei; vielmehr sei hier die Grundlage für eine spätere Expansion der IG Farben nach Südosteuropa gelegt worden. Und tatsächlich kann Wagner anhand von zeitgenössischen Quellen nachweisen, daß bei der Konzeption des Werkskomplexes im Frühjahr 1941 Friedensplanungen eine große Rolle spielten. So seien zahlreiche spezialisierte Werksteile entstanden, die für den eigentlichen Zweck des Werkes – die Herstellung von synthetischem Kautschuk (Buna) – nur von untergeordneter Rolle waren, im Licht des Aufbaus einer »zivilen« Produktionspalette aber Sinn machten. Für den Bau und Ausbau der erforderlichen Zulieferbetriebe (Kohle, Energie, Vorprodukte) wurden weitere sieben Baustellen in Oberschlesien eingerichtet, auf denen zum Teil dann ebenfalls KZ-Häftlinge des Lagers Auschwitz eingesetzt wurden (S. 70). Bemerkenswert ist, daß sich der IG Farben-Konzern seine Selbständigkeit bei der Planung des Werks durch einen weitgehenden Verzicht auf eine Finanzierung der Anlage durch das Reich erkaufte. Wagner nimmt an, daß die IG möglicherweise technisch bereits so weit war, daß die Herstellungskosten des synthetischen Kautschuks mit dem natürlichen Kautschuk konkurrieren konnten und das Werk damit in die Rentabilitätszone geriet. Darüber hinaus kann er aber nachweisen, daß hier ein anderes Finanzierungsmodell zum Zuge kam: die IG Farben erhielten über erhöhte Abgabepreise der drei anderen bereits produzierenden Buna-Werke der IG indirekt hohe staatliche Subventionen (S. 56).

Im Herbst 1944 waren 30.000 Arbeiter und Angestellte in Monowitz tätig. Während drei Viertel der Angestellten Deutsche waren, rekrutierte sich die Arbeiterschaft aus mehr als einem Dutzend Nationalitäten. Insgesamt betrug der Ausländeranteil im Jahr 1944 über 80 Prozent. Damit steht fest, daß das Werk Auschwitz ohne den Einsatz von Zehntausenden von zivilen ausländischen Zwangsarbeitern sowie Kriegsgefangenen und anderen unfreiwilligen Arbeitskräften überhaupt nicht hätte errichtet werden können. Nur ein kleiner Teil der ausländischen Arbeitskräfte war aufgrund von Werbekampagnen der IG freiwillig nach Auschwitz gekommen. Die Ausländer und die deutschen Arbeiter waren in sieben Lagern rund um das Werksgelände untergebracht; hinzu kam das Lager für die KZ-Häftlinge (Lager IV). Nur ein Bruchteil der Deutschen hatte Wohnungen in und am Rande der Stadt Auschwitz beziehen können, aus der die einheimische Bevölkerung weitgehend vertrieben worden war. Detailliert beschreibt Wagner die extrem unterschiedliche Unterbringung, Verpflegung und medizinische Versorgung der jeweiligen Zwangsarbeitergruppen, die streng nach rassistischen Kriterien abgestuft war. Ein bemerkenswerter Exkurs gilt den (im übrigen weit besseren) Lebensumständen der bis zu 1.500 britischen Kriegsgefangenen, die in Monowitz arbeiteten. Sein Hauptaugenmerk richtet Wagner jedoch auf die Gruppe der KZ-Häftlinge, deren Zahl von einigen Hundert im Frühjahr 1941 auf etwa 7.000 (Ende 1943) und schließlich – nach Ankunft der ungarischen Juden in Birkenau – auf 11.350 im Sommer 1944 anstieg. Hierbei untersucht er auch das Verhältnis zwischen den IG Farben und der Kommandantur des KZ-Lagers, das konfliktreich und ständigen Wandlungen unterworfen war.

Als Lagerkommandant Rudolf Höß sein Einverständnis zur Abstellung von Häftlingen nach Monowitz gab, hatte sich die IG Farben im Gegenzug einverstanden erklären müssen, das KZ mit Baustoffen aus ihrem Materialkontingent zu beliefern. Exemplarisch waren auch die Schwierigkeiten bei der Stellung des Häftlingskommandos. Im April 1941 mußten die Häftlinge vom Stammlager Auschwitz zunächst zu Fuß zur sechs Kilometer entfernten Baustelle in der Nähe des ehemaligen polnischen Dorfes Monowice marschieren. Da die Häftlinge bereits erschöpft bei der Arbeit ankamen, drängten die IG Farben auf den Bau eines Lagers in der unmittelbaren Umgebung des Werksgeländes. Dessen Errichtung zog sich noch anderthalb Jahre hin. Zwischenzeitlich wurden die Häftlinge mit der Bahn von Auschwitz nach Monowitz gefahren; dann machte jedoch im Sommer 1942 eine Typhusepidemie im Stammlager jegliche Häftlingstransporte zwischen Werk und Lager unmöglich. Das Lager Monowitz wurde Ende Oktober 1942 erstmals mit Häftlingen belegt; es war von der IG finanziert (die Baukosten betrugen 5 Millionen Reichsmark) und mit eigenen Mitteln errichtet worden, wobei die IG zusätzlich den kostenintensiven »Sicherheitsbedürfnissen« der SS hatte Rechnung tragen müssen (elektrische Umzäunung, Bau von Arrestzellen usw.).

Den umfangreichsten Teil von Wagners Darstellung bilden die Abschnitte über die Lebensumstände der Häftlinge im Lager und bei der Arbeit. Für seine Darstellung der Rahmenbedingungen der Häftlingsexistenz greift der Autor nicht nur auf die Unterlagen der Nürnberger Prozesse zurück, sondern wertet auch Akten der Frankfurter Auschwitz-Prozesse sowie einige Häftlingsberichte aus. Einem neueren Trend der Forschung folgend, bezieht er die ambivalente Stellung der Funktionshäftlinge innerhalb der Lagerhierarchie in seine Untersuchung ein.

Der Arbeitseinsatz der Häftlinge gestaltete sich, anders als zu Beginn geplant, nie rentabel. Die Arbeitsleistung der Häftlinge lag nicht bei den geschätzten 75 Prozent der Leistung eines deutschen Arbeiters, sondern eher zwischen 20 und 50 Prozent. Die Häftlingsarbeit war damit, so Wagner, betriebswirtschaftlich gesehen sehr teuer. Die IG Farben drängten deshalb immer weiter auf eine »Ökonomisierung« der Häftlingsarbeitskraft. Rücksichtslose Ausbeutung bei der Arbeit und brutaler Terror nicht nur durch Kapos, sondern auch durch Werksangehörige waren die Folge. Der Tod war allgegenwärtig und konnte die schlecht bekleideten und unterernährten Häftlinge überall treffen: bei der kräftezehrenden Arbeit im Buna-Werk und den anderen Baustellen der IG Farben, beim Aufbau des Häftlingslagers oder im Häftlingskrankenbau. Der Krankenstand im Lager war so groß, daß allein der Häftlingskrankenbau zunächst aus sechs, später aus acht Blocks bestand und einen eigenen Lagerältesten erhielt. Die gegenüber den lokalen SS-Stellen und dem SS-Wirtschafts-Verwaltungshauptamt immer wieder vorgebrachte Forderung der IG Farben nach kräftigeren Arbeitskräften führte ab Anfang 1943 zur Herausbildung eines rigorosen Systems der Untersuchung der Arbeitsfähigkeit, bei dem sämtliche Häftlinge von SS-Ärzten flüchtig begutachtet und die schwachen ausgeschieden (»selektiert«) wurden; diese wurden wenige Tage später in den Gaskammern von Birkenau ermordet. Selektiert wurde zumeist im Häftlingskrankenbau, gelegentlich aber auch in den Häftlingsunterkünften und beim Ausmarsch zur Arbeit. Den Selektionen im Häftlingskrankenbau fielen insbesondere die jüdischen Häftlinge zum Opfer. Werksdirektor Walther Dürrfeld, der die SS ständig zur Lieferung neuer, »unverbrauchter« Häftlinge aufforderte, beteiligte sich mehrfach aktiv am Prozeß der Selektion (S. 180). Wichtige Informationen bietet auch der Abschnitt über die Räumung des IG Farben-Werks in Monowitz, dessen Werksleitung noch wenige Tage vor der Besetzung von Auschwitz durch die Rote Armee im Januar 1945 einen detaillierten Zeitplan für die Inbetriebnahme der Anlage erstellte. Wagner weist auf den hier in aller Deutlichkeit sichtbaren Realitätsverlust der Werksleitung hin – kein Einzelfall in jener Zeit. Eine kompakte Ausarbeitung über die IG Auschwitz und das Lager Monowitz im System der nationalsozialistischen Konzentrationslager resümieren den Stand der Forschung und die Thesen des Autors. Die letzten Abschnitte gelten der Zeit »nach Auschwitz«, beginnend mit der »Rückverlagerung« von Werksteilen bis hin zu der sich weit in die Nachkriegszeit hineinziehenden finanziellen Abwicklung; auch hier verdeutlicht die Darstellung das starke Interesse des Autors an unternehmerischen Fragen. Der Nürnberger IG Farben-Prozeß, die ersten Entschädigungsklagen gegen die IG Farben und die strafrechtliche Aufarbeitung der Vorgänge in Monowitz in den Frankfurter Auschwitz-Prozessen werden kurz referiert. Ein ausführliches Literaturverzeichnis sowie ein Orts- und ein Personenregister schließen den Band ab.

Kritikpunkte gibt es nur wenige. So bleibt Wagner mehr als einmal der Sprache der Quellen verhaftet, was zu stilistischen Ungeschicklichkeiten führt, die besser hätten vermieden werden sollen (»Sudetenkrise«, S. 35; »Polen und Juden«, S. 62). Ebenso stört die ständige Verwendung des NS-Begriffes »Aussiedlung« zur Bezeichnung der Zwangsvertreibung und anschließenden Ghettoisierung der jüdischen Einwohner der Stadt Auschwitz, die viele nicht überlebten; die nichtjüdischen Polen hingegen sollten, so Wagner wohl in Anlehnung an die Quellen, »erhalten bleiben« (S. 67) – gemeint ist: als Arbeitskräfte am Ort verbleiben. Außerdem hätte sich der Rezensent neben der extrem schematischen Skizze des Lagers Monowitz auf S. 337, auf der die Häftlingsblocks nicht numeriert sind, obwohl im Text ständig auf bestimmte Blocks Bezug genommen wird, zumindest eine Skizze der ausgedehnten Anlagen des Werks Monowitz sowie eine Karte der oberschlesischen Region gewünscht, wie sie beispielsweise in der zeitgleich und unter Mitwirkung von Wagner erschienenen Edition der Kommandanturbefehle des KZ Auschwitz vorhanden ist. Überhaupt ergibt ein Vergleich beider Publikationen gelegentlich merkwürdige Unstimmigkeiten: so wird in der Edition der Kommandanturbefehle ausdrücklich und zu Recht darauf hingewiesen, daß Himmler bei seinem ersten Besuch in Auschwitz keineswegs den Bau des Lagers Birkenau befohlen habe (S. 23 mit Anm. 85). In seiner Monowitz-Monographie wiederholt Wagner hingegen das von Höß in die Welt gesetzte Datum, das sich längst als Legende erwiesen hat (S. 58 und S. 209), wobei er paradoxerweise eine Aussage von Höß vom Oktober 1941, aus der sich das tatsächliche Datum des Baubeginns ergibt, zwar mehrfach zitiert (S. 73 mit Anm. 179 und S. 92), nicht aber richtig wertet. Statt sie auf den Baubeginn in Birkenau zu beziehen, wertet er den von Höß erwähnten Aufbau eines Lagerkomplexes in Auschwitz als »Basis für ein verstärktes Engagement der SS in der Rüstungsindustrie« (S. 92). Angesichts der Bedeutung von Birkenau im Prozeß der »Endlösung« ist dies mehr als ein peinlicher Lapsus.

Darüber hinaus hat der Autor darauf verzichtet, die benutzte Literatur in den Fußnoten vollständig zu zitieren; so bietet die erstmalige Erwähnung einer Sekundärquelle nur einen skelettierten Kurztitel, umständliches Blättern im Literaturverzeichnis ist die Folge. Und keineswegs den Usancen der Forschung entspricht es, wenn Akten summarisch nach Mikrofilm-Signaturen zitiert werden, die nur das IfZ verwendet (S. 71; vgl. S. 340), während sich die zugrundeliegenden Originalakten seit langem in Bundes- und Landesarchiven befinden. Hier ist der Autor zwar einen bequemen Weg gegangen, hat damit der Wissenschaft aber keinen Dienst erwiesen. Den Wert seiner Darstellung schmälert dies jedoch nicht.

Rainer Fröbe, Hannover

Michael Ruck, Bibliographie zum Nationalsozialismus, 2. erw. Aufl., 2 Bde., Wissenschaftliche Buchgesellschaft, Darmstadt 2000, 1610 S. plus CD-ROM, 420 DM (Einzelplatz, Subscription bis 31.12. 2001)

Bereits im Vorwort zur 2. erweiterten Auflage seiner monumentalen Bibliographie schenkt der Autor dem Leser einen Wermutstropfen ein. Statt eine Neuausgabe wie beim Erscheinen des ersten Bandes 1994 anzukündigen, spricht Michael Ruck diesmal vom definitiven Abschluß seines Werkes. Damit wird es vermutlich Jahrzehnte dauern, bis wieder einmal jemand den Mut aufbringen wird, ein Mammutunternehmen wie das der Bibliographie des Nationalsozialismus zu starten. Vielleicht sollte der Autor diese Entscheidung noch einmal überdenken, denn er weiß selbst am besten, daß der Berg, den der bibliographische Sisyphos zum Thema des »Dritten Reiches« emporklettern muß, von Jahr zu Jahr steiler und unüberschaubarer wird. Ruck steht zumindest jetzt, wenn auch nur für kurze Zeit, dem Gipfel nahe. Bereits seine Erstausgabe enthielt 20.261 Einträge, die Neuausgabe des Jahres 2000 fügt 16.762 weitere hinzu, birgt also nur sechs Jahre später fast das doppelte an Nachweisen. Die Belege reichen jetzt von Nr. 1, dem Reprint einer vom Statistischen Reichsamt herausgegebenen Bibliographie der Sozialwissenschaften, bis zu Nr. 37.077, Heike Stübens Aufsatz über Türken und rechtsradikale Jugendliche in einem Sammelband zur Gewalt in Deutschland. Insgesamt enthält die Bibliographie 17.609 Einträge zu Monographien, 11.857 zu Beiträgen in Sammelbänden und 7.557 zu Artikeln aus Zeitschriften und Zeitungen (auch Tageszeitungen). Der Editionszeitraum der bibliographierten Literatur umschließt die Zeit von 1945 bis Herbst 1999, nicht 1994, wie es irrtümlich in der Einleitung heißt. Letzte Nachträge stammen aus dem März 2000. Michael Ruck hat sein historiographisches Kompendium für den Suchenden klar gegliedert: In allen Sachgebieten und Themenfeldern werden unter Allgemeines zuerst Bibliographien und Literaturberichte, dann Quelleneditionen und Methodologisches dokumentiert, hiernach folgen die Darstellungen. Verdienstvollerweise gibt es meist noch einen Abschnitt Regional- und Lokalstudien, in dem sich die genannte Reihenfolge wiederholt.

Inhaltlich widmet sich die Bibliographie nicht nur dem Nationalsozialismus, sondern auch seiner Entstehung und seinen Nachwirkungen, bezieht also ausdrücklich die Zeit vor 1933 und nach 1945 ein. Das sollte auch nicht anders sein. Die Schwerpunkte umfassen Themen, die man erwartet, wie die NS-Ideologie, die Entwicklung der NSDAP und die Biographien führender Nazis, natürlich Abschnitte zu Repression und Judenverfolgung, zur Verwaltung, Wirtschaft, zum Krieg, zu Widerstand, Emigration und Exil, aber auch ausführliche Rubriken zum Arbeitsmarkt, zur Sozialpolitik, zum Fürsorge- und Wohnungswesen. Die Zeit nach 1945 dokumentiert die NS-Prozesse, die Geschichte von Entnazifizierung und Entschädigung sowie die wichtigsten Geschichtsdebatten.

Die Bibliographie enthält deutsch- und englischsprachige Literatur, außerdem viele französisch- und manche italienischsprachige Titel. Forschungen polnischer, tschechischer und israelischer Autoren finden sich hingegen nur als Übersetzungen oder als Teil deutsch- bzw. englischsprachiger Veröffentlichungen. Wie Ruck in seiner Einleitung eigens erwähnt, enthält die Bibliographie auch Literatur der DDR-Geschichtswissenschaft. Hier sind nicht nur die wichtigsten Monographien und Sammelbände vertreten, auch die Zeitschrift für Geschichtswissenschaft wurde für die Zeit vor 1989 ausgewertet. An der Behandlung dieser Zeitschrift muß aber zugleich ein Hauptkritikpunkt an der Bibliographie deutlich gemacht werden. Die der 2. Auflage dankenswerterweise beigefügte CD-

Rom erlaubt dem Leser (leider nur PC-, nicht aber Mac-Benutzern), schneller als bisher Autoren und Titel zu recherchieren, und – wenn auch mühsam – eigene Listen per Einzelkopie der ausgezeichnet bibliographierten Titel zusammenzustellen. Sie gestattet aber auch, sich Beiträge in Fachzeitschriften nach Jahrgängen aufführen zu lassen. Stichproben ergaben, daß einige wissenschaftliche Zeitschriften nicht systematisch ausgewertet wurden. Zwar enthält die Bibliographie solch illustre Zeitschriften wie »Luzifer und Amor«, umfaßt Publikationen aus Deutschland, den USA, Kanada, Großbritannien, Frankreich, Italien, Polen und Tschechien, und führt außerdem in interdisziplinären Ausmaß auch politikwissenschaftliche, ethnologische und pädagogische Periodika an. Doch vielleicht wäre hier weniger mehr gewesen. Auch wenn Ruck das Ziel seiner Bibliographie mit der flächendeckenden Erfassung der Nachkriegsliteratur ohne Anspruch auf Vollständigkeit beschreibt und der an der NS-Zeit Interessierte vielleicht das Fehlen einiger Artikel aus dem Archiv für Kommunalwissenschaften verschmerzen kann, so doch keineswegs eine systematische Auswertung der Zeitschrift für Geschichtswissenschaft, der Yad Vashem Studies oder der Holocaust and Genocide Studies. Es fällt dabei insgesamt auf, daß die achtziger Jahre weit besser berücksichtigt sind als die neunziger, was besonders bedauerlich ist, wenn man die rasante Entwicklung der NS-Forschung gerade im letzten Jahrzehnt bedenkt. Von der Zeitschrift für Geschichtswissenschaft läßt sich beispielsweise nur ein Teil der relevanten Aufsätze aus den Jahren 1996 bis 1998 auffinden. Ist der Jahrgang 1990 der Yad Vashem Studies ausführlich aufgenommen worden, so findet sich für die Jahrgänge 1993, 1994, 1997 nur je ein Beitrag. Die Jahre 1996 und 1998 fehlen ganz. Ähnliches gilt für die Holocaust and Genocide Studies. Inhaltliche Kriterien für diese Fehlstellen sind nicht nachvollziehbar. Hingegen scheint Ruck die Aufsätze in den angegebenen Sammelbänden vollständig erfaßt zu haben. Wegen der genannten Lücken drängt sich die Frage auf, ob im Vergleich dazu das Verzeichnen von so vielen Artikeln aus Tages- und Wochenzeitungen für den Benutzer wirklich Sinn macht. Selbst dann, wenn diese eine Rolle in öffentlichen Debatten zur Geschichte des Nationalsozialismus spielten, was nicht für alle bibliographierten Artikel gilt. Die wichtigen Beiträge aus den Printmedien wurden später sowieso meist in Sammelbänden nachgedruckt: Allein für die Goldhagen-Debatte weist die Bibliographie die Dokumentationen von Heil, Schoeps und Wippermann sowie diverse Literaturberichte und Darstellungen auf. In der Einleitung zu seiner Bibliographie schreibt Ruck außerdem, daß einige hundert Monographien doppelt aufgeführt wurden, um die Benutzung der Bibliographie zu erleichtern. Auch hier erschließt sich dem Rezensenten nicht, warum einige Bücher, ja sogar Artikel aus Sammelbänden mehrfach aufgeführt wurden, andere hingegen nicht. Unüblicherweise rubriziert Ruck darüber hinaus sogar ab und an Kapitel aus Monographien, während eine Vielzahl von Monographien nur einmal bibliographiert wird. Zudem stellt sich das Problem der Zuordnungen: Das Buch Saul Friedlaenders über Deutschland und die Juden 1933-1939 wurde unter Unrechtsmaßnahmen-Allgemeines verzeichnet, nicht aber unter Judenverfolgung, wo man es wohl zuerst sucht.

Kennt der Spezialist in seinem eng begrenzten Feld das Aufgeführte zumeist und vermißt nur Weniges, so gestattet die Bibliographie in »fremden« Sachbereichen in der Regel einen schnellen Überblick zum Forschungsstand. Insbesondere was die Alltags-, die Sozial- und Lokalgeschichte betrifft, konnten in der 2. Auflage eine Menge Lücken geschlossen werden. Nur anschließen kann man sich Rucks Bewertung, daß heute zwar mehr Arbeiten zur Unternehmens- und Militärgeschichte, zu wenige aber zur Rechtsprechung und zu den Verwaltungen im »Dritten Reich« vorliegen. Obwohl Ruck eine Renaissance biographischer Studien vermeldet, fehlen unterhalb der Spitzenebene dennoch weiterhin Biographien, ob zum Personal der Reichs- und Landesministerien, der Preußischen Provinzial- und den Kommunalverwaltungen, ebenso Kollektivbiographien und komparative Verhaltensanalysen. Problematisch für die dem Werk zu wünschende Verbreitung bleibt der Preis, der insbesondere Studenten und Nichtspezialisten abschrecken wird. Zu empfehlen ist Rucks Bibliographie ungeachtet aller Einschränkungen, die vor allem Anregung für eine 3. Auflage sein sollen. Unverzichtbar ist das Werk für jene Forscher und Interessierten, die eher anarchisch an die Literatursuche herangehen. Rucks Bibliographie ebnet viele Wege zu neuer wie bekannter Literatur, ob über die systematisch thematische Ordnung, ob über die Register oder über die Suchmaschine der CD-ROM.

Wolf Gruner, Berlin

Rolf-Dieter Müller/Gerd R. Ueberschär, Hitlers Krieg im Osten 1941-1945. Ein Forschungsbericht, Wissenschaftliche Buchgesellschaft, Darmstadt 2000, 451 S., 138 DM.

Müller und Ueberschär haben eine vollständig überarbeitete deutsche Ausgabe ihres zuerst 1997 auf englisch veröffentlichten Forschungsberichts zum deutschen Krieg gegen die Sowjetunion 1941 bis 1945 vorgelegt. Ziel der beiden Autoren war es, eine Bilanz der Forschung zu diesem Aspekt des Zweiten Weltkriegs zu ziehen, in der die wichtigsten Forschungswege dargelegt und Desiderata aufgezeigt werden sollten. Gleichzeitig ging es ihnen darum, in die jeweiligen Themenbereiche einzuführen und ausgewählte Literaturhinweise zu geben. Für drei von sieben Kapiteln hat Müller je einen Forschungsbericht mit einer anschliessenden Bibliografie verfaßt: zu Kriegspolitik und -strategie, zur Besatzungspolitik und zu unmittelbaren Kriegsfolgen. Für vier Kapitel zeichnet Ueberschär verantwortlich: zur militärischen Kriegführung, zum Weltanschauungs- und Vernichtungskrieg, zur Verdrängung und Vergangenheitsbewältigung sowie für das Fazit. Beide haben sich nicht auf deutschsprachige Literatur beschränkt, sondern in grossem Umfang auch die Historiografie des englischsprachigen Raumes sowie der Staaten des Ostblocks vor 1989 einbezogen, zum kleineren Teil auch Veröffentlichungen aus den Nachfolgestaaten der Sowjetunion sowie aus Israel. Ein detailliertes, nach Themen und Regionen gegliedertes Inhaltsverzeichnis erleichtert den raschen Zugriff. Sehr zu bedauern ist allerdings, dass sich das Autoren- und Personenregister auf die Forschungsberichte beschränkt und die umfangreichen Bibliografien, die über die Hälfte des Buches ausmachen, nicht mit einbezieht.

In den kenntnisreichen Rückblicken zur Entwicklung der Historiografie werden die jeweiligen politischen und gesellschaftlichen Kontexte der geschichtswissenschaftlichen Forschung immer mitberücksichtigt und die Veränderungen der Fragestellungen auf diese bezogen. Im Vorwort dieses deswegen sehr nützlichen Buches weisen Müller und Ueberschär darauf hin, dass ihre jeweilige Schwerpunktsetzung in den Forschungsberichten natürlich subjektiv sei. So wird beispielsweise dreimal an unterschiedlichen Stellen der Forschungsberichte in fast identischer Weise auf die Präventivkriegsdebatte eingegangen (S. 1-15, 82 f., 411 ff.). Im Kapitel zur Politik und Strategie diskutiert Müller zum grossen Teil die Problematik des Ribbentrop-Molotov-Abkommens vom Herbst 1939, alle übrigen strategischen Probleme und politischen Prozesse sind nur angerissen. In den Kapiteln von Ueberschär werden ideologische Faktoren extrem stark betont, gegenläufige oder vermittelnde Positionen hingegen nur kurz gestreift, so wird dem Leser ein eigenes Urteil nicht erleichtert. Abgesehen vom Kapitel zur Besatzungspolitik fehlen leider weitgehend auch Verweise auf neuere Fragestellungen und offene Forschungsfelder. Dies ist wohl auch dem Bemühen geschuldet, sowohl leicht verständliche Einführungen zu schreiben als auch die komplizierten Sachverhalte der historiografischen Diskussionen zu skizzieren. Die darstellenden Teile haben daher gegenüber den analytischen deutlich das Übergewicht, systematische Fragen werden oft nicht explizit entfaltet, schwingen jedoch untergründig mit. Das schmälert aber nicht den Wert des Buches als eine kompetente Einführung ins Thema sowie als nützliches bibliografisches Hilfsmittel.

Vor einer weiteren Auflage sollte aber eine Durchsicht dieses umfassenden Werkes auf Fehler hin stattfinden, von denen nur einige inhaltliche und formale genannt seien: Der Angriff auf Moskau begann am 2. Oktober 1941, nicht am 26. September (S. 93); nicht Himmler, sondern Heydrich forderte die Einsatzgruppen auf, Pogrome auszulösen, beziehungsweise nicht zu verhindern (S. 244); die Zerstörung der Ghettos in Weißrußland 1942 hatte keinen Zusammenhang zur »Aktion Reinhard« im Generalgouvernement (S. 248); der litauische Ausdruck Saugumas bezeichnet nicht die litauische Schutzpolizei, sondern die davon zu unterscheidende Sicherheitspolizei (S. 245); der »Generalplan Ost« des Reichssicherheitshauptamtes sah die Vertreibung von 31 Millionen Menschen vor, nicht von 80 Millionen (S. 311). Zudem werden zuweilen Autoren und Bücher genannt, die dann nicht in der Bibliografie auftauchen (S. 242 u. S. 250 f.) und die einmal von Andrzej Bodek und Thomas Sandkühler geplante Edition des Katzmann-Berichts zur Ermordung der galizischen Juden ist leider bisher nie erschienen (S. 284).

Christoph Dieckmann, Frankfurt am Main

Robert Bohn, Reichskommissariat Norwegen. »Nationalsozialistische Neuordnung« und Kriegswirtschaft (= Schriftenreihe des Militärgeschichtlichen Forschungsamtes, Bd. 54), Oldenbourg Verlag, München 2000, 508 S., 88 DM.

In seiner bereits 1994 abgeschlossenen Habilitationsschrift über die deutsche Besetzung Norwegens von 1940 bis 1945 ist Robert Bohn der Frage nachgegangen, mit welchen Instrumenten der Besatzungsherrschaft das NS-Regime versucht hat, »die wirtschaftliche und politische Einbindung Norwegens in das deutschbesetzte Europa zu verwirklichen«. Besonders ging es ihm um die Frage, »in welchem Maße kriegswirtschaftliche Vorhaben und Notwendigkeiten die Besatzungspolitik beeinflußt haben« (S. 27). Bisher waren von Nichtnorwegern außer rein militärgeschichtlichen Untersuchungen zur Eroberung Norwegens lediglich die deutsche Politik bis zum Herbst 1940 (Hans-Dietrich Loock 1965) untersucht worden, und Alan Milward hat 1972 die deutschen wirtschaftlichen Planungen analysiert, nicht aber deren Umsetzung. Die norwegische Forschung war und ist in ihren verschiedenen Zweigen der Frage verhaftet, welches Verhalten von Norwegern unter der Besatzung als »patriotisch« zu charakterisieren sei und welches nicht. Bohn nimmt in seinem Buch leider nur die Frage nach der deutschen Besatzungs- und Wirtschaftspolitik auf, die Frage nach der norwegischen Kooperation und Kollaboration wird immer wieder nur gestreift. Das ist umso bedauerlicher, als er mit einer enormen Fülle norwegischer Quellen gearbeitet hat und von daher in der Lage gewesen wäre, die norwegische Perspektive systematisch darzustellen; obendrein lautet ein Ergebnis von Bohns Arbeit, daß die deutsche Herrschaft in hohem Maße auf die norwegische Kooperation angewiesen war.

Die Lektüre des Buches hinterläßt zwiespältige Eindrücke. Man erfährt eine Unmenge von Einzelheiten über die Organisation und Arbeitsweise deutscher Behörden: des Reichskommissariats unter Josef Terboven, des SS-Apparates, verschiedener Reichsinstanzen, die Interessen in Norwegen verfolgten, sowie der Wehrmachtsbehörden. Entsprechend der Fragestellung Bohns haben die Hauptabteilung Volkswirtschaft der Zivilverwaltung sowie die deutsche Finanzpolitik dabei besonderes Gewicht erlangt. Deren Ziel lag in erster Linie darin, soviel wie irgend möglich von der norwegischen Wirtschaft für deutsche Zwecke zu mobilisieren. Zahlreiche Statistiken informieren über das Ausmaß der Ausbeutung, wobei die Wehrmacht am rükksichtslosesten auf die Nichtbeachtung norwegischer Interessen drängte, sowohl für die Versorgung der durchschnittlich in Norwegen stationierten 300.000 Soldaten als auch für die Kriegswirtschaft des Reiches. Die Probleme des Buches liegen zum einen in dem teilweise unkritischen Umgang mit dem Quellenmaterial. So wird zum Beispiel die Tätigkeit des deutschen Sicherheitsdienstes (SD) in Norwegen aufgrund von Nachkriegsaussagen der SD-Mitarbeiter selbst dargestellt, was die distanzlose Übernahme der Perspektive der SD-Leute impliziert (S. 87-91). Zum anderen erscheinen die der Darstellung zugrunde liegenden Kategorien problematisch. So liegt die wichtigste Trennlinie bei Bohn für die Beurteilung von Personen immer wieder darin, ob er sie als vermeintlich unpolitische Fachleute einschätzt oder als ideologisierte Politiker. Es gelingt Bohn nicht recht, beide Aspekte – Ideologie und Wirtschaft bzw. Fachkompetenz und Weltanschauung – zusammenzudenken, wie an der wichtigsten Person seiner Untersuchung deutlich wird, nämlich Terboven selbst. Durch das ganze Buch hindurch ziehen sich die unterschiedlichsten Einschätzungen des Reichskommissars. Mal erscheint er als »Alter Kämpfer«, mal als »nüchterner Realist«, mal als »Technokrat der Macht«, mal »als rücksichtsloser Autokrat«. In ähnlicher Weise schwanken Bohns psychologisierende Erklärungen, was dazu führt, daß persönliche Sympathien oder Antipathien einzelner Akteure auf einmal relevanter für das historische Geschehen erscheinen als die unterschiedlichen Interessen von Behörden und deren Konfliktaustrag. Außerdem kommt Bohn in seiner Darstellung der zahllosen Interessendivergenzen zwischen den unterschiedlichen Akteuren nie recht zu der eigentlich spannenden Frage, wieso denn dann die deutsche Besatzungspolitik in Norwegen zwar als Ganzes scheiterte, im einzelnen jedoch enorme Ressourcen für die deutsche Kriegswirtschaft herausziehen konnte. Ein weiteres Ergebnis von Bohn, daß nämlich die tatsächliche Besatzungsherrschaft wenig mit den hochtrabenden Neuordnungsvorstellungen zu tun hatte, sondern eine Kette von Improvisationen war, hätte dann vielleicht nicht der Schluß-, sondern der Ausgangspunkt der Analyse sein können. Die Anwendung des Polykratie-Modells auf die Situation in Norwegen hat auch in diesem Fall die analytische Kraft eher verkleinert als vergrößert. Dennoch gehört Bohns Arbeit zu den Untersuchungen deutscher Besatzungspolitik, die die Lektüre lohnen und wo man – meist quellengestützt – viel über deutsche Besatzungsherrschaft erfährt.

Christoph Dieckmann, Frankfurt am Main

1999. Zeitschrift für Sozialgeschichte des 20. und 21. Jahrhunderts, 16. Jahrgang, Heft 1, hrsg. im Auftrag der Stiftung für Sozialgeschichte des 20. Jahrhunderts von Angelika Ebbinghaus, Marcel van der Linden und Karl Heinz Roth, Verlag Peter Lang, Bern 2001, 248 S., 35 DM.

Die Zeitschrift 1999, inzwischen im 16. Jahr ihres Erscheinens, ist eines der wenigen Publikationsorgane, das geschichtswissenschaftliche Detailforschung immer mit zeitkritischen Stellungnahmen verbunden hat. Sie hat dies, den »Beiträgen« durchaus nicht unähnlich, stets aus einer dezidiert linken Perspektive getan. Daran hat sich auch im 1. Heft des Jahres 2001 nichts geändert. Zunächst beleuchtet der Soziologe Franck Düvell jenen Wandel in der Migrationspolitik, der sich im Zuge der Debatte über Deutschland als Einwanderungsland und über die Green Card für die IT-Branche angebahnt hat. An anderer Stelle macht uns Shmuel Amir mit seiner ganz persönlichen und sehr einseitigen Sicht der israelischen Politik gegenüber den Palästinensern vertraut, wie sie sich nach der Osloer Übereinkunft vom 13. September 1993 bis heute entwickelt hat. Ein anregender Beitrag Ulrich Brielers beschäftigt sich mit der komplizierten Rezeptionsgeschichte von Leo Koflers »Zur Geschichte der bürgerlichen Gesellschaft«, die dieser marxistische Soziologe schon 1948 veröffentlichte. Brieler weist nach, daß Kofler zu einem Zeitpunkt struktur- und sozialgeschichtliche Ansätze in seine Arbeiten integrierte, als die (west)deutsche Geschichtswissenschaft noch einem historischen Etatismus huldigte (S. 199 u. 201). An Koflers Werk bleibt insofern noch einiges zu entdecken. Der thematische Schwerpunkt des hier zu rezensierenden Heftes von 1999 liegt, wie vieler seiner Vorläufer, auf der NS-Forschung. Drei Aufsätze, eine Miszelle, eine Dokumentation und sechs von neun Rezensionen beschäftigen sich mit der Geschichte des »Dritten Reiches«. Im Zentrum stehen unterschiedliche Aspekte der nationalsozialistischen Okkupationspolitik. Der Themenblock beginnt mit Karl Heinz Roths anspruchsvollem Aufsatz zum »Krieg vor dem Krieg: Die Annexion Österreichs und die Zerschlagung der Tschechoslowakei 1938/39«. Der Autor, ausgewiesen durch einschlägige Studien zur NS-Okkupationspolitik, konfrontiert den Leser mit einer abstrakten Hypothese: Er deutet die ersten Expansionsschritte 1938/39 als Ausfluß einer sozio-ökonomischen Krise, in deren Verlauf sich »die Führungseliten der NS-Diktatur zur Flucht nach vorn« entschlossen hätten (S. 15). Einen ähnlichen Kausalzusammenhang zwischen innerer Krise und militärischer Expansion hatte schon Timothy W. Mason für den Angriff auf Polen im September 1939 behauptet und war seinerzeit in der NS-Historiographie auf einhellige Ablehnung gestoßen. Roth modifiziert Masons Hypothese nun dahingehend, daß sich das »Dritte Reich« bereits Ende 1937 in einer latenten Systemkrise befunden habe und der Weg zur militärischen Expansion deshalb beschritten worden sei, um den unmittelbar bevorstehenden Ausbruch dieser Krise zu verhindern (S. 16). Roth blendet aber die Krisenszenarien am Vorabend der jeweiligen Expansionsschritte weitgehend aus. Er konzentriert sich vielmehr darauf, die wirtschaftliche Ausbeutung Österreichs, des »Reichsgaues« Sudetenland und des Reichsprotektorats Böhmen und Mähren durch Deutschland zu skizzieren. Zwischen der einleitenden Thesenbildung des Autors und seinen späteren Ausführungen bleibt insofern eine Diskrepanz bestehen. Karsten Linnes Beitrag über »Deutsche Afrikafirmen im ‚Osteinsatz'« versteht sich als eine erste Annäherung an den Handel, den das »Dritte Reich« in den besetzten polnischen und sowjetischen Gebieten betrieb, ein bis dato vernachlässigtes Forschungsfeld. Zunächst einmal schildert der Autor die schlechte wirtschaftliche Lage der deutschen »Afrikafirmen« nach dem Ersten Weltkrieg, die in erster Linie daraus resultierte, daß sie von den Mandatsmächten enteignet worden waren. Dann skizziert Linne die nach 1933 einsetzenden Initiativen des Auswärtigen Amtes und des Reichswirtschaftsministeriums, den deutschen »Afrikafirmen« wieder auf die Beine zu helfen. In einem dritten Schritt beschreibt er dann die handelspolitischen Aktivitäten, die vor allen Dingen hamburgische und bremische Firmen im Generalgouvernement und in den Reichskommissariaten Ostland und Ukraine an den Tag legten. Bei der Thesenbildung schießt

Linne dann aber bisweilen über das Ziel hinaus. Es sind vor allem drei Dinge zu kritisieren. Erstens fehlt jeder Nachweis, daß es sich bei den von ihm genannten Unternehmen auch wirklich um »Afrikafirmen« im Sinne des Wortes handelte. Lediglich die Beispiele Dekage (S. 52 u. 67), C. F. Corssen & Co. (S. 68 f.), Deutsch-Westafrikanische Handelsgesellschaft (S. 73), Deutsch-Ostafrikanische Gesellschaft (S. 76 u. 89) und Togo-Ost GmbH (S. 85) vermögen in diesem Kontext zu überzeugen. Daß Linnes Terminologie stets zwischen »Kolonialfirmen«, »Außenhandelsfirmen« und »Überseefirmen« changiert (S. 50, 58, 65, 67, 70, 76 und öfter), trägt nicht zu großer Klarheit bei. Das zweite Problem des Aufsatzes besteht in Linnes These vom »kolonialen Blick«, der die handelspolitische Tätigkeit der von ihm untersuchten Firmen ausgezeichnet habe (S. 68). Damit suggeriert der Autor einen Erfahrungstransfer zwischen kolonial-überseeischem und besatzungspolitischem Außenhandel, der nur durch biographische und kollektivbiographische Untersuchungen nachweisbar wäre. Mein dritter Kritikpunkt betrifft Linnes Hypothese, daß viele der deutschen »Afrikafirmen« den Krieg durch den »Osteinsatz« überstanden (S. 90). Diese Behauptung mag perspektivisch zutreffend sein, ist aber vorerst nicht belegt. Alles in allem beweist Linnes Beitrag, wie notwendig Forschungen zur nationalsozialistischen (Außen)Handelspolitik während des Zweiten Weltkriegs noch sind. Über die immense Bedeutung dieses Handels für die nationalsozialistische Okkupationspolitik kann jedenfalls, dies zeigt Linne nachdrücklich, kein Zweifel mehr bestehen.

Uwe Spiekermanns Aufsatz über die »Vollkornbrotpolitik« im Dritten Reich widmet sich einer im weiteren Sinne kulturgeschichtlichen Thematik. Nach einer zu ausführlich geratenen Exposition zum Brotkonsum vor dem Ersten Weltkrieg schildert der Autor den Siegeszug, den der »Vollkornbrotgedanke« dann seit der Weltwirtschaftskrise im Deutschen Reich antrat. Nach der »Machtergreifung«, vor allem seit 1936, machten es sich die Brotindustrie, die Öffentliche Wohlfahrtspflege, Lebensreformbewegung, Ärzteschaft und das Hauptamt für Volksgesundheit der NSDAP zur Aufgabe, den Vollkornbrotkonsum zu propagieren (S. 110 f.).

Spiekermann rückt diese Propaganda völlig zurecht in den Kontext der rassistischen Gesundheitspolitik des NS-Regimes, denn der als gesund geltende Vollkornbrotkonsum wurde zunehmend als Notwendigkeit zur Erhaltung des »Volkskörpers« dargestellt. Nicht zuletzt in den besetzten Gebieten wurde das Vollkornbrot von den Okkupanten zur Nahrung einer »überlegenen Rasse« stilisiert (S. 124). Trotz aller Propaganda ließ sich der Konsum von Vollkornbrot im Zweiten Weltkrieg nur durch indirekte Zwangsmaßnahmen wie dessen Einsatz bei der Lagerverpflegung steigern. (S. 122 f.). Spiekermann zeigt, daß die nationalsozialistische Vollkornbrotpolitik auf der ganzen Linie scheiterte (S. 126).

Martin Seckendorfs Dokumentation über »Deutsche Baltikumkonzeptionen 1941-1944« beinhaltet insgesamt sieben Quellen, die – bis auf eine Ausnahme – aus dem Zentralen Historischen Staatsarchiv Lettlands in Riga stammen. Aus ihnen wird deutlich, wie umstritten die Frage der politischen Kollaboration mit den baltischen Völkern zwischen den Mitarbeitern des Reichsministeriums für die besetzten Ostgebiete (RMfdbO) und des Reichskommissariates Ostland war. Seckendorfs Interpretation, man habe im Grunde genommen stets starr an dem vor dem »Fall Barbarossa« fixierten »Baltikumprogramm« Alfred Rosenbergs festgehalten, ist durch die Dokumente nicht gedeckt. In diesem Zusammenhang vermag die eigentümliche Deutung, die Seckendorf der Verordnung des RMfdbO vom 7. März 1942 zur Bildung landeseigener Verwaltungen in Estland, Lettland und Litauen zuteil werden läßt, nicht zu überzeugen (S. 150, 152 f. u. 171). Darüber hinaus scheint Seckendorfs Kollaborationsbegriff zu unscharf. Im Baltikum war Verwaltungskollaboration auf kommunaler Ebene nämlich sehr wohl erwünscht, ähnlich auch (hilfs)polizeiliche Kollaboration. Lediglich der Kollaboration mit nationalen Parteien wollte man deutscherseits einen Riegel vorschieben.

Zu erwähnen bleibt noch eine Miszelle Paul Weindlings über Keith Mant, einen im letzten Jahr verstorbenen forensischen Pathologen, der 1946 für die britische Regierung wegen den von den Nazis begangenen Medizinverbrechen ermittelte. Mants Ermittlungsergebnisse gingen sowohl in den Ravensbrück-Prozeß als auch in den Nürnberger Ärzteprozeß ein. Ohne dessen Anstrengungen, so Weindling, hätte man kaum etwas über das Leid derjenigen Opfer erfahren, die von deutschen Ärzten in den Konzentrationslagern gequält und ermordet worden waren (S. 138). Alles in allem fällt die Bilanz des vorliegenden Heftes von 1999 verhalten positiv aus. Die eingangs zitierte Mischung aus tagespolitischen Kommentaren und historischen Studien regt in vielerlei Hinsicht zum Nachdenken an. Verdienstvoll sind die zweisprachigen Summaries der wissenschaftlichen Beiträge; eine Gepflogenheit, die auch anderen Zeitschriftenredaktionen ans Herz zu legen ist. Daß bei der Qualität einiger Aufsätze Abstriche zu machen sind, kann die Lesefreude nur bedingt trüben. Der kritische Leser wird auch an diesem Heft von 1999 nicht vorbeikommen.

Armin Nolzen, Warburg

Heike Kreutzer, Das Reichskirchenministerium im Gefüge der nationalsozialistischen Herrschaft, Droste Verlag, Düsseldorf 2000, 390 S., 78 DM.

Mit ihrer Tübinger Dissertation leistet Heike Kreutzer zweifellos einen wichtigen Beitrag zu der noch immer vernachlässigten Erforschung der öffentlichen Verwaltung im Nationalsozialismus. Auf der Grundlage der bis 1990 im Zentralen Staatsarchiv der DDR in Potsdam und heute im Bundesarchiv lagernden Akten des Reichsministeriums für die kirchlichen Angelegenheiten beabsichtigt sie, die Entscheidungsfindungsprozesse innerhalb dieser Behörde transparent zu machen und die Position des Reichskirchenministeriums im Spektrum konkurrierender Stellen der Partei und des Staates zu bestimmen, um so »das Kompetenzenchaos innerhalb der Kirchenpolitik aufzuhellen« (S. 3).

Die Arbeit gliedert sich in insgesamt fünf Kapitel. Im ersten Kapitel skizziert die Autorin die nationalsozialistische Kirchenpolitik bis zum Sommer des Jahres 1935 und leitet daraus her, warum es zur Errichtung einer eigens mit den kirchlichen Angelegenheiten betrauten Behörde kam. Das folgende Kapitel beschreibt zunächst, wie mit Erlaß vom 16. Juli 1935 die bisher beim Reichs- und Preußischen Ministerium des Innern und beim Reichs- und Preußischen Ministerium für Wissenschaft, Erziehung und Volksbildung liegenden kirchenpolitischen Kompetenzen im Sinne einer Sonderbevollmächtigung auf Hanns Kerrl übertragen wurden, der nicht einmal zwei Wochen später eigenmächtig dazu überging, mit »Reichsminister für die kirchlichen Angelegenheiten« zu zeichnen. Außerdem werden die dem Reichskirchenministerium »theoretisch zukommenden Kompetenzen« (S. 82) und die das Ressort berührenden Zuständigkeiten anderer Behörden übersichtlich aufgelistet. Der organisatorische Aufbau des Ministeriums sowie die institutionellen Veränderungen werden ge-

schildert und im Anhang durch Geschäftsverteilungspläne dokumentiert. Das dritte Kapitel ist dem Personal der Behörde gewidmet. Es enthält eine Fülle detaillierter biographischer Studien der leitenden Beamten, darunter Hanns Kerrl und Hermann Muhs, der das Ministerium nach Kerrls Tod im Dezember 1941 kommissarisch leitete. Die Autorin legt dar, daß die »ausgeprägte Fraktionsbildung« (S. 132) innerhalb des leitenden Personals weder auf die Generationszugehörigkeiten noch auf die unterschiedlichen eher staats- oder parteinahen Karriereverläufe zurückzuführen ist, sondern entlang der konfessionellen Grenze verlief. Ein eigenes Unterkapitel ist den im Ministerium beschäftigten Geistlichen vorbehalten, aus deren Reihen auch die meisten »Vertrauensleute« des Sicherheitsdienstes (SD) der SS kamen, der wiederum Martin Bormann über Vorgänge in den Kirchen und im Ministerium unterrichtete. Deren Einfluß auf die Kirchenpolitik auslotend kommt Kreutzer zu dem Schluß, daß der SD und der Stab des Stellvertreters des Führers »die eigentlichen zentralen Schaltstellen der NS-Kirchenpolitik waren« (S. 323). Die beiden letzten Kapitel untersuchen exemplarisch die Politik des Reichskirchenministeriums, und zwar für die katholische Kirche anhand der Umsetzung des Reichskonkordats und für die evangelische Kirche am Beispiel des »Gesetzes zur Sicherung der Deutschen Evangelischen Kirche«. Kreutzer formuliert als Fazit: »Organisatorische und personelle Strukturschwächen, ein gesundheitlich angeschlagener Minister und mächtige innerparteiliche Gegner, die zudem über ein für die Öffentlichkeit und den Reichskirchenminister unsichtbares Netz von 'Vertrauensleuten' und Informanten verfügten, ließen das Kerrlsche Ressort die schwächste Position in der Reihe der Staats- bzw. Parteistellen einnehmen, die für die kirchlichen Angelegenheiten zuständig waren« (S. 322).
Dieses Urteil über die Position des Reichskirchenministeriums im Herrschaftsgefüge des »Dritten Reiches« ist jedoch durch die vorausgegangene Untersuchung nicht hinreichend gedeckt. So wird die kirchenpolitische Vormachtstellung des SD und des Stabs des Stellvertreters der Führers beziehungsweise nach 1941 dann der Partei-Kanzlei nur punktuell belegt. Außerdem zeigen die Kapitel zum praktischen Verwaltungshandeln, daß zumindest auch die Ministerien Frick und Rust, das Auswärtige Amt und das Amt Rosenberg sowie die zuständigen Länderministerien die nationalsozialistische Kirchenpolitik beeinflußten. Dennoch wird der kirchenpolitische Handlungsspielraum der Länderministerien nicht ausgelotet, und auch den Nachweis, daß jede einzelne der auf Reichsebene agierenden Stellen auf die Kirchenpolitik des Regimes einen stärkeren Einfluß ausübte als das Ministerium Kerrl selbst, bleibt die Arbeit schuldig. In ihrem Fazit unterschlägt Kreutzer zudem, daß sich ihre Analyse im wesentlichen auf die Konstellation vor Kriegsbeginn beschränkt.
Die bei der Interpretation der Ergebnisse auftretenden Probleme verweisen auf theoretische und methodische Schwächen der »sich paradigmatisch verstehende[n] Analyse der obersten Verwaltungsbehörde Reichskirchenministerium« (S. 3). So kündigt die Autorin bereits in der Einleitung an, sie werde Erkenntnisse über »die Struktur der nationalsozialistischen Herrschaft« nicht etwa am konkreten Fall gewinnen, sondern vielmehr »deduktiv vom Allgemeinen zum Besonderen des Reichskirchenministeriums« (S. 11) vorgehen. Dabei setzt sie die nationalsozialistische Herrschaftspraxis als bekannt voraus, überblendet die einschlägigen Forschungskontroversen und schließt summarisch auf die »Zwitterhaftigkeit« oder auch »Janusköpfigkeit« des Regimes. Anstatt also etwa den Erklärungsgehalt der Polykratiethese sowie der intentionalistischen oder funktionalistischen Deutung zu prüfen, verschwimmen die konträren Interpretationen wie auch das

Spannungsverhältnis von Partei und Staat schematisch im bloßen Nebeneinander: »So wie die nationalsozialistische Herrschaft im Allgemeinen war das Reichskirchenministerium im Besonderen beschaffen: halb staatlich, halb Bewegung und zugleich immer mobilisierend« (S. 16). Desweiteren wirft der Anspruch, das Ministerium »auch innerhalb der deutschen Gesellschaft insgesamt zu verorten« (S. 11), erhebliche methodische Probleme auf. Der angestrebte Nachweis der These, die Herrschaft des Nationalsozialismus sei von einem gesellschaftlichen Konsens getragen worden, läßt sich wohl kaum für das Ministerium als Institution führen. Die Zustimmung zur nationalsozialistischen Kirchenpolitik innerhalb der Beamtenschaft des Ministeriums aufzeigen zu wollen, kommt einer Spiegelung von Akteuren und Adressaten politischen Handelns gleich. Um sie aber für die katholische und evangelische Kirche in den Jahren von 1933 bis 1945 zu belegen, wäre insbesondere die Stimmung im Kirchenvolk zu untersuchen, was auf der von der Autorin gewählten Quellenbasis schwerlich möglich ist. Die genannten Schwächen in der theoretischen und methodischen Fundierung dieser Studie zeigen überdies, daß die verwaltungsgeschichtliche Erforschung des Nationalsozialismus noch einer weiteren Konzeptualisierung bedarf.

Marnie Schlüter, Münster

Sabine Hering/Kurt Schilde, Das BDM-Werk »Glaube und Schönheit«. Die Organisation junger Frauen im Nationalsozialismus, Verlag Metropol, Berlin 2000, 228 S., 36 DM.

Der Bund Deutscher Mädel (BDM) stellt zweifelsohne die besterforschte Organisation nationalsozialistischer Jugenderziehung dar. In den in den letzten 20 Jahren erschienenen Studien von Martin Klaus, Dagmar Reese, Gabriele Kinz und Birgit Jürgens ist die BDM-Erziehung umfassend analysiert worden. Nur das BDM-Werk »Glaube und Schönheit«, 1938 für junge Frauen zwischen 17 und 21 Jahren ins Leben gerufen, ist noch nicht Gegenstand wissenschaftlicher Untersuchungen gewesen. Die Erziehungswissenschaftlerin Sabine Hering und der Historiker Kurt Schilde, beide ausgewiesen durch Studien zur NS-Frauenpolitik und zum Jugendalltag im »Dritten Reich«, wollen dazu beitragen, diese Forschungslücke endlich zu schließen. Zu diesem Zweck haben sie eine Publikation zum BDM-Werk »Glaube und Schönheit« erarbeitet, die aus einer Einleitung (S. 20-55), einem Dokumententeil (S. 56-126) sowie zwölf Interviews mit ehemaligen Funktionärinnen und Angehörigen des BDM besteht (S. 127-218). Im Mittelpunkt des Erkenntnisinteresses, das Hering und Schilde verfolgen, stehen zwei Fragen. Zum einen beabsichtigen sie, institutionelle Strukturen und Aktivitäten des BDM-Werkes »Glaube und Schönheit« detailliert nachzuzeichnen. Zum anderen wollen sie jene Auswirkungen untersuchen, die die erzieherischen Tätigkeiten dieser BDM-Organisation auf ihre Angehörigen hatten (S. 20). Es geht den Autoren also zusätzlich um eine Wirkungsanalyse der Erziehung im BDM-Werk »Glaube und Schönheit«.

In der Einleitung rekapitulieren Hering und Schilde zunächst einmal die Forschungsgeschichte zum BDM und analysieren die Aussagen der Zeitzeuginnen. Dann zeichnen sie Gründungsgeschichte, Struktur und Funktion des BDM-Werkes »Glaube und Schönheit« nach. Erklärtes Ziel dieser Organisation war es – so die Aussage Jutta Rüdigers, der früheren Reichsreferentin des BDM – ihre Angehörigen zur »gemeinschaftsgebundenen Persönlichkeit« zu erziehen (S. 35). Dies geschah in Arbeitsgemeinschaften mit 10 bis 30 Mitgliedern, in denen »Leibeserziehung«, »gesunde Lebensführung«, »persönliche Lebensgestaltung« und »politische und geistige Bildung« unterrichtet wurden (S. 48-51). Hering und Schilde lassen keinerlei Zweifel daran, daß das Ziel des BDM-Werkes »Glaube und Schönheit« ein ideologisches gewesen ist (S. 21 u. 41). Allerdings billigen sie der Ideologie bei der Analyse der Erziehungswirkungen nur wenig Prägekraft zu und schätzen die Reichweite der weltanschaulichen Indoktrination im BDM-Werk »Glaube und Schönheit« eher als gering ein (S. 35). Hering und Schilde arbeiten, im Anschluß an die bisherige BDM-Forschung, vor allem die »positiven« Seiten heraus, die das BDM-Werk »Glaube und Schönheit« für dessen Angehörige besaß, also Möglichkeiten zum sozialen Aufstieg und Chancen zur Individualisierung (S. 20 u. 33 f.). Ihre Hypothese, daß diese »positiven« Aspekte hauptsächlich den Funktionärinnen zugute gekommen seien und sich das »Fußvolk« im BDM-Werk »Glaube und Schönheit« eher mißbraucht gefühlt habe, ist allerdings wenig überzeugend. Hier bedarf es noch weiterer biographischer und kollektivbiographischer Forschungen.

Die Dokumente, die im zweiten Teil der vorliegenden Untersuchung abgedruckt worden sind, stammen – bis auf eine Ausnahme – aus dem offiziellen Schrifttum der Reichsjugendführung der NSDAP. Aus ihnen lassen sich sowohl organisatorische Verfaßtheit als auch Arbeitsweisen des BDM-Werkes »Glaube und Schönheit« rekonstruieren. In diesem Zusammenhang werden auch die »Kriegseinsätze« des BDM-Werkes »Glaube und Schönheit« erstmals umfassend dokumentiert (S. 86-100). Auf die Frage nach den Erziehungswirkungen gibt das von Hering und Schilde präsentierte Quellenmaterial jedoch nur wenig Auskunft. Nur ein aus Privatbesitz stammendes »Schulungsprotokoll« (S. 115-118) erweist sich in dieser Hinsicht als aussagekräftig. Regelrecht ärgerlich sind die unzähligen Reproduktionen von zeitgenössischen Zeitungsartikeln und die 21 Fotos, die auf den Seiten 104-107, 110, 113, 114, 120 und 123 abgedruckt wurden. Sie bilden die BDM-Erziehung aus der propagandistisch verzerrten Perspektive der Herrschenden ab und zeigen eine »heile Welt« der Diktatur, die es in dieser Form kaum gegeben hat. Ausführliche quellenkritische Bemerkungen und eine Kontextualisierung dieser Dokumente wären vonnöten gewesen. Ähnliches gilt für die zwölf Zeitzeugeninterviews, die Hering und Schilde dem Leser im dritten Teil ihrer Darstellung präsentieren. Kritische Annotationen zu den mitunter bedenklichen Aussagen sucht man auch hier vergeblich. Hering und Schilde ist es zweifelsohne gelungen, das Forschungsfeld zum BDM-Werk »Glaube und Schönheit« zu öffnen. Dennoch bleiben viele Fragen offen, die es erforderlich machen, daß sich die NS-Forschung in Zukunft weiter mit dieser Thematik befaßt.

Armin Nolzen, Warburg

Dirk Rupnow, Täter, Gedächtnis, Opfer. Das »Jüdische Zentralmuseum« in Prag 1942-1945, Picus Verlag, Wien 2000, 231 S., 39,80 DM.

Das Leben unter nationalsozialistischer Herrschaft wird meist auf die Darstellung von Opfern oder Tätern reduziert, denn ähnlich wie das Gedächtnis kann sich offensichtlich auch die Geschichtswissenschaft nur schwer mit der Komplexität historischer Vorgänge anfreunden. Diese eindimensionale Perspektive verläßt Dirk Rupnow mit seinem Buch über das »Jüdische Zentralmuseum in Prag 1942-1945«. Normalerweise handelt es sich bei einem Museum um einen öffentlichen Gedächtnisspeicher zur Darstellung, Überlieferung und Interpretation der Leistungen eines Kollektivs in der Geschichte. Trifft diese Definition auch auf das während des Zweiten Weltkriegs in Prag eingerichtete Jüdische Museum zu? Ähnlich wie Museen in Deutschland betont die 1906 in Prag und 1910 in Warschau unter Obhut der Jüdischen Gemeinden errichteten Institutionen eine Differenz der jüdischen Minderheit und nicht etwa deren Integration oder Assimilation. Dennoch verlief die Geschichte dieser Museen höchst unterschiedlich. Während die Sammlung der in Frankfurt am Main gegründeten »Gesellschaft zur Erforschung jüdischer Kunstdenkmäler« nach der Deportation ihres Direktors Franz Landsberger in das KZ Sachsenhausen 1938 aufgelöst wurde, konnten die Exponate des Jüdischen Museums Danzig 1939 in einer einzigartigen Rettungsaktion nach New York überführt werden.

Im Unterschied dazu entstand das »Jüdische Zentralmuseum« in Prag in den Jahren 1942 bis 1945 als eine Institution unter deutscher Besatzungsverwaltung. Die im Bildteil des Buches wiedergegebenen Fotographien, die zu den wenigen erhalten gebliebenen Originaldokumenten dieses Museums gehören, zeigen in 16 Szenen, wie auf kleinen Bühnen mit Wachsfiguren das Leben der Juden dargestellt werden sollte. In der Retrospektive erscheinen diese Darstellungen wie ein »Fundbüro des Todes«, das nach dem nationalsozialistischen »Endsieg« die Nachkommen der Täter über die Rituale und Gewohnheiten einer vernichteten Kultur unterrichten sollte.

Umrahmt von einem Prolog und einem Epilog versucht Rupnow im Hauptteil seines Buches, auf der Grundlage der fragmentarischen Quellenüberlieferung die Museumsgeschichte in den Jahren 1942 bis 1945 zeitlich, räumlich und inhaltlich zu kontextualisieren. Bei den Exponaten für das geplante Museum handelte es sich vor allem um den enteigneten und gestohlenen Besitz deportierter Juden, der in 54 Lagerhäusern, darunter elf Synagogen, verstaut und zeitweise von mehr als 40 von der SS überwachten jüdischen Wissenschaftlern und Kuratoren verwaltet und betreut wurde. In einem abgeschlossenen Raum – die Öffentlichkeit war nicht zugelassen – sollte eine scheinbar heile Welt dargestellt werden, während sich gleichzeitig das reale Leben für die Juden in Prag in einen alltäglichen Horror verwandelte. Im November 1942 betrieb Staatssekretär Karl Hermann Frank, für den die »Endlösung der Judenfrage« im Protektorat Böhmen und Mähren seit langem eine beschlossene Sache war, die systematische Deportation der jüdischen Bevölkerung.

Im Unterschied zur Studie von Jan Björn Potthast, die sich mit den bei der Realisierung dieses Museumsprojekts hervortretenden wirtschaftlichen und ideellen Interessen beschäftigt (siehe dessen Artikel in dem vom Fritz Bauer Institut herausgegebenen Jahrbuch 2000 »'Arisierung'. Volksgemeinschaft, Raub und Gedächtnis«), geht es Rupnow vor allem um die gedächtnistheoretischen Implikationen dieses Vorhabens. Bedeutsam erscheinen vor allem zwei Dinge: Zum einen die Einbettung des Museums in die nationalsozialistische Wissenschaftslandschaft, zum anderen die Wiedereröffnung des »Staatlichen Jüdischen Museums Prag« nach dem Ende des Krieges. Im Rahmen des ersteren sollte, wie in anderen nationalsozialistischen Einrichtungen auch, hier zum ersten Mal in der Geschichte »Judenforschung ohne Juden« betrieben werden. Die von Reinhard Heydrich geförderte »Ostforschung« an der deutschen Universität in Prag war das zentrale Experimentierfeld einer an rassenbiologischen Kriterien orientierten Wissenschaft. Dies bildete den Hintergrund für die von der SS betriebene, scheinbar absurde Bewahrung der Erinnerung an jüdisches Leben, während sie dieses gleichzeitig in ganz Europa auslöschte.

Obwohl die Jewish Cultural Reconstruction nach dem Krieg die Rückerstattung eines großen Teils der Exponate an die ehemaligen Besitzer veranlaßte, verfügte das Museum weiterhin über eine äußerst umfangreiche Sammlung von Judaica. Bereits im Juni 1946 wurde die Ausstellung für das Publikum geöffnet; die offizielle Eröffnung des »Staatlichen Jüdischen Museums Prag« fand vier Jahre später im April 1950 statt.

Die Einbindung des alten Museumsprojekts zur NS-Zeit in den Prozeß des staatlich organisierten Völkermords war jedoch zu keiner Zeit ein Thema. Ausgespart blieb vor allem auch die Mitarbeit jüdischer Wissenschaftler am Aufbau dieses kulturellen »Reservats«. Trotz der offensichtlich loyalen Zusammenarbeit mit den deutschen Besatzern – eine Tatsache, die Rupnow ausdrücklich betont – stellt er die These auf, die Einrichtung des Museums habe möglicherweise auch als subversive Bewahrung jüdischer Eigenständigkeit gedient. Um diese Interpretation zu überprüfen, wäre es mit Sicherheit eine lohnenswerte Aufgabe, in einer vergleichenden Studie die Unterschiede zum Ringelblum-Archiv zu untersuchen. Dessen Sammlung wurde von den Bewohnern des Warschauer Ghettos unter Lebensgefahr zusammengetragen und konnte nur unter klandestinen Bedingungen bis in die Nachkriegszeit bewahrt werden. Obwohl beide Institutionen das Ziel verfolgten, jüdisches Leben unter nationalsozialistischer Herrschaft zu dokumentieren, hätte ihre praktische Umsetzung und ihre gedächtnistheoretische Bedeutung unterschiedlicher nicht sein können. Anstatt jedoch den Spannungsbogen zwischen Kollaboration und Widerstand am Beispiel des Jüdischen Museums in Prag exemplarisch zu überprüfen, verweist Rupnow lediglich auf die literarische Verarbeitung des Themas in dem Buch des ehemaligen Museumsmitarbeiter Jirí Weil mit dem Titel »Mendelssohn auf dem Dach«.

Auch wenn Rupnows Studie in ihrer Thesenbildung keineswegs stringent, sondern eher assoziativ vorgeht, muß die für eine geschichtswissenschaftliche Betrachtung ausführliche Quellenkritik positiv hervorgehoben werden. Auch der methodische Ansatz ist innovativ. Das Buch ist vor allem ein Beitrag zu einer kulturwissenschaftlichen Auseinandersetzung mit der Shoah und der nachfolgenden Erinnerungspolitik. In der unabwendbaren Gewaltförmigkeit der Geschichte und der absoluten Hoffnungslosigkeit dieses kulturellen Schaffens drückt sich sinnfällig eine Sichtweise aus, die Walter Benjamin einmal folgendermaßen formuliert hat: Es gebe kein Dokument der Kultur, das nicht gleichzeitig ein solches der Barbarei sei.

Anne Klein, Köln

Phillipp-Christian Wachs, Der Fall Oberländer (1905-1998). Ein Lehrstück deutscher Geschichte, Campus, Frankfurt am Main/New York, 2000, 533 S., 78 DM.

Anfang Mai 1960 trat Theodor Oberländer, Bundesminister für Vertriebene im Kabinett Adenauer, zurück. Wenige Tage zuvor hatte ihn ein DDR-Gericht in Abwesenheit wegen Beteiligung an Kriegsverbrechen im besetzten Osteuropa zu lebenslanger Haft verurteilt. Damit endete eine Karriere, die mit der Teilnahme an Hitlers Putschversuch 1923 in München begann. 1933 in die NSDAP eingetreten, war Oberländer in den 30er Jahren ein wichtiger Exponent der »Ostforschung« in Königsberg und wechselte 1937 zum militärischen Geheimdienst. 1941 agierte er an der Spitze des deutsch-ukrainischen Spezialverbandes »Nachtigall«, 1942/43 war er mit einer weiteren von ihm aufgebauten Spezialeinheit »Bergmann« im Kaukasus tätig und zu Beginn des Jahres 1945 bei der »Russischen Befreiungsarmee«. Nach dem Krieg beriet er den US-amerikanischen militärischen Geheimdienst. 1953 wurde er zum Bundesminister ernannt.

Phillipp-Christian Wachs hat sich in seiner von Michael Wolffsohn betreuten Dissertation mit dem sogenannten Fall Oberländer befaßt. In drei Abschnitten behandelt er zunächst die Vorkriegs- und Kriegszeit, dann die politische Kampagne der DDR gegen Oberländer, und schließlich dessen Nachkriegskarriere und seine politischen und juristischen Auseinandersetzungen mit den ihm vorgeworfenen Kriegsverbrechen.

Wachs konnte dabei unter anderem auf private Notizen, Briefe und Tagebücher Oberländers zurückgreifen, die dieser ihm zugänglich machte. Darüber hinaus führte der Autor sowohl mit Oberländer als auch mit weiteren Zeitzeugen Interviews.

Wachs gelingt es, zumindest Zweifel an der Haltbarkeit von zentralen Vorwürfen gegen Oberländer zu wecken, dem unter anderem als »Mörder von Lemberg« der Mord an 38 polnischen Professoren und die Beteiligung an dem Pogrom gegen mehrere Tausend Juden in Lemberg im Juni/Juli 1941 zur Last gelegt wurde. Interessant ist auch seine Ausleuchtung der Aktivitäten hinter den Kulissen des DDR-Prozesses gegen Oberländer, die aufzeigt, daß das politische Interesse an einer Verurteilung das juristische Ziel einer Aufklärung der genauen Tatumstände überwog. Wachs' politische Bewertung der DDR als einem »historisch wurzellosen Gebilde« mit seinen »Mechanismen des instrumentalisierten Antifaschismus« (S. 500 f.) verleitet ihn allerdings zu einem nicht immer wissenschaftlichen Umgang mit den Quellen. So wird aus dem vagen Hinweis, Indizien und Überläufer-Aussagen würden darauf hindeuten, daß die antisemitischen Schmierereien in der BRD zur Jahreswende 1959/60 »eine wenigstens teilweise von außen, sprich: Ost-Berlin, gelenkte Aktion« (S. 197) im Zusammenhang mit der DDR-Kampagne gegen Bonner Politiker gewesen sei, im Laufe der Arbeit eine feststehende Behauptung (S. 251, 370, 502).

Zu einem quellenkritischen Umgang hätten ebenfalls einige Anmerkungen zu der von Wachs genutzten Edition der Denkschriften Oberländers gehört. Diese – offensichtlich von Oberländer autorisierte Veröffentlichung – wurde 1987 von der Zeitgeschichtlichen Forschungsstelle Ingolstadt und von deren Leiter Dr. Alfred Schickel kommentiert herausgegeben. Sie erschien im Mut-Verlag. Wachs legt weder den rechtsextremen Hintergrund von Herausgeber und Verlag offen noch kommentiert er ihn.

Insgesamt kann man sich auch des Eindrucks nicht erwehren, daß der Autor streckenweise die kritische Distanz zur Person seiner Forschungen verloren hat. So fällt zum einen seine offensichtliche Bewunderung für Oberländers »gesunden Ehrgeiz« und »geschmeidigen Pragmatismus« auf (S. 317, vgl. auch S. 482 ff). Zum anderen umgeht er Fragen, die sich bei der Lektüre eigentlich aufdrängen. Eine davon ist die nach Oberländers Verhältnis zum Massenmord an der jüdischen Bevölkerung nach dem Überfall auf die Sowjetunion. Wachs charakterisiert Oberländer wegen seiner Schriften aus den 30er Jahren zwar als geistigen Wegbereiter, die Weiterentwicklung von der Deportation bis zum industriellen Massenmord hätten aber andere, radikalere Akteure übernommen (S. 495). Statt kritisch der Frage nachzugehen, was Oberländer von diesen Entwicklungen hielt, hinterläßt Wachs' Darstellung einen apologetischen Eindruck. Im Abschnitt zur Sowjetunion werden zum Beispiel Oberländers politische Differenzen zur SS stark hervorgehoben. Sein Ansatz, Teile der slawischen Bevölkerung als abhängigen und untergeordneten Bündnispartner eines »Großdeutschlands« gegen das als Hauptfeind betrachtete sowjetische Imperium einzubinden, geriet in Widerspruch zu dem ausgeprägten Antislawismus der Vertreter des »Generalplan Ost« (vgl. S. 167 ff). Da Wachs an keiner Stelle problematisiert, daß diese Position nichts über Oberländers Haltung zum Judenmord aussagt, entsteht der Eindruck, Oberländer sei Gegner des Vernichtungskrieges gewesen (vgl. auch S. 483 ff.). In gleicher Weise wirkt die Beschreibung von Oberländers Engagement für eine Gruppe von Bergbewohnern im Kaukasus, die als »Bergjuden« von der SS bedroht waren (vgl. S. 119 ff. u. 492). Oberländer hielt diese allerdings nicht für Juden (vgl. ebd.). In seinem Fazit konstatiert Wachs darüber hinaus das Fehlen von schriftlichen Äußerungen Oberländers nach 1939 zum Schicksal der Juden in Osteuropa (vgl. S.

495). Dabei unterläßt er den Hinweis auf die Denkschrift vom 9. November 1942, in der dieser von einer zufriedenen Bevölkerung »an den Grenzen Osteuropas« spricht, als Deutschlands »sichersten Schutz gegen das Eindringen bolschewistischer Ideen« - »nachdem das Judentum in diesen Gebieten ausgeschaltet ist«!

Diese Stellungnahme Oberländers verweist auf das nazistische Denkmodell, das im Judentum den Träger »jüdisch-bolschewistischer Ideen« sah, der im »Weltanschauungskrieg« gegen die Sowjetunion als »Todfeind« ausgerottet werden sollte. Eine Konstruktion, die in der ideologischen Rechtfertigung des Massenmordes an der jüdischen Bevölkerung eine zentrale Rolle spielte. Diesem Hinweis auf Oberländers möglicher Zustimmung zur Mordpolitik geht Wachs nicht nach – obwohl der überzeugte Nationalsozialist und, wie der Autor mehrfach betont, bis zu seinem Tod fanatische Antikommunist Oberländer zum Beispiel 1937 in einem Vortrag »das osteuropäische Judentum« als den »aktivste(n) Träger kommunistischer Ideen« bezeichnet hatte (S. 161). Im »Fall Oberländer« bleiben also auch nach dieser Untersuchung noch viele Fragen offen.

Babette Quinkert, Berlin

Fabrice Virgili, La France »virile«. Des femmes tondues à la Libération, Payot, Paris 2000, 392 S., 145 FF.

Es gehörte zu den Nachwirkungen der deutschen Besatzung Frankreichs im Zweiten Weltkrieg, daß man nach der Befreiung Französinnen das Kopfhaar abrasierte und sie öffentlich brandmarkte, weil sie sexuelle Beziehungen mit Deutschen unterhalten hatten. Mit dem bislang kaum erforschten Kapitel der »femmes tondue«, der geschorenen Frauen, beschäftigt sich die im Herbst letzten Jahres veröffentlichte Dissertation des Pariser Historikers Fabrice Virgili, Mitarbeiter des renommierten Institut d'histoire du temps présent. Seine fundierte und wegweisende Studie zeigt, wie fruchtbar Fragen nach dem Zusammenhang von Besatzung, Befreiung und Geschlechterverhältnissen für die historische Forschung sein können. Auf der Basis unveröffentlichten Schriftguts aus zahlreichen französischen Archiven sowie zeitgenössischen Presse-, Bild- und Filmmaterials untersucht Virgili die konkreten Umstände dieser Form der »épuration« (der »Säuberung« im Nachkriegsfrankreich) und analysiert, warum es zur gewaltsamen Verfolgung von Frauen kam.

Es handelte sich um ein Massenphänomen, das nach vorsichtigen Schätzungen des Autors mindestens 20.000 Frauen betraf und sich über das gesamte französische Territorium erstreckte. Wenngleich die weitaus meisten Kopfrasuren während und nach der Befreiung im August/September 1944 stattfanden, begann die Verfolgungspraxis bereits Mitte 1943 und reichte – mit einem neuerlichen Höhepunkt nach der deutschen Kapitulation im Mai 1945 – bis in das Jahr 1946. Die mehrjährige Dauer widerlegt die verbreitete Annahme, daß das Haarescheren Ausdruck eines »spontanen Volkszorns« gewesen sei oder daß sich dabei in erster Linie solche Franzosen hervorgetan hätten, die selbst erst 1944 auf die Seite der Résistance übergewechselt seien – eine haltlose Unterstellung, wie Virgili darlegt. Er interpretiert die massenhafte Gewaltanwendung gegen tatsächliche oder vermeintliche Kollaborateurinnen während der Befreiungsphase vor dem Hintergrund einer Gesellschaft im Übergang zwischen Okkupation und Neubeginn und einer Zeit zwischen Krieg und Frieden, in der die Präsenz der Besatzer selbst in den schon befreiten Gegenden noch allgegenwärtig war, zumal täglich neue Greueltaten der Deutschen bekannt wurden, Angst vor ihrer Rückkehr existierte und die Befreiung keineswegs endgültig war. In dieser Umbruchsituation konnte die Verfolgung der mit den Besatzern identifizierten Frauen als kollektiver

Akt der Befreiung und Selbstvergewisserung verstanden werden. 1944 wurden die betroffenen Französinnen in aller Öffentlichkeit und inmitten der auf den Straßen versammelten Menschenmassen geschoren oder mit kahlem Kopf durch den Ort geführt. Waren die Verantwortlichen zumeist männliche Résistance-Angehörige, so handelten sie nicht selten auf Drängen der Bevölkerung, die an der öffentlich zelebrierten Bestrafung – gegen die die Behörden nur gelegentlich einschritten – teilnahm. Zum ersten Mal schlossen sich Résistance und Bevölkerung zusammen, um gemeinsam Gewalt auszuüben, was nicht zuletzt dadurch ermöglicht wurde, daß die geschorenen Frauen weder Waffen noch Beschützer hatten. Ihre Demütigung diente zur Herstellung eines patriotischen Kollektivs (manchmal wurde beim Scheren die Marseillaise gesungen), das als unverzichtbare Voraussetzung für den Neuanfang galt. »Der lächerliche Charakter einer Handlung, bei der die Haarschneidemaschine das Gewehr ersetzt und die Geschorene den Feind verkörpert, kann ihre identitätsstiftende Funktion nicht verschleiern« (S. 310), schreibt Virgili. Wie er nachweist, ging es vor allem um die Wiederherstellung einer männlichen Identität, die durch die militärische Niederlage und die Besatzung nachhaltig erschüttert worden war.

Von vereinzelten Ausnahmen abgesehen, schor man ausschließlich Frauen den Kopf. Entgegen der vorherrschenden Meinung handelte es sich keinesfalls speziell um die Ahndung des sexuellen Verkehrs mit den Deutschen, sondern um die geschlechtsspezifische Bestrafung der Kollaboration – traf diese Strafe doch auch diejenigen Französinnen, die etwa der politischen oder ökonomischen Kollaboration bezichtigt wurden oder die in deutschen Dienststellen und Unterkünften gearbeitet hatten. Der geschlechtsspezifische Charakter der Strafe schloß allerdings nicht aus, daß Frauen zusätzlich – und ebenso wie Männer – von der Justiz belangt wurden und daß sich die »wilde« bisweilen mit der legalen »Säuberung« verband.

Etwa der Hälfte der geschorenen und einem Drittel der vor Gericht gestellten Frauen wurde indes ein sexueller Umgang mit Deutschen vorgehalten, und dies wiederum war ein Vorwurf, der sich exklusiv gegen Frauen richtete. Der Autor betont zu Recht, daß sexuelle Beziehungen mit Angehörigen der Besatzungstruppen den Verlauf des Zweiten Weltkriegs nicht beeinflußten und daß die faktische Belanglosigkeit dieser Handlung sich umgekehrt proportional zu der großen symbolischen Bedeutung verhielt, die den sexuellen Beziehungen zugeschrieben wurde. Hierzu gehört beispielsweise, daß man die Zusammenarbeit Vichys mit der Besatzungsmacht – anknüpfend an die Vorstellung des Frauenkörpers als Symbol der Nation – häufig in sexuellen Gleichnissen beschrieb, oder daß man den angeklagten Frauen unterstellte, sie hätten unabhängig von ihrer sozialen Herkunft und allein aufgrund ihrer persönlichen Verbindung zu den Deutschen ein ausschweifendes Leben führen können – tatsächlich befanden sich viele der Geschorenen in prekären materiellen Verhältnissen –, während es der Masse der unter dem deutschen Joch leidenden französischen Bevölkerung sowohl an Lebensmitteln als auch an Vergnügungen mangelte. Zudem wurde der Verrat von Frauen zumeist als sexueller, als Verrat des Körpers gedacht, weshalb die Strafe nicht zufällig auf die weiblichen Schönheitsattribute abzielte (um die geschorenen Frauen mit Hakenkreuzen zu bemalen, wählte man gelegentlich einen Lippenstift) und eine Desexualisierung des weiblichen Körpers bezweckte.

Darüber hinaus wurden Vorwürfe gegen die geschorenen Frauen erhoben, die sich nicht auf eine Kollaboration mit der Besatzungsmacht, sondern auf die Abweichung von einem normgerechten weiblichem Lebenswandel bezogen, wie Ehebruch, Abtreibung und Verletzung der Mutterpflichten. Solche Anschuldigungen gingen mit der Praxis einher, die der Kollaboration bezichtigten Französinnen einer medizinischen Untersuchung auf Geschlechtskrankheiten zu unterwerfen oder von ihnen ein ärztliches Attest zu verlangen, das die Jungfräulichkeit bescheinigte. Somit erwies sich die »Säuberung« Frankreichs von Kollaborateurinnen auch als ein Mittel, die männliche Kontrolle der weiblichen Sexualität durchzusetzen – und dies zu einem Zeitpunkt, der gemeinhin als Markstein der politischen Gleichstellung gilt, erhielten die französischen Frauen doch 1944 erstmals das Wahlrecht.

Insa Meinen, Oldenburg

Peter Novick, The Holocaust in American Life, Houghton Mifflin, Boston 1999, 373 S., 27 US-$ (Deutsche Ausgabe: Nach dem Holocaust, Der Umgang mit dem Massenmord, Deutsche Verlags-Anstalt, Stuttgart 2000, 431 S. , 44 DM).

(Die Besprechung bezieht sich auf die amerikanische Ausgabe, bei Zitaten und Seitenangaben wurde die deutsche Ausgabe zu Grunde gelegt)

In seinem provokativen, informativen, aber verstörenden Buch fragt Peter Novick »Warum heute?« – warum nämlich hat der Holocaust wachsende Bedeutung für die kollektive Identität erst der amerikanischen Juden und dann im öffentlichen Bewußtsein in den USA angenommen? Warum wurde dieses Ereignis – das zentral für die europäische, jüdisch-europäische und deutsche Geschichte war – so wichtig für den öffentlichen Diskurs in Amerika und für die öffentlichen und politischen Aktivitäten der führenden Organisationen, die für die amerikanischen Juden sprechen, vor allem des American Jewish Committee, des American Jewish Congress und der Anti-Defamation League?

Novicks zentrales Argument betrifft die Beziehung zwischen kollektiver Identität und kollektiver Erinnerung in einer Zeit, da der religiöse Glaube schwindet; die Transformation von Einstellungen gegenüber universell oder aber ethnisch definierten Identitäten sowie gegenüber ungerechter Verfolgung in der amerikanischen und amerikanisch-jüdischen Kultur; den ausdrücklich politischen Gebrauch, den jüdische Organisationen aus Amerika von der Erinnerung an den Holocaust machen, um die jüdische Identität und die amerikanische Unterstützung für Israel zu stärken; und einen Schwenk innerhalb der jüdischen Gemeinschaft in den USA zur politischen Rechten. Weil die religiösen und kulturellen Quellen jüdischer Identität spärlicher flossen, habe der Holocaust »als geradezu einziger gemeinsamer Nenner der Identität amerikanischer Juden den Bedarf nach einem gemeinsamen Symbol gedeckt« (S. 19 f.). Darin sahen religiöse jüdische Vertreter und Führer jüdischer Organisationen eine Möglichkeit, um »sinkender Religiösität« und der wachsenden Zahl gemischter Ehen – der drohenden »demographische Katastrophe« – entgegenzuwirken (S. 20). Wo amerikanische Juden ihre Bemühungen früher auf die säkular-universalistischen Implikationen des Erbes der biblischen Propheten konzentrierten, war die »Erklärung des Holocaust zum Sinnbild jüdischer Erfahrung« nun »eng mit der nach innen und nach rechts gerichteten Tendenz der amerikanischen Juden in den letzten Jahrzehnten verknüpft« (S. 23). Während führende Juden, die diese Wendung unterstützten, dies als Ausdruck jüdischen Stolzes und Bewußtseins sahen, betrachtet Novick es als Beispiel für einen bedauerlichen ethnischen Partikularismus, was eine Abkehr von jener universalen Botschaft bedeutet, der sich Novick verbunden fühlt und die für ihn das Jüdische eher kennzeichnet.

Während viel von der Aufmerksamkeit, die Novicks Buch auf sich gezogen hat, sich auf die letzten Jahrzehnte bezieht und weiter beziehen wird, beschäftigen sich die wertvollsten Kapitel mit der Präsenz bzw.

Abwesenheit der nazistischen Verfolgung und Vernichtung der europäischen Juden in der amerikanischen öffentlichen Debatte vor und während des Zweiten Weltkriegs. Novick erinnert mit Recht an die tiefe Verwurzelung des Antisemitismus in der amerikanischen Gesellschaft. In der schicksalhaften Wahl von 1940, die die deutsche Botschaft in Washington plump zu beeinflussen versuchte, präsentierte die Republikanische Partei Slogans wie »Es ist Euer Land – Warum wollt Ihr es von Sidney Hillman [einem prominenten jüdischen Gewerkschaftsführer] regieren lassen?«, und einige Kandidaten attackierten den »Jew Deal« und »Präsident Rosenfeld«. In Erwiderung auf David Wyman und andere, die Roosevelts Administration des »Im-Stich-Lassens« der europäischen Juden angeklagt haben, zitiert Novick Bemühungen des Office of War Information der Roosevelt-Administration, die amerikanische Öffentlichkeit zu überzeugen, daß die Deutschen »jedermanns Feind seien«. Ihre Absicht war nicht, das Leiden der europäischen Juden zu ignorieren, sondern in einem Amerika mit weitverbreitetem Antisemitismus »die Vergrösserung des Spektrums nationalsozialistischer Opfer, nicht die Verkleinerung« (S. 27). Zu propagieren, daß die amerikanische Intervention auf einen Krieg zur Rettung der Juden hinauslief, hätte aus ihrer Sicht die Unterstützung für den Kampf gegen die Nazis geschwächt, den Isolationisten in die Hände gespielt und wie eine Bestätigung der nationalsozialistischen Propaganda über den jüdischen Einfluß auf Roosevelt gewirkt. In Novicks Worten: Roosevelt »mußte die Öffentlichkeit, insbesondere Nativisten und Isolationisten, davon überzeugen, daß das stärkere Engagement im europäischen Krieg im nationalen Interesse der USA lag – eine Angelegenheit der Selbstverteidigung war, nicht bloß globalistische Unterstützung; er wollte nicht den Anschein erwecken, jüdische Interessen bestimmten die amerikanische Politik« (S. 74). Novick erweitert die Diskussion, indem er jenseits von Eliten und Entscheidungsträgern heutige Leser zu Recht darauf hinweist, daß der Angriff der Nazis auf die Juden Europas im amerikanischen öffentlichen Bewußtsein der Kriegszeit allgemein nur von sekundärer Bedeutung war. Trotzdem bleibt es eine offene Frage, ob der enorm populäre Franklin Roosevelt mehr hätte tun können, um das gesellschaftliche Klima zu ändern, indem er das Thema der Judenverfolgung in generelle Erklärungen wie die Atlantik-Charta eingebunden hätte. Novick verweist auf die oft übersehene Tatsache, daß es unter den Bedingungen der Appeasement-Politik, des Hitler-Stalin-Pakts, der amerikanischen Isolierung, der schnellen Wiederaufrüstung Nazideutschlands, seiner erfolgreichen Blitzkriege 1939-1941, die zur deutschen Kontrolle über den Kontinent von 1940/41 bis 1944 führten, für die praktischen Aussichten zur Rettung der europäischen Juden düster aussah (S. 83). Wie Holocaust-Historiker herausgearbeitet haben, hatten die Nazis – mit Ausnahme des Mordes an den ungarischen Juden im Sommer und Herbst 1944 – das meiste dessen, was später als der Holocaust bezeichnet wurde, bis Ende 1943 begangen, lange bevor die amerikanischen oder britischen Streitkräfte irgend etwas tun konnten, um den Völkermord zu stoppen. (Ob die sowjetische Luftwaffe, entweder allein oder zusammen mit der amerikanischen und britischen, 1942 oder 1943 die Vernichtungslager hätte bombardieren können, ist eine Frage, die kaum Aufmerksamkeit in der Forschung gefunden hat.)

Da der Holocaust während des Krieges teilweise deshalb marginalisiert wurde, weil eine linksliberale US-Regierung eine Gefährdung der Kriegsunterstützung durch den heimischen Antisemitismus fürchtete, betrachtet Novick das Schweigen über den Mord an den europäischen Juden im Nachkriegsamerika als bedauerliche Begleiterscheinung des Kalten Krieges. Als die Vereinigten Staaten Kräfte mobilisierte, um die Sowjets – ihren früheren Verbündeten gegen die Nazis – in Schach zu halten und dafür ihre früheren Gegner im nunmehrigen Westdeutschland in die westliche Allianz einzubinden, »war es nicht nur wenig hilfreich, sondern hinderlich, wenn über den Holocaust gesprochen wurde« (S. 117). Es war die »falsche Greueltat« (S. 119), um antisowjetische Gefühle zu mobilisieren. Auch die Totalitarismustheorie trug laut Novick zur Marginalisierung des Holocaust bei, weil sie die Aufmerksamkeit eher auf die politische als auf die ethnische Identität der Opfer des Nationalsozialismus lenkte und die Gemeinsamkeiten zwischen Nazideutschland und der Sowjetunion betonte. »Umgekehrt hätte jeder Hinweis, daß die Ermordung der europäischen Juden ein zentrales, wenn nicht bestimmendes Element des nationalsozialistischen Regimes war, das Argument für die prinzipielle Identität beider Systeme [Nationalsozialismus und Kommunismus, d. Verf.] untergraben. Daher wird man in der ausufernden Literatur über den Totalitarismus lange suchen müssen, um wenigstens einige spärliche und oberflächliche Bemerkungen über den Holocaust zu finden« (S. 119).

Novick bezieht sich hier auf eine weit verbreitete Konsequenz der Totalitarismustheorie. Doch wie Lesern von Hannah Arendts »Die Ursprünge des Totalitarismus« oder der folgenden Arbeiten von Karl D. Bracher, Lucy Dawidowicz und Jacob Talmon bewußt ist, legte die Totalitarismustheorie durch ihre Betonung des autonomen Einflusses ideologischen Fanatismus' weit mehr Gewicht auf Antisemitismus und die Besonderheiten der jüdischen Katastrophe, als es die politikwissenschaftlichen Versionen des Totalitarismus in Carl J. Friedrichs Werk oder westliche linke und kommunistische Analysen der ökonomischen Ursprünge des Totalitarismus im Kapitalismus taten. Überdies hat Novick Recht, daß in den fünfziger Jahren die amerikanische Erinnerung an den Zweiten Weltkrieg wenig mit der an den Holocaust oder mit der an den Krieg an der Ostfront zu tun hatten. Auch dies war »die falsche Greueltat« bzw. waren die falschen Verbrechen in der Epoche dessen, was Norbert Frei »Vergangenheitspolitik« genannt hat – die verfrühte Reintegration und Freisprechung beschuldigter oder verurteilter Nazikriegsverbrecher in Westdeutschland. In den USA wie in der Bundesrepublik Deutschland der Fünfziger paßte die Erinnerung an den Holocaust nicht gut in das neue Koordinatensystem des kollektiven Gedächtnisses und der Allianzen im Kalten Krieg (vgl. mein Buch, Zweierlei Erinnerung. Die NS-Vergangenheit im geteilten Deutschland, Berlin 1998). Zudem konzentrierten sich Offizielle des American Jewish Committee und anderer Organisationen darauf, der immer noch weitverbreiteten Vorstellung einer Verbindung zwischen Juden und Kommunisten im öffentlichen Bewußtsein entgegenzuwirken. Daraus entstand eine Kluft zwischen privatem jüdischem Gram und Bedauern sowie zurückhaltendem Schweigen in der Öffentlichkeit über den Holocaust. Statt dessen schwenkten führende jüdische Vertreter auf die Betonung des kommunistischen und sowjetischen Antisemitismus ein, ein Mittel zur Abwehr der populären Wahrnehmung, die Juden und Kommunisten verband, besonders nach dem Spionageprozeß und der Hinrichtung von Ethel und Julius Rosenberg. Sie befanden sich damit zunehmend im Gleichklang mit dem Antikommunismus des Kalten Krieges. Als zum Beispiel das American Jewish Committee eine Pressemitteilung herausgab, nach der die ostdeutsche Regierung »Nichtarier« nach den Selektionskriterien nationalsozialistischer Rassengesetzgebung verfolgte, war dies ein Irrtum, jedoch keine – wie Novick es ausdrückt – »groteske Konstruktion« (S. 136). Tatsächlich führte die ostdeutsche Regierung 1952/53 eine Säuberungsaktion durch, die viele jüdische Mitglieder in Partei und Regierungsapparat betraf und Führer der jüdischen Gemeinde zumindest so stark beängstigte, daß die wichtigsten von ihnen in jenem Winter in den Westen flohen. Die Säuberung beruhte nicht auf der NS-Rassengesetzgebung und richtete sich nicht gegen »Nichtarier« oder gegen alle Juden. Es verblieben Juden in der ostdeutschen Regierung und in der SED. Doch die antisemitischen Töne der Aktion waren für jedermann offenbar, der Angriffe auf die internationale Verschwörung der Zionisten, Kapitalisten und Imperialisten im »Neuen Deutschland« las. Novick bemerkt zwar scharfsinnig den Einfluß, den eine Konzentration auf dieses oder jenes Thema hatte. Man würde sich aber wünschen, er hätte erheblich stärker betont, daß die Nachkriegsgeschichte der Sowjetunion und der kommunistischen Regierungen Osteuropas bedeutende Fälle antisemitischer Verfolgung umfaßte; daß der Entschluß amerikanischer jüdischer Organisationen, ihr Augenmerk auf den Slansky-Prozeß oder die ostdeutsche Säuberungsaktion zu richten, vollkommen berechtigt war und daß solche Kritik nicht unbedingt ein Nullsummenspiel zur Folge hatten in dem diese Organisationen in der Öffentlichkeit weniger über den Holocaust sprachen, weil sie das Vorgehen der kommunistischen Regierungen während des Kalten Krieges kritisierten.

Kurz, in den ersten Nachkriegsjahrzehnten, als der Antisemitismus zurückging, die Wirtschaft einen Aufschwung erlebte, der Sieg im Zweiten Weltkrieg gefeiert wurde und es keine Identitätspolitik gab, war der Holocaust »ein unpassendes Symbol für die damalige Stimmung, und das ist sicher einer der Hauptgründe dafür, daß er am Rande des Bewußtseins blieb« (S. 156). In den späten vierziger Jahren befürchteten das American Jewish Committee, das in New York beheimatete Jewish Labor Committee, die Jewish War Veterans und die Anti-Defamation League alle, daß eine Betonung der Juden als Opfer antisemitischer Stereotypen Vorschub leisten würden. Darum lehnten sie den Bau eines Holocaustmahnmals in New York ab, weil es »ein ewiges Denkmal der Schwäche und Wehrlosigkeit des jüdischen Volkes« und daher »nicht im Interesse der Judenschaft« wäre (S. 168). Ein weiterer Grund für die andauernde Marginalisierung des Holocaust in Amerika war, daß sich in einigen Kreisen Antisemitismus in verschiedener Stärke und Unverfrorenheit, besonders unter amerikanischen Konservativen, als durchaus kräftig und lebendig erwies. Zur Zeit des Prozesses gegen Eichmann 1961 veröffentlichte das Flaggschiff der amerikanischen Geschäftswelt, das »Wall Street Journal«, einen Leitartikel, dem zufolge man mit dem Prozeß riskierte, antideutsche Gefühle zu wecken, den Kommunisten zu nützen und er sei durchdrungen »von einer Atmosphäre alttestamentarischer Vergeltung« (S. 173). William F. Buckleys »National Review« äußerte die Auffassung, daß die Kommunisten von dem »Hate Germany Movement« profitieren würden, die vom Eichmann-Prozeß befördert werde (S. 175). Das war gerade die Art antijüdische Gegenreaktion, die jüdische Führer bei einer Betonung des Holocaust befürchtet hatten.

Die beiden entscheidenden Ereignisse, die für die wachsende Rolle des Holocaust in der amerikanischen Gesellschaft sorgten, spielten sich in Israel ab, nämlich der Eichmann-Prozeß und der Sechstagekrieg 1967. Novick dokumentiert die Reaktion der jüdischen Führer in Amerika und unterstreicht die Bedeutung des Krieges und des späteren Yom-Kippur-Krieges von 1973. Der letztere machte, obwohl er mit einem israelischen Sieg endete, den amerikanischen Juden Israels Hilfsbedürftigkeit und Isolation klar. Laut Novick schenkten amerikanische jüdische Organisationen als Reaktion nun dem Holocaust erhöhte und noch nie dagewesene Aufmerksamkeit, weil sich die Erinnerung an ihn als wirkungsvoll im Bemühen erwies, »jede legitime Kritik an Israel als irrelevant beiseite zu schieben, sogar das Nachdenken über die Möglichkeit zu vermeiden, Recht und

Unrecht könnten komplex sein« (S. 206). Indem er Literatur von seiten des American Israel Public Affairs Committee und anderer jüdischer Lobbygruppen zitiert, argumentiert Novick, daß das Holocaustgedenken für das politische Ziel mißbraucht wurde, Unterstützung für Israel und seine Immunisierung gegen Kritik zu bewirken. Er bringt auch Ansichten israelischer Liberaler wie Amoz Oz und Yehuda Elkana vor, wonach Gebrauch und Mißbrauch der Erinnerung an den Holocaust in der israelischen Politik dazu dienten, die fortgesetzte Besetzung und die Siedlungspolitik in den Palästinensergebieten nach dem Sieg von 1967 zu rechtfertigen.

Mein Problem mit Novicks an Einblicken reichem und gründlich recherchiertem Buch beruht nicht auf den Ursachen, die er für die wachsende Bedeutung des Holocaust für einige Führer jüdischer Organisationen in Amerika anbietet. Meine Zweifel betreffen eher die Tatsache, daß man auf nicht weniger plausible Ursachen für diese Entwicklung verweisen könnte, Ursachen, die nichts von den (jedenfalls für Novick) abwertenden Konnotationen haben wie die, die er vorweist. Erstens muß man die Spannung zwischen Universalismus und ethnischem Partikularismus, der eine so grundlegende Komponente der Vitalität und Energie des amerikanischen Kulturlebens war, als einen Grund für den wachsenden Mut der amerikanischen Juden anerkennen, das Thema in den Vordergrund zu rücken und nichtjüdische Amerikaner dafür zu sensibilisieren. Zweitens verging einfach Zeit. Und es brauchte seine Zeit, bis jüdische Flüchtlinge aus Europa und Holocaust-Überlebende ihr Leben wieder aufgebaut hatten, berufliche und geschäftliche Karrieren aufgenommen oder wiederaufgenommen hatten sowie Familien großgezogen. Im natürlichen Generationszyklus wandten die Juden, die Krieg und Holocaust erlebt hatten, ihre Aufmerksamkeit und Erinnerung dem Holocaust zu, als sie älter wurden. Das hatte nichts mit dem Kalten Krieg oder der Nahostpolitik zu tun. Drittens ging es um das Aufkommen der Bürgerrechtsbewegung, die Black Power-Bewegung und das Auseinanderbrechen der Koalition zwischen Juden und Schwarzen Ende der sechziger und Anfang der siebziger Jahre. Ersteres sensibilisierte alle Amerikaner für die Folgen des Rassismus und trug zu einem generellen Rückgang an Vorurteilen aller Art bei, einschließlich des Antisemitismus; das letztere zeigte den amerikanischen Juden in Verbindung mit den antizionistischen und oft antisemitischen Attacken aus der Sowjetunion sowie der neuen Linken wiederum die Grenzen einiger Formen linken Universalismus'. (Wie Dan Diner und andere bemerkt haben, spielen sich ähnliche Debatten und Reibungen in der westdeutschen Linken der sechziger und siebziger Jahre ab.) Viertens vernachlässigt Novick – obwohl er mit Recht auf Verbindungen zwischen Holocaustgedenken und amerikanischem Neokonservativismus hinweist – aus meiner Sicht das Ausmaß, in dem die Erinnerung an den Holocaust mit dem (unter weißen amerikanischen Wählern) in der Vergangenheit und noch heute anormalen Engagement der jüdischen Gemeinschaft Amerikas für den Liberalismus und linke Ideen verbunden blieb. Amerikanische Juden waren und sind die einzige Gruppe Weißer in den Vereinigten Staaten, die der Demokratischen Partei regelmäßig zu 70 Prozent ihre Stimme gaben, auch in Zeiten, als dem Holocaust wachsende Bedeutung beigemessen wurde. Fünftens übersieht Novick – trotz einer exzellenten Diskussion der Spannung zwischen jüdischer Besonderheit und dem Andenken an andere Opfer des Nationalsozialismus in den Debatten über das Holocaust Memorial Museum in Washington – das Offensichtliche: nämlich daß das Museum, was immer man darüber denken mag, nur aus einem Zusammenspiel von Lobbyarbeit jüdischer Organisationen und der Unterstützung durch Präsident Jimmy Carter entstand. Überdies waren es, wie Novicks eigene, sehr gute und informative Diskussion des Einflusses des Andenkens an den Holocaust auf die Debatte über die amerikanische Intervention in Bosnien zeigt, gerade Elie Wiesel und andere liberale Unterstützer des Baus des Holocaust Memorial Museums, die den Holocaust als einen der Gründe bezeichneten, aus denen die USA die ethnischen Säuberungen in Serbien mit Waffengewalt stoppen sollten. Statt dessen nimmt Novick die USA dafür ins Gebet, daß sie nicht genug tun oder taten, um den Welthunger und den Völkermord in Ruanda zu stoppen. Jedenfalls aber hätte er sein eigenes Material stärker beachten sollen, das doch zeigt, daß die Debatte über die Einzigartigkeit des Holocaust mit der US-Intervention auf dem Balkan in den neunziger Jahren zusammenfiel. Dies hätte Novick überzeugen können und, wie ich finde, müssen, daß unter den vielfältigen Ursachen für die wachsende Bedeutung des Holocaust im amerikanischen Leben eine der amerikanische Liberalismus war.

Sechstens und letztens bleiben kulturelle und literarische Traditionen selbst für amerikanische Juden, deren Glaube durch den Holocaust zerstört wurde, eine Bezugsquelle für die Erinnerung an den Holocaust. Vielmehr könnte man die Frage umkehren: wie kann man sich eine jüdische Gemeinschaft vorstellen, die jüdisch bleibt und den Holocaust vergessen hätte? Amerikanische Juden, wie säkular sie auch sein mögen, sind Erben monotheistischer und humanistischer Ideen, rufen jedes Jahr an Pessach das Gedächtnis der Sklaverei und des Auszugs aus Ägypten wach und hegen die Texte der biblischen Propheten, die Gerechtigkeit für alle anstrebten. Novick nimmt statt dessen provokativ an, daß einige Aspekte des amerikanischen Holocaustgedenkens und sein Kult unschuldiger und heiliger Opferschaft eher an christliche als an jüdische Gefühle erinnern. Er stimmt dem Theologen Emil Fackenheim zu, daß ein Vergessen des Holocaust einem postumen Triumph für Hitler gleichkäme. »Es wäre allerdings ein noch größerer posthumer Sieg für Hitler, wenn wir seine Definition der Juden als […] Parias übernähmen, indem wir den Holocaust zum Symbol der jüdischen Erfahrung erklären« (S. 354). Doch Gedenken an den Holocaust bedeutet keineswegs, daß Juden sich als verachtete Parias definieren oder diese Erinnerung zu ihrer emblematischen Erfahrung erklären. Dies zu behaupten, ignoriert diejenigen jüdischen Traditionen, die gewiß ebenfalls zum Aufkommen des Holocaustgedenkens in den Vereinigten Staaten und anderswo beigetragen haben.

Novicks Buch beschäftigt sich mit den öffentlich geäußerten Ansichten jüdischer Organisationen und ihrer Führer in Amerika, weniger mit den Arbeiten amerikanischer Historiker (Juden und Nichtjuden) über den Holocaust. Unter Historikern ist Novick vor allem für sein Buch »That Noble Dream: The ‚Objectivity Question' and the American Historical Profession« (1988) bekannt. Darin brachte er die sich wandelnde soziale und ethnische Zusammensetzung des Berufsstands der Historiker mit dem Aufkommen einer komplexeren, stärker integrativen amerikanischen Geschichtsschreibung in Verbindung. Nun, in »The Holocaust in American Life« (Nach dem Holocaust) fragt der Historiker, der die Integration der Geschichte von Frauen, African Americans, unteren Klassen und anderen frühen Randgruppen in die amerikanische Gesamtgeschichte gepriesen hat, warum der Holocaust, ein Ereignis aus der europäischen Geschichte, einen derartig prominenten Platz im amerikanischen Leben und in der jüdischen Betroffenheit einnehmen solle. Während er in »That Noble Dream« das Erwachsen eines komplexeren historiographischen Mosaiks willkommen hieß, verliert er in seinem neuen Werk kein Wort über die Arbeiten von amerikanischen (oder europäischen oder israelischen) Historikern der modernen deutschen Geschichte und über die Art und Weise, wie die Darstellung der deutschen und nationalsozialistischen Geschichte sich dahin entwickelte, daß sie der Besonderheit des Massenmords an den Juden zu einer zuvor nicht erreichten Prominenz verholfen hat. Derselbe Historiker, der 1988 in seinem Buch vielfältige Ansätze in der amerikanischen Geschichtsschreibung feierte, entschied sich, eine derartige Vielfältigkeit in der Darstellung der deutschen und europäischen Geschichte durch seine amerikanischen Kollegen 1999 nicht zu goutieren. Sonst wäre er nicht umhin gekommen anzuerkennen, daß von der Arbeit deutscher und europäischer Geistes- und Kulturgeschichte wie George L. Mosse und Fritz Stern bis zu Wissenschaftlern, die in den letzten Jahrzehnten detaillierte Beschreibungen des Holocaust lieferten wie Christopher Browning, Peter Hayes und Richard Breitman, die amerikanischen geschichtswissenschaftlichen Arbeiten über den Nazismus und den Holocaust vornehmlich zu einem liberalen – nicht aber zu einem konservativen oder linken – Projekt gehörten.

In »The Holocaust in American Life« (Nach dem Holocaust) liefert uns Peter Novick ein Paradox. Er präsentiert uns zum einen umfangreiche Forschung, provokative Einsichten und den intellektuellen und wissenschaftlichen Mut, unpopuläre Ansichten auszudrücken. Doch liefert er gleichzeitig genug Belege für komplementäre und/oder alternative Erklärungsansätze der wachsenden Bedeutung des Holocaust in der amerikanischen Kultur, ohne diesen plausiblen Hypothesen nachzugehen. Derselbe Historiker, der in den achtziger Jahren die Vielfalt pries und die zu einseitige herrschende Geschichtsschreibung kritisierte, beklagt Ende der Neunziger linear das Vorherrschen dieser besonderen Geschichte. In Anbetracht der jahrzehntelangen Frustration amerikanischer Intellektueller ob des selbstzufriedenen Optimismus`, des mangelnden Geschichtsinteresses und der Gedächtnislosigkeit in unserem Land und in unserer Kultur könnte man das ziemlich ungewöhnliche Aufkommen des Holocaustgedenkens als möglichen Ausdruck wachsender Anständigkeit, kultureller Verschiedenartigkeit und vielleicht sogar eines gewissen intellektuellen Kosmopolitismus in einem Amerika sehen, daß an manchen dunklen Punkten der Geschichte nicht ganz unschuldig ist. Obwohl er ganz andere Schlußfolgerungen zieht, hat Peter Novick doch ein wichtiges, wenn auch problematisches Buch geschrieben, das alle Historiker der NS-Zeit in Deutschland und anderswo zur Kenntnis nehmen und überdenken sollten.

Jeffrey Herf, University of Maryland
(Übersetzung von Christian Gerlach)

Abkürzungen

AA	Auswärtiges Amt
ADAP	Akten zur deutschen auswärtigen Politik
AEL	Arbeitserziehungslager
AG	Aktiengesellschaft
AGF	Arbeitsgauführer
AHA	Allgemeines Heeresamt
Anm.	Anmerkung
APK	Akten der Partei-Kanzlei der NSDAP
AWA	Allgemeines Wehrmachtamt
BA	Bundesarchiv
BA-MA	Bundesarchiv-Militärarchiv
Bd.	Band
BDC	Berlin Document Center (Bestände jetzt im BA Berlin)
Bde.	Bände
BDM	Bund Deutscher Mädel
BdS	Befehlshaber der Sicherheitspolizei
BfE	Beratungsstelle für Einwanderer
BRF	Belgischer Rundfunk
Chef PrT	Chef der Propagandatruppen
Chef AW	Chef des Ausbildungswesens der SA
Chefs.	Chefsache
C.I.C.	Civil Internment Camp
d. G.	des Generalstabes
DAF	Deutsche Arbeitsfront
DAG	Deutsche Ansiedlungsgesellschaft
DAI	Deutsches Auslandsinstitut
DESt	Deutsche Erd- und Steinwerke GmbH
dies.	dieselbe/n
DNVP	Deutschnationale Volkspartei
DVL	Deutsche Volksliste
e.V.	eingetragener Verein
EA	Erstausgabe
EWZ	Einwandererzentralstelle
f.	folgende
FAD	Freiwilliger Arbeitsdienst
ff.	fortlaufend folgende
F.M.	Fördernde Mitglieder der SS
g.	geheim
geb.	geboren
Gestapo	Geheime Staatspolizei
GmbH	Gesellschaft mit beschränkter Haftung
HF	Heimattreue Front
Hg.	Herausgeber
HGrKdo.	Heeresgruppenkommando
HJ	Hitler-Jugend
hrsg.	herausgegeben

HHStA	Hessisches Hauptstaatsarchiv
HSSPF	Höherer SS- und Polizeiführer
IfS	Institut für Stadtgeschichte
IfZ	Institut für Zeitgeschichte
IMG	Internationales Militärgericht Nürnberg
Kdos.	Kommandosache
KLV	Kinderlandverschickung
KPD	Kommunistische Partei Deutschlands
kv	überall kriegsverwendungsfähig
KZ	Konzentrationslager
LA	Landesarchiv
MfK	Museum für Kunsthandwerk
MGM	Militärgeschichtliche Mitteilungen
NARA	National Archives and Record Administration, College Park, Maryland, USA
NKWD	Narodnyj komissariat vnutrennich del (Volkskommissariat für innere Angelegenheiten)
Nr.	Nummer
NS	Nationalsozialismus/nationalsozialistisch
NSDAP	Nationalsozialistische Deutsche Arbeiter Partei
NSKK	Nationalsozialistisches Kraftfahrerkorps
o.D.	ohne Datum
o.J.	ohne Jahr
o.O.	ohne Ort
OBdL	Oberbefehlshaber der Luftwaffe
OFD	Oberfinanzdirektion
OKH	Oberkommando des Heeres
OKW	Oberkommando der Wehrmacht
ORR	Oberregierungsrat
OT	Organisation Todt
PA	Personalakten
PA/AA	Politisches Archiv des Auswärtigen Amtes
PK	Propaganda-Kompanie
Prop-Abt.	Propaganda-Abteilung
RABl.	Reichsarbeitsblatt
RAD	Reichsarbeitsdienst
RfAVAV	Reichsanstalt für Arbeitsvermittlung und Arbeitslosenversicherung
RFSS	Reichsführer-SS
RGBl.	Reichsgesetzblatt
RKF	Reichskommissar für die Festigung deutschen Volkstums
RL-AD	Reichsleitung-Arbeitsdienst
RLM	Reichsluftfahrtministerium
RM	Reichsmark
RMdI	Reichsministerium des Innern
RMVP	Reichsministerium für Volksaufklärung und Propaganda
RMfdbO	Reichsministerium für die besetzten Ostgebiete
RP	Regierungspräsident
RS	Rückseite

RSHA	Reichssicherheitshauptamt
RStGB	Reichsstrafgesetzbuch
RuSHA	Rasse- und Siedlungshauptamt der SS
RV	Referat bzw. Abteilung Reichsverteidigung des Propagandaministeriums
RVK	Reichsverteidigungskommissar
s.	siehe
S.	Seite
SA	Sturmabteilung der NSDAP
SD	Sicherheitsdienst der SS
SED	Sozialistische Einheitspartei Deutschlands
Sipo	Sicherheitspolizei
SO	Südost
SPD	Sozialdemokratische Partei Deutschlands
SS	Schutzstaffeln der NSDAP
SSO	SS-Offiziere
SS-TV	SS-Totenkopfverbände
StA	Staatsarchiv
StdF	Stellvertreter des Führers
StadtA	Stadtarchiv
StHA	Stabshauptamt
Stiko	Stillhaltekommissar
Tgb.	Tagebuch
u.a.	unter anderem
uk	unabkömmlich
unfol.	unfoliert
UWZ	Umwandererzentralstelle
v.	von
v.a.	vor allem
VAA	Verbindungsmann des Auswärtigen Amtes
VB	Völkischer Beobachter
Verf.	Verfasser
VfZ	Vierteljahrshefte für Zeitgeschichte
vgl.	vergleiche
VHA	Vojensky Historicky Archiv
VoMi	Volksdeutsche Mittelstelle
WFA	Wehrmachtführungsamt des OKW
WFSt	Wehrmachtführungsstab des OKW
WPr.	Abteilung bzw. Amtsgruppe Wehrmachtpropaganda des OKW
W.Pr.O.	Wehrmacht-Propaganda-Offizier
WVHA	SS-Wirtschafts-Verwaltungshauptamt.
z.B.	zum Beispiel
z.b.V.	zur besonderen Verwendung
ZfA	Zentrum für Antisemitismusforschung
ZfG	Zeitschrift für Geschichtswissenschaft
ZMG	Zeitschrift für Militärgeschichte

Personenverzeichnis

Abetz, Otto 120 f.
Ahrens, Arthur 161
Altena, Friedrich-Wilhelm 89, 100, 106-109
Antel, Franz 137
Baarova, Lida 115, 142
Baier, Hans 160, 164, 182
Baller, Helmut 200, 208
Barthelmess, Horst 159, 183
Beck-Wellhorn, Elfriede 107
Behrends, Hermann 84, 93
Beisiegel 109
Benzler, Felix 146
Berndt, Alfred Ingemar 149
Berg, Alexander 24, 39, 50
Bestle, Karl 188
Blaser, Anton 159, 182
Blatner 108
Blau, Albrecht 119, 129
Blau, Julius 22
Blomberg, Werner von 78
Bömer, Karl 148
Bolongaro-Crewenna, Hubertus 34
Bormann, Martin 191, 192, 206 f., 251
Bornemann, Heinrich 208
Bracht, Fritz 191, 206
Bracht, Werner 174
Brandt, Rudolf 187
Breuer 182
Bruckner, Anna Luise 208
Brückner, Heinz 85, 107
Brüning, Heinrich 51, 53 f.
Buchheim, Lothar-Günter 137, 150
Buchheit, Gert 137
Buckley, William F. 262
Bürger, Friedrich 93
Burböck, Wilhelm 167 f., 184
Carter, Jimmy 264
Conti, Leonardo 90
D'Alquen, Gunter 131, 148
Daluege, Kurt 188
Darré, Richard Walther 77
David-Weill, David 34
Delmer, Sefton 149
Doppler, Ludwig 91, 93, 107
Dürrfeld, Walther 241

Eichmann, Adolf 174, 191, 206, 223, 231, 262
Eickhoff, Lotar 190, 194, 198, 207 f.
Eggert, Gustav 159, 182
Ehrlich, Paul 39
Eicke, Theodor 171
Ellermeier, Walter 85
Ettighofer, Paul C. 137
Eytan, Arieh 213, 220
Fähndrich, Ernst 105
Faulhaber, Michael von 76
Fernau, Joachim 137, 150
Fischer-Defoy, Werner 20, 25 ff.
Flach 208
Frank, Anne 223
Frank, August 172, 174-177, 186, 188
Frank, Karl-Hermann 254
Frick, Wilhelm 56, 59 f., 62, 65, 76, 77 f., 251
Friedrichs, Hellmuth 206 f.
Fromm, Friedrich 176
Funke, Jakob 126
Gäckle, Otto 37
Gebhard, Gerhard 208
Geist 76
Gerber, Harry 23 f., 31, 46
Gerhardus, Felix 120
Giesler, Paul 190, 194, 207
Gissibl, Fritz 107
Globocnik, Odilo 172 f., 186, 192
Glücks, Richard 169
Goebbels, Joseph 111-116, 118-121, 123 f., 126, 129, 132 ff., 142, 144, 148 ff., 188, 197, 208, 213, 215, 220, 227
Göring, Hermann 19, 56, 68 f., 71, 196, 229
Goldschmidt, Edgar 45
Goldschmidt-Rothschild, Maximilian von 21, 24 f., 28 f., 34, 39 f.
Grau, Wilhelm 34
Greifelt, Ulrich 82 f., 98 f., 109
Grohé, Josef 194
Großmann 182
Gundersheimer, Hermann 25
Gürtner, Franz 60, 76
Hagen, Hans 89, 106
Hahn, Karl 193, 207
Hahnefeld, Hans 186
Haubold 90 f., 107

269

Heiden, Konrad 153, 181
Heißmeyer, August 158
Heller, Lothar 85
Henrici, Gotthard 78
Herff, Maximilian von 79
Heß, Rudolf 23, 78, 83, 191
Hesse, Kurt 132
Heudtlass, Willy 107
Hewel, Walther 144
Heydrich, Reinhard 83, 88, 101, 158, 188, 246, 254
Heymann, Julius 30 f., 41, 48
Hielscher 142
Hierl, Konstantin 9, 51, 55-65, 67-79
Himmler, Heinrich 9, 70 f., 77, 79, 81 f., 84, 86 f., 90, 93, 96, 98 f., 101 f., 104, 106, 109, 120, 131, 148, 153, 155, 157 f., 161, 163 f., 166, 173-177, 182, 186 ff., 204, 206, 210, 238, 242
Hintze, Kurt 98
Hirsch, Olga 20
Hirsch, Paul 20, 45
Hirsch, Robert von 20, 45
Hitler, Adolf 51, 55-62, 64, 68, 71 ff., 76 f., 82, 84 f., 89, 104 f., 112, 114, 118, 121 ff., 127, 130, 135, 144, 147, 151 f., 176 f., 188, 193, 200, 209, 213, 227, 264
Höfer, Werner 137
Höß, Rudolf 184, 240, 242
Hoffmann, Albert 10, 12, 189-210
Hoffmann, August Wilhelm 190
Hoffmann, Katharina 190
Hoffmeyer, Horst 85, 104
Hofmann, Otto 106
Hohberg, Hans 162, 164, 183
Hollerith, Hermann 168, 184 f.
Holzamer, Karl 137
Holzinger, Ernst 33, 36 f., 39, 41 f., 48
Hupfauer, Theodor 201, 210
Irion, Otto 108
Jeppe, Wilhelm 181
Jodl, Alfred 116 ff., 121 f., 127, 130, 132 f., 135, 143, 149
Jünger, Ernst 137
Jüttner, Hans 176
Justin, Eva 42
Kaindl, Anton 170 f., 173, 185
Kammler, Hans 175

Katzmann, Friedrich 246
Keitel, Wilhelm 115 f., 122 f., 127, 130 ff., 134 f., 144 f., 148 f.
Keller, Rudolf 20, 41, 45, 50
Kerrl, Hanns 250 f.
Kiaulehn, Walter 137
Kiesinger, Kurt Georg 112
Kirchner, Joachim 20, 45
Klemperer, Viktor 223
Knappe, Otto 210
Köberlein, Friedrich 158 f., 182
Koppe, Wilhelm 104, 187
Kränzlein, Kurt 208
Kranefuss, Fritz 185
Kratzer, Rolf 117, 130, 146
Krebs, Friedrich 8, 12, 17-23, 25 f., 28 ff., 32-37, 39-45, 47
Kriegbaum, Anton 131
Kritzinger, Friedrich Wilhelm 108
Krüger, Friedrich Wilhelm 206
Kube, Wilhelm 154, 192
Lammers, Hans-Heinrich 106, 108
Landmann, Ludwig 19, 30
Lechenperg, Harald 119, 143
Lingg, Anton 163, 183
Lippert, Julius 10, 123-126, 142, 146
Lörner, Georg 175, 184
Lohl, Heinrich 85
Lorenz, Werner 84, 86, 89, 98 f., 106, 109
Lotz, Karl 208
Ludendorff, Erich von 114
Lueg 208
Luig, Wilhelm 85
Luther, Martin 144
Maegerlein, Heinz 137
Mahnken, Heinrich 56, 76
Make, Otto 208
Mannowsky, Walter 31 f., 34, 36, 38 ff., 48
Marek, Kurt W. 137
Martin, Hans-Leo 128 f., 131, 133, 147
Mauren 210
Maurer, Gerhard 168 f., 185
Meinhard 208
Metzner 77
Miersch, Adolf 40
Milch, Erhard 78
Mischke, Alfred 164
Model, Walter 78, 198, 201

Moser, Hans 159, 182
Mosse, Albert 225
Mosse, Markus 224
Mosse, Martha 225
Mosse, Rudolf 224 f.
Müller, Bruno 20 ff., 28, 41, 45, 50
Müller, Franz 159, 182
Muhs, Hermann 251
Mummenthey, Karl 159, 183
Murawski, Erich 114, 140
Nadolny, Rudolf 76
Nannen, Henri 137, 149
Nathan, Hugo 45
Naumann, Werner 149
Nieper, Karl 210
Oberländer, Theodor 255 ff.
Oehler, Richard 20, 23 f., 32, 36
Oppenheim, Alfred 36 f., 39 f.
Osterkamp, Herbert 174, 176, 187
Papen, Franz von 53 f.
Petersmann 208
Pinkus 39, 50
Pörtner, Rudolf 137
Pohl, Oswald 10, 98, 155-167, 169 f., 173-179, 182-188, 191
Prestel, Rudolf 17, 20, 41
Prietzel, Kurt 159, 182
Puls, Adolf 85
Radunski, Konrad 85
Rath, Ernst von 215
Reichle 183
Reiss, Paul 158, 182
Ribbentrop, Joachim von 118, 121, 134, 144, 245
Rimann, Waldemar 85
Ritter, Robert 42
Röhm, Ernst 62, 154 f.
Roehnert, Hellmuth 175
Rohland, Walter 201
Roosevelt, Franklin D. 260
Rosenberg, Alfred 19, 32-35, 38, 111, 127, 249, 251
Rosenberg, Ethel 261
Rosenberg, Julius 261
Rowecki, Stefan 232
Rowohlt, Ernst 137
Rüdiger, Jutta 252
Rundstedt, Gerd von 212

Rust, Bernhard 251
Rzepa 186
Salpeter, Walter 159, 161, 183
Sauckel, Fritz 166
Sautter 108
Schacht, Hjalmar 67, 77
Scharnhorst 108
Schellin 187
Schepmann, Wilhelm 4
Scheunemann 126
Schirach, Baldur von 62
Schlegelberger, Franz 206
Schmelt, Albrecht 238
Schmidt, Paul 150
Schmidt-Knatz, Fritz 31
Schmidt-Leonhardt, Hans 144
Schmidt-Schwarzenberg 77
Schmidtke, Heinz 120
Schmitz 208
Schneider, Gerhard 155, 182
Scholtz-Klink, Gertrud 51
Scholz, Hans 208
Schondorff, Erduin 162
Schreck, Julius 181
Schulenburg, Fritz-Dietlof Graf von der 188, 238
Schwartz, Albert 184
Schwarz, Georg 26 f., 29, 41, 50
Schwerin von Krosigk, Lutz Graf 60, 75, 77
Seldte, Franz 56, 59, 60, 62, 75 f.
Six, Franz Alfred 150
Solm, Fritz 119
Solms zu Laubach, Ernstotto Graf 24, 30-34, 39 ff., 46, 48, 50
Sommer, Karl 171, 173, 185
Sommerfeldt, Martin 148
Sonnenschein, Erich 196, 208
Spaak, Paul Henry 222
Spacil, Josef 178, 188
Speer, Albert 123, 175, 199 ff., 209 f., 227
Sprenger, Jakob 17, 19, 21, 37, 41
Stahn, Julius 108
Stellrecht, Helmut 61
Strauss, Marianne 223 f.
Strube, Hans 202, 208, 210
Stuckart, Wilhelm 178, 188
Swarzenski, Georg 20, 33, 41

Syrup, Friedrich 54, 56, 75
Taubert, Eberhard 190
Terboven, Josef 247
Thorwald, Jürgen 137
Tirpitz, Alfred von 114
Unruh, Walter von 121, 192, 198, 206 f.
Vetter, Heinrich 207 f.
Vögler, Albert 208
Vogt, Josef 172 f., 185 f.
Wagner, Josef 238
Weber, Christian 227
Wedel, Hasso von 111 f., 116, 118, 125 f., 128-132, 135, 140, 142, 147, 149
Wegener, Paul 191
Weickert, Paul Magnus 153 ff., 178, 181 f.
Weinberg, Arthur von 30, 39
Weinberg, Carl von 30, 39
Weiss, Paul 159, 183
Weiter, Eduard 159, 182
Weizsäcker, Ernst von 147, 149
Wienstein, Richard 77
Winter, August 79
Wippern, Georg 172 f.
Wirsing, Giselher 137, 143
Wittje, Kurt 156, 182
Wlassow, Andrej 128
Wolters, Alfred 31, 35, 39
Wrochem, Alfred von 142
Zahn, Peter von 137
Ziegler, Heinz 176, 187
Zschuke 109

Zu den Autorinnen und Autoren

Ralf Blank, Historiker, ist Mitarbeiter am Historischen Centrum Hagen und betreut neben vielen musealen Projekten eines der umfassendsten Internet-Portale für Historiker (http://www.hco-hagen.de). Sein Forschungsschwerpunkt ist die Geschichte des Nationalsozialismus, hauptsächlich in der Region Westfalen.

Monica Kingreen, Diplom-Pädagogin, Tätigkeit als Lehrerin und freie Autorin. Forschungsschwerpunkte sind die Deportationen der Juden aus Hessen, Jüdische Schulen in Hessen sowie die »Arisierung« von Kulturgut in Frankfurt am Main während der NS-Zeit.

Markus Leniger, Historiker, ist Studienleiter an der Katholischen Akademie Schwerte. Momentan arbeitet er an einer Dissertation über »Nationalsozialistische Volkstumsarbeit und Umsiedlungspolitik 1939-1945«.

Martin Moll, Historiker, lebt in Graz/Österreich. Seine Forschungsschwerpunkte sind die Geschichte des Ersten Weltkrieges und des Nationalsozialismus. Momentan arbeitet er an einer Monographie über die Militärjustiz in der Steiermark im Ersten Weltkrieg.

Kiran Klaus Patel, Historiker, ist wissenschaftlicher Mitarbeiter am Institut für Geschichtswissenschaften an der Humboldt-Universität in Berlin. Seine Dissertation »'Soldaten der Arbeit'. Arbeitsdienste in Deutschland und den USA 1933-1939/42« ist im Sommer 2001 abgeschlossen worden.

Herbert Ruland, Wirtschaftshistoriker, seit 1982 hauptberuflich an der Volkshochschule der Ostkantone in Eupen/Belgien, dort verantwortlich für die Aufarbeitung (eu-)regionaler Sozial- und Zeitgeschichte und für den Aufbau eines grenzüberschreitenden Sozialarchivs in der Euregio Maas-Rhein. Arbeitet zur Zeit an einer Alltagsgeschichte der Menschen im deutsch-belgischen-niederländischen Grenzland im Ersten Weltkrieg.

Jan Erik Schulte, Historiker, lebt in Dortmund und ist wissenschaftlicher Mitarbeiter am Kreismuseum Wewelsburg. Seine Forschungsschwerpunkte sind die Geschichte des Wirtschafts-Verwaltungshauptamtes der SS sowie die Gedenkstättenkultur, vornehmlich in Westfalen.

Ankündigung:

Beiträge zur Geschichte des Nationalsozialismus **18**

Europäische Integration

Die Einführung einer europäischen Gemeinschaftswährung im Jahr 2002 veranlaßt uns, die unter anderen Vorzeichen bereits vor einigen Jahrzehnten diskutierte Frage nach Kontinuitäten zwischen der nationalsozialistischen (Besatzungs-)Herrschaft in Europa und der westeuropäischen Integration der Nachkriegszeit erneut aufzunehmen. In empirischen Einzelbeiträgen sollen verschiedene Facetten dieser Problemstellung, vorzugsweise mit Blick auf die Mitglieder der späteren Europäischen Wirtschaftsgemeinschaft (EWG), behandelt werden. Das Thema von Bd. 18 umfaßt Kontinuitäten und Brüche auf wirtschaftlichem, außenhandels- und währungspolitischem Gebiet, aber auch die Europaideologie seit 1943 sowie ordnungspolitische Modelle für die Nachkriegsära.

(erscheint Herbst 2002)

zuletzt erschienen:

Beiträge zur Geschichte des Nationalsozialismus **16**

Durchschnittstäter
Handeln und Motivation

In den letzten Jahren hat sich eine »Täterforschung« im engeren Sinne herausgearbeitet, die genauer nach Tatbeiträgen und Handlungsmotiven bei der deutschen Vernichtungspolitik fragt. Doch hat sich die Debatte auf das Personal der Einsatzgruppen, KZ-Wachmannschaften und Bataillone der Ordnungspolizei, örtlich auf die besetzten Gebiete vor allem in Osteuropa und zeitlich auf die Jahre 1941-1943 beschränkt.

Band 16 der »Beiträge« versucht diese Diskussion in mehrere Richtungen zu erweitern. Dazu werden auch bisher wenig beachtete Gruppen in den Blick genommen, etwa Wachmannschaften in Kriegsgefangenenlagern, Funktionäre in Wohlfahrtsämtern bei ihrer Jagd nach »Asozialen«, Beamte von Zoll und Grenzschutz, der Streifendienst der Hitlerjugend bis hin zu den Männern der Zentralbauleitung im KZ Auschwitz.

Ihre Opfer waren Juden, Kriegsgefangene, Zwangsarbeiter, politische Gegner, Flüchtlinge und andere. Ohne die Betrachtung auf einen imaginären »Durchschnitt« zu verengen, wird vor allem nach Tätern jenseits der Eliten gefragt.

ISBN 3-922611-84-2, 272 Seiten

Beiträge zur Geschichte des Nationalsozialismus
(vormals Beiträge zur nationalsozialistischen
Gesundheits- und Sozialpolitik)

Band 1: Aussonderung und Tod. Die klinische Hinrichtung der Unbrauchbaren. (1985) Vergriffen
Band 2: Reform und Gewissen. »Euthanasie« im Dienst des Fortschritts. (1985, 2. Aufl. 1989)
Band 3: Herrenmensch und Arbeitsvölker. Ausländische Arbeiter und Deutsche 1939-1945. (1986, 2. Aufl. 1989)
Band 4: Biedermann und Schreibtischtäter. Materialien zur deutschen Täter-Biographie. (1987, 2. Aufl. 1989). Vergriffen
Band 5: Sozialpolitik und Judenvernichtung. Gibt es eine Ökonomie der Endlösung? (1987) Vergriffen
Band 6: Feinderklärung und Prävention. Kriminalbiologie, Zigeunerforschung und Asozialenpolitik. (1988)
Band 7: Internationales Ärztliches Bulletin. Jahrgang I-VI (1934-1939). Reprint. (1989)
Band 8: Arbeitsmarkt und Sondererlaß. Menschenverwertung, Rassenpolitik und Arbeitsamt. (1990)
Band 9: Bevölkerungsstruktur und Massenmord. Neue Dokumente zur deutschen Politik der Jahre 1938-1945. (1991)
Band 10: Modelle für ein deutsches Europa. Ökonomie und Herrschaft im Großwirtschaftsraum. (1992)
Band 11: Arbeitsmigration und Flucht. Vertreibung und Arbeitskräfteregulierung im Zwischenkriegseuropa. (1993)
Band 12: Besatzung und Bündnis. Deutsche Herrschaftsstrategien in Ost- und Südosteuropa. (1995)
Band 13: Halbierte Vernunft und totale Medizin. Zu Grundlagen, Realgeschichte und Fortwirkungen der Psychiatrie im Nationalsozialismus. (1997)
Band 14: Repression und Kriegsverbrechen. Die Bekämpfung von Widerstands- und Partisanenbewegungen gegen die deutsche Besatzung in West- und Südeuropa. (1997)
Band 15 Flüchtlingspolitik und Fluchthilfe. (1999)
Band 16 Durchschnittstäter. Handeln und Motivation. (2000)

Die Beiträge zur nationalsozialistischen Gesundheits- und Sozialpolitik, ab Band 16 **»Beiträge zur Geschichte des Nationalsozialismus«**, erscheinen regelmäßig, einmal jährlich im Herbst. Im Abonnement sind sie jeweils 4,- DM billiger.

Der Versand im Privatabonnement ist portofrei. Die Rechnung wird mit der Auslieferung eines Bandes gestellt; jeweils innerhalb von vier Wochen nach Erhalt ist das Abonnement für weitere Bände kündbar. Neu-Abonnenten erhalten als Dankeschön nach Begleichung der ersten Rechnung zwei lieferbare Bände ihrer Wahl aus den Bänden 1 bis 10. Für alle Abonnenten besteht die Möglichkeit, die lieferbaren Bände ab Nr. 11 nachträglich zum Abonnementpreis portofrei zu beziehen.

Bestellungen bitte an: Assoziation A, Gneisenaustraße 2a, 10961 Berlin

Zeitschrift für Sozialgeschichte des 20. und 21. Jahrhunderts

Heft 2/2001

Neoliberalismus – Liberale Herrschaften

Kommentar

Klaus Dräger: Der «Dritte Weg» – zur «Eurosklerose»?

Forschung

Karl Heinz Roth: Klienten des Leviathan. Die Mont Pèlerin Society und das Bundeswirtschaftsministerium in den fünfziger Jahren

Bernhard Walpen/Dieter Plehwe: «Wahrheitsgetreue Berichte über Chile» – Die Mont Pèlerin Society und die Diktatur Pinochet

Ranjana S. Sarkar: Die amerikanische «Deregulierung» in der Telekommunikation. Akteure, Interessen und Technologien

Miszelle

Thomas Lemke: «Die Ungleichheit ist für alle gleich» – Michel Foucaults Analyse der neoliberalen Gouvernementalität

Diskussion

Marco Tullney/Dorothee Wolf: Varianten des autoritären Liberalismus

Marcel van der Linden: Neue Überlegungen zum revolutionären Syndikalismus

Sammelbesprechung

Christoph Jünke: Die Revolte von 1968

Besprechungen

Tagungsbericht

Die Zeitschrift 1999 erscheint zweimal jährlich.

Jahresabonnement sFr.48.– /DM 60.– /öS 400.– /US-$ 32.– / £ 20.– / FF192.– / BF1200.–
Einzelheft sFr.28.– /DM 35.– /öS 233.– /US-$ 21.– / £ 12.– / FF112.– / BF 700.–

Unsere Preise sind unverbindliche Preisempfehlungen und verstehen sich zuzüglich Versandspesen.
DM-Preise sind inkl. Mehrwertsteuer. Preisänderungen bleiben vorbehalten.

Bitte senden Sie Ihre Bestellung an:

Peter Lang AG Europäischer Verlag der Wissenschaften
Jupiterstrasse 15 · Postfach 277 · CH-3000 Bern 15
Tel.: ++41 (31) 940 21 21 · Fax: ++41 (31) 940 21 31
e-mail: customerservice@peterlang.com · Homepage: www.peterlang.net

Zeitschrift für Geschichtswissenschaft

Beiträge zum Thema Nationalsozialismus (2000/01)

Hannes Heer: Einübung in den Holocaust: Lemberg Juni/Juli 1941 (5/2001)

Hartmut Rüß: Wehrmachtkritik aus ehemaligen SS-Kreisen nach 1945 (5/2001)

Hans-Erich Volkmann: Historiker aus politischer Leidenschaft. Hermann Aubin als Volksgeschichts-, Kulturboden- und Ostforscher (1/2001)

Ingo Haar: Die Genesis der "Endlösung" aus dem Geiste der Wissenschaften: Volksgeschichte und Bevölkerungspolitik im Nationalsozialismus (1/2001)

Willi Oberkrome: Zur Kontinuität ethnozentrischer Geschichtswissenschaft nach 1945. Weltanschauung und politisches Engagement der westdeutschen Kulturraumforschung in den fünfziger Jahren (1/2001)

Gideon Botsch: "Geheime Ostforschung" im SD. Zur Entstehungsgeschichte und Tätigkeit des "Wannsee-Instituts" 1935–1945 (6/2000)

Stefan Kley: Intention, Verkündung, Implementierung. Hitlers Reichstagsrede vom 30. Januar 1939 (3/2000)

Bernd Boll: "Aktionen nach Kriegsbrauch". Wehrmacht und 1. SS-Infanteriebrigade 1941 (9/2000)

Armin Nolzen: Parteigerichtsbarkeit und Parteiausschlüsse in der NSDAP 1921–1945 (11/2000)

Ralf Schäfer: Ein Sportfunktionär als Figur der Zeitgeschichte: Carl Diem als Organisator der XI. Olympischen Spiele von Berlin (4/2001)

Andrea D'Onofrio: Rassenzucht und Lebensraum: zwei Grundlagen im Blut- und Boden-Gedanken von Richard Walther Darré (2/2001)

Elmar Fischer: Flüchtlingsbericht der Bergier-Kommission. Kritische Anmerkungen zu den Ausführungen über finanzielle Aspekte der schweizerischen Flüchtlingspolitik (9/2000)

Einzelheft: 24.– · Jahresabo: 238.– DM · Studenten-Abo: 178.50 DM

Zeitschrift für Geschichtswissenschaft · Metropol Verlag

Kurfürstenstr. 135 · D–10785 Berlin

e-mail: veitl@metropol-verlag.de

jour fixe initiative berlin
Wie wird man fremd?
260 S. · 29,80 DM · 16 EUR · ISBN 3-89771-405-1

„Der Fremde" ist bis zum Rand gefüllt mit Inhalten und Diskursen. Der Fremde wird zur Zielscheibe rassistischer und antisemitischer Projektionen. Wie wird man fremd? ist die Frage, die die AutorInnen unter Bezugnahme auf die Kritische Theorie, die Psychoanalyse und Theorien post-strukturalistischer Provinienz zu klären versuchen.

Theorie des Faschismus – Kritik der Gesellschaft
269 S. · 29,80DM · 16 EUR · ISBN 3-89771-401-9
Nach Auschwitz kann es keine Kritik der Gesellschaft ohne eine Theorie des Faschismus geben.

Udo Wolter
Das obskure Subjekt der Begierde
Frantz Fanon und die Fallstricke
des Subjekts der Befreiung
240 S. · 29,80DM · 16 EUR · ISBN 3-89771-005-6

Fanon gilt als der Klassiker der antikolonialen Revolutionstheorie. Kritisch untersucht U. Wolter die Grenzen und Möglichkeiten, mit der Theorie Fanons die bipolaren Entgegensetzungen Kolonialherr/Kolonisierter, Zivilisation/Wildheit ... sowie die repressiven Festschreibungen ethnischer und nationaler Identitäten aufzulösen.

Holger Schatz · Andrea Woeldike
Freiheit und Wahn deutscher Arbeit
Zur historischen Aktualität
einer folgenreichen antisemitischen Projektion
reihe antifaschistische texte
208 S. · 29,80 DM · 16 EUR · ISBN 3-89771-805-7

„Den Nationalsozialisten gelang es, die entfremdete Arbeit zu erotisieren, die 'Arbeit an sich'. Der nationale Gründungsmythos 'deutsche Arbeit' galt als Ort der 'Unschuld'. Mit Luther und Hitler: Nicht *was*, sondern *wie* einer arbeitet, zählt. ... Ein Werk in der Tradition der Kritischen Theorie, stark in der Recherche und marxistischen Analyse."
Gerd Fittkau, konkret

UNRAST Verlag • Postfach 8020 • 48043 Münster
Tel. (0251) 666293 • Fax. (0251) 666120

www.unrast-verlag.de

'68 Eine Weltrevolution

Filme, Texte, Fotos, Dokumente
Hg.: media '68 und il manifesto

Vietnam – Italien – Frankreich – BRD – Spanien – Griechenland – Großbritannien – Osteuropa – Lateinamerika – USA – China – Japan

Die CD bietet einen umfassenden Überblick zum weltweiten Aufbruch des Jahres 1968. Die gelungene Mischung aus Textinformation, Film-,Ton- und Bilddokumenten erlaubt es nicht nur Älteren, sich mit Spaß an vergangene Zeiten zu erinnern, sondern ermöglicht auch Jüngeren einen spielerischen Zugang zu den damaligen Diskussionen, Aktionen und Entwicklungen. Und das ohne Mythenbildung oder vorauseilende Distanzierungs- oder Unterwerfungsgesten.

Querverweise zu bestimmten Personen (im BRD-Teil zu Rudi Dutschke, Herbert Marcuse, Theodor Adorno, Willy Brandt u.a.) und Themen (wie Wiederbewaffnung, Godesberger Programm der SPD, Notstandsgesetze, Rezession 1966-67, SDS, Kommunen, Springer-Presse) erleichtern die Orientierung.

Dazu gibt es Stichworthinweise, ein Register, eine Chronik, 18 Kurzfilme und schließlich noch die Möglichkeit, von der CD aus auf die Homepage der italienischen Redaktion zu gelangen, um sich Erweiterungen des Materials herunterzuladen.

Das Ganze ist eine auch handwerklich gut gemachte CD, die durch Originalfilmaufnahmen und Fotos von Kongressen (z.B. Vietnamkongreß), Demonstrationen (Anti-Springer-Demo), über die Kriegssituation in Vietnam bis hin zum berühmten Bad, das Mao Tse Tung im Jangtse nahm, die Atmosphäre jener Zeit eindrücklich vermittelt.

CD-ROM im Buchkarton, mit 96-seitiger Broschüre
ISBN 3-935936-00-1   **Herbst 2001**

In Koproduktion mit **edition 8** (für Schweiz und Österreich)

Assoziation A

Gaby Weber

Die Verschwundenen von Mercedes-Benz

Zwischen 1976 und 1983 herrschte in Argentinien eine Militärdiktatur, die mehr als 30.000 Opfer forderte. Kennzeichen der Repression war das »Verschwindenlassen« von Personen: Diejenigen, die von den Militärs zu GegnerInnen erklärt waren, wurden entführt und tauchten nie wieder auf.
Gegen die Verantwortlichen der Militärdiktatur wird inzwischen international ermittelt. Dabei wird allerdings kaum danach gefragt, wer von ihren Verbrechen profitiert hat. Und noch seltener wird untersucht, ob sich Unternehmen an Menschenrechtsverletzungen beteiligt haben, um ihren Profit zu steigern. Dabei gehörten aktive Gewerkschafter zu den Hauptzielscheiben der Repression.
Tatsache ist, dass im Mercedes-Werk in González Catán (Buenos Aires) während der Militärdiktatur praktisch der gesamte Betriebsrat »verschwand«. Die Hinterbliebenen vermuten, dass die Werksleitung die linken Gewerkschafter als »Terroristen« denunziert und damit ihr Todesurteil besiegelt hat. Dies bestätigen auch Betriebsräte, die ihre Verhaftung überlebten.
Gaby Weber hat in den letzten Jahren recherchiert, was im argentinischen Werk von Mercedes-Benz in den siebziger Jahren geschehen ist, wie die Gewerkschafter ins Visier der Todeskommandos des Militärs gerieten und wer aus dem Unternehmen dafür Verantwortung trug. Auf der Grundlage ihrer Recherchen hat der Republikanische AnwältInnenverein im September 1999 Strafanzeige gegen DaimlerChrysler wegen Beihilfe zum Mord in mindestens 13 Fällen erstattet, die Staatsanwaltschaft Nürnberg hat die Ermittlungen übernommen.

Gaby Weber lebt seit 14 Jahren als freie Journalistin in Montevideo. Sie berichtet regelmäßig aus Uruguay, Argentinien, Brasilien und anderen Staaten Lateinamerikas. Im Verlag Libertäre Assoziation erschien von ihr u.a. *Krauts erobern die Welt. Der deutsche Imperialismus in Südamerika.*

ISBN 3-922611-92-3, 128 Seiten   Frühjahr 2001

Assoziation A